普通高等院校经管类“十三五”规划教材

《经济数学基础》学习指导（第三版）

◎主　编：林　娟
◎编写者：林　娟　陈艳平

厦门大学出版社 XIAMEN UNIVERSITY PRESS
国家一级出版社
全国百佳图书出版单位

图书在版编目(CIP)数据

《经济数学基础》学习指导/林娟主编.—3版.—厦门:厦门大学出版社,2019.8
(普通高等院校经管类"十三五"规划教材)
ISBN 978-7-5615-2758-0

Ⅰ.经… Ⅱ.林… Ⅲ.经济数学-高等学校:技术学校-教学参考资料
Ⅳ.F224.0

中国版本图书馆CIP数据核字(2007)第110057号

内容提要

全书各章均由习题解答(配套教材《经济数学基础》所包含)、自测题、自测题解答三个部分组成。

在习题解答中将知识点融入解题中,在夯实"三基"的同时,充分体现"学以致用"。基本上各章的自测题与自测题解答均含三个层次:A层(加强基础)、B层(充实提高)、C层(拓展能力)。读者通过A层→B层→C层递进式的训练,不仅能提高对所学知识点的理解和掌握程度,训练科学的解题方法与解题技巧,扩展读者的思维能力和解决实际问题的能力,而且能增强读者攻克困难的信心。

厦门大学出版社出版发行
(地址:厦门市软件园二期望海路39号 邮编:361008)
http://www.xmupress.com
xmup @ xmupress.com
南平市武夷美彩印中心
2019年8月第3版 2019年8月第1次印刷
开本:720×970 1/16 印张:24.75
字数:431千字 印数:1~3 000册
定价:44.00元

前　言

本书是《经济数学基础》(林娟主编,厦门大学出版社 2017 年 10 月)的辅导教材.

本书章序、记号与配套教材《经济数学基础》一致.全书各章均由习题解答(配套教材《经济数学基础》所包含)、自测题、自题解答三个部分组成.

(1)习题解答:将知识点融入解题中,在夯实"三基"的同时,充分体现"学以致用".同时,对教材的一些重点、难点也再提取出来,加以阐述,以引起着重的关注.

(2)自测题:各章的自测题基本均含三个层次:A 层、B 层、C 层.A 层是基础测试,主要考查读者对所学知识点的到位的理解程度;B 层是基础测试提高版,考查读者对所学知识点基本掌握和较熟练应用的程度;C 层是能力测试,考查读者对所学知识的熟练掌握和灵活应用程度.

(3)自测题解答:逐个给出解答为读者提供参考或核对的方便,强调对基本概念透彻理解,训练读者科学的解题方法与技巧,让不同层次的读者都"有所学,亦有所得".读者通过 A 层→B 层→C 层递进式的训练,不仅能提高对所学知识点的理解和掌握程度,训练科学的解题方法与解题技巧,扩展思维能力和解决实际问题的能力,而且能增强攻克困难的信心.

值得一提的是,在习题及自测题中,一些题目提供了好几种解法,训练读者解题技巧,开阔思路.

本书共十二章,第一章至第六章由林娟(福建商学院)负责编写,第七章至第十二章由陈艳平(福建商学院)负责编写.林娟担任主编.

本书虽是《经济数学基础》的辅导教材,但也可以作为其他教材的参考书.

本书在编写过程中，得到了福建商学院领导和厦门大学出版社的鼎力支持，在此深表感谢.

由于编者的水平和学识有限，书中疏漏和错误之处在所难免，恳请同行和广大读者批评指正.

作者

2019 年 7 月

目　　录

第一章 函数的极限与连续

学习指导及“习题一”参考答案

(A层)

1.

求函数的定义域,关键是要使函数有意义.(1) 分母不能为零,即若 $y=\frac{1}{x}$,则 $x\neq 0$;(2) 若开偶次方,被开方数应不小于零,即若 $y=\sqrt[2m]{x}$,$m\in\mathbf{Z}^{+}$,则 $x\geqslant 0$;(3) 对数的真数为正数,即若 $y=\log_a x$,则 $x>0$;(4) 反三角函数 $y=\arcsin x$ 与 $y=\arccos x$ 的定义域为$[-1,1]$;(5) 反三角函数 $y=\arctan x$ 的定义域为$(-\infty,+\infty)$;(6) 反三角函数 $y=\operatorname{arccot} x$ 的定义域为$(-\infty,+\infty)$.

(1) **解** 由

$$2x+1\geqslant 0,$$

可得

$$x\geqslant -\frac{1}{2},$$

所以函数 $y=\sqrt{2x+1}$ 的定义域为$\left[-\frac{1}{2},+\infty\right)$.

(2) $(-\infty,-1)\cup(1,+\infty)$.

(3) $(-\infty,-2)\cup(-2,3)\cup(3,+\infty)$.

(4) **解** 依题意,得

$$\begin{cases} x>0 \\ -1\leqslant \dfrac{x-2}{3}\leqslant 1 \end{cases},$$

解该不等式组,得

$$0<x\leqslant 5,$$

所以原函数的定义域为$(0,5]$.

(5) $(-2,2)$.

(6) $[-1,0)\cup(0,1]$.

2.

> 对于一个已知函数,若给定一个自变量 $x_0\in D_f$,必有一个因变量 $f(x_0)$ 与之对应.

(1) **解** $f(0)=\sqrt{0^2+1}=1, f(-1)=\sqrt{2}$,

$f\left(\dfrac{1}{2}\right)=\dfrac{\sqrt{5}}{2}, f(a)=\sqrt{a^2+1}, f(x-1)=\sqrt{x^2-2x+2}$.

(2) $f(-x)=\dfrac{1-(-x)}{1+(-x)}=\dfrac{1+x}{1-x}$,

$f(x+1)=-\dfrac{x}{2+x}, f\left(\dfrac{1}{x}\right)=\dfrac{x-1}{x+1}$,

$$f[f(x)]=f\left(\frac{1-x}{1+x}\right)=\frac{1-\dfrac{1-x}{1+x}}{1+\dfrac{1-x}{1+x}}=x.$$

(3) $f(x+\Delta x)=(x+\Delta x)^2, f(x+\Delta x)-f(x)=2x\cdot\Delta x+(\Delta x)^2$.

3.

> 当且仅当两个函数的定义域相同,对应法则也相同时,它们才是相同的函数.

(1) **解** 由于函数 $f(x)$ 的定义域为$(-\infty,-1)\cup(-1,+\infty)$,而函数 $g(x)$ 的定义域为$(-\infty,+\infty)$,所以它们不是相同的函数.

(2) 不是相同的函数.

4.

设函数 $y=f(x)$ 的定义域 D_f 关于原点对称,如果任给 $x\in D_f$,都有 $f(-x)=-f(x)$,则称 $f(x)$ 为奇函数;如果任给 $x\in D_f$,都有 $f(-x)=f(x)$,则称 $f(x)$ 为偶函数.

(1) **解**　因为

$$f(-x)=6(-x)-(-x)^5=-(6x-x^5)=-f(x),$$

所以原函数为奇函数.

(2) 偶函数;(3) 奇函数;(4) 偶函数;(5) 非奇非偶函数;(6) 偶函数.

5.

函数中若含有绝对值的应先去绝对值符号,$|x|=\begin{cases}-x & x<0\\ x & x\geqslant 0\end{cases}$.

解　由于当 $2x-7<0$ 时,$|2x-7|=-(2x-7)$;当 $2x-7\geqslant 0$ 时,$|2x-7|=2x-7$,所以

$$f(x)=\begin{cases}6-[-(2x-7)] & 2x-7<0\\ 6-(2x-7) & 2x-7\geqslant 0\end{cases},$$

故

$$f(x)=\begin{cases}2x-1 & x<\dfrac{7}{2}\\ 13-2x & x\geqslant\dfrac{7}{2}\end{cases}.$$

6.

求分段函数在点 x_0 处的函数值,关键是判断 x_0 属于哪一段.

解　因为 $-1<0$,所以 $f(-1)=\mathrm{e}^{-1}$,同理得 $f(0)=\mathrm{e}^0=1$,$f(3)=3^2=9$.

7.

设函数 $y=f(x)$ 在区间 (a,b) 内有定义,如果任给 $x_1,x_2\in(a,b)$,当 $x_1<x_2$ 时,总有 $f(x_1)<f(x_2)$(或 $f(x_1)>f(x_2)$),则称函数 $y=f(x)$ 在区间 (a,b) 内是单调增加的(或单调减少的).

(1) **解** 任给 $x_1,x_2 \in (-\infty,+\infty)$，设 $x_1 < x_2$，则有

$$f(x_2)-f(x_1)=x_2^3-x_1^3=(x_2-x_1)(x_2^2+x_1x_2+x_1^2)$$
$$=(x_2-x_1)\left[\left(x_2+\frac{1}{2}x_1\right)^2+\frac{3}{4}x_1^2\right]>0,$$

即 $f(x_1)<f(x_2)$，所以函数 $y=x^3$ 在区间 $(-\infty,+\infty)$ 上是单调递增的.

(2) 函数 $y=x^2+1$ 在区间 $(-\infty,0)$ 上是单调递减的.

(3) 函数 $y=\sin x$ 在区间 $\left[-\frac{\pi}{2},\frac{\pi}{2}\right]$ 上是单调递增的.

8.

设函数 $y=f(x)$ 的定义域为 D_f，值域为 R_f，并且对任何一个 $y\in R_f$，都可以由 $y=f(x)$ 在 D_f 内确定唯一的一个 x 与之对应，则得到一个定义域为 R_f，值域为 D_f，以 y 为自变量，以 x 为因变量的函数 $x=\varphi(y)$，我们称这个函数为函数 $y=f(x)$ 的反函数，并记为 $x=f^{-1}(y)$. 习惯上，用 x 表示自变量，用 y 表示因变量，即函数 $y=f(x)$ 的反函数常记为 $y=f^{-1}(x)$.

(1) **解** 由

$$y=2x+1,$$

可得

$$x=\frac{y-1}{2},$$

所以原函数的反函数为

$$f^{-1}(x)=\frac{x-1}{2}.$$

(2) $f^{-1}(x)=x^3+1$；(3) $f^{-1}(x)=\dfrac{1+x}{1-x}, x\neq 1$.

9.

如果函数 $y=f(u)$ 的定义域为 D_f，函数 $u=\varphi(x)$ 的值域为 R_φ，并且 $D_f\cap R_\varphi\neq\varnothing$，那么称 $f[\varphi(x)]$ 为 x 的复合函数，其中 x 称为自变量，y 称为因变量，u 称为中间变量.

(1) **解** 函数 $y=\arcsin u$ 的定义域 $D=[-1,1]$，函数 $u=(1-x)^2$ 的值域 $R=(-\infty,+\infty)$，所以 $D\cap R\neq\varnothing$（$\varnothing$ 表示空集），因此函数 $y=\arcsin u$

与 $u=(1-x)^2$ 可以构成复合函数,把 $u=(1-x)^2$ 代入 $y=\arcsin u$ 得 $y=\arcsin(1-x)^2$,定义域为$[0,2]$.

(2)$y=\ln(4-x^2)$,$(-2,2)$.

(3)$y=\sqrt{\ln(2x^2+7)}$,$(-\infty,+\infty)$.

(4)$y=3\sin^2 x$,$(-\infty,+\infty)$.

10.(1) **解** 函数 $y=\sqrt[3]{3x+5}$ 是由函数 $y=\sqrt[3]{u}$ 与函数 $u=3x+5$ 复合而成的.

(2)$y=\ln u, u=x^3-2x+7$.

(3)$y=u^2, u=\sin x$.

(4)$y=\sin u, u=x^2$.

(5)$y=2^u, u=\sin v, v=x-1$.

(6)$y=\arcsin u, u=\mathrm{e}^v, v=x^2$.

(7)$y=\ln u, u=\tan v, v=\dfrac{x}{4}$.

(8)$y=\dfrac{1}{2}\sqrt{u}, u=\sin v, v=\ln x$.

11. **解** 设用电量为 x 千瓦时时,电费为 y 元,依题意,得

$$y=\begin{cases}0.45x & x\leqslant 150\\ 150\times 0.45+(x-150)\cdot 0.47 & 150<x\leqslant 400\\ 150\times 0.45+250\times 0.47+(x-400)\cdot 0.57 & x>400\end{cases},$$

即

$$y=\begin{cases}0.45x & x\leqslant 150\\ 0.47x-3 & 150<x\leqslant 400\\ 0.57x-43 & x>400\end{cases}.$$

12. $y=\begin{cases}80x & x\leqslant 100\\ 64x+1600 & x>100\end{cases}$.

13. $C(q)=18+2q$(万元),$0<q\leqslant 100$.

14.(1) 收益 $R=21q-3q^2$(元),利润 $L=-5q^2+14q+3$(元).

(2)5.5 元.

15.

设数列$\{x_n\}$,如果当n无限增大时,x_n 无限地接近于某一个确定的常数 A,则称该常数 A 是数列$\{x_n\}$ 的极限,或称数列$\{x_n\}$ 收敛于 A,记为 $\lim\limits_{n\to\infty}x_n=A$,或 $x_n\to A(n\to\infty)$.

(1)0;(2)3;(3)1;(4) 无极限;(5)0;(6)1.

16.

1. 设函数 $y=f(x)$ 在 x_0 的某一左半邻域$(x_0-\delta,x_0)$内有定义,当 x 从 x_0 的左侧无限接近于 x_0 时,对应的函数值 $f(x)$ 无限地接近于某一确定常数 A,则称常数 A 为函数 $y=f(x)$ 在 x_0 点的左极限,记作 $\lim\limits_{x\to x_0^-}f(x)=A$,或 $f(x)\to A(x\to x_0^-)$. 类似地,定义右极限 $\lim\limits_{x\to x_0^+}f(x)=A$.

2. $\lim\limits_{x\to x_0}f(x)=A$ 的充分必要条件是 $\lim\limits_{x\to x_0^-}f(x)=\lim\limits_{x\to x_0^+}f(x)=A$.

解 如图 1-1 所示,可知

$$\lim_{x\to 0^-}f(x)=1,\lim_{x\to 0^+}f(x)=1,$$

所以

$$\lim_{x\to 0}f(x)=1.$$

如图 1-2 所示,可知

$$\lim_{x\to 0^-}g(x)=-1,\lim_{x\to 0^+}g(x)=1,$$

$\lim\limits_{x\to 0^-}g(x)\neq\lim\limits_{x\to 0^+}g(x)$,故 $\lim\limits_{x\to 0}g(x)$ 不存在.

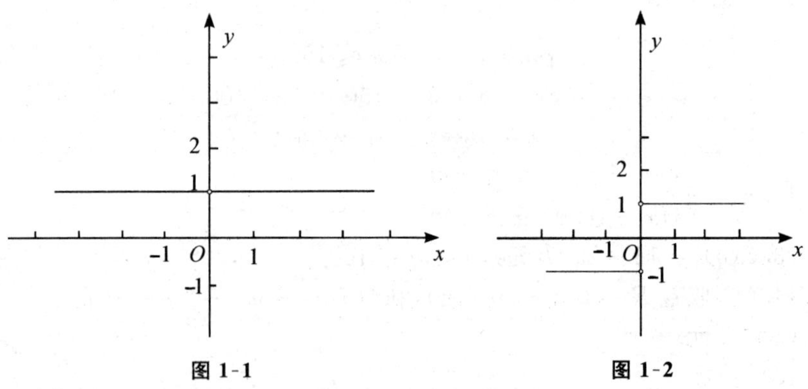

图 1-1　　图 1-2

17.(同第 16 题)

(1) 略.(2)0、2.(3) 不存在.

18.(同第 16 题)1,不存在.

19.(同第 16 题) 不存在.

20.

如果$\lim f(x)=A$,$\lim g(x)=B$,则

(1) $\lim[f(x)\pm g(x)]=\lim f(x)\pm \lim g(x)=A\pm B$;

(2) $\lim[f(x)g(x)]=\lim f(x)\cdot \lim g(x)=AB$;

(3) 当 $B\neq 0$ 时,$\lim \dfrac{f(x)}{g(x)}=\dfrac{\lim f(x)}{\lim g(x)}=\dfrac{A}{B}$.

(1)

如果函数 $f(x)$ 是多项式或者是当 $x\to x_0$ 时分母不为零的分式函数,那么$\lim\limits_{x\to x_0}f(x)=f(x_0)$.

解 因为 $x^2+4=\dfrac{x^2+4}{1}$,且 $1\neq 0$,所以

$$\lim_{x\to 2}(x^2+4)=2^2+4=8.$$

(2)

如果 $f(x)$ 是分式函数,且当 $x\to x_0$ 时分子、分母的极限分别为0,这时要先化简(因式分解或分母有理化等),再求函数的极限值.

解

$$\lim_{x\to 1}\frac{x^2-2x+1}{x^2-1}=\lim_{x\to 1}\frac{(x-1)^2}{(x-1)(x+1)}=\lim_{x\to 1}\frac{x-1}{x+1}=\frac{1-1}{1+1}=0.$$

(3)(同第 20(2) 题)5.

(4)(同第 20(2) 题)27.

(5)(同第 20(2) 题)$2x$.

(6) **解**

$$\lim_{x\to -1}\left(\frac{1}{1+x}-\frac{3}{1+x^3}\right)=\lim_{x\to -1}\frac{x^2-x-2}{1+x^3}=\lim_{x\to -1}\frac{(x-2)(x+1)}{(1+x)(1-x+x^2)}$$

$$=\lim_{x\to -1}\frac{x-2}{1-x+x^2}=\frac{-1-2}{1+1+(-1)^2}=-1.$$

(7)(第同 20(2) 题)

解

$$\lim_{x\to 1}\frac{\sqrt{x+3}-2}{x-1}=\lim_{x\to 1}\frac{(\sqrt{x+3}-2)(\sqrt{x+3}+2)}{(x-1)(\sqrt{x+3}+2)}$$

$$= \lim_{x \to 1} \frac{(\sqrt{x+3})^2 - 2^2}{(x-1)(\sqrt{x+3}+2)}$$

$$= \lim_{x \to 1} \frac{x-1}{(x-1)(\sqrt{x+3}+2)}$$

$$= \lim_{x \to 1} \frac{1}{\sqrt{x+3}+2} = \frac{1}{\sqrt{1+3}+2} = \frac{1}{4}.$$

(8)(同第 20(7) 题)2.

(9)

如果 $x \to \infty$,可按以下规律求函数极限

$$\lim_{x \to \infty} \frac{a_0 x^n + a_1 x^{n-1} + \cdots + a_n}{b_0 x^m + b_1 x^{m-1} + \cdots + b_m} = \begin{cases} \frac{a_0}{b_0} & n = m \\ 0 & n < m \\ \infty & n > m \end{cases}.$$

其中 $a_0, a_1, \cdots, a_n, b_0, b_1, \cdots, b_m$ 均为常数,且 $a_0 \neq 0, b_0 \neq 0, m, n$ 为正整数.

解 因为分子的多项式最高次为 3,分子的多项式最高次为 $4, 3 < 4$,所以

$$\lim_{x \to \infty} \frac{4x^3 + 2x + 1}{x^4 + 2x^2 - 5} = 0.$$

(10) **解** 因为

$$1 + \frac{1}{2} + \frac{1}{4} + \cdots + \frac{1}{2^n} = \frac{1 - \left(\frac{1}{2}\right)^n}{1 - \frac{1}{2}} = 2\left(1 - \frac{1}{2^n}\right),$$

所以

$$\lim_{n \to \infty}\left(1 + \frac{1}{2} + \frac{1}{4} + \cdots + \frac{1}{2^n}\right) = \lim_{n \to \infty} 2\left(1 - \frac{1}{2^n}\right) = 2.$$

(11)(同第 20(9) 题)1.

(12)(同第 20(9) 题)∞.

(13)(同第 20(6) 题)$\frac{1}{2}$.

(14)(同第 20(9) 题)$\frac{1}{4}$.

21.

$$\lim_{x\to 0}\frac{\sin x}{x}=1\xrightarrow{\text{推广}}\lim_{f(x)\to 0}\frac{\sin f(x)}{f(x)}=1.$$

(1) **解**

$$\lim_{x\to 0}\frac{\sin 3x}{2x}=\frac{3}{2}\lim_{x\to 0}\frac{\sin 3x}{3x}=\frac{3}{2}\times 1=\frac{3}{2}.$$

(2) **解**

$$\lim_{x\to 0}\frac{\sin 5x}{\sin 3x}=\lim_{x\to 0}\frac{\frac{\sin 5x}{5x}\cdot 5x}{\frac{\sin 3x}{3x}\cdot 3x}=\frac{5}{3}\cdot\frac{\lim\limits_{x\to 0}\frac{\sin 5x}{5x}}{\lim\limits_{x\to 0}\frac{\sin 3x}{3x}}=\frac{5}{3}.$$

(3) **解**

$$\lim_{x\to 0}\frac{\tan 2x}{x}=\lim_{x\to 0}\frac{\sin 2x}{x\cos 2x}=2\lim_{x\to 0}\frac{\sin 2x}{2x}\cdot\lim_{x\to 0}\frac{1}{\cos 2x}=2\times 1=2.$$

(4) **解**

$$\begin{aligned}\lim_{x\to 0}\frac{1-\cos 2x}{x^2}&=\lim_{x\to 0}\frac{1-(1-2\sin^2 x)}{x^2}\\&=2\lim_{x\to 0}\left(\frac{\sin x}{x}\right)^2\\&=2\left(\lim_{x\to 0}\frac{\sin x}{x}\right)^2=2.\end{aligned}$$

(5) **解** 令 $\arcsin x=t$,则 $x=\sin t$,且当 $x\to 0$ 时,$t\to 0$,则

$$\lim_{x\to 0}\frac{\arcsin x}{x}=\lim_{t\to 0}\frac{t}{\sin t}=\frac{1}{\lim\limits_{t\to 0}\frac{\sin t}{t}}=1.$$

(6) **解**

$$\lim_{x\to 0}\frac{\sin^2 3x}{x^2}=9\lim_{x\to 0}\left(\frac{\sin 3x}{3x}\right)^2=9\left(\lim_{x\to 0}\frac{\sin 3x}{3x}\right)^2=9.$$

22.

$$\lim_{x\to\infty}\left(1+\frac{1}{x}\right)^x=\mathrm{e}\xrightarrow{\text{推广}}\lim_{f(x)\to\infty}\left[1+\frac{1}{f(x)}\right]^{f(x)}=\mathrm{e}.$$

$$\lim_{x\to 0}(1+x)^{\frac{1}{x}}=\mathrm{e}\xrightarrow{\text{推广}}\lim_{f(x)\to 0}[1+f(x)]^{\frac{1}{f(x)}}=\mathrm{e}.$$

(1) **解**

$$\lim_{x\to\infty}\left(1+\frac{4}{x}\right)^x=\lim_{x\to\infty}\left[1+\frac{1}{\frac{x}{4}}\right]^{\frac{x}{4}\cdot 4}=\left[\lim_{x\to\infty}\left(1+\frac{1}{\frac{x}{4}}\right)^{\frac{x}{4}}\right]^4=\mathrm{e}^4.$$

(2)e^{-3}.(3)$\mathrm{e}^{\frac{1}{2}}$.

(4) **解**

$$\lim_{x\to\infty}\left(\frac{2x-1}{2x+1}\right)^x=\lim_{x\to\infty}\left[\frac{1-\frac{1}{2x}}{1+\frac{1}{2x}}\right]^x=\frac{\lim\limits_{x\to\infty}\left(1-\frac{1}{2x}\right)^x}{\lim\limits_{x\to\infty}\left(1+\frac{1}{2x}\right)^x}=\frac{\mathrm{e}^{-\frac{1}{2}}}{\mathrm{e}^{\frac{1}{2}}}=\mathrm{e}^{-1}.$$

(5)e.(6)$\mathrm{e}^{\frac{1}{2}}$.(7)e^{-3}.(8)e.

23.

1. 当 $x\to x_0$(或 $x\to\infty$)时,如果函数 $f(x)$ 的极限为0,我们称函数 $f(x)$ 当 $x\to x_0$(或 $x\to\infty$)时为无穷小量,简称无穷小,记作 $\lim\limits_{x\to x_0}f(x)=0$(或 $\lim\limits_{x\to\infty}f(x)=0$).

2. 当 $x\to x_0$(或 $x\to\infty$)时,如果 $|f(x)|$ 无限地增大,我们称函数 $f(x)$ 当 $x\to x_0$(或 $x\to\infty$)时为无穷大量,简称无穷大,记作 $\lim\limits_{x\to x_0}f(x)=\infty$(或 $\lim\limits_{x\to\infty}f(x)=\infty$).

(1) 无穷小.(2) 无穷小.(3) 无穷小.(4) 无穷大.(5) 无穷大.(6) 无穷小.

24.

设在自变量的同一变化过程中,$\alpha(\alpha\neq 0)$ 和 β 都是无穷小量,

(1) 如果 $\lim\frac{\beta}{\alpha}=0$,则称 β 是比 α 较高阶的无穷小量,记作 $\beta=o(\alpha)$.

(2) 如果 $\lim\frac{\beta}{\alpha}=\infty$,则称 β 是比 α 较低阶的无穷小量.

(3) 如果 $\lim\frac{\beta}{\alpha}=c$($c$ 是不为零的常数),则称 β 与 α 是同阶无穷小量.特别地,当 $c=1$ 时,即 $\lim\frac{\beta}{\alpha}=1$,则称 β 与 α 是等价无穷小量,记作 $\alpha\sim\beta$.

(1) **解** 因为

$$\lim_{x\to 0}\frac{\tan x-\sin x}{x}=\lim_{x\to 0}\frac{\sin x}{x}\left(\frac{1}{\cos x}-1\right)=\lim_{x\to 0}\frac{\sin x}{x}\lim_{x\to 0}\left(\frac{1}{\cos x}-1\right)$$

$= 1 \times 0 = 0,$

所以函数 $\tan x - \sin x$ 是比 x 高阶的无穷小.

(2) 同阶.(3) 高阶.

25.

1. **无穷小量等价代换定理** 设在自变量的同一变化过程中,α、α'($\alpha \neq 0$、$\alpha' \neq 0$)和 β、β' 都是无穷小量,如果 $\alpha \sim \alpha'$,$\beta \sim \beta'$,且 $\lim \frac{\beta'}{\alpha'}$ 存在,则 $\lim \frac{\beta}{\alpha} = \lim \frac{\beta'}{\alpha'}$.

2. 当 $x \to 0$ 时,常用的等价关系有:

$x \sim \sin x \sim \tan x \sim \ln(1+x) \sim e^x - 1$,$x \sim \arcsin x \sim \arctan x$,$1 - \cos x \sim \frac{x^2}{2}$.

3. 一般地,无穷小量代换定理只能在积、商中进行,不能在和、差中进行.

(1) **解** 当 $x \to 0$ 时,$\sin 5x \sim 5x$,$\sin 3x \sim 3x$,所以 $\lim\limits_{x \to 0} \frac{\sin 5x}{\sin 3x} = \lim\limits_{x \to 0} \frac{5x}{3x} = \frac{5}{3}$.

(2)5.(3)0.(4)2.(5)2.

(6) **解**

$$\lim_{x \to 0} \frac{\tan x - \sin x}{\sin^3 x} = \lim_{x \to 0} \frac{\sin x(1 - \cos x)}{\sin^3 x \cos x} = \lim_{x \to 0} \frac{2\sin^2 \frac{x}{2}}{\sin^2 x \cos x}$$

$$= \lim_{x \to 0} \frac{2\left(\frac{x}{2}\right)^2}{x^2} \lim_{x \to 0} \frac{1}{\cos x} = \frac{1}{2}.$$

26.

定义 设函数 $y = f(x)$ 在点 x_0 的某邻域内有定义,自变量的增量 $\Delta x = x - x_0$,相应地函数值的增量为 $\Delta y = y - y_0 = f(x) - f(x_0)$,如果

$$\lim_{\Delta x \to 0} \Delta y = 0,$$

则称函数 $y = f(x)$ 在点 x_0 处连续.称点 x_0 为函数 $y = f(x)$ 的连续点.

证明 任给 $x \in (-\infty, +\infty)$,由于

$$\Delta y = (x + \Delta x)^3 - x^3$$

$$= 3x^2 \cdot \Delta x + 3 \cdot x(\Delta x)^2 + (\Delta x)^3,$$

所以可得 $\lim\limits_{\Delta x \to 0} \Delta y = 0$,因此 $y = x^3$ 在 $(-\infty, +\infty)$ 内是连续的.

27.

> **定理**　函数 $y = f(x)$ 在点 x_0 处连续的充分必要条件是
> $$\lim_{x \to x_0^-} f(x) = \lim_{x \to x_0^+} f(x) = f(x_0).$$

解　因为

$$\lim_{x \to 1^-} f(x) = \lim_{x \to 1^-} x^2 = 1,$$

$$\lim_{x \to 1^+} f(x) = \lim_{x \to 1^+} (3 - 2x) = 1,$$

$$f(1) = 1^2 = 1,$$

所以

$$\lim_{x \to 1^-} f(x) = \lim_{x \to 1^+} f(x) = f(1) = 1,$$

因此函数 $f(x)$ 在 $x = 1$ 处连续.

28.

> 1. $\lim\limits_{x \to x_0^-} f(x)$,$\lim\limits_{x \to x_0^+} f(x)$ 存在,但不相等,称这类 x_0 点为跳跃间断点,是函数 $y = f(x)$ 的第一类间断点.
>
> 2. $\lim\limits_{x \to x_0^-} f(x) = \lim\limits_{x \to x_0^+} f(x)$,即 $\lim\limits_{x \to x_0} f(x)$ 存在,但 $\lim\limits_{x \to x_0} f(x) \neq f(x_0)$,或函数 $y = f(x)$ 在点 x_0 处没有定义,称这类 x_0 点为可去间断点,也是函数 $y = f(x)$ 的第一类间断点.
>
> 3. $\lim\limits_{x \to x_0^-} f(x)$,$\lim\limits_{x \to x_0^+} f(x)$ 中至少有一个不存在,称此类 x_0 点为函数 $y = f(x)$ 的第二类间断点. 特别地,当 $\lim\limits_{x \to x_0^-} f(x)$,$\lim\limits_{x \to x_0^+} f(x)$ 中至少有一个为无穷大时,则 x_0 点为函数 $y = f(x)$ 的无穷间断点.

(1) **解**　当 $x = -2$ 或 $x = -1$ 时,函数 $f(x)$ 无意义. 但

$$\lim_{x \to -1} f(x) = \lim_{x \to -1} \frac{x^2 - 1}{x^2 + 3x + 2} = \lim_{x \to -1} \frac{x - 1}{x + 2} = -2,$$

所以 $x = -1$ 是 $f(x)$ 的可去间断点.

而由于

$$\lim_{x\to -2} f(x) = \lim_{x\to -2} \frac{x^2+3x+2}{x^2-1} = 0,$$

所以

$$\lim_{x\to -2} f(x) = \lim_{x\to -2} \frac{x^2-1}{x^2+3x+2} = \lim_{x\to -2} \frac{1}{\frac{x^2+3x+2}{x^2-1}} = \infty,$$

故 $x=-2$ 是 $f(x)$ 的无穷间断点.

(2) $x=\pm 2$ 是 $f(x)$ 的无穷间断点.

(3) $x=0$ 是 $f(x)$ 的可去间断点.

(4) $x=0$ 是 $f(x)$ 的跳跃间断点.

29. **解** $f(x)=\dfrac{(x+1)(x-1)(x-2)}{(x+2)(x-1)}$,所以函数 $f(x)$ 的连续区间为 $(-\infty,-2)\cup(-2,1)\cup(1,+\infty)$,有

$$\lim_{x\to 0} f(x) = \frac{2}{-2} = -1, \lim_{x\to 1} f(x) = \lim_{x\to 1} \frac{(x+1)(x-2)}{x+2} = -\frac{2}{3}.$$

又因为 $\lim\limits_{x\to -2} \dfrac{(x+2)(x-1)}{(x+1)(x-1)(x-2)} = 0$,所以 $\lim\limits_{x\to -2} f(x) = \infty$.

30.

> 一切初等函数在其定义域内都连续.

(1) **解** 函数 $f(x)=\dfrac{e^x+1}{x}$ 的定义域为 $(-\infty,0)\cup(0,+\infty)$,所以 -2 在定义域内,因此

$$\lim_{x\to -2} \frac{e^x+1}{x} = \frac{e^{-2}+1}{-2} = -\frac{1}{2}\left(1+\frac{1}{e^2}\right).$$

(2) 1. (3) $-\dfrac{\sqrt{2}}{2}$. (4) 0. (5) 3. (6) e.

(B 层)

1. **解** 要使得函数 $f(x)=\dfrac{\lg(4-x)}{\sqrt{|x|-1}}$ 有意义,x 必须满足

$$\begin{cases} 4-x>0 \\ |x|-1>0 \end{cases},$$

解此不等式组得 $-\infty<x<-1$ 或 $1<x<4$,所以函数 $f(x)=\dfrac{\lg(4-x)}{\sqrt{|x|-1}}$ 的

定义域为$(-\infty,-1)\cup(1,4)$.

2. **解 1**　令 $e^x+1=u$,则 $e^x=u-1$,所以有

$$f(u)=(u-1)^2+u-1+1=u^2-u+1,$$

故得 $f(x)=x^2-x+1$.

解 2　由于

$$f(e^x+1)=(e^x+1)^2-(e^x+1)+1,$$

所以 $f(x)=x^2-x+1$.

3. **解**　当$|x|\leqslant 1$时,$f(x)=1\in[-1,1]$,所以 $f[f(x)]=1$,

当$|x|>1$时,$f(x)=0\in[-1,1]$,所以 $f[f(x)]=1$,

因此 $f[f(x)]=1$.

4. **解**　由于

$$\lim_{x\to 0^-}f(x)=\lim_{x\to 0^-}(2x+3b)=3b,\lim_{x\to 0^+}f(x)=\lim_{x\to 0^+}(e^x+2)=3,$$

依题意,得

$$\lim_{x\to 0^-}f(x)=\lim_{x\to 0^+}f(x),$$

即

$$3b=3,$$

故得 $b=1$.

5. (1)1. (2)x. (3)e.

(4) **解**

$$\lim_{x\to 0}\frac{\sqrt{x+1}-1}{\sqrt[3]{x+1}-1}=\lim_{x\to 0}\frac{(\sqrt{x+1}-1)(\sqrt{x+1}+1)(\sqrt[3]{(x+1)^2}+\sqrt[3]{x+1}+1)}{(\sqrt[3]{x+1}-1)(\sqrt[3]{(x+1)^2}+\sqrt[3]{x+1}+1)(\sqrt{x+1}+1)}$$

$$=\lim_{x\to 0}\frac{x\cdot(\sqrt[3]{(x+1)^2}+\sqrt[3]{x+1}+1)}{x\cdot(\sqrt{x+1}+1)}$$

$$=\lim_{x\to 0}\frac{\sqrt[3]{(x+1)^2}+\sqrt[3]{x+1}+1}{\sqrt{x+1}+1}=\frac{3}{2}.$$

(5) **解**　由于

$$\frac{1}{1\times 3}+\frac{1}{3\times 5}+\cdots+\frac{1}{(2n-1)(2n+1)}$$

$$=\frac{1}{2}\left(\left(1-\frac{1}{3}\right)+\left(\frac{1}{3}-\frac{1}{5}\right)+\cdots+\left(\frac{1}{2n-1}-\frac{1}{2n+1}\right)\right)$$

$$=\frac{1}{2}\left(1-\frac{1}{2n+1}\right),$$

所以

$$\lim_{n\to\infty}\left[\frac{1}{1\times 3}+\frac{1}{3\times 5}+\cdots+\frac{1}{(2n-1)(2n+1)}\right]$$
$$=\lim_{n\to\infty}\frac{1}{2}\left(1-\frac{1}{2n+1}\right)=\frac{1}{2}.$$

(6)2.

6. **解** 由于

$$\lim_{x\to -1^-}f(x)=-2,\ \lim_{x\to -1^+}f(x)=\lim_{x\to -1^+}(x^2+ax+b)=1-a+b,$$
$$\lim_{x\to 1^-}f(x)=\lim_{x\to 1^-}(x^2+ax+b)=1+a+b,\ \lim_{x\to 1^+}f(x)=2,$$

依题意,得

$$\begin{cases}1-a+b=-2\\ 1+a+b=2\end{cases},$$

解得 $a=2,b=-1$.

7.(1)(同第 6 题)$a=-1$.

(2)$a=-1,b=-2$.

8. **解** 由于

$$f(x)=\begin{cases}|x| & |x|\leqslant 1\\ \dfrac{x}{|x|} & 1<|x|\leqslant 3\end{cases}=\begin{cases}-1 & -3\leqslant x<-1\\ -x & -1\leqslant x<0\\ x & 0\leqslant x\leqslant 1\\ 1 & 1<x\leqslant 3\end{cases},$$

从中可知

$$\lim_{x\to -1^-}f(x)=-1\neq\lim_{x\to -1^+}f(x)=1,\ \lim_{x\to 0^-}f(x)=\lim_{x\to 0^+}f(x)=f(0)=0,$$
$$\lim_{x\to 1^-}f(x)=1=\lim_{x\to 1^+}f(x)=f(1),$$

所以函数 $f(x)$ 的连续区间为$[-3,-1)\cup[1,3]$. 图形略.

9. **解** 由于

$$\lim_{x\to 0}f(x)=\lim_{x\to 0}\frac{\sqrt{2+x}-\sqrt{2-x}}{x}$$
$$=\lim_{x\to 0}\frac{(\sqrt{2+x}-\sqrt{2-x})(\sqrt{2+x}+\sqrt{2-x})}{x(\sqrt{2+x}+\sqrt{2-x})}$$
$$=\lim_{x\to 0}\frac{2}{\sqrt{2+x}+\sqrt{2-x}}=\frac{\sqrt{2}}{2},$$

所以补充定义 $f(0)=\dfrac{\sqrt{2}}{2}$,则有$\lim\limits_{x\to 0}f(x)=f(0)=\dfrac{\sqrt{2}}{2}$,故此时函数 $f(x)$ 在

$x=0$ 处的连续.

10.

闭区间上连续函数零点存在定理 如果函数 $f(x)$ 在闭区间 $[a,b]$ 上连续,且 $f(a)\cdot f(b)<0$,则在 (a,b) 内至少有一点 ξ,使得 $f(\xi)=0$.

证明 设 $f(x)=x^5-3x-1$,显然 $f(x)$ 的定义域为 $(-\infty,+\infty)$,故 $f(x)$ 在区间 $(-\infty,+\infty)$ 内连续,因而在 $(1,2)$ 内连续,且 $f(1)=-3<0$,$f(2)=25>0$,由闭区间上连续函数零点存在定理知,在 $(1,2)$ 内至少存在一个 ξ 使得 $f(\xi)=0$,故 $x^5-3x-1=0$ 在 $(1,2)$ 内至少有一个实根.

(C 层)

1. **解** 由于

$$f[g(x)]=\sqrt{\lg\frac{5x-x^2}{4}},$$

要使得它有意义,x 必须满足

$$\begin{cases}\lg\dfrac{5x-x^2}{4}\geqslant 0\\ \dfrac{5x-x^2}{4}>0\end{cases},\text{即}\begin{cases}\dfrac{5x-x^2}{4}\geqslant 1\\ \dfrac{5x-x^2}{4}>0\end{cases},$$

解得 $1\leqslant x\leqslant 4$,所以 $f[g(x)]$ 的定义域为 $[1,4]$.

2. **解** 令 $x^2-1=u$,则 $x^2=u+1$,故有 $f(u)=\ln\dfrac{u+1}{u-1}$,即 $f(x)=\ln\dfrac{x+1}{x-1}$,已知 $f[g(x)]=\ln x$,得 $g(x)=\dfrac{x+1}{x-1}$.

3. **解** $f(-x)=\ln[\sqrt{(-x)^2+a^2}-x]=\ln\dfrac{a^2}{\sqrt{(-x)^2+a^2}+x}$

$$=\ln a^2-\ln(\sqrt{x^2+a^2}+x),$$

如果 $a^2=1$,则有 $f(-x)=-\ln(\sqrt{x^2+a^2}+x)=-f(x)$,这时 $f(x)$ 是奇函数.

如果 $a^2\neq 1$,则函数 $f(x)$ 是非奇非偶函数.

4.

$$\sin\alpha-\sin\beta=2\sin\frac{\alpha-\beta}{2}\cos\frac{\alpha+\beta}{2},\sin\alpha+\sin\beta=2\sin\frac{\alpha+\beta}{2}\cos\frac{\alpha-\beta}{2},$$

$$\cos\alpha+\cos\beta=2\cos\frac{\alpha+\beta}{2}\cos\frac{\alpha-\beta}{2},\cos\alpha-\cos\beta=-2\sin\frac{\alpha+\beta}{2}\sin\frac{\alpha-\beta}{2}.$$

(1) **解**

$$\lim_{x\to+\infty}(\sin\sqrt{x+1}-\sin\sqrt{x})=2\lim_{x\to+\infty}\sin\frac{\sqrt{x+1}-\sqrt{x}}{2}\cos\frac{\sqrt{x+1}+\sqrt{x}}{2}$$

$$=2\lim_{x\to+\infty}\frac{\sin\dfrac{1}{2(\sqrt{x+1}+\sqrt{x})}}{\dfrac{1}{2(\sqrt{x+1}+\sqrt{x})}}\cdot$$

$$\lim_{x\to+\infty}\frac{1}{2(\sqrt{x+1}+\sqrt{x})}\cos\frac{\sqrt{x+1}+\sqrt{x}}{2}$$

$$=2\times1\times0=0.$$

(2) **解**

$$\lim_{x\to\infty}\frac{\sqrt{x^2+1}}{|x|+1}=\lim_{x\to\infty}\frac{|x|\sqrt{1+\frac{1}{x^2}}}{|x|+1}=\lim_{x\to\infty}\left[1-\frac{1}{|x|+1}\right]\sqrt{1+\frac{1}{x^2}}=1.$$

5. **解** 由于$\lim\limits_{x\to\infty}\left(\dfrac{x+2a}{x-2a}\right)^x=\lim\limits_{x\to\infty}\left(\dfrac{1+\dfrac{2a}{x}}{1-\dfrac{2a}{x}}\right)^x=\dfrac{\lim\limits_{x\to\infty}\left(1+\dfrac{2a}{x}\right)^x}{\lim\limits_{x\to\infty}\left(1-\dfrac{2a}{x}\right)^x}=\dfrac{e^{2a}}{e^{-2a}}=$ e^{4a},所以 $e^{4a}=16=e^{\ln16}$,故 $a=\ln2$.

6. **解** 因为$\lim\limits_{x\to0}\dfrac{f(x)}{x}=1$,又$\lim\limits_{x\to0}x=0$,所以有$\lim\limits_{x\to0}f(x)=0$,故

$$\lim_{x\to0}\frac{\sqrt{1+f(x)}-1}{x}=\lim_{x\to0}\frac{f(x)}{x[\sqrt{1+f(x)}+1]}$$

$$=\lim_{x\to0}\frac{f(x)}{x}\lim_{x\to0}\frac{1}{\sqrt{1+f(x)}+1}=\frac{1}{2}.$$

7.

无穷小量与有界变量的乘积仍为无穷小量.

解 因为当 $x\to 0$ 时，$\left|\cos\dfrac{1}{x}\right|\leqslant 1$，且 $\lim\limits_{x\to 0}\sin x=0$，所以 $\lim\limits_{x\to 0}f(x)=\lim\limits_{x\to 0}\sin x\cos\dfrac{1}{x}=0$，因此若补充 $f(0)=0$，则有 $\lim\limits_{x\to 0}f(x)=f(0)=0$，即此时函数 $f(x)$ 在 $x=0$ 处连续.

8. (1) $a=1$. (2) $a\neq 1$. (3) $(-\infty,0)\cup(0,+\infty)$.

9. **解** 因为 $\dfrac{1}{ax^2+bx+c}=o\left(\dfrac{1}{x+1}\right)$，所以 $\lim\limits_{x\to\infty}\dfrac{\dfrac{1}{ax^2+bx+c}}{\dfrac{1}{x+1}}=\lim\limits_{x\to\infty}\dfrac{x+1}{ax^2+bx+c}=0$，故 $a\neq 0$，b，c 为任意常数.

10. **证明** 设 $f(x)=\sin x+x+1$，显然 $f(x)$ 的定义域为 $(-\infty,+\infty)$，故 $f(x)$ 在区间 $(-\infty,+\infty)$ 内连续，因而在 $\left(-\dfrac{\pi}{2},\dfrac{\pi}{2}\right)$ 内连续，且 $f\left(-\dfrac{\pi}{2}\right)=-\dfrac{\pi}{2}<0$，$f\left(\dfrac{\pi}{2}\right)=\dfrac{\pi}{2}+2>0$，即 $f\left(-\dfrac{\pi}{2}\right)\cdot f\left(\dfrac{\pi}{2}\right)<0$，所以在 $\left(-\dfrac{\pi}{2},\dfrac{\pi}{2}\right)$ 内至少存在一个 ξ 使得 $f(\xi)=0$，故 $\sin x+x+1=0$ 在 $\left(-\dfrac{\pi}{2},\dfrac{\pi}{2}\right)$ 内至少有一个实根.

自测题

(A 层)

一、填空题

1. 设函数 $f(x)=\dfrac{\sin x}{\sqrt{x^2-9}}+\ln x$，则 $f(x)$ 的定义域是________.

2. 设函数 $f(x)=\sqrt{4+x^2}$，则 $f[f(0)]=$ ________.

3. 已知函数 $f(x)=e^x+1$，则其反函数 $f^{-1}(x)=$ ________.

4. 函数 $y=\sin^2 x$ 是由________ 和________ 复合而成的.

5. 设函数 $f(x)=\begin{cases}2+x & x<0\\ 2-x^3 & x>0\end{cases}$，则 $\lim\limits_{x\to 0^+}f(x)$ ________.

6. 已知 $\alpha(x)=\sin x$，$\beta(x)=x$，则当 $x\to 0$ 时，$\alpha(x)$ 与 $\beta(x)$ 是________无穷小量.

7. $\lim\limits_{n\to\infty}\dfrac{3n^2+1}{4n^2+2n+1}=$ ________.

8. $\lim\limits_{x\to\infty}\dfrac{\sin x}{x}=$ ________.

9. 函数 $y=\dfrac{\sqrt{x+1}}{x(x+1)}$ 的连续区间是________.

10. $\lim\limits_{x\to\infty}\left(1+\dfrac{2}{x}\right)^{2x}=$ ________.

二、选择题

1. 下列函数中，(　　) 是奇函数.

(A) $2+\sin^3 x$　　(B) $x\tan x$　　(C) $x|x|$　　(D) $\sin x\cdot\dfrac{e^x-1}{e^x+1}$

2. 函数 $y=10^x+1$ 与 $y=\lg(x-1)$ 的图形关于直线(　　) 对称.

(A) $y=x-1$　　(B) $y=x$　　(C) $y=-x$　　(D) $y=0$

3. $\lim\limits_{x\to x_0^-}f(x)$ 与 $\lim\limits_{x\to x_0^+}f(x)$ 都存在且相等是函数 $f(x)$ 在 $x=x_0$ 处有极限

的(　　).

(A) 必要条件　　(B) 充分条件

(C) 充要条件　　(D) 无关条件

4. $\lim\limits_{x\to 0}\left(x\sin\dfrac{1}{x}+\dfrac{1}{x}\sin x\right)=$(　　).

(A)0　　(B)1　　(C)2　　(D) 不存在

5. 当 $x\to 0$ 时,(　　) 与 $\ln(1+x)$ 是等价无穷小量.

(A)x　　(B)$2x$　　(C)x^2　　(D)$2x^2$

6. 函数 $f(x)=\begin{cases}x^2-1 & x\leqslant 1\\ x^2+1 & x>1\end{cases}$ 在 $x=1$ 处不连续,是因为(　　).

(A)$f(x)$ 在 $x=1$ 处没有定义　　(B) $\lim\limits_{x\to 1^-}f(x)$ 不存在

(C) $\lim\limits_{x\to 1^+}f(x)$ 不存在　　(D) $\lim\limits_{x\to 1}f(x)$ 不存在

7. $\lim\limits_{x\to 0}\dfrac{x}{\sqrt{1+x}-1}=$(　　).

(A)1　　(B)2　　(C)0　　(D)∞

8. 设 $f\left(\dfrac{1}{x}\right)=\left(\dfrac{x+1}{x}\right)^2$,则 $f(x)=$(　　).

(A)$\left(\dfrac{x+1}{x}\right)^2$　　(B)$(x+1)^2$　　(C)$\left(\dfrac{x}{x+1}\right)^2$　　(D)$1+x^2$

9. 设 $f(x)=\begin{cases}\dfrac{\sin x}{2x} & x<0\\ \dfrac{1}{2}k & x>0\end{cases}$,如果 $\lim\limits_{x\to 0}f(x)$ 存在,则 $k=$(　　).

(A)1　　(B)0　　(C)2　　(D)4

10. $x=0$ 是函数 $f(x)=x\sin\dfrac{1}{x}$ 的(　　).

(A) 连续点　　(B) 可去间断点

(C) 无穷间断点　　(D) 跳跃间断点

三、解答题

1. 设 $f(x)=\begin{cases}x+2 & x<0\\ 0 & x=0\\ x^2-1 & x>0\end{cases}$,求 $f\{f[f(-1)]\}$.

2. 求下列函数的极限:

(1) $\lim\limits_{x\to 1}\dfrac{x^2-1}{x^2+x-2}$； (2) $\lim\limits_{x\to 3}\dfrac{x^2-3x}{\sqrt{x+1}-2}$； (3) $\lim\limits_{x\to\infty}\dfrac{x^3-27}{3x^3-6x^2+9}$；

(4) $\lim\limits_{x\to 0}(1+2x)^{\frac{1}{x}+3}$； (5) $\lim\limits_{x\to\infty}\left(\dfrac{x+1}{x-1}\right)^x$； (6) $\lim\limits_{n\to\infty}\left(\dfrac{1}{2}+\dfrac{1}{2^2}+\cdots+\dfrac{1}{2^n}\right)$；

(7) $\lim\limits_{x\to 0}\dfrac{\ln(1+2x)}{x}$； (8) $\lim\limits_{x\to 0}\dfrac{x^3-x}{x^2+3x-4}\sin\dfrac{1}{x}$.

3. 如果$\lim\limits_{x\to\infty}\dfrac{3x^k-2x+5}{4x^7-6x^2-5x+9}=\dfrac{3}{4}$,求 k 的值.

4. 设 $f(x)=\begin{cases}3x^2+2 & x<0\\ \dfrac{1}{x}\sin kx & x>0\end{cases}$,如果 $f(x)$ 在 $x=0$ 处的极限存在,求 k 的值.

5. 求 $f(x)=\dfrac{x+1}{x^2-x-2}$ 的间断点及其类型.

(B 层)

一、填空题

1. 已知函数 $f(x)=\log_2(9x^2-6x+5)$,则 $f(1)=$ ________.

2. 若$\lim\limits_{x\to 1}\dfrac{x^2+x+a}{x-1}=3$,则 $a=$ ________.

3. 函数 $f(x)$ 的定义域为$[2,3]$,则 $f(9-x)$ 的定义域是________.

4. 设 $f(x)=\begin{cases}\sqrt{x^2-1} & x<1\\ b & x=1\\ a+x^2 & x>1\end{cases}$在 $x=1$ 处连续,则 $a=$ ________, $b=$ ________.

5. $\lim\limits_{x\to 0}\tan x\left(\dfrac{2}{\sin x}-\dfrac{1}{x}\right)=$ ________.

二、选择题

1. 下列命题中正确的是(　　).

(A) 无穷小量是个绝对值很小很小的数

(B) 无穷大量是个绝对值很大很大的数

(C) x 为无穷小量

(D) 0 为无穷小量

2. 函数(　　)在其定义域内连续.

(A) $f(x)=\dfrac{1}{x}$　　(B) $f(x)=\begin{cases}\sin x & x\leqslant 0\\ \cos x & x>0\end{cases}$

(C) $f(x)=\begin{cases}x+1 & x<0\\ 0 & x=0\\ x-1 & x>0\end{cases}$　　(D) $f(x)=\begin{cases}\dfrac{1}{|x|} & x\neq 0\\ 0 & x=0\end{cases}$

3. 设 $\lim\limits_{x\to\infty}\dfrac{(x+1)^{97}(ax+1)^{3}}{(x^2+1)^{50}}=8$，则 a 的值为(　　).

(A)1　　(B)2　　(C)3　　(D) 以上都不对

4. 函数 $f(x)=\dfrac{\ln(x+1)}{x^2-2x-8}$ 的间断点是(　　).

(A) $x=-2, x=-1, x=4$　　(B) $x=-2, x=4$

(C) $x=-2, x=-1$　　(D) $x=4$

5. 设函数 $f(\dfrac{1}{x})=4x-\sqrt{1+x^2}$，则 $f(x)=$ (　　).

(A) $\dfrac{4}{x}-\dfrac{\sqrt{x^2+1}}{x}$　　(B) $\dfrac{4}{x}-\dfrac{\sqrt{x^2+1}}{|x|}$

(C) $4x-\sqrt{x^2+1}$　　(D) $\dfrac{1}{4x}-\sqrt{x^2-1}$

三、解答题

1. 函数 $f(x)=\dfrac{\sqrt{x+1}}{\sqrt{x-1}}$ 和 $g(x)=\sqrt{\dfrac{x+1}{x-1}}$ 是否是同一函数?为什么?

2. 已知当 $x\to 1$ 时，$\ln(x^3-3x^2+3x)\sim A(x-1)^k$，求 A、k 的值.

3. 设 $f(x)=\begin{cases}1 & 0\leqslant x\leqslant 1\\ 0 & 1<x\leqslant 2\end{cases}$，求 $f(2x)$ 的定义域.

4. 设 $\lim\limits_{x\to+\infty}(3x-\sqrt{ax^2+bx+1})=2$，求 a、b 的值.

5. 求下列函数极限：

(1) $\lim\limits_{x\to 0}\dfrac{\sqrt{1+x}-1}{\sqrt[3]{1+x}-1}$；　　(2) $\lim\limits_{x\to 0}\dfrac{6x^4+5x^2}{2x^4-10x^2}$；

(3) $\lim\limits_{x\to 0}(1+\sin^2 x)^{\frac{1}{1-\cos 2x}}$；　　(4) $\lim\limits_{x\to\infty}\dfrac{x^2\sin\dfrac{1}{x}}{\sqrt{2x^2-1}}$.

6. 已知 $\lim\limits_{x\to\infty}\ln\left(\dfrac{x+2a}{x-2a}\right)^{x}=16$，求 a 的值.

7. 设函数 $f(x)=\begin{cases} ae^x & x<0 \\ b-1 & x=0 \\ bx+1 & x>0 \end{cases}$ 在 $x=0$ 处连续，求 a、b 的值.

(C 层)

一、填空题

1. 已知 $f(x)=e^x$，$f[g(x)]=1-x^2$，则 $g(x)=$ ________.

2. 当 $k=$ ________ 时，函数 $f(x)=\begin{cases} \dfrac{x^3-4x}{x^2-4} & x\neq 2 \\ k & x=2 \end{cases}$ 在 $x=2$ 处连续.

3. $\lim\limits_{n\to\infty}\left(\sqrt{n+5\sqrt{n}}-\sqrt{n-\sqrt{n}}\right)=$ ________.

4. 已知 $f(x)=x^2$，则 $\lim\limits_{h\to 0}\dfrac{f(3-h)-f(3)}{h}=$ ________.

5. 已知函数 $f(x)=\begin{cases} 1 & |x|\leqslant 1 \\ 0 & |x|>1 \end{cases}$，则 $f[f(x)]=$ ________.

二、选择题

1. 设 $f(x)=\begin{cases} x^2-1 & -1\leqslant x<0 \\ x & 0\leqslant x<1 \\ 2-x & 1\leqslant x\leqslant 2 \end{cases}$，则结论(　　)是正确的.

(A) $f(x)$ 在 $x=0$，$x=1$ 处间断

(B) $f(x)$ 在 $x=0$，$x=1$ 处连续

(C) $f(x)$ 在 $x=0$ 处间断，在 $x=1$ 处连续

(D) $f(x)$ 在 $x=0$ 处连续，在 $x=1$ 处间断

2. 下列函数(　　)是偶函数.

(A) $y=\ln\left(x+\sqrt{x^2+1}\right)$

(B) $y=\dfrac{e^x-1}{e^x+1}$

(C) $y=F(x)\sin x$，其中 $F(x)$ 为奇函数

(D) $y=(x^3-x)\cos x$

3. 当 $x\to 2$ 时，函数 $\dfrac{x^2-4}{x-2}e^{\frac{1}{x-2}}$ 的极限(　　).

(A) 等于 0　　(B) 等于 4　　(C) 为 ∞　　(D) 不存在，但不为 ∞

4. $\lim\limits_{n\to\infty}\left[\frac{1}{1\cdot 3}+\frac{1}{3\cdot 5}+\cdots+\frac{1}{(2n+1)\cdot(2n+3)}\right]=($　　$)$.

(A)0　　(B) $\frac{1}{2}$　　(C)2　　(D) 不存在

5. 设函数 $f(x)=x\tan x e^{\sin x}$，则 $f(x)$ 是(　　).

(A) 偶函数　　(B) 无界函数

(C) 周期函数　　(D) 单调函数

三、解答题

1. 已知 $2f(x)+f(1-x)=e^x$，求 $f(x)$.

2. 设 $\lim\limits_{x\to 1}f(x)$ 存在，且 $f(x)=4x^2-3x\lim\limits_{x\to 1}f(x)$，求 $f(x)$.

3. 设 $f(x-1)=\begin{cases}x & x>1\\ x-2 & x\leqslant 1\end{cases}$，$g(x)=\begin{cases}-e^x & x>0\\ e^x & x\leqslant 0\end{cases}$，求 $\lim\limits_{x\to 0}[f(x)g(x)]$.

4. 已知 $\lim\limits_{x\to\infty}\left(\frac{x^2+1}{x+1}-ax+b\right)=3$，求常数 a、b.

5. 设 $f(x)=\begin{cases}x & -\infty<x<1\\ x^2 & 1\leqslant x\leqslant 4\\ 2^x & 4<x<+\infty\end{cases}$，求 $f^{-1}(x)$.

6. 已知函数 $f(x)=\begin{cases}x+e^x & x>0\\ \sin x+b & x\leqslant 0\end{cases}$ 在 $x=0$ 处连续，求 b 的值.

7. 求 $\lim\limits_{x\to 1}\frac{\ln(1+\sqrt[3]{x-1})}{\arcsin 2\sqrt[3]{x^2-1}}$.

8. 讨论函数 $f(x)=\begin{cases}x^{\alpha}\sin\frac{1}{x} & x<0\\ e^x+\beta & x\geqslant 0\end{cases}$ 在 $x=0$ 的连续性.

自测题参考答案

(A 层)

一、填空题

1. $\{x \mid x > 3\}$.

分析 要使得函数 $f(x) = \dfrac{\sin x}{\sqrt{x^2 - 9}} + \ln x$ 有意义,x 必须满足方程组 $\begin{cases} x^2 - 9 > 0 \\ x > 0 \end{cases}$,解该方程组得 $x > 3$,所以函数 $f(x)$ 的定义域是 $\{x \mid x > 3\}$.

2. $2\sqrt{2}$.

分析 因为 $f(0) = \sqrt{4+0} = 2$,所以 $f[f(0)] = f(2) = \sqrt{4+4} = 2\sqrt{2}$.

3. $\ln(x-1), x > 1$.

分析 由 $y = e^x + 1$,得 $\ln(y-1) = \ln e^x = x$,所以函数 $f(x) = e^x + 1$ 的反函数为 $f^{-1}(x) = \ln(x-1), x > 1$.

4. $y = u^2$ 与 $u = \sin x$.

分析 由于 $y = \sin^2 x = (\sin x)^2$,若令 $u = \sin x$,则有 $y = u^2$,所以函数 $y = \sin^2 x$ 是由 $y = u^2$ 和 $u = \sin x$ 复合而成的.

5. 2.

分析 $\lim\limits_{x \to 0^+} f(x) = \lim\limits_{x \to 0^+}(2 - x^3) = 2$.

6. 等价.

分析 因为 $\lim\limits_{x \to 0}\dfrac{\alpha(x)}{\beta(x)} = \lim\limits_{x \to 0}\dfrac{\sin x}{x} = 1$,所以 $\alpha(x)$ 与 $\beta(x)$ 是等价无穷小量.

7. $\dfrac{3}{4}$.

分析 $\lim\limits_{n \to \infty}\dfrac{3n^2+1}{4n^2+2n+1} = \lim\limits_{n \to \infty}\dfrac{n^2\left(3+\dfrac{1}{n^2}\right)}{n^2\left(4+\dfrac{2}{n}+\dfrac{1}{n^2}\right)} = \lim\limits_{n \to \infty}\dfrac{3+\dfrac{1}{n^2}}{4+\dfrac{2}{n}+\dfrac{1}{n^2}} = \dfrac{3}{4}$.

8. 0.

分析　由于 $|\sin x|\leqslant 1$，$\lim\limits_{x\to\infty}\dfrac{1}{x}=0$，所以 $\lim\limits_{x\to\infty}\dfrac{\sin x}{x}=0$.

9. $(-1,0)\cup(0,+\infty)$.

分析　初等函数 $y=f(x)$ 的连续区间就是函数定义域区间.

要使得函数 $y=\dfrac{\sqrt{x+1}}{x(x+1)}$ 有意义，x 必须满足 $x>-1$，且 $x\neq 0$，所以它的连续区间为 $(-1,0)\cup(0,+\infty)$.

10. e^4.

分析　$\lim\limits_{x\to\infty}\left(1+\dfrac{2}{x}\right)^{2x}=\left[\lim\limits_{x\to\infty}\left(1+\dfrac{1}{\frac{x}{2}}\right)^{\frac{x}{2}}\right]^4=e^4$.

二、选择题

1. C.

分析　利用奇、偶函数的定义来判断. 通过计算可知 $f(-x)=-x|-x|=-x|x|=-f(x)$，所以选 C.

2. B.

分析　由于 $y=10^x+1$，通过移项得 $y-1=10^x$，两边同时取以 10 为底的对数得 $x=\lg(y-1)$，由此可见 $y=10^x+1$ 与 $y=\lg(x-1)$ 是互为反函数，所以它们关于直线 $y=x$ 对称，故选 B.

3. C.

分析　这是极限存在的充分必要条件.

4. B.

分析　由于 $\lim\limits_{x\to 0}\left(x\sin\dfrac{1}{x}+\dfrac{1}{x}\sin x\right)=\lim\limits_{x\to 0}x\sin\dfrac{1}{x}+\lim\limits_{x\to 0}\dfrac{1}{x}\sin x=0+1=1$，所以选 B.

5. A.

分析　因为 $\lim\limits_{x\to 0}\dfrac{\ln(1+x)}{x}=\lim\limits_{x\to 0}\ln(1+x)^{\frac{1}{x}}=\ln e=1$，所以 $\ln(1+x)$ 与 x 是等价无穷小量，故选 A.

6. D.

分析　通过计算可知 $\lim\limits_{x\to 1^+}f(x)=\lim\limits_{x\to 1^+}(1+x^2)=2$，$\lim\limits_{x\to 1^-}f(x)=\lim\limits_{x\to 1^-}(x^2-1)=0$，且 $f(1)=1-1=0$，显然可以排除 A、B、C，故选 D.

7. B.

分析 由于$\lim\limits_{x\to 0}\dfrac{x}{\sqrt{1+x}-1}=\lim\limits_{x\to 0}\dfrac{x(\sqrt{1+x}+1)}{x}=\lim\limits_{x\to 0}(\sqrt{1+x}+1)=2$，所以选 B.

8. B.

分析 若令$\dfrac{1}{x}=u$，则有 $f(u)=(1+u)^2$，所以 $f(x)=(1+x)^2$，故选 B.

9. A.

分析 由于$\lim\limits_{x\to 0^+}f(x)=\dfrac{1}{2}k$，$\lim\limits_{x\to 0^-}f(x)=\lim\limits_{x\to 0^-}\dfrac{\sin x}{2x}=\dfrac{1}{2}$，且$\lim\limits_{x\to 0}f(x)$存在，所以$\dfrac{1}{2}k=\dfrac{1}{2}$，即 $k=1$，故选 A.

10. B.

分析 当 $x=0$ 时，函数 $f(x)$ 没有定义，但$\lim\limits_{x\to 0}x\sin\dfrac{1}{x}=0$，所以 $x=0$ 是函数的间断点，且是可去间断点.

三、解答题

1. **解** $f\{f[f(-1)]\}=f[f(-1+2)]=f[f(1)]=f(1-1)=f(0)=0.$

2. (1) **解** $\lim\limits_{x\to 1}\dfrac{x^2-1}{x^2+x-2}=\lim\limits_{x\to 1}\dfrac{(x-1)(x+1)}{(x-1)(x+2)}=\lim\limits_{x\to 1}\dfrac{x+1}{x+2}=\dfrac{2}{3}.$

(2) **解**
$$\lim_{x\to 3}\frac{x^2-3x}{\sqrt{x+1}-2}=\lim_{x\to 3}\frac{(x^2-3x)(\sqrt{x+1}+2)}{(\sqrt{x+1}-2)(\sqrt{x+1}+2)}$$
$$=\lim_{x\to 3}\frac{x(x-3)(\sqrt{x+1}+2)}{x+1-4}$$
$$=\lim_{x\to 3}x(\sqrt{x+1}+2)=12.$$

(3) **解**
$$\lim_{x\to\infty}\frac{x^3-27}{3x^3-6x^2+9}=\lim_{x\to\infty}\frac{x^3\left(1-\frac{27}{x^3}\right)}{x^3\left(3-\frac{6}{x}+\frac{9}{x^3}\right)}$$
$$=\lim_{x\to\infty}\frac{1-\frac{27}{x^3}}{3-\frac{6}{x}+\frac{9}{x^3}}=\frac{1}{3}.$$

(4) **解**
$$\lim_{x\to 0}(1+2x)^{\frac{1}{x}+3}=\lim_{x\to 0}(1+2x)^{\frac{1}{x}}\lim_{x\to 0}(1+2x)^3$$
$$=\left[\lim_{x\to 0}(1+2x)^{\frac{1}{2x}}\right]^2=\mathrm{e}^2.$$

(5) **解** $\lim\limits_{x\to\infty}\left(\frac{x+1}{x-1}\right)^x=\lim\limits_{x\to\infty}\left(\frac{1+\frac{1}{x}}{1-\frac{1}{x}}\right)^x=\frac{\lim\limits_{x\to\infty}\left(1+\frac{1}{x}\right)^x}{\lim\limits_{x\to\infty}\left(1+\frac{1}{-x}\right)^{-x\cdot(-1)}}$

$$=\frac{\mathrm{e}}{\mathrm{e}^{-1}}=\mathrm{e}^2.$$

(6) **解** $\lim\limits_{n\to\infty}\left(\frac{1}{2}+\frac{1}{2^2}+\cdots+\frac{1}{2^n}\right)=\lim\limits_{n\to\infty}\frac{\frac{1}{2}\left(1-\frac{1}{2^n}\right)}{1-\frac{1}{2}}=1.$

(7) **解** $\lim\limits_{x\to 0}\frac{\ln(1+2x)}{x}=\lim\limits_{x\to 0}\ln(1+2x)^{\frac{1}{x}}=\lim\limits_{x\to 0}\ln\left[(1+2x)^{\frac{1}{2x}}\right]^2=2.$

(8) **解** 因为$\lim\limits_{x\to 0}\frac{x^3-x}{x^2+3x-4}=0$,且$\left|\sin\frac{1}{x}\right|\leqslant 1$,所以

$$\lim_{x\to 0}\frac{x^3-x}{x^2+3x-4}\sin\frac{1}{x}=0.$$

3. **解** 由于$\lim\limits_{x\to\infty}\frac{3x^k-2x+5}{4x^7-6x^2-5x+9}=\frac{3}{4}$,所以$3x^k-2x+5$的最高次要与$4x^7-6x^2-5x+9$的最高次相等,故$k=7$.

4. **解** 因为$\lim\limits_{x\to 0^-}f(x)=\lim\limits_{x\to 0^-}(3x^2+2)=2$,$\lim\limits_{x\to 0^+}f(x)=\lim\limits_{x\to 0^+}\left(\frac{1}{x}\sin kx\right)=\lim\limits_{x\to 0^+}\frac{kx}{x}=k$,已知$f(x)$在$x=0$处的极限存在,所以$\lim\limits_{x\to 0^-}f(x)=\lim\limits_{x\to 0^+}f(x)$,即$k=2$.

5. **解** 因为$f(x)=\frac{x+1}{x^2-x-2}=\frac{x+1}{(x+1)(x-2)}$,所以当$x=-1$,$x=2$时,函数$f(x)$无意义,但

$$\lim_{x\to -1}f(x)=\lim_{x\to -1}\frac{x+1}{x^2-x-2}=\lim_{x\to -1}\frac{x+1}{(x+1)(x-2)}$$

$$=\lim_{x\to -1}\frac{1}{x-2}=-\frac{1}{3},$$

$$\lim_{x\to 2}f(x)=\lim_{x\to 2}\frac{x+1}{x^2-x-2}=\lim_{x\to 2}\frac{x+1}{(x+1)(x-2)}$$

$$=\lim_{x\to 2}\frac{1}{x-2}=\infty,$$

所以$x=-1$是函数$f(x)$的第一类间断点,且是可去间断点,$x=2$是函数$f(x)$的第二类间断点.

(B 层)

一、填空题

1. 3.

分析 由于 $f(1)=\log_2(9-6+5)=\log_2 8=3$.

2. -2.

分析 由于 $\lim\limits_{x\to1}\dfrac{x^2+x-2}{x-1}=\lim\limits_{x\to1}(x+2)=3$,所以 $a=-2$.

3. $[6,7]$.

分析 由题意知 $2\leqslant 9-x\leqslant 3$,可得 $6\leqslant x\leqslant 7$,所以 $f(9-x)$ 的定义域是$[6,7]$.

4. $-1,0$.

分析 通过计算可知 $\lim\limits_{x\to1^-}f(x)=\lim\limits_{x\to1^-}\sqrt{x^2-1}=0$, $\lim\limits_{x\to1^+}f(x)=\lim\limits_{x\to1^+}(a+x^2)=a+1$,$f(1)=b$,而已知函数 $f(x)$ 在 $x=1$ 处连续,所以有 $0=a+1=b$,即得 $a=-1,b=0$.

5. 1.

分析

$$\lim_{x\to0}\tan x\left(\frac{2}{\sin x}-\frac{1}{x}\right)=\lim_{x\to0}\frac{\sin x}{\cos x}\cdot\frac{2x-\sin x}{x\sin x}$$
$$=\lim_{x\to0}\frac{1}{\cos x}\lim_{x\to0}\left(2-\frac{\sin x}{x}\right)=2-1=1.$$

二、选择题

1. D.

分析 无穷小量是一个变量,若当自变量 $x\to x_0$(或 $x\to\infty$)时,因变量 $f(x)\to0$,则称变量 $f(x)$ 是在 $x\to x_0$(或 $x\to\infty$)时的无穷小量,同理无穷大量也是一个变量,由此可排除 A、B、C,故选 D. 0 是唯一一个常量的无穷小量.

2. A.

分析 初等函数的定义域就是该函数的连续区间,因此函数 $f(x)=\dfrac{1}{x}$ 在其定义域内连续,故可直接选 A.

3. B.

分析 由于
$$\lim_{x\to\infty}\frac{(x+1)^{97}(ax+1)^3}{(x^2+1)^{50}}=\lim_{x\to\infty}\frac{\left(1+\dfrac{1}{x}\right)^{97}\left(a+\dfrac{1}{x}\right)^3}{\left(1+\dfrac{1}{x^2}\right)^{50}}=a^3=8,$$

所以 $a=2$,故选 B.

4. D.

分析 因为 $f(x)=\dfrac{\ln(x+1)}{x^2-2x-8}=\dfrac{\ln(x+1)}{(x-4)(x+2)}$,所以当 $x=-2,x=-1,x=4$ 时,函数 $f(x)$ 没有意义,函数 $f(x)$ 的定义域为 $(-1,4)\cup(4,+\infty)$,故选 D.

5. B.

分析 令 $\dfrac{1}{x}=t$,则 $x=\dfrac{1}{t}$,所以 $f(t)=\dfrac{4}{t}-\sqrt{1+\dfrac{1}{t^2}}=\dfrac{4}{t}-\sqrt{\dfrac{t^2+1}{t^2}}=\dfrac{4}{t}-\dfrac{\sqrt{t^2+1}}{|t|}$,故选 B.

三、解答题

1. **解** 函数 $f(x)=\dfrac{\sqrt{x+1}}{\sqrt{x-1}}$ 的定义域是 $(1,+\infty)$,函数 $g(x)=\sqrt{\dfrac{x+1}{x-1}}$ 的定义域是 $(-\infty,-1)\cup(1,+\infty)$,显然它们的定义域不相同,所以它们不是相同的函数.

2. **解** 由已知可得 $\lim\limits_{x\to 1}\dfrac{\ln(x^3-3x^2+3x)}{A(x-1)^k}=\lim\limits_{x\to 1}\dfrac{\ln[1+(x-1)^3]}{A(x-1)^k}=\lim\limits_{x\to 1}\dfrac{(x-1)^3}{A(x-1)^k}=1$,所以 $A=1,k=3$.

3. **解** 令 $2x=t$,则 $f(2x)=f(t)=\begin{cases}1 & 0\leqslant t\leqslant 1\\ 0 & 1<t\leqslant 2\end{cases}=\begin{cases}1 & 0\leqslant 2x\leqslant 1\\ 0 & 1<2x\leqslant 2\end{cases}=\begin{cases}1 & 0\leqslant x\leqslant \dfrac{1}{2}\\ 0 & \dfrac{1}{2}<2x\leqslant 1\end{cases}$,所以 $f(2x)$ 的定义域是 $[0,1]$.

4. **解**
$$\begin{aligned}&\lim_{x\to+\infty}(3x-\sqrt{ax^2+bx+1})\\ &=\lim_{x\to+\infty}\frac{(3x-\sqrt{ax^2+bx+1})(3x+\sqrt{ax^2+bx+1})}{3x+\sqrt{ax^2+bx+1}}\\ &=\lim_{x\to+\infty}\frac{(9-a)x^2-bx-1}{3x+\sqrt{ax^2+bx+1}}=2,\end{aligned}$$

所以 $\begin{cases}9-a=0\\ \dfrac{-b}{3+\sqrt{a}}=2\end{cases}$,解得 $a=9,b=-12$.

5.(1) **解**

$$\lim_{x\to 0}\frac{\sqrt{1+x}-1}{\sqrt[3]{1+x}-1}$$

$$=\lim_{x\to 0}\frac{(\sqrt{1+x}-1)(\sqrt{1+x}+1)(\sqrt[3]{(1+x)^2}+\sqrt[3]{1+x}+1)}{(\sqrt[3]{1+x}-1)(\sqrt[3]{(1+x)^2}+\sqrt[3]{1+x}+1)(\sqrt{1+x}+1)}$$

$$=\lim_{x\to 0}\frac{\sqrt[3]{(1+x)^2}+\sqrt[3]{1+x}+1}{\sqrt{1+x}+1}=\frac{3}{2}.$$

(2) **解** $\lim\limits_{x\to 0}\dfrac{6x^4+5x^2}{2x^4-10x^2}=\lim\limits_{x\to 0}\dfrac{6x^2+5}{2x^2-10}=-\dfrac{1}{2}.$

(3) **解** $\lim\limits_{x\to 0}(1+\sin^2 x)^{\frac{1}{1-\cos 2x}}=\lim\limits_{x\to 0}(1+\sin^2 x)^{\frac{1}{2\sin^2 x}}$

$=\left[\lim\limits_{x\to 0}(1+\sin^2 x)^{\frac{1}{\sin^2 x}}\right]^{\frac{1}{2}}=e^{\frac{1}{2}}.$

(4) **解** $\lim\limits_{x\to\infty}\dfrac{x^2\sin\dfrac{1}{x}}{\sqrt{2x^2-1}}=\lim\limits_{x\to\infty}\dfrac{x^2\cdot\dfrac{1}{x}}{\sqrt{2x^2-1}}=\lim\limits_{x\to\infty}\dfrac{x}{\sqrt{2x^2-1}}=\dfrac{1}{\sqrt{2}}=\dfrac{\sqrt{2}}{2}.$

6. **解** 由于$\lim\limits_{x\to\infty}\left(\dfrac{x+2a}{x-2a}\right)^x=\lim\limits_{x\to\infty}\left(\dfrac{1+\dfrac{2a}{x}}{1-\dfrac{2a}{x}}\right)^x=\dfrac{\lim\limits_{x\to\infty}\left(1+\dfrac{2a}{x}\right)^x}{\lim\limits_{x\to\infty}\left(1-\dfrac{2a}{x}\right)^x}=e^{4a}$,所以 $\lim\limits_{x\to\infty}\ln\left(\dfrac{x+2a}{x-2a}\right)^x=\ln e^{4a}=4a$,故 $4a=16$,即 $a=4$.

7. **解** 因为$\lim\limits_{x\to 0^-}f(x)=\lim\limits_{x\to 0^-}ae^x=a$,$\lim\limits_{x\to 0^+}f(x)=\lim\limits_{x\to 0^+}(bx+1)=1$,$f(0)=b-1$,依题意得 $a=1=b-1$,所以 $a=1$,$b=2$.

(C层)

一、填空题

1. $\ln(1-x^2)$.

分析 由于 $f(x)=e^x$,所以 $f[g(x)]=e^{g(x)}=1-x^2$,故 $g(x)=\ln(1-x^2)$.

2. 2.

分析 通过计算可得$\lim\limits_{x\to 2}f(x)=\lim\limits_{x\to 2}\dfrac{x^3-4x}{x^2-4}=\lim\limits_{x\to 2}\dfrac{x(x^2-4)}{x^2-4}=\lim\limits_{x\to 2}x=2$,由于函数 $f(x)$ 在 $x=2$ 处连续,所以$\lim\limits_{x\to 2}f(x)=f(2)$,故 $k=2$.

3. 3.

分析

$$\lim_{n\to\infty}\left(\sqrt{n+5\sqrt{n}}-\sqrt{n-\sqrt{n}}\right)$$

$$=\lim_{n\to\infty}\frac{\left(\sqrt{n+5\sqrt{n}}-\sqrt{n-\sqrt{n}}\right)\left(\sqrt{n+5\sqrt{n}}+\sqrt{n-\sqrt{n}}\right)}{\sqrt{n+5\sqrt{n}}+\sqrt{n-\sqrt{n}}}$$

$$=\lim_{n\to\infty}\frac{6\sqrt{n}}{\sqrt{n}\left(\sqrt{1+5\sqrt{\frac{1}{n}}}+\sqrt{1-\sqrt{\frac{1}{n}}}\right)}=\lim_{n\to\infty}\frac{6}{\sqrt{1+5\sqrt{\frac{1}{n}}}+\sqrt{1-\sqrt{\frac{1}{n}}}}$$

$=3.$

4. -6.

分析 $$\lim_{h\to 0}\frac{f(3-h)-f(3)}{h}=\lim_{h\to 0}\frac{(3-h)^2-3^2}{h}=\lim_{h\to 0}\frac{-6h+h^2}{h}$$

$$=\lim_{h\to 0}(-6+h)=-6.$$

5. 1.

分析 当 $|x|\leqslant 1$ 时，$f(x)=1$，此时 $f[f(x)]=f(1)=1$；当 $|x|>1$ 时，$f(x)=0$，此时也有 $f[f(x)]=f(0)=1$，所以 $f[f(x)]=1$.

二、选择题

1. C.

分析 由于 $\lim\limits_{x\to 0^-}f(x)=\lim\limits_{x\to 0^-}(x^2-1)=-1$，$\lim\limits_{x\to 0^+}f(x)=\lim\limits_{x\to 0^+}x=0$，则有 $\lim\limits_{x\to 0^-}f(x)\neq\lim\limits_{x\to 0^+}f(x)$，所以函数 $f(x)$ 在 $x=0$ 处间断；同理可知 $\lim\limits_{x\to 1^-}f(x)=1=\lim\limits_{x\to 1^+}f(x)$，所以函数 $f(x)$ 在 $x=1$ 处连续，故选 C.

2. C.

分析 由于已知 $F(x)$ 是奇函数，且 $\sin x$ 也是奇函数，所以 $y=F(x)\sin x$ 是偶函数，故选 C.

3. D.

分析 由于 $\frac{x^2-4}{x-2}e^{\frac{1}{x-2}}=(x+2)e^{\frac{1}{x-2}}$，通过计算可知 $\lim\limits_{x\to 2^-}(x+2)e^{\frac{1}{x-2}}=0$，$\lim\limits_{x\to 2^+}(x+2)e^{\frac{1}{x-2}}=\infty$，所以当 $x\to 2$ 时，函数 $\frac{x^2-4}{x-2}e^{\frac{1}{x-2}}$ 的极限不存在且不为 ∞，故选 D.

4. B.

分析

$$\lim_{n\to\infty}\left[\frac{1}{1\cdot 3}+\frac{1}{3\cdot 5}+\cdots+\frac{1}{(2n+1)\cdot(2n+3)}\right]$$

$$=\frac{1}{2}\lim_{n\to\infty}\left[\left(\frac{1}{1}-\frac{1}{3}\right)+\left(\frac{1}{3}-\frac{1}{5}\right)+\cdots+\left(\frac{1}{2n+1}-\frac{1}{2n+3}\right)\right]$$

$$=\frac{1}{2}\lim_{n\to\infty}\left[\frac{1}{1}-\frac{1}{2n+3}\right]=\frac{1}{2},$$

故选 B.

5. B.

分析 由于函数 $f(x)$ 不满足 $f(-x)=f(x)$ 及 $f(x+T)=f(x)$，所以函数 $f(x)$ 不是偶函数也不是周期函数，故可排除 A、C，$\tan x$ 在 $(-\infty,+\infty)$ 上不是单调函数，所以也可排除 D，故该题选 B.

三、解答题

1. **解** 用 $1-x$ 替换 $2f(x)+f(1-x)=\mathrm{e}^x$ 中的 x，得 $2f(1-x)+f(x)=\mathrm{e}^{1-x}$，联立两方程得

$$\begin{cases}2f(x)+f(1-x)=\mathrm{e}^x\\2f(1-x)+f(x)=\mathrm{e}^{1-x}\end{cases},$$

解得 $f(x)=\frac{2}{3}\mathrm{e}^x-\frac{1}{3}\mathrm{e}^{1-x}$.

2. **解** 设 $\lim\limits_{x\to 1}f(x)=A$，则 $f(x)=4x^2-3xA$，两边同时取极限得

$$\lim_{x\to 1}f(x)=\lim_{x\to 1}(4x^2-3xA),$$

即 $A=\lim\limits_{x\to 1}(4x^2-3xA)=4-3A$，所以 $A=1$，即 $\lim\limits_{x\to 1}f(x)=1$，代入 $f(x)=4x^2-3x\lim\limits_{x\to 1}f(x)$，得 $f(x)=4x^2-3x$.

3. **解** 令函数 $f(x-1)=\begin{cases}x & x>1\\x-2 & x\leqslant 1\end{cases}$ 中的 $x-1=t$，则

$$f(t)=\begin{cases}t+1 & t+1>1\\t+1-2 & t+1\leqslant 1\end{cases},$$

即 $f(x)=\begin{cases}x+1 & x>0\\x-1 & x\leqslant 0\end{cases}$，所以 $f(x)g(x)=\begin{cases}-(x+1)\mathrm{e}^x & x>0\\(x-1)\mathrm{e}^x & x\leqslant 0\end{cases}$.

由于 $\lim\limits_{x\to 0^-}[f(x)g(x)]=\lim\limits_{x\to 0^-}[-(x+1)\mathrm{e}^x]=-1$，$\lim\limits_{x\to 0^+}[f(x)g(x)]=\lim\limits_{x\to 0^+}(x-1)\mathrm{e}^x=-1$，所以 $\lim\limits_{x\to 0}[f(x)g(x)]=-1$.

4. **解** 由 $\lim\limits_{x\to\infty}\left(\frac{x^2+1}{x+1}-ax+b\right)=\lim\limits_{x\to\infty}\frac{x^2+1+(-ax+b)(x+1)}{x+1}$

$$= \lim_{x\to\infty}\frac{(1-a)x^2+(b-a)x+1+b}{x+1}$$

$$= 3,$$

得 $1-a=0$ 及 $b-a=3$,所以 $a=1,b=4$.

5. **解** 当 $-\infty<x<1$ 时,$f(x)=x$,则 $f^{-1}(x)=x$,且 $-\infty<x<1$;

当 $1\leqslant x\leqslant 4$ 时,$f(x)=x^2$,且 $1\leqslant f(x)=x^2\leqslant 16$,则 $f^{-1}(x)=\sqrt{x}$, $1\leqslant x\leqslant 16$;

当 $4<x<+\infty$ 时,$f(x)=2^x$,且 $16\leqslant f(x)=2^x<+\infty$,则 $f^{-1}(x)=\log_2 x$,$16\leqslant x<+\infty$.故

$$f^{-1}(x)=\begin{cases}x & -\infty<x<1\\ \sqrt{x} & 1\leqslant x\leqslant 16\\ \log_2 x & 16<x<+\infty\end{cases}.$$

6. **解** $\lim\limits_{x\to 0^-}f(x)=\lim\limits_{x\to 0^-}(x+e^x)=1$,$\lim\limits_{x\to 0^+}f(x)=\lim\limits_{x\to 0^+}(\sin x+b)=b$,依题意得 $b=1$.

7. **解** 当 $x\to 1$ 时,$\ln\left(1+\sqrt[3]{x-1}\right)\sim\sqrt[3]{x-1}$,$\arcsin 2\sqrt[3]{x^2-1}\sim 2\sqrt[3]{x^2-1}$,所以

$$\lim_{x\to 1}\frac{\ln\left(1+\sqrt[3]{x-1}\right)}{\arcsin 2\sqrt[3]{x^2-1}}=\lim_{x\to 1}\frac{\sqrt[3]{x-1}}{2\sqrt[3]{x^2-1}}=\lim_{x\to 1}\frac{1}{2\sqrt[3]{x+1}}=\frac{1}{2\sqrt[3]{2}}.$$

8. **解** $\lim\limits_{x\to 0^-}f(x)=\lim\limits_{x\to 0^-}x^\alpha\sin\dfrac{1}{x}=\begin{cases}0 & \alpha>0\\ \text{不存在} & \alpha\leqslant 0\end{cases}$,$\lim\limits_{x\to 0^+}f(x)=\lim\limits_{x\to 0^+}(e^x+\beta)\begin{cases}=0 & \beta=-1\\ \neq 0 & \beta\neq -1\end{cases}$,$f(0)\begin{cases}=0 & \beta=-1\\ \neq 0 & \beta\neq -1\end{cases}$,所以当 $\alpha>0$,$\beta=-1$ 时,函数 $f(x)$ 在 $x=0$ 处连续;当 $\alpha>0$,$\beta\neq -1$ 时,$x=0$ 是函数 $f(x)$ 的跳跃间断点;当 $\alpha\leqslant 0$ 时,$x=0$ 是函数 $f(x)$ 的第二类间断点.

第二章

导数与微分

学习指导及“习题二”参考答案

(A 层)

1.

由导数的定义求函数 $y=f(x)$ 的导数的步骤如下：

(1) 求增量:在 x 处给自变量一个增量 Δx,求出相应的因变量 y 的改变量 $\Delta y=f(x+\Delta x)-f(x)$；

(2) 算比值:比值$\dfrac{\Delta y}{\Delta x}=\dfrac{f(x+\Delta x)-f(x)}{\Delta x}$；

(3) 取极限:$y'=\lim\limits_{\Delta x\to 0}\dfrac{\Delta y}{\Delta x}$.

(1) **解** $\Delta y=\sqrt{4+\Delta x}-\sqrt{4}$,$\dfrac{\Delta y}{\Delta x}=\dfrac{\sqrt{4+\Delta x}-\sqrt{4}}{\Delta x}=\dfrac{1}{\sqrt{4+\Delta x}+\sqrt{4}}$,

$$f'(4)=\lim_{\Delta x\to 0}\frac{\Delta y}{\Delta x}=\lim_{\Delta x\to 0}\frac{1}{\sqrt{4+\Delta x}+\sqrt{4}}=\frac{1}{4}.$$

(2) -1. (3) $3x^2$. (4) $4x+3$.

2.

$$f'(x_0)=\lim_{\Delta x\to 0}\frac{\Delta y}{\Delta x}=\lim_{\Delta x\to 0}\frac{f(x_0+\Delta x)-f(x_0)}{\Delta x}.$$

(1) **解** $\lim_{h\to 0}\frac{f(x_0-2h)-f(x_0)}{h}=-2\lim_{-2h\to 0}\frac{f[x_0+(-2h)]-f(x_0)}{-2h}$

$=-2f'(x_0)$.

(2) $-3f'(x_0)$.

3.

导数的几何意义：函数 $y=f(x)$ 在点 x_0 处的导数就是曲线 $y=f(x)$ 在点 x_0 处的切线的斜率.

解 $y'=\frac{1}{x}$，$k=y'\big|_{x=e}=\frac{1}{e}$，所以曲线 $y=\ln x$ 在(e,1)处的切线方程为 $y-1=\frac{1}{e}(x-e)$，即 $y=\frac{1}{e}x$.

4. (1,1).

5.

1. 如果极限 $\lim_{\Delta x\to 0^-}\frac{f(x_0+\Delta x)-f(x_0)}{\Delta x}$ 与 $\lim_{\Delta x\to 0^+}\frac{f(x_0+\Delta x)-f(x_0)}{\Delta x}$ 存在，分别称它们为函数 $y=f(x)$ 在点 x_0 处的左导数和右导数，分别记为 $f'_-(x_0)$ 和 $f'_+(x_0)$.

2. 函数 $y=f(x)$ 在点 x_0 处可导的充分必要条件是函数 $y=f(x)$ 在点 x_0 处的左右导数存在且相等.

解 因为

$$f'_-(1)=\lim_{\Delta x\to 0^-}\frac{f(1+\Delta x)-f(1)}{\Delta x}=\lim_{\Delta x\to 0^-}\frac{(1+\Delta x)^2+1-2}{\Delta x}$$

$$=\lim_{\Delta x\to 0^-}(\Delta x+2)=2,$$

$$f'_+(1)=\lim_{\Delta x\to 0^+}\frac{f(1+\Delta x)-f(1)}{\Delta x}=\lim_{\Delta x\to 0^+}\frac{2(1+\Delta x)-2}{\Delta x}=2,$$

所以 $f'_-(1)=f'_+(1)=2$，故函数 $f(x)$ 在点 $x=1$ 处是可导的.

6.

常用的导数公式：

1. $(C)'=0$，C 为常数. 2. $(x^{\alpha})'=\alpha x^{\alpha-1}$，$\alpha$ 为任意实数. 3. $(a^{x})'=a^{x}\ln a$，$a>0$；特别地，$(\mathrm{e}^{x})'=\mathrm{e}^{x}$. 4. $(\log_{a}x)'=\dfrac{1}{x\ln a}$，$a>0$ 且 $a\neq 1$；特别地，$(\ln x)'=\dfrac{1}{x}$. 5. $(\sin x)'=\cos x$. 6. $(\cos x)'=-\sin x$. 7. $(\tan x)'=\sec^{2}x$. 8. $(\cot x)'=-\csc^{2}x$. 9. $(\sec x)'=\tan x\sec x$. 10. $(\csc x)'=-\cot x\csc x$. 11. $(\arcsin x)'=\dfrac{1}{\sqrt{1+x^{2}}}$. 12. $(\arccos x)'=-\dfrac{1}{\sqrt{1+x^{2}}}$. 13. $(\arctan x)'=\dfrac{1}{1+x^{2}}$. 14. $(\mathrm{arccot}\,x)'=-\dfrac{1}{1+x^{2}}$.

导数的四则运算法则：

1. $[u(x)\pm v(x)]'=u'(x)\pm v'(x)$.
2. $[u(x)\cdot v(x)]'=u'(x)\cdot v(x)+u(x)\cdot v'(x)$.
3. $\left[\dfrac{u(x)}{v(x)}\right]'=\dfrac{u'(x)\cdot v(x)-u(x)v'(x)}{v^{2}(x)}$，其中 $v(x)\neq 0$.

(1) $y'=(6x^{3}-3x+\mathrm{e}^{2})'=(6x^{3})'-(3x)'+(\mathrm{e}^{2})'=18x^{2}-3$.

(2) $y'=\dfrac{1}{2\sqrt{x}}-\dfrac{2}{x^{2}}$. (3) $y'=\dfrac{13}{6}x^{\frac{1}{6}}$. (4) $y'=\dfrac{7}{2}x^{\frac{5}{2}}+\dfrac{1}{2\sqrt{x}}$.

(5) $y'=\dfrac{4}{3}x$. (6) $y'=(a+b)x^{a+b-1}$. (7) $y'=-2x^{-3}+\mathrm{e}^{x}$.

(8) $y'=\dfrac{1+\sin x}{\cos^{2}x}$. (9) $y'=2\mathrm{e}^{x}\sin x$.

(10) $y'=6x\cos x-3x^{2}\sin x$.

(11) $y'=\ln x\sin x+\sin x+x\ln x\cos x$. (12) $y'=x\cos x$.

(13) $y'=\dfrac{1-2\ln x}{x^{3}}$. (14) $y'=\dfrac{2+2x^{2}}{(1-x^{2})^{2}}$. (15) $y'=\dfrac{-3}{1+\sin x}$.

(16) $y'=-\dfrac{2}{x(1+\ln x)^{2}}$.

7.

复合函数的求导法则 如果函数 $y=f(u)$ 在点 u 处可导，函数 $u=g(x)$ 在点 x 处可导，那么复合函数 $y=f[g(x)]$ 在点 x 处可导，且有 $\dfrac{\mathrm{d}y}{\mathrm{d}x}=\dfrac{\mathrm{d}y}{\mathrm{d}u}\cdot\dfrac{\mathrm{d}u}{\mathrm{d}x}$.

(1) **解** 令 $u=x^2+1$,则 $y=u^{100}$,所以

$$\frac{dy}{dx}=\frac{dy}{du}\cdot\frac{du}{dx}=100u^{99}\cdot 2x=200x(x^2+1)^{99}.$$

(2) $\frac{dy}{dx}=-x^{-2}e^{\frac{1}{x}}+\frac{3}{2}x^{\frac{1}{2}}$. (3) $y'=12(2x+1)^5$. (4) $y'=-5\cos(1-5x)$.

(5) $y'=\sin 2x$. (6) $y'=2xe^{x^2}$. (7) $y'=-\tan x$. (8) $y'=-\frac{x}{\sqrt{1-x^2}}$.

(9) $y'=2x\sin\frac{1}{x}-\cos\frac{1}{x}$. (10) $y'=2^{\sin x}\cos x\ln 2-\frac{\sin\sqrt{x}}{\sqrt{x}}$.

(11) $y'=-9(\cos 3x)^2\sin 3x$. (12) $y'=\frac{1}{x}\cos\ln\frac{x}{3}$.

(13) $y'=3\sin^2 x\cos x\sin 5x+5\sin^3 x\cos 5x$. (14) $y'=(1-x^2)^{-\frac{3}{2}}$.

8.

> 求隐函数导数的步骤:先把方程 $F(x,y)=0$ 两边同时对 x 求导,得一个含 y' 的方程,再从中求出 y'.

(1) **解** 方程两边同时对 x 求导,得

$$6yy'-4y'+1=0,$$

所以可得

$$y'=\frac{1}{4-6y}.$$

(2) $y'=\frac{y-5x}{y-x}$.

(3) **解** 方程两边同时对 x 求导,得

$$y+xy'=e^{x+y}(1+y'),$$

所以可得

$$y'=\frac{e^{x+y}-y}{x-e^{x+y}}.$$

(4) $y'=\frac{e^{xy}(1+xy)}{1-x^2e^{xy}}$.

9.

> 如果函数 $f(x)$ 的 $n-1$ 阶导数 $y^{(n-1)}$ 在点 x 处可导,则 $y^{(n)}=[y^{(n-1)}]'$,$n\geqslant 2$.

(1) **解** $y' = 6x + 6, y'' = (y')' = (6x+6)' = 6.$

(2) $y'' = 2\ln x + 3$. (3) $y'' = 2\arctan x + \frac{2x}{1+x^2}$.

(4) **解** 方程两边同时对 x 求导，得

$$y + xy' + e^y y' = 0, \qquad ①$$

① 式两边再同时对 x 求导，得

$$y' + y' + xy'' + e^y y' y' + e^y y'' = 0,$$

解得

$$y'' = \frac{-2y' - e^y (y')^2}{x + e^y}, \qquad ②$$

从 ① 中解得 $y' = \frac{-y}{x+e^y}$，代入 ② 化简得

$$y'' = \frac{2xy + 2ye^y - y^2 e^y}{(x+e^y)^3}.$$

10. (1) $y^{(4)} = n(n-1)(n-2)(n-3)x^{n-4}$. (2) $y^{(n)} = 2^x(\ln 2)^n$.

11.

1. 函数 $y = f(x)$ 的微分可表示为 $dy = f'(x)dx$.

2. 微分的四则运算法则：

(1) $d[u(x) \pm v(x)] = du(x) \pm dv(x)$.

(2) $d[u(x) \cdot v(x)] = v(x)du(x) + u(x)dv(x)$.

(3) $d\left[\frac{u(x)}{v(x)}\right] = \frac{v(x)du(x) - u(x)dv(x)}{v^2(x)}$，其中 $v(x) \neq 0$.

3. 一阶微分形式的不变性，即不论 u 是自变量还是中间变量，均为 $df(u) = f'(u)du$.

(1) **解 1** 因为 $y' = 3\cos 3x$，所以 $dy = y'dx = 3\cos 3x dx$.

解 2 $dy = d(\sin 3x) = \cos 3x d(3x) = 3\cos 3x dx$.

(2) $dy = -\frac{x}{\sqrt{4-x^2}}dx$. (3) $dy = \frac{1}{x}dx$. (4) $dy = -\frac{3x^2}{2(1-x^3)}dx$.

(5) $dy = (\cos x - \sin x)e^x dx$. (6) $dy = 14x dx$. (7) $dy = \frac{2(1+x^2)}{(1-x^2)^2}dx$.

(8) **解 1** 方程两边同时对 x 求导，得

$$y + xy' = 0,$$

解得 $y' = -\frac{y}{x}$，所以 $dy = y'dx = -\frac{y}{x}dx$.

解 2 由 $d(xy)=d(10)$，得 $ydx+xdy=0$，所以 $dy=-\frac{y}{x}dx$.

(9) $dy=-\frac{9x}{4y}dx$.

(10) $dy=\frac{e^y}{1-xe^y}$.

(11) **解 1** $y'=2(e^x+e^{-x})(e^x-e^{-x})=2(e^{2x}-e^{-2x})$,

$$dy=2(e^{2x}-e^{-2x})dx.$$

解 2
$$\begin{aligned}dy=d[(e^x+e^{-x})^2]&=2(e^x+e^{-x})d(e^x+e^{-x})\\&=2(e^x+e^{-x})[d(e^x)+d(e^{-x})]\\&=2(e^{2x}-e^{-2x})dx.\end{aligned}$$

(12) $dy=x^{-2}e^{-\frac{1}{x}}dx$.

12.

> Δx 较小时，$f(x_0+\Delta x)\approx f(x_0)+f'(x_0)\cdot\Delta x$.

(1) **解** 令 $f(x)=\sin x$，设 $x_0=30°=\frac{\pi}{6}$，$\Delta x=30'=\frac{\pi}{360}$，$f(x_0)=f\left(\frac{\pi}{6}\right)=\sin\frac{\pi}{6}=\frac{1}{2}$，$f'(x_0)=f'\left(\frac{\pi}{6}\right)=\cos\frac{\pi}{6}=\frac{\sqrt{3}}{2}$，所以 $\sin30°30'=f(x_0+\Delta x)\approx f(x_0)+f'(x_0)\Delta x=\frac{1}{2}+\frac{\sqrt{3}}{2}\cdot\frac{\pi}{360}$.

(2)0.02.(3)2.0017.(4)1.05.

(B 层)

1.

> 1. 函数 $y=f(x)$ 在点 x_0 处可导的充分必要条件是函数 $y=f(x)$ 在点 x_0 处的左右导数存在且相等.
>
> 2. 如果函数 $y=f(x)$ 在点 x_0 处可导，那么它在点 x_0 处也连续，但反之未必成立.

解 依题意，得

$$\begin{cases}\lim\limits_{x\to1^-}f(x)=\lim\limits_{x\to1^+}f(x)=f(1)\\ f_-'(1)=f_+'(1)\end{cases},$$

即有

$$\begin{cases}a+b=1\\ a=2\end{cases},$$

解得 $a=2,b=-1$.

2.(1) **解** 设 $u=\mathrm{e}^x$,则 $y=f(u)$,所以 $\dfrac{\mathrm{d}y}{\mathrm{d}x}=\dfrac{\mathrm{d}y}{\mathrm{d}u}\cdot\dfrac{\mathrm{d}u}{\mathrm{d}x}=f'(u)\mathrm{e}^x=\mathrm{e}^xf'(\mathrm{e}^x)$.

(2)$y'=(\ln x+1)f'(x\ln x)$.

3.

> 对幂指函数 $y=f(x)^{g(x)}(f(x)>0)$ 求导时既不能用指数函数的求导公式,也不能利用幂函数的求导公式,对这类函数:(1) 用对数求导法求解,即采用两边同时取对数,再求导数.(2) 转化为指数函数,即 $f(x)^{g(x)}=\mathrm{e}^{g(x)\ln f(x)}$,再利用复合函数求导法则.

解 方程 $x^y=y^x$ 的两边同时取以 e 为底的对数,得

$$y\ln x=x\ln y,$$

两边同时对 x 求导,注意到 y 是 x 的函数,则得

$$y'\ln x+\frac{y}{x}=\ln y+\frac{x}{y}\cdot y',$$

从中解得

$$y'=\frac{y(x\ln y-y)}{x(y\ln x-x)},$$

所以

$$\mathrm{d}y=y'\mathrm{d}x=\frac{y(x\ln y-y)}{x(y\ln x-x)}\mathrm{d}x.$$

4. **解** 方程 $x^{\frac{2}{3}}+y^{\frac{2}{3}}=a^{\frac{2}{3}}$ 两边同时对 x 求导,得

$$\frac{2}{3}x^{-\frac{1}{3}}+\frac{2}{3}y^{-\frac{1}{3}}y'=0,$$

从中解得 $y'=-\dfrac{x^{-\frac{1}{3}}}{y^{-\frac{1}{3}}}$,所以 $k=y'\Big|_{\left(\frac{\sqrt{2}}{4}a,\frac{\sqrt{2}}{4}a\right)}=-\dfrac{\left(\frac{\sqrt{2}}{4}a\right)^{-\frac{1}{3}}}{\left(\frac{\sqrt{2}}{4}a\right)^{-\frac{1}{3}}}=-1$,

故星形线 $x^{\frac{2}{3}}+y^{\frac{2}{3}}=a^{\frac{2}{3}}(a>0)$ 在点 $M_0\left(\frac{\sqrt{2}}{4}a,\frac{\sqrt{2}}{4}a\right)$ 处的切线方程为 $y-\frac{\sqrt{2}}{4}a=-\left(x-\frac{\sqrt{2}}{4}a\right)$，即 $y=-x+\frac{\sqrt{2}}{2}a$.

5.(1) **解** 方程两边同时取以 e 为底的对数，得

$$\ln y=\sin x\ln x,$$

两边同时对 x 求导，得

$$\frac{1}{y}\cdot y'=\cos x\ln x+\frac{\sin x}{x},$$

所以可得 $y'=\left(\cos x\ln x+\frac{\sin x}{x}\right)x^{\sin x}$.

(2) $y'=(\sin x)^{\tan x}(\sec^2 x\ln\sin x+1)$.

(3) **解** 方程两边同时取以 e 为底的对数，得

$$\ln y=2\ln x+2x-\frac{1}{2}\ln(1+x),$$

以上方程两边同时对 x 求导，得

$$\frac{1}{y}y'=\frac{2}{x}+2-\frac{1}{2(1+x)},$$

所以可得 $y'=\frac{x^2e^{2x}}{\sqrt{1+x}}\left[\frac{2}{x}+2-\frac{1}{2(1+x)}\right]$.

(4) $y'=\frac{\sqrt{x+1}}{\sqrt[3]{2x-1}(x+3)^5}\left[\frac{1}{2(x+1)}-\frac{2}{3(2x-1)}-\frac{5}{x+3}\right]$.

6.(1) $y^{(n)}=\cos\left(\frac{n}{2}\pi+x\right)$. (2) $y^{(n)}=(-1)^n n!(x-1)^{-n-1}$.

7. **证明** 由于 $y'=\frac{2-2x}{2\sqrt{2x-x^2}}=\frac{1-x}{\sqrt{2x-x^2}}$，从而

$$y''=-\frac{1}{(\sqrt{2x-x^2})^3},$$

因此，左边 $=y^3y''+1=(\sqrt{2x-x^2})^3\frac{-1}{(\sqrt{2x-x^2})^3}+1=-1+1=0=$ 右边.

8. **解** $y'=f'(\arcsin x)\cdot\frac{1}{\sqrt{1-x^2}}=\frac{1-\arctan x}{1+\arctan x}\cdot\frac{1}{\sqrt{1-x^2}}$,

$$y'\Big|_{x=0}=\frac{1-\arctan 0}{1+\arctan 0}\cdot\frac{1}{\sqrt{1-0^2}}=1.$$

9. **解**　因为函数 $f(x)$ 在点 $x=0$ 处连续，所以 $\lim\limits_{x\to0}f(x)=f(0)$，由 $\lim\limits_{x\to0}\dfrac{f(x)}{x}=1$ 且 $\lim\limits_{x\to0}x=0$，可知 $\lim\limits_{x\to0}f(x)=f(0)=0$，故有

$$f'(0)=\lim_{x\to0}\frac{f(x)-f(0)}{x-0}=\lim_{x\to0}\frac{f(x)}{x}=1.$$

10. **解**　因为

$$\lim_{x\to1}\frac{f(x+1)-f(2)}{3x-3}=\frac{1}{3}\lim_{x+1\to2}\frac{f(x+1)-f(2)}{(x+1)-2}=\frac{1}{3}f'(2),$$

且由已知得 $\lim\limits_{x\to1}\dfrac{f(x+1)-f(2)}{3x-3}=\dfrac{1}{3}$，所以 $f'(2)=1$.

（C 层）

1. **解**　由于

$$y=f(x)=\mathrm{e}^{|x|}=\begin{cases}\mathrm{e}^{-x} & x<0\\ \mathrm{e}^{x} & x\geqslant0\end{cases},$$

所以当 $x<0$ 时，$y'=-\mathrm{e}^{-x}$；当 $x>0$ 时，$y'=\mathrm{e}^{x}$；当 $x=0$ 时，因为 $f_-'(0)=\lim\limits_{\Delta x\to0^-}\dfrac{\mathrm{e}^{-\Delta x}-1}{\Delta x}=-1$，$f_+'(0)=\lim\limits_{\Delta x\to0^+}\dfrac{\mathrm{e}^{\Delta x}-1}{\Delta x}=1$，所以 $f_-'(0)\neq f_+'(0)$，故函数 $y=\mathrm{e}^{|x|}$ 在 $x=0$ 处不可导，因此

$$y'=\begin{cases}-\mathrm{e}^{-x} & x<0\\ \text{不存在} & x=0.\\ \mathrm{e}^{x} & x>0\end{cases}$$

2. **解**　依题意，得 $f[g(x)]=2^{x^2}$，所以 $\dfrac{\mathrm{d}}{\mathrm{d}x}f[g(x)]=2^{x^2}\ln2\cdot2x=2^{x^2+1}x\ln2$.

3. **解**　由于

$$\lim_{x\to0^-}f(x)=\lim_{x\to0^-}\ln(1+x)=0,\lim_{x\to0^+}f(x)=\lim_{x\to0^+}x\mathrm{e}^{-\frac{1}{x}}=0,f(0)=0,$$

所以 $\lim\limits_{x\to0^-}f(x)=\lim\limits_{x\to0^+}f(x)=f(0)$，从而函数 $f(x)$ 在 $x=0$ 处连续. 又由

$$f_-'(0)=\lim_{\Delta x\to0^-}\frac{\ln(1+\Delta x)-0}{\Delta x}=1,$$

$$f_+'(0)=\lim_{\Delta x\to0^+}\frac{\Delta x\mathrm{e}^{-\frac{1}{\Delta x}}-0}{\Delta x}=\lim_{\Delta x\to0^+}\mathrm{e}^{-\frac{1}{\Delta x}}=0,$$

所以 $f_-'(0)\neq f_+'(0)$，从而函数 $f(x)$ 在 $x=0$ 处不可导.

4. **解** $y' = \dfrac{1}{2\sqrt{f^2(x)+g^2(x)}}[2f(x)f'(x)+2g(x)g'(x)]$

$$= \frac{f(x)f'(x)+g(x)g'(x)}{\sqrt{f^2(x)+g^2(x)}}.$$

5. **解** 由于 $y' = 2e^{2x}+2x$，所以 $k = y'\big|_{x=0} = 2$，因此，在曲线 $y = e^{2x}+x^2$ 上横坐标 $x = 0$ 点处的法线方程为 $y-1=-\dfrac{1}{2}(x-0)$，即 $x+2y-2=0$.

从原点到此法线的距离为 $d = \dfrac{|0+2\times 0-2|}{\sqrt{1^2+2^2}} = \dfrac{2}{5}\sqrt{5}$.

6. **解** 因为

$$\begin{aligned} f'(x) &= a\sin x+(ax+b)\cos x+c\cos x-(cx+d)\sin x \\ &= (a-cx-d)\sin x+(ax+b+c)\cos x, \end{aligned}$$

所以

$$(a-cx-d)\sin x+(ax+b+c)\cos x = x\cos x,$$

故

$$\begin{cases} a = 1 \\ b+c = 0 \\ a-d = 0 \\ c = 0 \end{cases},$$

因此 $a = 1, b = 0, c = 0, d = 1$.

7. **解** 由于 $\dfrac{d}{dx}f\left(\dfrac{1}{x^2}\right) = f'\left(\dfrac{1}{x^2}\right)\left(\dfrac{1}{x^2}\right)' = f'\left(\dfrac{1}{x^2}\right)\cdot\dfrac{-2}{x^3}$，所以 $f'\left(\dfrac{1}{x^2}\right)\cdot\dfrac{-2}{x^3} = \dfrac{1}{x}$，故 $f'\left(\dfrac{1}{x^2}\right) = -\dfrac{1}{2\left(\dfrac{1}{x^2}\right)}$，因此 $f'(x) = -\dfrac{1}{2x}$，$f'\left(\dfrac{1}{2}\right) = -1$.

8. $y^{(n)} = \begin{cases} 2^m e^x \sin\left(\dfrac{m}{2}\pi+x\right) & n = 2m \\ 2^{m-1}e^x\left[\sin\left(\dfrac{m-1}{2}\pi+x\right)+\cos\left(\dfrac{m-1}{2}\pi+x\right)\right] & n = 2m-1 \end{cases}$，$m \in \mathbf{Z}^+$.

自测题

(A 层)

一、填空题

1. 已知函数 $y=2^x+\sin 2$，则 $y'=$ ________.

2. 设 $y=x^n$，则 $y^{(n)}=$ ________.

3. 一物体的运动方程为 $S=t^2+1$，则该物体在 $t=5$ 的瞬时速度为 ________.

4. 曲线 $y=x^2+3$ 上点 $(1,1)$ 处的切线方程为 ________.

5. 已知 $y=\mathrm{e}^x+\ln x$，则 $\mathrm{d}y=$ ________.

6. 已知某商品的总成本为 $C(q)=0.1q^2+100$，则其边际成本 $C'(q)=$ ________.

7. 已知 $y=x\sin x$，则 $\dfrac{\mathrm{d}^2y}{\mathrm{d}x^2}=$ ________.

8. 已知 $y=\sin x^2$，则 $y'=$ ________.

9. $\mathrm{d}($ ________ $)=\dfrac{1}{x^2}\mathrm{d}x$.

10. 设 $f(x)=x^2(\sin x+\cos x)$，则 $f'\left(\dfrac{\pi}{4}\right)=$ ________.

二、选择题

1. $y=|x|$ 在点 $x=0$ 处(　　).

(A) 极限不存在　　(B) 极限存在但不连续

(C) 连续但不可导　　(D) 可导

2. 下列结论中正确的是(　　).

(A) $\dfrac{1}{x^2}\mathrm{d}x=\mathrm{d}\left(\dfrac{1}{x}\right)$　　(B) $\mathrm{e}^x\sin\mathrm{e}^x\mathrm{d}x=\sin\mathrm{e}^x\mathrm{d}\mathrm{e}^x$

(C) $\dfrac{1}{\sqrt{1-x^2}}\mathrm{d}x=\mathrm{d}\arctan x$　　(D) $\mathrm{e}^{-x}\sin\mathrm{e}^{-x}\mathrm{d}x=\sin\mathrm{e}^{-x}\mathrm{d}\mathrm{e}^{-x}$

3. 下列函数中,(　　)的导数为 $\sin 2x$.

(A)$\sin^2 x$　(B)$1-2\cos^2 x$　(C)$\frac{1}{2}\cos 2x$　(D)$1+\frac{1}{2}\sin^2 x$

4. 设需求函数 $Q(p)=e^{-\frac{p}{2}}$,则边际需求 $Q'(p)=$(　　).

(A)$e^{-\frac{p}{2}}$　(B)$-e^{-\frac{p}{2}}$　(C)$-\frac{1}{2}e^{-\frac{p}{2}}$　(D)$\frac{1}{2}e^{-\frac{p}{2}}$

5. 已知函数 $f(x)=x^2$,则 $\lim\limits_{\Delta x\to 0}\frac{f(x_0+\Delta x)-f(x_0)}{\Delta x}=$(　　).

(A)x_0^2　(B)$2x_0^2$　(C)x_0　(D)$2x_0$

6. 设 $f(x)=\begin{cases}\ln(1+x) & x\leqslant 0\\ \frac{1}{2}x^2 & x>0\end{cases}$,则 $f(x)$ 在点 $x=0$ 处的(　　).

(A) 左、右导数都存在

(B) 左导数存在,但右导数不存在

(C) 左导数不存在,但右导数存在

(D) 左、右导数均不存在

7. 已知 $f'(1)=2$,则 $\lim\limits_{h\to 0}\frac{f(1+2h)-f(1)}{h}=$(　　).

(A)2　(B)4　(C)1　(D) 以上都不对

8. 设 $y=f[g(x)]$,则 $dy=$(　　).

(A)$f'[g(x)]dx$　(B)$f'[g(x)]$

(C)$f'[g(x)]g'(x)dx$　(D)$f'[g(x)]g'(x)$

9. 函数 $f(x)$ 在点 x_0 处连续是 $f(x)$ 在点 x_0 处可微的(　　).

(A) 充分条件　(B) 必要条件

(C) 充分必要条件　(D) 既非充分又非必要条件

10. 用微分近似计算公式求得 $e^{0.05}$ 的近似值为(　　).

(A)0.05　(B)1.05　(C)0.95　(D)1

三、解答题

1. 计算下列函数的导数或微分:

(1)$y=(\sqrt{x}+1)\left(\frac{1}{\sqrt{x}}-1\right)$,求 y'.

(2)$y=x\sin x+\cos x$,求 y''.

(3)$y=4^{\sin x}$,求 y'.

(4) 已知 $y=x+\ln y$,求 y'.

(5) $y=\sqrt{1-x^2}$,求 dy.

2. 已知曲线 $y=ax^2$ 与 $y=\ln x$ 在点 $(1,0)$ 处相切,求 a 的值.

3. 设某国的总消费为 y(单位:十亿元),x 为可支配收入(单位:十亿元),已知总消费与可支配收入的关系为 $y=10+0.4x+0.01\sqrt{x}$,当可支配收入为 100.05(十亿元)时,总消费是多少?

(B 层)

一、填空题

1. 已知函数 $f(x)=\sin\frac{1}{x}$,则 $f'\left(\frac{1}{\pi}\right)=$ ________.

2. $y=\ln\sin x$,则 $y''=$ ________.

3. 设 $f(x)=(x-2)\varphi(x)$,其中函数 $\varphi(x)$ 在点 $x=2$ 处连续,则 $f'(2)=$ ________.

4. 设 $\lim\limits_{\Delta x\to 0}\frac{f(x_0+k\Delta x)-f(x_0)}{\Delta x}=\frac{1}{3}f'(x_0)$,则 $k=$ ________.

5. $f(x)=\frac{1-x}{1+x}$,则 $f''(1)=$ ________.

二、选择题

1. 下列函数中,(　　)的导数为 $-\frac{1}{x}$.

(A) $2\ln x$　　(B) $\ln\frac{3}{x}+x$　　(C) $\ln\frac{1}{x^2}$　　(D) $10-\ln x$

2. 已知函数 $f(x)=\sin x^3$,则 $2f'(x)=$(　　).

(A) $6x^2\cos x^3$　　(B) $-6x^2\cos x^3$　　(C) $2x^3\sin x^3$　　(D) $2x^3\cos x^3$

3. 若 $y=a\ln x^2$,$a\neq 0$,则 $dy=$(　　).

(A) $\frac{a}{x^2}dx$　　(B) $\frac{2a}{x}dx$　　(C) $\frac{2a}{x^2}dx$　　(D) $\frac{a}{x}dx$

4. 下列函数中,(　　)在 $x=0$ 处导数等于 0.

(A) $\sin x+1$　　(B) $-\frac{\cos x}{x}$　　(C) $x+e^{-x}$　　(D) $x(1-2x)$

5. 已知某商品总成本函数 $C(q)=300+\frac{1}{7}q^2$,则其边际成本函数 $C'(q)$ 为(　　).

(A)$300+2q$　(B)$300+\frac{2}{7}q$　(C)$2q$　(D)$\frac{2}{7}q$

三、解答题

1. 计算下列函数的导数或微分：

(1) 已知 $y=\frac{x^2\cdot\sqrt[3]{x^2}}{\sqrt{x^5}}$，求 y'.

(2) $y=x\arctan\sqrt{x}+\ln 2$，求 y'.

(3) 设 $f(x)$ 可导，$y=f(\ln x)e^x$，求 dy.

(4) $y=(\tan x)^x$，求 $\frac{dy}{dx}$.

2. 求曲线 $xe^y+y=1$ 在点 $(1,0)$ 处的切线方程.

3. 设 $f(x)=\begin{cases}x^2\sin\frac{1}{x} & x>0\\ ax+b & x\leqslant 0\end{cases}$ 在 $x=0$ 处可导，求 a,b 的值.

4. 求 $\tan 45°10'$ 的近似值.

5. 生产 q 单位某产品的总成本函数为 $C(q)=1100+\frac{q^2}{1200}$，求：(1) 生产 900 单位到 1000 单位的总成本的平均变化率；(2) 生产 900 单位时总成本的变化率.

(C 层)

一、填空题

1. 已知函数 $f(x)$ 在 $x=2$ 处连续，$f(2)=0$，且 $\lim\limits_{x\to 2}\frac{f(x)}{x-2}=4$，则 $f'(2)=$ ________.

2. $y=x^{\ln x}$，则 $dy|_{x=e}=$ ________.

3. 函数 $f(x)=\left|\frac{x-2}{x}\right|$ 在 $x=1$ 处的导数 $f'(1)=$ ________.

4. 当 $h\to 0$ 时，$f(x_0-h)-f(x_0+h)+h=o(h)$，则 $f'(x_0)=$ ________.

5. 函数 $f(x)=(x^2-x-2)|x^3-x|$ 不可导的点的个数为________.

二、选择题

1. 曲线 $y=\frac{1}{3}x^3+\frac{1}{2}x^2+6x+1$ 在点 $(0,1)$ 处的切线与 x 轴相交的点的

坐标是(　　).

(A)$\left(-\dfrac{1}{6},0\right)$　　(B)$(-1,0)$　　(C)$\left(\dfrac{1}{6},0\right)$　　(D)$(1,0)$

2. 设 $f(x)$ 是不恒等于零的奇函数，且 $f'(0)=2$，则函数 $\varphi(x)=\dfrac{f(x)}{x}$(　　).

(A) 在 $x=0$ 处左极限不存在　　(B) 在 $x=0$ 处右极限不存在

(C) 有跳跃间断点 $x=0$　　(D) 有可去间断点 $x=0$

3. 若 $f(-x)=f(x)$，$-\infty<x<+\infty$，在 $(-\infty,0)$ 内 $f'(x)>0$ 且 $f''(x)<0$，则在 $(0,+\infty)$ 内有(　　).

(A)$f'(x)>0,f''(x)<0$　　(B)$f'(x)>0,f''(x)>0$

(C)$f'(x)<0,f''(x)<0$　　(D)$f'(x)<0,f''(x)>0$

4. 设 $\dfrac{\mathrm{d}f(x)}{\mathrm{d}x}=g(x)$，$h(x)=x^2$，则 $\dfrac{\mathrm{d}}{\mathrm{d}x}f[h(x)]=$(　　).

(A)$g(x^2)$　　(B)$2xg(x)$　　(C)$x^2g(x^2)$　　(D)$2xg(x^2)$

5. 已知 $f(-x)=-f(x)$，且 $f'(-x_0)=k$，则 $f'(x_0)=$(　　).

(A)k　　(B)$-k$　　(C)0　　(D) 以上都不对

三、解答题

1. 已知函数 $y=y(x)$ 由方程 $\mathrm{e}^y+6xy+x^2-1=0$ 确定，求 $y''\big|_{x=0}$.

2. 设 $f(x)=x\ln x$，求 $f^{(n)}(1)$.

3. 设 $f(x)$ 在 $x=0$ 处连续，且 $\lim\limits_{x\to0}\dfrac{f(x)}{x}=A$，试证 $f'(0)=A$.

4. 设 $f(x)$ 在 $x=a$ 处连续，试以 $f(a)$ 与 $f'(a)$ 表示

$$\lim_{x\to a}\frac{x^2f(a)-a^2f(x)}{x-a}.$$

5. 设函数 $f(1+x)=af(x)$，且 $f'(0)=b$，$a,b\neq0$，问 $f'(1)$ 是否存在？若存在，试求其值.

自测题参考答案

(A 层)

一、填空题

1. $2^x\ln2$.

分析 $y'=(2^x+\sin2)'=2^x\ln2$.

2. $n!$.

分析 $y'=nx^{n-1}, y''=n(n-1)x^{n-2}, y=n(n-1)(n-2)x^{n-3},\cdots,y^{(n)}=n!$.

3. 10.

分析 $v(t)=S'=2t$,所以 $v(5)=2\times5=10$,故 $t=5$ 时的瞬时速度为 10.

4. $y=2x-1$.

分析 $y'=2x, k=y'|_{x=1}=2\times1=2$,所以点 $(1,1)$ 处的切线方程为 $y-1=2(x-1)$,即 $y=2x-1$.

5. $\left(e^x+\dfrac{1}{x}\right)dx$.

分析 $y'=(e^x+\ln x)'=e^x+\dfrac{1}{x}$,所以 $dy=y'dx=\left(e^x+\dfrac{1}{x}\right)dx$.

6. $0.2q$.

分析 边际成本 $C'(q)=(0.1q^2+100)'=0.2q$.

7. $2\cos x-x\sin x$.

分析 $y=x\sin x, \dfrac{d^2y}{dx^2}=(y')'=(\sin x+x\cos x)'=2\cos x-x\sin x$.

8. $2x\cos x^2$.

分析 $y'=(\sin x^2)'=2x\cos x^2$.

9. $-\dfrac{1}{x}+C$.

分析 由于$\left(-\frac{1}{x}+C\right)'=\left(-\frac{1}{x}\right)'+(C)'=\frac{1}{x^2}$,所以$\mathrm{d}\left(-\frac{1}{x}+C\right)=\frac{1}{x^2}\mathrm{d}x$.

10. $\frac{\sqrt{2}}{2}\pi$.

分析 由于 $f'(x)=2x(\sin x+\cos x)+x^2(\cos x-\sin x)$,所以

$$f'\left(\frac{\pi}{4}\right)=2\times\frac{\pi}{4}\left(\frac{\sqrt{2}}{2}+\frac{\sqrt{2}}{2}\right)+\left(\frac{\pi}{4}\right)^2\left(\frac{\sqrt{2}}{2}-\frac{\sqrt{2}}{2}\right)=\frac{\sqrt{2}}{2}\pi.$$

二、选择题

1. C.

分析 因为$\lim\limits_{x\to0}y=\lim\limits_{x\to0}|x|=0=f(0)$,所以 $y=|x|$在点 $x=0$ 处连续,又 $y=f(x)=\begin{cases}x & x\geqslant0\\-x & x<0\end{cases}$,所以 $y_-'(0)=\lim\limits_{\Delta x\to0^-}\frac{f(0+\Delta x)-f(0)}{\Delta x}=\lim\limits_{\Delta x\to0^-}\frac{-\Delta x}{\Delta x}=-1$,$y_+'(0)=\lim\limits_{\Delta x\to0^+}\frac{f(0+\Delta x)-f(0)}{\Delta x}=\lim\limits_{\Delta x\to0^+}\frac{\Delta x}{\Delta x}=1$,从而 $y_-'(0)\neq y_+'(0)$,因此 $y=|x|$在点 $x=0$ 处不可导,故 $y=|x|$在点 $x=0$ 处连续但不可导.

2. B.

分析 通过直接计算可知 B 是正确的.

3. A.

分析 由于$(\sin^2x)'=2\sin x\cos x=\sin2x$,所以选 A.

4. C.

分析 边际需求 $Q'(p)=(\mathrm{e}^{-\frac{p}{2}})'=-\frac{1}{2}\mathrm{e}^{-\frac{p}{2}}$,故选 C.

5. D.

分析 $\lim\limits_{\Delta x\to0}\frac{f(x_0+\Delta x)-f(x_0)}{\Delta x}=f'(x_0)=(x^2)'|_{x=x_0}=2x_0$,故选 D.

6. A.

分析
$$f_-'(0)=\lim_{\Delta x\to0^-}\frac{f(0+\Delta x)-f(0)}{\Delta x}=\lim_{\Delta x\to0^-}\frac{\ln(1+\Delta x)-\ln1}{\Delta x}$$
$$=\lim_{\Delta x\to0^-}\ln(1+\Delta x)^{\frac{1}{\Delta x}}=\ln\mathrm{e}=1,$$

$$f_+'(0)=\lim_{\Delta x\to0^+}\frac{f(0+\Delta x)-f(0)}{\Delta x}=\lim_{\Delta x\to0^+}\frac{\frac{1}{2}(\Delta x)^2-\ln1}{\Delta x}=0,$$

所以 $f(x)$ 在点 $x=0$ 处左、右导数都存在.

7. B.

分析 $\lim\limits_{h\to 0}\dfrac{f(1+2h)-f(1)}{h}=2\lim\limits_{2h\to 0}\dfrac{f(1+2h)-f(1)}{2h}=2f'(1)=2\times 2=4$,故选 B.

8. C.

分析 由于 $y'=f'[g(x)]g'(x)$,所以 $\mathrm{d}y=y'\mathrm{d}x=f'[g(x)]g'(x)\mathrm{d}x$,故选 C.

9. B.

分析 "可微必定连续,而连续未必可微",故选 B.

10. B.

分析 设 $f(x)=\mathrm{e}^x$,$f'(x)=\mathrm{e}^x$,当 $x_0=0$,$\Delta x=0.05$ 时,$f(0)=f'(0)=1$,所以 $\mathrm{e}^{0.05}\approx f(0)+f'(0)\cdot 0.05=1.05$,故选 B.

三、解答题

1. (1) **解** 因为 $y=(\sqrt{x}+1)\left(\dfrac{1}{\sqrt{x}}-1\right)=1-x^{\frac{1}{2}}+x^{-\frac{1}{2}}-1$,所以 $y'=(1-x^{\frac{1}{2}}+x^{-\frac{1}{2}}-1)'=-\dfrac{1}{2}x^{\frac{1}{2}-1}-\dfrac{1}{2}x^{-\frac{1}{2}-1}=-\dfrac{1}{2}(x^{-\frac{1}{2}}+x^{-\frac{3}{2}})$.

(2) **解** 因为 $y'=(x\sin x+\cos x)'=\sin x+x\cos x-\sin x=x\cos x$,所以 $y''=(y')'=(x\cos x)'=\cos x-x\sin x$.

(3) **解** $y'=(4^{\sin x})'=4^{\sin x}\ln 4\cdot\cos x=2\ln 2\cdot 4^{\sin x}\cdot\cos x$.

(4) **解** 方程两边同时对 x 求导得,$y'=1+\dfrac{1}{y}\cdot y'$,所以 $y'=\dfrac{y}{y-1}$.

(5) **解 1** $y'=(\sqrt{1-x^2})'=\dfrac{-2x}{2\sqrt{1-x^2}}=-\dfrac{x}{\sqrt{1-x^2}}$,所以 $\mathrm{d}y=y'\mathrm{d}x=-\dfrac{x}{\sqrt{1-x^2}}\mathrm{d}x$.

解 2 $\mathrm{d}y=\mathrm{d}(\sqrt{1-x^2})=\dfrac{1}{2\sqrt{1-x^2}}\mathrm{d}(1-x^2)=\dfrac{-2x}{2\sqrt{1-x^2}}\mathrm{d}x=\dfrac{-x}{\sqrt{1-x^2}}\mathrm{d}x$.

2. **解** 因为曲线 $y=ax^2$ 与 $y=\ln x$ 在点 $(1,0)$ 处相切,所以 $(ax^2)'\big|_{x=1}=(\ln x)'\big|_{x=1}$,即 $2a=1$,故 $a=\dfrac{1}{2}$.

3. **解** 由于 $100.05=100+0.05$,由 $y=10+0.4x+0.01\sqrt{x}$,得 $y'=$

$0.4+0.01\cdot\frac{1}{2\sqrt{x}}=0.4+\frac{0.005}{\sqrt{x}}$,从而 $y(100.05)\approx y(100)+y'(100)\cdot 0.05$ $=10+40+0.1+(0.4+0.0005)\cdot 0.05=50.120025$,所以总消费是 50.120025(十亿元).

(B 层)

一、填空题

1. π^2.

分析 $f'(x)=\left(\sin\frac{1}{x}\right)'=\left(\cos\frac{1}{x}\right)\left(-\frac{1}{x^2}\right)=-\frac{1}{x^2}\cos\frac{1}{x}$,所以 $f'\left(\frac{1}{\pi}\right)=-\pi^2\cos\pi=\pi^2$.

2. $-\csc^2 x$.

分析 $y'=(\ln\sin x)'=\frac{1}{\sin x}\cdot\cos x=\cot x$,

$y''=(y')'=(\cot x)'=-\csc^2 x$.

3. $\varphi(2)$.

分析 $f'(2)=\lim\limits_{x\to 2}\frac{f(x)-f(2)}{x-2}=\lim\limits_{x\to 2}\frac{(x-2)\varphi(x)-0}{x-2}$

$=\lim\limits_{x\to 2}\varphi(x)=\varphi(2)$.

4. $\frac{1}{3}$.

分析 $\lim\limits_{\Delta x\to 0}\frac{f(x_0+k\Delta x)-f(x_0)}{\Delta x}=k\lim\limits_{\Delta x\to 0}\frac{f(x_0+k\Delta x)-f(x_0)}{k\Delta x}$

$=kf'(x_0)=\frac{1}{3}f'(x_0)$,

所以 $k=\frac{1}{3}$.

5. $\frac{1}{2}$.

分析 $f'(x)=\left(\frac{1-x}{1+x}\right)'=\frac{-2}{(1+x)^2}$,$f''(x)=\left[\frac{-2}{(1+x)^2}\right]'=\frac{4}{(1+x)^3}$,所以 $f''(1)=\frac{4}{(1+1)^3}=\frac{1}{2}$.

二、选择题

1. D.

分析 因为 $(10-\ln x)'=-\dfrac{1}{x}$,所以选 D.

2. A.

分析 $2f'(x)=2(\sin x^3)'=2(\cos x^3)(x^3)'=6x^2\cos x^3$,故选 A.

3. B.

分析 由于 $y'=(a\ln x^2)'=a\cdot\dfrac{1}{x^2}\cdot 2x=\dfrac{2a}{x}$,所以 $\mathrm{d}y=y'\mathrm{d}x=\dfrac{2a}{x}\mathrm{d}x$,故选 B.

4. C.

分析 $(x+\mathrm{e}^{-x})'=1-\mathrm{e}^{-x}$,若令其中 $x=0$,则其值为 0,故选 C.

5. D.

分析 边际成本函数 $C'(q)=\left(300+\dfrac{1}{7}q^2\right)'=\dfrac{2}{7}q$,故选 D.

三、解答题

1. (1) **解** 因为 $y=\dfrac{x^2\cdot\sqrt[3]{x^2}}{\sqrt{x^5}}$,$y'=(x^{\frac{1}{6}})'=\dfrac{1}{6}x^{-\frac{5}{6}}$.

(2) **解** $y'=(x\arctan\sqrt{x}+\ln 2)'=\arctan\sqrt{x}+\dfrac{x}{1+x}$.

(3) **解** $y'=[f(\ln x)\mathrm{e}^x]'=[f(\ln x)]'\mathrm{e}^x+f(\ln x)(\mathrm{e}^x)'=\dfrac{f'(\ln x)}{x}\mathrm{e}^x+f(\ln x)\mathrm{e}^x$,$\mathrm{d}y=y'\mathrm{d}x=\left[\dfrac{f'(\ln x)}{x}\mathrm{e}^x+f(\ln x)\mathrm{e}^x\right]\mathrm{d}x$.

(4) **解** 方程两边同时取以 e 为底的对数得 $\ln y=x\ln\tan x$,该方程两边同时对 x 求导得,$\dfrac{1}{y}\cdot y'=\ln\tan x+\dfrac{x}{\tan x}\sec^2 x=\ln\tan x+\dfrac{x}{\sin x\cos x}$,所以$\dfrac{\mathrm{d}y}{\mathrm{d}x}=(\tan x)^x\left(\ln\tan x+\dfrac{x}{\sin x\cos x}\right)$.

2. **解** 方程 $x\mathrm{e}^y+y=1$ 两边同时对 x 求导得 $\mathrm{e}^y+x\mathrm{e}^y\cdot y'+y'=0$,解得 $y'=\dfrac{-\mathrm{e}^y}{x\mathrm{e}^y+1}$,所以 $k=y'\Big|_{\substack{x=1\\y=0}}=\dfrac{-\mathrm{e}^0}{\mathrm{e}^0+1}=-\dfrac{1}{2}$,故曲线 $x\mathrm{e}^y+y=1$ 在点 $(1,0)$ 处的切线方程为 $y=-\dfrac{1}{2}(x-1)$.

3. **解** 因为函数 $f(x)$ 在 $x=0$ 处可导,所以 $f(x)$ 在 $x=0$ 处连续.

因为 $f(x)$ 在 $x=0$ 处连续，所以 $\lim\limits_{x\to 0^+}f(x)=\lim\limits_{x\to 0^-}f(x)=f(0)$，即 $b=0$. 又因为函数 $f(x)$ 在 $x=0$ 处可导，所以 $f_-'(0)=f_+'(0)$，即 $a=0$. 故 $a=0$，$b=0$.

4. **解** 设 $f(x)=\tan x$，则 $f'(x)=\sec^2 x$，当 $x=45^\circ=\frac{\pi}{4}$，$\Delta x=10'=\frac{\pi}{1080}$ 时，$f\left(\frac{\pi}{4}\right)=\tan\frac{\pi}{4}=1$，$f'\left(\frac{\pi}{4}\right)=\sec^2\frac{\pi}{4}=2$，所以 $\tan 45^\circ 10'\approx 1+2\times\frac{\pi}{1080}=1.00582$.

5. **解** (1) 生产 900 单位到 1000 单位的总成本的平均变化率为

$$\frac{C(1000)-C(900)}{1000-900}=\frac{1100+\frac{1000^2}{1200}-1100-\frac{900^2}{1200}}{100}=1.583.$$

(2) 因为 $C'(q)=\frac{2q}{1200}=\frac{q}{600}$，所以生产 900 单位时总成本的变化率为 $C'(900)=\frac{900}{600}=1.5$.

(C 层)

一、填空题

1. 4.

分析 $f'(2)=\lim\limits_{x\to 2}\frac{f(x)-f(2)}{x-2}=\lim\limits_{x\to 2}\frac{f(x)}{x-2}=4$.

2. $2\mathrm{d}x$.

分析 方程 $y=x^{\ln x}$ 两边同时取以 e 为底的对数得，$\ln y=(\ln x)^2$，两边同时对 x 求导得，$\frac{1}{y}\cdot y'=\frac{2\ln x}{x}$，所以 $y'|_{x=\mathrm{e}}=\mathrm{e}^{\ln \mathrm{e}}\cdot\frac{2\ln \mathrm{e}}{\mathrm{e}}=2$，故 $\mathrm{d}y|_{x=\mathrm{e}}=2\mathrm{d}x$.

或

$y=x^{\ln x}=\mathrm{e}^{\ln x^{\ln x}}=\mathrm{e}^{(\ln x)^2}$，求导得 $y'=\mathrm{e}^{(\ln x)^2}\cdot 2\ln x\cdot\frac{1}{x}=\mathrm{e}^{(\ln x)^2}\cdot\frac{2\ln x}{x}$，所以 $y'|_{x=\mathrm{e}}=\mathrm{e}^{\ln \mathrm{e}}\cdot\frac{2\ln \mathrm{e}}{\mathrm{e}}=2$，故 $\mathrm{d}y|_{x=\mathrm{e}}=2\mathrm{d}x$.

3. -2.

分析 因为$f(x)=\left|\frac{x-2}{x}\right|=\begin{cases}\frac{x-2}{x} & x<0\\ \frac{2-x}{x} & 0<x<2\\ \frac{x-2}{x} & x\geqslant 2\end{cases}$，又$0<1<2$，所以

$f'(x)=\left(\frac{2-x}{x}\right)'=-\frac{2}{x^2}$，故$f'(1)=-\frac{2}{1^2}=-2$.

4. $\frac{1}{2}$.

分析 因为当$h\to 0$时，$f(x_0-h)-f(x_0+h)+h=o(h)$，所以

$$\lim_{h\to 0}\frac{f(x_0-h)-f(x_0+h)+h}{h}=-2\lim_{-2h\to 0}\frac{f(x_0-h)-f(x_0+h)}{-2h}+1$$
$$=-2f'(x_0)+1=0,$$

故$f'(x_0)=\frac{1}{2}$.

5. 2.

分析 因为

$$f(x)=(x^2-x-2)|x^3-x|=\begin{cases}(x^2-x-2)(x-x^3) & x<-1\\ (x^2-x-2)(x^3-x) & -1\leqslant x<0\\ (x^2-x-2)(x-x^3) & 0\leqslant x<1\\ (x^2-x-2)(x^3-x) & x\geqslant 1\end{cases},$$

再利用"若$f_-'(x_0)=f_+'(x_0)$，则$f(x)$在点x_0可导"，则可知函数$f(x)$的不可导点为2个.

二、选择题

1. A.

分析 $y'=\left(\frac{1}{3}x^3+\frac{1}{2}x^2+6x+1\right)'=x^2+x+6$，$k=y'|_{x=0}=0^2+0+6=6$，所以在点$(0,1)$处的切线方程为$y-1=6x$，令$y=0$，得$x=-\frac{1}{6}$，故选A.

2. D.

分析 因为$f(x)$是不恒等于零的奇函数，且$f'(0)=2$，所以$f(x)$在$x=0$处连续. 由$f'(0)=2$，可得$f'(0)=\lim\limits_{x\to 0}\frac{f(x)-f(0)}{x-0}=2$，又$\lim\limits_{x\to 0}x=0$，

所以$\lim\limits_{x\to 0}f(x)=f(0)=0$，故$\lim\limits_{x\to 0}\varphi(x)=\lim\limits_{x\to 0}\dfrac{f(x)}{x}=2$，即 $x=0$ 是函数 $\varphi(x)$ 的可去间断点，因此选 D.

3. C.

分析　因为 $f(-x)=f(x)$，$-\infty<x<+\infty$，所以 $y=f(x)$ 的图形关于 y 轴对称，所以由已知条件可知应选 C.

4. D.

分析　$\dfrac{\mathrm{d}}{\mathrm{d}x}f[h(x)]=f'[h(x)]h'(x)=g[h(x)]h'(x)=g(x^2)\cdot 2x$，故选 D.

5. A.

分析　因为 $f'(x_0)=\lim\limits_{x\to x_0}\dfrac{f(x)-f(x_0)}{x-x_0}=\lim\limits_{x\to x_0}\dfrac{-f(-x)+f(-x_0)}{x-x_0}=\lim\limits_{x\to x_0}\dfrac{f(-x)-f(-x_0)}{-x-(-x_0)}=f'(-x_0)=k$，所以选 A.

三、解答题

1. **解**　方程两边同时对 x 求导，得

$$\mathrm{e}^y\cdot y'+6y+6xy'+2x=0, \tag{1}$$

(1) 式两边再同时对 x 求导得

$$\mathrm{e}^y y'\cdot y'+\mathrm{e}^y\cdot y''+6y'+6y'+6xy''+2=0. \tag{2}$$

当 $x=0$ 时，$y=0$，把 $x=0$，$y=0$ 代入(1) 式，得 $y'=0$，所以由(2) 式可得 $y''|_{x=0}=-2$.

2. **解**　$f'(x)=\ln x+1$，$f''(x)=\dfrac{1}{x}=(-1)^{2-2}(2-2)!\,\dfrac{1}{x}$，$f'''(x)=-\dfrac{1}{x^2}=(-1)^{3-2}(3-2)!\,\dfrac{1}{x^{3-1}}$，$f^{(4)}(x)=\dfrac{2}{x^3}=(-1)^{4-2}(4-2)!\,\dfrac{1}{x^{4-1}}$，…，$f^{(n)}(x)=(-1)^{n-2}(n-2)!\,\dfrac{1}{x^{n-1}}$，$n\geqslant 2$，所以 $f^{(n)}(1)=(-1)^{n-2}(n-2)!$，$n\geqslant 2$.

3. **证明**　由于 $f(x)$ 在 $x=0$ 处连续，$\lim\limits_{x\to 0}\dfrac{f(x)}{x}=A$，且$\lim\limits_{x\to 0}x=0$，所以$\lim\limits_{x\to 0}f(x)=f(0)=0$，故 $f'(0)=\lim\limits_{x\to 0}\dfrac{f(x)-f(0)}{x-0}=\lim\limits_{x\to 0}\dfrac{f(x)}{x}=A$.

4. **解**　$\lim\limits_{x\to a}\dfrac{x^2f(a)-a^2f(x)}{x-a}=\lim\limits_{x\to a}\dfrac{(x^2-a^2)f(a)-a^2[f(x)-f(a)]}{x-a}$

$$= \lim_{x\to a}(x+a)f(a) - a^2\lim_{x\to a}\frac{f(x)-f(a)}{x-a}$$

$$= 2af(a) - a^2f'(a).$$

5. **解** 由 $f(1+x) = af(x)$，得 $f(1) = af(0)$，$f'(0) = \lim\limits_{x\to 0}\dfrac{f(x)-f(0)}{x-0} = b \neq 0$，所以 $\lim\limits_{x\to 0}f(x) = f(0) = 0$，故 $f(1) = af(0) = 0$，因此

$$f'(1) = \lim_{x\to 1}\frac{f(x)-f(1)}{x-1} = \lim_{x\to 1}\frac{f[1+(x-1)]-f(1)}{x-1}$$

$$\overset{x-1=t}{=} \lim_{t\to 0}\frac{f(1+t)-f(1)}{t-0} = \lim_{t\to 0}\frac{af(t)-af(0)}{t-0}$$

$$= a\lim_{t\to 0}\frac{f(t)-f(0)}{t-0} = af'(0) = ab.$$

因此，$f'(1)$ 存在且 $f'(1) = ab$.

第三章

导数的应用

学习指导及“习题三”参考答案

(A层)

1.

罗尔定理 如果函数 $y=f(x)$ 满足(1)在闭区间 $[a,b]$ 上连续,(2)在开区间 (a,b) 内可导,(3) $f(a)=f(b)$,那么在 (a,b) 内至少存在一点 ξ,使得 $f'(\xi)=0$.

(1) **解** 因为函数 $f(x)=\dfrac{3}{1+x^2}$ 的定义域为 $(-\infty,+\infty)$,所以 $f(x)$ 在 $(-\infty,+\infty)$ 连续,又因为 $[-1,1]\subset(-\infty,+\infty)$,所以函数 $f(x)$ 在闭区间 $[-1,1]$ 上连续,由于 $f'(x)=\dfrac{-6x}{(1+x^2)^2}$,所以 $f'(x)$ 在 $(-\infty,+\infty)$ 上有定义,说明 $f(x)$ 在 $(-\infty,+\infty)$ 内可导,因此 $f(x)$ 在开区间 $(-1,1)$ 内可导,且因为 $f(-1)=\dfrac{3}{1+(-1)^2}=\dfrac{3}{1+1^2}=f(1)$,故函数 $f(x)$ 在给定的区间上满足罗尔定理的条件.

因为 $f'(x)=-\dfrac{6x}{(1+x^2)^2}$,所以在区间 $(-1,1)$ 内至少存在一点 ξ,使得

$f'(\xi) = -\frac{6\xi}{(1+\xi^2)^2} = 0$,可知 $\xi = 0$.

(2) 满足. $\xi = \frac{1}{2}$.

2.

拉格朗日中值定理 如果函数 $y = f(x)$ 满足(1) 在闭区间 $[a,b]$ 上连续,(2) 在开区间 (a,b) 内可导,那么在 (a,b) 内至少有一点 ξ,使得 $f(b) - f(a) = f'(\xi)(b-a)$.

(1) 满足.

$f'(x) = 4x - 1$,所以 $f'(\xi) = 4\xi - 1$,由 $f(1) - f(0) = (4\xi - 1)(1-0)$,得 $(2-1+6) - 6 = 4\xi - 1$,所以 $\xi = \frac{1}{2}$.

(2) 满足. $\xi = \frac{9}{4}$.

(3) 满足. $\xi = \frac{1}{\ln 2}$.

3.

洛必达法则 如果函数 $f(x)$ 和 $g(x)$ 满足(1) $\lim\limits_{x\to x_0} f(x) = 0(\infty)$, $\lim\limits_{x\to x_0} g(x) = 0(\infty)$,(2) 在点 x_0 的某邻域内(点 x_0 可除外),$f'(x)$ 和 $g'(x)$ 都存在,且 $g'(x) \neq 0$,(3) $\lim\limits_{x\to x_0}\frac{f'(x)}{g'(x)}$ 存在(或为无穷大),那么 $\lim\limits_{x\to x_0}\frac{f(x)}{g(x)} = \lim\limits_{x\to x_0}\frac{f'(x)}{g'(x)}$.

注 如果把法则中的变化过程 $x \to x_0$ 改为 $x \to x_0^+$, $x \to x_0^-$, $x \to \infty$, $x \to +\infty$, $x \to -\infty$,法则的结论仍成立

(1) **解** $\lim\limits_{x\to 0}\frac{\sin 3x}{2x} \overset{\frac{0}{0}}{=} \lim\limits_{x\to 0}\frac{(\sin 3x)'}{(2x)'} = \lim\limits_{x\to 0}\frac{3\cos 3x}{2} = \frac{3}{2}$.

(2) ∞. (3) 2. (4) 1. (5) $-\frac{3}{5}$. (6) $\cos a$. (7) 1. (8) 0.

4.

函数单调性的判别法 设函数 $y=f(x)$ 在 $[a,b]$ 上连续，在 (a,b) 内可导：

(1) 如果在 (a,b) 内 $f'(x)>0$，则函数 $y=f(x)$ 在 $[a,b]$ 上单调递增；

(2) 如果在 (a,b) 内 $f'(x)<0$，则函数 $y=f(x)$ 在 $[a,b]$ 上单调递减.

求单调区间的步骤：

(1) 求定义域；(2) 求导数 y'；(3) 令 $y'=0$，求出驻点及导数 y' 没有意义的点：$x_1,x_2,\cdots,x_n$；(4) 依据函数单调性的判别法判别定义域被点 $x_1,x_2,\cdots,x_n$ 所分得的区间的单调性.

(1) **解** 函数 $y=3x^2+6x+5$ 的定义域为 $(-\infty,+\infty)$，求导得 $y'=6x+6$，令 $y'=0$，即得 $x=-1$，区间 $(-\infty,+\infty)$ 被 $x=-1$ 分为两个区间，以下列表讨论函数 $y=3x^2+6x+5$ 在这两个区间内的单调性.

x	$(-\infty,-1)$	$(-1,+\infty)$
y'	$-$	$+$
y	↘	↗

(2)

x	$(-\infty,+\infty)$
y'	$+$
y	↗

(3)

x	$(-\infty,0)$	$(0,+\infty)$
y'	$+$	$-$
y	↗	↘

(4)

x	$\left(-\infty,\frac{3}{4}\right)$	$\left(\frac{3}{4},1\right)$
y'	$+$	$-$
y	↗	↘

(5)

x	$(-\infty,-2)$	$(-2,-1)$	$(-1,0)$	$(0,+\infty)$
y'	+	−	−	+
y	↗	↘	↘	↗

(6)

x	$\left(0,\frac{\sqrt{6}}{6}\right)$	$\left(\frac{\sqrt{6}}{6},+\infty\right)$
y'	−	+
y	↘	↗

5.

1. **极值的一阶导数判别法** 设函数 $y=f(x)$ 在点 x_0 的某一去心邻域 $\mathring{N}(x_0,\delta)=(x_0-\delta,x_0)\cup(x_0,x_0+\delta)$ 内可导,(1) 如果在 $(x_0-\delta,x_0)$ 内 $f'(x)<0$,而在 $(x_0,x_0+\delta)$ 内 $f'(x)>0$,那么 x_0 是极小值点,$f(x)$ 在 x_0 取得极小值;(2) 如果在 $(x_0-\delta,x_0)$ 内 $f'(x)>0$,而在 $(x_0,x_0+\delta)$ 内 $f'(x)<0$,那么 x_0 是极大值点,$f(x)$ 在 x_0 取得极大值;(3) 如果在 $\mathring{U}(x_0,\delta)$ 内恒有 $f'(x)>0$(或 $f'(x)<0$),那么 x_0 不是极值点.(函数 $f(x)$ 在点 x_0 处没有极值)

2. 求函数极值的步骤:(1) 求定义域;(2) 求导数 y';(3) 令 $y'=0$,求出驻点及导数 y' 没有意义的点:$x_1,x_2,\cdots,x_n$;(4) 依据一阶导数判别法判别函数在点 $x_1,x_2,\cdots,x_n$ 处取得的极值的情况.

(1)

x	$(-\infty,0)$	0	$(0,2)$	2	$(2,+\infty)$
y'	+	0	−	0	+
y	↗	极大值 7	↘	极小值 3	↗

(2) 当 $x=0$ 时,函数 $f(x)$ 取得极小值 0.

(3) 当 $x=-\dfrac{\ln 2}{2}$ 时,函数 $f(x)$ 取得极小值 $2\sqrt{2}$.

(4) 当 $x=0$ 时，函数 $f(x)$ 取得极大值 0；当 $x=\dfrac{2}{5}$ 时，函数 $f(x)$ 取得极小值 $-\dfrac{3}{5}\sqrt[3]{\dfrac{4}{25}}$.

6.

> **极值二阶导数判别法** 设函数 $y=f(x)$ 在点 x_0 处满足 $f'(x_0)=0$，$f''(x_0)$ 存在且 $f''(x_0)\neq 0$，(1) 如果 $f''(x_0)<0$，那么函数 $f(x)$ 在 x_0 处取得极大值.(2) 如果 $f''(x_0)>0$，那么函数 $f(x)$ 在 x_0 处取得极小值.

(1) **解** 函数 $y=x^3-3x^2+7$ 的定义域为 $(-\infty,+\infty)$，求导得 $y'=3x^2-6x$，$y''=6x-6$. 令 $y'=0$，解得 $x=0$ 或 $x=2$，于是有 $y''\big|_{x=0}=-6<0$，$y''\big|_{x=2}=6>0$，所以当 $x=0$ 时，函数 $f(x)$ 取得极大值 7；当 $x=2$ 时，函数 $f(x)$ 取得极小值 3.

(2) 当 $x=\dfrac{7}{3}$ 时，函数 $f(x)$ 取得极大值 $\dfrac{4}{27}$；当 $x=3$ 时，函数 $f(x)$ 取得极小值 0.

7.

> 求函数 $f(x)$ 在区间 $[a,b]$ 上的最值的步骤为：
>
> (1) 求出 $f(x)$ 在 (a,b) 的全部驻点和一阶不可导点；
>
> (2) 分别求出两个端点、全部驻点和一阶不可导点处的函数值；
>
> (3) 比较(2)中的函数值的大小，最大的就是最大值，最小的就是最小值.

(1) **解** $y'=4x^3-4x=4x(x+1)(x-1)$，令 $y'=0$，解得 $x=-1$ 或 $x=0$ 或 $x=1$，于是有 $y\big|_{x=-2}=y\big|_{x=2}=13$，$y\big|_{x=-1}=y\big|_{x=1}=4$，$y\big|_{x=0}=5$，所以函数在 $x=-1$ 及 $x=1$ 处取得最小值 4，在 $x=-2$ 及 $x=2$ 处取得最大值 13.

(2) 在 $x=0$ 处取得最小值 0，在 $x=-\dfrac{1}{2}$ 及 $x=1$ 处取得最大值 $\dfrac{1}{2}$.

(3) 在 $x=0$ 处取得最小值 0，在 $x=2$ 处取得最大值 $\ln 5$.

(4) 在 $x=1$ 处取得最小值 2，在 $x=5$ 处取得最大值 32.

8.

1. 设函数 $y=f(x)$ 在区间 (a,b) 内存在二阶导数 $f''(x)$：

(1) 如果在 (a,b) 内 $f''(x)>0$，则曲线 $y=f(x)$ 在 (a,b) 内是下凸的；

(2) 如果在 (a,b) 内 $f''(x)<0$，则曲线 $y=f(x)$ 在 (a,b) 内是上凸的.

2. 如果点 $P_0(x_0, f(x_0))$ 是曲线 $y=f(x)$ 上的点，在 P_0 点的左边（或右边）曲线向上凸，在 P_0 点的右边（或左边）曲线向下凸，那么 P_0 点称为曲线的拐点.

3. 求曲线凸性与拐点的步骤：(1) 求定义域；(2) 求导数 y'、y''；(3) 令 $y''=0$，求出 y'' 为零的点及没有意义的点：$x_1, x_2, \cdots, x_n$；(4) 依据曲线凸性的判定定理及拐点的定义，判断曲线的凸性区间及在点 $x_1, x_2, \cdots, x_n$ 处的拐点情况.

(1) **解**　函数 $y=4x-x^2$ 的定义域为 $(-\infty,+\infty)$，求导得 $y'=4-2x$，$y''=-2<0$，所以曲线在定义域 $(-\infty,+\infty)$ 内都是上凸的.

(2) **解**　函数 $y=x^3-5x^2+3x-5$ 的定义域为 $(-\infty,+\infty)$，求导得 $y'=3x^2-10x+3$，$y''=6x-10=6\left(x-\dfrac{5}{3}\right)$，令 $y''=0$，解得 $x=\dfrac{5}{3}$，列表讨论函数 $y=x^3-5x^2+3x-5$ 的凸性区间及拐点如下：

x	$\left(-\infty,\frac{5}{3}\right)$	$\frac{5}{3}$	$\left(\frac{5}{3},+\infty\right)$
y''	$-$	0	$+$
y	上凸	拐点 $\left(\frac{5}{3},-\frac{250}{27}\right)$	下凸

(3)

x	$(0, e^{-\frac{3}{2}})$	$e^{-\frac{3}{2}}$	$(e^{-\frac{3}{2}},+\infty)$
y''	$-$	0	$+$
y	上凸	拐点 $\left(e^{-\frac{3}{2}},-\frac{3}{2}e^{-3}\right)$	下凸

(4)

x	$(-\infty,+\infty)$
y''	$+$
y	下凸

9.

1. 如果 $x=c$ 是曲线 $y=f(x)$ 的间断点，且存在 $\lim\limits_{x\to c^-}f(x)=\infty$ 或 $\lim\limits_{x\to c^+}f(x)=\infty$，则称直线 $x=c$ 是该曲线的一条铅垂渐近线.

2. 如果存在 $\lim\limits_{x\to-\infty}f(x)=c$ 或 $\lim\limits_{x\to+\infty}f(x)=c$，则称直线 $y=c$ 是该曲线的一条水平渐近线.

(1) **解**　由于 $y=\dfrac{1}{x^2-x-2}=\dfrac{1}{(x+1)(x-2)}$，所以函数 $y=f(x)$ 在点 $x=-1$，$x=2$ 处没有意义，且 $\lim\limits_{x\to-1}y=\infty$，$\lim\limits_{x\to2}y=\infty$，故 $x=-1$，$x=2$ 都是曲线 $y=f(x)$ 的铅垂渐近线.

(2) **解**　因为

$$\lim_{x\to0^-}y=1,\lim_{x\to0^+}y=\infty,\lim_{x\to\infty}y=2,$$

所以直线 $x=0$ 是曲线 $y=f(x)$ 的铅垂渐近线，直线 $y=2$ 是曲线 $y=f(x)$ 的水平渐近线.

(3) 直线 $x=-2$ 是曲线 $y=f(x)$ 的铅垂渐近线.

(4) 直线 $x=0$ 是曲线 $y=f(x)$ 的铅垂渐近线.

10.

作图的步骤如下：

(1) 确定函数 $y=f(x)$ 的定义域，讨论函数的一些基本性质(如奇偶性、对称性和周期性)；

(2) 求出函数的一阶导数 $f'(x)$ 和二阶导数 $f''(x)$；

(3) 求出使 $f'(x)=0$ 和 $f''(x)=0$ 的点及使 $f'(x)$，$f''(x)$ 不存在的点；

(4) 确定函数的单调区间、凸性区间、极值与拐点；

(5) 确定函数曲线的渐近线；

(6) 取一些特殊的点；

(7) 描点作图.

(1) **解**　函数 $y=(x+1)(x-2)^2$ 的定义域为$(-\infty,+\infty)$，求导得 $y'=(x-2)^2+2(x+1)(x-2)=3x(x-2)$，$y''=3(x-2)+3x=6(x-1)$. 令 $y'=0$，解得 $x_1=0$，$x_2=2$；令 $y''=0$，解得 $x_3=1$. 列表讨论如下：

x	$(-\infty,0)$	0	$(0,1)$	1	$(1,2)$	2	$(2,+\infty)$
y'	+	0	−		−	0	+
y''	−		−	0	+		+
y	↗上凸	极大值 4	↘上凸	拐点(1,2)	↘下凸	极小值 0	↗下凸

又令 $y=0$,解得 $x=-1$ 或 $x=2$;取 $x=3$,得 $y=4$.

综上所述,描点作图如图 3-1 所示.

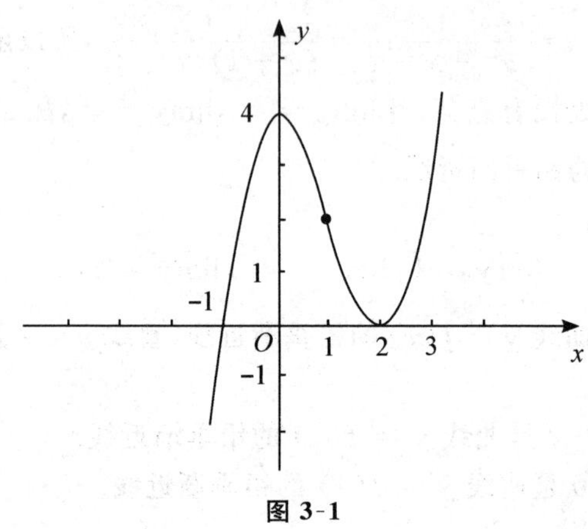

图 3-1

(2) 略.(3) 略.(4) 略.

11.

1. 如果成本函数为 $C=C(q)$,则称 $C'(q)$ 为边际成本函数.其经济意义:在产量为 q 的基础上,再生产一个单位产品时所增加的总成本.

2. 如果收入函数为 $R=R(q)$,则称 $R'(q)$ 为边际收入函数.其经济意义:在销售量为 q 的基础上,再销售一个单位产品时所增加的总收入.

3. 如果利润函数 $L=L(q)$,则称 $L'(q)$ 为边际利润函数.

解 生产 100 个单位产品时的总成本为

$$C(100)=20000+100^2=30000,$$

平均成本为 $\dfrac{C(100)}{100}=\dfrac{20000+100^2}{100}=\dfrac{30000}{100}=300$,边际成本为 $C'(100)=2\times100=200$.

12. 1990,199,198.

13. **解** 产量为 q 吨时的利润函数为 $L(q)=R(q)-C(q)=250q-5q^2$，求导得 $L'(q)=250-10q$.

当 $q=20$ 时，利润 $L=50$，它的经济意义为在产量为 20 吨的基础上，再多生产一吨产品，总利润会增加 50 元.

当 $q=25$ 时，利润 $L=0$，它的经济意义为在产量为 25 吨的基础上，再多生产一吨产品，总利润不会增加.

当 $q=30$ 时，利润 $L=-50$，它的经济意义为在产量为 30 吨的基础上，再多生产一吨产品，总利润会减少 50 元.

14.

> 如果某商品的需求函数为 $Q=Q(p)$，其中 p 为价格，那么需求弹性为 $\eta(p)=Q'(p)\cdot\frac{p}{Q}$.

解 需求量 q 对于价格 p 的弹性函数 $\eta(p)$ 为

$$\eta(p)=Q'(p)\cdot\frac{p}{Q}=1600\left(\frac{1}{4}\right)^p\ln\frac{1}{4}\cdot\frac{p}{1600\left(\frac{1}{4}\right)^p}=-2\ln 2\cdot p.$$

15. **解** 产量为 q 时的平均成本为 $\overline{C(q)}=q+\frac{400}{q}$，求导得 $[\overline{C(q)}]'=1-\frac{400}{q^2}$，令 $[\overline{C(q)}]'=0$，解得 $q_1=20$，$q_2=-20$（舍去），$[\overline{C(q)}]''=\frac{800}{q^3}>0$ $(q>0)$，所以当产量为 20 时，平均成本最小.

16. **解** 设产量为 q 个单位，依题意可知，总成本 $C(q)=1000+5q$（元），总收入为 $R(q)=pq=15q-0.01q^2$（元），所以总利润为 $L(q)=R(q)-C(q)=10q-0.01q^2-1000$（元）.

对 $L(q)$ 求导得 $L'(q)=10-0.02q$，令 $L'(q)=0$，解得 $q=500$，且 $L''(500)=-0.02<0$，故当产量为 500 个单位时，利润最大.

17.

> 如果某商品的需求函数为 $Q=Q(p)$，需求弹性 $\eta(p)=Q'(p)\cdot\frac{p}{Q}$，其中 p 为价格，那么该商品的收益弹性为 $1+\eta(p)$.

(1) **解** $Q'(4)=-2\times 4=-8$，它的经济意义为在价格为 4 元的基础上，价格若上涨 1 元，需求量会减少 8 个单位.

(2) $\eta(4)=-8\times\frac{4}{59}=-\frac{32}{59}=-0.54$，$|\eta(4)|=\left|-\frac{32}{59}\right|<1$，它的经济意

义为此时价格若上涨1%,需求将减少0.54%,需求量的变化幅度小于价格变化的幅度,适当提高价格可增加销售量,从而增加收入.

(3) 收益弹性为$1+\eta(4)=0.46$,由(2)知$|\eta(4)|<1$,这说明若价格上涨1%,收益约增加0.46%.

(4) $|\eta(6)|=\left|Q'(6)\cdot\frac{6}{75-36}\right|=\left|-12\times\frac{6}{39}\right|\approx|-1.85|>1$, $1+\eta(6)=-0.85$,这说明若价格上涨1%,收益约减少0.85%.

(5) 商品的收益$R(p)=p\cdot q=75p-p^3$,求导得$R'(p)=75-3p^2$,令$R'(p)=0$,解得$p_1=-5$(舍去),$p_2=5$.由于$R''(p)=-6p$,所以$R''(5)=-30<0$,因此当价格为5时收益最大.

18. **解** $\eta(p)=Q'(p)\cdot\frac{p}{Q}=\frac{-5p}{100-5p}$,依题意得$\left|\frac{-5p}{100-5p}\right|>1$,从中解得$10<p<20$或$p>20$.

(B层)

1.

> 对于求解$\infty-\infty$型,$0\cdot\infty$型,0^0型,1^∞型,∞^0型等未定式的极限,可通过适当的变化,把它们化为$\frac{0}{0}$型或$\frac{\infty}{\infty}$型,然后应用洛必达法则求解.

(1) **解** 此题为$0\cdot\infty$型.

$$\lim_{x\to0}x^2e^{\frac{1}{x^2}}\overset{0\cdot\infty}{=}\lim_{x\to0}\frac{e^{\frac{1}{x^2}}}{\frac{1}{x^2}}\overset{\frac{\infty}{\infty}}{=}\lim_{x\to0}\frac{\left(e^{\frac{1}{x^2}}\right)'}{\left(\frac{1}{x^2}\right)'}=\lim_{x\to0}\frac{\left(e^{\frac{1}{x^2}}\right)\cdot\left(-\frac{2}{x^3}\right)}{-\frac{2}{x^3}}=\lim_{x\to0}e^{\frac{1}{x^2}}=\infty.$$

(2) **解** (此题为$0\cdot\infty$型)0.

(3) **解** 此题为$\infty-\infty$型.

$$\lim_{x\to0}\left(\frac{1}{x}-\frac{1}{e^x-1}\right)\overset{\infty-\infty}{=}\lim_{x\to0}\frac{e^x-1-x}{x(e^x-1)}\overset{\frac{0}{0}}{=}\lim_{x\to0}\frac{e^x-1}{(e^x-1)+xe^x}$$

$$\overset{\frac{0}{0}}{=}\lim_{x\to0}\frac{e^x}{2e^x+xe^x}=\lim_{x\to0}\frac{1}{2+x}=\frac{1}{2}.$$

(4) **解** 此题为1^∞型.

$$\lim_{x\to 0}(1+\sin x)^{\frac{1}{x}} \overset{1^{\infty}}{=} e^{\lim\limits_{x\to 0}\frac{\ln(1+\sin x)}{x}} = e^{\lim\limits_{x\to 0}\frac{\frac{\cos x}{1+\sin x}}{1}} = e^1 = e.$$

(5) **解**　此题为 1^{∞} 型.

由于
$$\left(\frac{\sin x}{x}\right)^{\frac{1}{x}} = e^{\frac{1}{x}\ln\frac{\sin x}{x}} = e^{\frac{\ln\frac{\sin x}{x}}{x}},$$

且
$$\lim_{x\to 0}\frac{\ln\frac{\sin x}{x}}{x} \overset{\frac{0}{0}}{=} \lim_{x\to 0}\frac{\frac{x\cos x-\sin x}{x^2}}{\frac{\sin x}{x}} = \lim_{x\to 0}\frac{x\cos x-\sin x}{x^2}$$

$$\overset{\frac{0}{0}}{=} \lim_{x\to 0}\frac{\cos x - x\sin x-\cos x}{2x} = \lim_{x\to 0}\left(-\frac{\sin x}{2}\right) = 0,$$

故
$$\lim_{x\to 0}\left(\frac{\sin x}{x}\right)^{\frac{1}{x}} = e^{\lim\limits_{x\to 0}\frac{\ln\frac{\sin x}{x}}{x}} = e^0 = 1.$$

(6) **解**　此题为 0^0 型.

$$\lim_{x\to 0^+} x^{\sin x} \overset{0^0}{=} \lim_{x\to 0^+} e^{\ln x^{\sin x}} = e^{\lim\limits_{x\to 0^+}\sin x\ln x} = e^{\lim\limits_{x\to 0^+}\frac{\ln x}{\frac{1}{\sin x}}} = e^{\lim\limits_{x\to 0^+}\left(\frac{\frac{1}{x}}{\frac{-\cos x}{\sin^2 x}}\right)}$$

$$= e^{-\lim\limits_{x\to 0^+}\frac{\sin^2 x}{x\cos x}} = e^{-\lim\limits_{x\to 0^+}\frac{2\sin x\cos x}{\cos x - x\sin x}} = e^0 = 1.$$

(7)1.(8)1.

2. **解**　求导得 $f'(x)=3x^2+2ax+b, f''(x)=6x+2a$,依题意,得

$$\begin{cases} 6+2a=0 \\ b=0 \\ 1+a+b+c=-1 \end{cases},$$

解得 $a=-3, b=0, c=1$.

3.(1) **解**　依题意,得利润

$$\begin{aligned} L(x) &= R(x)-C(x)-tx = px-3x-1-tx \\ &= (7-0.2x)x-3x-1-tx \\ &= -0.2x^2+(4-t)x-1, \end{aligned}$$

求导得

$$L'(x) = -0.4x+4-t,$$

令 $L'(x)=0$,解得 $x=\frac{20-5t}{2}$,是唯一的驻点,又 $L''(x)=-0.4$,即有 $L''\left(\frac{20-5t}{2}\right)=-0.4<0$,所以当销售量为 $\frac{20-5t}{2}$ 时,该商家获利最大.

(2) 设政府税收总额为 y 万元，则有 $y=tx=t\cdot\frac{20-5t}{2}=10t-\frac{5}{2}t^2$，求导得 $y'=10-5t$，令 $y'=0$，解得 $t=2$，所以当 t 为 2 时，政府税收最大.

4. **解**　依题意可知三年后应还贷款总额为 $100(1+10\%)^3=133.1$(万元).

公司的每年的利润总额为 $L=(pq-3q+1)(1-0.1)=-0.18p^2+6.84p-18$，求导得 $L'=-0.36p+6.84$，解得 $p=19$(万元)，是唯一的驻点，且 $L''(19)=-0.36<0$，所以当 $p=19$ 万元时，公司年利润最大，最大利润为 $L(19)=46.98$ 万元.

三年最大总利润 $46.98\times3=140.94>133.1$，所以 3 年后能还清贷款.

5. **解**　(1)$q'=-4p$，$p=6$ 时的边际需求为 $q'(6)=-4\times6=-24$.

(2)$p=6$ 时的需求弹性为 $\eta(6)=-24\times\frac{6}{78}=-\frac{24}{13}=-1.846$.

(3)$p=6$ 时的收益弹性为 $1+\eta(6)=-0.846$，且 $|1+\eta(6)|=0.846<1$，由于 $|\eta(6)|=1.846>1$，所以在 $p=6$ 时，当价格下降时，总收益将增加，如果下降 2%，总收益将增加 $0.846\times2\%\approx1.7\%$.

(C 层)

1. **解**　因为

$$y'=[f(\ln x)]'e^{f(x)}+f(\ln x)[e^{f(x)}]'=\frac{f'(\ln x)}{x}e^{f(x)}+f(\ln x)e^{f(x)}\cdot f'(x),$$

所以

$$dy=y'dx=\frac{f'(\ln x)}{x}e^{f(x)}dx+f(\ln x)e^{f(x)}\cdot f'(x)dx.$$

2. **解**　因为

$$\lim_{x\to+\infty}\frac{\ln(1+ce^x)}{\sqrt{1+cx^2}}\overset{\frac{\infty}{\infty}}{=}\lim_{x\to+\infty}\frac{e^x\sqrt{1+cx^2}}{x(1+ce^x)}$$

$$\overset{\frac{\infty}{\infty}}{=}\lim_{x\to+\infty}\frac{e^x\sqrt{1+cx^2}+e^x\frac{2cx}{2\sqrt{1+cx^2}}}{1+ce^x+cxe^x}$$

$$=\lim_{x\to+\infty}\frac{1+cx^2+cx}{\left(\frac{1}{e^x}+c+cx\right)\sqrt{1+cx^2}}=\frac{1}{\sqrt{c}},$$

所以$\frac{1}{\sqrt{c}}=4$,得$c=\frac{1}{16}$.

3. **解** 设$f(x)=\mathrm{e}^x-\mathrm{e}x$,求导得$f'(x)=\mathrm{e}^x-\mathrm{e}$,当$x>1$时,$\mathrm{e}^x>\mathrm{e}$,所以$f'(x)>0$,则有$f(x)>f(1)$,即$f(x)=\mathrm{e}^x-\mathrm{e}x>f(1)=\mathrm{e}-\mathrm{e}=0$,故证得$\mathrm{e}^x>\mathrm{e}x$.

4. **解** $y=a(x^2-3)^2$对x求导得

$$y'=2a(x^2-3)\cdot 2x=4ax(x^2-3),$$

$$y''=4a(x^2-3)+4ax\cdot 2x=4a(x^2-3)+8ax^2,$$

令$y''=0$,即$4a(x^2-3)+8ax^2=0$,解得$x=-1$或$x=1$.

当$x=-1$时,$y=4a$,$k_1=y'\big|_{x=-1}=8a$,所以曲线$y=a(x^2-3)^2$的拐点$(-1,4a)$处的法线方程为$y-4a=-\frac{1}{8a}(x+1)$,令法线方程中的$x=0$,$y=0$,可解得$a=-\frac{\sqrt{2}}{8}$(舍去),$a=\frac{\sqrt{2}}{8}$.

5. **证明** 令$f(x)=x^5+3x^3+x-3$,求导得$f'(x)=5x^4+9x^2+1>0$,所以$f(x)=x^5+3x^3+x-3$在定义域$(-\infty,+\infty)$内是单调递增的,且$f(0)=-3<0$,$f(1)=2>0$,故只有一个正根,且在区间$(0,1)$内.

6. **证明** 令$f(x)=\arcsin x+\arccos x$,求导得$f'(x)=\frac{1}{\sqrt{1-x^2}}-\frac{1}{\sqrt{1-x^2}}\equiv 0$,所以在定义域$(-\infty,+\infty)$内函数$f(x)=\arcsin x+\arccos x\equiv C$,$C$为常数,令$x=0$,则有$C=\frac{\pi}{2}$,即证得$\arcsin x+\arccos x=\frac{\pi}{2}$.

自测题

(A层)

一、填空题

1. 函数的极值点可能是________点和________点.

2. 设$f(x)=(x-1)^2$在$[0,2]$上满足罗尔定理的条件,当$\xi=$________时,$f'(\xi)=0$.

3. 函数$y=x^3-3x$的拐点是________.

4. $y=e^{\frac{1}{x}}$的水平渐近线是________.

5. 函数$y=(x+1)(x-1)^3$的单调增加区间是________.

6. 函数$y=x^2(x-6)$的上凸区间为________.

7. $y=x^3$的驻点为________.

8. 已知某商品的利润函数为$L(q)=-0.2q^2+q-100$,则$q=$________时,利润最大.

9. 设某商品的需求函数为$Q=250-25p$,则需求弹性$\eta(p)=$________.

10. 曲线$y=(x-1)^2(x-3)$的拐点个数为________.

二、选择题

1. 如果$f'(x_0)=f''(x_0)=0$,则下列结论中正确的是(　　).

(A)x_0是极大值点

(B)$(x_0,f(x_0))$是拐点

(C)x_0是极小值点

(D)x_0可能是极值点,也可能$(x_0,f(x_0))$是拐点

2. 曲线$y=\dfrac{x^2+1}{x-1}$(　　).

(A) 有水平渐近线无铅垂渐近线

(B) 无水平渐近线有铅垂渐近线

(C) 既无水平渐近线又无铅垂渐近线

(D) 既有水平渐近线又有铅垂渐近线

3. 若 $f(x)$ 在 (a,b) 内具有二阶导数，且(　　)，则 $f(x)$ 在 (a,b) 内单调增加且上凸.

(A) $f'(x)>0, f''(x)>0$　　(B) $f'(x)>0, f''(x)<0$

(C) $f'(x)<0, f''(x)>0$　　(D) $f'(x)<0, f''(x)<0$

4. 设 $f(x)$ 在 $[0,1]$ 上可导，$f'(x)>0$，且 $f(0)<0, f(1)>0$，则 $f(x)$ 在 $[0,1]$ 内(　　).

(A) 至少有两个零点　　(B) 没有零点

(C) 有且仅有一个零点　　(D) 零点个数不能确定

5. 求解下列极限不能使用洛必达法则的是(　　).

(A) $\lim\limits_{x\to 0}\dfrac{x^2\sin\dfrac{1}{x}}{\sin x}$　　(B) $\lim\limits_{x\to+\infty}x\left(\dfrac{\pi}{2}-\arctan x\right)$

(C) $\lim\limits_{x\to 0^+}x\ln\dfrac{1}{x}$　　(D) $\lim\limits_{x\to 0}\dfrac{x^2-2x-3}{x-3}$

6. $f(x)=(x-1)(x-2)(x-4)$，那么 $f'(x)=0$ 有(　　)个实根.

(A)1　　(B)2　　(C)3　　(D)0

7. 若 x_0 是 $f(x)$ 的可导极值点，则正确的是(　　).

(A) $f'(x_0)=0$　　(B) $f'(x_0)\neq 0$

(C) $f'(x_0)=0$ 或 $f'(x_0)$ 不存在　　(D) $f'(x_0)$ 不存在

8. 下列极限计算正确的是(　　).

(A) $\lim\limits_{x\to 1}\dfrac{x^3-2x+1}{(x-1)^2}=\lim\limits_{x\to 1}\dfrac{3x^2-2}{2(x-1)}=\lim\limits_{x\to 1}\dfrac{6x}{2}=3$

(B) $\lim\limits_{x\to 1}\dfrac{x^3-2x+1}{(x-1)^2}=\lim\limits_{x\to 1}\dfrac{(x-1)(x^2+x-1)}{(x-1)^2}=\lim\limits_{x\to 1}\dfrac{x^2+x-1}{x-1}$

$=\lim\limits_{x\to 1}\dfrac{2x+1}{1}=3$

(C) $\lim\limits_{x\to 1}\dfrac{x^3-2x+1}{(x-1)^2}=\dfrac{\lim\limits_{x\to 1}(x^3-2x+1)}{\lim\limits_{x\to 1}(x-1)^2}$ 不存在

(D) $\lim\limits_{x\to 1}\dfrac{x^3-2x+1}{(x-1)^2}=\lim\limits_{x\to 1}\dfrac{3x^2-2}{2(x-1)}=\infty$

9. 设函数 $f(x)$ 在 $[a,b]$ 上连续，在 (a,b) 内可导，则(　　).

(A) 至少存在一点 $\xi\in(a,b)$，使得 $f'(\xi)=0$

(B) 当 $\xi\in(a,b)$ 时，必有 $f'(\xi)=0$

(C) 至少存在一点 $\xi \in (a,b)$，使得 $f'(\xi)=\dfrac{f(b)-f(a)}{b-a}$

(D) 当 $\xi \in (a,b)$ 时，必有 $f'(\xi)=\dfrac{f(b)-f(a)}{b-a}$

10. 设函数 $f(x)$ 在 $[a,b]$ 上连续，在 (a,b) 内可导，且 $f(a)=f(b)$，则曲线 $y=f(x)$ 在 (a,b) 内平行于 x 轴的切线(　　).

(A) 仅有一条　(B) 至少有一条　(C) 不一定存在　(D) 不存在

三、解答题

1. 计算下列函数的极限：

(1) $\lim\limits_{x\to 0}\dfrac{\sin x-x+x^2}{1-\cos x}$；　(2) $\lim\limits_{x\to 0}\left(\dfrac{x}{x-1}-\dfrac{1}{\ln x}\right)$.

2. 求函数 $f(x)=x-e^x$ 的单调区间及极值.

3. 求曲线 $f(x)=x^4-6x^3+12x^2-10x+4$ 的凸性区间及拐点.

4. 某厂生产某产品，其固定成本为 2000 元，每生产一吨产品的成本为 60 元，该种产品的需求量 q 与价格 p 的关系为 $q=1000-10p$，(1) 产量为多少吨时，利润最大？(2) 求获得最大利润时的价格. (3) 求 $p=40$ 时的需求弹性，并说明其经济意义. (4) 当 $p=40$ 时，若价格上涨 1%，收益是增加还是减少？增加(减少) 百分之几？

5. 求曲线 $y=\dfrac{(x-1)^2}{(x+1)^3}$ 的渐近线.

6. 证明：当 $x>0$ 时，$\ln(1+x)<x$.

(B 层)

一、填空题

1. $x=x_0$ 是 $y=f(x)$ 的驻点，则在 $x=x_0$ 处曲线 $y=f(x)$ 的切线________于 x 轴.

2. 已知 $x=\dfrac{\pi}{4}$ 是 $f(x)=k\sin x+\dfrac{1}{4}\sin 4x$ 的极值点，则 $k=$ ________.

3. 已知某商品的边际成本为 $e^q(4q-100)$，则使成本最小的产量 $q=$ ________.

4. 设 $f(x)=ax^3-12ax+b$ 在区间 $[-1,2]$ 上的最大值为 3，最小值为 -51，且 $a>0$，则 $a=$ ________，$b=$ ________.

5. 已知某产品的需求函数为 $Q=\dfrac{1}{p}-1$，则需求弹性 $\eta_p\left(\dfrac{1}{2}\right)=$

________.

二、选择题

1. 设$\lim\limits_{x\to x_0}\dfrac{f(x)}{g(x)}$为未定式,则$\lim\limits_{x\to x_0}\dfrac{f'(x)}{g'(x)}$存在是$\lim\limits_{x\to x_0}\dfrac{f(x)}{g(x)}$存在的(　　).

(A) 必要条件　　(B) 充分条件

(C) 充分必要条件　　(D) 既非充分也非必要条件

2. 函数 $y=f(x)$ 在点 $x=x_0$ 取得极大值,必有(　　).

(A) $f'(x_0)=0$　　(B) $f''(x_0)<0$

(C) $f'(x_0)=0$ 且 $f''(x_0)<0$　　(D) $f'(x_0)=0$ 或不存在

3. 下列函数在给定区间上不满足拉格朗日中值定理条件的是(　　).

(A) $y=\dfrac{2x}{1+x^2}$, $[-1,1]$　　(B) $y=|x|$, $[-1,2]$

(C) $y=4x^3-5x^2+x-2$, $[0,1]$　　(D) $y=\ln(1+x^2)$, $[0,3]$

4. 下列各式中,对一切 $x>1$ 均成立的是(　　).

(A) $e^x>(e+1)x$　　(B) $e^x<(e+1)x$

(C) $e^x>ex$　　(D) $e^x<ex$

5. 曲线 $y=x^2e^{\frac{1}{x^2}}$ 的渐近线是(　　).

(A) $x=0$　　(B) $x=1$　　(C) $y=0$　　(D) $y=1$

三、解答题

1. 求下列函数的极限:

(1) $\lim\limits_{x\to 0}x\cot 3x$;　(2) $\lim\limits_{x\to 0^+}x^{\sin x}$.

2. 设当 $x\to 0$ 时,$e^x-(ax^2+bx+1)=o(x^2)$,求 a,b 的值.

3. 求 $f(x)=\sqrt[3]{(2x-x^2)^2}$ 的单调区间及极值.

4. 当 a,b 为何值时,点 $(1,-2)$ 是曲线 $y=ax^3+bx^2$ 的拐点.

5. 作出函数 $y=x\sqrt{3-x}$ 的图形.

6. 某种物资一年需用量为 24000 件,现整批间隔进货(当库存量下降到零时,随即订购、到货,平均库存量为批量的一半),若每次的订购费用为 64 元,每件物品年保管费为 4.8 元,试求最优订购批量(使每年的保管费用和订购费用之和最小的批量)、最优订购次数、最优进货周期和最小总费用.

7. 证明:当 $x>1$ 时,$2\sqrt{x}>3-\dfrac{1}{\sqrt{x}}$.

(C 层)

一、填空题

1. 当 $x \to 0$ 时，$(1+ax^2)^{\frac{1}{2}}-1$ 与 $1-\cos x$ 为等价无穷小量，则 $a=$ ________.

2. $y=x^2+(2-x)^2$ 在 $[0,2]$ 上的最大值点为 ________，最大值为 ________.

3. $\lim\limits_{x \to 0^+} \sqrt{x}\ln x=$ ________.

4. 设 $y=x^3+3ax^2+3bx+c$ 在 $x=-1$ 处取极大值，点 $(0,3)$ 是拐点，则 $a=$ ________，$b=$ ________，$c=$ ________.

5. $y=\dfrac{4(x-1)}{x^2}$ 的水平渐近线为 ________.

二、选择题

1. 已知 $\lim\limits_{x \to 0} \dfrac{xf(x)-\sin x}{x^3}=\dfrac{1}{2}$，则 $\lim\limits_{x \to 0} \dfrac{f(x)-1}{x^2}=$ (　　).

(A) $\dfrac{1}{12}$　　(B) $\dfrac{1}{6}$　　(C) $\dfrac{1}{3}$　　(D) $\dfrac{1}{2}$

2. $\alpha(x)=e^x-x^e$，$\beta(x)=x^e-e^e$，则当 $x \to e$ 时，有(　　).

(A) $\alpha(x)=o[\beta(x)]$　　(B) $\beta(x)=o[\alpha(x)]$

(C) $\alpha(x) \sim \beta(x)$　　(D) $\alpha(x) \sim k\beta(x), k \neq 1$

3. 设函数 $f(x)$ 的导数在 $x=a$ 处连续，且 $\lim\limits_{x \to a} \dfrac{f'(x)}{x-a}=-1$，则(　　).

(A) $x=a$ 是 $f(x)$ 的极小值点

(B) $x=a$ 是 $f(x)$ 的极大值点

(C) $(a,f(a))$ 是曲线 $y=f(x)$ 的拐点

(D) $x=a$ 不是 $f(x)$ 的极小值点，$(a,f(a))$ 也不是曲线 $y=f(x)$ 的拐点

4. 若 $\lim\limits_{x \to 0} \dfrac{a\tan x+b(1-\cos x)}{k\ln(1-2x)}=1$，其中 $k \neq 0$，则下列结论正确的是(　　).

(A) $b=2k$　　(B) $b=-2k$　　(C) $a=2k$　　(D) $a=-2k$

5. 曲线 $y=x^3-12x+1$ 在 $(0,2)$ 内(　　).

(A) 严格单调上升且下凸　　(B) 严格单调下降且下凸

(C) 严格单调上升且下凸　　(D) 严格单调下降且上凸

三、解答题

1. 已知 $f(x)$ 在 $(-\infty,+\infty)$ 上二阶可导，且 $f(0)=f'(0)=0, f''(0)=4$，求 $\lim\limits_{x\to 0}\dfrac{f(x)}{x^2}$.

2. 作出函数 $y=\dfrac{2x-1}{(x-1)^2}$ 的图形.

3. 验证拉格朗日中值定理对于函数

$$f(x)=\begin{cases}\dfrac{3-x^2}{2} & x\leqslant 1\\ \dfrac{1}{x} & x>1\end{cases}$$

在 $[0,2]$ 上是正确的.

4. 某商品进价为 a 元 / 件，根据以往经验，当销售价为 b 元 / 件时，销售量为 c 件（a,b,c 均为正常数，$b\geqslant\dfrac{4}{3}a$）. 市场调查表明，销售价每下降 10%，销售量可增加 40%. 现决定一次性降价，试问当销售价为多少时，可获得最大利润？并求出最大利润.

5. 已知函数 $f(x)$ 在闭区间 $[0,1]$ 上连续，在开区间 $(0,1)$ 内可导，且 $f(1)=0$，证明在 $(0,1)$ 内至少存在一点 ξ，使 $\xi f'(\xi)+f(\xi)=0$.

自测题参考答案

(A 层)

一、填空题

1. 驻点,一阶导数不存在的点.

2. 1.

分析 因为 $f'(x)=2(x-1)$,所以依题意有 $f'(\xi)=2(\xi-1)=0$,故 $\xi=1$.

3. $(0,0)$.

分析 $y'=3x^2-3$,$y''=6x$,令 $y''=0$,得 $x=0$,当 $x>0$ 时,$y''>0$,当 $x<0$ 时,$y''<0$,所以 $(0,0)$ 是函数 $y=x^3-3x$ 的拐点.

4. $y=1$.

分析 因为 $\lim\limits_{x\to\infty}y=\lim\limits_{x\to\infty}e^{\frac{1}{x}}=1$,所以 $y=1$ 是水平渐近线.

5. $\left(-\dfrac{1}{2},+\infty\right)$.

分析 $y'=(x-1)^3+3(x+1)(x-1)^2=4(x-1)^2\left(x+\dfrac{1}{2}\right)$,当 $x>-\dfrac{1}{2}$ 时,$y'>0$,所以函数 $y=(x+1)(x-1)^3$ 的单调增加区间是 $\left(-\dfrac{1}{2},+\infty\right)$.

6. $(-\infty,2)$.

分析 $y'=2x(x-6)+x^2=3x^2-12x$,$y''=6x-12=6(x-2)$,所以当 $x<2$ 时,$y''=6(x-2)<0$,因此函数 $y=x^2(x-6)$ 的上凸区间为 $(-\infty,2)$.

7. $x=0$.

分析 $y'=3x^2$,令 $y'=0$,则有 $x=0$,所以 $x=0$ 是 $y=x^3$ 的驻点.

8. 2.5.

分析 $L'(q)=-0.4q+1$,令 $L'(q)=0$,则得 $q=2.5$,是定义域内唯一的驻点,且 $L''(2.5)=-0.4<0$,所以 $q=2.5$ 时,利润最大.

9. $-\dfrac{p}{10-p}$.

分析 $Q'(p)=-25,\eta(p)=\dfrac{p}{Q}\cdot Q'(p)=\dfrac{-25p}{250-25p}=\dfrac{-p}{10-p}$.

10. 1.

分析 $y'=2(x-1)(x-3)+(x-1)^2=(x-1)(3x-7),y''=6\left(x-\dfrac{5}{3}\right)$,令 $y''=0$,则得 $x=\dfrac{5}{3}$,当 $x>\dfrac{5}{3}$ 时,$y''>0$,当 $x<\dfrac{5}{3}$ 时,$y''<0$,所以$\left(\dfrac{5}{3},-\dfrac{16}{27}\right)$是曲线 $y=(x-1)^2(x-3)$的拐点.

二、选择题

1. D.

2. B.

分析 由于$\lim\limits_{x\to1}y=\lim\limits_{x\to1}\dfrac{x^2+1}{x-1}=\infty$,所以 $x=1$ 是曲线 $y=\dfrac{x^2+1}{x-1}$ 的铅垂渐近线.

但$\lim\limits_{x\to\infty}y=\lim\limits_{x\to\infty}\dfrac{x^2+1}{x-1}=\infty$,所以曲线 $y=\dfrac{x^2+1}{x-1}$ 无水平渐近线,故选 B.

3. B.

分析 当 $a<x<b$,若 $f'(x)>0$,则 $f(x)$ 在(a,b) 内单调增加;若 $f''(x)<0$,则 $f(x)$ 在(a,b) 内是上凸的. 故选 B.

4. C.

分析 依题意,由零点定理可知,在(0,1) 内至少有一个零点,但 $f'(x)>0$,这表明 $f(x)$ 在(0,1) 上是单调递增的,所以在(0,1) 内有且只有一个零点. 故选 C.

5. D.

分析 因为$\lim\limits_{x\to0}(x^2-2x-3)=-3,\lim\limits_{x\to0}(x-3)=-3$,不符合使用洛必达法则的前提条件. 故 D 不能用洛必达法则求解.

6. B.

分析 根据罗尔定理作出判断.

7. A.

分析 函数 $f(x)$ 的极值点可能是驻点也可能是一阶导数不存在的点,而由题意知 $f(x)$ 在点 x_0 处可导,所以 x_0 是驻点,即 $f'(x_0)=0$. 故选 A.

8. D.

分析　选 D,判断依据是使用洛必达法则的前提条件.

9. C.

分析　拉格朗日中值定理的条件与结论.

10. B.

分析　根据罗尔定理可知,在(a,b)内至少有一点ξ,使得$f'(\xi)=0$,再由导数的几何意义可知,曲线$y=f(x)$在(a,b)内平行于x轴的切线至少有一条.

三、解答题

1. 计算下列函数的极限:

(1) **解**　$\lim\limits_{x\to0}\dfrac{\sin x-x+x^2}{1-\cos x}\overset{\frac{0}{0}}{=}\lim\limits_{x\to0}\dfrac{(\sin x-x+x^2)'}{(1-\cos x)'}=\lim\limits_{x\to0}\dfrac{\cos x-1+2x}{\sin x}$

$$\overset{\frac{0}{0}}{=}\lim_{x\to0}\frac{-\sin x+2}{\cos x}=2.$$

(2) **解**　$\lim\limits_{x\to1}\left(\dfrac{x}{x-1}-\dfrac{1}{\ln x}\right)\overset{\infty-\infty}{=\!=\!=}\lim\limits_{x\to1}\dfrac{x\ln x-x+1}{(x-1)\ln x}\overset{\frac{0}{0}}{=}\lim\limits_{x\to1}\dfrac{\ln x+1-1}{\ln x+(x-1)\cdot\dfrac{1}{x}}$

$$=\lim_{x\to1}\frac{x\ln x}{x\ln x+x-1}\overset{\frac{0}{0}}{=}\lim_{x\to1}\frac{\ln x+1}{\ln x+2}=\frac{1}{2}.$$

2. **解**　函数$f(x)=x-e^x$的定义域为$(-\infty,+\infty)$,$f'(x)=1-e^x$,令$f'(x)=0$,得$x=0$,列表讨论如下:

x	$(-\infty,0)$	0	$(0,+\infty)$
$f'(x)$	+	0	−
$f(x)$	↗	极大值 −1	↘

所以函数$f(x)=x-e^x$的单调递增区间为$(-\infty,0)$,单调递减区间为$(0,+\infty)$,当$x=0$时,取得极大值-1.

3. **解**　函数$f(x)=x^4-6x^3+12x^2-10x+4$的定义域为$(-\infty,+\infty)$,$f'(x)=4x^3-18x^2+24x-10$,$f''(x)=12x^2-36x+24=12(x-1)(x-2)$,令$f''(x)=0$,解得$x=1$,$x=2$,列表讨论如下:

x	$(-\infty,1)$	1	$(1,2)$	2	$(2,+\infty)$
$f''(x)$	+	0	−	0	+
$f(x)$	下凸	拐点(1,1)	上凸	拐点(2,0)	下凸

4. **解**　(1) 依题意得总成本函数为 $C(q)=2000+60q$,总收益函数为 $R(q)=pq=(100-0.1q)q$,则总利润函数为 $L(q)=R(q)-C(q)=-0.1q^2+40q-2000$,求导得 $L'(q)=-0.2q+40$,令 $L'(q)=0$,解得 $q=200$,是定义域内唯一的驻点,且 $L''(200)=-0.2<0$,所以当产量为 200 吨时,利润最大.

(2) 由 $200=1000-10p$,得 $p=80$,所以获得最大利润时的价格是 80 元/吨.

(3) 需求弹性为 $\eta_p=\dfrac{p}{1000-10p}\cdot(-10)=\dfrac{-10p}{1000-10p}$,$\eta_p(40)=\dfrac{-10\times 40}{1000-10\times 40}=-0.67$,且 $|\eta_p(40)|=|-0.67|<1$,说明当 $p=40$ 时,若价格上涨 1%,需求量将下降 0.67%.

(4) 收益弹性 $=|1+\eta_p(40)|=|1-0.67|=0.33$,这表明当 $p=40$ 时,若价格上涨 1%,收益将增加约 0.33%.

5. **解**　$\lim\limits_{x\to-1}y=\lim\limits_{x\to-1}\dfrac{(x-1)^2}{(x+1)^3}=\infty$,所以 $x=-1$ 是曲线 $y=\dfrac{(x-1)^2}{(x+1)^3}$ 的铅垂渐近线.

又 $\lim\limits_{x\to\infty}y=\lim\limits_{x\to\infty}\dfrac{(x-1)^2}{(x+1)^3}=0$,所以 $y=0$ 是曲线 $y=\dfrac{(x-1)^2}{(x+1)^3}$ 的水平渐近线.

6. **证明**　设 $f(x)=\ln(1+x)-x$,求导得 $f'(x)=\dfrac{1}{1+x}-1=\dfrac{-x}{1+x}$,当 $x>0$ 时,显然 $f'(x)<0$,所以有 $f(x)<f(0)$,而 $f(0)=0$,故 $\ln(1+x)-x<0$,因此当 $x>0$ 时,$\ln(1+x)<x$.

(B 层)

一、填空题

1. 平行.

分析　因为 $x=x_0$ 是 $y=f(x)$ 的驻点,所以有 $f'(x_0)=0$,根据导数的几何意义可知在 $x=x_0$ 处曲线 $y=f(x)$ 的切线平行于 x 轴.

2. $\sqrt{2}$.

分析　$f'(x)=k\cos x+\cos 4x$,依题意得 $f'\left(\dfrac{\pi}{4}\right)=k\cos\dfrac{\pi}{4}+\cos\left(4\cdot\dfrac{\pi}{4}\right)=\dfrac{\sqrt{2}}{2}k-1=0$,所以 $k=\sqrt{2}$.

3. 25.

分析 已知边际成本为 $e^q(4q-100)$，若产品成本函数记为 $C=C(q)$，则有 $C'(q)=e^q(4q-100)$，令 $C'(q)=0$，则得 $q=25$，是定义域内唯一的驻点，且 $C''(25)>0$，所以产量 $q=25$ 时，成本最小.

4. 2，-19.

分析 $f'(x)=3ax^2-12a=3a(x+2)(x-2)$，令 $f'(x)=0$，得 $x=-2$ 或 $x=2$，当 $-1<x<2$ 时，$f'(x)<0$，即有 $f(-1)>f(2)$. 依题意可得 $f(-1)=-a+12a+b=11a+b=3$，$f(2)=8a-24a+b=-16a+b=-51$，解得 $a=2$，$b=-19$.

5. -2.

分析 需求弹性 $\eta_p=\dfrac{p}{Q}\cdot Q'=\dfrac{p}{\dfrac{1}{p}-1}\cdot\left(-\dfrac{1}{p^2}\right)=\dfrac{1}{p-1}$，所以 $\eta_p\left(\dfrac{1}{2}\right)=-2$.

二、选择题

1. B.

2. D.

3. B.

分析 因为 $y=|x|$ 在点 $x=0$ 处不可导.

4. C.

分析 设 $f(x)=e^x-ex$，$f'(x)=e^x-e$，当 $x>1$ 时，显然为 $f'(x)>0$，即有 $f(x)>f(1)=e-e=0$，所以 $e^x>ex$，故选 C.

5. A.

分析 因为 $\lim\limits_{x\to0}y=\lim\limits_{x\to0}x^2e^{\frac{1}{x^2}}=\lim\limits_{x\to0}\dfrac{e^{\frac{1}{x^2}}}{\dfrac{1}{x^2}}\overset{\frac{\infty}{\infty}}{=}\lim\limits_{x\to0}\dfrac{e^{\frac{1}{x^2}}\left(\dfrac{1}{x^2}\right)'}{\left(\dfrac{1}{x^2}\right)'}=\lim\limits_{x\to0}e^{\frac{1}{x^2}}=+\infty$，所以 $x=0$ 是曲线 $y=x^2e^{\frac{1}{x^2}}$ 的铅垂渐近线.

三、解答题

1. 求下列函数的极限：

(1) **解** $\lim\limits_{x\to0}x\cot3x\overset{0\cdot\infty}{=}\lim\limits_{x\to0}\dfrac{\cot3x}{\dfrac{1}{x}}\overset{\frac{\infty}{\infty}}{=}\lim\limits_{x\to0}\dfrac{(\cot3x)'}{\left(\dfrac{1}{x}\right)'}=\lim\limits_{x\to0}\dfrac{-3\csc^2 3x}{-\dfrac{1}{x^2}}$

$$= \lim_{x\to 0}\frac{3x^2}{\sin^2 3x} = \lim_{x\to 0}\frac{3x^2}{(3x)^2} = \frac{1}{3}.$$

(2) **解**　因为

$$\lim_{x\to 0^+}\sin x\ln x \overset{0\cdot\infty}{=} \lim_{x\to 0^+}\frac{\ln x}{\csc x} \overset{\frac{\infty}{\infty}}{=} \lim_{x\to 0^+}\frac{\frac{1}{x}}{-\csc x\cot x} = -\lim_{x\to 0^+}\frac{\sin^2 x}{x\cos x}$$

$$= -\lim_{x\to 0^+}\frac{x}{\cos x} = 0,$$

所以 $\lim\limits_{x\to 0^+}x^{\sin x} \overset{0^0}{=} \lim\limits_{x\to 0^+}e^{\sin x\ln x} = e^0 = 1.$

2. **解**　依题意得 $\lim\limits_{x\to 0}\dfrac{e^x-(ax^2+bx+1)}{x^2}=0$，而 $\lim\limits_{x\to 0}\dfrac{e^x-(ax^2+bx+1)}{x^2} \overset{\frac{0}{0}}{=} \lim\limits_{x\to 0}\dfrac{e^x-(2ax+b)}{2x}$，又 $\lim\limits_{x\to 0}2x=0$，则有 $\lim\limits_{x\to 0}[e^x-(2ax+b)]=1-b=0$，所以 $b=1$，且 $\lim\limits_{x\to 0}\dfrac{e^x-(2ax+1)}{2x}=\lim\limits_{x\to 0}\dfrac{e^x-2a}{2}=\dfrac{1}{2}-a$，从而 $a=\dfrac{1}{2}, b=1$.

3. **解**　函数 $f(x)=\sqrt[3]{(2x-x^2)^2}$ 的定义域为 $(-\infty,+\infty)$，$f'(x)=\left[\sqrt[3]{(2x-x^2)^2}\right]'=\left[(2x-x^2)^{\frac{2}{3}}\right]'=\dfrac{2}{3}\cdot\dfrac{2-2x}{(2x-x^2)^{\frac{1}{3}}}=\dfrac{4}{3}\cdot\dfrac{1-x}{\sqrt[3]{(2-x)x}}$，当 $x=1$ 时，$f'(x)=0$，当 $x=0, x=2$ 时，$f'(x)$ 不存在，列表讨论函数 $f(x)=\sqrt[3]{(2x-x^2)^2}$ 的单调区间及极值如下

x	$(-\infty,0)$	0	$(0,1)$	1	$(1,2)$	2	$(2,+\infty)$
$f'(x)$	$-$	不存在	$+$	0	$-$	不存在	$+$
$f(x)$	↘	极小值 0	↗	极大值 1	↘	极小值 0	↗

4. **解**　$y'=3ax^2+2bx$，$y''=6ax+2b$，因为点 $(1,-2)$ 是曲线 $y=ax^3+bx^2$ 的拐点，所以可得

$$\begin{cases}6a+2b=0\\ a+b=-2\end{cases},$$

解得 $a=1, b=-3$.

5. **解**　函数 $y=x\sqrt{3-x}$ 的定义域为 $(-\infty,3]$，是非奇非偶函数.

$y'=\sqrt{3-x}+x\dfrac{-1}{2\sqrt{3-x}}=-\dfrac{3}{2}\cdot\dfrac{x-2}{\sqrt{3-x}}$，$y''=\dfrac{3}{4}\cdot\dfrac{x-4}{\sqrt{(3-x)^3}}$，所以当 $x=3$ 时，y', y'' 不存在；当 $x=2$ 时，$y'=0$；当 $x=4$ 时，$y''=0$. 由上所述，

$y = x\sqrt{3-x}$ 的单调区间、极值、凸性区间、拐点列表讨论如下：

x	$(-\infty,2)$	2	$(2,3)$
y'	$+$	0	$-$
y'	$-$	$-$	$-$
y	↗上凸	极大值 2,无拐点	↘上凸

无渐近线. 当 $x = 3$ 时，$y = 0$；当 $x = 0$ 时，$y = 0$. 再取 $x = -1$ 时，$y = -2$. 作图略.

6. **解**　设每批订购 q 件，总费用为 $C(q)$ 元，依题意，得 $C(q) = \frac{24000}{q} \cdot 64 + 4.8 \cdot \frac{q}{2} = \frac{1536000}{q} + 2.4q$，求导得 $C'(q) = -\frac{1536000}{q^2} + 2.4$，令 $C'(q) = 0$，解得 $q = 800$，是定义域内唯一的驻点，且 $C''(800) = \frac{2 \times 1536000}{800^3} > 0$，所以 $q = 800$ 时总费用最小，因此最优订购次数为 $\frac{24000}{800} = 30$(批次)，最优进货周期为 $\frac{360}{30} = 12$(天)，最小总费用为 $\frac{24000}{800} \cdot 64 + 4.8 \times \frac{800}{2} = 3840$(元).

7. **证明**　设 $f(x) = 2\sqrt{x} - 3 + \frac{1}{\sqrt{x}}$，$f'(x) = \frac{1}{\sqrt{x}} - \frac{1}{2x\sqrt{x}} = \frac{2x-1}{2x\sqrt{x}}$，当 $x > 1$ 时，$f'(x) > 0$，所以有 $f(x) > f(1) = 0$，即 $2\sqrt{x} - 3 + \frac{1}{\sqrt{x}} > 0$，因此当 $x > 1$ 时，$2\sqrt{x} > 3 - \frac{1}{\sqrt{x}}$.

(C 层)

一、填空题

1. 1.

分析　依题意，得 $\lim\limits_{x\to 0} \frac{(1+ax^2)^{\frac{1}{2}} - 1}{1-\cos x} = 1$，而 $\lim\limits_{x\to 0} \frac{(1+ax^2)^{\frac{1}{2}} - 1}{1-\cos x} \overset{\frac{0}{0}}{=\!=}$

$$\lim_{x\to 0} \frac{\frac{2ax}{2\sqrt{1+ax^2}}}{\sin x} = \lim_{x\to 0} \frac{a}{\frac{\sin x}{x}\sqrt{1+ax^2}} = a，$$所以 $a = 1$.

2. $x=0,x=2,4$.

分析 $y'=2x-2(2-x)=4(x-1)$,令 $y'=0$,得 $x=1$,所以有 $y|_{x=0}=y|_{x=2}=4,y|_{x=1}=2$,因此当 $x=0$ 或 $x=2$ 时,函数 $y=x^2+(2-x)^2$ 取得最大值 4.

3. 0.

分析 $\lim\limits_{x\to 0^+}\sqrt{x}\ln x \overset{0\cdot\infty}{=} \lim\limits_{x\to 0^+}\dfrac{\ln x}{\dfrac{1}{\sqrt{x}}} \overset{\frac{\infty}{\infty}}{=} -\lim\limits_{x\to 0^+}2\sqrt{x}=0$.

4. $0,-1,3$.

分析 $y'=3x^2+6ax+3b,y''=6x+6a$,依题意,得

$$\begin{cases}3-6a+3b=0\\6a=0\\c=3\end{cases},$$

解得 $a=0,b=-1,c=3$.

5. $y=0$.

分析 因为 $\lim\limits_{x\to\infty}y=\lim\limits_{x\to\infty}\dfrac{4(x-1)}{x^2}\overset{\frac{\infty}{\infty}}{=}\lim\limits_{x\to\infty}\dfrac{4}{2x}=0$,所以 $y=0$ 是 $y=\dfrac{4(x-1)}{x^2}$ 的水平渐近线.

二、选择题

1. C.

分析 因为

$$\begin{aligned}\lim_{x\to 0}\frac{xf(x)-\sin x}{x^3}&=\lim_{x\to 0}\frac{xf(x)-x+x-\sin x}{x^3}\\&=\lim_{x\to 0}\frac{f(x)-1}{x^2}+\lim_{x\to 0}\frac{x-\sin x}{x^3}\\&=\lim_{x\to 0}\frac{f(x)-1}{x^2}+\lim_{x\to 0}\frac{1-\cos x}{3x^2}\\&=\lim_{x\to 0}\frac{f(x)-1}{x^2}+\lim_{x\to 0}\frac{\sin x}{6x}\\&=\lim_{x\to 0}\frac{f(x)-1}{x^2}+\frac{1}{6}=\frac{1}{2},\end{aligned}$$

所以 $\lim\limits_{x\to 0}\dfrac{f(x)-1}{x^2}=\dfrac{1}{2}-\dfrac{1}{6}=\dfrac{1}{3}$,故选 C.

2. A.

分析 $\lim\limits_{x\to e}\dfrac{\alpha(x)}{\beta(x)}=\lim\limits_{x\to e}\dfrac{e^x-x^e}{x^e-e^e}\overset{\frac{0}{0}}{=}\lim\limits_{x\to e}\dfrac{e^x-ex^{e-1}}{ex^{e-1}}=0$，所以 $\alpha(x)=o(\beta(x))$，故选 A.

3. B.

分析 因为$\lim\limits_{x\to a}\dfrac{f'(x)}{x-a}=-1$，且$\lim\limits_{x\to a}(x-a)=0$及函数 $f(x)$ 的导数在 $x=a$ 处连续，所以$\lim\limits_{x\to a}f'(x)=f'(a)=0$，$\lim\limits_{x\to a}\dfrac{f'(x)}{x-a}=\lim\limits_{x\to a}\dfrac{f'(x)-f'(a)}{x-a}=f''(a)=-1<0$，故 $x=a$ 是 $f(x)$ 的极大值点，因此选 B.

4. D.

分析
$$\lim_{x\to 0}\frac{a\tan x+b(1-\cos x)}{k\ln(1-2x)}\overset{\frac{0}{0}}{=}\lim_{x\to 0}\frac{a\sec^2 x+b\sin x}{k\cdot\dfrac{-2}{1-2x}}$$
$$=\lim_{x\to 0}\frac{(1-2x)(a\sec^2 x+b\sin x)}{-2k}$$
$$=\frac{a}{-2k}=1,$$
所以 $a=-2k$，故选 D.

5. B

分析 $y'=3x^2-12=3(x+2)(x-2)$，$y''=6x$，当 $0<x<2$ 时，$y'<0$，$y''>0$，所以曲线 $y=x^3-12x+1$ 在 $(0,2)$ 内严格单调下降且下凸. 故选 B.

三、解答题

1. **解**
$$\lim_{x\to 0}\frac{f(x)}{x^2}\overset{\frac{0}{0}}{=}\lim_{x\to 0}\frac{f'(x)}{2x}=\frac{1}{2}\lim_{x\to 0}\frac{f'(x)-f'(0)}{x-0}$$
$$=\frac{1}{2}f''(0)=\frac{1}{2}\times 4=2.$$

2. 略.

3. **证明** 因为
$$\lim_{x\to 1^-}f(x)=\lim_{x\to 1^-}\frac{3-x^2}{2}=1,\ \lim_{x\to 1^+}f(x)=\lim_{x\to 1^+}\frac{1}{x}=1,\ f(1)=\frac{3-1}{2}=1,$$
所以 $\lim\limits_{x\to 1^-}f(x)=\lim\limits_{x\to 1^+}f(x)=f(1)$，故函数 $f(x)$ 在 $x=1$ 处连续，因此函数 $f(x)$ 在 $[0,2]$ 上连续.

因为

$$f'_-(1)=\lim_{\Delta x\to 0^-}\frac{f(1+\Delta x)-f(1)}{\Delta x}=\lim_{\Delta x\to 0^-}\frac{\frac{3-(1+\Delta x)^2}{2}-1}{\Delta x}$$

$$=\lim_{\Delta x\to 0^-}\left(-1-\frac{1}{2}\Delta x\right)=-1,$$

$$f'_+(1)=\lim_{\Delta x\to 0^+}\frac{f(1+\Delta x)-f(1)}{\Delta x}=\lim_{\Delta x\to 0^+}\frac{\frac{1}{1+\Delta x}-1}{\Delta x}$$

$$=\lim_{\Delta x\to 0^+}\frac{-1}{1+\Delta x}=-1,$$

所以 $f'_-(1)=f'_+(1)$，故函数在 $x=1$ 处可导，因此函数 $f(x)$ 在 $(0,2)$ 内可导.

综上所述，可知函数 $f(x)$ 在 $[0,2]$ 上满足拉格朗日中值定理的条件.

4. **解** 设价格为 x 元/件时，销售量为 y 件，依题意，知当 $x=b$ 时，$y=c$，当 $x=0.9b$ 时，$y=1.4c$，所以 y 与 x 的关系可由以下式子表示

$$y-c=\frac{1.4c-c}{0.9b-b}(x-b)\text{，即 } y=-\frac{4c}{b}x+5c,$$

所以利润为 $L(x)=(x-a)y=(x-a)\left(-\frac{4c}{b}x+5c\right)$，求导得 $L'(x)=-\frac{8c}{b}x+5c+\frac{4ac}{b}$，令 $L'(x)=0$，解得 $x=\frac{5b+4a}{8}$，$L''\left(\frac{5b+4a}{8}\right)=-\frac{8c}{b}<0$，$x=\frac{5b+4a}{8}$ 是唯一的驻点，且是极大值点，所以是最大值点，即当销售价为 $x=\frac{5b+4a}{8}$ 时，可获得最大利润，最大利润为 $\frac{c}{16b}(5b-4a)^2$.

5. **证明** 设 $F(x)=xf(x)$，依题意可知函数 $F(x)$ 在闭区间 $[0,1]$ 上连续，在开区间 $(0,1)$ 内可导，且 $F(1)=1\cdot f(1)=0$，由拉格朗日中值定理知，在 $(0,1)$ 内至少存在一点 ξ，使得

$$F'(\xi)=\frac{F(1)-F(0)}{1-0}=0. \tag{1}$$

另一方面

$$F'(x)=f(x)+xf'(x),$$

所以得

$$F'(\xi)=f(\xi)+\xi f'(\xi),$$

由(1)式可得

$$\xi f'(\xi)+f(\xi)=0.$$

第四章 不定积分

学习指导及“习题四”参考答案

（A 层）

1.

> 如果 $F'(x)=f(x)$，则有 $\int f(x)\mathrm{d}x=F(x)+C$，其中 C 称为积分常数.

（1）**证明**　因为 $\left(\dfrac{a^x}{\ln a}+C\right)'=\dfrac{1}{\ln a}a^x\ln a=a^x$，所以 $\int a^x\mathrm{d}x=\dfrac{a^x}{\ln a}+C$.

（2）略.（3）略.（4）略.

2. **证明**　因为

$$G'(x)=2(\mathrm{e}^x+\mathrm{e}^{-x})(\mathrm{e}^x-\mathrm{e}^{-x})=2(\mathrm{e}^{2x}-\mathrm{e}^{-2x}),$$
$$F'(x)=2(\mathrm{e}^x-\mathrm{e}^{-x})(\mathrm{e}^x+\mathrm{e}^{-x})=2(\mathrm{e}^{2x}-\mathrm{e}^{-2x}),$$

所以 $G'(x)=F'(x)=2(\mathrm{e}^{2x}-\mathrm{e}^{-2x})$，故函数 $G(x)=(\mathrm{e}^x+\mathrm{e}^{-x})^2$ 与 $F(x)=(\mathrm{e}^x-\mathrm{e}^{-x})^2$ 都是函数 $2(\mathrm{e}^{2x}-\mathrm{e}^{-2x})$ 的原函数.

3.

> 设 $F(x)$ 是 $f(x)$ 的一个原函数，那么曲线 $y=F(x)$ 是 $f(x)$ 的一条积分曲线，因此不定积分 $\int f(x)\mathrm{d}x=F(x)+C$（$C$ 为任意常数）为一簇曲线.

(1) **解** 依题意,得

$$y=\int 3x\mathrm{d}x=\frac{3}{2}x^2+C,$$

该曲线过点(1,1),把 $x=1,y=1$ 代入以上方程得 $C=-\frac{1}{2}$,所以所求的曲线方程为 $y=\frac{3}{2}x^2-\frac{1}{2}$.

(2) $y=\frac{1}{2}x^2+2x-1$. (3) $y=\frac{1}{4}x^2+\frac{7}{4}$.

4.

1. 不定积分的性质

$$\int[af(x)\pm bg(x)]\mathrm{d}x=a\int f(x)\mathrm{d}x\pm b\int g(x)\mathrm{d}x,$$

a,b 为常数.

2. 基本积分公式

(1) $\int k\mathrm{d}x=kx+C$; (2) $\int x^{\alpha}\mathrm{d}x=\frac{1}{\alpha+1}x^{\alpha+1}+C,\alpha\neq-1$;

(3) $\int\frac{1}{x}\mathrm{d}x=\ln|x|+C$; (4) $\int a^x\mathrm{d}x=\frac{a^x}{\ln a}+C,a>0$ 且 $a\neq1$;

(5) $\int\mathrm{e}^x\mathrm{d}x=\mathrm{e}^x+C$; (6) $\int\cos x\mathrm{d}x=\sin x+C$;

(7) $\int\sin x\mathrm{d}x=-\cos x+C$; (8) $\int\sec^2x\mathrm{d}x=\tan x+C$;

(9) $\int\csc^2x\mathrm{d}x=-\cot x+C$; (10) $\int\sec x\tan x\mathrm{d}x=\sec x+C$;

(11) $\int\csc x\cot x\mathrm{d}x=-\csc x+C$; (12) $\int\frac{1}{\sqrt{1-x^2}}\mathrm{d}x=\arcsin x+C$;

(13) $\int\frac{1}{1+x^2}\mathrm{d}x=\arctan x+C$.

3. 直接积分法

运用不定积分的性质与基本积分公式就可以直接求出一些函数的不定积分,或被积函数先经过适当的恒等变形,再运用不定积分的性质与基本积分公式求出该函数的不定积分.

(1) $\int(1+4x^2)\mathrm{d}x=\int1\mathrm{d}x+4\int x^2\mathrm{d}x=x+\frac{4}{2+1}x^{2+1}+C=x+\frac{4}{3}x^3+C.$

(2) $\int\left(\sqrt[3]{x}-\frac{3}{\sqrt{x}}\right)\mathrm{d}x=\int(x^{\frac{1}{3}}-3x^{-\frac{1}{2}})\mathrm{d}x=\int x^{\frac{1}{3}}\mathrm{d}x-3\int x^{-\frac{1}{2}}\mathrm{d}x$

$$=\frac{3}{4}x^{\frac{4}{3}}-6\sqrt{x}+C.$$

(3) $\int\frac{x^5-2x^3+6x-8}{2x^4}\mathrm{d}x=\int\left(\frac{x}{2}-\frac{1}{x}+3x^{-3}-4x^{-4}\right)\mathrm{d}x$

$$=\frac{1}{4}x^2-\ln|x|-\frac{3}{2}x^{-2}+\frac{4}{3}x^{-3}+C.$$

(4) $\frac{2}{5}x^{\frac{5}{2}}-2x^{\frac{3}{2}}+C.$

(5) $\frac{2}{5}x^{\frac{5}{2}}+\frac{1}{2}x^2+6x^{\frac{1}{2}}+C.$

(6) $9x-2x^3+\frac{1}{5}x^5+C.$

(7) $\int\frac{x^2}{x^2+1}\mathrm{d}x=\int\frac{(x^2+1)-1}{x^2+1}\mathrm{d}x=\int\left(1-\frac{1}{x^2+1}\right)\mathrm{d}x=x-\arctan x+C.$

(8) $\int(\mathrm{e}^x+x^2)\mathrm{d}x=\mathrm{e}^x+\frac{1}{3}x^3+C.$

(9) $\int\frac{x^4-1}{x-1}\mathrm{d}x=\int(x+1)(x^2+1)\mathrm{d}x=\int(x^3+x^2+x+1)\mathrm{d}x$

$$=\frac{1}{4}x^4+\frac{1}{3}x^3+\frac{1}{2}x^2+x+C.$$

(10) $\int 3^x\cdot 2^x\mathrm{d}x=\int 6^x\mathrm{d}x=\frac{6^x}{\ln 6}+C.$

(11) $\int\sin^2\frac{x}{2}\mathrm{d}x=\frac{1}{2}\int(1-\cos x)\mathrm{d}x=\frac{1}{2}(x-\sin x)+C.$

(12) $\int\cot^2 x\mathrm{d}x=\int(\csc^2 x-1)\mathrm{d}x=-\cot x-x+C.$

(13) $\int\frac{\cos 2x}{\sin x+\cos x}\mathrm{d}x=\int\frac{\cos^2 x-\sin^2 x}{\sin x+\cos x}\mathrm{d}x$

$$=\int(\cos x-\sin x)\mathrm{d}x=\sin x+\cos x+C.$$

(14) $\int\frac{1}{x^2(1+x^2)}\mathrm{d}x=\int\frac{1}{x^2}\mathrm{d}x-\int\frac{1}{1+x^2}\mathrm{d}x=-\frac{1}{x}-\arctan x+C.$

5.

1.“凑”微分法求不定积分的步骤

(1) 先凑微分 $\int f[g(x)]g'(x)\mathrm{d}x = \int f[g(x)][g'(x)\mathrm{d}x] = \int f[g(x)]\mathrm{d}g(x)$;

(2) 做变量替换,令 $g(x)=u$,则$\int f[g(x)]\mathrm{d}g(x)=\int f(u)\mathrm{d}u$;

(3) 与基本积分公式对比,求出积分$\int f(u)\mathrm{d}u = F(u)+C$;

(4) 最后回代,把 $u=g(x)$ 代回 $F(u)+C=F[g(x)]+C$.

2. 常用的"凑"微分公式

(1)$\mathrm{d}x=\frac{1}{k}\mathrm{d}(kx+b)$,其中 $k\neq 0$,k,b 为常数;

(2)$x^{\alpha}\mathrm{d}x=\frac{1}{\alpha+1}\mathrm{d}(x^{\alpha+1})$,其中 $\alpha\neq -1$,特别地,$-\frac{1}{x^2}\mathrm{d}x=\mathrm{d}\left(\frac{1}{x}\right)$,$\frac{1}{2\sqrt{x}}\mathrm{d}x=\mathrm{d}(\sqrt{x})$;

(3)$\mathrm{e}^x\mathrm{d}x=\mathrm{d}(\mathrm{e}^x)$;(4) $\frac{1}{x}\mathrm{d}x=\mathrm{d}(\ln x)$,$x>0$;(5)$\cos x\mathrm{d}x=\mathrm{d}(\sin x)$;

(6) $-\sin x\mathrm{d}x=\mathrm{d}(\cos x)$;(7)$\sec^2 x\mathrm{d}x=\mathrm{d}(\tan x)$;

(8) $-\csc^2 x\mathrm{d}x=\mathrm{d}(\cot x)$;(9)$\tan x\sec x\mathrm{d}x=\mathrm{d}(\sec x)$;

(10) $-\cot x\csc x\mathrm{d}x=\mathrm{d}(\csc x)$;(11) $\frac{1}{\sqrt{1-x^2}}\mathrm{d}x=\mathrm{d}(\arcsin x)$;

(12) $\frac{1}{1+x^2}\mathrm{d}x=\mathrm{d}(\arctan x)$.

(1)$\int(1-2x)^{\frac{7}{2}}\mathrm{d}x=-\frac{1}{2}\int(1-2x)^{\frac{7}{2}}\mathrm{d}(1-2x)=-\frac{1}{2}\cdot\frac{2}{9}(1-2x)^{\frac{9}{2}}+C$

$=-\frac{1}{9}(1-2x)^{\frac{9}{2}}+C$.

(2)$\int\sqrt{x+2}\mathrm{d}x=\int(x+2)^{\frac{1}{2}}\mathrm{d}(x+2)=\frac{2}{3}(x+2)^{\frac{3}{2}}+C$.

(3)$\int\mathrm{e}^{2x}\mathrm{d}x=\frac{1}{2}\int\mathrm{e}^{2x}\mathrm{d}(2x)=\frac{1}{2}\mathrm{e}^{2x}+C$.

(4)$\int\frac{1}{3x-2}\mathrm{d}x=\frac{1}{3}\int\frac{1}{3x-2}\mathrm{d}(3x-2)=\frac{1}{3}\ln|3x-2|+C$.

(5)$\int\cos(2-3x)\mathrm{d}x=-\frac{1}{3}\int\cos(2-3x)\mathrm{d}(2-3x)=-\frac{1}{3}\sin(2-3x)+C$.

$$(6)\int x\sqrt{1-x^2}\,\mathrm{d}x=\int\sqrt{1-x^2}\cdot x\,\mathrm{d}x=-\frac{1}{2}\int(1-x^2)^{\frac{1}{2}}\mathrm{d}(1-x^2)$$

$$=-\frac{1}{3}(1-x^2)^{\frac{3}{2}}+C.$$

$$(7)\int\frac{x-1}{x^2+1}\mathrm{d}x=\int\frac{x}{x^2+1}\mathrm{d}x-\int\frac{1}{x^2+1}\mathrm{d}x$$

$$=\frac{1}{2}\int\frac{1}{x^2+1}\mathrm{d}(x^2+1)-\arctan x+C$$

$$=\frac{1}{2}\ln(x^2+1)-\arctan x+C.$$

$$(8)\int x\mathrm{e}^{x^2}\mathrm{d}x=\frac{1}{2}\int\mathrm{e}^{x^2}\mathrm{d}x^2=\frac{1}{2}\mathrm{e}^{x^2}+C.$$

$$(9)\int\frac{\mathrm{e}^x}{\mathrm{e}^x+1}\mathrm{d}x=\int\frac{1}{\mathrm{e}^x+1}\mathrm{d}(\mathrm{e}^x+1)=\ln(\mathrm{e}^x+1)+C.$$

$$(10)\int\frac{1}{\mathrm{e}^x+\mathrm{e}^{-x}}\mathrm{d}x=\int\frac{\mathrm{e}^x}{\mathrm{e}^{2x}+1}\mathrm{d}x=\int\frac{1}{1+(\mathrm{e}^x)^2}\mathrm{d}\mathrm{e}^x=\arctan\mathrm{e}^x+C.$$

(11) $\frac{1}{3}(\ln x)^3+C$. (12) $\frac{3}{2}\arctan x^2+C$. (13) $2\arctan\sqrt{x}+C$.

(14) $\frac{1}{3}(\arctan x)^3+C$.

$$(15)\int\frac{1}{4+9x^2}\mathrm{d}x=\frac{1}{4}\int\frac{1}{1+\left(\frac{3}{2}x\right)^2}\mathrm{d}x=\frac{1}{4}\cdot\frac{2}{3}\int\frac{1}{1+\left(\frac{3}{2}x\right)^2}\mathrm{d}\left(\frac{3}{2}x\right)$$

$$=\frac{1}{6}\arctan\frac{3}{2}x+C.$$

$$(16)\int\frac{1}{4-9x^2}\mathrm{d}x=\int\frac{1}{(2-3x)(2+3x)}\mathrm{d}x=\frac{1}{4}\int\left(\frac{1}{2-3x}+\frac{1}{2+3x}\right)\mathrm{d}x$$

$$=-\frac{1}{12}\ln|2-3x|+\frac{1}{12}\ln|2+3x|+C.$$

(17) $\frac{1}{3}\arcsin\frac{3}{2}x+C$. (18) $\frac{1}{3}(\ln|x-2|-\ln|x+1|)+C$.

$$(19)\int\frac{1}{1+\mathrm{e}^x}\mathrm{d}x=\int\frac{1+\mathrm{e}^x-\mathrm{e}^x}{1+\mathrm{e}^x}\mathrm{d}x=\int\left(1-\frac{\mathrm{e}^x}{1+\mathrm{e}^x}\right)\mathrm{d}x$$

$$=x-\ln(1+\mathrm{e}^x)+C.$$

(20) $\mathrm{e}^{\sin x}+C$.

$$(21)\int\sin^2 3x\,\mathrm{d}x=\int\frac{1-\cos 6x}{2}\mathrm{d}x=\frac{1}{2}x-\frac{1}{12}\sin 6x+C.$$

(22) $\frac{1}{4}\sin^4 x+C$.

(23) $\int \sin^2 x\cos^3 x\mathrm{d}x=\int \sin^2 x(1-\sin^2 x)\cdot \cos x\mathrm{d}x=\frac{1}{3}\sin^3 x-\frac{1}{5}\sin^5 x+C$.

(24) $$\int \cos^4 x\mathrm{d}x=\int\left(\frac{1+\cos 2x}{2}\right)^2\mathrm{d}x=\int\frac{1+2\cos 2x+\cos^2 2x}{4}\mathrm{d}x$$

$$=\int\left(\frac{1}{4}+\frac{1}{2}\cos 2x+\frac{1+\cos 4x}{8}\right)\mathrm{d}x$$

$$=\int\left(\frac{3}{8}+\frac{1}{2}\cos 2x+\frac{1}{8}\cos 4x\right)\mathrm{d}x$$

$$=\frac{3}{8}x+\frac{1}{4}\sin 2x+\frac{1}{32}\sin 4x+C.$$

6.

1. 以$\int f(x)\mathrm{d}x$为例说明第二类换元积分法步骤

(1) 先换元　令 $x=\varphi(u)$,则$\int f(x)\mathrm{d}x=\int f[\varphi(u)]\varphi'(u)\mathrm{d}u$;

(2) 再积分　$\int f[\varphi(u)]\varphi'(u)\mathrm{d}u=F(u)+C$;

(3) 最后回代　把 $u=\varphi^{-1}(x)$ 代回 $F(u)+C=F[\varphi^{-1}(x)]+C$.

2. 如果含有$\sqrt{a^2-x^2}$,可作替换 $x=a\sin u,-\frac{\pi}{2}<u<\frac{\pi}{2}$;如果被积函数中含有$\sqrt{a^2+x^2}$,可作替换 $x=a\tan u,-\frac{\pi}{2}<u<\frac{\pi}{2}$;如果含有$\sqrt{x^2-a^2}$,可作替换 $x=a\sec u,0<u<\frac{\pi}{2}$.

(1) **解**　令$\sqrt[3]{x}=t$,则 $x=t^3$,$\mathrm{d}x=3t^2\mathrm{d}t$,所以

$$\int\frac{1}{1+\sqrt[3]{x}}\mathrm{d}x=\int\frac{3t^2}{1+t}\mathrm{d}t=3\int\frac{t^2-1+1}{1+t}\mathrm{d}t=3\int\left(t-1+\frac{1}{1+t}\right)\mathrm{d}t$$

$$=\frac{3}{2}t^2-3t+3\ln|1+t|+C$$

$$=\frac{3}{2}\sqrt[3]{x^2}-3\sqrt[3]{x}+3\ln|1+\sqrt[3]{x}|+C.$$

(2) $\frac{2}{5}\sqrt{(x+1)^5}-\frac{2}{3}\sqrt{(x+1)^3}+C$.

（3）**解**　令$\sqrt[6]{x}=u$，则$x=u^6$，$\sqrt{x}=u^3$，$\sqrt[3]{x^2}=u^4$，$\mathrm{d}x=6u^5\mathrm{d}u$，所以

$$\int\frac{1}{\sqrt{x}+\sqrt[3]{x^2}}\mathrm{d}x=\int\frac{6u^5}{u^3+u^4}\mathrm{d}u=6\int\frac{u^2}{1+u}\mathrm{d}u$$

$$=3u^2-6u+6\ln|1+u|+C$$

$$=3\sqrt[3]{x}-6\sqrt[6]{x}+6\ln\left|1+\sqrt[6]{x}\right|+C.$$

（4）$\ln\left|\frac{\sqrt{\mathrm{e}^x+1}-1}{\sqrt{\mathrm{e}^x+1}+1}\right|+C.$

（5）**解**　令$x=\sin u$，$-\frac{\pi}{2}<u<\frac{\pi}{2}$，则$\sqrt{1-x^2}=\cos u$，$\mathrm{d}x=\cos u\mathrm{d}u$，

所以

$$\int\frac{x^2}{\sqrt{1-x^2}}\mathrm{d}x=\int\frac{\sin^2u}{\cos u}\cos u\mathrm{d}u=\int\sin^2u\mathrm{d}u$$

$$=\int\frac{1-\cos2u}{2}\mathrm{d}u=\frac{1}{2}u-\frac{1}{4}\sin2u+C$$

$$=\frac{1}{2}u-\frac{1}{2}\sin u\cos u+C$$

$$=\frac{1}{2}\arcsin x-\frac{1}{2}x\sqrt{1-x^2}+C.$$

（6）**解**　令$x=\sec u$，$0<u<\frac{\pi}{2}$，则$\sqrt{x^2-1}=\tan u$，$\mathrm{d}x=\sec u\tan u\mathrm{d}u$，

所以

$$\int\frac{1}{x\sqrt{x^2-1}}\mathrm{d}x=\int\frac{1}{\sec u\tan u}\sec u\tan u\mathrm{d}u=\int1\mathrm{d}u$$

$$=u+C=\arctan\sqrt{x^2-1}+C.$$

（7）$\frac{1}{4}\ln\left|\frac{2-\sqrt{4+x^2}}{2+\sqrt{4+x^2}}\right|+C.$

（8）$\frac{3}{8}\arcsin x-\frac{1}{2}x\sqrt{1-x^2}+\frac{1}{8}x\sqrt{1-x^2}(1-2x^2)+C.$

7.

分部积分法　设函数$u=u(x)$，$v=v(x)$均有连续导数，则有

$$\int u\mathrm{d}v=uv-\int v\mathrm{d}u.$$

(1) $\int x^n e^{ax}dx=\int x^n(e^{ax}dx)$，$\int x^n\sin ax dx=\int x^n(\sin ax dx)$，

$\int x^n\cos ax dx=\int x^n(\cos ax dx)$；

(2) $\int x^n\ln x dx=\int \ln x(x^n dx)$，$\int x^n\arcsin x dx=\int \arcsin x(x^n dx)$，

$\int x^n\arctan x dx=\int \arctan x(x^n dx)$；

(3) $\int e^{ax}\sin bx dx=\int e^{ax}(\sin bx dx)$ 或 $\int e^{ax}\sin bx dx=\int \sin bx(e^{ax}dx)$，

$\int e^{ax}\cos bx dx=\int e^{ax}(\cos bx dx)$ 或 $\int e^{ax}\cos bx dx=\int \cos bx(e^{ax}dx)$.

(1) $\int xe^x dx=\int x\cdot e^x dx=\int x de^x=xe^x-\int e^x dx=xe^x-e^x+C.$

(2) $-\frac{1}{2}xe^{-2x}-\frac{1}{4}e^{-2x}+C.$

(3) $$\begin{aligned}\int x\sin^2 x dx&=\int x\,\frac{1}{2}(1-\cos 2x)dx=\frac{1}{2}\int xdx-\frac{1}{2}\int x\cos 2xdx\\&=\frac{1}{4}x^2-\frac{1}{4}\int xd\sin 2x=\frac{1}{4}x^2-\frac{1}{4}\left(x\sin 2x-\int \sin 2xdx\right)\\&=\frac{1}{4}x^2-\frac{1}{4}x\sin 2x-\frac{1}{8}\cos 2x+C.\end{aligned}$$

(4) $-\frac{1}{5}x\cos 5x+\frac{1}{25}\sin 5x+C.$

(5) $\int \ln x dx=x\ln x-\int x\cdot\frac{1}{x}dx=x\ln x-x+C.$

(6) $-\frac{\ln x}{x}-\frac{1}{x}+C.$

(7) $$\begin{aligned}\int \arcsin x dx&=x\arcsin x-\int xd\arcsin x=x\arcsin x-\int\frac{x}{\sqrt{1-x^2}}dx\\&=x\arcsin x+\sqrt{1-x^2}+C.\end{aligned}$$

(8) $$\begin{aligned}\int x\,\mathrm{arccot}\,x dx&=\frac{1}{2}\int \mathrm{arccot}\,x dx^2=\frac{1}{2}x^2\mathrm{arccot}\,x-\frac{1}{2}\int x^2 d\,\mathrm{arccot}\,x\\&=\frac{1}{2}x^2\mathrm{arccot}\,x+\frac{1}{2}\int\frac{x^2}{1+x^2}dx\\&=\frac{1}{2}x^2\mathrm{arccot}\,x+\frac{1}{2}x-\frac{1}{2}\arctan x+C.\end{aligned}$$

(9) $\frac{1}{2}e^{x}(\cos x+\sin x)+C.$

(10) $\int\sec^{3}x\mathrm{d}x=\int\sec x\mathrm{d}\tan x=\sec x\tan x-\int\tan x\mathrm{d}\sec x$

$$=\sec x\tan x-\int\sec x\tan^{2}x\mathrm{d}x$$

$$=\sec x\tan x-\int\sec x\cdot(\sec^{2}x-1)\mathrm{d}x$$

$$=\sec x\tan x-\int\sec^{3}x\mathrm{d}x+\int\sec x\mathrm{d}x$$

$$=\sec x\tan x-\int\sec^{3}x\mathrm{d}x+\int\frac{\cos x}{\cos^{2}x}\mathrm{d}x$$

$$=\sec x\tan x-\int\sec^{3}x\mathrm{d}x+\frac{1}{2}\ln\left|\frac{1+\sin x}{1-\sin x}\right|,$$

所以$\int\sec^{3}x\mathrm{d}x=\frac{1}{2}\sec x\tan x+\frac{1}{4}\ln\left|\frac{1+\sin x}{1-\sin x}\right|+C.$

(11) **解** 令$\sqrt{x}=u$,则 $x=u^{2}$,$\mathrm{d}x=2u\mathrm{d}u$,

$$\int e^{\sqrt{x}}\mathrm{d}x=2\int ue^{u}\mathrm{d}u=2ue^{u}-2e^{u}+C=2\sqrt{x}e^{\sqrt{x}}-2e^{\sqrt{x}}+C.$$

(12) $xe^{x}-2e^{x}+C.$

(13) $-2\sqrt{x}\cos\sqrt{x}+2\sin\sqrt{x}+C.$

(14) $(\ln\ln x)\ln x-\ln x+C.$

8. **解** $\int xf''(x)\mathrm{d}x=\int x\mathrm{d}f'(x)=xf'(x)-\int f'(x)\mathrm{d}x$

$$=xf'(x)-f(x)+C=x\left(\frac{\sin x}{x}\right)'-\frac{\sin x}{x}+C$$

$$=\frac{x\cos x-2\sin x}{x}+C.$$

9. **解** $C(q)=\int C'(q)\mathrm{d}q=\int(3q^{2}+10)\mathrm{d}q=q^{3}+10q+C$,

当 $q=0$ 时,$C(0)=100$,即 $C=100$,所以成本函数为 $C(q)=q^{3}+10q+100$.

10. **解** $f(q)=\int f'(q)\mathrm{d}q=\int 160q^{-\frac{1}{3}}\mathrm{d}q=240q^{\frac{2}{3}}+C$,当 $q=500$ 时,$f(500)=1700$,所以 $f(500)=240\times500^{\frac{2}{3}}+C=1700$,解得 $C=1700-240\times500^{\frac{2}{3}}$,故费用函数为

$$f(q)=240q^{\frac{2}{3}}+1700-240\times 500^{\frac{2}{3}}.$$

11. **解** 依题意,经计算可得成本函数为 $C(q)=2\sqrt{q}+\frac{1}{200}q+10$,收益函数 $R(q)=90q-0.05q^2$,所以利润函数

$$L(q)=R(q)-C(q)=-0.05q^2+89.995q-2\sqrt{q}-10.$$

(B 层)

1.(1) **解** $\int\frac{\arcsin\sqrt{x}}{\sqrt{x}\sqrt{1-x}}\mathrm{d}x=2\int\frac{\arcsin\sqrt{x}}{\sqrt{1-(\sqrt{x})^2}}\mathrm{d}\sqrt{x}$

$$=2\int\arcsin\sqrt{x}\,\mathrm{d}\arcsin\sqrt{x}$$

$$=(\arcsin\sqrt{x})^2+C.$$

(2) **解** $\int\frac{x+(\arctan x)^2}{1+x^2}\mathrm{d}x=\int\frac{x}{1+x^2}\mathrm{d}x+\int(\arctan x)^2\mathrm{d}\arctan x$

$$=\frac{1}{2}\ln(1+x^2)+\frac{1}{3}(\arctan x)^3+C.$$

2.

> **积分与微分互逆的运算性质**
>
> (1) $[\int f(x)\mathrm{d}x]'=f(x)$ 或 $\frac{\mathrm{d}}{\mathrm{d}x}\int f(x)\mathrm{d}x=f(x)$ 或 $\mathrm{d}[\int f(x)\mathrm{d}x]=f(x)\mathrm{d}x$.
>
> (2) $\int f'(x)\mathrm{d}x=f(x)+C$.

解 由 $[\int xf(x)\mathrm{d}x]'=(\arcsin x+C)'$,得 $xf(x)=\frac{1}{\sqrt{1-x^2}}$,$f(x)=\frac{1}{x\sqrt{1-x^2}}$,所以 $\int\frac{1}{f(x)}\mathrm{d}x=\int x\sqrt{1-x^2}\mathrm{d}x=-\frac{1}{2}\int\sqrt{1-x^2}\mathrm{d}(1-x^2)=-\frac{1}{3}(1-x^2)^{\frac{3}{2}}+C$.

3. **解** 以 $-x$ 代入 $f'(x)+xf'(-x)=x$ 得 $f'(-x)-xf'(x)=-x$,解方程组

$$\begin{cases} f'(x) + xf'(-x) = x \\ f'(-x) - xf'(x) = -x \end{cases},$$

解得 $f'(x) = \dfrac{x + x^2}{1 + x^2}$，所以

$$f(x) = \int f'(x)\mathrm{d}x = \int \frac{x + x^2}{1 + x^2}\mathrm{d}x = \int \left[\frac{x}{1 + x^2} + 1 - \frac{1}{1 + x^2}\right]\mathrm{d}x$$

$$= \frac{1}{2}\ln(1 + x^2) + x - \arctan x + C.$$

(C 层)

1.(1) **解** 令 $\sqrt{1 - \cos x} = u$，则 $\cos x = 1 - u^2$，$x = \arccos(1 - u^2)$，$\mathrm{d}x = \dfrac{2u}{\sqrt{1 - (1 - u^2)^2}}\mathrm{d}u$，所以

$$\int \sqrt{1 - \cos x}\mathrm{d}x = \int u \frac{2u}{\sqrt{1 - (1 - u^2)^2}}\mathrm{d}u = \int \frac{2u}{\sqrt{2 - u^2}}\mathrm{d}u$$

$$= -\int \frac{1}{\sqrt{2 - u^2}}\mathrm{d}(2 - u^2) = -2\sqrt{2 - u^2} + C$$

$$= -2\sqrt{1 - \cos x} + C.$$

(2) **解** 令 $\sqrt[3]{1 + \sqrt[4]{x}} = u$，则 $x = (u^3 - 1)^4$，$\mathrm{d}x = 12u^2(u^3 - 1)^3\mathrm{d}u$，所以

$$\int \frac{1}{\sqrt{x}}\sqrt[3]{1 + \sqrt[4]{x}}\mathrm{d}x = \int \frac{1}{(u^3 - 1)^2}u\,12u^2(u^3 - 1)^3\mathrm{d}u$$

$$= \int 12(u^6 - u^3)\mathrm{d}u = \frac{12}{7}u^7 - 3u^4 + C$$

$$= \frac{12}{7}(1 + \sqrt[4]{x})^{\frac{7}{3}} - 3(1 + \sqrt[4]{x})^{\frac{4}{3}} + C.$$

2. **解** 依题意，得 $\left(\dfrac{\sin x}{x}\right)' = f(x)$，即 $\int f(x)\mathrm{d}x = \dfrac{\sin x}{x} + C$，所以

$$\int xf'(x)\mathrm{d}x = \int x\mathrm{d}f(x) = xf(x) - \int f(x)\mathrm{d}x$$

$$= x\left(\frac{\sin x}{x}\right)' - \frac{\sin x}{x} + C = \frac{x\cos x - 2\sin x}{x} + C.$$

3. **解** 由于

$$\int x^2 f(x)\mathrm{d}x = \frac{1}{3}\int f(x)\mathrm{d}x^3 = \frac{1}{3}x^3 f(x) - \frac{1}{3}\int x^3 f'(x)\mathrm{d}x,$$

依题意,有 $f'(x) = \mathrm{e}^{-x^2}$,所以

$$\int x^3 f'(x)\mathrm{d}x = \int x^3 \mathrm{e}^{-x^2}\mathrm{d}x = \frac{1}{2}\int x^2 \mathrm{e}^{-x^2}\mathrm{d}x^2 = -\frac{1}{2}\int x^2 \mathrm{d}\mathrm{e}^{-x^2}$$

$$= -\frac{1}{2}x^2\mathrm{e}^{-x^2} - \frac{1}{2}\mathrm{e}^{-x^2} + C,$$

故

$$\int x^2 f(x)\mathrm{d}x = \frac{1}{3}x^3 f(x) + \frac{1}{6}x^2\mathrm{e}^{-x^2} + \frac{1}{6}\mathrm{e}^{-x^2} + C.$$

4. **解**　由 $F'(x) = f(x)$,有

$$\int f(x)\cdot F(x)\mathrm{d}x = \int F'(x)\cdot F(x)\mathrm{d}x = \int F(x)\mathrm{d}F(x) = \frac{1}{2}F^2(x) + C_1,$$

又因为

$$\int \frac{x\mathrm{e}^x}{2(1+x)^2}\mathrm{d}x = -\frac{1}{2}\int x\mathrm{e}^x \mathrm{d}\,\frac{1}{1+x}$$

$$= -\frac{1}{2}\left[\frac{x}{1+x}\mathrm{e}^x - \int\frac{1}{1+x}\mathrm{d}(x\mathrm{e}^x)\right]$$

$$= -\frac{x}{2(1+x)}\mathrm{e}^x + \frac{1}{2}\int \mathrm{e}^x\mathrm{d}x$$

$$= -\frac{x}{2(1+x)}\mathrm{e}^x + \frac{1}{2}\mathrm{e}^x + C = \frac{\mathrm{e}^x}{2(1+x)} + C_2,$$

所以 $\frac{1}{2}F^2(x) = \frac{\mathrm{e}^x}{2(1+x)} + C$,由 $F(0)=1$,得 $C=0$,且由 $F(x)>0$,得 $F(x) = \sqrt{\frac{\mathrm{e}^x}{1+x}}$,故 $f(x) = F'(x) = \left(\sqrt{\frac{\mathrm{e}^x}{1+x}}\right)' = \frac{1}{2\sqrt{\frac{\mathrm{e}^x}{1+x}}}\,\frac{\mathrm{e}^x(1+x)-\mathrm{e}^x}{(1+x)^2} = \frac{x\sqrt{\mathrm{e}^x}}{2(1+x)^{\frac{3}{2}}}$.

自测题

(A 层)

一、填空题

1. 函数 x^2 的原函数是________.

2. 函数 x^2 是函数________的一个原函数.

3. 设 $e^x + \sin x$ 是 $f(x)$ 的一个原函数,则 $f'(x) =$ ________.

4. 已知边际收益为 $30 - 2q$,则收益函数为________.

5. 过原点且斜率为 $2x$ 的曲线方程是________.

二、选择题

1. 下列等式中,正确的是(　　).

(A) $\int \mathrm{d}f(x) = f(x) + C$　　(B) $\int f'(x)\mathrm{d}x = f(x)$

(C) $\frac{\mathrm{d}}{\mathrm{d}x}\int f(x)\mathrm{d}x = f(x) + C$　　(D) $\mathrm{d}\int f(x)\mathrm{d}x = f(x)$

2. 初等函数在其定义区间上必定(　　).

(A) 可积　　(B) 单调　　(C) 可导　　(D) 以上均不对

3. 如果 $\int \mathrm{d}f(x) = \int \mathrm{d}g(x)$,则下列各式中不正确的是(　　).

(A) $f'(x) = g'(x)$　　(B) $\mathrm{d}f(x) = \mathrm{d}g(x)$

(C) $f(x) = g(x)$　　(D) $\mathrm{d}\left(\int f'(x)\mathrm{d}x\right) = \mathrm{d}\left(\int g'(x)\mathrm{d}x\right)$

4. $\int (5x-3)^{100}\mathrm{d}x =$ (　　).

(A) $(5x-3)^{100}$　　(B) $100(5x-3)^{99}$

(C) $\frac{1}{505}(5x-3)^{101}$　　(D) $\frac{1}{100}(5x-3)^{100} + C$

5. 设函数 $\ln(ax)$ 与 $\ln(bx)$, $a \neq b$,则(　　).

(A) $\ln(ax)$ 的原函数是 $\frac{1}{ax}$, $\ln(bx)$ 的原函数是 $\frac{1}{bx}$

(B) $\ln(ax)$ 与 $\ln(bx)$ 的原函数不相等

(C) $\ln(ax)$ 与 $\ln(bx)$ 的原函数都是 $\frac{1}{x}$

(D) $\ln(ax)$ 与 $\ln(bx)$ 的原函数相等，但不是 $\frac{1}{x}$

三、解答题

1. 计算下列不定积分：

(1) $\int \sqrt{x\sqrt{x}}\,\mathrm{d}x$；　　(2) $\int \sqrt[5]{2x+1}\,\mathrm{d}x$；　　(3) $\int 3^x \mathrm{e}^x \,\mathrm{d}x$；

(4) $\int \frac{\mathrm{d}x}{x^2(1+x^2)}$；　　(5) $\int \frac{\mathrm{d}x}{\mathrm{e}^x+\mathrm{e}^{-x}}$；　　(6) $\int \frac{\sqrt{x}}{1+x^3}\mathrm{d}x$；

(7) $\int \frac{\sqrt{x+2}}{1+\sqrt{x+2}}\mathrm{d}x$；　　(8) $\int \frac{x^2}{\sqrt{1-x^2}}\mathrm{d}x$.

2. 设 $f(x)=x\mathrm{e}^x$，求 $\int f'(x)\ln x\,\mathrm{d}x$.

3. 某商品的需求量 Q 是价格 p 的函数，该商品的最大需求量为 1000，已知边际需求 $Q'(p)=-1000\ln 3\cdot\left(\frac{1}{3}\right)^p$，求 $Q(p)$.

(B 层)

一、填空题

1. 若 $\int f(x)\mathrm{d}x = x\mathrm{e}^x + C$，则 $f(x)=$ ________.

2. $\left(\int f'(x)\mathrm{d}x\right)'=$ ________.

3. 设 $f(x)$ 的一个原函数是 $\ln x$，则 $f'(x)=$ ________.

4. 若 $f(x)$ 的导数是 $\sin x$，则 $f(x)$ 的一个原函数为________.

5. $\int\left(\frac{\sin x}{x}\right)'\mathrm{d}x=$ ________.

二、选择题

1. 设 $f'(x)$ 连续，则 $\int \frac{f'(x)}{1+f^2(x)}\mathrm{d}x=$ (　　).

(A) $\ln|1+f(x)|+C$　　　　(B) $\frac{1}{2}\ln[1+f^2(x)]+C$

(C) $\arctan f(x)+C$ (D) $\dfrac{1}{2}\arctan f(x)+C$

2. 下列等式正确的是(　　).

(A) $\int \dfrac{\sin x}{\cos x}dx=-\int \dfrac{d\cos x}{\cos x}$ (B) $\int \dfrac{\ln x}{x}dx=-\int \dfrac{1}{x}d\dfrac{1}{x}$

(C) $\int \dfrac{x}{\sin^2 x}dx=-\int x d\dfrac{1}{\sin x}$ (D) $\int \dfrac{dx}{1+e^x}=\ln(1+e^x)+C$

3. 设 $\int f(x)dx=x^2+C$，则 $\int xf(1-x^2)dx=$(　　).

(A) $\dfrac{1}{2}(1-x^2)+C$ (B) $-\dfrac{1}{2}(1-x^2)^2+C$

(C) $\dfrac{1}{2}(1-x^2)^2+C$ (D) $-2(1-x^2)^2+C$

4. $\int f'(2x)dx=$(　　).

(A) $f(2x)+C$ (B) $2f(2x)+C$

(C) $\dfrac{1}{2}f(x)+C$ (D) $\dfrac{1}{2}f(2x)+C$

5. 若 $\int f(x)dx=\dfrac{x+1}{x-2}+C$，则 $\int \sin x f(\cos x)dx=$(　　).

(A) $\dfrac{\cos x+1}{\cos x-2}+C$ (B) $-\dfrac{\cos x+1}{\cos x-2}+C$

(C) $\dfrac{x+1}{x-2}+C$ (D) $\dfrac{\sin x+1}{\sin x-2}+C$

三、解答题

1. 计算下列不定积分：

(1) $\int \dfrac{1}{1+e^x}dx$； (2) $\int \dfrac{1}{x\sqrt{x^2-1}}dx$； (3) $\int \sin^2 x\cos^5 x dx$；

(4) $\int \dfrac{1}{\sin^2 x\cos x}dx$； (5) $\int \dfrac{\sin x-\cos x}{(\cos x+\sin x)^5}dx$； (6) $\int \dfrac{dx}{x^2+2x+5}$.

2. 设 $f'(x)=\dfrac{1}{\sqrt{1-x^2}}$，且 $f(1)=\dfrac{\pi}{4}$，求 $f(x)$.

3. 设 $f(0)=2,f(3)=11$，函数 $f(x)$ 在 $x=1,x=-3$ 处有极值，且 $f'(x)$ 是 x 的二次函数，求函数 $f(x)$.

(C 层)

一、填空题

1. 设 $f'(x^2)=\dfrac{1}{x},x>0$,则 $f(x)=$ ________.

2. $\int \ln 2x\mathrm{d}x = x\ln 2x-\int x$ ________ $\mathrm{d}x$.

3. $f'(x-1)=\mathrm{e}^{2x}$,且 $f(-1)=\dfrac{1}{2}$,则 $f(x)=$ ________.

4. 设 $f(x)$ 连续可微,则 $\int xf(x^2)f'(x^2)\mathrm{d}x=$ ________.

5. $\int xf''(x)\mathrm{d}x=$ ________.

二、选择题

1. 设 e^{-x} 是 $f(x)$ 的一个原函数,则 $\int xf(x)\mathrm{d}x=($　　$)$.

(A) $\mathrm{e}^{-x}(1-x)+C$　　(B) $\mathrm{e}^{-x}(x-1)+C$

(C) $-\mathrm{e}^{-x}(x+1)+C$　　(D) $\mathrm{e}^{-x}(x+1)+C$

2. $\int x\mathrm{e}^{x^2}\mathrm{d}(\quad)=\mathrm{e}^{x^2}+C$.

(A) $\dfrac{x}{2}$　　(B) $2x$　　(C) x　　(D) x^2

3. 下列函数中(　　)不是 $f(x)=\dfrac{1}{x}$ 的原函数.

(A) $\ln x$　　(B) $\ln x+1$　　(C) $\ln 2x$　　(D) $2\ln x$

4. 已知 $f'(x)$ 是连续函数,下列命题中正确的是(　　).

(A) $\int f'(2x)\mathrm{d}x=\dfrac{1}{2}f(2x)+C$　　(B) $\int f'(2x)\mathrm{d}x=f(2x)+C$

(C) $\dfrac{\mathrm{d}}{\mathrm{d}x}\int f(2x)\mathrm{d}x=f(2x)+C$　　(D) $[\int f(2x)\mathrm{d}x]'=\dfrac{1}{2}f(2x)+C$

5. 设 $f(x)$ 是 $g(x)$ 的一个原函数,则下列命题正确的是(　　).

(A) $\int f(x)\mathrm{d}x=g(x)+C$　　(B) $\int g(x)\mathrm{d}x=f(x)+C$

(C) $\int g'(x)\mathrm{d}x=f(x)+C$　　(D) $\int f'(x)\mathrm{d}x=g(x)+C$

三、解答题

1. 设 $\ln f(x)=\cos x$,求 $\int \dfrac{xf'(x)}{f(x)}\mathrm{d}x$.

2. 已知函数 $f(x)=\begin{cases}1 & x<0\\ x+1 & 0\leqslant x\leqslant 1\\ 2x & x>1\end{cases}$,求$\int f(x)\mathrm{d}x$.

3. 设 $f'(x+1)=\sin(x-1)$,求 $f(x)$.

4. 计算不定积分$\int\left\{\frac{f(x)}{f'(x)}-\frac{f^2(x)}{[f'(x)]^3}\cdot f''(x)\right\}\mathrm{d}x$.

自测题参考答案

(A 层)

一、填空题

1. $\frac{1}{3}x^3+C$.

分析 因为$\left(\frac{1}{3}x^3+C\right)'=x^2$,所以函数 x^2 的原函数是$\frac{1}{3}x^3+C$.

2. $2x$.

分析 因为$(x^2)'=2x$,所以函数 x^2 是函数 $2x$ 的一个原函数.

3. $e^x-\sin x$.

分析 因为 $e^x+\sin x$ 是 $f(x)$ 的一个原函数,所以 $f(x)=(e^x+\sin x)'=e^x+\cos x$,故 $f'(x)=(e^x+\cos x)'=e^x-\sin x$.

4. $30q-q^2$.

分析 依题意,得收益函数为 $R(q)=\int(30-2q)\mathrm{d}q=30q-q^2+C$,由 $R(0)=0$,可得 $C=0$,所以收益函数为 $30q-q^2$.

5. $y=x^2$.

分析 依题意,得曲线方程为 $y=\int 2x\mathrm{d}x=x^2+C$,由于所求曲线方程过原点,从而可得 $C=0$,所以所求的曲线方程是 $y=x^2$.

二、选择题

1. A.

分析 根据$\int f'(x)\mathrm{d}x=\int \mathrm{d}f(x)=f(x)+C$,可知应选 A.

2. A.

分析 初等函数在其定义区间上是连续的,因此它在定义区间上是可积的,故选 A.

3. C.

分析　利用排除法,A、B、D 都正确,那么只有 C 是不正确的.

4. C.

分析　$\int(5x-3)^{100}\mathrm{d}x=\frac{1}{5}\int(5x-3)^{100}\mathrm{d}(5x-3)$

$$=\frac{1}{5\times101}(5x-3)^{100+1}+C$$

$$=\frac{1}{505}(5x-3)^{101}+C.$$

5. B.

分析　利用排除法,A、C、D 都不正确,那么只有 B 是正确的.

三、解答题

1. 计算下列不定积分:

(1) **解**　$\int\sqrt{x\sqrt{x}}\mathrm{d}x=\int x^{\frac{3}{4}}\mathrm{d}x=\frac{1}{\frac{3}{4}+1}x^{\frac{3}{4}+1}+C=\frac{4}{7}x^{\frac{7}{4}}+C.$

(2) **解**　$\int\sqrt[5]{2x+1}\mathrm{d}x=\frac{1}{2}\int(2x+1)^{\frac{1}{5}}\mathrm{d}(2x+1)=\frac{5}{12}(2x+1)^{\frac{6}{5}}+C.$

(3) **解**　$\int 3^x\mathrm{e}^x\mathrm{d}x=\int(3\mathrm{e})^x\mathrm{d}x=\frac{(3\mathrm{e})^x}{\ln(3\mathrm{e})}+C=\frac{(3\mathrm{e})^x}{\ln3+1}+C.$

(4) **解**　$\int\frac{\mathrm{d}x}{x^2(1+x^2)}=\int\frac{\mathrm{d}x}{x^2}-\int\frac{\mathrm{d}x}{1+x^2}=-\frac{1}{x}-\arctan x+C.$

(5) **解**　$\int\frac{\mathrm{d}x}{\mathrm{e}^x+\mathrm{e}^{-x}}=\int\frac{\mathrm{e}^x\mathrm{d}x}{(\mathrm{e}^x)^2+1}=\arctan\mathrm{e}^x+C.$

(6) **解 1**　$\int\frac{\sqrt{x}}{1+x^3}\mathrm{d}x=\frac{2}{3}\int\frac{1}{1+(x^{\frac{3}{2}})^2}\mathrm{d}x^{\frac{3}{2}}=\frac{2}{3}\arctan x^{\frac{3}{2}}+C.$

解 2　令$\sqrt{x}=t$,则 $x=t^2$,所以

$$\int\frac{\sqrt{x}}{1+x^3}\mathrm{d}x=2\int\frac{t^2}{1+t^6}\mathrm{d}t=\frac{2}{3}\int\frac{1}{1+(t^3)^2}\mathrm{d}t^3=\frac{2}{3}\arctan t^3+C$$

$$=\frac{2}{3}\arctan x^{\frac{3}{2}}+C.$$

(7) **解**　令 $\sqrt{x+2}=t$,则 $x=t^2-2$,所以

$$\int\frac{\sqrt{x+2}}{1+\sqrt{x+2}}\mathrm{d}x=2\int\frac{t^2}{1+t}\mathrm{d}t=2\int\frac{t^2-1+1}{1+t}\mathrm{d}t=2\int\left(t-1+\frac{1}{1+t}\right)\mathrm{d}t$$

$$=t^2-2t+2\ln|1+t|+C$$

$$=x+2-2\sqrt{x+2}+2\ln\left|1+\sqrt{x+2}\right|+C$$

$$= x - 2\sqrt{x+2} + 2\ln\left|1+\sqrt{x+2}\right| + C.$$

(8) **解** 令 $x = \sin t, -\frac{\pi}{2} < t < \frac{\pi}{2}$,则 $\sqrt{1-x^2} = \cos t, \mathrm{d}x = \cos t\mathrm{d}t$,所以

$$\int \frac{x^2}{\sqrt{1-x^2}}\mathrm{d}x = \int \frac{\sin^2 t}{\cos t}\cdot \cos t\mathrm{d}t = \int \sin^2 t\mathrm{d}t = \int \frac{1-\cos 2t}{2}\mathrm{d}t$$

$$= \frac{1}{2}t - \frac{1}{4}\sin 2t + C = \frac{1}{2}t - \frac{1}{2}\sin t\cos t + C$$

$$= \frac{1}{2}\arcsin x - \frac{1}{2}x\sqrt{1-x^2} + C.$$

2. **解 1** 由 $f(x) = x\mathrm{e}^x$,得 $f'(x) = \mathrm{e}^x + x\mathrm{e}^x$,所以

$$\int f'(x)\ln x\mathrm{d}x = \int (\mathrm{e}^x + x\mathrm{e}^x)\ln x\mathrm{d}x = \int \mathrm{e}^x\ln x\mathrm{d}x + \int x\mathrm{e}^x\ln x\mathrm{d}x$$

$$= \int \mathrm{e}^x\ln x\mathrm{d}x + \int x\ln x\mathrm{d}\mathrm{e}^x$$

$$= \int \mathrm{e}^x\ln x\mathrm{d}x + x\ln x\cdot \mathrm{e}^x - \int \mathrm{e}^x\mathrm{d}(x\ln x)$$

$$= \int \mathrm{e}^x\ln x\mathrm{d}x + x\ln x\cdot \mathrm{e}^x - \int \mathrm{e}^x(\ln x + 1)\mathrm{d}x$$

$$= \int \mathrm{e}^x\ln x\mathrm{d}x + x\ln x\cdot \mathrm{e}^x - \int \mathrm{e}^x\ln x\mathrm{d}x - \int \mathrm{e}^x\mathrm{d}x$$

$$= x\ln x\cdot \mathrm{e}^x - \mathrm{e}^x + C.$$

解 2 $\int f'(x)\ln x\mathrm{d}x = \int \ln x\mathrm{d}f(x) = f(x)\cdot \ln x - \int \frac{f(x)}{x}\mathrm{d}x$

$$= f(x)\ln x - \int \mathrm{e}^x\mathrm{d}x = x\mathrm{e}^x\ln x - \mathrm{e}^x + C.$$

3. **解** 依题意,得

$$Q = \int Q'(p)\mathrm{d}p = -\int 1000\ln 3\cdot\left(\frac{1}{3}\right)^p\mathrm{d}p = -1000\ln 3\cdot\frac{\left(\frac{1}{3}\right)^p}{\ln\frac{1}{3}} + C$$

$$= 1000\left(\frac{1}{3}\right)^p + C,$$

而且由题意知 $Q(0) = 1000$,所以 $C = 0$,即 $Q(p) = 1000\left(\frac{1}{3}\right)^p$.

(B层)

一、填空题

1. $(1+x)e^x$.

分析 $f(x)=\left(\int f(x)\mathrm{d}x\right)'=(xe^x+C)'=(1+x)e^x$.

2. $f'(x)$.

分析 由$\left(\int f(x)\mathrm{d}x\right)'=f(x)$可得$\left(\int f'(x)\mathrm{d}x\right)'=f'(x)$.

3. $-\dfrac{1}{x^2}$.

分析 依题意,得$(\ln x)'=f(x)$,所以$f'(x)=\left(\dfrac{1}{x}\right)'=-\dfrac{1}{x^2}$.

4. $-\sin x+C_1x$.

分析 依题意,得$f'(x)=\sin x$,从而$\int f'(x)\mathrm{d}x=\int\sin x\mathrm{d}x$,所以$f(x)=-\cos x+C_1$,而$(-\sin x+C_1x)'=-\cos x+C_1=f(x)$,因此$f(x)$的一个原函数为$-\sin x+C_1x$.

5. $\dfrac{\sin x}{x}+C$.

分析 由$\int f'(x)\mathrm{d}x=f(x)+C$可得$\int\left(\dfrac{\sin x}{x}\right)'\mathrm{d}x=\dfrac{\sin x}{x}+C$.

二、选择题

1. C.

分析 $\int\dfrac{f'(x)}{1+f^2(x)}\mathrm{d}x=\int\dfrac{1}{1+f^2(x)}\mathrm{d}f(x)=\arctan f(x)+C$,故选 C.

2. A.

3. B.

分析 $\int xf(1-x^2)\mathrm{d}x=\dfrac{1}{2}\int f(1-x^2)\mathrm{d}x^2=-\dfrac{1}{2}\int f(1-x^2)\mathrm{d}(1-x^2)=-\dfrac{1}{2}(1-x^2)^2+C$,故选 B.

4. D.

分析 $\int f'(2x)\mathrm{d}x=\dfrac{1}{2}\int f'(2x)\mathrm{d}2x=\dfrac{1}{2}f(2x)+C$,故选 D.

5. B.

分析 $\int \sin x f(\cos x)\mathrm{d}x=-\int f(\cos x)\mathrm{d}\cos x=-\dfrac{\cos x+1}{\cos x-2}+C$,故选 B.

三、解答题

1. 计算下列不定积分:

(1) **解** $\displaystyle\int\frac{1}{1+\mathrm{e}^x}\mathrm{d}x=\int\frac{1+\mathrm{e}^x-\mathrm{e}^x}{1+\mathrm{e}^x}\mathrm{d}x=\int\left(1-\frac{\mathrm{e}^x}{1+\mathrm{e}^x}\right)\mathrm{d}x$

$$=x-\int\frac{\mathrm{e}^x}{1+\mathrm{e}^x}\mathrm{d}x=x-\ln(1+\mathrm{e}^x)+C.$$

(2) **解 1** $\displaystyle\int\frac{1}{x\sqrt{x^2-1}}\mathrm{d}x=\int\frac{1}{x^2\sqrt{1-\frac{1}{x^2}}}\mathrm{d}x=\int\frac{\frac{1}{x^2}}{\sqrt{1-\frac{1}{x^2}}}\mathrm{d}x$

$$=-\int\frac{1}{\sqrt{1-\left(\frac{1}{x}\right)^2}}\mathrm{d}\,\frac{1}{x}=\arccos\frac{1}{x}+C.$$

解 2 令 $x=\sec t,0<t<\dfrac{\pi}{2}$,则 $\sqrt{x^2-1}=\tan x,\mathrm{d}x=\sec t\tan t\mathrm{d}t$,所以

$$\int\frac{1}{x\sqrt{x^2-1}}\mathrm{d}x=\int\frac{1}{\sec t\tan t}\sec t\tan t\mathrm{d}t=\int\mathrm{d}t$$

$$=t+C=\arccos\frac{1}{x}+C.$$

(3) **解** $\displaystyle\int\sin^2x\cos^5x\mathrm{d}x=\int\sin^2x\cos^4x\cos x\mathrm{d}x=\int\sin^2x(1-\sin^2x)^2\mathrm{d}\sin x$

$$=\int(\sin^2x-2\sin^4x+\sin^6x)\mathrm{d}\sin x$$

$$=\frac{1}{3}\sin^3x-\frac{2}{5}\sin^5x+\frac{1}{7}\sin^7x+C.$$

(4) **解** $\displaystyle\int\frac{1}{\sin^2x\cos x}\mathrm{d}x=\int\frac{\cos x}{\sin^2x\cos^2x}\mathrm{d}x=\int\frac{1}{\sin^2x(1-\sin^2x)}\mathrm{d}\sin x$

$$=\int\frac{1}{\sin^2x}\mathrm{d}\sin x+\int\frac{1}{1-\sin^2x}\mathrm{d}\sin x$$

$$=-\frac{1}{\sin x}+\frac{1}{2}\left(\int\frac{1}{1-\sin x}\mathrm{d}\sin x+\int\frac{1}{1+\sin x}\mathrm{d}\sin x\right)$$

$$=-\frac{1}{\sin x}+\frac{1}{2}\ln\left|\frac{1-\sin x}{1+\sin x}\right|+C.$$

(5) **解** $\displaystyle\int\frac{\sin x-\cos x}{(\cos x+\sin x)^5}\mathrm{d}x=-\int\frac{1}{(\cos x+\sin x)^5}\mathrm{d}(\cos x+\sin x)$

$$=\frac{1}{4(\cos x+\sin x)^4}+C.$$

(6) **解** $\int\frac{\mathrm{d}x}{x^2+2x+5}=\int\frac{\mathrm{d}x}{(x+1)^2+4}=\frac{1}{2}\int\frac{\mathrm{d}\left(\frac{x+1}{2}\right)}{1+\left(\frac{x+1}{2}\right)^2}$

$$=\frac{1}{2}\arctan\frac{x+1}{2}+C.$$

2. **解** 由 $f'(x)=\frac{1}{\sqrt{1-x^2}}$,可得 $f(x)=\int f'(x)\mathrm{d}x=\int\frac{1}{\sqrt{1-x^2}}\mathrm{d}x=\arcsin x+C$,由已知 $f(1)=\frac{\pi}{4}$,可得 $f(1)=\arcsin 1+C=\frac{\pi}{2}+C=\frac{\pi}{4}$,所以 $C=-\frac{\pi}{4}$,因此 $f(x)=\arcsin x-\frac{\pi}{4}$.

3. **解** 依题意可设 $f'(x)=ax^2+bx+c$,且得

$$\begin{cases}a+b+c=0\\9a-3b+c=0\end{cases},$$

解得 $a=\frac{1}{2}b,c=-\frac{3}{2}b$,所以 $f'(x)=\frac{1}{2}b(x^2+2x-3)$.

$f(x)=\int f'(x)\mathrm{d}x=\int\left[\frac{1}{2}b(x^2+2x-3)\right]\mathrm{d}x=\frac{1}{2}b\left(\frac{1}{3}x^3+x^2-3x\right)+C$,由已知可得

$$\begin{cases}C=2\\\frac{1}{2}b(-9+9+9)+2=11\end{cases},$$

解得 $b=2$,所以 $a=1,c=-3$,故 $f(x)=\frac{1}{3}x^3+x^2-3x+2$.

(C 层)

一、填空题

1. $2\sqrt{x}+C$.

分析 令 $x^2=t$,且由 $x>0$,则 $x=\sqrt{t}$,所以 $f'(t)=\frac{1}{\sqrt{t}}$,故 $f(t)=\int f'(t)\mathrm{d}t=\int\frac{1}{\sqrt{t}}\mathrm{d}t=2\sqrt{t}+C$,因此 $f(x)=2\sqrt{x}+C$.

2. $\frac{1}{x}$.

分析 $\int\ln 2x\mathrm{d}x=x\ln 2x-\int x\mathrm{d}\ln 2x=x\ln 2x-\int x\left(\frac{1}{2x}\cdot 2\right)\mathrm{d}x$

$$= x\ln 2x - x + C.$$

3. $\frac{1}{2}e^{2x+2}$.

分析 令 $x-1=t$,则 $f'(t)=e^{2t+2}$,所以 $f(t)=\int f'(t)dt=\int e^{2t+2}dt=\frac{1}{2}e^{2t+2}+C$,由已知可得 $C=0$,因此 $f(x)=\frac{1}{2}e^{2x+2}$.

4. $\frac{1}{4}f^2(x^2)+C$.

分析 $\int xf(x^2)f'(x^2)dx=\frac{1}{2}\int f(x^2)f'(x^2)dx^2=\frac{1}{2}\int f(x^2)df(x^2)$

$$=\frac{1}{4}f^2(x^2)+C.$$

5. $xf'(x)-f(x)+C$.

分析 $\int xf''(x)dx=\int xdf'(x)=xf'(x)-\int f'(x)dx$

$$=xf'(x)-f(x)+C.$$

二、选择题

1. D.

分析 依题意得 $f(x)=(e^{-x})'=-e^{-x}$,所以 $\int xf(x)dx=-\int xe^{-x}dx=\int xde^{-x}=xe^{-x}-\int e^{-x}dx=(x+1)e^{-x}+C$,故选 D.

2. B.

分析 $(e^{x^2}+C)'=2xe^{x^2}$,所以 $e^{x^2}+C=\int 2xe^{x^2}dx=\int xe^{x^2}d(2x)$,故选 B.

3. D.

分析 通过计算可知 A、B、C 都是 $f(x)=\frac{1}{x}$ 的原函数,因此只有 D 不是,故选 D.

4. A.

分析 由 $\int f'(x)dx=f(x)+C$ 与 $\left(\int f(x)dx\right)'=f(x)$ 可知,只有 A 是正确的,故选 A.

5. B.

分析 依题意得 $f'(x)=g(x)$,所以 $\int g(x)dx=f(x)+C$,故选 B.

三、解答题

1. **解 1** $\int \frac{xf'(x)}{f(x)}dx=\int \frac{x}{f(x)}df(x)=\int xd\ln f(x)$

$$= x\ln f(x) - \int \ln f(x)\mathrm{d}x = x\cos x - \int \cos x\mathrm{d}x$$
$$= x\cos x - \sin x + C.$$

解 2　由 $\ln f(x) = \cos x$，得 $[\ln f(x)]' = (\cos x)'$，即 $\frac{1}{f(x)} \cdot f'(x) = -\sin x, f'(x) = -\sin x f(x)$，所以

$$\int \frac{xf'(x)}{f(x)}\mathrm{d}x = \int \frac{x(-\sin x)f(x)}{f(x)}\mathrm{d}x = \int x(-\sin x)\mathrm{d}x = \int x\mathrm{d}\cos x$$
$$= x\cos x - \int \cos x\mathrm{d}x = x\cos x - \sin x + C.$$

2. **解**　当 $x < 0$ 时，$\int f(x)\mathrm{d}x = \int \mathrm{d}x = x + C_1$，

当 $0 \leqslant x \leqslant 1$ 时，$\int f(x)\mathrm{d}x = \int (x+1)\mathrm{d}x = \frac{1}{2}x^2 + x + C_2$，

当 $x > 1$ 时，$\int f(x)\mathrm{d}x = \int 2x\mathrm{d}x = x^2 + C_3$，

由于函数 $f(x)$ 在点 $x = 0, x = 1$ 处连续，因此可得 $C_1 = C_2, \frac{1}{2} + 1 + C_2 = 1 + C_3$，令 $C_1 = C_2 = C_3 - \frac{1}{2} = C$，故 $\int f(x)\mathrm{d}x = \begin{cases} x + C & x < 0 \\ \frac{1}{2}x^2 + x + C & 0 \leqslant x \leqslant 1 \\ x^2 + \frac{1}{2} + C & x > 1 \end{cases}$.

3. **解**　由 $f'(x+1) = \sin(x-1)$，再令 $x+1 = t$，得 $f'(t) = \sin(t-2)$，两边积分得 $\int f'(t)\mathrm{d}t = \int \sin(t-2)\mathrm{d}t = -\cos(t-2) + C$，所以 $f(t) = -\cos(t-2) + C$，即 $f(x) = -\cos(x-2) + C$.

4. **解**　$\int \left\{\frac{f(x)}{f'(x)} - \frac{f^2(x)}{[f'(x)]^3} \cdot f''(x)\right\}\mathrm{d}x$

$$= \int \frac{f(x)}{f'(x)}\mathrm{d}x - \int \frac{f^2(x)}{[f'(x)]^3} \cdot f''(x)\mathrm{d}x$$
$$= \int \frac{f(x)}{f'(x)}\mathrm{d}x + \frac{1}{2}\int f^2(x)\mathrm{d}\frac{1}{[f'(x)]^2}$$
$$= \int \frac{f(x)}{f'(x)}\mathrm{d}x + \frac{1}{2}f^2(x) \cdot \frac{1}{[f'(x)]^2} - \frac{1}{2}\int \frac{1}{[f'(x)]^2} \cdot 2f(x)f'(x)\mathrm{d}x$$
$$= \frac{1}{2}f^2(x) \cdot \frac{1}{[f'(x)]^2}.$$

第五章 定积分

学习指导及“习题五”参考答案

(A 层)

1.

定积分性质 在$[a,b]$上,如果两个函数$f(x)$,$g(x)$满足$f(x) \leqslant g(x)$,则$\int_a^b f(x)\mathrm{d}x \leqslant \int_a^b g(x)\mathrm{d}x$.

(1) **解** 当$0 < x < 1$时,$x > x^2$,所以$\int_0^1 x\mathrm{d}x > \int_0^1 x^2\mathrm{d}x$.

(2) $\int_1^2 x\mathrm{d}x < \int_1^2 x^2\mathrm{d}x$.

(3) **解** 因为函数$y = \mathrm{e}^x$在定义域$(-\infty, +\infty)$内是单调递增的,又由于当$0 < x < 1$时,$x > x^2$,所以$\int_0^1 \mathrm{e}^x\mathrm{d}x > \int_0^1 \mathrm{e}^{x^2}\mathrm{d}x$.

2.

定积分性质 设M与m是$f(x)$在$[a,b]$上的最大值与最小值,则$m(b-a) \leqslant \int_a^b f(x)\mathrm{d}x \leqslant M(b-a)$.

(1) **解** 因为函数 $y=e^x$ 在定义域 $(-\infty,+\infty)$ 内是单调递增的，又由于当 $0<x<1$ 时，$1=e^0<e^x<e$，所以 $1=1\times1<\int_0^1 e^x dx<e\times1=e$.

(2) $\frac{\pi}{2}<\int_0^{\frac{\pi}{2}} e^{\sin x}dx<\frac{\pi}{2}e$.

3.

> **定理** 如果 $f(x)$ 在 $[a,b]$ 上连续，那么 $\Phi(x)=\int_a^x f(t)dt$ 在 $[a,b]$ 上可导，且 $\frac{d}{dx}\left[\int_a^x f(t)dt\right]=f(x)$.
>
> 一般地，$\frac{d}{dx}\left[\int_{\psi(x)}^{\varphi(x)} f(t)dt\right]=f[\varphi(x)]\varphi'(x)-f[\psi(x)]\psi'(x)$.

(1) **解** $\frac{d}{dx}\Phi(x)=\frac{d}{dx}\left(\int_1^x e^{-t^2}dt\right)=e^{-x^2}$.

(2) **解** $\frac{d}{dx}\Phi(x)=\frac{d}{dx}\left(\int_x^2 \cos tdt\right)=-\frac{d}{dx}\left(\int_2^x \cos tdt\right)=-\cos x$.

(3) **解**
$$\begin{aligned}\frac{d}{dx}\Phi(x)&=\frac{d}{dx}\left[\int_x^{x^2}\ln(1+t^2)dt\right]\\&=\ln(1+x^4)(x^2)'-\ln(1+x^2)(x)'\\&=2x\ln(1+x^4)-\ln(1+x^4).\end{aligned}$$

4. (1) $\lim\limits_{x\to0}\frac{\int_0^x \sin tdt}{x^2}\overset{\frac{0}{0}}{=}\lim\limits_{x\to0}\frac{\left(\int_0^x \sin tdt\right)'}{(x^2)'}=\lim\limits_{x\to0}\frac{\sin x}{2x}=\frac{1}{2}$.

(2)
$$\begin{aligned}\lim_{x\to0}\frac{\int_{\cos x}^1 e^{-t^2}dt}{x^2}&=-\lim_{x\to0}\frac{\int_1^{\cos x} e^{-t^2}dt}{x^2}\overset{\frac{0}{0}}{=}-\lim_{x\to0}\frac{\left(\int_1^{\cos x} e^{-t^2}dt\right)'}{(x^2)'}\\&=-\lim_{x\to0}\frac{-\sin xe^{-\cos^2 x}}{2x}=\frac{1}{2e}.\end{aligned}$$

5.

> 1. **定理(牛顿－莱布尼茨公式)** 设 $f(x)$ 在 $[a,b]$ 上连续，如果 $F(x)$ 是 $f(x)$ 的任意一个原函数，即 $F'(x)=f(x)$，那么 $\int_a^b f(x)dx=F(b)-F(a)$.

2. 设 $f(x)$ 在 $[-a,a]$ 上连续，则 (1) 如果 $f(x)$ 是偶函数，则 $\int_{-a}^{a} f(x)\mathrm{d}x = 2\int_{0}^{a} f(x)\mathrm{d}x$；(2) 如果 $f(x)$ 是奇函数，则 $\int_{-a}^{a} f(x)\mathrm{d}x = 0$.

(1) $\int_0^1 (3x^2-1)\mathrm{d}x = (x^3-x)\Big|_0^1 = 1-1=0.$

(2) $\int_1^{27} \frac{1}{\sqrt[3]{x}}\mathrm{d}x = \frac{3}{2}x^{\frac{2}{3}}\Big|_1^{27} = \frac{3}{2}(3^{3\times\frac{2}{3}}-1) = 12.$

(3) $\int_0^1 (x-1)^2\mathrm{d}x = \int_0^1 (x-1)^2\mathrm{d}(x-1) = \frac{1}{3}(x-1)^3\Big|_0^1 = 0-\left(-\frac{1}{3}\right) = \frac{1}{3}.$

(4) $\int_0^1 (2^x-3^x)^2\mathrm{d}x = \int_0^1 (4^x-2\cdot 6^x+9^x)\mathrm{d}x = \left[\frac{4^x}{\ln 4}-\frac{2\cdot 6^x}{\ln 6}+\frac{9^x}{\ln 9}\right]_0^1$

$$= \frac{3}{2\ln 2}-\frac{10}{\ln 6}+\frac{4}{\ln 3}.$$

(5) $\int_1^{\sqrt{3}} \frac{1+2x^2}{x^2(1+x^2)}\mathrm{d}x = \int_1^{\sqrt{3}} \frac{x^2+(1+x^2)}{x^2(1+x^2)}\mathrm{d}x = \int_1^{\sqrt{3}}\left(\frac{1}{1+x^2}+\frac{1}{x^2}\right)\mathrm{d}x$

$$= \left(\arctan x-\frac{1}{x}\right)\Big|_1^{\sqrt{3}}$$

$$= \left(\arctan\sqrt{3}-\frac{1}{\sqrt{3}}\right)-(\arctan 1-1) = \frac{\pi}{12}+1-\frac{\sqrt{3}}{3}.$$

(6) $\int_{-1}^1 \frac{\mathrm{e}^x}{\mathrm{e}^x+1}\mathrm{d}x = \ln(\mathrm{e}^x+1)\Big|_{-1}^1 = \ln(\mathrm{e}+1)-\ln\left(\frac{1}{\mathrm{e}}+1\right) = 1.$

(7) **解**　因为函数 $f(x) = x\sqrt{x^2}$ 是奇函数，所以 $\int_{-2}^2 x\sqrt{x^2}\mathrm{d}x = 0.$

(8) **解**　因为函数 $f(x) = \frac{1}{\sqrt{1-x^2}}$ 是偶函数，所以

$$\int_{-\frac{1}{2}}^{\frac{1}{2}} \frac{1}{\sqrt{1-x^2}}\mathrm{d}x = 2\int_0^{\frac{1}{2}} \frac{1}{\sqrt{1-x^2}}\mathrm{d}x = 2\arcsin x\Big|_0^{\frac{1}{2}}$$

$$= 2\arcsin\frac{1}{2}-2\arcsin 0 = \frac{\pi}{3}.$$

(9) $\int_1^2 \frac{\mathrm{e}^{\frac{1}{x}}}{x^2}\mathrm{d}x = -\int_1^2 \mathrm{e}^{\frac{1}{x}}\mathrm{d}\frac{1}{x} = -\mathrm{e}^{\frac{1}{x}}\Big|_1^2 = -\mathrm{e}^{\frac{1}{2}}+\mathrm{e}.$

(10) $\int_1^2 \frac{x^2}{x+1}\mathrm{d}x = \int_1^2 \frac{x^2-1+1}{x+1}\mathrm{d}x = \int_1^2\left(x-1+\frac{1}{x+1}\right)\mathrm{d}x$

$$= \left(\frac{1}{2}x^2-x+\ln|x+1|\right)\Big|_1^2$$

$$= (2-2+\ln 3)-\left(\frac{1}{2}-1+\ln 2\right)=\frac{1}{2}+\ln 3-\ln 2.$$

(11) **解** 因为$|1-x|=\begin{cases}1-x & x\leqslant 1\\ x-1 & x>1\end{cases}$,所以

$$\int_0^3 |1-x|\,dx=\int_0^1 (1-x)\,dx+\int_1^3 (x-1)\,dx$$

$$=\left(x-\frac{1}{2}x^2\right)\Big|_0^1+\left(\frac{1}{2}x^2-x\right)\Big|_1^3=\frac{1}{2}+2=\frac{5}{2}.$$

(12)4. (13) $\frac{\pi}{12}-2$.(提示:$\int_{-1}^{\sqrt{3}} f(x)\,dx=\int_{-1}^{1} f(x)\,dx+\int_1^{\sqrt{3}} f(x)\,dx$)

(14) $\frac{11}{3}+e$.(提示:$\int_{-1}^{2} f(x)\,dx=\int_{-1}^{0} f(x)\,dx+\int_0^2 f(x)\,dx$)

6.

1. **定理(定积分第二换元法)** 设 $f(x)$ 在$[a,b]$上连续,作代换 $x=\varphi(t)$,其中 $\varphi(t)$ 在闭区间$[\alpha,\beta]$上有连续导数 $\varphi'(t)$,当 $\alpha\leqslant t\leqslant\beta$ 时,$a\leqslant\varphi(t)\leqslant b$,且 $\varphi(\alpha)=a$,$\varphi(\beta)=b$,则$\int_a^b f(x)\,dx=\int_\alpha^\beta f[\varphi(t)]\varphi'(t)\,dt$.

2. 用换元积分法计算定积分$\int_a^b f(x)\,dx$ 的步骤如下:

第一步 换元:令 $x=\varphi(t)$,则 $dx=\varphi'(t)dt$,$t=\varphi^{-1}(x)$,当 $x=a$ 时,$t=\varphi^{-1}(a)=\alpha$,当 $x=b$ 时,$t=\varphi^{-1}(b)=\beta$,那么$\int_a^b f(x)\,dx=\int_\alpha^\beta f[\varphi(t)]\varphi'(t)\,dt$.

第二步 计算:$\int_\alpha^\beta f[\varphi(t)]\varphi'(t)\,dt=F(t)\,|_\alpha^\beta$,其中 $F(t)$ 是 $f[\varphi(t)]\varphi'(t)$ 的一个原函数.

3. 关键点 换元必换上、下限.

(1) **解** 令$\sqrt{x}=t$,则 $x=t^2$,$dx=2t\,dt$,当 $x=0$ 时,$t=0$,当 $x=4$ 时,$t=2$,所以

$$\int_0^4 \frac{\sqrt{x}}{1+\sqrt{x}}\,dx=\int_0^2 \frac{t}{1+t}2t\,dt=2\int_0^2 \frac{t^2}{1+t}\,dt=2\int_0^2 \frac{t^2-1+1}{1+t}\,dt$$

$$=2\int_0^2\left(t-1+\frac{1}{1+t}\right)dt=2\left(\frac{1}{2}t^2-t+\ln|1+t|\right)\Big|_0^2$$

$= 2\ln 3.$

(2) **解** 令 $\sqrt{e^x - 1} = t$,则 $x = \ln(t^2+1)$,$dx = \dfrac{2t}{t^2+1}dt$,当 $x = 0$ 时,$t = 0$,当 $x = \ln 2$,$t = 1$,所以 $\int_0^{\ln 2} \sqrt{e^x - 1}dx = \int_0^1 t \cdot \dfrac{2t}{t^2+1}dt = 2\int_0^1 \dfrac{t^2}{t^2+1}dt = 2(t - \arctan t)\Big|_0^1 = 2 - \dfrac{\pi}{2}$.

(3) **解** 令 $x = 2\sin t$,则 $t = \arcsin\dfrac{x}{2}$,$dx = 2\cos t dt$,当 $x = 0$ 时,$t = 0$,当 $x = 1$ 时,$t = \dfrac{\pi}{6}$,所以 $\int_0^1 \sqrt{4 - x^2}dx = \int_0^{\frac{\pi}{6}} 4\cos^2 t dt = 2\int_0^{\frac{\pi}{6}}(1 + \cos 2t)dt = (2t + \sin 2t)\Big|_0^{\frac{\pi}{6}} = \dfrac{\sqrt{3}}{2} + \dfrac{\pi}{3}$.

(4) $\dfrac{\pi}{16}$.(提示:令 $x = \sin t$.)

(5) **解** 令 $x = \tan t$,则 $t = \arctan x$,$dx = \sec^2 t dt$,当 $x = 1$ 时,$t = \dfrac{\pi}{4}$,当 $x = \sqrt{3}$ 时,$t = \dfrac{\pi}{3}$,所以

$$\int_1^{\sqrt{3}} \frac{1}{x\sqrt{1+x^2}}dx = \int_{\frac{\pi}{4}}^{\frac{\pi}{3}} \frac{1}{\tan t \sec t}\sec^2 t dt = \int_{\frac{\pi}{4}}^{\frac{\pi}{3}} \frac{1}{\sin t}dt = \int_{\frac{\pi}{4}}^{\frac{\pi}{3}} \frac{\sin t}{\sin^2 t}dt$$

$$= \frac{1}{2}\ln\left|\frac{\cos t - 1}{\cos t + 1}\right|\Bigg|_{\frac{\pi}{4}}^{\frac{\pi}{3}} = -\frac{1}{2}\ln 3 - \frac{1}{2}\ln\left|\frac{\sqrt{2} - 2}{\sqrt{2} + 2}\right|$$

(6) $\sqrt{3} - \dfrac{\pi}{3}$.(提示:令 $x = \sec t$.)

(7) $\dfrac{\pi}{12}$.(提示:令 $x = \sin t$.)

7.

> **定理(定积分分部积分法)** 设函数 $u(x)$,$v(x)$ 在 $[a,b]$ 上有连续的导数,则 $\int_a^b u dv = uv\Big|_a^b - \int_a^b v du$.

(1) $\int_1^e \ln x dx = x\ln x\Big|_1^e - \int_1^e 1 dx = e - (e - 1) = 1.$

(2) $\int_0^1 x\arctan x dx = \dfrac{1}{2}\int_0^1 \arctan x dx^2 = \dfrac{1}{2}x^2\arctan x\Big|_0^1 - \dfrac{1}{2}\int_0^1 \dfrac{x^2}{1+x^2}dx$

$$=\frac{\pi}{8}-\frac{1}{2}(x-\arctan x)\Big|_0^1=\frac{\pi}{8}-\frac{1}{2}\left(1-\frac{\pi}{4}\right)$$

$$=\frac{\pi}{4}-\frac{1}{2}.$$

(3) $\int_0^1 xe^{-x}dx=-\int_0^1 xde^{-x}=-xe^{-x}\Big|_0^1+\int_0^1 e^{-x}dx=-e^{-1}-e^{-x}\Big|_0^1=1-2e^{-1}$.

(4) $\frac{\sqrt{3}}{6}\pi-\frac{1}{2}$. (5) $\ln 2-\frac{1}{2}$. (6) 1.

(7) $\int_{\frac{1}{e}}^{e}|\ln x|dx=-\int_{\frac{1}{e}}^{1}\ln xdx+\int_1^e \ln xdx=2-\frac{2}{e}$.

(8) **解** 令 $\sqrt{x+1}=t$，则 $x=t^2-1$，$dx=2tdt$，当 $x=0$ 时，$t=1$，当 $x=3$ 时，$t=2$，所以 $\int_0^3 e^{\sqrt{x+1}}dx=2\int_1^2 te^t dt=2\int_1^2 tde^t=2(te^t-e^t)\big|_1^2=2e^2$.

8.

> **定义** 设函数 $f(x)$ 在区间 $[a,+\infty)$ 上连续，如果极限 $\lim\limits_{b\to+\infty}\int_a^b f(x)dx$ 存在，则称此极限为 $f(x)$ 在无穷区间 $[a,+\infty)$ 上的广义积分，记作 $\int_a^{+\infty}f(x)dx$，即 $\int_a^{+\infty}f(x)dx=\lim\limits_{b\to+\infty}\int_a^b f(x)dx$，这时称广义积分 $\int_a^{+\infty}f(x)dx$ 存在或收敛；如果上述极限不存在，则称广义积分 $\int_a^{+\infty}f(x)dx$ 不存在或发散.
>
> $$\int_{-\infty}^{b}f(x)dx=\lim_{a\to-\infty}\int_a^b f(x)dx;$$
>
> $$\int_{-\infty}^{+\infty}f(x)dx=\int_{-\infty}^{c}f(x)dx+\int_c^{+\infty}f(x)dx, c\in(-\infty,+\infty).$$

(1) $\int_1^{+\infty}\frac{1}{x^3}dx=\lim\limits_{b\to+\infty}\int_1^b\frac{1}{x^3}dx=\lim\limits_{b\to+\infty}\left(-\frac{1}{2x^2}\Big|_1^b\right)=\lim\limits_{b\to+\infty}\left(-\frac{1}{2b^2}+\frac{1}{2}\right)=\frac{1}{2}$.

(2) 1. (3) 1. (4) ∞.

9.

> 定积分 $\int_a^b f(x)dx$ 的几何意义是指由曲线 $y=f(x)(f(x)>0)$、x 轴及直线 $x=a$，$x=b$ 所围成的曲边梯形的面积 S，即 $S=\int_a^b f(x)dx$. 如果

$f(x)<0$，这时 $S=-\int_a^b f(x)\mathrm{d}x$.

(1) $\int_0^1 (x^2+1)\mathrm{d}x$；　　(2) $\int_1^{\mathrm{e}} \ln x\mathrm{d}x$；

(3) $\int_0^1 x^2\mathrm{d}x+\int_1^2 x\mathrm{d}x$；　　(4) $\int_{-1}^2 (y+2-y^2)\mathrm{d}y$.

10.(1) **解**　依题意，作图 5-1，所求面积为图 5-1 中的阴影部分面积 S，即

$$S=\int_0^1 x^3\mathrm{d}x=\frac{1}{4}x^4\Big|_0^1=\frac{1}{4}.$$

(2) **解**　依题意，解方程组

$$\begin{cases} y=\dfrac{1}{x} \\ y=x \end{cases}$$

得 $x=1$，$y=1$，作图 5-2，所求面积为图 5-2 中的阴影部分面积 S，即

$$S=\int_1^2\left(x-\frac{1}{x}\right)\mathrm{d}x=\left(\frac{1}{2}x^2-\ln|x|\right)\Big|_1^2=\frac{3}{2}-\ln 2.$$

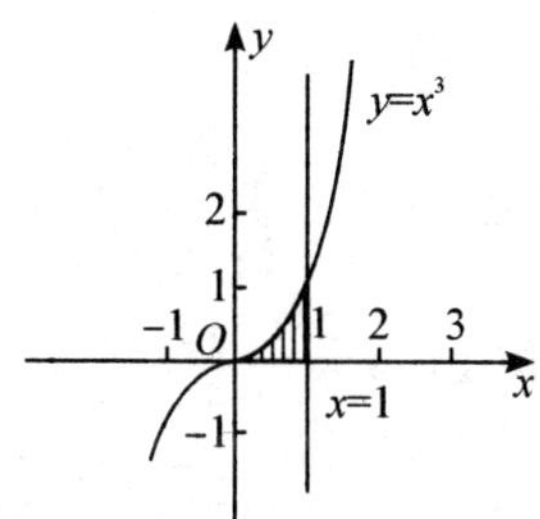

图 5-1

图 5-2

(3) **解**　依题意，解方程组

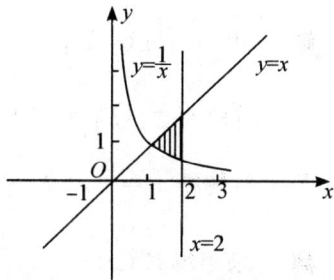

$$\begin{cases} y=x^2 \\ y=2-x^2 \end{cases}$$

得 $\begin{cases} x=-1 \\ y=1 \end{cases}$，$\begin{cases} x=1 \\ y=1 \end{cases}$，作图 5-3，所求面积为图 5-3 中的阴影部分面积 S，即

$$S=\int_{-1}^1 (2-x^2-x^2)\mathrm{d}x=\left(2x-\frac{2}{3}x^3\right)\Big|_{-1}^1=\frac{8}{3}.$$

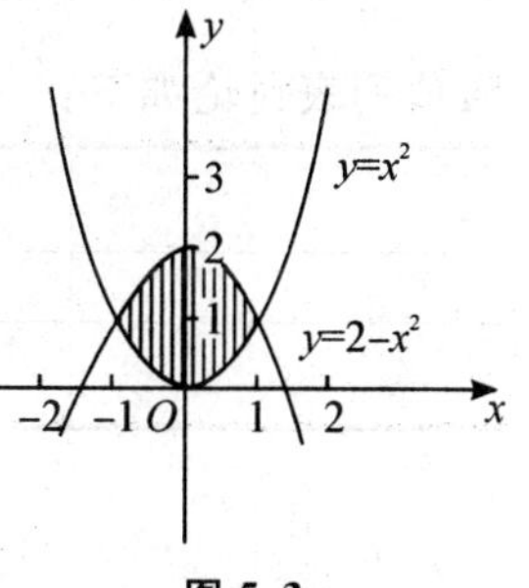

图 5-3

(4) $\frac{\pi}{2}-1$.(5) $\frac{9}{2}$.(6) $\frac{7}{3}-\ln 2$.(7)4.(8)$2\pi-\frac{8}{3}, 2\pi+\frac{8}{3}$.

11.(1) **解** 依题意,得成本函数

$$C(q)=\int_0^q C'(q)\mathrm{d}q+C(0)$$
$$=\int_0^q (15-0.2q)\mathrm{d}q+12.5$$
$$=15q-0.1q^2+12.5,$$

收益函数 $R(q)=pq=20q-0.2q^2$.

(2) 利润函数 $L(q)=R(q)-C(q)=20q-0.2q^2-(15q-0.1q^2+12.5)=5q-0.1q^2-12.5$,把 $q=100-5p$ 代入上式,得

$$L(p)=-2.5p^2+75p-512.5,$$

求导得 $L'(p)=-5p+75$,令 $L'(p)=0$,解得 $p=15$,是 $(0,+\infty)$ 内的唯一驻点,且 $L''(15)=-5<0$,所以最大利润时的价格为 15 元.

12.(1)4 台.(2)6728 元.

(B 层)

1. **解** 由 $\left(\int_0^{x^2-1} g(t)\mathrm{d}t\right)'=(-x)'$,得

$$[g(x^2-1)](x^2-1)'=-1, g(x^2-1)=-\frac{1}{2x},$$

令 $x^2-1=3$,解得 $x=-2$(舍去)或 $x=2$,所以 $g(3)=-\frac{1}{4}$.

2. **解** 求导得 $F'(x)=\left[\int_1^x\left(2-\frac{1}{\sqrt{t}}\right)\mathrm{d}t\right]'=2-\frac{1}{\sqrt{x}}=\frac{2\sqrt{x}-1}{\sqrt{x}}$,所以当 $x=\frac{1}{4}$ 时,$F'(x)=0$,当 $x=0$ 时,$F'(x)$ 没有意义.函数 $F(x)$ 的单调区间与极值列表讨论如下:

x	$\left(0,\frac{1}{4}\right)$	$\frac{1}{4}$	$\left(\frac{1}{4},+\infty\right)$
y'	$-$	0	$+$
y	↘	极小值 $-\frac{1}{2}$	↗

3. $\frac{\mathrm{d}}{\mathrm{d}x}\int_0^{x^2}(x^2-t)f(t)\mathrm{d}t=\frac{\mathrm{d}}{\mathrm{d}x}\left[x^2\int_0^{x^2}f(t)\mathrm{d}t\right]-\frac{\mathrm{d}}{\mathrm{d}x}\int_0^{x^2}tf(t)\mathrm{d}t$

$$= 2x\int_0^{x^2} f(t)\mathrm{d}t + x^2 \frac{\mathrm{d}}{\mathrm{d}x}\left[\int_0^{x^2} f(t)\mathrm{d}t\right] - x^2 f(x^2)\cdot 2x$$

$$= 2x\int_0^{x^2} f(t)\mathrm{d}t + x^2 f(x^2)\cdot 2x - x^2 f(x^2)\cdot 2x$$

$$= 2x\int_0^{x^2} f(t)\mathrm{d}t.$$

4. **解**　因为$\lim\limits_{x\to 0^-} f(x) = \lim\limits_{x\to 0^-}\dfrac{\sin 2(\mathrm{e}^x - 1)}{\mathrm{e}^x - 1} = 2$，

$$\lim_{x\to 0^+} f(x) = \lim_{x\to 0^+}\frac{\int_0^x \cos^2 t\mathrm{d}t}{x} = \lim_{x\to 0^+}\frac{\cos^2 x}{1} = 1,$$

所以$\lim\limits_{x\to 0^-} f(x) \neq \lim\limits_{x\to 0^+} f(x)$，故函数 $f(x)$ 在 $x = 0$ 处不连续.

5. $\lim\limits_{x\to\infty}\dfrac{1}{x}\int_0^x (1+t^2)\mathrm{e}^{t^2-x^2}\mathrm{d}t = \lim\limits_{x\to\infty}\dfrac{\int_0^x (1+t^2)\mathrm{e}^{t^2}\mathrm{d}t}{x\mathrm{e}^{x^2}} \overset{\frac{\infty}{\infty}}{=} \lim\limits_{x\to\infty}\dfrac{(1+x^2)\mathrm{e}^{x^2}}{\mathrm{e}^{x^2} + 2x^2\mathrm{e}^{x^2}}$

$$= \lim_{x\to\infty}\frac{1+x^2}{1+2x^2} = \frac{1}{2}.$$

6. **解**　解方程组

$$\begin{cases} y = 1 - x^2, \\ y = ax^2 \end{cases}$$

得$\begin{cases} x = -\sqrt{\dfrac{1}{1+a}} \\ y = \dfrac{a}{a+1} \end{cases}$（舍去），$\begin{cases} x = \sqrt{\dfrac{1}{1+a}}, \\ y = \dfrac{a}{a+1} \end{cases}$

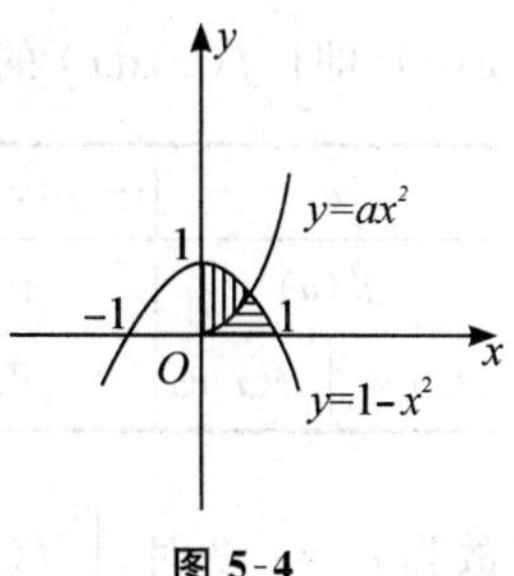

图 5-4

作图 5-4，依题意，得

$$\int_0^1 (1-x^2)\mathrm{d}x = 2\int_0^{\sqrt{\frac{1}{1+a}}} (1 - x^2 - ax^2)\mathrm{d}x,$$

解得 $a = 3$.

7. $\displaystyle\int_1^{+\infty}\frac{1}{\mathrm{e}^{1+x} + \mathrm{e}^{3-x}}\mathrm{d}x = \frac{1}{\mathrm{e}^2}\int_1^{+\infty}\frac{1}{(\mathrm{e}^{x-1})^2 + 1}\mathrm{d}\mathrm{e}^{x-1}$

$$= \frac{1}{\mathrm{e}^2}\lim_{b\to+\infty}\int_1^b \frac{1}{(\mathrm{e}^{x-1})^2 + 1}\mathrm{d}\mathrm{e}^{x-1}$$

$$= \frac{1}{\mathrm{e}^2}\lim_{b\to+\infty}\arctan\mathrm{e}^{x-1}\Big|_1^b = \frac{\pi}{4\mathrm{e}^2}.$$

(C 层)

1. **解** $\int_0^1 f(x)\mathrm{d}x = xf(x)\Big|_0^1 - \int_0^1 xf'(x)\mathrm{d}x = f(1) - \int_0^1 xf'(x)\mathrm{d}x$，

由 $f(x) = \int_1^x \mathrm{e}^{-t^2}\mathrm{d}t$，得 $f'(x) = \left(\int_1^x \mathrm{e}^{-t^2}\mathrm{d}t\right)' = \mathrm{e}^{-x^2}$，$f(1) = \int_1^1 \mathrm{e}^{-t^2}\mathrm{d}t = 0$，

所以 $\int_0^1 f(x)\mathrm{d}x = f(1) - \int_0^1 xf'(x)\mathrm{d}x = -\int_0^1 x\mathrm{e}^{-x^2}\mathrm{d}x = \frac{1}{2}\mathrm{e}^{-x^2}\Big|_0^1 = \frac{1}{2\mathrm{e}} - \frac{1}{2}$.

2. **解** 由 $f(x) + a\int_0^1 f(x)\mathrm{d}x = a^2 x$，得 $\int_0^1\left[f(x) + a\int_0^1 f(x)\mathrm{d}x\right]\mathrm{d}x = \int_0^1 a^2 x\mathrm{d}x$，即 $\int_0^1 f(x)\mathrm{d}x + a\int_0^1 f(x)\mathrm{d}x = a^2\int_0^1 x\mathrm{d}x = \frac{1}{2}a^2$.

令 $g(a) = \int_0^1 f(x)\mathrm{d}x$，即 $g(a) = \frac{a^2}{2(1+a)}$，求导得

$$g'(a) = \left[\frac{a^2}{2(1+a)}\right]' = \frac{1}{2}\cdot\frac{2a(1+a) - a^2}{(1+a)^2} = \frac{a(2+a)}{2(1+a)^2},$$

令 $g'(a) = 0$，解得 $a = 0, a = -2$，且当 $a = -1$ 时，$g'(a)$ 没有意义，列表讨论 $g(a)$（即 $\int_0^1 f(x)\mathrm{d}x$）的极值如下：

a	$(-\infty,-2)$	-2	$(-2,-1)$	-1	$(-1,0)$	0	$(0,+\infty)$
$g'(a)$	$+$	0	$-$	无意义	$-$	0	$+$
$g(a) = \int_0^1 f(x)\mathrm{d}x$	↗	极大值	↘		↘	极小值	↗

故当 $a = -2$ 时，$\int_0^1 f(x)\mathrm{d}x$ 取得极大值，当 $a = 0$ 时，$\int_0^1 f(x)\mathrm{d}x$ 取得极小值.

3. **解** 令 $xt = u$，则 $t = \frac{u}{x}$，且当 $t = 0$ 时，$u = 0$，当 $t = 1$ 时，$u = x$，

所以 $F(x) = \frac{1}{x}\int_0^x f(u)\mathrm{d}u$，故

$$\frac{\mathrm{d}F(x)}{\mathrm{d}x} = \frac{\mathrm{d}}{\mathrm{d}x}\left[\frac{1}{x}\int_0^x f(u)\mathrm{d}u\right] = \frac{xf(x) - \int_0^x f(u)\mathrm{d}u}{x^2}.$$

4. **解** 由于 $\lim\limits_{x\to\infty}\left(\frac{1+x}{x}\right)^{kx} = \mathrm{e}^k$，

$$\int_{-\infty}^k t\mathrm{e}^t\mathrm{d}t = \lim_{b\to-\infty}\int_b^k t\mathrm{e}^t\mathrm{d}t = \lim_{b\to-\infty}(t\mathrm{e}^t - \mathrm{e}^t)\Big|_b^k = k\mathrm{e}^k - \mathrm{e}^k,$$

所以依题意可得 $k\mathrm{e}^k - \mathrm{e}^k = \mathrm{e}^k$，解得 $k = 2$.

5. **解** 方程两边同时对 x 求导，得

$$y'e^{-y^2}+\cos x^2=0,$$

所以$\dfrac{dy}{dx}=-e^{y^2}\cos x^2$.

6. **解** $\dfrac{dy}{dx}=\dfrac{dy}{dt}\cdot\dfrac{1}{\dfrac{dx}{dt}}=-(t^4\ln t^2)2t\cdot\dfrac{1}{t\ln t}=-4t^4$.

自测题

(A 层)

一、填空题

1. 设 $f(x)$ 在 $[a,b]$ 上连续,则 $\int_a^b f(x)\mathrm{d}x-\int_a^b f(t)\mathrm{d}t=$ ________.

2. $\frac{\mathrm{d}}{\mathrm{d}x}\int_1^2 \frac{\sin x}{x}\mathrm{d}x=$ ________.

3. $\lim\limits_{x\to 0}\frac{\int_0^x \sin t\mathrm{d}t}{x^2}=$ ________.

4. $\int_1^{+\infty}\frac{\mathrm{d}x}{x^2}=$ ________.

5. 设一平面图形由 $y=f(x),y=g(x),x=a,x=b$ 所围成($f(x)>g(x)$),其中 $f(x),g(x)$ 在$[a,b]$上连续,则该平面图形的面积为________.

二、选择题

1. 若 $a<b,\int_a^b f(x)\mathrm{d}x=\int_b^a f(x)\mathrm{d}x$,则必有(　　).

(A)$f(x)\equiv 0$　　(B)$f(x)\equiv c$(常数)

(C)$f(-x)=-f(x)$　　(D)$\int_a^b f(x)\mathrm{d}x=0$

2. 下列积分中,积分值为零的是(　　).

(A)$\int_{-1}^2 x\mathrm{d}x$　　(B)$\int_{-1}^1 x\cos^2 x\mathrm{d}x$

(C)$\int_{-1}^1 x\tan x\mathrm{d}x$　　(D)$\int_{-1}^1 x^2\cos^2 x\mathrm{d}x$

3. $\frac{\mathrm{d}}{\mathrm{d}x}\int_0^{x^2}\cos t^2\mathrm{d}t=$(　　).

(A)$\cos x^2$　　(B)$\sin x^2$　　(C)$2x\cos x^4$　　(D)$\cos t^2$

4. 下列广义积分收敛的是(　　).

(A) $\int_{1}^{+\infty} e^{-x}dx$　　(B) $\int_{1}^{+\infty} \frac{dx}{x}$　　(C) $\int_{1}^{+\infty} \sin x dx$　　(D) $\int_{e}^{+\infty} \frac{1}{x\ln x}dx$

5. $\int_{0}^{3} |2-x| dx =$ (　　).

(A) $\frac{5}{2}$　　(B) $\frac{1}{2}$　　(C) $\frac{3}{2}$　　(D) $\frac{2}{3}$

三、解答题

1. 计算下列定积分：

(1) $\int_{0}^{1} \frac{dx}{e^{x}+e^{-x}}$；　　(2) $\int_{0}^{1} \frac{\sqrt{x}}{1+x}dx$；　　(3) $\int_{0}^{2} xe^{2x}dx$；

(4) $\int_{0}^{1} x^{3}\sqrt{1-x^{2}}dx$；　　(5) $\int_{1}^{+\infty} \frac{dx}{x^{2}(x^{2}+1)}$；　　(6) $\int_{-2}^{2} (|x|+x)e^{|x|}dx$.

2. 求 $y=\int_{0}^{x}(t-1)(t-2)dt$ 在点 $(0,0)$ 处的切线方程.

3. 求 $y=\int_{0}^{x} te^{-t}dt$ 的单调区间、极值、凸性区间及拐点.

4. 求由曲线 $y^{2}=2x$ 与直线 $y=x-4$ 所围成的平面图形的面积.

5. 生产某产品的总成本 $C(q)$（单位：万元）是产量 q（单位：件）的函数，已知边际成本 $C'(q)=8$，固定成本为 1000 万元，收益 $R(q)$（单位：万元）是产量 q 的函数，边际收益 $R'(q)=20-0.02q$，(1) 产量为多少时，总利润最大？最大利润为多少？(2) 在利润最大时的产量基础上，再生产该产品 100 件，这时总利润减少了多少？

(B 层)

一、填空题

1. $\frac{d}{dx}\int_{x^{2}}^{0} te^{t}dt =$ ________.

2. $\lim\limits_{x\to 0} \frac{\int_{0}^{x^{2}} \sqrt{1+t^{2}}dt}{x^{2}} =$ ________.

3. 已知 $F(x)=\int_{0}^{x} xf'(t)dt$，则 $F'(x)=$ ________.

4. $F(x)=\int_{1}^{x}\left(2-\frac{1}{\sqrt{t}}\right)dt, x>0$ 的单调减少区间为________.

5. 若$\int_a^b \frac{f(x)}{f(x)+g(x)}\mathrm{d}x = 1$,则$\int_a^b \frac{g(x)}{f(x)+g(x)}\mathrm{d}x =$ ________.

二、选择题

1. 设函数 $\Phi(x) = \int_0^{x^2} f(t)\mathrm{d}t$,则 $\Phi'(x) =$ (   ).

(A)$f(x)$　　(B)$f(x^2)$　　(C)$2xf(x)$　　(D)$2xf(x^2)$

2. $\int_1^0 f'(3x)\mathrm{d}x =$ (   ).

(A) $\frac{1}{3}[f(0)-f(3)]$　　(B) $\frac{1}{3}[f(3)-f(0)]$

(C)$f(0)-f(3)$　　(D)$f(3)-f(0)$

3. 若$\int_{-\infty}^{+\infty} \frac{k}{1+x^2}\mathrm{d}x = 1$,则 $k =$ (   ).

(A)π　　(B) $\frac{\pi}{2}$　　(C) $\frac{1}{\pi}$　　(D) $\frac{2}{\pi}$

4. 设 $f(x)$ 为$[-a,a]$上的连续函数,则定积分$\int_{-a}^{a} f(-x)\mathrm{d}x =$ (   ).

(A)0　　(B)$2\int_0^a f(x)\mathrm{d}x$

(C) $-\int_{-a}^{a} f(x)\mathrm{d}x$　　(D)$\int_{-a}^{a} f(x)\mathrm{d}x$

5. 下列广义积分中收敛的是(   ).

(A)$\int_{\mathrm{e}}^{+\infty} \frac{\ln x}{x}\mathrm{d}x$　　(B)$\int_{\mathrm{e}}^{+\infty} \frac{1}{x\ln x}\mathrm{d}x$

(C)$\int_{\mathrm{e}}^{+\infty} \frac{1}{x(\ln x)^2}\mathrm{d}x$　　(D)$\int_{\mathrm{e}}^{+\infty} \frac{1}{x\sqrt[3]{\ln x}}\mathrm{d}x$

三、解答题

1. 计算下列定积分:

(1)$\int_{\frac{1}{2}}^{1} \frac{1}{x^2}\mathrm{e}^{\frac{1}{x}}\mathrm{d}x$;　　(2)$\int_1^{\mathrm{e}} \frac{1}{x(2x+1)}\mathrm{d}x$;

(3)$\int_1^4 \frac{1}{x(1+\sqrt{x})}\mathrm{d}x$;　　(4)$\int_0^{\frac{1}{\sqrt{2}}} \arcsin x\mathrm{d}x$.

2. 已知 $f(0)=1, f(2)=3, f'(2)=5$,计算$\int_0^1 xf''(2x)\mathrm{d}x$.

3. 设 $F(x) = \begin{cases} \dfrac{\int_0^x tf(t)\mathrm{d}t}{x^2} & x \neq 0 \\ k & x = 0 \end{cases}$,其中 $f(x)$ 连续,$f(0)=0$,确定常数

k,使 $F(x)$ 在 $(-\infty,+\infty)$ 内连续.

4. 证明:$\int_x^1 \frac{1}{1+x^2}\mathrm{d}x = \int_1^{\frac{1}{x}} \frac{1}{1+x^2}\mathrm{d}x, x>0$.

5. 抛物线 $y^2=2x$ 将圆 $x^2+y^2=8$ 分成两部分,求这两部分的面积.

6. 已知销售某种产品 x 件,总收入 $R(x)$(单位:元)的变化率为 $R'(x)=1000-\frac{x}{2}, x>0$,

(1) 求销售 100 件时,该产品的总收入.

(2) 求销量从 200 件增加到 400 件时,总收入增加了多少元?平均每件增加了多少元?

(C 层)

一、填空题

1. 设 $f(x)$ 连续,且 $\int_0^{x^2} f(t)\mathrm{d}t = x$,则 $f(9)=$ ________.

2. $\int_0^x f(t-x)\mathrm{d}t = \mathrm{e}^{-x^2}+1$,则 $f(x)=$ ________.

3. $\int_{-2}^2 \frac{x}{2+x^2}\mathrm{d}x=$ ________.

4. 设 $F'(x)=f(x)$,则 $\int_0^{\ln 2} \mathrm{e}^{-x} f(\mathrm{e}^{-x})\mathrm{d}x=$ ________.

5. 设 $f(x)$ 是连续函数,且 $f(x)=x+2\int_0^1 f(t)\mathrm{d}t$,则 $f(x)=$ ________.

二、选择题

1. 设 $F(x)=\frac{x^2}{x-a}\int_a^x f(t)\mathrm{d}t$,其中 $f(x)$ 是连续函数,则 $\lim\limits_{x\to a}F(x)$ 为(　　).

(A)a^2　　(B)$a^2 f(a)$　　(C)0　　(D)不存在

2. 设 $f(x)=\int_0^{\sin x} t^2\mathrm{d}t, g(x)=\sin x - x$,当 $x\to 0$ 时,有(　　).

(A)$f(x)$ 与 $g(x)$ 是等价无穷小量

(B)$f(x)$ 与 $g(x)$ 是同阶无穷小量,但不等价

(C)$f(x)=o[g(x)]$

(D)$g(x)=o[f(x)]$

3. $\int_{\frac{\pi}{2}}^{x}\left(\frac{\sin x}{x}\right)'\mathrm{d}x=($　　$)$，其中 $x>\frac{\pi}{2}$.

(A) $\frac{\sin x}{x}$　　　　(B) $\frac{\sin x}{x}+C$

(C) $\frac{\sin x}{x}-\frac{2}{\pi}$　　　　(D) $\frac{\sin x}{x}-\frac{2}{\pi}+C$

4. 设 $F(x)=\int_{0}^{x}\mathrm{e}^{-t}\cos t\mathrm{d}t$，则 $F(x)$ 在 $[0,\pi]$ 上(　　).

(A) $F\left(\frac{\pi}{2}\right)$ 为极大值，$F(0)$ 为最小值

(B) $F\left(\frac{\pi}{2}\right)$ 为极大值，但无最小值

(C) $F\left(\frac{\pi}{2}\right)$ 为极小值，但无极大值

(D) $F\left(\frac{\pi}{2}\right)$ 为极小值，$F(0)$ 为最大值

5. $\int_{-\frac{\pi}{2}}^{\frac{\pi}{2}}\sqrt{\sin^{2}x}\mathrm{d}x=($　　$)$.

(A)0　　(B)2　　(C)π　　(D)-2

三、解答题

1. 设 $f(x)=\begin{cases}\frac{1}{1+x} & x\geqslant 0\\ \frac{1}{1+\mathrm{e}^{x}} & x<0\end{cases}$，求 $\int_{0}^{2}f(x-1)\mathrm{d}x$.

2. 求曲线 $y=\ln x$ 在区间 $(2,6)$ 内的一点，使该点的切线与直线 $x=2$，$x=6$ 以及 $y=\ln x$ 所围成的平面图形面积最小.

3. 求定积分 $I=\int_{0}^{\frac{\pi}{2}}\frac{f(\sin x)}{f(\cos x)+f(\sin x)}\mathrm{d}x$.

4. 设 $f(x)$ 是连续函数，证明 $\int_{0}^{x}\left[\int_{0}^{u}f(t)\mathrm{d}t\right]\mathrm{d}u=\int_{0}^{x}(x-u)f(u)\mathrm{d}u$.

5. 设 $\lim\limits_{x\to\infty}\left(\frac{x-a}{x+a}\right)^{x}=\int_{a}^{+\infty}4x^{2}\mathrm{e}^{-2x}\mathrm{d}x$，求 a 的值.

6. $f(x)=\begin{cases}\int_{0}^{x}t\sin t\mathrm{d}t & x\geqslant 0\\ x^{2} & x<0\end{cases}$ 在 $x=0$ 处是否可导？若可导，求 $f'(0)$.

自测题参考答案

(A 层)

一、填空题

1. 0.

分析 定积分只与被积函数表达式及积分区间有关，而与积分变量无关，所以$\int_a^b f(x)\mathrm{d}x=\int_a^b f(t)\mathrm{d}t$，即$\int_a^b f(x)\mathrm{d}x-\int_a^b f(t)\mathrm{d}t=0$.

2. 0.

分析 定积分$\int_1^2 \frac{\sin x}{x}\mathrm{d}x$是一个数值，因此$\frac{\mathrm{d}}{\mathrm{d}x}\int_1^2 \frac{\sin x}{x}\mathrm{d}x=0$.

3. $\frac{1}{2}$.

分析 $\lim\limits_{x\to 0}\frac{\int_0^x \sin t\mathrm{d}t}{x^2}\overset{\frac{0}{0}}{=}\lim\limits_{x\to 0}\frac{\sin x}{2x}=\frac{1}{2}$.

4. 1.

分析 $\int_1^{+\infty}\frac{\mathrm{d}x}{x^2}=\lim\limits_{b\to+\infty}\int_1^b\frac{\mathrm{d}x}{x^2}=\lim\limits_{b\to+\infty}\left(-\frac{1}{x}\Big|_1^b\right)=\lim\limits_{b\to+\infty}\left(-\frac{1}{b}+1\right)=1$.

5. $\int_a^b[f(x)-g(x)]\mathrm{d}x$.

分析 由定积分的几何意义，可知该平面图形的面积为

$$\int_a^b[f(x)-g(x)]\mathrm{d}x.$$

二、选择题

1. D.

分析 因为$\int_a^b f(x)\mathrm{d}x=-\int_b^a f(x)\mathrm{d}x$，所以$2\int_a^b f(x)\mathrm{d}x=0$，即$\int_a^b f(x)\mathrm{d}x=0$，故选 D.

2. B.

分析　在定积分$\int_{-1}^{1} x\cos^2 x\mathrm{d}x$中，被积函数是奇函数，且上、下限互为相反数，因此它的值为0，故选B.

3. C.

分析　$\frac{\mathrm{d}}{\mathrm{d}x}\int_0^{x^2}\cos t^2\mathrm{d}t=(\cos x^4)\cdot 2x$，所以选C.

4. A.

分析

$$\int_1^{+\infty}\mathrm{e}^{-x}\mathrm{d}x=\lim_{b\to+\infty}\int_1^b\mathrm{e}^{-x}\mathrm{d}x=\lim_{b\to+\infty}\left(-\mathrm{e}^{-x}\Big|_1^b\right)$$

$$=\lim_{b\to+\infty}[(-\mathrm{e}^{-b})-(-\mathrm{e}^{-1})]=\lim_{b\to+\infty}\left(-\frac{1}{\mathrm{e}^b}+\frac{1}{\mathrm{e}}\right)=\frac{1}{\mathrm{e}}.$$

5. A.

分析　因为$|2-x|=\begin{cases}2-x & x\leqslant 2\\ x-2 & x>2\end{cases}$，所以

$$\int_0^3|2-x|\mathrm{d}x=\int_0^2(2-x)\mathrm{d}x+\int_2^3(x-2)\mathrm{d}x$$

$$=\left(2x-\frac{x^2}{2}\right)\Big|_0^2+\left(\frac{x^2}{2}-2x\right)\Big|_2^3=\frac{5}{2},$$

故选A.

三、解答题

1. 计算下列定积分：

(1) **解**

$$\int_0^1\frac{\mathrm{d}x}{\mathrm{e}^x+\mathrm{e}^{-x}}=\int_0^1\frac{\mathrm{e}^x\mathrm{d}x}{(\mathrm{e}^x)^2+1}=\arctan\mathrm{e}^x\Big|_0^1=\arctan\mathrm{e}-\arctan1$$

$$=\arctan\mathrm{e}-\frac{\pi}{4}.$$

(2) **解**　令$\sqrt{x}=t$，则$x=t^2$，$\mathrm{d}x=2t\mathrm{d}t$，当$x=0$时，$t=0$，当$x=1$，$t=1$，所以$\int_0^1\frac{\sqrt{x}}{1+x}\mathrm{d}x=\int_0^1\frac{t}{1+t^2}\cdot 2t\mathrm{d}t=2\int_0^1\left(1-\frac{1}{1+t^2}\right)\mathrm{d}t=2(t-\arctan t)\Big|_0^1=2-\frac{\pi}{2}$.

(3) **解**

$$\int_0^2 x\mathrm{e}^{2x}\mathrm{d}x=\frac{1}{2}\int_0^2 x\mathrm{d}\mathrm{e}^{2x}=\frac{1}{2}\left(x\mathrm{e}^{2x}\Big|_0^2-\int_0^2\mathrm{e}^{2x}\mathrm{d}x\right)$$

$$=\frac{1}{2}\left(2\mathrm{e}^4-\frac{1}{2}\mathrm{e}^{2x}\Big|_0^2\right)=\frac{3}{4}\mathrm{e}^4+\frac{1}{4}.$$

(4) **解1**

$$\int_0^1 x^3\sqrt{1-x^2}\mathrm{d}x=\frac{1}{2}\int_0^1 x^2\sqrt{1-x^2}\mathrm{d}x^2$$

$$= \frac{1}{2}\int_0^1 (1-x^2-1)\sqrt{1-x^2}\,\mathrm{d}(1-x^2)$$

$$= \frac{1}{2}\int_0^1 (1-x^2)^{\frac{3}{2}}\mathrm{d}(1-x^2) - \frac{1}{2}\int_0^1 (1-x^2)^{\frac{1}{2}}\mathrm{d}(1-x^2)$$

$$= \frac{1}{5}(1-x^2)^{\frac{5}{2}}\Big|_0^1 - \frac{1}{3}(1-x^2)^{\frac{3}{2}}\Big|_0^1 = \frac{2}{15}.$$

解 2　令 $x=\sin t$, $\sqrt{1-x^2}=\cos t$, $\mathrm{d}x=\cos t\mathrm{d}t$，当 $x=0$ 时，$t=0$，当 $x=1$，$t=\frac{\pi}{2}$，则

$$\int_0^1 x^3\sqrt{1-x^2}\,\mathrm{d}x = \int_0^{\frac{\pi}{2}} \sin^3 t\cdot\cos t\cdot\cos t\mathrm{d}t$$

$$= -\int_0^{\frac{\pi}{2}} (1-\cos^2 t)\cdot\cos^2 t\mathrm{d}\cos t$$

$$= \left(\frac{1}{5}\cos^5 t - \frac{1}{3}\cos^3 t\right)\Big|_0^{\frac{\pi}{2}} = \frac{2}{15}.$$

(5) **解**

$$\int_1^{+\infty}\frac{\mathrm{d}x}{x^2(x^2+1)} = \lim_{b\to+\infty}\int_1^b \frac{\mathrm{d}x}{x^2(x^2+1)} = \lim_{b\to+\infty}\int_1^b\left(\frac{1}{x^2}-\frac{1}{x^2+1}\right)\mathrm{d}x$$

$$= \lim_{b\to+\infty}\left(-\frac{1}{x}-\arctan x\right)\Big|_1^b$$

$$= \lim_{b\to+\infty}\left(-\frac{1}{b}-\arctan b+1+\arctan 1\right)$$

$$= -\frac{\pi}{2}+1+\frac{\pi}{4} = 1-\frac{\pi}{4}.$$

(6) **解**　$\int_{-2}^2 (|x|+x)\mathrm{e}^{|x|}\mathrm{d}x = \int_{-2}^0 (-x+x)\mathrm{e}^{-x}\mathrm{d}x + \int_0^2 (x+x)\mathrm{e}^x\mathrm{d}x = 2(x\mathrm{e}^x-\mathrm{e}^x)\Big|_0^2 = 2(2\mathrm{e}^2-\mathrm{e}^2+1) = 2(\mathrm{e}^2+1)$.

2. **解**　由于 $y' = \left[\int_0^x (t-1)(t-2)\mathrm{d}t\right]' = (x-1)(x-2)$，所以 $k = y'|_{x=0} = -1\times(-2) = 2$，故 $y=\int_0^x (t-1)(t-2)\mathrm{d}t$ 在点 $(0,0)$ 处的切线方程为 $y=2x$.

3. **解**　函数 $y=\int_0^x t\mathrm{e}^{-t}\mathrm{d}t$ 的定义域为 $(-\infty,+\infty)$，$y' = \left(\int_0^x t\mathrm{e}^{-t}\mathrm{d}t\right)' =$

$xe^{-x}=\frac{x}{e^x}$，$y''=(xe^{-x})'=e^{-x}-xe^{-x}=\frac{1-x}{e^x}$，易知当 $x=0$ 时，$y'=0$；当 $x=1$ 时，$y''=0$. 函数的单调区间、极值、凸性区间及拐点列表讨论如下：

x	$(-\infty,0)$	0	$(0,1)$	1	$(1,+\infty)$
y'	$-$	0	$+$	$+$	$+$
y''	$+$	$+$	$+$		$-$
y	↘下凸	极小值 0	↗下凸	拐点 $\left(1,1-\frac{2}{e}\right)$	↗上凸

4. **解**　联立方程

$$\begin{cases}y^2=2x\\ y=x-4\end{cases},$$

解得

$$\begin{cases}x_1=2\\ y_1=-2\end{cases},\begin{cases}x_2=8\\ y_2=4\end{cases},$$

作图如图 5-5 所示，可知曲线 $y^2=2x$ 与直线 $y=x-4$ 所围成的平面图形的面积为

$$\int_{-2}^{4}\left(y+4-\frac{y^2}{2}\right)dy$$

$$=\left(\frac{1}{2}y^2+4y-\frac{y^3}{6}\right)\Big|_{-2}^{4}$$

$$=18.$$

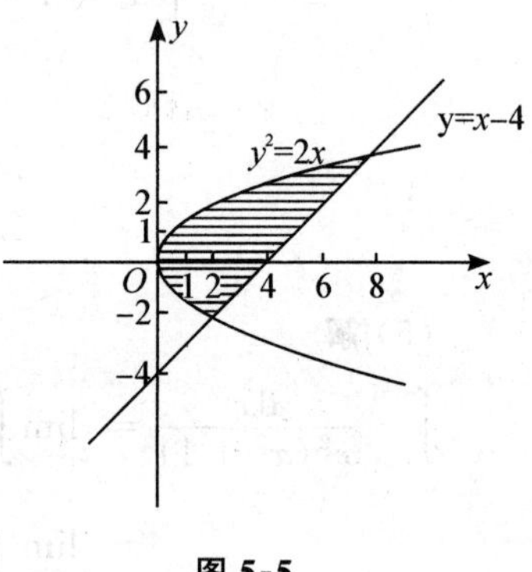

图 5-5

5. **解**　依题意，得，总成本函数为

$$C(q)=\int_0^q 8dt+1000=8q+1000,$$

收益函数为

$$R(q)=\int_0^q(20-0.02t)dt=20q-0.01q^2,$$

所以总利润函数为

$$L(q)=R(q)-C(q)=-0.01q^2+12q-1000.$$

(1) 由于 $L'(q)=-0.02q+12$，若令 $L'(q)=0$，则得 $q=600$，$q=600$ 是唯一的驻点，且 $L''(q)=-0.02<0$，因此产量为 600 件时，总利润最大. 最大利润为 $L(600)=-0.01\times600^2+12\times600-1000=2600$(万元).

(2)$L(700)=-0.01\times700^2+12\times700-1000=2500$(万元),因此在利润最大时的产量基础上,再生产该产品 100 件,这时总利润减少了 100 万元.

(B 层)

一、填空题

1. $-2x^3e^{x^2}$.

分析 $\frac{d}{dx}\int_{x^2}^{0}te^t dt=-\frac{d}{dx}\int_0^{x^2}te^t dt=-x^2e^{x^2}\cdot2x=-2x^3e^{x^2}$.

2. 1.

分析 $\lim\limits_{x\to0}\frac{\int_0^{x^2}\sqrt{1+t^2}dt}{x^2}=\lim\limits_{x\to0}\frac{\sqrt{1+x^4}\cdot2x}{2x}=\lim\limits_{x\to0}\sqrt{1+x^4}=1$.

3. $f(x)-f(0)+xf'(x)$.

分析 因为 $F(x)=\int_0^x xf'(t)dt=x\int_0^x f'(t)dt$,所以 $F'(x)=\left[x\int_0^x f'(t)dt\right]'=\int_0^x f'(t)dt+xf'(x)=f(t)\Big|_0^x+xf'(x)=f(x)-f(0)+xf'(x)$.

4. $\left(0,\frac{1}{4}\right)$.

分析 $F'(x)=2-\frac{1}{\sqrt{x}}=\frac{2\sqrt{x}-1}{\sqrt{x}}$,当 $x=\frac{1}{4}$ 时,$F'(x)=0$,由于当 $0<x<\frac{1}{4}$ 时,$F'(x)<0$,所以 $F(x)=\int_1^x\left(2-\frac{1}{\sqrt{t}}\right)dt$ 的单调减少区间为 $\left(0,\frac{1}{4}\right)$.

5. $b-a-1$.

分析

$$\int_a^b\frac{g(x)}{f(x)+g(x)}dx=\int_a^b\frac{f(x)+g(x)-f(x)}{f(x)+g(x)}dx$$
$$=\int_a^b dx-\int_a^b\frac{f(x)}{f(x)+g(x)}dx=b-a-1.$$

二、选择题

1. D.

分析 $\Phi'(x)=\left[\int_0^{x^2}f(t)\mathrm{d}t\right]'=2xf(x^2)$，故选 D.

2. A.

分析 $\int_1^0 f'(3x)\mathrm{d}x=\frac{1}{3}\int_1^0 f'(3x)\mathrm{d}(3x)=\frac{1}{3}f(3x)\Big|_1^0=\frac{1}{3}[f(0)-f(3)]$，故选 A.

3. C.

分析 因为

$$\int_{-\infty}^{+\infty}\frac{k}{1+x^2}\mathrm{d}x=k\left(\int_{-\infty}^{0}\frac{1}{1+x^2}\mathrm{d}x+\int_0^{+\infty}\frac{1}{1+x^2}\mathrm{d}x\right)$$

$$=k\left(\lim_{a\to-\infty}\int_a^0\frac{1}{1+x^2}\mathrm{d}x+\lim_{b\to+\infty}\int_0^b\frac{1}{1+x^2}\mathrm{d}x\right)$$

$$=k\left(\lim_{a\to-\infty}\arctan x\Big|_a^0+\lim_{b\to+\infty}\arctan x\Big|_0^b\right)=k\left(\frac{\pi}{2}+\frac{\pi}{2}\right)=\pi k,$$

所以 $\pi k=1$，即 $k=\frac{1}{\pi}$，故选 C.

4. D.

分析 因为 $\int_{-a}^{a}f(-x)\mathrm{d}x\xlongequal{-x=t}-\int_a^{-a}f(t)\mathrm{d}t=\int_{-a}^{a}f(t)\mathrm{d}t=\int_{-a}^{a}f(x)\mathrm{d}x$，所以选 D.

5. C.

分析 $\int_e^{+\infty}\frac{1}{x(\ln x)^2}\mathrm{d}x=\lim_{b\to+\infty}\int_e^b\frac{1}{x(\ln x)^2}\mathrm{d}x=\lim_{b\to+\infty}\int_e^b\frac{1}{(\ln x)^2}\mathrm{d}\ln x$

$$=-\lim_{b\to+\infty}\frac{1}{\ln x}\Big|_e^b=-\lim_{b\to+\infty}\left(\frac{1}{\ln b}-\frac{1}{\ln e}\right)=1,$$

所以选 C.

三、解答题

1. 计算下列定积分：

(1) **解** $\int_{\frac{1}{2}}^{1}\frac{1}{x^2}e^{\frac{1}{x}}\mathrm{d}x=-\int_{\frac{1}{2}}^{1}e^{\frac{1}{x}}\mathrm{d}\frac{1}{x}=-e^{\frac{1}{x}}\Big|_{\frac{1}{2}}^{1}=-e+e^2$.

(2) **解** $\int_1^e\frac{1}{x(2x+1)}\mathrm{d}x=\int_1^e\frac{1}{x}\mathrm{d}x-2\int_1^e\frac{1}{2x+1}\mathrm{d}x$

$$=\ln|x|\Big|_1^e-\ln|2x+1|\Big|_1^e=1-\ln(2e+1)+\ln 3.$$

(3) **解** 设 $\sqrt{x}=t$，则 $x=t^2$，$\mathrm{d}x=2t\mathrm{d}t$，当 $x=1$ 时，$t=1$，当 $x=4$ 时，

$t=2$，所以 $\int_1^4 \frac{1}{x(1+\sqrt{x})}dx=\int_1^2 \frac{1}{t^2(1+t)}\cdot 2tdt=2\int_1^2 \frac{1}{t(1+t)}dt=$ $2\int_1^2\left(\frac{1}{t}-\frac{1}{1+t}\right)dt=2(\ln|t|-\ln|1+t|)\Big|_1^2=4\ln2-2\ln3.$

(4) **解** $\int_0^{\frac{1}{\sqrt{2}}}\arcsin x dx = x\arcsin x\Big|_0^{\frac{1}{\sqrt{2}}}-\int_0^{\frac{1}{\sqrt{2}}}x d\arcsin x$

$$=\frac{\sqrt{2}}{8}\pi-\int_0^{\frac{1}{\sqrt{2}}}\frac{x}{\sqrt{1-x^2}}dx$$

$$=\frac{\sqrt{2}}{8}\pi+\sqrt{1-x^2}\Big|_0^{\frac{1}{\sqrt{2}}}=\frac{\sqrt{2}}{8}\pi+\frac{\sqrt{2}}{2}-1.$$

2. **解** $\int_0^1 xf''(2x)dx=\frac{1}{2}\int_0^1 xdf'(2x)=\frac{1}{2}xf'(2x)\Big|_0^1-\frac{1}{2}\int_0^1 f'(2x)dx$

$$=\frac{1}{2}f'(2)-\frac{1}{4}\int_0^1 f'(2x)d(2x)$$

$$=\frac{1}{2}f'(2)-\frac{1}{4}f(2x)\Big|_0^1$$

$$=\frac{1}{2}f'(2)-\frac{1}{4}[f(2)-f(0)]=\frac{5}{2}-\frac{1}{4}(3-1)$$

$$=2.$$

3. **解** $\lim\limits_{x\to0}F(x)=\lim\limits_{x\to0}\frac{\int_0^x tf(t)dt}{x^2}=\lim\limits_{x\to0}\frac{xf(x)}{2x}=\frac{1}{2}f(0)=0$，显然当 $k=0$ 时，$\lim\limits_{x\to0}F(x)=F(0)=0$ 成立，即当 $k=0$ 时，$F(x)$ 在 $(-\infty,+\infty)$ 内连续.

4. **证明** 左边 $=\int_x^1\frac{1}{1+x^2}dx \xlongequal{x=\frac{1}{t}} \int_{\frac{1}{t}}^1 \frac{1}{1+\left(\frac{1}{t}\right)^2}d\frac{1}{t}=-\int_{\frac{1}{t}}^1\frac{1}{1+t^2}dt$

$$=\int_1^{\frac{1}{t}}\frac{1}{1+t^2}dt=\int_1^{\frac{1}{x}}\frac{1}{1+x^2}dx=\text{右边}.$$

5. **解** 解方程组

$$\begin{cases}y^2=2x\\x^2+y^2=8\end{cases},$$

得

$$\begin{cases}x=2\\y=-2\end{cases}\text{或}\begin{cases}x=2\\y=2\end{cases},$$

如图 5-6 所示，抛物线 $y^2=2x$ 将圆 $x^2+y^2=8$ 分成两部分，其中右侧阴影部分记为 S_1，左侧部分记为 S_2，

$$S_1=\int_{-2}^{2}\left(\sqrt{8-y^2}-\frac{y^2}{2}\right)\mathrm{d}y$$

$$=2\int_{0}^{2}\left(\sqrt{8-y^2}-\frac{y^2}{2}\right)\mathrm{d}y$$

$$=2\left(4\arcsin\frac{y}{2\sqrt{2}}+\frac{y}{2}\sqrt{8-y^2}-\frac{y^3}{6}\right)\Bigg|_0^2$$

$$=2\left(\pi+2-\frac{4}{3}\right)=2\pi+\frac{4}{3}.$$

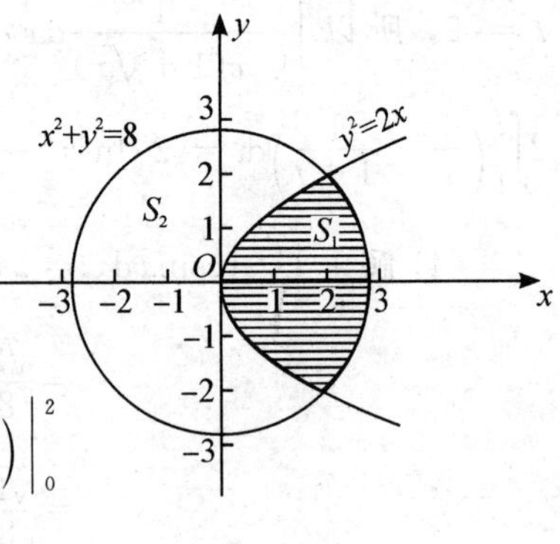

图 5-6

$$S_2=8\pi-S_1=6\pi-\frac{4}{3}.$$

6. **解** 依题意得，总收入函数 $R(x)=\int_0^x R'(t)\mathrm{d}t=\int_0^x\left(1000-\frac{t}{2}\right)\mathrm{d}t=\left(1000t-\frac{t^2}{4}\right)\Bigg|_0^x=1000x-\frac{x^2}{4}.$

(1)$R(100)=100000-\frac{100^2}{4}=97500$(元)，所以销售 100 件时，该产品的总收入 97500 元.

(2)$R(400)-R(200)=400000-\frac{400^2}{4}-200000+\frac{200^2}{4}=170000$(元)，

$\frac{R(400)-R(200)}{200}=850$(元)，所以销量从 200 件增加到 400 件时，总收入增加了 170000 元，平均每件增加了 850 元.

(C 层)

一、填空题

1. $\frac{1}{6}$.

分析 由 $\left(\int_0^{x^2}f(t)\mathrm{d}t\right)'=(x)'$，得 $2xf(x^2)=1$，令 $x^2=t$，则得 $f(t)=\frac{1}{2\sqrt{t}}$，所以 $f(9)=\frac{1}{6}$.

2. $2x\mathrm{e}^{-x^2}$.

分析 $\int_0^x f(t-x)\mathrm{d}t \xlongequal{t-x=u} \int_{-x}^0 f(u)\mathrm{d}u = -\int_0^{-x} f(u)\mathrm{d}u = \mathrm{e}^{-x^2}+1$，所以$\left(-\int_0^{-x} f(u)\mathrm{d}u\right)' = (\mathrm{e}^{-x^2}+1)'$，得$f(-x) = -2x\mathrm{e}^{-x^2}$，因此$f(x) = 2x\mathrm{e}^{-x^2}$.

3. 0.

分析 在定积分$\int_{-2}^2 \frac{x}{2+x^2}\mathrm{d}x$中，由于被积函数$f(x) = \frac{x}{2+x^2}$是奇函数，且上、下限互为相反数，所以$\int_{-2}^2 \frac{x}{2+x^2}\mathrm{d}x = 0$.

4. $F(1) - F\left(\frac{1}{2}\right)$.

分析

$$\begin{aligned}\int_0^{\ln 2} \mathrm{e}^{-x} f(\mathrm{e}^{-x})\mathrm{d}x &= -\int_0^{\ln 2} f(\mathrm{e}^{-x})\mathrm{d}\mathrm{e}^{-x} \\ &= -\int_0^{\ln 2} F'(\mathrm{e}^{-x})\mathrm{d}\mathrm{e}^{-x} = -F(\mathrm{e}^{-x})\Big|_0^{\ln 2} \\ &= F(1) - F\left(\frac{1}{2}\right).\end{aligned}$$

5. $x-1$.

分析 因为定积分$\int_0^1 f(t)\mathrm{d}t$是一个数值，所以可令$\int_0^1 f(t)\mathrm{d}t = k$，则$f(x) = x+2k$，两边同时积分得$\int_0^1 f(x)\mathrm{d}x = \int_0^1 (x+2k)\mathrm{d}x$，即$k = \frac{1}{2}+2k$，故$k = -\frac{1}{2}$，因此$f(x) = x-1$.

二、选择题

1. B.

分析

$$\begin{aligned}\lim_{x\to a} F(x) &= \lim_{x\to a} \frac{x^2\int_a^x f(t)\mathrm{d}t}{x-a} \\ &\overset{\frac{0}{0}}{=} \lim_{x\to a}\left[2x\int_a^x f(t)\mathrm{d}t + x^2 f(x)\right] = a^2 f(a),\end{aligned}$$

故选 B.

2. B.

分析

$$\lim_{x\to 0}\frac{f(x)}{g(x)} = \lim_{x\to 0}\frac{\int_a^{\sin x} t^2\mathrm{d}t}{\sin x - x} = \lim_{x\to 0}\frac{\sin^2 x\cdot\cos x}{\cos x - 1}$$

$$= \lim_{x \to 0} \frac{2\sin x\cos x \cdot \cos x - \sin^2 x \cdot \sin x}{-\sin x}$$

$$= \lim_{x \to 0} \frac{2\cos x \cdot \cos x - \sin^2 x}{-1} = -2,$$

故选 B.

3. C.

分析 $\int_{\frac{\pi}{2}}^{x} \left(\frac{\sin x}{x}\right)' \mathrm{d}x = \frac{\sin x}{x}\bigg|_{\frac{\pi}{2}}^{x} = \frac{\sin x}{x} - \frac{2}{\pi}$,故选 C.

4. A.

分析 $F'(x) = \mathrm{e}^{-x}\cos x$,当 $x = \frac{\pi}{2}$ 时,$F'(x) = 0$,且当 $0 < x < \frac{\pi}{2}$ 时,$F'(x) > 0$,当$\frac{\pi}{2} < x < \pi$ 时,$F'(x) < 0$,所以 $x = \frac{\pi}{2}$ 是极大值点.通过计算可知 $F(x) = \int_0^x \mathrm{e}^{-t}\cos t\mathrm{d}t = \frac{1}{2}(\sin x - \cos x)\mathrm{e}^{-x}$,$F(0) = -\frac{1}{2}$,$F\left(\frac{\pi}{2}\right) = \frac{1}{2\mathrm{e}^{\frac{\pi}{2}}}$,$F(\pi) = \frac{1}{2\mathrm{e}^{\pi}}$,所以 $F(0)$ 为最小值,故选 A.

5. B.

分析 $\int_{-\frac{\pi}{2}}^{\frac{\pi}{2}} \sqrt{\sin^2 x}\mathrm{d}x = 2\int_0^{\frac{\pi}{2}} \sin x\mathrm{d}x = -2\cos x\Big|_0^{\frac{\pi}{2}} = 2$,故选 B.

三、解答题

1. **解** $\int_0^2 f(x-1)\mathrm{d}x \xlongequal{x-1=t} \int_{-1}^1 f(t)\mathrm{d}t = \int_{-1}^0 \frac{1}{1+\mathrm{e}^t}\mathrm{d}t + \int_0^1 \frac{1}{1+t}\mathrm{d}t$

$$= \int_{-1}^0 \left(1 - \frac{\mathrm{e}^t}{1+\mathrm{e}^t}\right)\mathrm{d}t + \int_0^1 \frac{1}{1+t}\mathrm{d}t$$

$$= (0+1) - \ln(1+\mathrm{e}^t)\Big|_{-1}^0 + \ln|1+t|\Big|_0^1$$

$$= 1 - \ln 2 + \ln\frac{1+\mathrm{e}}{\mathrm{e}} + \ln 2 = \ln(1+\mathrm{e}).$$

2. **解** 设 $x_0 \in (2,6)$,使得曲线 $y = \ln x$ 上点$(x_0, \ln x_0)$处的切线与直线 $x = 2, x = 6$ 以及 $y = \ln x$ 所围成的平面图形面积最小,$k = y'\big|_{x=x_0} = \frac{1}{x_0}$,曲线 $y = \ln x$ 上点$(x_0, \ln x_0)$处的切线为 $y - \ln x_0 = \frac{1}{x_0}(x - x_0)$,即 $y = \frac{1}{x_0}x - 1 + \ln x_0$.切线 $y = \frac{1}{x_0}x - 1 + \ln x_0$ 与直线 $x = 2, x = 6$ 以及 $y = \ln x$

所围成的平面图形面积为 $S=\int_2^6\left(\frac{1}{x_0}x-1+\ln x_0-\ln x\right)\mathrm{d}x=\frac{16}{x_0}+4\ln x_0-6\ln 6+2\ln 2$，求导得 $S'=\frac{4(x_0-4)}{{x_0}^2}$，令 $S'=0$，得 $x_0=4$，且 $S''(4)>0$，所以当 $x_0=4$ 时，所围成的平面图形面积最小.

3. **解**　因为

$$I=\int_0^{\frac{\pi}{2}}\frac{f(\sin x)}{f(\cos x)+f(\sin x)}\mathrm{d}x\xlongequal{x=\frac{\pi}{2}-t}-\int_{\frac{\pi}{2}}^0\frac{f(\cos t)}{f(\sin t)+f(\cos t)}\mathrm{d}t$$

$$=\int_0^{\frac{\pi}{2}}\frac{f(\cos t)}{f(\sin t)+f(\cos t)}\mathrm{d}t=\int_0^{\frac{\pi}{2}}\frac{f(\cos x)}{f(\sin x)+f(\cos x)}\mathrm{d}x,$$

而 $\int_0^{\frac{\pi}{2}}\frac{f(\sin x)}{f(\cos x)+f(\sin x)}\mathrm{d}x+\int_0^{\frac{\pi}{2}}\frac{f(\cos x)}{f(\sin x)+f(\cos x)}\mathrm{d}x=\int_0^{\frac{\pi}{2}}\mathrm{d}x=\frac{\pi}{2}$，即 $2I=\frac{\pi}{2}$，$I=\frac{\pi}{4}$.

4. **证明**　左边 $=\int_0^x\left[\int_0^u f(t)\mathrm{d}t\right]\mathrm{d}u=u\int_0^u f(t)\mathrm{d}t\Big|_0^x-\int_0^x u\mathrm{d}\int_0^u f(t)\mathrm{d}t$

$$=x\int_0^x f(t)\mathrm{d}t-\int_0^x uf(u)\mathrm{d}u=x\int_0^x f(u)\mathrm{d}u-\int_0^x uf(u)\mathrm{d}u$$

$$=\int_0^x(x-u)f(u)\mathrm{d}u=\text{右边}.$$

5. **解**　左边 $=\lim\limits_{x\to\infty}\left(\frac{x-a}{x+a}\right)^x=\lim\limits_{x\to\infty}\left(\frac{1-\frac{a}{x}}{1+\frac{a}{x}}\right)^x=\frac{\lim\limits_{x\to\infty}\left(1-\frac{a}{x}\right)^x}{\lim\limits_{x\to\infty}\left(1+\frac{a}{x}\right)^x}=\frac{\mathrm{e}^{-a}}{\mathrm{e}^a}=\frac{1}{\mathrm{e}^{2a}}$，

右边 $=\int_a^{+\infty}4x^2\mathrm{e}^{-2x}\mathrm{d}x=\lim\limits_{b\to+\infty}\int_a^b 4x^2\mathrm{e}^{-2x}\mathrm{d}x$

$$=\lim_{b\to+\infty}\left(\frac{2a^2+2a+1}{\mathrm{e}^{2a}}-\frac{2b^2+2b+1}{\mathrm{e}^{2b}}\right)=\frac{2a^2+2a+1}{\mathrm{e}^{2a}},$$

所以 $\frac{1}{\mathrm{e}^{2a}}=\frac{2a^2+2a+1}{\mathrm{e}^{2a}}$，得 $2a^2+2a+1=1$，解得 $a=-1$ 或 $a=0$.

6. **解**　$f_-'(0)=\lim\limits_{x\to 0^-}\frac{x^2-0}{x-0}=0$，

$$f_+'(0)=\lim_{x\to 0^+}\frac{\int_0^x t\sin t\mathrm{d}t-0}{x-0}\overset{\frac{0}{0}}{=}\lim_{x\to 0^+}x\sin x=0,$$

所以 $f_-'(0)=f_+(0)$，即函数 $f(x)=\begin{cases}\int_0^x t\sin t\mathrm{d}t & x\geqslant 0\\ x^2 & x<0\end{cases}$ 在 $x=0$ 处可导，且 $f'(0)=0$.

第六章

多元微分初步

学习指导及“习题六”参考答案

(A 层)

1.

求函数的定义域,关键是要使函数有意义.

(1) **解**　由 $4-x^2-y^2\neq 0$,得 $x^2+y^2\neq 4$,所以函数 $z=\dfrac{1}{4-x^2-y^2}$ 的定义域为

$$D=\{(x,y)\mid x^2+y^2\neq 4\}.$$

(2) **解**　由

$$\begin{cases}1-x^2\geqslant 0\\ y^2-1\geqslant 0\end{cases},$$

得函数 $z=\sqrt{1-x^2}+\sqrt{y^2-1}$ 的定义域 $D=\{(x,y)\mid x^2\leqslant 1 \text{ 且 } y^2\geqslant 1\}$.

(3) **解**　由

$$\begin{cases}4-x^2-y^2\geqslant 0\\ x-y\neq 0\end{cases},$$

得函数 $z=\sqrt{4-x^2-y^2}+\dfrac{1}{x-y}$ 的定义域为 $D=\{(x,y)\mid x^2+y^2\leqslant 4$ 且 $x\neq y\}$.

(4) **解** 由 $x-y+1>0$，得函数 $z=\ln(x-y+1)$ 的定义域 $D=\{(x,y)\mid x-y>-1\}$.

2.

> 对于一个已知函数 $z=f(x,y)$，若给定自变量 (x_0,y_0)，必有因变量 $f(x_0,y_0)$ 与之对应.

解 $f(0,0)=e^0(0^2+0^2+2\times 0+2)=2$,

$f(0,1)=e^0(0^2+1^2+2\times 1+2)=5$.

3. **解** 令 $x=u-v,y=u+v$，则 $f(u-v,u+v)=(u-v-u-v)^{u-v+u+v}=(2v)^{2u}$，所以 $f(x-y,x+y)=(2y)^{2x}$.

4.

> 求二元函数 $z=f(x,y)$ 偏导数的关键是(1) 若对 x 求偏导，要把 y 看成常量；(2) 若对 y 求偏导，要把 x 看成常量.

(1) **解** $\dfrac{\partial z}{\partial x}=3x^2+y,\dfrac{\partial z}{\partial y}=-3y^2+x$.

(2) $z_x'=2(x+y),z_y'=2(x+y)$.

(3) $z_x'=y\cos(xy)+3,z_y'=x\cos(xy)+1$.

(4) $\dfrac{\partial z}{\partial x}=\dfrac{x}{\sqrt{x^2+y^2}},\dfrac{\partial z}{\partial y}=\dfrac{y}{\sqrt{x^2+y^2}}$.

(5) $\dfrac{\partial z}{\partial x}=e^{x+2y}\cos(x-y)-e^{x+2y}\sin(x-y)$,

$\dfrac{\partial z}{\partial y}=2e^{x+2y}\cos(x-y)+e^{x+2y}\sin(x-y)$.

(6) $z_x'=-\dfrac{y^2}{x^2},z_y'=\dfrac{2xy}{x^2}=\dfrac{2y}{x}$.

5. **证明** 由 $\dfrac{\partial z}{\partial x}=\dfrac{1}{x^2}e^{-\left(\frac{1}{x}+\frac{1}{y}\right)},\dfrac{\partial z}{\partial y}=\dfrac{1}{y^2}e^{-\left(\frac{1}{x}+\frac{1}{y}\right)}$，可证得

左边 $=x^2\cdot\dfrac{1}{x^2}e^{-\left(\frac{1}{x}+\frac{1}{y}\right)}+y^2\cdot\dfrac{1}{y^2}e^{-\left(\frac{1}{x}+\frac{1}{y}\right)}=2e^{-\left(\frac{1}{x}+\frac{1}{y}\right)}=2z=$ 右边.

6.

二元函数 $z=f(x,y)$ 的二阶偏导数共为四种：

$$\frac{\partial}{\partial x}\left(\frac{\partial z}{\partial x}\right)=\frac{\partial^2 z}{\partial x^2}=f_{xx}''(x,y)=z_{xx}'',\frac{\partial}{\partial y}\left(\frac{\partial z}{\partial x}\right)=\frac{\partial^2 z}{\partial x\partial y}=f_{xy}''(x,y)=z_{xy}'',$$

$$\frac{\partial}{\partial x}\left(\frac{\partial z}{\partial y}\right)=f_{yx}''(x,y)=z_{yx}'',\frac{\partial}{\partial y}\left(\frac{\partial z}{\partial y}\right)=\frac{\partial^2 z}{\partial y^2}=f_{yy}''(x,y)=z_{yy}''.$$

定理　如果二阶混合偏导数 $f_{xy}''(x,y)$，$f_{yx}''(x,y)$ 在点 (x,y) 处连续，那么在点 (x,y) 处有 $f_{xy}''(x,y)=f_{yx}''(x,y)$.

(1) **解**　$\frac{\partial z}{\partial x}=\mathrm{e}^y,\frac{\partial z}{\partial y}=x\mathrm{e}^y,\frac{\partial^2 z}{\partial x^2}=0,\frac{\partial^2 z}{\partial x\partial y}=\mathrm{e}^y,\frac{\partial^2 z}{\partial y\partial x}=\mathrm{e}^y,\frac{\partial^2 z}{\partial y^2}=x\mathrm{e}^y.$

(2) **解**　$\frac{\partial z}{\partial x}=-2\sin(2x-y),\frac{\partial z}{\partial y}=\sin(2x-y),\frac{\partial^2 z}{\partial x^2}=-4\cos(2x-y),$
$\frac{\partial^2 z}{\partial x\partial y}=2\cos(2x-y),\frac{\partial^2 z}{\partial y\partial x}=2\cos(2x-y),\frac{\partial^2 z}{\partial y^2}=-\cos(2x-y).$

(3) **解**　$\frac{\partial z}{\partial x}=3x^2-2,\frac{\partial z}{\partial y}=3y^2-2,\frac{\partial^2 z}{\partial x^2}=6x,\frac{\partial^2 z}{\partial x\partial y}=0,\frac{\partial^2 z}{\partial y\partial x}=0,$
$\frac{\partial^2 z}{\partial y^2}=6y.$

(4) **解**　$\frac{\partial z}{\partial x}=\frac{1}{1+\left(\frac{y}{x}\right)^2}\cdot\frac{-y}{x^2}=-\frac{y}{x^2+y^2},\frac{\partial z}{\partial y}=\frac{1}{1+\left(\frac{y}{x}\right)^2}\cdot\frac{1}{x}=$
$\frac{x}{x^2+y^2},\frac{\partial^2 z}{\partial x^2}=\frac{2xy}{(x^2+y^2)^2},\frac{\partial^2 z}{\partial x\partial y}=-\frac{x^2-y^2}{(x^2+y^2)^2},\frac{\partial^2 z}{\partial y\partial x}=-\frac{x^2-y^2}{(x^2+y^2)^2},\frac{\partial^2 z}{\partial y^2}$
$=-\frac{2xy}{(x^2+y^2)^2}.$

7. (1) $C_x'(x,y)=3x^2\ln(y+10),C_y'(x,y)=\frac{x^3}{y+10}.$

(2) $C_x'(x,y)=5x^4-2y,C_y'(x,y)=10y-2x.$

8.

定理　如果函数 $z=f(x,y)$ 的偏导数 $f_x'(x,y)$，$f_y'(x,y)$ 在点 (x,y) 处连续，则函数 $z=f(x,y)$ 在该点可微，并且 $\mathrm{d}z=f_x'(x,y)\mathrm{d}x+f_y'(x,y)\mathrm{d}y$.

(1) **解**　因为

$$z_x' = 2x, z_y' = 2y - 2,$$

且它们都连续，所以 $dz = 2x dx + (2y - 2)dy$.

(2) $dz = 2xe^{x^2+y^2}dx + 2ye^{x^2+y^2}dy$.

(3) $dz = \frac{2x}{y}dx - \frac{x^2}{y^2}dy$.

(4) $dz = [\sin(x-2y) + x\cos(x-2y)]dx - 2x\cos(x-2y)dy$.

9. **解** 因为

$$\frac{\partial z}{\partial x} = \frac{2x}{1+x^2+y^2}, \frac{\partial z}{\partial y} = \frac{2y}{1+x^2+y^2},$$

且它们在点(1,2)处连续，而 $\left.\frac{\partial z}{\partial x}\right|_{\substack{x=1\\y=2}} = \frac{1}{3}, \left.\frac{\partial z}{\partial y}\right|_{\substack{x=1\\y=2}} = \frac{2}{3}$，所以 $\left.dz\right|_{\substack{x=1\\y=2}} = \frac{1}{3}dx + \frac{2}{3}dy$.

10.

> 当 Δx、Δy 较小时，$f(x_0+\Delta x, y_0+\Delta y) \approx f(x_0, y_0) + f_x'(x_0, y_0)\Delta x + f_y'(x_0, y_0)\Delta y$.

解 令 $f(x,y) = \sqrt{x^3+y^3}$，则有

$$f_x'(x,y) = \frac{3x^2}{2\sqrt{x^3+y^3}}, f_y'(x,y) = \frac{3y^2}{2\sqrt{x^3+y^3}},$$

设 $x_0 = 1, \Delta x = 0.02, y_0 = 2, \Delta y = -0.03$，则 $f_x'(x_0, y_0) = \frac{3}{2\times 3} = \frac{1}{2}$，$f_y'(x_0, y_0) = \frac{3\times 4}{2\times 3} = 2, f(x_0, y_0) = 3$，所以 $\sqrt{(1.02)^3 + (1.97)^3} \approx 3 + \frac{1}{2}\times 0.02 + 2\times(-0.03) = 2.95$.

11.

> **定理** 如果函数 $u = \varphi(x,y), v = \psi(x,y)$ 在点 (x,y) 处存在偏导数 $\frac{\partial u}{\partial x}, \frac{\partial u}{\partial y}, \frac{\partial v}{\partial x}, \frac{\partial v}{\partial y}$，而复合函数 $z = f(u,v)$ 在相应点 (u,v) 处可微，则复合函数 $z = f[\varphi(x,y), \psi(x,y)]$ 在点 (x,y) 处偏导数存在，且
>
> $$\frac{\partial z}{\partial x} = \frac{\partial z}{\partial u}\cdot\frac{\partial u}{\partial x} + \frac{\partial z}{\partial v}\cdot\frac{\partial v}{\partial x}, \frac{\partial z}{\partial y} = \frac{\partial z}{\partial u}\cdot\frac{\partial u}{\partial y} + \frac{\partial z}{\partial v}\cdot\frac{\partial v}{\partial y}.$$

(1) 解 $\frac{\partial z}{\partial x}=\frac{\partial z}{\partial u}\cdot\frac{\partial u}{\partial x}+\frac{\partial z}{\partial v}\cdot\frac{\partial v}{\partial x}=2u+2v=2(x+y+x-y)=4x,$

$$\frac{\partial z}{\partial y}=\frac{\partial z}{\partial u}\cdot\frac{\partial u}{\partial y}+\frac{\partial z}{\partial v}\cdot\frac{\partial v}{\partial y}=2u+2v(-1)=2(x+y-x+y)=4y.$$

(2) $\frac{\partial z}{\partial x}=[2x+3x^2(x^2+y^2)]e^{x^3-y^3}$, $\frac{\partial z}{\partial y}=[2y-3y^2(x^2+y^2)]e^{x^3-y^3}$.

(3) $\frac{\partial z}{\partial x}=2x^2y(x^2+y^2)^{xy-1}+y(x^2+y^2)^{xy}\ln(x^2+y^2)$,

$$\frac{\partial z}{\partial y}=2xy^2(x^2+y^2)^{xy-1}+x(x^2+y^2)^{xy}\ln(x^2+y^2).$$

(4) $\mathrm{d}z=\frac{x^2-2x-1}{3(x-1)^2}\mathrm{d}x.$

自测题

(A层)

填空题

1. $z=\dfrac{1}{\sqrt{x}}+\dfrac{1}{\sqrt{y}}$ 的定义域为________.

2. 设 $z=\dfrac{1}{xy}$，则 $\dfrac{\partial z}{\partial x}=$ ________.

3. 设 $f(xy,x+y)=x^2+y^2$，则 $\dfrac{\partial f(x,y)}{\partial x}+\dfrac{\partial f(x,y)}{\partial y}=$ ________.

4. 设 $z=y^{2x}$，则 $\dfrac{\partial z}{\partial y}=$ ________.

5. 设 $z=xy+x^3$，则 $\dfrac{\partial z}{\partial x}+\dfrac{\partial z}{\partial y}=$ ________.

6. 设 $f(x,y)=x+y-\sqrt{x^2+y^2}$，则 $f_x'(3,4)=$ ________.

7. 设 $z=\ln\left(x+\dfrac{y}{2x}\right)$，则 $\left.\dfrac{\partial z}{\partial x}\right|_{(1,0)}=$ ________.

8. 设 $f(x,y)=\mathrm{e}^{\frac{y}{x}}$，则 $\left.\dfrac{\partial f}{\partial y}\right|_{(1,1)}=$ ________.

9. 设 $z=\ln(x+y^2)$，则 $\left.\mathrm{d}z\right|_{(1,0)}=$ ________.

10. 设 $z=x^2y+\sin y$，则 $\dfrac{\partial^2 z}{\partial x\partial y}=$ ________.

自测题参考答案

(A 层)

填空题

1. $\{(x,y)\mid x>0$ 且 $y>0\}$.

分析　关键是求 x、y，使得函数 $z=\frac{1}{\sqrt{x}}+\frac{1}{\sqrt{y}}$ 有意义，所以 $z=\frac{1}{\sqrt{x}}+\frac{1}{\sqrt{y}}$ 的定义域为 $\{(x,y)\mid x>0$ 且 $y>0\}$.

2. $-\frac{1}{x^2y}$.

分析　对 x 求偏导数时，要把 y 看成常量，所以 $\frac{\partial z}{\partial x}=\frac{1}{y}\cdot\frac{-1}{x^2}=-\frac{1}{x^2y}$.

3. $-2+2y$.

分析　令 $xy=u$，$x+y=v$，则有 $x^2+y^2=(x+y)^2-2xy=v^2-2u$，所以 $f(x,y)=y^2-2x$，求偏导数得 $\frac{\partial f(x,y)}{\partial x}=-2$，$\frac{\partial f(x,y)}{\partial y}=2y$，故 $\frac{\partial f(x,y)}{\partial x}+\frac{\partial f(x,y)}{\partial y}=-2+2y$.

4. $2xy^{2x-1}$.

分析　对 y 求偏导数时，要把 x 看成常量，所以 $\frac{\partial z}{\partial y}=2xy^{2x-1}$.

5. $y+3x^2+x$.

分析　因为 $\frac{\partial z}{\partial x}=y+3x^2$，$\frac{\partial z}{\partial y}=x$，所以 $\frac{\partial z}{\partial x}+\frac{\partial z}{\partial y}=y+3x^2+x$.

6. $\frac{2}{5}$.

分析　因为 $f_x'(x,y)=1-\frac{2x}{2\sqrt{x^2+y^2}}=1-\frac{x}{\sqrt{x^2+y^2}}$，所以

$$f_x'(3,4)=1-\frac{3}{\sqrt{3^2+4^2}}=1-\frac{3}{5}=\frac{2}{5}.$$

7. 1.

分析　因为$\frac{\partial z}{\partial x}=\frac{1}{x+\frac{y}{2x}}\left[1+\frac{-2y}{(2x)^2}\right]=\frac{2x^2-y}{2x^2+y}$,所以$\left.\frac{\partial z}{\partial x}\right|_{(1,0)}=\frac{2-0}{2+0}$
$=1.$

8. e.

分析　由于$\frac{\partial}{\partial y}f(x,y)=e^{\frac{y}{x}}\cdot\frac{1}{x}$,所以$\left.\frac{\partial f}{\partial y}\right|_{(1,1)}=e.$

9. $dx+0dy.$

分析　由于$\frac{\partial z}{\partial x}=\frac{1}{x+y^2},\frac{\partial z}{\partial y}=\frac{2y}{x+y^2}$,且它们在$(1,0)$处连续,且
$\left.\frac{\partial z}{\partial x}\right|_{(1,0)}=1,\left.\frac{\partial z}{\partial y}\right|_{(1,0)}=0$,所以$\left.dz\right|_{(1,0)}=1\cdot dx+0\cdot dy.$

10. $2x.$

分析　$\frac{\partial z}{\partial x}=2xy,\frac{\partial^2 z}{\partial x\partial y}=2x.$

第七章

行　列　式

学习指导及"习题七"参考答案

（A 层）

1. 解　(1) $\begin{vmatrix}1&-1&0\\3&-5&-1\\2&3&6\end{vmatrix}=\begin{vmatrix}1&-1&0\\0&-2&-1\\0&5&6\end{vmatrix}=\begin{vmatrix}-2&-1\\5&6\end{vmatrix}=-7.$

$$(2)D\xlongequal[c_4+c_3]{c_1-2c_3}\begin{vmatrix}5&1&-1&1\\-11&1&3&-1\\0&0&1&0\\-5&-5&3&0\end{vmatrix}=(-1)^{3+3}\times1\times\begin{vmatrix}5&1&1\\-11&1&-1\\-5&-5&0\end{vmatrix}$$

$$=\begin{vmatrix}5&1&1\\-6&2&0\\-5&-5&0\end{vmatrix}=(-5)\begin{vmatrix}5&1&1\\-6&2&0\\1&1&0\end{vmatrix}=(-5)\times(-1)^{1+3}\begin{vmatrix}-6&2\\1&1\end{vmatrix}$$

$$=(-5)\times(-6-2)=40.$$

$$(3)D\xlongequal[\substack{r_2-2r_1\\r_3+r_1}]{r_4+r_2}\begin{vmatrix}2&3&1&0\\0&-8&-3&-1\\0&4&3&1\\0&1&1&0\end{vmatrix}\xlongequal{r_2\leftrightarrow r_4}-\begin{vmatrix}2&3&1&0\\0&1&1&0\\0&4&3&1\\0&-8&-3&-1\end{vmatrix}$$

$$\xlongequal[r_3-4r_2]{r_4+2r_3}-\begin{vmatrix}2&3&1&0\\0&1&1&0\\0&0&-1&1\\0&0&3&1\end{vmatrix}\xlongequal{r_4+3r_3}-\begin{vmatrix}2&3&1&0\\0&1&1&0\\0&0&-1&1\\0&0&0&4\end{vmatrix}=8.$$

2. **解** (1) $D_1=a_{12}\cdot(-1)^{1+2}\cdot\begin{vmatrix}0&0&a_{24}\\a_{31}&0&0\\0&a_{43}&0\end{vmatrix}$

$$=-a_{12}\cdot a_{24}(-1)^{1+3}\cdot\begin{vmatrix}a_{31}&0\\0&a_{43}\end{vmatrix}=-a_{12}a_{24}a_{31}a_{43}.$$

(2) $D_2=\begin{vmatrix}a-b&a&b\\-a&b-a&a\\b&-b&-a-b\end{vmatrix}\xlongequal{r_2+r_1}\begin{vmatrix}a-b&a&b\\-b&b&a+b\\b&-b&-a-b\end{vmatrix}=0.$

(3) $D_3\xlongequal{c_1+\sum_{i=2}^{4}c_i}\begin{vmatrix}2a+b&a&b&a\\2a+b&0&a&b\\2a+b&a&0&a\\2a+b&b&a&0\end{vmatrix}=(2a+b)\begin{vmatrix}1&a&b&a\\1&0&a&b\\1&a&0&a\\1&b&a&0\end{vmatrix}$

$$=(2a+b)\begin{vmatrix}1&a&b&a\\0&-a&a-b&b-a\\0&0&-b&0\\0&b-a&a-b&-a\end{vmatrix}$$

$$=(2a+b)\begin{vmatrix}-a&a-b&b-a\\0&-b&0\\b-a&a-b&-a\end{vmatrix}$$

$$=(2a+b)(-b)(-1)^{2+2}\begin{vmatrix}-a&b-a\\b-a&-a\end{vmatrix}$$

$$=(2a+b)(-b)[a^2-(b-a)^2]=b^2(b^2-4a^2).$$

(4) $D_4\xlongequal{c_1+\sum_{i=2}^{4}c_i}\begin{vmatrix}a+3b&b&b&b\\a+3b&a&b&b\\a+3b&b&a&b\\a+3b&b&b&a\end{vmatrix}=(a+3b)\begin{vmatrix}1&b&b&b\\1&a&b&b\\1&b&a&b\\1&b&b&a\end{vmatrix}$

$$\xlongequal[i=2,3,4]{r_i-r_1}(a+3b)\begin{vmatrix}1&b&b&b\\0&a-b&0&0\\0&0&a-b&0\\0&0&0&a-b\end{vmatrix}=(a+3b)(a-b)^3.$$

3. **解**　元素 a 的余子式为 $\begin{vmatrix}2&3&7\\4&b&-3\\1&2&3\end{vmatrix}$，元素 b 的代数余子式为 $(-1)^{3+2}\begin{vmatrix}1&-3&a\\2&7&0\\1&3&5\end{vmatrix}$.

4. **解**　(1) 系数行列式

$$D=\begin{vmatrix}1&-1&2\\1&1&1\\2&3&-1\end{vmatrix}=-5\neq 0,\text{方程组有唯一解},$$

$$D_1=\begin{vmatrix}13&-1&2\\10&1&1\\1&3&-1\end{vmatrix}=-5,D_2=\begin{vmatrix}1&13&2\\1&10&1\\2&1&-1\end{vmatrix}=-10,$$

$$D_3=\begin{vmatrix}1&-1&13\\1&1&10\\2&3&1\end{vmatrix}=-35,$$

$$x_1=\frac{D_1}{D}=1,x_2=\frac{D_2}{D}=2,x_3=\frac{D_3}{D}=7.$$

(2) 系数行列式

$$D=\begin{vmatrix}1&1&-2\\5&-2&7\\2&-5&4\end{vmatrix}=63\neq 0,\text{方程组有唯一解},$$

$$D_1=\begin{vmatrix}-3&1&-2\\22&-2&7\\4&-5&4\end{vmatrix}=63,D_2=\begin{vmatrix}1&-3&-2\\5&22&7\\2&4&4\end{vmatrix}=126,$$

$$D_3=\begin{vmatrix}1&1&-3\\5&-2&22\\2&-5&4\end{vmatrix}=189,$$

$$x=\frac{D_1}{D}=\frac{63}{63}=1,y=\frac{D_2}{D}=\frac{126}{63}=2,z=\frac{D_3}{D}=\frac{189}{63}=3.$$

(3) 系数行列式

$$D=\begin{vmatrix}1&2&-1&3\\2&-1&3&-2\\0&3&-1&1\\1&-1&1&4\end{vmatrix}=-39\neq 0,\text{方程组有唯一解},$$

$$D_1=\begin{vmatrix}2&2&-1&3\\7&-1&3&-2\\6&3&-1&1\\-4&-1&1&4\end{vmatrix}=-39,D_2=\begin{vmatrix}1&2&-1&3\\2&7&3&-2\\0&6&-1&1\\1&-4&1&4\end{vmatrix}=-117,$$

$$D_3=\begin{vmatrix}1&2&2&3\\2&-1&7&-2\\0&3&6&1\\1&-1&-4&4\end{vmatrix}=-78,D_4=\begin{vmatrix}1&2&-1&2\\2&-1&3&7\\0&3&-1&6\\1&-1&1&-4\end{vmatrix}=39,$$

$$x_1=\frac{D_1}{D}=\frac{-39}{-39}=1,x_2=\frac{D_2}{D}=\frac{-117}{-39}=3,x_3=\frac{D_3}{D}=\frac{-78}{-39}=2,$$

$$x_4=\frac{D_4}{D}=\frac{39}{-39}=-1.$$

5. **解** (1) 由 $\begin{vmatrix}1&1&1\\2&3&x\\4&9&x^2\end{vmatrix}=3x^2+4x+18-9x-2x^2-12=x^2-5x+6=0$,得 $x=2$ 或 $x=3$.

(2) $$\begin{vmatrix}1&4&2&3\\2&x+4&4&6\\3&-2&x&7\\-3&2&5&-7\end{vmatrix}\xlongequal[r_3-r_4]{r_2-2r_1}\begin{vmatrix}1&4&2&3\\0&x-4&0&0\\0&0&5+x&0\\-3&2&5&-7\end{vmatrix}$$

$$=(x-4)(-1)^{2+2}\begin{vmatrix}1&2&3\\0&5+x&0\\-3&5&-7\end{vmatrix}$$

$$=(x-4)(5+x)\begin{vmatrix}1&3\\-3&-7\end{vmatrix}=2(x-4)(5+x),$$

由 $2(x-4)(5+x)=0$,得 $x=4$ 或 $x=-5$.

6. **解** (1) 由系数行列式

$$D=\begin{vmatrix}5-\lambda & 2 & 2\\ 2 & 6-\lambda & 0\\ 2 & 0 & 4-\lambda\end{vmatrix}$$

$$=(5-\lambda)(6-\lambda)(4-\lambda)-4(4-\lambda)-4(6-\lambda)=(5-\lambda)(2-\lambda)(8-\lambda)$$

$$=0,$$

解得 $\lambda_1=2,\lambda_2=5,\lambda_3=8.$

(2) 由系数行列式

$$D=\begin{vmatrix}1-\lambda & -2 & 4\\ 2 & 3-\lambda & 1\\ 1 & 1 & 1-\lambda\end{vmatrix}\xlongequal{c_2-c_1}\begin{vmatrix}1-\lambda & -3+\lambda & 4\\ 2 & 1-\lambda & 1\\ 1 & 0 & 1-\lambda\end{vmatrix}$$

$$\xlongequal{c_3-(1-\lambda)c_1}\begin{vmatrix}1-\lambda & \lambda-3 & (\lambda-1)(1-\lambda)+4\\ 2 & 1-\lambda & 2(\lambda-1)+1\\ 1 & 0 & 0\end{vmatrix}$$

$$=\begin{vmatrix}\lambda-3 & -\lambda^2+2\lambda+3\\ 1-\lambda & 2\lambda-1\end{vmatrix}=-\lambda(\lambda-2)(\lambda-3)=0,$$

解得 $\lambda_1=0,\lambda_2=2,\lambda_3=3.$

7. **证明**

$$\begin{vmatrix}a_{11} & a_{12} & c_{11} & c_{12}\\ a_{21} & a_{22} & c_{21} & c_{22}\\ 0 & 0 & b_{11} & b_{12}\\ 0 & 0 & b_{21} & b_{22}\end{vmatrix}$$

$$=a_{11}\cdot(-1)^{1+1}\cdot\begin{vmatrix}a_{22} & c_{21} & c_{22}\\ 0 & b_{11} & b_{12}\\ 0 & b_{21} & b_{22}\end{vmatrix}+a_{21}\cdot(-1)^{2+1}\cdot\begin{vmatrix}a_{12} & c_{11} & c_{12}\\ 0 & b_{11} & b_{12}\\ 0 & b_{21} & b_{22}\end{vmatrix}$$

$$=a_{11}a_{22}\cdot(-1)^{1+1}\cdot\begin{vmatrix}b_{11} & b_{12}\\ b_{21} & b_{22}\end{vmatrix}-a_{12}a_{21}\cdot(-1)^{1+1}\cdot\begin{vmatrix}b_{11} & b_{12}\\ b_{21} & b_{22}\end{vmatrix}$$

$$=(a_{11}a_{22}-a_{12}a_{21})\begin{vmatrix}b_{11} & b_{12}\\ b_{21} & b_{22}\end{vmatrix}=\begin{vmatrix}a_{11} & a_{12}\\ a_{21} & a_{22}\end{vmatrix}\begin{vmatrix}b_{11} & b_{12}\\ b_{21} & b_{22}\end{vmatrix}.$$

8. **解**　由系数行列式

$$D=\begin{vmatrix}\lambda & 1 & 1\\ 1 & \mu & 1\\ 1 & 2\mu & 1\end{vmatrix}=\lambda\mu+2\mu+1-\mu-1-2\lambda\mu=\mu(1-\lambda)=0,$$

得 $\mu=0$ 或 $\lambda=1$.

(B 层)

1. **解** $\begin{vmatrix}3&371&271\\4&498&398\\5&531&431\end{vmatrix}\xlongequal{c_2+(-1)\cdot c_3}\begin{vmatrix}3&100&271\\4&100&398\\5&100&431\end{vmatrix}=100\begin{vmatrix}3&1&271\\4&1&398\\5&1&431\end{vmatrix}$

$$=-100\begin{vmatrix}1&3&271\\1&4&398\\1&5&431\end{vmatrix}\xlongequal[r_3+r_1(-1)]{r_2+r_1(-1)}-100\begin{vmatrix}1&3&271\\0&1&127\\0&2&160\end{vmatrix}$$

$$\xlongequal{r_3+(-2)r_2}-100\begin{vmatrix}1&3&271\\0&1&127\\0&0&-94\end{vmatrix}=9400.$$

2. **解** 各行和为 $a+(n-1)b$,将第 $2,3,\cdots,n$ 列加到第 1 列上,则

$$D_n=\begin{vmatrix}a+(n-1)b&b&b&\cdots&b\\a+(n-1)b&a&b&\cdots&b\\a+(n-1)b&b&a&\cdots&b\\\vdots&\vdots&\vdots&&\vdots\\a+(n-1)b&b&b&\cdots&a\end{vmatrix}$$

$$=[a+(n-1)b]\begin{vmatrix}1&b&b&\cdots&b\\1&a&b&\cdots&b\\1&b&a&\cdots&b\\\vdots&\vdots&\vdots&&\vdots\\1&b&b&\cdots&a\end{vmatrix}$$

$$=[a+(n-1)b]\begin{vmatrix}1&b&b&\cdots&b\\0&a-b&0&\cdots&0\\0&0&a-b&\cdots&0\\\vdots&\vdots&\vdots&&\vdots\\0&0&0&\cdots&a-b\end{vmatrix}$$

$$=[a+(n-1)b]\cdot(a-b)^{n-1}.$$

3. **分析** 此行列式的特点是除主对角线上、第 1 行与第 1 列非零外,其他元素均为 0. 这样的行列式称为“箭形行列式”,并记作 $|\nwarrow|$,其他类型的行列式有 $|\searrow|$,$|\nearrow|$,$|\swarrow|$.

一般地，把箭形行列式转化为上（下）三角行列式来计算.

解 分别将第 2 列的 $\left(-\frac{1}{2}\right)$ 倍，第 3 列的 $\left(-\frac{1}{3}\right)$ 倍，…，第 n 列的 $\left(-\frac{1}{n}\right)$ 倍都加到第 1 列上，则

$$D=\begin{vmatrix} 1-\sum\limits_{j=2}^{n}\frac{1}{j} & 1 & 1 & \cdots & 1 \\ 0 & 2 & 0 & \cdots & 0 \\ 0 & 0 & 3 & \cdots & 0 \\ \vdots & \vdots & \vdots & & \vdots \\ 0 & 0 & 0 & \cdots & n \end{vmatrix}=\left(1-\sum_{j=2}^{n}\frac{1}{j}\right)\cdot 2\cdot 3\cdot\cdots\cdot n$$

$$=n!\left(1-\sum_{j=2}^{n}\frac{1}{j}\right).$$

4. **解** $D=\begin{vmatrix} x+1 & 2 & 3 & \cdots & n \\ -x & x & 0 & \cdots & 0 \\ -x & 0 & x & \cdots & 0 \\ \vdots & \vdots & \vdots & & \vdots \\ -x & 0 & 0 & \cdots & x \end{vmatrix}$（箭形行列式）

$$\xlongequal[i=2,3,\cdots,n]{c_1+c_i}\begin{vmatrix} x+1+2+\cdots+n & 2 & 3 & \cdots & n \\ 0 & x & 0 & \cdots & 0 \\ 0 & 0 & x & \cdots & 0 \\ \vdots & \vdots & \vdots & & \vdots \\ 0 & 0 & 0 & \cdots & x \end{vmatrix}$$

$$=\left[x+\frac{n(n+1)}{2}\right]x^{n-1}=x^n+\frac{n(n+1)}{2}x^{n-1}.$$

5. **解** 由 $2-x^2=1$ 得 $x=\pm 1$，则第一、二行元素相同，$D_4=0$. 若 $9-x^2=5$ 即 $x=\pm 2$，则第三、四行元素相同，$D_4=0$. 又 D_4 中关于 x 的最高次数为 4，因此 D_4 最多有 4 个根，故所求的所有解为 $-1,1,-2,2$.

6. **解** $D=\begin{vmatrix} 0 & 1 & 1 & a \\ 1 & 0 & 1 & b \\ 1 & 1 & 0 & c \\ a & b & c & d \end{vmatrix}\xlongequal[r_4+r_2\cdot(-a)]{r_3+r_2\cdot(-1)}\begin{vmatrix} 0 & 1 & 1 & a \\ 1 & 0 & 1 & b \\ 0 & 1 & -1 & c-b \\ 0 & b & c-a & d-ab \end{vmatrix}$

$$\xlongequal{\text{按第 1 列展开}} (-1)^{2+1}\begin{vmatrix} 1 & 1 & a \\ 1 & -1 & c-b \\ b & c-a & d-ab \end{vmatrix}$$

$$=-\begin{vmatrix} 1 & 1 & a \\ 0 & -2 & c-a-b \\ 0 & c-a-b & d-2ab \end{vmatrix}$$

$$=-\begin{vmatrix} -2 & c-a-b \\ c-a-b & d-2ab \end{vmatrix} = 2(d-2ab)+(c-a-b)^2.$$

7. **解** 因

$$F(x) = x\begin{vmatrix} 1 & x & x^2 \\ 1 & 2x & 3x^2 \\ 0 & 2 & 6x \end{vmatrix} = x\cdot\begin{vmatrix} 1 & x & x^2 \\ 0 & x & 2x^2 \\ 0 & 2 & 6x \end{vmatrix} = x\cdot\begin{vmatrix} x & 2x^2 \\ 2 & 6x \end{vmatrix} = 2x^3.$$

故 $F'(x) = 6x^2$.

8. **解 1** 注意到第二行(−1)倍加到第一行,第四行(−1)倍加到第三行,会出现四个零元素,

$$D \xlongequal[r_3+r_4(-1)]{r_1+r_2(-1)} \begin{vmatrix} x & x & 0 & 0 \\ 2 & 2-x & 2 & 2 \\ 0 & 0 & y & y \\ 2 & 2 & 2 & 2-y \end{vmatrix} \xlongequal[c_4+c_3(-1)]{c_2+c_1(-1)} \begin{vmatrix} x & 0 & 0 & 0 \\ 2 & -x & 2 & 0 \\ 0 & 0 & y & 0 \\ 2 & 0 & 2 & -y \end{vmatrix}$$

$$\xlongequal{\text{按第 1 行展开}} x\cdot\begin{vmatrix} -x & 2 & 0 \\ 0 & y & 0 \\ 0 & 2 & -y \end{vmatrix} = x\cdot(-x)\cdot\begin{vmatrix} y & 0 \\ 2 & -y \end{vmatrix} = x^2y^2.$$

解 2 加边法

$$D = \begin{vmatrix} 1 & 2 & 2 & 2 & 2 \\ 0 & 2+x & 2 & 2 & 2 \\ 0 & 2 & 2-x & 2 & 2 \\ 0 & 2 & 2 & 2+y & 2 \\ 0 & 2 & 2 & 2 & 2-y \end{vmatrix}$$

$$\xlongequal[i=2,3,\cdots,n]{r_i-r_1} \begin{vmatrix} 1 & 2 & 2 & 2 & 2 \\ -1 & x & 0 & 0 & 0 \\ -1 & 0 & -x & 0 & 0 \\ -1 & 0 & 0 & y & 0 \\ -1 & 0 & 0 & 0 & -y \end{vmatrix} \text{(箭形行列式)}$$

$$\xrightarrow[\substack{c_1+c_4\cdot\frac{1}{y}\\ c_1+c_5\left(-\frac{1}{y}\right)}]{\substack{c_1+c_2\cdot\frac{1}{x}\\ c_1+c_3\left(-\frac{1}{x}\right)}}\begin{vmatrix} 1+\frac{2}{x}-\frac{2}{x}+\frac{2}{y}-\frac{2}{y} & 2 & 2 & 2 & 2 \\ 0 & x & 0 & 0 & 0 \\ 0 & 0 & -x & 0 & 0 \\ 0 & 0 & 0 & y & 0 \\ 0 & 0 & 0 & 0 & -y \end{vmatrix}$$

$$= 1\cdot x(-x)\cdot y\cdot(-y) = x^2\cdot y^2.$$

解 3 $D = \begin{vmatrix} 2+x & 2 & 2 & 2 \\ 2 & 2-x & 2 & 2 \\ 2 & 2 & 2+y & 2 \\ 2 & 2 & 2 & 2-y \end{vmatrix}$

$$= \begin{vmatrix} 2 & 2 & 2 & 2 \\ 2 & 2-x & 2 & 2 \\ 2 & 2 & 2+y & 2 \\ 2 & 2 & 2 & 2-y \end{vmatrix} + \begin{vmatrix} x & 2 & 2 & 2 \\ 0 & 2-x & 2 & 2 \\ 0 & 2 & 2+y & 2 \\ 0 & 2 & 2 & 2-y \end{vmatrix}$$

$$\stackrel{\Delta}{=} D_1 + D_2,$$

其中

$$D_1 = \begin{vmatrix} 2 & 2 & 2 & 2 \\ 2 & 2-x & 2 & 2 \\ 2 & 2 & 2+y & 2 \\ 2 & 2 & 2 & 2-y \end{vmatrix} \xrightarrow[i=2,3,4]{r_i+r_1(-1)} \begin{vmatrix} 2 & 2 & 2 & 2 \\ 0 & -x & 0 & 0 \\ 0 & 0 & y & 0 \\ 0 & 0 & 0 & -y \end{vmatrix} = 2xy^2,$$

$$D_2 = \begin{vmatrix} x & 2 & 2 & 2 \\ 0 & 2-x & 2 & 2 \\ 0 & 2 & 2+y & 2 \\ 0 & 2 & 2 & 2-y \end{vmatrix} = x\cdot(-1)^{1+1}\begin{vmatrix} 2-x & 2 & 2 \\ 2+0 & 2+y & 2 \\ 2+0 & 2 & 2-y \end{vmatrix}$$

$$= x\begin{vmatrix} 2 & 2 & 2 \\ 2 & 2+y & 2 \\ 2 & 2 & 2-y \end{vmatrix} + x\begin{vmatrix} -x & 2 & 2 \\ 0 & 2+y & 2 \\ 0 & 2 & 2-y \end{vmatrix}$$

$$= x\begin{vmatrix} 2 & 2 & 2 \\ 0 & y & 0 \\ 0 & 0 & -y \end{vmatrix} + x\cdot(-x)\begin{vmatrix} 2+y & 2 \\ 2 & 2-y \end{vmatrix}$$

$$= x\cdot 2(-y^2) + x\cdot(-x)\left[(2+y)(2-y)-4\right] = -2xy^2 + x^2y^2.$$

故 $D = D_1 + D_2 = x^2y^2$.

9. **证明** 由 $a_{ij}=-a_{ji}$，取 $i=j$，就有 $a_{ii}=-a_{ii}$，从而 $a_{ii}=0, i=1,2,\cdots,n$，故行列式 D_n 可表示为

$$D_n=\begin{vmatrix}0 & a_{12} & a_{13} & \cdots & a_{1n}\\ -a_{12} & 0 & a_{23} & \cdots & a_{2n}\\ -a_{13} & -a_{23} & 0 & \cdots & a_{3n}\\ \vdots & \vdots & \vdots & & \vdots\\ -a_{1n} & -a_{2n} & -a_{3n} & \cdots & 0\end{vmatrix}$$

由行列式的性质

$$D_n=D_n^T=\begin{vmatrix}0 & -a_{12} & -a_{13} & \cdots & -a_{1n}\\ a_{12} & 0 & -a_{23} & \cdots & -a_{2n}\\ a_{13} & a_{23} & 0 & \cdots & -a_{3n}\\ \vdots & \vdots & \vdots & & \vdots\\ a_{1n} & a_{2n} & a_{3n} & \cdots & 0\end{vmatrix}$$

$$\xlongequal{\text{各行提取}-1}(-1)^n\begin{vmatrix}0 & a_{12} & a_{13} & \cdots & a_{1n}\\ -a_{12} & 0 & a_{23} & \cdots & a_{2n}\\ -a_{13} & -a_{23} & 0 & \cdots & a_{3n}\\ \vdots & \vdots & \vdots & & \vdots\\ -a_{1n} & -a_{2n} & -a_{3n} & \cdots & 0\end{vmatrix}=(-1)^n\cdot D_n,$$

当 n 为奇数时，得 $D_n=-D_n, D_n=0$.

10. **解** 设所求的二次多项式为 $f(x)=ax^2+bx+c$. 由条件 $f(1)=0$，$f(2)=3, f(-3)=28$，可得

$$\begin{cases}a+b+c=0\\ 4a+2b+c=3\\ 9a-3b+c=28\end{cases}$$

又
$$D=\begin{vmatrix}1 & 1 & 1\\ 4 & 2 & 1\\ 9 & -3 & 1\end{vmatrix}=-20,$$

$$D_1=\begin{vmatrix}0 & 1 & 1\\ 3 & 2 & 1\\ 28 & -3 & 1\end{vmatrix}=-40, D_2=\begin{vmatrix}1 & 0 & 1\\ 4 & 3 & 1\\ 9 & 28 & 1\end{vmatrix}=60,$$

$$D_3=\begin{vmatrix}1 & 1 & 0\\ 4 & 2 & 3\\ 9 & -3 & 28\end{vmatrix}=-20,$$

利用克莱姆法则，得 $a=\frac{D_1}{D}=2, b=\frac{D_2}{D}=-3, c=\frac{D_3}{D}=1$. 于是所求的二次多项式为 $f(x)=2x^3-3x+1$.

11. **解** 由系数行列式

$$\begin{vmatrix} a+2 & 4 & 1 \\ -4 & a-3 & 4 \\ -1 & 4 & a+4 \end{vmatrix} \xlongequal[r_3+(-a-4)r_1]{r_2-4r_1} \begin{vmatrix} a+2 & 4 & 1 \\ -4a-12 & a-19 & 0 \\ -a^2-6a-9 & -4a-12 & 0 \end{vmatrix}$$

$$= \begin{vmatrix} -4a-12 & a-19 \\ -a^2-6a-9 & -4a-12 \end{vmatrix}$$

$$= 16(a+3)^2+(a+3)^2(a-19)$$

$$= (a+3)^2(a-3)=0,$$

解得 $a=-3$ 或 $a=3$. 由定理 2 可知，当 $a=\pm 3$ 时，原方程组有非零解.

(C 层)

1. **解** 当 $x=\pm 1$ 时，第一、二行元素相同，所以 $D_4=0$，当 $x=\pm 2$ 时，第三、四行元素相同，所以 $D_4=0$，可见 D_4 含因子 $(x-1)(x+1)(x-2)(x+2)$. 由于 D 中关于 x 的最高次数为 4，所以可设

$$D_4=A(x-1)(x+1)(x-2)(x+2).$$

D_4 中含 x^4 的项为

$$1\cdot(2-x^2)\cdot 1\cdot(9-x^2)-2(2-x^2)\cdot 2\cdot(9-x^2),$$

比较上两式中 x^4 的系数，得 $A=-3$. 故 $D_4=-3(x-1)(x+1)(x-2)(x+2)$.

2. **解** (1) 含 x^4 的项必为 $(x-a_{11})(x-a_{22})(x-a_{33})(x-a_{44})$，故 x^4 的系数为 1.

(2) 常数项即当 $x=0$ 时 $F(x)$ 的值，于是

$$F(0)=\begin{vmatrix} -a_{11} & -a_{12} & -a_{13} & -a_{14} \\ -a_{21} & -a_{22} & -a_{23} & -a_{24} \\ -a_{31} & -a_{32} & -a_{33} & -a_{34} \\ -a_{41} & -a_{42} & -a_{43} & -a_{44} \end{vmatrix} = \begin{vmatrix} a_{11} & a_{12} & a_{13} & a_{14} \\ a_{21} & a_{22} & a_{23} & a_{24} \\ a_{31} & a_{32} & a_{33} & a_{34} \\ a_{41} & a_{42} & a_{43} & a_{44} \end{vmatrix}.$$

3. **解** 当 x 分别取 $0,1,2,\cdots,n-2$ 时，有两列元素对应相同，于是左边行列式的值等于零. 因此 D_n 可写成 $(-1)^{n-1}x\cdot(x-1)\cdots[x-(n-2)]a$，其中 a 为某一常数，即

$$D_n=(-1)^{n-1}x\cdot(x-1)\cdot\cdots\cdot[x-(n-2)]a.$$

于是,原方程 $D_n=0$ 可化为

$$(-1)^{n-1}x\cdot(x-1)\cdot\cdots\cdot[x-(n-2)]=0,$$

得方程的解为

$$x_1=0,x_2=1,\cdots,x_{n-1}=n-2.$$

4. **解** $D_n=\begin{vmatrix}(x-a)+a & a & a & \cdots & a\\ 0+a & x & a & \cdots & a\\ 0+a & a & x & \cdots & a\\ \vdots & \vdots & \vdots & & \vdots\\ 0+a & a & a & \cdots & x\end{vmatrix}$

$$=\begin{vmatrix}(x-a) & a & a & \cdots & a\\ 0 & x & a & \cdots & a\\ 0 & a & x & \cdots & a\\ \vdots & \vdots & \vdots & & \vdots\\ 0 & a & a & \cdots & x\end{vmatrix}+\begin{vmatrix}a & a & a & \cdots & a\\ a & x & a & \cdots & a\\ a & a & x & \cdots & a\\ \vdots & \vdots & \vdots & & \vdots\\ a & a & a & \cdots & x\end{vmatrix}$$

$$=(x-a)D_{n-1}+\begin{vmatrix}a & a & a & \cdots & a\\ a & x & a & \cdots & a\\ a & a & x & \cdots & a\\ \vdots & \vdots & \vdots & & \vdots\\ a & a & a & \cdots & x\end{vmatrix}$$

$$=(x-a)D_{n-1}+\begin{vmatrix}a & a & a & \cdots & a\\ 0 & x-a & 0 & \cdots & 0\\ 0 & 0 & x-a & \cdots & 0\\ \vdots & \vdots & \vdots & & \vdots\\ 0 & 0 & 0 & \cdots & x-a\end{vmatrix}$$

$$=(x-a)D_{n-1}+a(x-a)^{n-1},$$

又 $$D_2=x^2-a^2,$$

故 $D_n=(x-a)[(x-a)D_{n-2}+a(x-a)^{n-2}]+a(x-a)^{n-1}$

$=(x-a)^2D_{n-2}+2a(x-a)^{n-1}$

$=(x-a)^2[(x-a)D_{n-3}+a(x-a)^{n-3}]+2a(x-a)^{n-1}$

$=(x-a)^3D_{n-3}+3a(x-a)^{n-1}$

$=\cdots=(x-a)^{n-2}D_2+(n-2)a(x-a)^{n-1}$

$=(x-a)^{n-2}(x^2-a^2)+(n-2)a(x-a)^{n-1}$

$=[x+(n-1)a](x-a)^{n-1}.$

5. **解 1**　注意该行列式的最后一行虽然每个元素都非零,但它们的对应的余子式为上(下)三角行列式,故按最后一行展开,得

$$D_n = (-1)^{n+1} \cdot a_n \cdot \begin{vmatrix} -1 & 0 & 0 & \cdots & 0 & 0 \\ x & -1 & 0 & \cdots & 0 & 0 \\ \vdots & \vdots & \vdots & & \vdots & \vdots \\ 0 & 0 & 0 & \cdots & -1 & 0 \\ 0 & 0 & 0 & \cdots & x & -1 \end{vmatrix} +$$

$$(-1)^{n+2} \cdot a_{n-1} \cdot \begin{vmatrix} x & 0 & 0 & \cdots & 0 & 0 \\ 0 & -1 & 0 & \cdots & 0 & 0 \\ \vdots & \vdots & \vdots & & \vdots & \vdots \\ 0 & 0 & 0 & \cdots & -1 & 0 \\ 0 & 0 & 0 & \cdots & x & -1 \end{vmatrix} + \cdots +$$

$$(-1)^{2n-1} \cdot a_2 \cdot \begin{vmatrix} x & -1 & 0 & \cdots & 0 & 0 \\ 0 & x & -1 & \cdots & 0 & 0 \\ \vdots & \vdots & \vdots & & \vdots & \vdots \\ 0 & 0 & 0 & \cdots & x & 0 \\ 0 & 0 & 0 & \cdots & 0 & -1 \end{vmatrix} +$$

$$(-1)^{2n} \cdot a_1 \cdot \begin{vmatrix} x & -1 & 0 & \cdots & 0 & 0 \\ 0 & x & -1 & \cdots & 0 & 0 \\ \vdots & \vdots & \vdots & & \vdots & \vdots \\ 0 & 0 & 0 & \cdots & x & -1 \\ 0 & 0 & 0 & \cdots & 0 & x \end{vmatrix}$$

$$= (-1)^{n+1} \cdot a_n \cdot (-1)^{n-1} + (-1)^{n+2} \cdot a_{n-1} \cdot (-1)^{n-2} \cdot x + \cdots + (-1)^{2n-1} \cdot a_2 \cdot (-1) \cdot x^{n-2} + (-1)^{2n} \cdot a_1 \cdot x^{n-1}$$

$$= a_1 x^{n-1} + a_2 x^{n-2} + \cdots + a_{n-1} x + a_n.$$

解 2　按第一列展开得

$$D_n = xD_{n-1} + a_n \cdot (-1)^{n+1} \cdot \begin{vmatrix} -1 & 0 & \cdots & 0 & 0 \\ x & -1 & \cdots & 0 & 0 \\ \vdots & \vdots & & \vdots & \vdots \\ 0 & 0 & \cdots & x & -1 \end{vmatrix} = xD_{n-1} + a_n,$$

利用这个递推式,得

$$D_n = xD_{n-1} + a_n = x(xD_{n-2} + a_{n-1}) + a_n = x^2 D_{n-2} + xa_{n-1} + a_n = \cdots$$
$$= x^{n-1} D_1 + x^{n-2} \cdot a_2 + \cdots + xa_{n-1} + a_n$$

$= a_1x^{n-1} + a_2x^{n-2} + \cdots + a_{n-1}x + a_n.$

解 3 用数学归纳法

当 $n = 2$ 时，$D_2 = \begin{vmatrix} x & -1 \\ a_2 & a_1 \end{vmatrix} = a_1x + a_2$

假设 $n = k$ 时，有 $D_k = a_1x^{k-1} + a_2x^{k-2} + \cdots + a_{k-1}x + a_k$，则当 $n = k+1$ 时，把 D_{k+1} 按第一列展开，得

$$D_{k+1} = xD_k + a_{k+1} = x(a_1x^{k-1} + a_2x^{k-2} + \cdots a_{k-1}x + a_k) + a_{k+1}$$
$$= a_1x^k + a_2x^{k-1} + \cdots + a_kx + a_{k+1},$$

于是，对任意的正整数 n，均有 $D_n = a_1x^{n-1} + a_2x^{n-2} + \cdots a_{n-1}x + a_n$.

6. **解** $A_{14} + A_{24} + A_{34} + A_{44} = 1 \cdot A_{14} + 1 \cdot A_{24} + 1 \cdot A_{34} + 1 \cdot A_{44}$

右边可看成是第二列元素与第 4 列对应元素的代数余子式的乘积之和，由行列式的性质得 $1 \cdot A_{14} + 1 \cdot A_{24} + 1 \cdot A_{34} + 1 \cdot A_{44} = a_{12} \cdot A_{14} + a_{22} \cdot A_{24} + a_{32} \cdot A_{34} + a_{42} \cdot A_{44} = 0$，故

$$A_{14} + A_{24} + A_{34} + A_{44} = 0.$$

7. **解** 当 $n = 1$ 时，$D_1 = a_1 + b_1$；

当 $n = 2$ 时，$D_2 = (a_1 - a_2)(b_2 - b_1)$；

当 $n \geqslant 3$ 时，把第 1 行的(-1)倍分别加到第 i 行$(i = 1,2,3,\cdots,n)$，则

$$D_n = \begin{vmatrix} a_1+b_1 & a_1+b_2 & \cdots & a_1+b_n \\ a_2+b_1 & a_2+b_2 & \cdots & a_2+b_n \\ \vdots & \vdots & & \vdots \\ a_n+b_1 & a_n+b_2 & \cdots & a_n+b_n \end{vmatrix} = \begin{vmatrix} a_1+b_1 & a_1+b_2 & \cdots & a_1+b_n \\ a_2-a_1 & a_2-a_1 & \cdots & a_2-a_1 \\ \vdots & \vdots & & \vdots \\ a_n-a_1 & a_n-a_1 & \cdots & a_n-a_1 \end{vmatrix}$$

$$= (a_2-a_1)(a_n-a_1)\begin{vmatrix} a_1+b_1 & a_1+b_2 & \cdots & a_1+b_n \\ 1 & 1 & \cdots & 1 \\ \vdots & \vdots & & \vdots \\ 1 & 1 & \cdots & 1 \end{vmatrix} = 0.$$

综上，得

$$D_n = \begin{cases} a_1+b_1 & n=1 \\ (a_1-a_2)(b_2-b_1) & n=2. \\ 0 & n \geqslant 3 \end{cases}$$

8. **证明** 设 $f(t)$ 的 $n+1$ 个互异零点为 $t_0,t_1,\cdots,t_n$，则有 $f(t_i) = 0(i = 0,1,\cdots,n)$，即

$$a_0 + a_1t + \cdots + a_nt_i^{\ n} = 0(i = 0,1,\cdots,n).$$

上式可以看作以 $a_0,a_1,\cdots,a_n$ 为未知数的齐次线性方程组，其系数行列式为

$n+1$ 阶范德蒙行列式的转置，故

$$D_{n+1}=\begin{vmatrix}1 & t_0 & t_0{}^2 & \cdots & t_0{}^n\\ 1 & t_1 & t_1{}^2 & \cdots & t_1{}^n\\ \vdots & \vdots & \vdots & & \vdots\\ 1 & t_n & t_n{}^2 & \cdots & t_n{}^n\end{vmatrix}=\prod_{0\leqslant j<i\leqslant n}(t_i-t_j)\neq 0,$$

利用克莱姆法则，上述方程组只有零解，即 $a_0=a_1=\cdots=a_n=0$，即有 $f(t)=0$.

自测题

(A层)

一、填空题

1. 三阶行列式$\begin{vmatrix} -2 & 3 & 1 \\ 503 & 201 & 298 \\ 5 & 2 & 3 \end{vmatrix}=$______.

2. 行列式$A=\begin{vmatrix} a_{11} & a_{12} & a_{13} & a_{14} \\ 0 & a_{22} & a_{23} & a_{24} \\ 0 & 0 & a_{33} & a_{34} \\ 0 & 0 & 0 & a_{44} \end{vmatrix}=$______.

3. $\begin{vmatrix} 0 & a & 0 & 0 \\ b & c & 0 & 0 \\ 0 & 0 & d & e \\ 0 & 0 & 0 & f \end{vmatrix}=$______.

4. 行列式$\begin{vmatrix} k-2 & 3 \\ 2 & k-1 \end{vmatrix}\neq 0$的充分必要条件是______.

5. 设行列式$D=\begin{vmatrix} a_{11} & a_{12} & \cdots & a_{1n} \\ a_{21} & a_{22} & \cdots & a_{2n} \\ \vdots & \vdots & & \vdots \\ a_{n1} & a_{n2} & \cdots & a_{nn} \end{vmatrix}$,则行列式$\begin{vmatrix} -a_{11} & -a_{12} & \cdots & -a_{1n} \\ a_{21} & -a_{22} & \cdots & -a_{2n} \\ \vdots & \vdots & & \vdots \\ -a_{n1} & -a_{n2} & \cdots & -a_{nn} \end{vmatrix}=$
______.

6. 设$\boldsymbol{A}$为n阶方阵且$|\boldsymbol{A}|=a$,λ为实数,则$|\lambda\boldsymbol{A}|=$______.

7. 行列式A的第2行第3列元素的余子式为M,则第2行第3列元素的代数余子式为______.

8. $\begin{vmatrix} a & 1 & 1 \\ 0 & -1 & 0 \\ 4 & a & a \end{vmatrix}>0$的充分必要条件是______.

9. 若$|\boldsymbol{A}|_{3\times3}=1$，$|\boldsymbol{B}|_{4\times4}=-2$，则$\left||\boldsymbol{B}|\boldsymbol{A}\right|=$ ________.

10. 设$\begin{vmatrix} x & 1 & 1 \\ 1 & x & 1 \\ 1 & 1 & x \end{vmatrix}=0$，$x=$ ________.

二、选择题

1. 行列式$\begin{vmatrix} 1 & 0 & 3 \\ -2 & 5 & 1 \\ 2 & 3 & -1 \end{vmatrix}$中元素 5 的代数余子式为(　　).

(A)$\begin{vmatrix} 1 & 0 \\ -2 & 1 \end{vmatrix}$　(B)$\begin{vmatrix} 1 & 0 \\ 2 & 3 \end{vmatrix}$　(C)$-\begin{vmatrix} 1 & 3 \\ 2 & -1 \end{vmatrix}$　(D)$\begin{vmatrix} 1 & 3 \\ 2 & -1 \end{vmatrix}$

2. 与行列式$\begin{vmatrix} 1 & 0 & 3 \\ -2 & 5 & 1 \\ 2 & 3 & -1 \end{vmatrix}$的值相等的行列式为(　　).

(A)$\begin{vmatrix} 1 & 0 & 3 \\ -4 & 10 & 2 \\ 2 & 3 & -1 \end{vmatrix}$　(B)$\begin{vmatrix} 1 & 0 & 3 \\ -2 & 5 & 1 \\ 0 & 8 & 0 \end{vmatrix}$

(C)$\begin{vmatrix} 1 & 0 & 2 \\ -2 & 5 & 1 \\ 2 & 3 & -1 \end{vmatrix}$　(D)$\begin{vmatrix} 1 & 0 & 3 \\ 2 & 3 & -1 \\ -2 & 5 & 1 \end{vmatrix}$

3. 将行列式A的第 1 行与第 2 行对换，再将得到的行列式的第 2 行乘以-1，得到行列式B，则(　　).

(A)B的值与A的值相等　(B)A与B的值互为相反数

(C)B的值是A的值的 2 倍　(D)B的值与A的值没有关系

4. 下列命题正确的是(　　).

(A) 上三角行列式的值不等于零的充要条件是主对角线上的元素不全为零

(B) 上三角行列式的值不等于零的充要条件是主对角线上的元素都不等于零

(C) 若行列式中的每一元素非零，则行列式的值也不为零

(D) 行列式B的元素都是行列式A的相应元素的 2 倍，则B的值恰好是A的值的 2 倍

5. 在n阶行列式D中，用A_{ij}表示元素a_{ij}的代数余子式，则下列各式中正确的是(　　).

(A) $\sum_{i=1}^{n} a_{ij}A_{ij} = 0$　　(B) $\sum_{j=1}^{n} a_{ij}A_{ij} = 0$

(C) $\sum_{j=1}^{n} a_{ij}A_{ij} = D$　　(D) $\sum_{i=1}^{n} a_{i1}A_{i2} = D$

6. 行列式 $\begin{vmatrix} 1 & 1 & 1 & 0 \\ 1 & 1 & 0 & 1 \\ 1 & 0 & 1 & 1 \\ 0 & 1 & 1 & 1 \end{vmatrix} =$ (　　).

(A) -3　　(B) 3　　(C) 1　　(D) -1

7. 下列命题正确的是(　　).

(A) 行列式 D 的值等于零的充分必要条件是 D 有一行的元素全为零

(B) 行列式按第一行展开所求得的值与按第一列展开所求的值必相等

(C) 两个同阶行列式的值相同,则这两个行列式的对应元素必相同

(D) n 阶行列式 D 的值为零,则 D 的任一元素的代数余子式的值也为零

三、解答题

1. 计算行列式 $\begin{vmatrix} 1 & 2 & 3 & 4 \\ 2 & 3 & 4 & 1 \\ 3 & 4 & 1 & 2 \\ 4 & 1 & 2 & 3 \end{vmatrix}$ 的值.

2. 计算行列式 $\begin{vmatrix} 1 & 2 & 2 & \cdots & 2 \\ 2 & 2 & 2 & \cdots & 2 \\ 2 & 2 & 3 & \cdots & 2 \\ \vdots & \vdots & \vdots & & \vdots \\ 2 & 2 & 2 & \cdots & n \end{vmatrix}$ 的值.

3. 计算行列式 $\begin{vmatrix} x_1{}^2+1 & x_1x_2 & x_1x_3 \\ x_2x_1 & x_2{}^2+1 & x_2x_3 \\ x_3x_1 & x_3x_2 & x_3{}^2+1 \end{vmatrix}$ 的值.

4. 用克莱姆法则求解线性方程组

$$\begin{cases} 2x_2 - x_3 + 2x_4 = -5 \\ x_1 + 4x_2 - 7x_3 + 6x_4 = 0 \\ 3x_1 - 2x_2 - 5x_3 - 5x_4 = 17 \\ x_1 - 3x_2 - 6x_4 = 9 \end{cases}.$$

5. 若方程组

$$\begin{cases}(a+2)x_1+4x_2+x_3=0\\-4x_1+(a-3)x_2+4x_3=0\\x_1-4x_2-(a+4)x_3=0\end{cases}$$

有非零解,试确定 a 的值.

6. 求证:n 阶行列式

$$\begin{vmatrix}0&0&\cdots&0&b_1\\0&0&\cdots&b_2&0\\\vdots&\vdots&&\vdots&\vdots\\0&b_{n-1}&\cdots&0&0\\b_n&0&\cdots&0&0\end{vmatrix}=(-1)^{\frac{1}{2}n(n-1)}b_1b_2\cdots b_n.$$

(B 层)

一、填空题

1. 设行列式

$$D=\begin{vmatrix}a_{11}&a_{12}&a_{13}\\a_{21}&a_{22}&a_{23}\\a_{31}&a_{32}&a_{33}\end{vmatrix}=-3,\ \text{则}\ D_1=\begin{vmatrix}3a_{11}&4a_{11}-2a_{12}&a_{13}\\3a_{21}&4a_{21}-2a_{22}&a_{23}\\3a_{31}&4a_{31}-2a_{32}&a_{33}\end{vmatrix}=$$

________.

2. 行列式 $\begin{vmatrix}y&x&x+y\\x&x+y&y\\x+y&y&x\end{vmatrix}=$________.

3. 行列式 $\begin{vmatrix}1&x&x&x\\x&1&0&0\\x&0&1&0\\x&0&0&1\end{vmatrix}=$________.

4. $D=\begin{vmatrix}-1&0&x&1\\1&1&-1&-1\\1&-1&1&-1\\1&-1&1&1\end{vmatrix}$,则 D 中 x 的一次项系数是________.

5. 方程组 $\begin{cases}2x+(k-3)y=3\\(k-3)x+2y=7\end{cases}$ 有解的充分必要条件是________.

6. A 为三阶行列式且值为 2, A_{ij} 为行列式中 a_{ij} 的代数余子式，则 $(a_{11}A_{21}+a_{12}A_{22}+a_{13}A_{23})^2+(a_{21}A_{21}+a_{22}A_{22}+a_{23}A_{23})^2+(a_{31}A_{31}+a_{32}A_{32}+a_{33}A_{33})^2$ = ________.

7. 记 $f(x)=\begin{vmatrix} x-2 & x-1 & x-2 & x-3 \\ 2x-2 & 2x-1 & 2x-2 & 2x-3 \\ 3x-3 & 3x-2 & 4x-5 & 3x-5 \\ 4x & 4x-3 & 5x-7 & 4x-3 \end{vmatrix}$，则 $f(x)$ 根的个数为 ________.

二、选择题

1. 下列行列式中，不等于零的是（　　）.

(A) $\begin{vmatrix} 1 & 2 & 3 \\ 1 & 1 & 1 \\ -0.3 & -0.3 & -0.3 \end{vmatrix}$　　(B) $\begin{vmatrix} 1 & 2 & 3 \\ 1 & 1 & 1 \\ 0.5 & 1.5 & 2.5 \end{vmatrix}$

(C) $\begin{vmatrix} 1 & 5 & 3 \\ 1 & 2 & 1 \\ 0.5 & 4 & 0.5 \end{vmatrix}$　　(D) $\begin{vmatrix} -1 & 1 & -1 \\ 4 & -1 & 2 \\ 1 & 2 & -5 \end{vmatrix}$

2. 行列式 $\begin{vmatrix} a^2 & ab & b^2 \\ 2a & a+b & 2b \\ 1 & 1 & 1 \end{vmatrix}$ 等于（　　）.

(A) a^3+b^3　　(B) a^3-b^3　　(C) $(a+b)^3$　　(D) $(a-b)^3$

3. 行列式 $\begin{vmatrix} a^2 & (a+1)^2 & (a+2)^2 & (a+3)^2 \\ b^2 & (b+1)^2 & (b+2)^2 & (b+3)^2 \\ c^2 & (c+1)^2 & (c+2)^2 & (c+3)^2 \\ d^2 & (d+1)^2 & (d+2)^2 & (d+3)^2 \end{vmatrix}$ 的值为（　　）.

(A) $abcd$　　(B) 0　　(C) 1　　(D) -1

4. 已知行列式

$$D=\begin{vmatrix} a_{11} & a_{12} & a_{13} & a_{14} \\ a_{21} & a_{22} & a_{23} & a_{24} \\ a_{31} & a_{32} & a_{33} & a_{34} \\ a_{41} & a_{42} & a_{43} & a_{44} \end{vmatrix}=a\neq 0, D_1=\begin{vmatrix} 3a_{11} & 4a_{11}-a_{12} & -a_{13} & a_{14} \\ 3a_{21} & 4a_{21}-a_{22} & -a_{23} & a_{24} \\ 3a_{31} & 4a_{31}-a_{32} & -a_{33} & a_{34} \\ 3a_{41} & 4a_{41}-a_{42} & -a_{43} & a_{44} \end{vmatrix},$$

则 D_1 的值等于（　　）.

(A)$3a$　　(B)$-3a$　　(C)$12a$　　(D)$-12a$

5. 设 $D_1=|a_{ij}|_4, D_2=|b_{ij}|_4$ 均为四阶行列式,且 $b_{ij}=-2a_{ij}(i,j=1,2,3,4)$,则 $D_2=($　　$)$.

(A)$2D_1$　　(B)$-2D_1$　　(C)2^4D_1　　(D)-2^4D_1

6. 行列式 $D=\begin{vmatrix} 1-a & a & 0 & 0 & 0 \\ -1 & 1-a & a & 0 & 0 \\ 0 & -1 & 1-a & a & 0 \\ 0 & 0 & -1 & 1-a & a \\ 0 & 0 & 0 & -1 & 1-a \end{vmatrix}=($　　$)$.

(A)$1+a+a^2+a^3+a^4+a^5$　　(B)$1-a-a^2-a^3-a^4-a^5$

(C)$-1+a-a^2+a^3-a^4+a^5$　　(D)$1-a+a^2-a^3+a^4-a^5$

7. 4 阶行列式 $D=\begin{vmatrix} a_1 & 0 & 0 & b_1 \\ 0 & a_2 & b_2 & 0 \\ 0 & b_3 & a_3 & 0 \\ b_4 & 0 & 0 & a_4 \end{vmatrix}$,则 $D=($　　$)$.

(A)$a_1a_2a_3a_4-b_1b_2b_3b_4$　　(B)$a_1a_2a_3a_4+b_1b_2b_3b_4$

(C)$(a_1a_2-b_1b_2)(a_3a_4-b_3b_4)$　　(D)$(a_2a_3-b_2b_3)(a_1a_4-b_1b_4)$

8. 设 $f(x)=\begin{vmatrix} x & x & 1 & 0 \\ 1 & x & 2 & 3 \\ 2 & 3 & x & 2 \\ 1 & 1 & 2 & x \end{vmatrix}$,则 $f(x)$ 中的常数项为(　　).

(A)0　　(B)6　　(C)-5　　(D)2

9. 设 $\begin{vmatrix} \lambda-1 & 1 & 2 \\ 3 & \lambda-2 & 1 \\ 2 & 3 & \lambda-3 \end{vmatrix}=0$,则 λ 的值为(　　).

(A)4　　(B)-4　　(C)2　　(D)-2

10. 设多项式 $f(x)=\begin{vmatrix} a_{11}+x & a_{12}+x & a_{13}+x & a_{14}+x \\ a_{21}+x & a_{22}+x & a_{23}+x & a_{24}+x \\ a_{31}+x & a_{32}+x & a_{33}+x & a_{34}+x \\ a_{41}+x & a_{42}+x & a_{43}+x & a_{44}+x \end{vmatrix}$,则 $f(x)$ 的次数至多是(　　).

(A)4　　　(B)3　　　(C)2　　　(D)1

三、解答题

1. 计算行列式$\begin{vmatrix} 2 & -5 & 1 & 2 \\ -3 & 7 & -1 & 4 \\ 5 & -9 & 2 & 7 \\ 4 & -6 & 1 & 2 \end{vmatrix}$的值.

2. 计算行列式$\begin{vmatrix} -a_1 & a_1 & 0 & 0 \\ 0 & -a_2 & a_2 & 0 \\ 0 & 0 & -a_3 & a_3 \\ 1 & 1 & 1 & 1 \end{vmatrix}$的值.

3. 求出 $f(x)=\begin{vmatrix} 1 & 1 & 1 & 1 \\ x & 1 & -1 & -1 \\ x^2 & -1 & 1 & -1 \\ x^3 & -1 & -1 & 1 \end{vmatrix}$的表达式.

4. 计算行列式 $D=\begin{vmatrix} 1 & -1 & 1 & x-1 \\ 1 & -1 & x+1 & -1 \\ 1 & x-1 & 1 & -1 \\ x+1 & -1 & 1 & -1 \end{vmatrix}$的值.

5. 已知四阶行列式 D 中第三列元素依次为 $-1,2,0,1$，它们的余子式依次为 $5,3,-7,4$，求 D 的值.

6. 用克莱姆法则求解下列方程组$\begin{cases} bx-ay+2ab=0 \\ -2cy+3bz-bc=0 \\ cx+az=0 \end{cases}$，其中 $a,b,c\neq 0$.

(C 层)

一、填空题

1. 已知$\begin{vmatrix} a_{11} & a_{12} & a_{13} \\ a_{21} & a_{22} & a_{23} \\ a_{31} & a_{32} & a_{33} \end{vmatrix}=a$，则$\begin{vmatrix} a_{21} & a_{22} & a_{23} \\ 2a_{31}-a_{11} & 2a_{32}-a_{12} & 2a_{33}-a_{13} \\ 3a_{11}+2a_{21} & 3a_{12}+2a_{22} & 3a_{13}+2a_{23} \end{vmatrix}=$ ________.

2. n 阶行列式 $D_n = \begin{vmatrix} a_1+1 & a_1+2 & \cdots & a_1+n \\ a_2+1 & a_2+2 & \cdots & a_2+n \\ \vdots & \vdots & & \vdots \\ a_n+1 & a_n+2 & \cdots & a_n+n \end{vmatrix} =$ ________.

3. 已知齐次线性方程组 $\begin{cases} x_1+\lambda x_2+\lambda^2 x_3=0 \\ x_1-x_2+x_3=0 \\ 2x_1+4x_2+8x_3=0 \end{cases}$ 有非零解，则 $\lambda =$ ________.

4. 设方程 $D = \begin{vmatrix} 1 & x & x & x \\ x & 1 & 0 & 0 \\ x & 0 & 1 & 0 \\ x & 0 & 0 & 1 \end{vmatrix} = -3$，则 $x =$ ________.

5. 已知行列式 $D_5 = \begin{vmatrix} 1 & 2 & 3 & 4 & 5 \\ 2 & 2 & 2 & 1 & 1 \\ 3 & 1 & 2 & 4 & 5 \\ 1 & 1 & 1 & 2 & 2 \\ 4 & 3 & 1 & 5 & 0 \end{vmatrix} = 27$，则 $A_{41}+A_{42}+A_{43} =$ ________，$A_{44}+A_{45} =$ ________.

二、选择题

1. 已知 x 的多项式 $f(x) = \begin{vmatrix} 1 & 1 & 1 & 1 \\ 0 & 1 & -1 & -1 \\ 0 & -1 & 1 & -1 \\ x & -1 & -1 & 1 \end{vmatrix}$，则该多项式的一次项系数与常数项（　　）.

(A) 相等　　(B) 绝对值不等　　(C) 互为相反数　　(D) 都是奇数

2. $\begin{vmatrix} 0 & a_1 & 0 & \cdots & 0 \\ 0 & 0 & a_2 & \cdots & 0 \\ \vdots & \vdots & \vdots & & \vdots \\ 0 & 0 & 0 & \cdots & a_{n-1} \\ a_{n1} & a_{n2} & a_{n3} & \cdots & a_{nn} \end{vmatrix} =$（　　）.

(A)$a_1a_2\cdots a_{n-1}a_{n1}$　　(B)$-a_1a_2\cdots a_{n-1}a_{n1}$

(C)$(-1)^{n+1}a_1a_2\cdots a_{n-1}a_{n1}$　　(D)0

3. n 阶行列式 $\begin{vmatrix} a & b & 0 & \cdots & 0 & 0 \\ 0 & a & b & \cdots & 0 & 0 \\ 0 & 0 & a & \cdots & 0 & 0 \\ \vdots & \vdots & \vdots & & \vdots & \vdots \\ 0 & 0 & 0 & \cdots & a & b \\ b & 0 & 0 & \cdots & 0 & a \end{vmatrix} =$ (　　).

(A)a^n+b^n　　(B)$(-1)^{n+1}a^n+b^n$

(C)$a^n+(-1)^{n+1}b^n$　　(D)a^n-b^n

4. 方程 $\begin{vmatrix} a_1 & a_2 & a_3 & a_4+x \\ a_1 & a_2 & a_3+x & a_4 \\ a_1 & a_2+x & a_3 & a_4 \\ a_1+x & a_2 & a_3 & a_4 \end{vmatrix} = 0$ 的根为(　　).

(A)a_1+a_2,a_3+a_4　　(B)$0,a_1+a_2+a_3+a_4$

(C)$a_1\cdot a_2\cdot a_3\cdot a_4,0$　　(D)$0,-a_1-a_2-a_3-a_4$

5. 设 α、β、γ 是方程 $x^3+px+q=0$ 的三个根，则行列式 $\begin{vmatrix} \alpha & \beta & \gamma \\ \gamma & \alpha & \beta \\ \beta & \gamma & \alpha \end{vmatrix} =$ (　　).

(A)1　　(B)-1　　(C)0　　(D)2

6. 设行列式 $D = \begin{vmatrix} 3 & 0 & 4 & 0 \\ 2 & 2 & 2 & 2 \\ 0 & -7 & 0 & 0 \\ 5 & 3 & -2 & 2 \end{vmatrix}$，则第 4 行各元素余子式之和为(　　).

(A)-28　　(B)28　　(C)0　　(D)326

7. 设行列式 $D_1 = \begin{vmatrix} a_{11} & a_{12} & a_{13} \\ a_{21} & a_{22} & a_{23} \\ a_{31} & a_{32} & a_{33} \end{vmatrix}$，$D_2 = \begin{vmatrix} a_{11} & a_{12} & a_{13} \\ 1 & 1 & 1 \\ a_{31} & a_{32} & a_{33} \end{vmatrix}$ 且 M_{ij} 和 A_{ij} 分别表示 D_1 中元素 a_{ij} 的余子式和代数余子式，则 $D_2 =$ (　　).

(A) $\sum_{j=1}^{3} A_{2j}$　　(B) $\sum_{j=1}^{3} M_{2j}$　　(C) $-\sum_{j=1}^{3} A_{2j}$　　(D) $-\sum_{j=1}^{3} M_{2j}$

8. n 阶行列式 $D_n \neq 0$ 的充分条件是(　　).

(A) D_n 中至少有 n 个元素非零

(B) D_n 的所有元素非零

(C) D_n 中任意两行元素之间不成比例

(D) D_n 的非零行的各元素的代数余子式与对应的元素相等

9. 已知 $\begin{vmatrix} 1 & 0 & 1 \\ 0 & 1 & 1 \\ x & y & z \end{vmatrix} = 2$,则 $\begin{vmatrix} z-y & y & -1 \\ x & z-x & -1 \\ -x & -y & 1 \end{vmatrix} = ($　　$)$.

(A) 2　　(B) -2　　(C) 0　　(D) 4

三、解答题

1. 计算 n 阶行列式 $\begin{vmatrix} a_1+b_1 & a_1+b_2 & \cdots & a_1+b_n \\ a_2+b_1 & a_2+b_2 & \cdots & a_2+b_n \\ \vdots & \vdots & & \vdots \\ a_n+b_1 & a_n+b_2 & \cdots & a_n+b_n \end{vmatrix}$.

2. 计算 n 阶行列式 $D_n = \begin{vmatrix} 0 & a & a & \cdots & a \\ b & 0 & a & \cdots & a \\ b & b & 0 & \cdots & a \\ \vdots & \vdots & \vdots & & \vdots \\ b & b & b & \cdots & 0 \end{vmatrix}$.

3. 计算 n 阶行列式 $D_n = \begin{vmatrix} 1 & 1 & 1 & \cdots & 1 \\ x_1 & x_2 & x_3 & \cdots & x_n \\ \vdots & \vdots & \vdots & & \vdots \\ {x_1}^{n-2} & {x_2}^{n-2} & {x_3}^{n-2} & \cdots & {x_n}^{n-2} \\ {x_1}^{n} & {x_2}^{n} & {x_3}^{n} & \cdots & {x_n}^{n} \end{vmatrix}$.

4. 用克莱姆法则求解线性方程组 $\begin{cases} x_1 = 0.5x_1 + 0.3x_2 + 0.4x_3 + 10 \\ x_2 = 0.4x_1 + 0.5x_3 + 20 \\ x_3 = 0.2x_1 + 0.1x_2 + 12 \end{cases}$.

5. 已知平面上 3 条不同的直线的方程分别为

$$\begin{cases} l_1: ax + by + c = 0 \\ l_2: bx + cy + a = 0, \\ l_3: cx + ay + b = 0 \end{cases}$$

试证:这 3 条直线交于一点的充分必要条件是 $a + b + c = 0$.

自测题参考答案

(A 层)

一、填空题

1. -70. 2. $a_{11}a_{22}a_{33}a_{44}$. 3. $-abcf$. 4. $k\neq -1$ 且 $k\neq 4$. 5. $(-1)^nD$. 6. $\lambda^n a$. 7. $-M$. 8. $-2<a<2$. 9. -8. 10. $x=1$ 或 $x=-2$.

二、选择题

1. D. 2. B. 3. A. 4. B. 5. C. 6. A. 7. B.

三、解答题

1. 160. 2. $(-2)(n-2)!$. 3. $1+\sum\limits_{i=1}^{3}x_i{}^2$. 4. $D=27, D_1=81, D_2=-108, D_3=-27, D_4=27, x_1=\dfrac{D_1}{D}=3, x_2=\dfrac{D_2}{D}=-4, x_3=\dfrac{D_3}{D}=-1, x_4=\dfrac{D_4}{D}=1$. 5. $a=3$ 或 $a=-3$.

6. 证明

$$\begin{vmatrix} 0 & 0 & \cdots & 0 & b_1 \\ 0 & 0 & \cdots & b_2 & 0 \\ \vdots & \vdots & & \vdots & \vdots \\ 0 & b_{n-1} & \cdots & 0 & 0 \\ b_n & 0 & \cdots & 0 & 0 \end{vmatrix} = (-1)^{1+n}b_1 \begin{vmatrix} 0 & 0 & \cdots & b_2 \\ \vdots & \vdots & & \vdots \\ 0 & b_{n-1} & \cdots & 0 \\ b_n & 0 & \cdots & 0 \end{vmatrix}$$

$$= (-1)^{1+n}b_1\cdot(-1)^{1+n-1}b_2 \begin{vmatrix} 0 & 0 & \cdots & b_3 \\ \vdots & \vdots & & \vdots \\ 0 & b_{n-1} & \cdots & 0 \\ b_n & 0 & \cdots & 0 \end{vmatrix}$$

$$= (-1)^{1+n}b_1\cdot(-1)^{1+n-1}b_2\cdots(-1)^{1+1}b_n$$

$$= (-1)^{n+[n+(n-1)+\cdots+1]} b_1 b_2 \cdots b_n$$
$$= (-1)^{\frac{1}{2}n(n+3)} b_1 b_2 \cdots b_n$$
$$= (-1)^{\frac{1}{2}n(n-1)} (-1)^{2n} b_1 b_2 \cdots b_n$$
$$= (-1)^{\frac{1}{2}n(n-1)} b_1 b_2 \cdots b_n.$$

(B 层)

一、填空题

1. 18.

分析

$$D_1 = \begin{vmatrix} 3a_{11} & 4a_{11}-2a_{12} & a_{13} \\ 3a_{21} & 4a_{21}-2a_{22} & a_{23} \\ 3a_{31} & 4a_{31}-2a_{32} & a_{33} \end{vmatrix} = \begin{vmatrix} 3a_{11} & 4a_{11} & a_{13} \\ 3a_{21} & 4a_{21} & a_{23} \\ 3a_{31} & 4a_{31} & a_{33} \end{vmatrix} + \begin{vmatrix} 3a_{11} & -2a_{12} & a_{13} \\ 3a_{21} & -2a_{22} & a_{23} \\ 3a_{31} & -2a_{32} & a_{33} \end{vmatrix}$$
$$= 0 - 6D = 18.$$

2. $-2(x^3+y^3)$.

分析

$$\begin{vmatrix} y & x & x+y \\ x & x+y & y \\ x+y & y & x \end{vmatrix} \xlongequal[c_1+c_3]{c_1+c_2} \begin{vmatrix} 2(x+y) & x & x+y \\ 2(x+y) & x+y & y \\ 2(x+y) & y & x \end{vmatrix}$$
$$= 2(x+y)\begin{vmatrix} 1 & x & x+y \\ 1 & x+y & y \\ 1 & y & x \end{vmatrix}$$
$$= 2(x+y)\begin{vmatrix} 1 & x & x+y \\ 0 & y & -x \\ 0 & y-x & -y \end{vmatrix}$$
$$= 2(x+y)\begin{vmatrix} y & -x \\ y-x & -y \end{vmatrix} = -2(x^3+y^3).$$

3. $1-3x^2$.

分析 $$\begin{vmatrix} 1 & x & x & x \\ x & 1 & 0 & 0 \\ x & 0 & 1 & 0 \\ x & 0 & 0 & 1 \end{vmatrix} \xlongequal[i=2,3,4]{c_1+(-x)c_i} \begin{vmatrix} 1-3x^2 & x & x & x \\ 0 & 1 & 0 & 0 \\ 0 & 0 & 1 & 0 \\ 0 & 0 & 0 & 1 \end{vmatrix} = 1-3x^2.$$

4. -4.

分析　D 中 x 的一次项系数为 a_{13} 的代数余子式

$$D_{13}=(-1)^{1+3}\begin{vmatrix}1&1&-1\\1&-1&-1\\1&-1&1\end{vmatrix}=\begin{vmatrix}1&1&-1\\0&-2&0\\0&-2&2\end{vmatrix}=\begin{vmatrix}1&1&-1\\0&-2&0\\0&0&2\end{vmatrix}=-4.$$

或直接计算 D,得 $D=-4x$,得所求 D 中 x 的一次项系数是 -4.

5. $k\neq 5$ 且 $k\neq 1$.

分析　方程组 $\begin{cases}2x+(k-3)y=3\\(k-3)x+2y=7\end{cases}$ 有解，等价于系数行列式 $D=\begin{vmatrix}2&k-3\\k-3&2\end{vmatrix}\neq 0$,从而 $k\neq 5$ 且 $k\neq 1$.

6. 8.

分析　由 $\sum\limits_{k=1}^{n}a_{ik}A_{jk}=\begin{cases}A & i=j\\0 & i\neq j\end{cases}$, $\sum\limits_{k=1}^{n}a_{ki}A_{kj}=\begin{cases}A & i=j\\0 & i\neq j\end{cases}$ 得 $a_{11}A_{21}+a_{12}A_{22}+a_{13}A_{23}=0$, $a_{21}A_{21}+a_{22}A_{22}+a_{23}A_{23}=A=2$, $a_{31}A_{31}+a_{32}A_{32}+a_{33}A_{33}=A=2$,故 $(a_{11}A_{21}+a_{12}A_{22}+a_{13}A_{23})^2+(a_{21}A_{21}+a_{22}A_{22}+a_{23}A_{23})^2+(a_{31}A_{31}+a_{32}A_{32}+a_{33}A_{33})^2=8$.

7. 2.

分析

$$f(x)\xlongequal[i=2,3,4]{c_i-c_1}\begin{vmatrix}x-2&1&0&-1\\2x-2&1&0&-1\\3x-3&1&x-2&-2\\4x&-3&x-7&-3\end{vmatrix}$$

$$=\begin{vmatrix}x-2&1&0&0\\2x-2&1&0&0\\3x-3&1&x-2&-1\\4x&-3&x-7&-6\end{vmatrix}$$

$$=\begin{vmatrix}x-2&1\\2x-2&1\end{vmatrix}\cdot\begin{vmatrix}x-2&-1\\x-7&-6\end{vmatrix}=5x(x-1).$$

二、选择题

1. **分析**　应选 D.

逐个计算选项可得.

2. **分析**　应选 D. 本题既可以用直选法，也可以用排除法.

(1) 直选法，直接计算

$$\begin{vmatrix} a^2 & ab & b^2 \\ 2a & a+b & 2b \\ 1 & 1 & 1 \end{vmatrix} \xlongequal[i=2,3]{c_i+(-1)c_1} \begin{vmatrix} a^2 & a(b-a) & b^2-a^2 \\ 2a & b-a & 2(b-a) \\ 1 & 0 & 0 \end{vmatrix} = \begin{vmatrix} a(b-a) & b^2-a^2 \\ b-a & 2(b-a) \end{vmatrix}$$

$$= (b-a)^2 \begin{vmatrix} a & b+a \\ 1 & 2 \end{vmatrix} = -(b-a)^3 = (a-b)^3.$$

(2) 排除法,不妨取 $a=0,b=1$,则

$$\begin{vmatrix} a^2 & ab & b^2 \\ 2a & a+b & 2b \\ 1 & 1 & 1 \end{vmatrix} = \begin{vmatrix} 0 & 0 & 1 \\ 0 & 1 & 2 \\ 1 & 1 & 1 \end{vmatrix} = -1,$$

此时,A、C 的值均为 1,故可排除 A、C;

再取 $a=2,b=1$,

$$\begin{vmatrix} a^2 & ab & b^2 \\ 2a & a+b & 2b \\ 1 & 1 & 1 \end{vmatrix} = \begin{vmatrix} 4 & 2 & 1 \\ 4 & 3 & 1 \\ 1 & 1 & 1 \end{vmatrix} = 1,$$

而此时 B 的值为 $2^3-1=7$,故可排除 B,故选 D.

3. **分析** 应选 B. 本题既可以用直选法,也可以用排除法.

(1) 直选法,直接计算

$$\begin{vmatrix} a^2 & (a+1)^2 & (a+2)^2 & (a+3)^2 \\ b^2 & (b+1)^2 & (b+2)^2 & (b+3)^2 \\ c^2 & (c+1)^2 & (c+2)^2 & (c+3)^2 \\ d^2 & (d+1)^2 & (d+2)^2 & (d+3)^2 \end{vmatrix} \xlongequal[i=2,3,4]{c_i-c_1} \begin{vmatrix} a^2 & 2a+1 & 4a+4 & 6a+9 \\ b^2 & 2b+1 & 4b+4 & 6b+9 \\ c^2 & 2c+1 & 4c+4 & 6c+9 \\ d^2 & 2d+1 & 4d+4 & 6d+9 \end{vmatrix}$$

$$\xlongequal[c_3-2c_2]{c_4-3c_2} \begin{vmatrix} a^2 & 2a+1 & 2 & 6 \\ b^2 & 2b+1 & 2 & 6 \\ c^2 & 2c+1 & 2 & 6 \\ d^2 & 2d+1 & 2 & 6 \end{vmatrix} = 0,$$

故选 B.

(2) 排除法,不妨取 $a=b=c=d=1$,则

$$原式 = \begin{vmatrix} 1 & 4 & 9 & 16 \\ 1 & 4 & 9 & 16 \\ 1 & 4 & 9 & 16 \\ 1 & 4 & 9 & 16 \end{vmatrix} = 0,$$

故只能选 B.

4. **分析** 应选 A. 本题既可以用直选法,也可以用排除法.

(1) 直选法，将 D_1 按第 2 列拆开

$$D_1 = \begin{vmatrix} 3a_{11} & 4a_{11} & -a_{13} & a_{14} \\ 3a_{21} & 4a_{21} & -a_{23} & a_{24} \\ 3a_{31} & 4a_{31} & -a_{33} & a_{34} \\ 3a_{41} & 4a_{41} & -a_{43} & a_{44} \end{vmatrix} + \begin{vmatrix} 3a_{11} & -a_{12} & -a_{13} & a_{14} \\ 3a_{21} & -a_{22} & -a_{23} & a_{24} \\ 3a_{31} & -a_{32} & -a_{33} & a_{34} \\ 3a_{41} & -a_{42} & -a_{43} & a_{44} \end{vmatrix}$$

$$= 0 + 3 \cdot (-1) \cdot (-1) D = 3a.$$

(2) 排除法，不妨取 $a_{ii} = i (i = 1,2,3,4)$，$a_{ij} = 0 (i, j = 1,2,3,4. i \neq j)$

则

$$D = \begin{vmatrix} 1 & 0 & 0 & 0 \\ 0 & 2 & 0 & 0 \\ 0 & 0 & 3 & 0 \\ 0 & 0 & 0 & 4 \end{vmatrix} = 24, D_1 = \begin{vmatrix} 3 & 4 & 0 & 0 \\ 0 & -2 & 0 & 0 \\ 0 & 0 & -3 & 0 \\ 0 & 0 & 0 & 4 \end{vmatrix} = 72.$$

而此时 A 为 72，B 为 -72，C 为 288，D 为 -288. 故只能选 A.

5. **分析**　应选 C.

由 $|ka_{ij}|_n = k^n |a_{ij}|_n$，得 $D_2 = |-2a_{ij}|_4 = (-2)^4 |a_{ij}|_4 = 2^4 D_1$.

6. **分析**　应选 D.

$$D = \begin{vmatrix} 1-a & a & 0 & 0 & 0 \\ -1 & 1-a & a & 0 & 0 \\ 0 & -1 & 1-a & a & 0 \\ 0 & 0 & -1 & 1-a & a \\ 0 & 0 & 0 & -1 & 1-a \end{vmatrix}$$

$$\xlongequal{c_1 + (\sum_{i=2}^{4} c_i)} \begin{vmatrix} 1 & a & 0 & 0 & 0 \\ 0 & 1-a & a & 0 & 0 \\ 0 & -1 & 1-a & a & 0 \\ 0 & 0 & -1 & 1-a & a \\ -a & 0 & 0 & -1 & 1-a \end{vmatrix},$$

按第 1 列展开，得递推式 $D_n = D_5 = D_4 + (-1)^n a^n$，故

$$D_5 = D_4 + (-1)^n a^n = (D_3 + a^4) - a^5 = (D_2 - a^3) + a^4 - a^5$$
$$= (D_1 + a^2) - a^3 + a^4 - a^5 = 1 - a + a^2 - a^3 + a^4 - a^5.$$

故选 D.

7. **分析**　应选 D.

解 1　用定义计算.

解 2　按第 1 行展开，得

$$D=a_1\begin{vmatrix}a_2&b_2&0\\b_3&a_3&0\\0&0&a_4\end{vmatrix}-b_1\begin{vmatrix}0&a_2&b_2\\0&b_3&a_3\\b_4&0&0\end{vmatrix}=a_1a_4\begin{vmatrix}a_2&b_2\\b_3&a_3\end{vmatrix}-b_1b_4\begin{vmatrix}a_2&b_2\\b_3&a_3\end{vmatrix}$$

$$=(a_2a_3-b_2b_3)(a_1a_4-b_1b_4).$$

解 3 直接采用拉普拉斯展开定理，按第 1、4 列展开，得

$$D=\begin{vmatrix}a_1&0&0&b_1\\0&a_2&b_2&0\\0&b_3&a_3&0\\b_4&0&0&a_4\end{vmatrix}=\begin{vmatrix}a_1&b_1\\b_4&a_4\end{vmatrix}\times(-1)^{1+4+1+4}\times\begin{vmatrix}a_2&b_2\\b_3&a_3\end{vmatrix}$$

$$=(a_2a_3-b_2b_3)(a_1a_4-b_1b_4).$$

解 4 应用排除法，令 $b_4=0$，则原式 $=(a_2a_3-b_2b_3)\cdot a_1a_4$. 比较知，只有 D 才对.

8. **分析** 应选 C.

解 1 直接计算 $f(x)$ 可知.

解 2 $f(x)$ 中的常数项为

$$f(0)=\begin{vmatrix}0&0&1&0\\1&0&2&3\\2&3&0&2\\1&1&2&0\end{vmatrix}\xlongequal{\text{按第 1 行展开}}\begin{vmatrix}1&0&3\\2&3&2\\1&1&0\end{vmatrix}=-5.$$

9. **分析** 应选 D.

该行列式各列和均为 $\lambda+2$，故

$$\begin{vmatrix}\lambda-1&1&2\\3&\lambda-2&1\\2&3&\lambda-3\end{vmatrix}\xlongequal[c_1+c_3]{c_1+c_2}\begin{vmatrix}\lambda+2&1&2\\\lambda+2&\lambda-2&1\\\lambda+2&3&\lambda-3\end{vmatrix}$$

$$=(\lambda+2)\begin{vmatrix}1&1&2\\1&\lambda-2&1\\1&3&\lambda-3\end{vmatrix}$$

$$=(\lambda+2)(\lambda^2-8\lambda+17)=0,$$

得 $\lambda=-2$. 故选 D.

10. **分析** 应选 D.

$$f(x)=\begin{vmatrix} a_{11}+x & a_{12}+x & a_{13}+x & a_{14}+x \\ a_{21}+x & a_{22}+x & a_{23}+x & a_{24}+x \\ a_{31}+x & a_{32}+x & a_{33}+x & a_{34}+x \\ a_{41}+x & a_{42}+x & a_{43}+x & a_{44}+x \end{vmatrix}$$

$$\xlongequal[i=2,3,4]{r_i+(-1)r_1}\begin{vmatrix} a_{11}+x & a_{12}+x & a_{13}+x & a_{14}+x \\ a_{21}-a_{11} & a_{22}-a_{12} & a_{23}-a_{13} & a_{24}-a_{14} \\ a_{31}-a_{11} & a_{32}-a_{12} & a_{33}-a_{13} & a_{34}-a_{14} \\ a_{41}-a_{11} & a_{42}-a_{12} & a_{43}-a_{13} & a_{44}-a_{14} \end{vmatrix},$$

再按第 1 行展开，得 $f(x)$ 至多是一次多项式，故选 D.

三、解答题

1. **解** $$\begin{vmatrix} 2 & -5 & 1 & 2 \\ -3 & 7 & -1 & 4 \\ 5 & -9 & 2 & 7 \\ 4 & -6 & 1 & 2 \end{vmatrix} \xlongequal{c_1 \leftrightarrow c_3} -\begin{vmatrix} 1 & -5 & 2 & 2 \\ -1 & 7 & -3 & 4 \\ 2 & -9 & 5 & 7 \\ 1 & -6 & 4 & 2 \end{vmatrix}$$

$$\xlongequal[r_4+(-1)\cdot r_1]{\substack{r_3+(-2)r_1 \\ r_2+r_1}} -\begin{vmatrix} 1 & -5 & 2 & 2 \\ 0 & 2 & -1 & 6 \\ 0 & 1 & 1 & 3 \\ 0 & -1 & 2 & 0 \end{vmatrix} \xlongequal{r_2 \leftrightarrow r_3} \begin{vmatrix} 1 & -5 & 2 & 2 \\ 0 & 1 & 1 & 3 \\ 0 & 2 & -1 & 6 \\ 0 & -1 & 2 & 0 \end{vmatrix}$$

$$\xlongequal[r_4+r_2]{r_3+(-2)r_2} \begin{vmatrix} 1 & -5 & 2 & 2 \\ 0 & 1 & 1 & 3 \\ 0 & 0 & -3 & 0 \\ 0 & 0 & 3 & 3 \end{vmatrix} \xlongequal{r_4+r_3} \begin{vmatrix} 1 & -5 & 2 & 2 \\ 0 & 1 & 1 & 3 \\ 0 & 0 & -3 & 0 \\ 0 & 0 & 0 & 3 \end{vmatrix}$$

$$=1\times 1\times(-3)\times 3=-9.$$

2. **解** 将第 2、3、4 列都加到第 1 列，得

$$原式=\begin{vmatrix} 0 & a_1 & 0 & 0 \\ 0 & -a_2 & a_2 & 0 \\ 0 & 0 & -a_3 & a_3 \\ 4 & 1 & 1 & 1 \end{vmatrix}=-4a_1a_2a_3.$$

3. **解** 该行列式后三列和为 0，把后三行都加到第一行上去，得到

$$f(x)=\begin{vmatrix} 1+x+x^2+x^3 & 0 & 0 & 0 \\ x & 1 & -1 & -1 \\ x^2 & -1 & 1 & -1 \\ x^3 & -1 & -1 & 1 \end{vmatrix}$$

$$=(1+x+x^2+x^3)\begin{vmatrix}1&-1&-1\\-1&1&-1\\-1&-1&1\end{vmatrix}$$

$$=(1+x+x^2+x^3)\begin{vmatrix}1&-1&-1\\0&0&-2\\0&-2&0\end{vmatrix}=-4(1+x+x^2+x^3).$$

4. **解** 将第 2、3、4 列都加到第一列，得

$$D=\begin{vmatrix}x&-1&1&x-1\\x&-1&x+1&-1\\x&x-1&1&-1\\x&-1&1&-1\end{vmatrix}=x\cdot\begin{vmatrix}1&-1&1&x-1\\1&-1&x+1&-1\\1&x-1&1&-1\\1&-1&1&-1\end{vmatrix}$$

$$=x\begin{vmatrix}1&-1&1&x-1\\0&0&x&-x\\0&x&0&-x\\0&0&0&-x\end{vmatrix}=x\cdot\begin{vmatrix}0&x&-x\\x&0&-x\\0&0&-x\end{vmatrix}=x^4\begin{vmatrix}0&1&-1\\1&0&-1\\0&0&-1\end{vmatrix}=x^4.$$

5. **解** 依题意，将行列式 D 按第三列展开得

$$D=(-1)\cdot(-1)^{1+3}\cdot 5+2\cdot(-1)^{2+3}\cdot 3+0\cdot(-1)^{3+3}\cdot(-7)+1\cdot(-1)^{4+3}\cdot 4$$
$$=-5-6-4=-15.$$

6. **解** 将原方程组化为标准形，得

$$\begin{cases}bx-ay=-2ab\\-2cy+3bz=bc,\\cx+az=0\end{cases}$$

则系数行列式 $D=\begin{vmatrix}b&-a&0\\0&-2c&3b\\c&0&a\end{vmatrix}=b\begin{vmatrix}-2c&3b\\0&a\end{vmatrix}+c\begin{vmatrix}-a&0\\-2c&3b\end{vmatrix}=-5abc\neq 0(a,b,c\neq 0)$，故方程组有唯一解. 又

$$D_1=\begin{vmatrix}-2ab&-a&0\\bc&-2c&3b\\0&0&0\end{vmatrix}=5a^2bc,D_2=\begin{vmatrix}b&-2ab&0\\0&bc&3b\\c&0&a\end{vmatrix}=-5ab^2c,$$

$$D_3=\begin{vmatrix}b&-a&-2ab\\0&-2c&bc\\c&0&0\end{vmatrix}=-5abc^2,$$

故有 $x=\dfrac{D_1}{D}=-a, y=\dfrac{D_2}{D}=b, z=\dfrac{D_3}{D}=c.$

(C 层)

一、填空题

1. $6a$.

分析

$$\begin{vmatrix} a_{21} & a_{22} & a_{23} \\ 2a_{31}-a_{11} & 2a_{32}-a_{12} & 2a_{33}-a_{13} \\ 3a_{11}+2a_{21} & 3a_{12}+2a_{22} & 3a_{13}+2a_{23} \end{vmatrix} \xlongequal{r_3+r_1(-2)} \begin{vmatrix} a_{21} & a_{22} & a_{23} \\ 2a_{31}-a_{11} & 2a_{32}-a_{12} & 2a_{33}-a_{13} \\ 3a_{11} & 3a_{12} & 3a_{13} \end{vmatrix}$$

$$=3\begin{vmatrix} a_{21} & a_{22} & a_{23} \\ 2a_{31}-a_{11} & 2a_{32}-a_{12} & 2a_{33}-a_{13} \\ a_{11} & a_{12} & a_{13} \end{vmatrix}$$

$$=3\begin{vmatrix} a_{21} & a_{22} & a_{23} \\ 2a_{31} & 2a_{32} & 2a_{33} \\ a_{11} & a_{12} & a_{13} \end{vmatrix}+$$

$$3\begin{vmatrix} a_{21} & a_{22} & a_{23} \\ -a_{11} & -a_{12} & -a_{13} \\ a_{11} & a_{12} & a_{13} \end{vmatrix}$$

$$=6\begin{vmatrix} a_{21} & a_{12} & a_{13} \\ a_{31} & a_{32} & a_{33} \\ a_{11} & a_{12} & a_{13} \end{vmatrix}=6a.$$

2. 0.

分析 $D_n \xlongequal[i=2,3,\cdots,n]{c_i+c_1(-1)} \begin{vmatrix} a_1+1 & 1 & \cdots & n-1 \\ a_2+1 & 1 & \cdots & n-1 \\ \vdots & \vdots & & \vdots \\ a_n+1 & 1 & \cdots & n-1 \end{vmatrix}=0.$

3. -1 或 2.

分析 系数行列式

$$D=\begin{vmatrix} 1 & \lambda & \lambda^2 \\ 1 & -1 & 1 \\ 2 & 4 & 8 \end{vmatrix}=2\begin{vmatrix} 1 & \lambda & \lambda^2 \\ 1 & -1 & 1 \\ 1 & 2 & 4 \end{vmatrix}=2\begin{vmatrix} 1 & \lambda & \lambda^2 \\ 1 & -1 & (-1)^2 \\ 1 & 2 & 2^2 \end{vmatrix}$$（范德蒙行列式）

$$= 2(-1-\lambda)(2-\lambda)(2+1) = 6(\lambda-2)(\lambda+1).$$

由齐次线性方程组有非零解，得 $D=0$，即有 $\lambda=-1$ 或 2.

4. $x = \pm\dfrac{2\sqrt{3}}{3}$.

分析 $D \xlongequal[i=2,3,4]{c_1+c_i(-x)} \begin{vmatrix} 1-3x^2 & x & x & x \\ 0 & 1 & 0 & 0 \\ 0 & 0 & 1 & 0 \\ 0 & 0 & 0 & 1 \end{vmatrix} = 1-3x^2$，由 $1-3x^2=-3$，

$x^2=\dfrac{4}{3}$，得 $x=\pm\dfrac{2\sqrt{3}}{3}$.

5. $-9,18$.

分析 根据 D_5 中第二、四行元素的特点，利用行列式的性质

$$\sum_{k=1}^{5} a_{ik}A_{jk} = \begin{cases} D_5 & i=j \\ 0 & i\neq j \end{cases}, \sum_{k=1}^{5} a_{ki}A_{kj} = \begin{cases} D_5 & i=j \\ 0 & i\neq j \end{cases},$$

得

$$\begin{cases} A_{41}+A_{42}+A_{43}+2(A_{44}+A_{45}) = 27 \\ 2(A_{41}+A_{42}+A_{43})+(A_{44}+A_{45}) = 0 \end{cases}$$

把这个方程组看作是以 $A_{41}+A_{42}+A_{43}$ 和 $A_{44}+A_{45}$ 为未知数的方程组，解得

$$A_{41}+A_{42}+A_{43}=-9, A_{44}+A_{45}=18.$$

二、选择题

1. **分析** 应选 A.

解 1 直接计算

$$f(x) \xlongequal{r_4-xr_1} \begin{vmatrix} 1 & 1 & 1 & 1 \\ 0 & 1 & -1 & -1 \\ 0 & -1 & 1 & -1 \\ 0 & -x-1 & -x-1 & 1-x \end{vmatrix} = \begin{vmatrix} 1 & -1 & -1 \\ -1 & 1 & -1 \\ -x-1 & -x-1 & 1-x \end{vmatrix}$$

$$\xlongequal[r_3+(x+1)r_1]{r_2+r_1} \begin{vmatrix} 1 & -1 & -1 \\ 0 & 0 & -2 \\ 0 & -2x-2 & 2 \end{vmatrix} = -4x-4.\text{ 故选 A.}$$

解 2 $f(x)$ 的一次项系数为 $a_{41}=x$ 的代数余子式的值 $=$ $(-1)^{1+4}\begin{vmatrix} 1 & 1 & 1 \\ 1 & -1 & -1 \\ -1 & 1 & -1 \end{vmatrix} = -4$，$f(x)$ 的常数项 $f(0) = \begin{vmatrix} 1 & 1 & 1 & 1 \\ 0 & 1 & -1 & -1 \\ 0 & -1 & 1 & -1 \\ 0 & -1 & -1 & 1 \end{vmatrix} =$

$$\begin{vmatrix} 1 & -1 & -1 \\ -1 & 1 & -1 \\ -1 & -1 & 1 \end{vmatrix}=-4$$,故选 A.

2. **分析**　应选 C.

按第一列展开得

$$\text{原式} = (-1)^{n+1}a_{n1}\begin{vmatrix} a_1 & & & \\ & a_2 & & \\ & & \ddots & \\ & & & a_{n-1} \end{vmatrix} = (-1)^{n+1}a_1a_2\cdots a_{n-1}a_{n1}.$$

3. **分析**　应选 C.

(1) 直选法:按第一列展开.

(2) 排除法:令 $b=0$,得原式 $=a^n$,故排除 B. 令 $a=0$,得原式 $=(-1)^{n+1}b^n$,排除 A、D,故选 C.

4. **分析**　应选 D.

显然 0 是其中一个根,故排除 A.

$$\begin{vmatrix} a_1 & a_2 & a_3 & a_4+x \\ a_1 & a_2 & a_3+x & a_4 \\ a_1 & a_2+x & a_3 & a_4 \\ a_1+x & a_2 & a_3 & a_4 \end{vmatrix}$$

$$= \begin{vmatrix} a_1+a_2+a_3+a_4+x & a_2 & a_3 & a_4+x \\ a_1+a_2+a_3+a_4+x & a_2 & a_3+x & a_4 \\ a_1+a_2+a_3+a_4+x & a_2+x & a_3 & a_4 \\ a_1+a_2+a_3+a_4+x & a_2 & a_3 & a_4 \end{vmatrix}$$

$\triangleq (a_1+a_2+a_3+a_4+x)D_1$,所以 $-a_1-a_2-a_3-a_4$ 为另一个根,故选 D.

5. **分析**　应选 C.

由根与系数的关系知 $\alpha+\beta+\gamma=0$,于是

$$\begin{vmatrix} \alpha & \beta & \gamma \\ \gamma & \alpha & \beta \\ \beta & \gamma & \alpha \end{vmatrix} = \begin{vmatrix} \alpha+\beta+\gamma & \beta & \gamma \\ \alpha+\beta+\gamma & \alpha & \beta \\ \alpha+\beta+\gamma & \gamma & \alpha \end{vmatrix} = \begin{vmatrix} 0 & \beta & \gamma \\ 0 & \alpha & \beta \\ 0 & \gamma & \alpha \end{vmatrix}=0$$,故选 C.

6. **分析**　应选 A.

利用 $\sum_{k=1}^{n}a_{ik}A_{jk}=\begin{cases} D & i=j \\ 0 & i\neq j \end{cases}$,注意到 M_{4j} 与 D 中第四行的元素无关而与

A_{4j} 的符号相关,故构造一个四阶行列式

$$D_1=\begin{vmatrix}3&0&4&0\\2&2&2&2\\0&-7&0&0\\-2&2&-2&2\end{vmatrix},$$

一方面,D_1 按第四行展开,则有

$$D_1=-2A_{41}+2A_{42}-2A_{43}+2A_{44}=2(M_{41}+M_{42}+M_{43}+M_{44})=2\sum_{j=1}^{4}M_{4j}.$$

另一方面,直接计算 D_1,可得 $D_1=-56$,故 $\sum\limits_{j=1}^{4}M_{4j}=-28$.

7. **分析** 应选 A.

注意到 D_1 与 D_2 除第二行外各对应元素均相等,从而第二行各元素的余子式与代数余子式均相等,于是,将 D_2 按第二行展开,得

$$D_2=(-1)^{2+1}\begin{vmatrix}a_{12}&a_{13}\\a_{32}&a_{33}\end{vmatrix}+(-1)^{2+2}\begin{vmatrix}a_{11}&a_{13}\\a_{31}&a_{33}\end{vmatrix}+(-1)^{2+3}\begin{vmatrix}a_{11}&a_{12}\\a_{31}&a_{32}\end{vmatrix}$$

$$=A_{21}+A_{22}+A_{23}=\sum_{j=1}^{3}A_{2j}.$$

8. **分析** 应选 D.

对于选项 A 取行列式 $A_n=\begin{vmatrix}1&1&1\\1&1&1\\2&3&-1\end{vmatrix}=0$,故 A 不是充分条件.

对于选项 B,取行列式 $B_n=\begin{vmatrix}1&1&1\\1&1&1\\1&1&1\end{vmatrix}=0$,故 B 不是充分条件.

对于选项 C,取行列式 $C_n=\begin{vmatrix}1&2&3\\2&-1&4\\3&1&7\end{vmatrix}=0$(第 3 行是前 2 行的和),故排除 C.

对于选项 D,设 D_n 的第 i 行是非零行,即至少有一个 $a_{ij}\neq 0(1\leqslant j\leqslant n)$,将 D_n 按第 i 行展开,由题设 $A_{ij}=a_{ij}$,则

$$D_n=\sum_{j=1}^{n}a_{ij}A_{ij}=\sum_{j=1}^{n}a_{ij}{}^2>0,$$

故选 D.

9. **分析** 应选 D.

解 1 直选法

$$\begin{vmatrix} 1 & 0 & 1 \\ 0 & 1 & 1 \\ x & y & z \end{vmatrix} \xlongequal{r_3+r_1(-x)} \begin{vmatrix} 1 & 0 & 1 \\ 0 & 1 & 1 \\ 0 & y & z-x \end{vmatrix} = z-x-y,$$

$$\begin{vmatrix} z-y & y & -1 \\ x & z-x & -1 \\ -x & -y & 1 \end{vmatrix} \xlongequal{c_1+c_2} \begin{vmatrix} z & y & -1 \\ z & z-x & -1 \\ -x-y & -y & 1 \end{vmatrix} \xlongequal{c_1+c_3\cdot z} \begin{vmatrix} 0 & y & -1 \\ 0 & z-x & -1 \\ z-x-y & -y & 1 \end{vmatrix}$$

$$= (z-x-y)\begin{vmatrix} y & -1 \\ z-x & -1 \end{vmatrix} = (z-x-y)^2,$$

故选 D.

解 2 排除法

由 $\begin{vmatrix} 1 & 0 & 1 \\ 0 & 1 & 1 \\ x & y & z \end{vmatrix} = 2$，不妨取 $x=y=0, z=2$，则 $\begin{vmatrix} z-y & y & -1 \\ x & z-x & -1 \\ -x & -y & 1 \end{vmatrix} =$ $\begin{vmatrix} 2 & 0 & -1 \\ 0 & 2 & -1 \\ 0 & 0 & 1 \end{vmatrix} = 4$，因此可排除 A、B、C. 故选 D.

三、解答题

1. **解** 当 $n=1$ 时，$D_1 = a_1 + b_1$；

当 $n=2$ 时，$D_2 = \begin{vmatrix} a_1+b_1 & a_1+b_2 \\ a_2+b_1 & a_2+b_2 \end{vmatrix}$

$$= (a_1+b_1)(a_2+b_2) - (a_1+b_2)(a_2+b_1)$$
$$= (a_1-a_2)(b_2-b_1);$$

当 $n \geqslant 3$ 时，$D_n \xlongequal[i=2,3,\cdots,n]{r_i+(-1)\times r_1} \begin{vmatrix} a_1+b_1 & a_1+b_2 & \cdots & a_1+b_n \\ a_2-a_1 & a_2-a_1 & \cdots & a_2-a_1 \\ \vdots & \vdots & & \vdots \\ a_n-a_1 & a_n-a_1 & \cdots & a_n-a_1 \end{vmatrix} = 0$（两行成比例，行列式的值为 0）.

综上所述

$$D_n = \begin{cases} a_1+b_1 & n=1 \\ (a_1-a_2)(b_2-b_1) & n=2. \\ 0 & n \geqslant 3 \end{cases}$$

2. **解**

$$D_n=\begin{vmatrix}0&a&a&\cdots&a+0\\b&0&a&\cdots&a+0\\b&b&0&\cdots&a+0\\\vdots&\vdots&\vdots&&\vdots\\b&b&b&\cdots&a-a\end{vmatrix}$$

$$=\begin{vmatrix}0&a&a&\cdots&a\\b&0&a&\cdots&a\\b&b&0&\cdots&a\\\vdots&\vdots&\vdots&&\vdots\\b&b&b&\cdots&a\end{vmatrix}+\begin{vmatrix}0&a&a&\cdots&0\\b&0&a&\cdots&0\\b&b&0&\cdots&0\\\vdots&\vdots&\vdots&&\vdots\\b&b&b&\cdots&-a\end{vmatrix}\triangleq D_1+D_2,$$

上式右边第一个行列式 D_1 的最后1列提取公倍数 a，得

$$D_1=\begin{vmatrix}0&a&a&\cdots&a\\b&0&a&\cdots&a\\b&b&0&\cdots&a\\\vdots&\vdots&\vdots&&\vdots\\b&b&b&\cdots&a\end{vmatrix}=a\cdot\begin{vmatrix}0&a&a&\cdots&1\\b&0&a&\cdots&1\\b&b&0&\cdots&1\\\vdots&\vdots&\vdots&&\vdots\\b&b&b&\cdots&1\end{vmatrix}$$

$$\xlongequal[i=2,3,\cdots,n]{r_{i-1}+(-1)\times r_i}a\cdot\begin{vmatrix}-b&a&0&\cdots&0&0\\0&-b&a&\cdots&0&0\\0&0&-b&\cdots&0&0\\\vdots&\vdots&\vdots&&\vdots&\vdots\\0&0&0&\cdots&-b&0\\b&b&b&\cdots&b&1\end{vmatrix}=a\cdot(-b)^{n-1}$$（按第 n 列展开）.

又 $D_2=-aD_{n-1}$（D_2 按第 n 列展开），于是

$$D_n=a\cdot(-b)^{n-1}-a\cdot D_{n-1}. \tag{1}$$

同理，可将第 n 行的元素拆成两数和，则有

$$D_n=b\cdot(-a)^{n-1}-b\cdot D_{n-1}. \tag{2}$$

当 $a\neq b$ 时，联立方程(1)与(2)，解得

$$D_n=(-1)^{n-1}ab(a^{n-2}+a^{n-3}b+\cdots+ab^{n-3}+b^{n-2}).$$

当 $a=b$ 时，

$$D_n = \begin{vmatrix} 0 & a & a & \cdots & a \\ a & 0 & a & \cdots & a \\ \vdots & \vdots & \vdots & & \vdots \\ a & a & a & \cdots & 0 \end{vmatrix} = a^n \begin{vmatrix} 0 & 1 & 1 & \cdots & 1 \\ 1 & 0 & 1 & \cdots & 1 \\ \vdots & \vdots & \vdots & & \vdots \\ 1 & 1 & 1 & \cdots & 0 \end{vmatrix}$$

$$\xlongequal{\text{加边法}} a^n \begin{vmatrix} 1 & 1 & 1 & 1 & \cdots & 1 \\ 0 & 0 & 1 & 1 & \cdots & 1 \\ 0 & 1 & 0 & 1 & \cdots & 1 \\ \vdots & \vdots & \vdots & \vdots & & \vdots \\ 0 & 1 & 1 & 1 & \cdots & 0 \end{vmatrix}_{n+1}$$

$$= a^n \cdot \begin{vmatrix} 1 & 1 & 1 & 1 & \cdots & 1 \\ -1 & -1 & 0 & 0 & \cdots & 0 \\ -1 & 0 & -1 & 0 & \cdots & 0 \\ \vdots & \vdots & \vdots & \vdots & & \vdots \\ -1 & 0 & 0 & 0 & \cdots & -1 \end{vmatrix}_{n+1} \text{（箭形行列式）}$$

$$\xlongequal[i=2,3,4,\cdots,n+1]{c_1+(-1)c_i} a^n(1-n)\cdot(-1)^n = (-1)^{n+1}(n-1)\cdot a^n.$$

3. **解**　一方面，构造 $n+1$ 阶范德蒙行列式

$$f(x) = \begin{vmatrix} 1 & 1 & 1 & \cdots & 1 & 1 \\ x_1 & x_2 & x_3 & \cdots & x_n & x \\ \vdots & \vdots & \vdots & & \vdots & \vdots \\ {x_1}^{n-2} & {x_2}^{n-2} & {x_3}^{n-2} & \cdots & {x_n}^{n-2} & x^{n-2} \\ {x_1}^{n-1} & {x_2}^{n-1} & {x_3}^{n-1} & \cdots & {x_n}^{n-1} & x^{n-1} \\ {x_1}^{n} & {x_2}^{n} & {x_3}^{n} & \cdots & {x_n}^{n} & x^{n} \end{vmatrix},$$

则 $f(x) = (x-x_1)(x-x_2)\cdots(x-x_n)\prod\limits_{1\leqslant j<i\leqslant n}(x_i-x_j).$　　(1)

另一方面，将上面 $n+1$ 阶行列式按最后一列展开，得

$$f(x) = A_{1,n+1} + x\cdot A_{2,n+1} + \cdots + x^{n-1}A_{n,n+1} + x^nA_{n+1,n+1}, \tag{2}$$

$A_{i,n+1}$ 与 x 无关，是 $f(x)$ 中 x^{i-1} 的系数$(i=1,2,\cdots,n+1)$. 比较(1)与(2)中 x^{n-1} 的系数，可得

$$A_{n,n+1} = -\left(\sum_{t=1}^{n}x_t\right)\left[\prod_{1\leqslant j<i\leqslant n}(x_i-x_j)\right],$$

于是，可得

$$D_n = (-1)^{n+n+1}A_{n,n+1} = \left(\sum_{t=1}^{n}x_t\right)\left[\prod_{1\leqslant j<i\leqslant n}(x_i-x_j)\right].$$

4. **解**　将方程组写成标准形式，且在各方程两边同乘以 10，得与原方程组同解的整系数方程组

$$\begin{cases} 5x_1 - 3x_2 - 4x_3 = 100 \\ -4x_1 + 10x_2 - 5x_3 = 200, \\ -2x_1 - x_2 + 10x_3 = 120 \end{cases}$$

得
$$D = \begin{vmatrix} 5 & -3 & -4 \\ -4 & 10 & -5 \\ -2 & -1 & 10 \end{vmatrix} = 229,$$

$$D_1 = \begin{vmatrix} 100 & -3 & -4 \\ 200 & 10 & -5 \\ 120 & -1 & 10 \end{vmatrix} = 22900, D_2 = \begin{vmatrix} 5 & 100 & -4 \\ -4 & 200 & -5 \\ -2 & 120 & 10 \end{vmatrix} = 18320,$$

$$D_3 = \begin{vmatrix} 5 & -3 & 100 \\ -4 & 10 & 200 \\ -2 & -1 & 120 \end{vmatrix} = 9160,$$

故有
$$x_1 = \frac{D_1}{D} = 100, x_2 = \frac{D_2}{D} = 80, x_3 = \frac{D_3}{D} = 40.$$

5. **证明**　（必要性）设三条不同的直线相交于一点(x_0, y_0)则

$$\begin{cases} ax_0 + by_0 + c = 0 \\ bx_0 + cy_0 + a = 0, \\ cx_0 + ay_0 + b = 0 \end{cases}$$

可见$(x_0, y_0, 1)$是齐次线性方程组

$$\begin{cases} ax + by + cz = 0 \\ bx + cy + az = 0 \\ cx + ay + bz = 0 \end{cases}$$

的非零解，故其系数行列式

$$D = \begin{vmatrix} a & b & c \\ b & c & a \\ c & a & b \end{vmatrix} = \frac{1}{2}(a+b+c)[(a-b)^2 + (b-c)^2 + (c-a)^2] = 0.$$

由于 l_1、l_2、l_3 是不同的直线，故 a、b、c 不完全相同，从而

$$(a-b)^2 + (b-c)^2 + (c-a)^2 \neq 0,$$

所以由 $D = 0$，得 $a + b + c = 0$.

（充分性）设 $a + b + c = 0$，考虑方程组

$$\begin{cases} ax+by+cz=0 \\ bx+cy+az=0 \\ cx+ay+bz=0 \end{cases}$$

的解，将 3 个方程相加，由条件 $a+b+c=0$，可知该方程等价于

$$\begin{cases} ax+by=-c \\ bx+cy=-a \end{cases}.$$

因为 $\begin{vmatrix} a & b \\ b & c \end{vmatrix}=ac-b^2=a(-a-b)-b^2=-(a^2+ab+b^2)\neq 0$，故方程组 $\begin{cases} ax+by=-c \\ bx+cy=-a \end{cases}$ 有唯一解，这说明直线 l_1、l_2、l_3 交于一点.

第八章

矩　阵

学习指导及“习题八”参考答案

(A 层)

1. **解**　(1)$2\boldsymbol{A}-\boldsymbol{B}=\begin{pmatrix}3 & 4 & 2 & 1\\ -4 & -1 & 4 & -1\\ -1 & 8 & 6 & -4\end{pmatrix}$,

(2)$\boldsymbol{A}+3\boldsymbol{B}=\begin{pmatrix}-2 & 2 & 15 & 11\\ 5 & 3 & -5 & 17\\ 10 & 4 & 17 & 5\end{pmatrix}$,

(3)$\boldsymbol{X}=2\boldsymbol{B}-\boldsymbol{A}=\begin{pmatrix}-3 & -2 & 5 & 4\\ 5 & 2 & -5 & 8\\ 5 & -4 & 3 & 5\end{pmatrix}$,

(4)$\boldsymbol{Y}=\frac{1}{7}(\boldsymbol{A}+3\boldsymbol{B})=\begin{pmatrix}-\frac{2}{7} & \frac{2}{7} & \frac{15}{7} & \frac{11}{7}\\ \frac{5}{7} & \frac{3}{7} & -\frac{5}{7} & \frac{17}{7}\\ \frac{10}{7} & \frac{4}{7} & \frac{17}{7} & \frac{5}{7}\end{pmatrix}$.

2. **解** 设 $\boldsymbol{X}=\begin{pmatrix}a&b\\c&d\end{pmatrix}$，由 $\boldsymbol{AX}=\boldsymbol{XA}$，得 $\begin{pmatrix}1&2\\0&1\end{pmatrix}\begin{pmatrix}a&b\\c&d\end{pmatrix}=\begin{pmatrix}a&b\\c&d\end{pmatrix}\begin{pmatrix}1&2\\0&1\end{pmatrix}$，即 $\begin{pmatrix}a+2c&b+2d\\c&d\end{pmatrix}=\begin{pmatrix}a&2a+b\\c&2c+d\end{pmatrix}$，得 $c=0,a=d$，故所有与 $\boldsymbol{A}$ 可交换的矩阵为 $\boldsymbol{X}=\begin{pmatrix}a&b\\0&a\end{pmatrix}$，其中 a、b 为任意常数.

3. **解** (1) $\begin{pmatrix}7&1\\4&3\end{pmatrix}$，(2) -14，(3) $\begin{bmatrix}-1&-2&-3\\-2&-4&-6\\-3&-6&-9\end{bmatrix}$，(4) $\begin{bmatrix}2&3\\4&6\\2&5\end{bmatrix}$，

(5) $\begin{pmatrix}-86&53\\-25&-5\end{pmatrix}$，(6) $\begin{bmatrix}3&2&1\\6&5&4\\9&8&7\end{bmatrix}$.

4. **解** (1) $\boldsymbol{A}+3\boldsymbol{B}=\begin{bmatrix}3&7&0&0\\8&14&0&0\\0&0&-1&7\\0&0&4&6\end{bmatrix}$，

(2) 由 $|\boldsymbol{A}|=\begin{vmatrix}0&1\\-1&2\end{vmatrix}\cdot\begin{vmatrix}2&4\\-2&3\end{vmatrix}=1\times14=14$，$|\boldsymbol{B}|=\begin{vmatrix}1&2\\3&4\end{vmatrix}\cdot\begin{vmatrix}-1&1\\2&1\end{vmatrix}=(-2)\times(-3)=6$，得 $|\boldsymbol{AB}|=|\boldsymbol{A}|\cdot|\boldsymbol{B}|=14\times6=84$.

5. **解** (1) $\begin{bmatrix}\frac{1}{4}&-\frac{1}{2}\\\frac{1}{8}&\frac{1}{4}\end{bmatrix}$，(2) $\begin{bmatrix}-\frac{1}{2}&-\frac{3}{2}&-\frac{5}{2}\\\frac{1}{2}&\frac{1}{2}&\frac{1}{2}\\0&1&1\end{bmatrix}$，(3) $\begin{bmatrix}-3&-4&1\\-3&-5&1\\4&6&-1\end{bmatrix}$，

(4) $\begin{bmatrix}\frac{1}{4}&\frac{1}{4}&\frac{1}{4}&\frac{1}{4}\\\frac{1}{4}&\frac{1}{4}&-\frac{1}{4}&-\frac{1}{4}\\\frac{1}{4}&-\frac{1}{4}&\frac{1}{4}&-\frac{1}{4}\\\frac{1}{4}&-\frac{1}{4}&-\frac{1}{4}&\frac{1}{4}\end{bmatrix}$，(5) $\begin{bmatrix}\frac{1}{2}&0&0&0&0\\0&\frac{1}{2}&0&0&0\\0&0&\frac{1}{2}&0&0\\0&0&0&5&-2\\0&0&0&-2&1\end{bmatrix}$，

(6) $\begin{pmatrix} -2 & 1 & 0 & 0 \\ \frac{3}{2} & -\frac{1}{2} & 0 & 0 \\ 0 & 0 & -\frac{1}{3} & \frac{1}{3} \\ 0 & 0 & \frac{2}{3} & \frac{1}{3} \end{pmatrix}$.

6. **解** (1)$\boldsymbol{X}=\boldsymbol{A}^{-1}\boldsymbol{B}=\frac{1}{6}\begin{pmatrix} 1 & -2 \\ 1 & 4 \end{pmatrix}\begin{pmatrix} 1 & 2 \\ 2 & 3 \end{pmatrix}=\begin{pmatrix} -\frac{1}{2} & -\frac{2}{3} \\ \frac{3}{2} & \frac{7}{3} \end{pmatrix}$,

(2)$\boldsymbol{X}=\boldsymbol{C}\boldsymbol{B}^{-1}=\begin{pmatrix} 4 & 7 \\ 5 & 2 \end{pmatrix}\begin{pmatrix} -3 & 2 \\ 2 & -1 \end{pmatrix}=\begin{pmatrix} 2 & 1 \\ -11 & 8 \end{pmatrix}$,

(3)$\boldsymbol{X}=\boldsymbol{A}^{-1}\boldsymbol{C}\boldsymbol{B}^{-1}=\frac{1}{6}\begin{pmatrix} 1 & -2 \\ 1 & 4 \end{pmatrix}\begin{pmatrix} 4 & 7 \\ 5 & 2 \end{pmatrix}\begin{pmatrix} -3 & 2 \\ 2 & -1 \end{pmatrix}=\begin{pmatrix} 4 & -\frac{5}{2} \\ -7 & \frac{11}{2} \end{pmatrix}$.

7. **解** 因为$|\boldsymbol{A}|=\begin{vmatrix} 3 & 0 & 8 \\ 3 & -1 & 6 \\ -2 & 0 & -5 \end{vmatrix}=-1\times\begin{vmatrix} 3 & 8 \\ -2 & -5 \end{vmatrix}=-1\neq 0$,所以$\boldsymbol{A}$可逆,又因为

$$\boldsymbol{A}_{11}=\begin{vmatrix} -1 & 6 \\ 0 & -5 \end{vmatrix}=5,\boldsymbol{A}_{21}=-\begin{vmatrix} 0 & 8 \\ 0 & -5 \end{vmatrix}=0,\boldsymbol{A}_{31}=\begin{vmatrix} 0 & 8 \\ -1 & 6 \end{vmatrix}=8,$$

$$\boldsymbol{A}_{12}=-\begin{vmatrix} 3 & 6 \\ -2 & -5 \end{vmatrix}=3,\boldsymbol{A}_{22}=\begin{vmatrix} 3 & 8 \\ -2 & -5 \end{vmatrix}=1,\boldsymbol{A}_{32}=-\begin{vmatrix} 3 & 8 \\ 3 & 6 \end{vmatrix}=6,$$

$$\boldsymbol{A}_{13}=\begin{vmatrix} 3 & -1 \\ -2 & 0 \end{vmatrix}=-2,\boldsymbol{A}_{23}=-\begin{vmatrix} 3 & 0 \\ -2 & 0 \end{vmatrix}=0,\boldsymbol{A}_{33}=\begin{vmatrix} 3 & 0 \\ 3 & -1 \end{vmatrix}=-3,$$

故

$$\boldsymbol{A}^{*}=\begin{pmatrix} 5 & 0 & 8 \\ 3 & 1 & 6 \\ -2 & 0 & -3 \end{pmatrix},$$

于是

$$\boldsymbol{A}^{-1}=\frac{1}{|\boldsymbol{A}|}\boldsymbol{A}^{*}=\frac{1}{-1}\begin{pmatrix} 5 & 0 & 8 \\ 3 & 1 & 6 \\ -2 & 0 & -3 \end{pmatrix}=\begin{pmatrix} -5 & 0 & -8 \\ -3 & -1 & -6 \\ 2 & 0 & 3 \end{pmatrix}.$$

8. 解

(1) $$\begin{pmatrix}1&2&1&3\\1&3&-4&4\\2&5&-3&7\end{pmatrix}\to\begin{pmatrix}1&2&1&3\\0&1&-5&1\\0&1&-5&1\end{pmatrix}\to\begin{pmatrix}1&2&1&3\\0&1&-5&1\\0&0&0&0\end{pmatrix}$$

$$\to\begin{pmatrix}1&0&11&1\\0&1&-5&1\\0&0&0&0\end{pmatrix}.$$

(2) $$\begin{pmatrix}1&2&3&0\\-1&-2&0&3\\2&4&6&0\\1&-2&-1&0\\0&0&1&1\end{pmatrix}\to\begin{pmatrix}1&2&3&0\\0&0&3&3\\0&0&0&0\\0&-4&-4&0\\0&0&1&1\end{pmatrix}\to\begin{pmatrix}1&2&3&0\\0&1&1&0\\0&0&1&1\\0&0&0&0\\0&0&0&0\end{pmatrix}$$

$$\to\begin{pmatrix}1&2&0&-3\\0&1&0&-1\\0&0&1&1\\0&0&0&0\\0&0&0&0\end{pmatrix}\to\begin{pmatrix}1&0&0&-1\\0&1&0&-1\\0&0&1&1\\0&0&0&0\\0&0&0&0\end{pmatrix}.$$

(3) $$\begin{pmatrix}1&2&-1&0\\4&5&2&2\\1&-1&5&2\\0&-3&6&-1\\2&2&2&0\end{pmatrix}\to\begin{pmatrix}1&2&-1&0\\0&-3&6&2\\0&-3&6&2\\0&-3&6&-1\\0&-2&4&0\end{pmatrix}\to\begin{pmatrix}1&2&-1&0\\0&-1&2&0\\0&0&0&1\\0&0&0&0\\0&0&0&0\end{pmatrix}$$

$$\to\begin{pmatrix}1&0&3&0\\0&1&-2&0\\0&0&0&1\\0&0&0&0\\0&0&0&0\end{pmatrix}.$$

(4) $$\begin{pmatrix}1&8&-7&12\\2&3&-5&7\\4&3&-9&9\\2&5&-8&8\end{pmatrix}\xrightarrow[r_3-2r_4]{r_2-2r_1}\begin{pmatrix}1&8&-7&12\\0&-13&9&-17\\0&-7&7&-7\\2&5&-8&8\end{pmatrix}$$

$$\xrightarrow[\left(-\frac{1}{7}\right)r_3]{r_4-2r_1}\begin{pmatrix}1 & 8 & -7 & 12\\0 & -13 & 9 & -17\\0 & 1 & -1 & 1\\0 & -11 & 6 & -16\end{pmatrix}\xrightarrow[r_4+11r_3]{r_2+13r_3}\begin{pmatrix}1 & 8 & -7 & 12\\0 & 0 & -4 & -4\\0 & 1 & -1 & 1\\0 & 0 & -5 & -5\end{pmatrix}$$

$$\to\begin{pmatrix}1 & 8 & -7 & 12\\0 & 1 & -1 & 1\\0 & 0 & 1 & 1\\0 & 0 & 0 & 0\end{pmatrix}\to\begin{pmatrix}1 & 0 & 0 & 3\\0 & 1 & 0 & 2\\0 & 0 & 1 & 1\\0 & 0 & 0 & 0\end{pmatrix}.$$

9. **解**

(1) $$\begin{pmatrix}1 & -1 & 2 & 3\\4 & 1 & 7 & 5\\3 & 0 & 1 & 6\end{pmatrix}\to\begin{pmatrix}1 & -1 & 2 & 3\\0 & 5 & -1 & -7\\0 & 3 & -5 & -3\end{pmatrix}\to\begin{pmatrix}1 & 2 & -1 & 3\\0 & -1 & 5 & -7\\0 & -5 & 3 & -3\end{pmatrix}$$

$$\to\begin{pmatrix}1 & 0 & 0 & 0\\0 & 1 & 0 & 0\\0 & 0 & 1 & 0\end{pmatrix}.$$

(2) $$\begin{pmatrix}1 & 0 & 7\\2 & 6 & 0\\-2 & -2 & 5\end{pmatrix}\xrightarrow[r_3+2r_1]{r_2-2r_1}\begin{pmatrix}1 & 0 & 7\\0 & 6 & -14\\0 & -2 & 19\end{pmatrix}\to\begin{pmatrix}1 & 0 & 0\\0 & 1 & 0\\0 & 0 & 1\end{pmatrix}.$$

10. **解**

(1) $$\begin{pmatrix}1 & 1 & 1 & -1\\-1 & -1 & 2 & 3\\2 & 2 & 5 & 0\end{pmatrix}\to\begin{pmatrix}1 & 1 & 1 & -1\\0 & 0 & 3 & 2\\0 & 0 & 3 & 2\end{pmatrix}\to\begin{pmatrix}1 & 1 & 1 & -1\\0 & 0 & 3 & 2\\0 & 0 & 0 & 0\end{pmatrix},$$

故 $r(\boldsymbol{A})=2$.

(2) $$\begin{pmatrix}1 & 0 & 0 & 1\\1 & 2 & 0 & -1\\3 & -1 & 0 & 4\\1 & 4 & 5 & 1\end{pmatrix}\to\begin{pmatrix}1 & 0 & 0 & 1\\0 & 2 & 0 & -2\\0 & -1 & 0 & 1\\0 & 4 & 5 & 0\end{pmatrix}\to\begin{pmatrix}1 & 0 & 0 & 1\\0 & 2 & 0 & -2\\0 & 0 & 0 & 0\\0 & 0 & 5 & 4\end{pmatrix}$$

$$\to\begin{pmatrix}1 & 0 & 0 & 1\\0 & 1 & 0 & -1\\0 & 0 & 5 & 4\\0 & 0 & 0 & 0\end{pmatrix},$$

故 $r(\boldsymbol{A})=3$.

(B 层)

1. **解** 由 $3\boldsymbol{A}+2\boldsymbol{X}=\boldsymbol{B}$,得

$$2\boldsymbol{X}=\boldsymbol{B}-3\boldsymbol{A}=\begin{pmatrix}11&-1\\2&7\end{pmatrix}-3\begin{pmatrix}3&2\\-1&5\end{pmatrix}$$

$$=\begin{pmatrix}11&-1\\2&7\end{pmatrix}-\begin{pmatrix}9&6\\-3&15\end{pmatrix}=\begin{pmatrix}2&-7\\5&-8\end{pmatrix},$$

于是

$$\boldsymbol{X}=\frac{1}{2}\begin{pmatrix}2&-7\\5&-8\end{pmatrix}=\begin{bmatrix}1&-\frac{7}{2}\\\frac{5}{2}&-4\end{bmatrix}.$$

2. **解** 由 $\boldsymbol{AB}=\begin{pmatrix}2&0&-1\\1&3&2\end{pmatrix}\begin{bmatrix}1&7&-1\\4&2&3\\2&0&1\end{bmatrix}=\begin{pmatrix}0&14&-3\\17&13&10\end{pmatrix}$,得

$$(\boldsymbol{AB})^T=\begin{bmatrix}0&17\\14&13\\-3&10\end{bmatrix},$$

$$\boldsymbol{B}^T\boldsymbol{A}^T=\begin{bmatrix}1&4&2\\7&2&0\\-1&3&1\end{bmatrix}\begin{bmatrix}2&1\\0&3\\-1&2\end{bmatrix}=\begin{bmatrix}0&17\\14&13\\-3&10\end{bmatrix}.$$

3. **解** 有可能. 例如,$\boldsymbol{A}=\begin{pmatrix}1&1\\-1&-1\end{pmatrix}$,$\boldsymbol{B}=\begin{pmatrix}1&-1\\-1&1\end{pmatrix}$均不为零矩阵,但 $\boldsymbol{AB}=\begin{pmatrix}0&0\\0&0\end{pmatrix}$. 此时,$\boldsymbol{BA}=\begin{pmatrix}1&-1\\-1&1\end{pmatrix}\begin{pmatrix}1&1\\-1&-1\end{pmatrix}=\begin{pmatrix}2&2\\-2&-2\end{pmatrix}$,这说明 $\boldsymbol{AB}\neq\boldsymbol{BA}$.

4. **解** $|5(\boldsymbol{A}^T\boldsymbol{B}^{-1})^2|=5^3|\boldsymbol{A}^T\boldsymbol{B}^{-1}|^2=5^3|\boldsymbol{A}^T|^2\cdot|\boldsymbol{B}^{-1}|^2=5^3|\boldsymbol{A}|^2\cdot|\boldsymbol{B}|^{-2}=5^3\cdot(-1)^2\cdot5^{-2}=5.$

5. **解** $\boldsymbol{A}^*=|\boldsymbol{A}|\boldsymbol{A}^{-1}=\frac{1}{8}\boldsymbol{A}^{-1}$,于是$\left|\left(\frac{1}{3}\boldsymbol{A}\right)^{-1}-8\boldsymbol{A}^*\right|=|3\boldsymbol{A}^{-1}-\boldsymbol{A}^{-1}|=|2\boldsymbol{A}^{-1}|=2^3\cdot\frac{1}{|\boldsymbol{A}|}=64.$

6. **解** $k\boldsymbol{A}=k\begin{pmatrix}\boldsymbol{I} & \boldsymbol{O}\\ \boldsymbol{C} & \boldsymbol{I}\end{pmatrix}=\begin{pmatrix}k\boldsymbol{I} & \boldsymbol{O}\\ k\boldsymbol{C} & k\boldsymbol{I}\end{pmatrix}=\begin{pmatrix}k & 0 & 0 & 0\\ 0 & k & 0 & 0\\ -k & 2k & k & 0\\ k & k & 0 & k\end{pmatrix}$,

$$\boldsymbol{A}+\boldsymbol{B}=\begin{pmatrix}\boldsymbol{I}+\boldsymbol{B}_{11} & \boldsymbol{O}+\boldsymbol{B}_{12}\\ \boldsymbol{C}+\boldsymbol{B}_{21} & \boldsymbol{I}+\boldsymbol{B}_{22}\end{pmatrix}=\begin{pmatrix}2 & 0 & 3 & 2\\ -1 & 3 & 0 & 1\\ 0 & 2 & 5 & 1\\ 0 & 0 & 2 & 1\end{pmatrix},$$

$$\boldsymbol{AB}=\begin{pmatrix}\boldsymbol{I} & \boldsymbol{O}\\ \boldsymbol{C} & \boldsymbol{I}\end{pmatrix}\begin{pmatrix}\boldsymbol{B}_{11} & \boldsymbol{B}_{12}\\ \boldsymbol{B}_{21} & \boldsymbol{B}_{22}\end{pmatrix}=\begin{pmatrix}\boldsymbol{IB}_{11} & \boldsymbol{IB}_{12}\\ \boldsymbol{CB}_{11}+\boldsymbol{IB}_{21} & \boldsymbol{CB}_{12}+\boldsymbol{IB}_{22}\end{pmatrix}$$

$$=\begin{pmatrix}\boldsymbol{B}_{11} & \boldsymbol{B}_{12}\\ \boldsymbol{CB}_{11}+\boldsymbol{B}_{21} & \boldsymbol{CB}_{12}+\boldsymbol{B}_{22}\end{pmatrix}=\begin{pmatrix}1 & 0 & 3 & 2\\ -1 & 2 & 0 & 1\\ -2 & 4 & 1 & 1\\ -1 & 1 & 5 & 3\end{pmatrix}.$$

7. **解 1** 设 $\boldsymbol{B}=\begin{pmatrix}b_1 & b_2\\ b_3 & b_4\end{pmatrix}$，依题意知 $\begin{pmatrix}2 & 4\\ 1 & 0\end{pmatrix}\begin{pmatrix}b_1 & b_2\\ b_3 & b_4\end{pmatrix}=\begin{pmatrix}2 & 4\\ 1 & 0\end{pmatrix}+2\begin{pmatrix}b_1 & b_2\\ b_3 & b_4\end{pmatrix}$,即

$$\begin{pmatrix}2b_1+4b_3 & 2b_2+4b_4\\ b_1 & b_2\end{pmatrix}=\begin{pmatrix}2+2b_1 & 4+2b_2\\ 1+2b_3 & 2b_4\end{pmatrix}\Leftrightarrow\begin{cases}2b_1+4b_3=2+2b_1\\ 2b_2+4b_4=4+2b_2\\ b_1=1+2b_3\\ b_2=2b_4\end{cases},$$

解这个方程组得 $\begin{cases}b_1=2\\ b_2=2\\ b_3=\dfrac{1}{2}\\ b_4=1\end{cases}$,即 $\boldsymbol{B}=\begin{pmatrix}2 & 2\\ \dfrac{1}{2} & 1\end{pmatrix}$.

解 2 由 $\boldsymbol{AB}=\boldsymbol{A}+2\boldsymbol{B}$,得 $(\boldsymbol{A}-2\boldsymbol{I}_2)\boldsymbol{B}=\boldsymbol{A}$,又 $(\boldsymbol{A}-2\boldsymbol{I}_2)=\begin{pmatrix}2 & 4\\ 1 & 0\end{pmatrix}-2\begin{pmatrix}1 & 0\\ 0 & 1\end{pmatrix}=\begin{pmatrix}0 & 4\\ 1 & -2\end{pmatrix}$ 且 $|\boldsymbol{A}-2\boldsymbol{I}_2|=-4\neq 0$,故 $\boldsymbol{A}-2\boldsymbol{I}_2$ 可逆.

$$(\boldsymbol{A}-2\boldsymbol{I}_2\,|\,\boldsymbol{I}_2)=\left(\begin{array}{cc:cc}0 & 4 & 1 & 0\\ 1 & -2 & 0 & 1\end{array}\right)\xrightarrow{\text{初等行变换}}\left(\begin{array}{cc:cc}1 & 0 & \frac{1}{2} & 1\\ 0 & 1 & \frac{1}{4} & 0\end{array}\right),$$

得$(\boldsymbol{A}-2\boldsymbol{I}_2)^{-1}=\begin{pmatrix}\frac{1}{2} & 1\\ \frac{1}{4} & 0\end{pmatrix}$,

于是$\boldsymbol{B}=(\boldsymbol{A}-2\boldsymbol{I}_2)^{-1}\cdot\boldsymbol{A}=\begin{pmatrix}\frac{1}{2} & 1\\ \frac{1}{4} & 0\end{pmatrix}\begin{pmatrix}2 & 4\\ 1 & 0\end{pmatrix}=\begin{pmatrix}2 & 2\\ \frac{1}{2} & 1\end{pmatrix}$.

解 3 （形如$\boldsymbol{AX}=\boldsymbol{B}$,$\boldsymbol{A}$可逆时,$(\boldsymbol{A}\,\vdots\,\boldsymbol{B})\xrightarrow{\text{初等行变换}}(\boldsymbol{I}\,\vdots\,\boldsymbol{A}^{-1}\boldsymbol{B})$,则$\boldsymbol{X}=\boldsymbol{A}^{-1}\boldsymbol{B}$.）

由$\boldsymbol{AB}=\boldsymbol{A}+2\boldsymbol{B}$,得

$$(\boldsymbol{A}-2\boldsymbol{I}_2)\boldsymbol{B}=\boldsymbol{A},$$

又$(\boldsymbol{A}-2\boldsymbol{I}_2)=\begin{pmatrix}2 & 4\\ 1 & 0\end{pmatrix}-2\begin{pmatrix}1 & 0\\ 0 & 1\end{pmatrix}=\begin{pmatrix}0 & 4\\ 1 & -2\end{pmatrix}$且$|\boldsymbol{A}-2\boldsymbol{I}_2|=-4\neq 0$,得$\boldsymbol{A}-2\boldsymbol{I}_2$可逆,于是

$$(\boldsymbol{A}-2\boldsymbol{I}_2\,\vdots\,\boldsymbol{A})=\left(\begin{array}{cc:cc}0 & 4 & 2 & 4\\ 1 & -2 & 1 & 0\end{array}\right)\xrightarrow{\text{初等行变换}}\left(\begin{array}{cc:cc}1 & 0 & 2 & 2\\ 0 & 1 & \frac{1}{2} & 1\end{array}\right)$$

则$\boldsymbol{B}=\begin{pmatrix}2 & 2\\ \frac{1}{2} & 1\end{pmatrix}$.

8. **解** $\begin{pmatrix}1 & 0\\ 2 & 1\end{pmatrix}^2=\begin{pmatrix}1 & 0\\ 2 & 1\end{pmatrix}\begin{pmatrix}1 & 0\\ 2 & 1\end{pmatrix}=\begin{pmatrix}1 & 0\\ 4 & 1\end{pmatrix}=\begin{pmatrix}1 & 0\\ 2\times 2 & 1\end{pmatrix}$,

$\begin{pmatrix}1 & 0\\ 2 & 1\end{pmatrix}^3=\begin{pmatrix}1 & 0\\ 2 & 1\end{pmatrix}^2\begin{pmatrix}1 & 0\\ 2 & 1\end{pmatrix}=\begin{pmatrix}1 & 0\\ 4 & 1\end{pmatrix}\begin{pmatrix}1 & 0\\ 2 & 1\end{pmatrix}=\begin{pmatrix}1 & 0\\ 6 & 1\end{pmatrix}=\begin{pmatrix}1 & 0\\ 2\times 3 & 1\end{pmatrix},\cdots$,

由此推测$\begin{pmatrix}1 & 0\\ 2 & 1\end{pmatrix}^n=\begin{pmatrix}1 & 0\\ 2n & 1\end{pmatrix}$.

以下用数学归纳法证明:对任意n,都有$\begin{pmatrix}1 & 0\\ 2 & 1\end{pmatrix}^n=\begin{pmatrix}1 & 0\\ 2n & 1\end{pmatrix}$.

(1) 当$n=2$时,结论已验证成立.

(2) 假设当 $n=k$ 时，有 $\begin{pmatrix}1&0\\2&1\end{pmatrix}^k=\begin{pmatrix}1&0\\2k&1\end{pmatrix}$，则当 $n=k+1$ 时，

$\begin{pmatrix}1&0\\2&1\end{pmatrix}^{k+1}=\begin{pmatrix}1&0\\2&1\end{pmatrix}^k\begin{pmatrix}1&0\\2&1\end{pmatrix}=\begin{pmatrix}1&0\\2k&1\end{pmatrix}\begin{pmatrix}1&0\\2&1\end{pmatrix}=\begin{pmatrix}1&0\\2(k+1)&1\end{pmatrix}$，结论成立，所以 $\begin{pmatrix}1&0\\2&1\end{pmatrix}^n=\begin{pmatrix}1&0\\2n&1\end{pmatrix}$（$n$ 为正整数）.

9. **解** 因 $|\boldsymbol{P}|=-1\neq 0$，故 $\boldsymbol{P}$ 可逆，因而可在 $\boldsymbol{AP}=\boldsymbol{PB}$ 两边同时右乘 $\boldsymbol{P}^{-1}$，得 $\boldsymbol{A}=\boldsymbol{PBP}^{-1}$，又

$$(\boldsymbol{P}\mid\boldsymbol{I})=\left(\begin{array}{ccc|ccc}1&0&0&1&0&0\\2&-1&0&0&1&0\\2&1&1&0&0&1\end{array}\right)\rightarrow\left(\begin{array}{ccc|ccc}1&0&0&1&0&0\\0&1&0&2&-1&0\\0&0&1&-4&1&1\end{array}\right),$$

得 $\boldsymbol{P}^{-1}=\begin{pmatrix}1&0&0\\2&-1&0\\-4&1&1\end{pmatrix}$，故

$$\boldsymbol{A}=\boldsymbol{PBP}^{-1}=\begin{pmatrix}1&0&0\\2&-1&0\\2&1&1\end{pmatrix}\begin{pmatrix}1&0&0\\0&0&0\\0&0&-1\end{pmatrix}\begin{pmatrix}1&0&0\\2&-1&0\\-4&1&1\end{pmatrix}=\begin{pmatrix}1&0&0\\2&0&0\\6&-1&-1\end{pmatrix},$$

$$\boldsymbol{A}^5=(\boldsymbol{PBP}^{-1})^5=(\boldsymbol{PBP}^{-1})(\boldsymbol{PBP}^{-1})(\boldsymbol{PBP}^{-1})(\boldsymbol{PBP}^{-1})(\boldsymbol{PBP}^{-1})$$
$$=\boldsymbol{PB}(\boldsymbol{P}^{-1}\boldsymbol{P})\boldsymbol{B}(\boldsymbol{P}^{-1}\boldsymbol{P})\boldsymbol{B}(\boldsymbol{P}^{-1}\boldsymbol{P})\boldsymbol{B}(\boldsymbol{P}^{-1}\boldsymbol{P})\boldsymbol{BP}^{-1}=\boldsymbol{PB}^5\boldsymbol{P}^{-1},$$

又

$$\boldsymbol{B}^2=\begin{pmatrix}1&0&0\\0&0&0\\0&0&-1\end{pmatrix}\begin{pmatrix}1&0&0\\0&0&0\\0&0&-1\end{pmatrix}=\begin{pmatrix}1&0&0\\0&0&0\\0&0&1\end{pmatrix},$$

$$\boldsymbol{B}^5=(\boldsymbol{B}^2)^2\cdot\boldsymbol{B}=\begin{pmatrix}1&0&0\\0&0&0\\0&0&1\end{pmatrix}\begin{pmatrix}1&0&0\\0&0&0\\0&0&1\end{pmatrix}\begin{pmatrix}1&0&0\\0&0&0\\0&0&-1\end{pmatrix}$$
$$=\begin{pmatrix}1&0&0\\0&0&0\\0&0&-1\end{pmatrix}=\boldsymbol{B},$$

故

$$A^5 = PB^5P^{-1} = PBP^{-1} = A = \begin{pmatrix} 1 & 0 & 0 \\ 2 & 0 & 0 \\ 6 & -1 & -1 \end{pmatrix}.$$

10. **解** (1) 由 $A^2 - 2A - 4I = 0 \Rightarrow A(A-2I) = 4I \Rightarrow A \cdot \frac{1}{4}(A-2I) = I$,

故 A 逆,且 $A^{-1} = \frac{1}{4}(A-2I)$.

(2) 由 $A^2 - 2A - 4I = 0$,得 $2A + 4I = A^2$,由(1) 得 A 可逆,$|A| \neq 0$,由 $|2A + 4I| = |A^2| = |A|^2 \neq 0$,得 $2A+4I$ 可逆,从而 $A+2I$ 可逆,所以

$$(A+2I)^{-1} = \left(\frac{1}{2}A^2\right)^{-1} = 2 \cdot (A^{-1})^2 = 2\left[\frac{1}{4}(A-2I)\right]^2 = \frac{1}{8}(A-2I)^2.$$

(3) 由 $A^2 - 2A - 4I = 0$,得$(A+I)(A-3I) = I$,故 $A-3I$ 可逆,且

$$(A-3I)^{-1} = A + I.$$

11. **证明** 必要性:$|A + AB| = |A(I_n + B)| = |A| \cdot |I_n + B|$,由已知 $|A+AB| = 0$,得 $|A| = 0$ 或 $|I_n + B| = 0$.

充分性:若 $|A| = 0$ 或 $|I_n + B| = 0$,则 $|A + AB| = |A(I_n + B)| = |A| \cdot |I_n + B| = 0$.

12. **证明** (1) 因 A 为对称矩阵,故 $A^T = A$,于是$(A^{-1})^T = (A^T)^{-1} = (A)^{-1} = A^{-1}$,从而 A^{-1} 为对称矩阵.

(2)$AA^* = |A| \cdot I, A^* = |A| \cdot A^{-1}$,

$(A^*)^T = (|A| \cdot A^{-1})^T = |A|(A^{-1})^T \overset{(1)}{=} |A|A^{-1} = A^*$,故 A^* 为对称矩阵.

13. **证明** 充分性:由 $B = \frac{1}{2}(A+I)$,得

$$B^2 = \frac{1}{2}(A+I) \cdot \frac{1}{2}(A+I) = \frac{1}{4}(A^2 + AI + IA + I^2)$$

$$= \frac{1}{4}(I + 2A + I) = \frac{1}{2}(A+I) = B.$$

必要性:由 $B = \frac{1}{2}(A+I)$,得

$A = 2B - I$,

$A^2 = (2B - I)^2 = 4B^2 - 2BI - 2IB + I^2 = 4B - 4B + I = I$.

证毕.

14. **解**

$$\boldsymbol{A}=\begin{pmatrix}0&2&0&0&1\\1&0&3&-2&1\\2&-2&4&-2&0\\1&-1&2&-1&0\end{pmatrix}\to\begin{pmatrix}1&0&3&-2&1\\0&2&0&0&1\\1&-1&2&-1&0\\0&0&0&0&0\end{pmatrix}$$

$$\to\begin{pmatrix}1&0&3&-2&1\\0&2&0&0&1\\0&-1&-1&1&-1\\0&0&0&0&0\end{pmatrix}\to\begin{pmatrix}1&0&3&-2&1\\0&1&1&-1&1\\0&0&-2&2&-1\\0&0&0&0&0\end{pmatrix},$$

故 $r(\boldsymbol{A})=3$.

$$\boldsymbol{A}^T=\begin{pmatrix}0&1&2&1\\2&0&-2&-1\\0&3&4&2\\0&-2&-2&-1\\1&1&0&0\end{pmatrix}\to\begin{pmatrix}1&1&0&0\\2&0&-2&-1\\0&3&4&2\\0&-2&-2&-1\\0&1&2&1\end{pmatrix}$$

$$\to\begin{pmatrix}1&1&0&0\\0&-2&-2&-1\\0&3&4&2\\0&-2&-2&-1\\0&1&2&1\end{pmatrix}\to\begin{pmatrix}1&1&0&0\\0&1&2&1\\0&3&4&2\\0&-2&-2&-1\\0&0&0&0\end{pmatrix}$$

$$\to\begin{pmatrix}1&1&0&0\\0&1&2&1\\0&0&-2&-1\\0&0&2&1\\0&0&0&0\end{pmatrix}\to\begin{pmatrix}1&1&0&0\\0&1&2&1\\0&0&-2&-1\\0&0&0&0\\0&0&0&0\end{pmatrix},$$

故 $r(\boldsymbol{A}^T)=3$.

(C 层)

1. **答** $\boldsymbol{AB}$ 必为非奇异矩阵. 因 $\boldsymbol{A}$、$\boldsymbol{B}$ 为非奇异矩阵，则有 $|\boldsymbol{A}|\neq 0$，$|\boldsymbol{B}|\neq 0$，于是 $|\boldsymbol{AB}|=|\boldsymbol{A}|\cdot|\boldsymbol{B}|\neq 0$，从而 $\boldsymbol{AB}$ 为非奇异矩阵.

但 $\boldsymbol{A}+\boldsymbol{B}$ 不一定为非奇异矩阵，例如 $\boldsymbol{A}=\begin{pmatrix}-1&0\\0&-1\end{pmatrix}$，$\boldsymbol{B}=\begin{pmatrix}1&0\\0&1\end{pmatrix}$ 时，$\boldsymbol{A}$、

$\boldsymbol{B}$ 均为非奇异矩阵，但 $\boldsymbol{A}+\boldsymbol{B}=\begin{pmatrix}0&0\\0&0\end{pmatrix}$ 为奇异矩阵.

2. **解 1** 直接计算 $\boldsymbol{A}$、$\boldsymbol{A}^2$、$\boldsymbol{A}^3$，找出 $\boldsymbol{A}^n$ 的规律. 此法计算量大且不易找出规律.

解 2
$$\begin{aligned}\boldsymbol{A}^n&=(\boldsymbol{B}^T\boldsymbol{C})(\boldsymbol{B}^T\boldsymbol{C})\cdots(\boldsymbol{B}^T\boldsymbol{C})\\&=\boldsymbol{B}^T(\boldsymbol{C}\boldsymbol{B}^T)(\boldsymbol{C}\boldsymbol{B}^T)\cdots(\boldsymbol{C}\boldsymbol{B}^T)\boldsymbol{C},\end{aligned}$$

又 $\boldsymbol{C}\boldsymbol{B}^T=\begin{pmatrix}1&\frac{1}{2}&\frac{1}{3}\end{pmatrix}\begin{pmatrix}1\\2\\3\end{pmatrix}=3$，所以

$$\boldsymbol{A}^n=\boldsymbol{B}^T\cdot 3\cdot 3\cdot\cdots\cdot 3\cdot\boldsymbol{C}=3^{n-1}\cdot\boldsymbol{B}^T\boldsymbol{C}$$

$$=3^{n-1}\cdot\begin{pmatrix}1\\2\\3\end{pmatrix}\begin{pmatrix}1&\frac{1}{2}&\frac{1}{3}\end{pmatrix}=3^{n-1}\begin{pmatrix}1&\frac{1}{2}&\frac{1}{3}\\2&1&\frac{2}{3}\\3&\frac{3}{2}&1\end{pmatrix}.$$

3. **解 1** 先算出 $\boldsymbol{A}+2\boldsymbol{I}$，利用 $|\boldsymbol{A}+2\boldsymbol{I}|\neq 0$，说明 $\boldsymbol{A}+2\boldsymbol{I}$ 可逆，求出 $(\boldsymbol{A}+2\boldsymbol{I})^{-1}$，最后利用矩阵乘法算出 $(\boldsymbol{A}+2\boldsymbol{I})^{-1}(\boldsymbol{A}^2+4\boldsymbol{A}+\boldsymbol{I})$.

解 2
$$\begin{aligned}(\boldsymbol{A}+2\boldsymbol{I})^{-1}(\boldsymbol{A}^2+4\boldsymbol{A}+\boldsymbol{I})&=(\boldsymbol{A}+2\boldsymbol{I})^{-1}(\boldsymbol{A}+2\boldsymbol{I})^2\\&=(\boldsymbol{A}+2\boldsymbol{I})^{-1}(\boldsymbol{A}+2\boldsymbol{I})(\boldsymbol{A}+2\boldsymbol{I})\\&=(\boldsymbol{A}+2\boldsymbol{I})=\begin{pmatrix}1&0&0\\1&1&0\\2&3&1\end{pmatrix}.\end{aligned}$$

4. **证明** 设 $\boldsymbol{A}=\begin{pmatrix}a_{11}&a_{12}&\cdots&a_{1n}\\a_{21}&a_{22}&\cdots&a_{2n}\\\vdots&\vdots&&\vdots\\a_{n1}&a_{12}&\cdots&a_{nn}\end{pmatrix}$，因为 $\boldsymbol{A}$ 为对称阵，即 $\boldsymbol{A}=\boldsymbol{A}^T$，所以

$$\boldsymbol{A}^2=\boldsymbol{A}\cdot\boldsymbol{A}=\boldsymbol{A}\cdot\boldsymbol{A}^T$$

$$=\begin{pmatrix}a_{11}^2+\cdots+a_{1n}^2&*&\cdots&*\\ *&a_{21}^2+\cdots+a_{2n}^2&\cdots&*\\\vdots&\vdots&&\vdots\\ *&*&\cdots&a_{n1}^2+\cdots+a_{nn}^2\end{pmatrix},$$

由已知 $A^2=0$,得 $a_{i1}^2+a_{i2}^2+\cdots+a_{in}^2=0, i=1,2,\cdots,n$.

又 A 为实对称阵,a_{ij} 均为实数($i=1,2,\cdots,n; j=1,2,\cdots,n$),故 $a_{i1}=a_{i2}=\cdots=a_{in}=0, i=1,2,\cdots,n$,即有 $A=O$.

5. **证明** (1) 由 B 是 n 阶反对称矩阵,即 $B^T=-B$,得

$$B^2=BB=(-B^T)(-B^T)=B^TB^T=(B^2)^T,$$

故 B^2 是对称矩阵.

(2) $(AB+BA)^T=(AB)^T+(BA)^T=B^TA^T+A^TB^T=-BA+A(-B)=-(AB+BA)$,故 $(AB+BA)$ 是反对称矩阵.

6. **解 1** $A^2=\begin{pmatrix}1&1&0\\0&1&1\\0&0&1\end{pmatrix}\begin{pmatrix}1&1&0\\0&1&1\\0&0&1\end{pmatrix}=\begin{pmatrix}1&2&1\\0&1&2\\0&0&1\end{pmatrix}$,

$$A^3=A^2\cdot A=\begin{pmatrix}1&2&1\\0&1&2\\0&0&1\end{pmatrix}\cdot\begin{pmatrix}1&1&0\\0&1&1\\0&0&1\end{pmatrix}=\begin{pmatrix}1&3&3\\0&1&3\\0&0&1\end{pmatrix},$$

$$A^4=A^3\cdot A=\begin{pmatrix}1&3&3\\0&1&3\\0&0&1\end{pmatrix}\cdot\begin{pmatrix}1&1&0\\0&1&1\\0&0&1\end{pmatrix}=\begin{pmatrix}1&4&6\\0&1&4\\0&0&1\end{pmatrix},$$

观察这些矩阵的规律,注意到 $1=\frac{2\cdot(2-1)}{2}, 3=\frac{3\cdot(3-1)}{2}, 6=\frac{4\cdot(4-1)}{2}$,可推测

$$A^n=\begin{pmatrix}1&n&\frac{n(n-1)}{2}\\0&1&n\\0&0&1\end{pmatrix}(n\text{ 为正整数}).$$

下面用数学归纳法证明.

当 $n=2$ 时,已验算成立.

假设当 $n=k$ 时,有 $A^k=\begin{pmatrix}1&k&\frac{k(k-1)}{2}\\0&1&k\\0&0&1\end{pmatrix}$,则当 $n=k+1$ 时,

$$A^{k+1}=A^k\cdot A=\begin{pmatrix}1&k&\frac{k(k-1)}{2}\\0&1&k\\0&0&1\end{pmatrix}\begin{pmatrix}1&1&0\\0&1&1\\0&0&1\end{pmatrix}$$

$$=\begin{pmatrix}1 & k+1 & \frac{k(k+1)}{2}\\0 & 1 & k+1\\0 & 0 & 1\end{pmatrix}=\begin{pmatrix}1 & k+1 & \frac{(k+1)[(k+1)-1]}{2}\\0 & 1 & k+1\\0 & 0 & 1\end{pmatrix},$$

故 $n=k+1$ 时，结论成立. 于是

$$A^n=\begin{pmatrix}1 & n & \frac{n(n-1)}{2}\\0 & 1 & n\\0 & 0 & 1\end{pmatrix}\text{（}n\text{ 为正整数）.}$$

解 2 因 $A=\begin{pmatrix}1 & 1 & 0\\0 & 1 & 1\\0 & 0 & 1\end{pmatrix}=\begin{pmatrix}1 & 0 & 0\\0 & 1 & 0\\0 & 0 & 1\end{pmatrix}+\begin{pmatrix}0 & 1 & 0\\0 & 0 & 1\\0 & 0 & 0\end{pmatrix}\triangleq I+B$

其中 $I=\begin{pmatrix}1 & 0 & 0\\0 & 1 & 0\\0 & 0 & 1\end{pmatrix}$，$B=\begin{pmatrix}0 & 1 & 0\\0 & 0 & 1\\0 & 0 & 0\end{pmatrix}$，又 $IB=BI=B$ 且 $I^1=I^2=I^3=\cdots=I^n$，故

$$A^n=(I+B)^n=\sum_{i=0}^{n}C_n^i\cdot B^i.$$

又
$$B^2=\begin{pmatrix}0 & 1 & 0\\0 & 0 & 1\\0 & 0 & 0\end{pmatrix}\begin{pmatrix}0 & 1 & 0\\0 & 0 & 1\\0 & 0 & 0\end{pmatrix}=\begin{pmatrix}0 & 0 & 1\\0 & 0 & 0\\0 & 0 & 0\end{pmatrix},$$

$$B^3=B^2B=\begin{pmatrix}0 & 0 & 1\\0 & 0 & 0\\0 & 0 & 0\end{pmatrix}\begin{pmatrix}0 & 1 & 0\\0 & 0 & 1\\0 & 0 & 0\end{pmatrix}=\begin{pmatrix}0 & 0 & 0\\0 & 0 & 0\\0 & 0 & 0\end{pmatrix},$$

故 $B^k=O, 3\leqslant k\leqslant n$，于是

$$A^n=\sum_{i=0}^{n}C_n^i\cdot B^i=C_n^0B^0+C_n^1B+C_n^2B^2=I+n\cdot B+\frac{n(n-1)}{2}B^2$$

$$=\begin{pmatrix}1 & 0 & 0\\0 & 1 & 0\\0 & 0 & 1\end{pmatrix}+n\cdot\begin{pmatrix}0 & 1 & 0\\0 & 0 & 1\\0 & 0 & 0\end{pmatrix}+\frac{n(n-1)}{2}\begin{pmatrix}0 & 0 & 1\\0 & 0 & 0\\0 & 0 & 0\end{pmatrix}$$

$$=\begin{pmatrix}1 & n & \frac{n(n-1)}{2}\\0 & 1 & n\\0 & 0 & 0\end{pmatrix}\text{（}n\text{ 为正整数）.}$$

7. **解** 因为$|\boldsymbol{A}|=1$,故$\boldsymbol{A}$可逆,且$\boldsymbol{A}^{-1}=\begin{pmatrix}\frac{1}{2} & \frac{\sqrt{3}}{2}\\ -\frac{\sqrt{3}}{2} & \frac{1}{2}\end{pmatrix}$,由$\boldsymbol{A}^6=\boldsymbol{I}$,得

$$\boldsymbol{A}^{11}=\boldsymbol{A}^{12}\cdot\boldsymbol{A}^{-1}=(\boldsymbol{A}^6)^2\cdot\boldsymbol{A}^{-1}=\boldsymbol{I}^2\boldsymbol{A}^{-1}=\boldsymbol{I}\boldsymbol{A}^{-1}=\begin{pmatrix}\frac{1}{2} & \frac{\sqrt{3}}{2}\\ -\frac{\sqrt{3}}{2} & \frac{1}{2}\end{pmatrix}.$$

8. **解1** 由$|\boldsymbol{A}+\boldsymbol{I}|=|\boldsymbol{A}+\boldsymbol{A}\boldsymbol{A}^T|=|\boldsymbol{A}|\,|\boldsymbol{I}+\boldsymbol{A}^T|=|\boldsymbol{A}|\cdot|(\boldsymbol{I}+\boldsymbol{A})^T|=|\boldsymbol{A}|\cdot|\boldsymbol{A}+\boldsymbol{I}|$,得$(1-|\boldsymbol{A}|)|\boldsymbol{I}+\boldsymbol{A}|=0$. 又由已知$|\boldsymbol{A}|<0$,得$1-|\boldsymbol{A}|\neq 0$,从而$|\boldsymbol{I}+\boldsymbol{A}|=0$.

解2 $|(\boldsymbol{A}+\boldsymbol{I})\boldsymbol{A}^T|=|\boldsymbol{A}\boldsymbol{A}^T+\boldsymbol{A}^T|=|\boldsymbol{I}+\boldsymbol{A}^T|=|(\boldsymbol{I}+\boldsymbol{A})^T|=|\boldsymbol{I}+\boldsymbol{A}|$,即有$|\boldsymbol{A}+\boldsymbol{I}|\cdot|\boldsymbol{A}^T|=|\boldsymbol{I}+\boldsymbol{A}|$,得$(1-|\boldsymbol{A}^T|)|\boldsymbol{I}+\boldsymbol{A}|=0$. 又由$|\boldsymbol{A}^T|=|\boldsymbol{A}|<0$,得$1-|\boldsymbol{A}^T|\neq 0$,从而$|\boldsymbol{I}+\boldsymbol{A}|=0$.

9. **解** 由$\boldsymbol{A}^*=(\boldsymbol{A}_{ji})_{3\times3}=(a_{ji})_{3\times3}=\boldsymbol{A}^T$,得$|\boldsymbol{A}^*|=|\boldsymbol{A}^T|=|\boldsymbol{A}|$,又$|\boldsymbol{A}^*|=|\boldsymbol{A}|^{n-1}=|\boldsymbol{A}|^2$(因为$n=3$),于是有$|\boldsymbol{A}|^2=|\boldsymbol{A}|$,则有$|\boldsymbol{A}|=0$或$|\boldsymbol{A}|=1$.

又因为$|\boldsymbol{A}|=a_{11}\boldsymbol{A}_{11}+a_{12}\boldsymbol{A}_{12}+a_{13}\boldsymbol{A}_{13}=a_{11}^2+a_{12}^2+a_{13}^2\neq 0(a_{11}\neq 0)$,所以$|\boldsymbol{A}|=1$.

10. **证明** 必要性:$\boldsymbol{A}\boldsymbol{A}^{-1}=\boldsymbol{I}$,$|\boldsymbol{A}^{-1}|=|\boldsymbol{A}|^{-1}$,又因为$\boldsymbol{A}$与$\boldsymbol{A}^{-1}$的元素均为整数,所以$|\boldsymbol{A}|$和$|\boldsymbol{A}^{-1}|$均为整数,故$|\boldsymbol{A}|=\pm 1$.

充分性:因为$\boldsymbol{A}$的元素均为整数,所以$\boldsymbol{A}$的伴随矩阵$\boldsymbol{A}^*$的元素也均为整数,又$\boldsymbol{A}^{-1}=|\boldsymbol{A}|^{-1}\cdot\boldsymbol{A}^*$,$|\boldsymbol{A}|=\pm 1$,故$\boldsymbol{A}^{-1}$的元素均为整数.

11. **解** $\boldsymbol{X}(\boldsymbol{I}-\boldsymbol{C}^{-1}\boldsymbol{B})^T\boldsymbol{C}^T=\boldsymbol{X}[\boldsymbol{C}(\boldsymbol{I}-\boldsymbol{C}^{-1}\boldsymbol{B})]^T=\boldsymbol{X}(\boldsymbol{C}-\boldsymbol{B})^T$,又$(\boldsymbol{C}-\boldsymbol{B})^T$

$$=\begin{pmatrix}1&0&0&0\\2&1&0&0\\3&2&1&0\\4&3&2&1\end{pmatrix},\ |(\boldsymbol{C}-\boldsymbol{B})^T|=1\neq 0,\text{故}(\boldsymbol{C}-\boldsymbol{B})^T\text{可逆}.$$

由$\boldsymbol{X}(\boldsymbol{I}-\boldsymbol{C}^{-1}\boldsymbol{B})^T\boldsymbol{C}^T=\boldsymbol{I}$,得$\boldsymbol{X}=[(\boldsymbol{C}-\boldsymbol{B})^T]^{-1}$,又

$$[(\boldsymbol{C}-\boldsymbol{B})^T\,\vdots\,\boldsymbol{I}]=\left(\begin{array}{cccc:cccc}1&0&0&0&1&0&0&0\\2&1&0&0&0&1&0&0\\3&2&1&0&0&0&1&0\\4&3&2&1&0&0&0&1\end{array}\right)\xrightarrow{\text{初等行变换}}\left(\begin{array}{cccc:cccc}1&0&0&0&1&0&0&0\\0&1&0&0&-2&1&0&0\\0&0&1&0&1&-2&1&0\\0&0&0&1&0&1&-2&1\end{array}\right),$$

故

$$X=\begin{pmatrix}1&0&0&0\\-2&1&0&0\\1&-2&1&0\\0&1&-2&1\end{pmatrix}.$$

12. **证明** 由 $\boldsymbol{A}^3=2\boldsymbol{I}$，得 $\boldsymbol{A}^3+8\boldsymbol{I}=10\boldsymbol{I}$，即 $\boldsymbol{A}^3+(2\boldsymbol{I})^3=10\boldsymbol{I}$，亦即 $(\boldsymbol{A}+2\boldsymbol{I})(\boldsymbol{A}^2-2\boldsymbol{A}+4\boldsymbol{I})=10\boldsymbol{I}$，$(\boldsymbol{A}+2\boldsymbol{I})\cdot\frac{1}{10}(\boldsymbol{A}^2-2\boldsymbol{A}+4\boldsymbol{I})=\boldsymbol{I}$，故 $\boldsymbol{A}+2\boldsymbol{I}$ 可逆，且 $(\boldsymbol{A}+2\boldsymbol{I})^{-1}=\frac{1}{10}(\boldsymbol{A}^2-2\boldsymbol{A}+4\boldsymbol{I})$.

13. **解** 将行列式 $|\boldsymbol{I}_n-2\boldsymbol{u}\boldsymbol{u}^T|$ 升为 $(n+1)$ 阶行列式，得

$$|\boldsymbol{I}_n-2\boldsymbol{u}\boldsymbol{u}^T|=\begin{vmatrix}1&2u_1&2u_2&\cdots&2u_n\\0&1-2u_1{}^2&-2u_1u_2&\cdots&-2u_1u_n\\0&-2u_2u_1&1-2u_2{}^2&\cdots&-2u_2u_n\\\vdots&\vdots&\vdots&&\vdots\\0&-2u_nu_1&-2u_nu_2&\cdots&1-2u_n{}^2\end{vmatrix}$$

$$\xlongequal[i=1,2,3,\cdots,n]{r_{i+1}+u_i\cdot r_1}\begin{vmatrix}1&2u_1&2u_2&\cdots&2u_n\\u_1&1&&&\\u_2&&1&&\\\vdots&&&\ddots&\\u_n&&&&1\end{vmatrix}\text{（箭形行列式）}$$

$$\xlongequal[i=1,2,3,\cdots,n]{c_1-u_i\cdot c_{i+1}}\begin{vmatrix}1-\sum_{i=1}^{n}2u_i^2&2u_1&2u_2&\cdots&2u_n\\0&1&&&\\0&&1&&\\\vdots&&&\ddots&\\0&&&&1\end{vmatrix}$$

$$=1-2\sum_{i=1}^{n}u_i^2=-1\left(\text{已知}\sum_{i=1}^{n}u_i^2=1\right).$$

自测题

(A 层)

一、填空题

1. $\begin{pmatrix}2 & 1\\3 & 4\end{pmatrix}^{-1}=$ ________.

2. $\begin{pmatrix}1 & 2\\-3 & 4\end{pmatrix}-\begin{pmatrix}1 & 0 & -1\\2 & 1 & 0\end{pmatrix}\begin{pmatrix}-1 & 1\\3 & 1\\-5 & 2\end{pmatrix}=$ ________.

3. $\begin{pmatrix}1\\1\\1\end{pmatrix}(2\quad 3\quad 4)=$ ________；$(2\quad 3\quad 4)\begin{pmatrix}1\\1\\1\end{pmatrix}=$ ________.

4. 设 n 阶方阵 $\boldsymbol{A}$ 的伴随矩阵为 $\boldsymbol{A}^*$，且 $|\boldsymbol{A}|=a\neq 0$，则 $|\boldsymbol{A}^*|=$ ________.

5. 当 x 与 y 满足关系________时，$\boldsymbol{A}=\begin{pmatrix}1 & 2\\4 & 3\end{pmatrix}$ 与 $\boldsymbol{B}=\begin{pmatrix}x & 1\\2 & y\end{pmatrix}$ 相乘可交换.

6. $\boldsymbol{A}=\begin{pmatrix}3 & 4 & 1 & 3\\0 & 1 & -1 & 4\\0 & 0 & 5 & 6\end{pmatrix}$，则 $\boldsymbol{A}$ 的秩为 $r(\boldsymbol{A})=$ ________.

7. 已知 $\begin{pmatrix}0 & 1 & 0\\1 & 0 & 0\\0 & 0 & 1\end{pmatrix}\boldsymbol{X}\begin{pmatrix}1 & 0 & 0\\0 & 0 & 1\\0 & 1 & 0\end{pmatrix}=\begin{pmatrix}1 & 2 & -3\\0 & -1 & 2\\2 & 0 & 1\end{pmatrix}$，则 $\boldsymbol{X}=$ ________.

8. 设 $\boldsymbol{A}=\begin{pmatrix}5 & 2 & 0 & 0\\2 & 1 & 0 & 0\\0 & 0 & 1 & -2\\0 & 0 & 1 & 1\end{pmatrix}$，则 $\boldsymbol{A}^{-1}=$ ________.

9. 由 $\begin{pmatrix} 3 & 6 & 0 & 2 \\ 5 & 4 & 1 & 8 \\ 0 & 1 & -3 & 4 \\ -1 & 4 & 2 & 7 \end{pmatrix} \cdot \begin{pmatrix} 1 & -2 & 4 \\ 7 & 1 & 9 \\ -3 & 5 & 2 \\ 5 & -7 & -7 \end{pmatrix}$ 得到的矩阵 $\boldsymbol{A}$ 中的元素 a_{23} = ________.

10. 设矩阵 $\boldsymbol{A}$ 满足 $\boldsymbol{A}^2 + 3\boldsymbol{A} - 5\boldsymbol{I} = 0$,则 $(\boldsymbol{A} - \boldsymbol{I})^{-1}$ = ________.

二、选择题

1. 若 $\boldsymbol{A}$、$\boldsymbol{B}$、$\boldsymbol{I}$ 是 n 阶方阵,则(　　).

(A) $(\boldsymbol{B} - \boldsymbol{A})(\boldsymbol{B} + \boldsymbol{A}) = \boldsymbol{B}^2 - \boldsymbol{A}^2$　　(B) $(\boldsymbol{AB})^2 = \boldsymbol{A}^2\boldsymbol{B}^2$

(C) $(\boldsymbol{A} + 2\boldsymbol{I})^2 = \boldsymbol{A}^2 + 4\boldsymbol{A} + 4$　　(D) $(\boldsymbol{A} - 2\boldsymbol{I})^2 = \boldsymbol{A}^2 - 4\boldsymbol{A} + 4\boldsymbol{I}$

2. $\boldsymbol{A}$,$\boldsymbol{B}$,$\boldsymbol{C}$ 均是 n 阶矩阵,下列命题正确的是(　　).

(A) 若 $\boldsymbol{A}$ 是非奇异矩阵,从 $\boldsymbol{AB} = \boldsymbol{AC}$ 可推出 $\boldsymbol{BA} = \boldsymbol{CA}$

(B) 若 $\boldsymbol{A}$ 是非奇异矩阵,必有 $\boldsymbol{AB} = \boldsymbol{BA}$

(C) 若 $\boldsymbol{A} \neq \boldsymbol{O}$,从 $\boldsymbol{AB} = \boldsymbol{AC}$ 可推出 $\boldsymbol{B} = \boldsymbol{C}$

(D) 若 $\boldsymbol{B} \neq \boldsymbol{C}$,必有 $\boldsymbol{AB} \neq \boldsymbol{AC}$

3. 下列各式中无意义的是(　　).

(A) $\begin{pmatrix} 1 & 0 \\ 3 & 2 \end{pmatrix}^2 - \begin{pmatrix} 1 & 0 \\ 1 & -1 \end{pmatrix}\begin{pmatrix} 1 & 2 & 3 \\ 1 & 3 & 5 \end{pmatrix}\begin{pmatrix} 1 & 0 & -1 \\ 1 & 3 & 5 \end{pmatrix}^T$

(B) $\frac{1}{3}\begin{pmatrix} 1 & -1 \\ 0 & 1 \end{pmatrix}^5 - 0 \cdot \begin{pmatrix} 1 & -1 \\ 1 & 5 \end{pmatrix}$

(C) $\begin{pmatrix} 1 \\ -1 \end{pmatrix}(3 \quad 1) - \begin{pmatrix} 4 & 0 \\ -1 & 1 \end{pmatrix}$

(D) $\begin{pmatrix} 1 & 0 \\ 0 & 1 \end{pmatrix} - \begin{pmatrix} 1 & 0 & 1 \\ -1 & 10 & 2 \end{pmatrix}^2$

4. 下列矩阵经初等变换化为 $\boldsymbol{I}_3$ 的是(　　).

(A) $\begin{bmatrix} 1 & 2 & -1 \\ -2 & -4 & 2 \\ 3 & 1 & 0 \end{bmatrix}$　　(B) $\begin{bmatrix} 1 & 0 & -1 \\ 2 & -1 & 0 \\ 0 & -1 & 2 \end{bmatrix}$

(C) $\begin{bmatrix} 1 & 0 & -1 \\ 0 & 3 & 1 \\ 1 & 0 & 4 \end{bmatrix}$　　(D) $\begin{bmatrix} 1 & 1 & 1 \\ 1 & 1 & 1 \\ 1 & 1 & 1 \end{bmatrix}$

5. $\boldsymbol{A}$、$\boldsymbol{B}$ 均为 $n(n \geqslant 2)$ 阶方阵,且 $\boldsymbol{AB} = \boldsymbol{O}$,则(　　).

(A) $\boldsymbol{A} = \boldsymbol{O}$ 且 $\boldsymbol{B} = \boldsymbol{O}$　　(B) $\boldsymbol{A} = \boldsymbol{O}$ 或 $\boldsymbol{B} = \boldsymbol{O}$

(C) $|\boldsymbol{A}|=0$ 且 $|\boldsymbol{B}|=0$　　　　(D) $|\boldsymbol{A}|=0$ 或 $|\boldsymbol{B}|=0$

6. 设 $\boldsymbol{A}$ 为 n 阶方阵,若 $|\boldsymbol{A}|=0$,则必有(　　).

(A) $\boldsymbol{A}$ 为零矩阵

(B) $\boldsymbol{A}$ 中任何一行向量均可用其余向量线性表出

(C) $\boldsymbol{A}$ 的秩为 n

(D) $\boldsymbol{A}$ 中至少有一行向量可由其余向量线性表出

7. 设 $\boldsymbol{A}=\begin{pmatrix}1 & 1\\0 & 1\end{pmatrix}$,则 $\boldsymbol{A}^n=$(　　)(n 为正整数).

(A) $\begin{pmatrix}1 & n\\0 & 1\end{pmatrix}$　　(B) $\begin{pmatrix}1 & 1\\0 & 1\end{pmatrix}$　　(C) $\begin{pmatrix}1 & 0\\0 & 1\end{pmatrix}$　　(D) $\begin{pmatrix}1 & 2\\0 & 1\end{pmatrix}$

8. 设 $\boldsymbol{A}$ 是 $m\times k$ 矩阵,$\boldsymbol{B}$ 是 $m\times n$ 矩阵,$\boldsymbol{C}$ 是 $s\times k$ 矩阵,$\boldsymbol{D}$ 是 $s\times n$ 矩阵,则错误的是(　　).

(A) $\boldsymbol{A}^T\boldsymbol{B}\boldsymbol{D}^T\boldsymbol{C}$ 为 k 阶方阵　　(B) $\boldsymbol{B}^T\boldsymbol{A}\boldsymbol{C}^T\boldsymbol{D}$ 为 n 阶方阵

(C) $\boldsymbol{D}^T\boldsymbol{C}\boldsymbol{A}^T\boldsymbol{B}$ 为 k 阶方阵　　(D) $\boldsymbol{B}\boldsymbol{D}^T\boldsymbol{C}\boldsymbol{A}^T$ 为 m 阶方阵

9. 如果在一个 $m\times n$ 矩阵 $\boldsymbol{A}$ 中,有某个 r 阶子式 $\boldsymbol{D}\neq 0$,那么 $\boldsymbol{A}$ 的秩(　　).

(A) $r(\boldsymbol{A})=r$　　(B) $r(\boldsymbol{A})\leqslant r$

(C) $r(\boldsymbol{A})\geqslant r$　　(D) 可以是任意正整数

10. 若 $\boldsymbol{A}$ 与 $\boldsymbol{B}$ 均为 n 阶可逆,$\boldsymbol{C}=\begin{pmatrix}\boldsymbol{A} & \boldsymbol{O}\\\boldsymbol{O} & \boldsymbol{B}\end{pmatrix}$,则 $\boldsymbol{C}^{-1}=$(　　).

(A) $\begin{bmatrix}\boldsymbol{B}^{-1} & \boldsymbol{O}\\\boldsymbol{O} & \boldsymbol{A}^{-1}\end{bmatrix}$　　(B) $\begin{bmatrix}\boldsymbol{A}^{-1} & \boldsymbol{O}\\\boldsymbol{O} & \boldsymbol{B}^{-1}\end{bmatrix}$

(C) $\boldsymbol{A}^{-1}\boldsymbol{B}^{-1}$　　(D) $\begin{bmatrix}\boldsymbol{O} & \boldsymbol{A}^{-1}\\\boldsymbol{B}^{-1} & \boldsymbol{O}\end{bmatrix}$

三、解答题

1. 已知 $\boldsymbol{A}=\begin{pmatrix}-1 & 2 & 1\\0 & -1 & 2\end{pmatrix}$,$\boldsymbol{B}=\begin{pmatrix}-1 & 0 & 3\\2 & 1 & -1\end{pmatrix}$,$\boldsymbol{C}=\begin{bmatrix}-1 & 1 & 4\\3 & -2 & 1\\0 & 0 & 2\end{bmatrix}$,计算 $\boldsymbol{AC}+\boldsymbol{BC}$.

2. 求矩阵 $\boldsymbol{A}$ 的秩:

$$\boldsymbol{A}=\begin{bmatrix}0 & 1 & 3\\-1 & 0 & 1\\3 & 4 & 7\\1 & 5 & -1\end{bmatrix}.$$

3. 已知二阶方阵$\boldsymbol{A}$、$\boldsymbol{B}$适合关系式$\boldsymbol{AB}=\boldsymbol{A}+3\boldsymbol{B}$,其中$\boldsymbol{A}=\begin{pmatrix}1&-3\\2&0\end{pmatrix}$,试求$\boldsymbol{B}$.

4. 设$\boldsymbol{X}$是一个未知矩阵且满足$\begin{pmatrix}1&-1&1\\1&1&3\\2&-3&2\end{pmatrix}\boldsymbol{X}=\begin{pmatrix}1&-1\\0&1\\2&-3\end{pmatrix}$,试求$\boldsymbol{X}$.

5. 设$\boldsymbol{A}$为三阶方阵,$|\boldsymbol{A}|=-\dfrac{1}{5}$,计算$|(5\boldsymbol{A})^{-1}-9\boldsymbol{A}^*|$.

6. 已知矩阵$\boldsymbol{A}=\boldsymbol{PQ}$,其中$\boldsymbol{P}=\begin{pmatrix}1\\2\\1\end{pmatrix}$,$\boldsymbol{Q}=(2,-1,2)$,求矩阵$\boldsymbol{A}$、$\boldsymbol{A}^{100}$.

7. 已知矩阵$\boldsymbol{A}$满足$\boldsymbol{A}^2-\boldsymbol{A}=3\boldsymbol{I}$,求证$\boldsymbol{A}-2\boldsymbol{I}$可逆,并求出$(\boldsymbol{A}-2\boldsymbol{I})^{-1}$.

8. 设$\boldsymbol{A}$为n阶方阵,且满足$\boldsymbol{A}^2=\boldsymbol{I}_n$,$|\boldsymbol{A}+\boldsymbol{I}_n|\neq 0$,其中$\boldsymbol{I}_n$为单位矩阵,求证$\boldsymbol{A}=\boldsymbol{I}_n$.

(B 层)

一、填空题

1. 设$\boldsymbol{A}$、$\boldsymbol{B}$为3阶方阵,且$|\boldsymbol{A}|=1$,$|\boldsymbol{B}|=-2$若矩阵$\boldsymbol{C}=\begin{pmatrix}\boldsymbol{O}&2\boldsymbol{A}\\-\boldsymbol{B}&\boldsymbol{O}\end{pmatrix}$,则行列式$|\boldsymbol{C}|=$________.

2. 已知$\boldsymbol{A}=\begin{pmatrix}0&0&1&2\\0&0&3&4\\-1&2&0&0\\-5&9&0&0\end{pmatrix}$,则$\boldsymbol{A}^{-1}=$________.

3. 设$\boldsymbol{A}$为n阶方阵,且$\boldsymbol{A}^2-2\boldsymbol{A}-3\boldsymbol{I}=\boldsymbol{O}$,则$(\boldsymbol{A}-\boldsymbol{I})^{-1}=$________.

4. 已知$\boldsymbol{\alpha}=(1,-1,2)$,$\boldsymbol{\beta}=(4,0,-1)$,且$\boldsymbol{A}=\boldsymbol{\alpha}^T\boldsymbol{\beta}$,则$\boldsymbol{A}^n=$________.

5. 设n阶矩阵$\boldsymbol{A}=(a_{ij})$中每一行的元素和为零,则$|-2\boldsymbol{A}|=$________.

6. 设$\boldsymbol{A}=\begin{pmatrix}1&0&1\\0&2&0\\1&0&1\end{pmatrix}$,对任意正整数$n\geqslant 2$,则$\boldsymbol{A}^n-2\boldsymbol{A}^{n-1}=$________.

二、选择题

1. 设n阶矩阵$\boldsymbol{A}$、$\boldsymbol{B}$、$\boldsymbol{C}$满足关系式$\boldsymbol{ABC}=\boldsymbol{I}$,则(　　)成立.

(A)$ACB = I$　　(B)$BCA = I$　　(C)$CBA = I$　　(D)$BAC = I$

2. 设A、B为4阶方阵,且$|A| = 2$,$|B| = 2$,则$|(A^*B^{-1})^2A^T| = ($　　$)$.

(A)64　　(B)32　　(C)8　　(D)16

3. 设A是n阶方阵,A经过有限次初等变换后得到B,下列结论正确的是(　　).

(A)$|A| = |B|$　　(B)$A = B$

(C) 若A可逆,则B可逆　　(D)$|AB| = 0$

4. 在下述命题中,(　　)是错误命题

(A) 两个初等方阵的乘积一定是初等方阵

(B) 两个初等方阵的乘积一定是可逆方阵

(C) 任意一类初等方阵的逆矩阵一定是同一类初等方阵

(D) 任意一个可逆方阵一定能写成有限个初等方阵的乘积

5. 如果在一个$m \times n$矩阵A中所有的r阶子式$D_r = 0$,其中r是某个确定的正整数,那么A的秩为(　　).

(A)$r(A) = r$　　(B)$r(A) < r$

(C)$r(A) > r$　　(D) 可以是任意正整数

6. 下列矩阵能化为有限个初等矩阵的积的是(　　).

(A)$\begin{pmatrix} 1 & -1 & 0 \\ 3 & 4 & 5 \end{pmatrix}$　　(B)$\begin{pmatrix} 1 & 0 & 2 \\ 0 & 3 & 3 \\ 0 & 0 & 2 \end{pmatrix}$

(C)$\begin{pmatrix} 1 & 0 & 1 \\ 0 & 1 & 0 \\ 1 & 0 & 1 \end{pmatrix}$　　(D)$\begin{pmatrix} 1 & -3 & -2 \\ 3 & -2 & 1 \\ 2 & 1 & 3 \end{pmatrix}$

7. 设A是n阶方阵,A^*是其伴随矩阵,则下列结论错误的是(　　).

(A) 若A是非奇异矩阵,则A^*也是非奇异矩阵

(B) 若A是奇异矩阵,则A^*也是奇异矩阵

(C) 若$|A^*| \neq 0$,则A是非奇异矩阵

(D)$|AA^*| = |A|$

8. 若A是n阶方阵,则下列方阵中(　　)为对称矩阵.

(A)$A - A^T$　　(B)AA^TB,其中B为n阶方阵

(C)AA^T　　(D)CAC^T,其中C为n阶方阵

9. 若A为n阶方阵,且$|A| = 0$,则必有(　　).

(A)A为零矩阵

(B)$\boldsymbol{A}$ 中任何一行向量均可由其余行向量线性表出

(C) 秩 $r(\boldsymbol{A}) = n$

(D)$\boldsymbol{A}$ 中至少有一行向量可由其余行向量线性表出

10. 设 $\boldsymbol{A}$、$\boldsymbol{B}$、$\boldsymbol{C}$ 是 n 阶方阵，下列结论正确的是(　　).

(A)$\boldsymbol{AB} = \boldsymbol{BC}$　　　　(B) 若 $\boldsymbol{A}^2 = \boldsymbol{O}$，则 $\boldsymbol{A} = \boldsymbol{O}$

(C)$\boldsymbol{A} + \boldsymbol{B} = \boldsymbol{B} + \boldsymbol{A}$　　　　(D) 若 $\boldsymbol{AB} = \boldsymbol{AC}$，则 $\boldsymbol{B} = \boldsymbol{C}$

三、解答题

1. 设 $\boldsymbol{A} = \begin{pmatrix} 3 & -2 \\ -1 & 1 \end{pmatrix}$，$f(x) = x^2 - 4x - 1$，试求矩阵多项式 $f(\boldsymbol{A})$.

2. 设 $\boldsymbol{A} = \begin{pmatrix} 3 & 4 & 0 & 0 \\ 4 & -3 & 0 & 0 \\ 0 & 0 & 2 & 0 \\ 0 & 0 & 2 & 2 \end{pmatrix}$，求 $|\boldsymbol{A}^8|$ 及 $\boldsymbol{A}^4$.

3. 已知 $\boldsymbol{A} = \begin{pmatrix} 1 & -1 & 0 \\ 0 & 1 & -1 \\ 0 & 0 & 1 \end{pmatrix}$，$\boldsymbol{C} = \begin{pmatrix} 2 & 1 & -1 \\ 0 & 3 & 1 \\ 0 & 0 & 2 \end{pmatrix}$，且 $\boldsymbol{A}(\boldsymbol{I} - \boldsymbol{C}^{-1}\boldsymbol{B})^T\boldsymbol{C}^T = \boldsymbol{I}$，试求矩阵 $\boldsymbol{B}$.

4. 设方阵 $\boldsymbol{A}$ 满足 $\boldsymbol{A}^2 - 3\boldsymbol{A} - 7\boldsymbol{I} = \boldsymbol{O}$，证明：$\boldsymbol{A}$ 与 $\boldsymbol{A} - 4\boldsymbol{I}$ 都是可逆矩阵，并求它们的逆阵.

5. 设 $\boldsymbol{A}$ 与 $\boldsymbol{B}$ 均为 n 阶方阵，满足 $\boldsymbol{AB} = \boldsymbol{I}$(或 $\boldsymbol{BA} = \boldsymbol{I}$)，求证：$\boldsymbol{A}$ 与 $\boldsymbol{B}$ 均可逆，且 $\boldsymbol{A}^{-1} = \boldsymbol{B}$，$\boldsymbol{B}^{-1} = \boldsymbol{A}$.

6. 设 $\boldsymbol{A} = \begin{pmatrix} a & b \\ c & d \end{pmatrix}$，如果存在某个 $m \geqslant 3$ 使得 $\boldsymbol{A}^m = \boldsymbol{O}$，求证 $\boldsymbol{A}^2 = \boldsymbol{O}$.

7. 设 $\boldsymbol{A}$ 是实矩阵，如果 $\boldsymbol{A}^T\boldsymbol{A} = \boldsymbol{O}$，是否一定有 $\boldsymbol{A} = \boldsymbol{O}$?

8. 设 n 阶方阵 $\boldsymbol{A} = \begin{pmatrix} 1 & 1 & \cdots & 1 \\ 1 & 1 & \cdots & 1 \\ \vdots & \vdots & & 1 \\ 1 & 1 & \cdots & 1 \end{pmatrix}$，试求 $\boldsymbol{A}^k$.

(C 层)

一、填空题

1. 设三阶矩阵 $\boldsymbol{A} = (a_{ij})$，若元素 a_{ij} 的代数余子式 $\boldsymbol{A}_{ij} = a_{ij}(i,j = 1,2,$

3)，则 $\boldsymbol{A}$ 的伴随矩阵 $\boldsymbol{A}^* =$ ________.

2. 设三阶矩阵 $\boldsymbol{A}$ 与 $\boldsymbol{B}$ 满足关系式 $\boldsymbol{BA} = \boldsymbol{A}^{-1}\boldsymbol{BA} - 2\boldsymbol{A}$，又已知 $\boldsymbol{A}^{-1} = \begin{pmatrix} 3 & 0 & 0 \\ 0 & -1 & 0 \\ 0 & 0 & 2 \end{pmatrix}$，则 $\boldsymbol{B} =$ ________.

3. 设 $\boldsymbol{A} = \begin{pmatrix} 1 & 0 & 0 \\ 0 & 2 & 0 \\ 3 & 0 & 5 \end{pmatrix}$，其伴随矩阵的逆矩阵 $(\boldsymbol{A}^*)^{-1} =$ ________.

4. 设 $\boldsymbol{A}$、$\boldsymbol{B}$、$\boldsymbol{C}$、$\boldsymbol{D}$ 均为 n 阶方阵，且 $\boldsymbol{ABCD} = \boldsymbol{I}$，则 $(\boldsymbol{BC})^T(\boldsymbol{DA})^T =$ ________.

5. 设 $\boldsymbol{A}$ 是 4×3 矩阵，且 $\boldsymbol{A}$ 的秩为 2，$\boldsymbol{B} = \begin{pmatrix} 2 & 0 & 5 \\ 0 & 1 & 0 \\ -1 & 0 & 3 \end{pmatrix}$，则 $r(\boldsymbol{AB}) =$ ________.

6. 已知 $\boldsymbol{P} = \begin{pmatrix} -1 & -4 \\ 1 & 1 \end{pmatrix}$，$\boldsymbol{B} = \begin{pmatrix} -1 & 0 \\ 0 & 2 \end{pmatrix}$ 满足 $\boldsymbol{P}^{-1}\boldsymbol{AP} = \boldsymbol{B}$，则 $\boldsymbol{A}^{11} =$ ________.

7. 设 $\boldsymbol{\alpha}$ 为 3 维列向量，$\boldsymbol{\alpha}^T$ 是 $\boldsymbol{\alpha}$ 的转置，若 $\boldsymbol{\alpha\alpha}^T = \begin{pmatrix} 1 & -1 & 1 \\ -1 & 1 & -1 \\ 1 & -1 & 1 \end{pmatrix}$，则 $\boldsymbol{\alpha}^T\boldsymbol{\alpha} =$ ________.

8. 设 $\boldsymbol{A}$、$\boldsymbol{B}$ 为 n 阶方阵，$\boldsymbol{A}^*$、$\boldsymbol{B}^*$ 分别为 $\boldsymbol{A}$、$\boldsymbol{B}$ 对应的伴随矩阵，若 $\boldsymbol{C} = \begin{pmatrix} \boldsymbol{A} & \boldsymbol{O} \\ \boldsymbol{O} & \boldsymbol{B} \end{pmatrix}$，则 $\boldsymbol{C}$ 的伴随矩阵 $\boldsymbol{C}^* =$ ________.

二、选择题

1. 设 $\boldsymbol{A}$、$\boldsymbol{B}$、$\boldsymbol{C}$ 都是 n 阶方阵，则(　　).

(A) 由 $\boldsymbol{A} \neq \boldsymbol{O}$ 且 $\boldsymbol{AB} = \boldsymbol{AC}$，得 $\boldsymbol{B} = \boldsymbol{C}$

(B) 由 $|\boldsymbol{A}| \neq 0$ 且 $\boldsymbol{AB} = \boldsymbol{AC}$，得 $\boldsymbol{B} = \boldsymbol{C}$

(C) 由 $|\boldsymbol{A}| = 0$，$|\boldsymbol{B}| = 0$，得 $\boldsymbol{AB} = \boldsymbol{O}$

(D) 由 $\boldsymbol{AB} = \boldsymbol{O}$，得 $|\boldsymbol{A}| = 0$ 且 $|\boldsymbol{B}| = 0$

2. 设 $\boldsymbol{A} = \begin{pmatrix} a_{11} & a_{12} & a_{13} \\ a_{21} & a_{22} & a_{23} \\ a_{31} & a_{32} & a_{33} \end{pmatrix}$，$\boldsymbol{B} = \begin{pmatrix} a_{21} & a_{22} & a_{23} \\ a_{11} & a_{12} & a_{13} \\ a_{11} + a_{31} & a_{12} + a_{32} & a_{13} + a_{33} \end{pmatrix}$，$\boldsymbol{P}_1 =$

$\begin{pmatrix} 0 & 1 & 0 \\ 1 & 0 & 0 \\ 0 & 0 & 1 \end{pmatrix}$，$\boldsymbol{P}_2 = \begin{pmatrix} 1 & 0 & 0 \\ 0 & 1 & 0 \\ 1 & 0 & 1 \end{pmatrix}$，则(　　)成立.

(A)$\boldsymbol{AP}_1\boldsymbol{P}_2 = \boldsymbol{B}$　(B)$\boldsymbol{AP}_2\boldsymbol{P}_1 = \boldsymbol{B}$　(C)$\boldsymbol{P}_1\boldsymbol{P}_2\boldsymbol{A} = \boldsymbol{B}$　(D)$\boldsymbol{P}_2\boldsymbol{P}_1\boldsymbol{A} = \boldsymbol{B}$

3. 在下述命题中，(　　)是错误的.

(A) 若 $\boldsymbol{A}$ 是可逆矩阵，则 $\boldsymbol{A}$ 与 $\boldsymbol{A}^{-1}$ 的乘积一定可交换

(B) 可逆矩阵与任意一个同阶的初等方阵的乘积一定是可交换的

(C) 任意一个 n 阶矩阵 $\boldsymbol{A}$ 与任意一个数量矩阵 $k\boldsymbol{I}_n$ 的乘积一定是可交换的

(D) 两个同阶的初等方阵的乘积未必是可交换的

4. 设 $\boldsymbol{A}$、$\boldsymbol{B}$、$\boldsymbol{A}+\boldsymbol{B}$ 均为可逆矩阵，则矩阵 $\boldsymbol{A}^{-1}+\boldsymbol{B}^{-1}$ 也可逆，且其逆矩阵为(　　).

(A)$\boldsymbol{B}(\boldsymbol{A}+\boldsymbol{B})^{-1}\boldsymbol{A}$　　(B)$\boldsymbol{A}^{-1}(\boldsymbol{A}+\boldsymbol{B})^{-1}\boldsymbol{B}^{-1}$

(C)$(\boldsymbol{A}^{-1}+\boldsymbol{B}^{-1})^{-T}$　　(D)$(\boldsymbol{A}^T+\boldsymbol{B}^T)^{-1}$

5. 设 $\boldsymbol{A}$ 为 n 阶方阵，满足 $\boldsymbol{A}^2 = \boldsymbol{A}$，且 $\boldsymbol{A} \neq \boldsymbol{I}$，则(　　).

(A)$\boldsymbol{A}$ 为可逆矩阵　　(B)$\boldsymbol{A}$ 为零矩阵

(C)$\boldsymbol{A}$ 为对称矩阵　　(D)$\boldsymbol{A}$ 为不可逆矩阵

6. 设 $n(n \geqslant 3)$ 阶可逆矩阵 $\boldsymbol{A}$ 的伴随矩阵为 $\boldsymbol{A}^*$，常数 $k \neq 0$，且 $k \neq \pm 1$，则 $(k\boldsymbol{A})^* = $(　　).

(A)$k\boldsymbol{A}^*$　(B)$k^{n-1}\boldsymbol{A}^*$　(C)$k^n\boldsymbol{A}^*$　(D)$k^{-1}\boldsymbol{A}^*$

7. 设 $\boldsymbol{A}$、$\boldsymbol{B}$ 为 m 阶矩阵，满足 $\boldsymbol{AB} = \boldsymbol{A}$，且 $\boldsymbol{A}$ 可逆，则有(　　).

(A)$\boldsymbol{A} = \boldsymbol{B} = \boldsymbol{I}$　　(B)$\boldsymbol{A} = \boldsymbol{I}$

(C)$\boldsymbol{B} = \boldsymbol{I}$　　(D)$\boldsymbol{A}$、$\boldsymbol{B}$ 互为逆矩阵

8. 设 $\boldsymbol{A}$ 是 n 阶方阵，$\boldsymbol{B}$ 是 $\boldsymbol{A}$ 中互换某两行所得的方阵，如果已知 $|\boldsymbol{A}| \neq |\boldsymbol{B}|$，则(　　).

(A)$|\boldsymbol{A}| = 0$　(B)$|\boldsymbol{A}| \neq 0$　(C)$|\boldsymbol{A}+\boldsymbol{B}| \neq 0$　(D)$|\boldsymbol{A}-\boldsymbol{B}| \neq 0$

9. 设 $\boldsymbol{A}$ 为 n 阶可逆矩阵，则(　　)是错误的.

(A) 若 $\boldsymbol{BA} = \boldsymbol{BC}$，则 $\boldsymbol{A} = \boldsymbol{C}$

(B)$\boldsymbol{A}$ 总可以经过初等行变换化为 n 阶单位矩阵 $\boldsymbol{I}_n$

(C) 对分块矩阵 $(\boldsymbol{A} \mid \boldsymbol{I}_n)$ 作初等变换，当 $\boldsymbol{A}$ 变为 $\boldsymbol{I}_n$ 时，相应地 $\boldsymbol{I}_n$ 变为 $\boldsymbol{A}^{-1}$

(D) 对分块矩阵 $(\boldsymbol{A} \mid \boldsymbol{B})$ 作初等变换，当 $\boldsymbol{A}$ 变为 $\boldsymbol{I}_n$ 时，相应地 $\boldsymbol{B}$ 变为 $\boldsymbol{A}^{-1}\boldsymbol{B}$

10. 若 $\boldsymbol{A}$、$\boldsymbol{B}$ 为同阶对称矩阵，则(　　).

(A)$\boldsymbol{A}+\boldsymbol{B}$ 对称　(B)$\boldsymbol{AB}$ 对称　(C)$\boldsymbol{A}^T\boldsymbol{B}$ 对称　(D)$\boldsymbol{AB}^T$ 对称

三、解答题

1. 设 $A=\begin{pmatrix}1&1&1\\2&2&2\\3&3&3\end{pmatrix}$，试求 A^2、A^4、A^{100}.

2. 设三阶方阵 $A=\begin{pmatrix}\boldsymbol{\alpha}\\2\boldsymbol{\gamma}_1\\3\boldsymbol{\gamma}_2\end{pmatrix}$，$B=\begin{pmatrix}\boldsymbol{\beta}\\\boldsymbol{\gamma}_1\\\boldsymbol{\gamma}_2\end{pmatrix}$，其中 $\boldsymbol{\alpha}$、$\boldsymbol{\beta}$、$\boldsymbol{\gamma}_1$、$\boldsymbol{\gamma}_2$ 都是3维行向量，已知 $|A|=12$，$|B|=-3$，试求 $|A-B|$.

3. 求解矩阵方程

$$X\begin{pmatrix}2&1&-1\\2&1&0\\1&-1&1\end{pmatrix}=\begin{pmatrix}-1&-2&3\\4&-6&5\end{pmatrix}.$$

4. 矩阵 $A=\begin{pmatrix}1&1&0\\0&1&0\\0&0&-1\end{pmatrix}$，且满足方程 $A^*BA=2BA-9I$，其中 A^* 为 A 的伴随矩阵，试求矩阵 B.

5. 设 n 阶非零方阵 A 的伴随矩阵为 A^*，且 $A^*=A^T$，求证：$|A|\neq 0$.

6. 设 A 为 n 阶方阵，证明：

(1) 若 $|A|=0$，则 $|A^*|=0$；(2) $|A^*|=|A|^{n-1}$.

7. 设列矩阵 $X=(x_1,x_2,\cdots,x_n)^T$ 满足 $X^TX=1$，I 是 n 阶单位矩阵，$H=I-2XX^T$，求证：H 是对称矩阵，且 $HH^T=I$.

自测题参考答案

(A层)

一、填空题

1. $\frac{1}{5}\begin{pmatrix} 4 & -1 \\ -3 & 2 \end{pmatrix}$.

分析 若 $\boldsymbol{A}=\begin{pmatrix} a & b \\ c & d \end{pmatrix}$可逆，则 $\begin{pmatrix} a & b \\ c & d \end{pmatrix}^{-1}=\frac{1}{ad-bc}\begin{pmatrix} d & -b \\ -c & a \end{pmatrix}$，故 $\begin{pmatrix} 2 & 1 \\ 3 & 4 \end{pmatrix}^{-1}=\frac{1}{5}\begin{pmatrix} 4 & -1 \\ -3 & 2 \end{pmatrix}$.

2. $\begin{pmatrix} -3 & 3 \\ -4 & 1 \end{pmatrix}$.

3. $\begin{bmatrix} 2 & 3 & 4 \\ 2 & 3 & 4 \\ 2 & 3 & 4 \end{bmatrix}$，9.

分析 一般地，$\boldsymbol{AB}\neq\boldsymbol{BA}$.

4. a^{n-1}.

分析 $\boldsymbol{AA}^*=\boldsymbol{A}^*\boldsymbol{A}=|\boldsymbol{A}|\boldsymbol{E}_n\Rightarrow|\boldsymbol{A}^*|=|\boldsymbol{A}|^{n-1}$.

5. $y=x+1$.

分析 $\begin{pmatrix} 1 & 2 \\ 4 & 3 \end{pmatrix}\cdot\begin{pmatrix} x & 1 \\ 2 & y \end{pmatrix}=\begin{pmatrix} x & 1 \\ 2 & y \end{pmatrix}\cdot\begin{pmatrix} 1 & 2 \\ 4 & 3 \end{pmatrix}\Rightarrow\begin{cases} 1+2y=2x+3 \\ 4x+6=2+4y \end{cases}\Rightarrow y=x+1$.

6. 3.

分析 阶梯形矩阵非零行的行数等于该矩阵的秩.

7. $\begin{bmatrix} 0 & 2 & -1 \\ 1 & -3 & 2 \\ 2 & 1 & 0 \end{bmatrix}$.

分析 已知 $\boldsymbol{AX}=\boldsymbol{B}$,若 $\boldsymbol{A}$ 可逆,则 $\boldsymbol{X}=\boldsymbol{A}^{-1}\boldsymbol{B}$;

已知 $\boldsymbol{XA}=\boldsymbol{B}$,若 $\boldsymbol{A}$ 可逆,则 $\boldsymbol{X}=\boldsymbol{BA}^{-1}$;

已知 $\boldsymbol{AXB}=\boldsymbol{C}$,若 $\boldsymbol{A},\boldsymbol{B}$ 可逆,则 $\boldsymbol{X}=\boldsymbol{A}^{-1}\boldsymbol{CB}^{-1}$.

初等方阵左(右)乘一个矩阵相当于对这个矩阵作相应的行(列)变换,于是

$$\boldsymbol{X}=\begin{pmatrix}0&1&0\\1&0&0\\0&0&1\end{pmatrix}\cdot\begin{pmatrix}1&2&-3\\0&-1&2\\2&0&1\end{pmatrix}\cdot\begin{pmatrix}1&0&0\\0&0&1\\0&1&0\end{pmatrix}$$

$$=\begin{pmatrix}0&-1&2\\1&2&-3\\2&0&1\end{pmatrix}\begin{pmatrix}1&0&0\\0&0&1\\0&1&0\end{pmatrix}=\begin{pmatrix}0&2&-1\\1&-3&2\\2&1&0\end{pmatrix}.$$

8. $\begin{pmatrix}1&-2&0&0\\-2&5&0&0\\0&0&\frac{1}{3}&\frac{2}{3}\\0&0&-\frac{1}{3}&\frac{1}{3}\end{pmatrix}$.

分析 (1) 若 $\boldsymbol{A}_1,\boldsymbol{A}_2,\cdots,\boldsymbol{A}_n$ 可逆,则

$$\begin{pmatrix}\boldsymbol{A}_1&&&\\&\boldsymbol{A}_2&&\\&&\ddots&\\&&&\boldsymbol{A}_n\end{pmatrix}^{-1}=\begin{pmatrix}\boldsymbol{A}_1^{-1}&&&\\&\boldsymbol{A}_2^{-1}&&\\&&\ddots&\\&&&\boldsymbol{A}_n^{-1}\end{pmatrix}.$$

(2) 若 $\boldsymbol{A}=\begin{pmatrix}a&b\\c&d\end{pmatrix}$可逆,则$\begin{pmatrix}a&b\\c&d\end{pmatrix}^{-1}=\frac{1}{ad-bc}\begin{pmatrix}d&-b\\-c&a\end{pmatrix}$.

9. 2.

分析 $\boldsymbol{A}_{m\times s}\cdot\boldsymbol{B}_{s\times n}=\boldsymbol{C}_{m\times n}$,其中 $c_{ij}=\sum\limits_{k=1}^{s}a_{ik}\cdot b_{kj}\,(i=1,2,\cdots,m;j=1,2,\cdots,n)$,于是

$$a_{23}=(5\quad 4\quad 1\quad 8)\begin{pmatrix}4\\9\\2\\-7\end{pmatrix}=2.$$

10. $\boldsymbol{A}+4\boldsymbol{I}$.

分析 $\boldsymbol{A}^2+3\boldsymbol{A}-5\boldsymbol{I}=0\Rightarrow\boldsymbol{A}^2+3\boldsymbol{A}-4\boldsymbol{I}=\boldsymbol{I}\Rightarrow(\boldsymbol{A}-\boldsymbol{I})(\boldsymbol{A}+4\boldsymbol{I})=\boldsymbol{I}$

$$\Rightarrow(\boldsymbol{A}-\boldsymbol{I})^{-1}=\boldsymbol{A}+4\boldsymbol{I}.$$

二、选择题

1. **分析** 应选 D.

$(\boldsymbol{B}-\boldsymbol{A})(\boldsymbol{B}+\boldsymbol{A})=\boldsymbol{B}^2-\boldsymbol{AB}+\boldsymbol{BA}-\boldsymbol{A}^2$；$(\boldsymbol{AB})^2=\boldsymbol{B}^2\boldsymbol{A}^2$；$(\boldsymbol{A}+2\boldsymbol{I})^2=\boldsymbol{A}^2+4\boldsymbol{A}+4\boldsymbol{I}$. 故排除 A、B、C.

2. **分析** 应选 A.

一般地，$\boldsymbol{AB}\neq\boldsymbol{BA}$；

若 $\boldsymbol{A}$ 是非奇异矩阵，$\boldsymbol{AB}=\boldsymbol{AC}\Rightarrow\boldsymbol{A}^{-1}\boldsymbol{AB}=\boldsymbol{A}^{-1}\boldsymbol{AC}\Rightarrow\boldsymbol{B}=\boldsymbol{C}$，故有 $\boldsymbol{BA}=\boldsymbol{CA}$；

若 $\boldsymbol{B}\neq\boldsymbol{C}$，取 $\boldsymbol{A}=\boldsymbol{O}$，则 $\boldsymbol{AB}=\boldsymbol{AC}$. 应选 A.

3. **分析** 应选 D.

A 中 $\begin{pmatrix}1&2&3\\1&3&5\end{pmatrix}\begin{pmatrix}1&0&-1\\1&3&5\end{pmatrix}^T$ 是 2×2 矩阵，故 $\begin{pmatrix}1&0\\3&2\end{pmatrix}^2-\begin{pmatrix}1&0\\1&-1\end{pmatrix}\begin{pmatrix}1&2&3\\1&3&5\end{pmatrix}\begin{pmatrix}1&0&-1\\1&3&5\end{pmatrix}^T$ 是 2×2 矩阵；B 中 $0\begin{pmatrix}1&-1\\1&5\end{pmatrix}=\begin{pmatrix}0&0\\0&0\end{pmatrix}$，$\dfrac{1}{3}\begin{pmatrix}1&-1\\0&1\end{pmatrix}^5$ 都是 2×2 矩阵；C 中 $\begin{pmatrix}1\\-1\end{pmatrix}(3\quad1)$，$\begin{pmatrix}4&0\\-1&1\end{pmatrix}$ 都是 2×2 矩阵，同型矩阵才能相加减，故 A、B、C 正确. 而 $\begin{pmatrix}1&0&1\\-1&10&2\end{pmatrix}$ 是 2×3 矩阵，$\begin{pmatrix}1&0&1\\-1&10&2\end{pmatrix}^2$ 无意义，应选 D.

4. **分析** 应选 C.

$\boldsymbol{A}_3$ 能经初等变换化为 $\boldsymbol{I}_3\Leftrightarrow\boldsymbol{A}_3$ 非奇异矩阵 $\Leftrightarrow|\boldsymbol{A}_3|\neq0\Leftrightarrow r(\boldsymbol{A}_3)=3$. 直接验证得 C.

5. **分析** 应选 D.

矩阵乘法没有交换律，即 $\boldsymbol{AB}\neq\boldsymbol{BA}$；矩阵乘法没有消去律，即 $\boldsymbol{AB}=\boldsymbol{O}$ 推不出 $\boldsymbol{A}=\boldsymbol{O}$ 或 $\boldsymbol{B}=\boldsymbol{O}$. 而 $\boldsymbol{AB}=\boldsymbol{O}\Rightarrow|\boldsymbol{AB}|=|\boldsymbol{A}|\cdot|\boldsymbol{B}|=0\Rightarrow|\boldsymbol{A}|=0$ 或 $|\boldsymbol{B}|=0$.

6. **分析** 应选 D.

$\boldsymbol{A}$ 为 n 阶方阵，若 $|\boldsymbol{A}|=0\Leftrightarrow r(\boldsymbol{A})<n\Leftrightarrow\boldsymbol{A}$ 为奇异矩阵 $\Leftrightarrow\boldsymbol{A}$ 行向量线性相关 $\Leftrightarrow\boldsymbol{A}$ 中至少有一行向量可由其余向量线性表出.

7. **分析** 应选 A.

$\boldsymbol{A}=\begin{pmatrix}1&1\\0&1\end{pmatrix}\Rightarrow\boldsymbol{A}^2=\begin{pmatrix}1&1\\0&1\end{pmatrix}^2=\begin{pmatrix}1&2\\0&1\end{pmatrix}$，

$\Rightarrow A^3=\begin{pmatrix}1&1\\0&1\end{pmatrix}^2\cdot\begin{pmatrix}1&2\\0&1\end{pmatrix}=\begin{pmatrix}1&3\\0&1\end{pmatrix}$,

$\Rightarrow\cdots\Rightarrow A^n=\begin{pmatrix}1&1\\0&1\end{pmatrix}^n=\begin{pmatrix}1&n\\0&1\end{pmatrix}$,故选 A.

8. **分析**　应选 C.

$\boldsymbol{D}^T\boldsymbol{C}\boldsymbol{A}^T\boldsymbol{B}$ 为 n 阶方阵,故选 C.

9. **分析**　应选 C.

若 $\boldsymbol{A}$ 的所有 $r+1$ 阶子式都为 0,而有某个 r 阶子式 $\boldsymbol{D}\neq 0$,则 $\boldsymbol{A}$ 的秩为 r. 现在某个 r 阶子式 $\boldsymbol{D}\neq 0$,只能说明 $r(\boldsymbol{A})\geqslant r$.

10. **分析**　应选 B.

(1) $\begin{bmatrix}\boldsymbol{A}_1&&&\\&\boldsymbol{A}_2&&\\&&\ddots&\\&&&\boldsymbol{A}_n\end{bmatrix}^{-1}=\begin{bmatrix}\boldsymbol{A}_1^{-1}&&&\\&\boldsymbol{A}_2^{-1}&&\\&&\ddots&\\&&&\boldsymbol{A}_n^{-1}\end{bmatrix}$;

(2) $\begin{bmatrix}&&&\boldsymbol{A}_1\\&&\boldsymbol{A}_2&\\&\iddots&&\\\boldsymbol{A}_n&&&\end{bmatrix}^{-1}=\begin{bmatrix}&&&\boldsymbol{A}_n^{-1}\\&&\iddots&\\&\boldsymbol{A}_2^{-1}&&\\\boldsymbol{A}_1^{-1}&&&\end{bmatrix}$.

故选 B.

三、解答题

1. **解**

$$\boldsymbol{AC}=\begin{pmatrix}-1&2&1\\0&-1&2\end{pmatrix}\begin{bmatrix}-1&1&4\\3&-2&1\\0&0&2\end{bmatrix}=\begin{pmatrix}7&-5&0\\-3&2&3\end{pmatrix},$$

$$\boldsymbol{BC}=\begin{pmatrix}-1&0&3\\2&1&-1\end{pmatrix}\begin{bmatrix}-1&1&4\\3&-2&1\\0&0&2\end{bmatrix}=\begin{pmatrix}1&-1&2\\1&0&7\end{pmatrix},$$

故 $\boldsymbol{AC}+\boldsymbol{BC}=\begin{pmatrix}8&-6&2\\-2&2&10\end{pmatrix}$.

2. **解**

$$A=\begin{pmatrix}0&1&3\\-1&0&1\\3&4&7\\1&5&-1\end{pmatrix}\to\begin{pmatrix}1&0&-1\\0&1&3\\3&4&7\\1&5&-1\end{pmatrix}\xrightarrow[r_4-r_1]{r_3-3r_1}\begin{pmatrix}1&0&-1\\0&1&3\\0&4&10\\0&5&0\end{pmatrix}\xrightarrow[r_4-5r_2]{r_3-4r_2}$$

$$\begin{pmatrix}1&0&-1\\0&1&3\\0&0&-2\\0&0&-15\end{pmatrix}\to\begin{pmatrix}1&0&-1\\0&1&3\\0&0&-2\\0&0&0\end{pmatrix},$$

故 $r(A)=3$.

3. **解** 由 $AB=A+3B$，得 $(A-3I)B=A$

$$(A-3I\,\vdots\,A)=\left(\begin{array}{cc:cc}-2&-3&1&-3\\2&-3&2&0\end{array}\right)\to\left(\begin{array}{cc:cc}-2&-3&1&-3\\0&-6&3&-3\end{array}\right)$$

$$\to\left(\begin{array}{cc:cc}-2&-3&1&-3\\0&1&-\frac{1}{2}&\frac{1}{2}\end{array}\right)\to\left(\begin{array}{cc:cc}-2&0&-\frac{1}{2}&-\frac{3}{2}\\0&1&-\frac{1}{2}&\frac{1}{2}\end{array}\right)$$

$$\to\left(\begin{array}{cc:cc}1&0&\frac{1}{4}&\frac{3}{4}\\0&1&-\frac{1}{2}&\frac{1}{2}\end{array}\right),$$

故 $B=\begin{pmatrix}\frac{1}{4}&\frac{3}{4}\\-\frac{1}{2}&\frac{1}{2}\end{pmatrix}$.

4. **分析** 利用初等变换

(1) 求 A^{-1}：$(A\,\vdots\,E)\xrightarrow{\text{初等行变换}}(E\,\vdots\,A^{-1})$，或 $\begin{pmatrix}A\\---\\E\end{pmatrix}\xrightarrow{\text{初等列变换}}\begin{pmatrix}E\\---\\A^{-1}\end{pmatrix}$.

(2) 求 $A^{-1}B$ 或 BA^{-1}：$(A\,\vdots\,B)\xrightarrow{\text{初等行变换}}(E\,\vdots\,A^{-1}B)$ 或 $\begin{pmatrix}A\\---\\B\end{pmatrix}\xrightarrow{\text{初等列变换}}$

$\begin{pmatrix}E\\---\\BA^{-1}\end{pmatrix}$.

解 1 设 $\boldsymbol{A}=\begin{pmatrix}1&-1&1\\1&1&3\\2&-3&2\end{pmatrix}$，

$$(\boldsymbol{A}\,\vdots\,\boldsymbol{I})\xrightarrow{\text{初等行变换}}\left(\begin{array}{ccc:ccc}1&0&0&\frac{11}{2}&-\frac{1}{2}&-2\\0&1&0&2&0&-1\\0&0&1&-\frac{5}{2}&\frac{1}{2}&1\end{array}\right),\text{得}$$

$$\boldsymbol{A}^{-1}=\begin{pmatrix}\frac{11}{2}&-\frac{1}{2}&-2\\2&0&-1\\-\frac{5}{2}&\frac{1}{2}&1\end{pmatrix},$$

则

$$\boldsymbol{X}=\boldsymbol{A}^{-1}\cdot\begin{pmatrix}1&-1\\0&1\\2&-3\end{pmatrix}=\begin{pmatrix}\frac{11}{2}&-\frac{1}{2}&-2\\2&0&-1\\-\frac{5}{2}&\frac{1}{2}&1\end{pmatrix}\begin{pmatrix}1&-1\\0&1\\2&-3\end{pmatrix}=\begin{pmatrix}\frac{3}{2}&0\\0&1\\-\frac{1}{2}&0\end{pmatrix}.$$

解 2
$$(\boldsymbol{A}\,\vdots\,\boldsymbol{B})=\left(\begin{array}{ccc:cc}1&-1&1&1&-1\\1&1&3&0&1\\2&-3&2&2&-3\end{array}\right)\rightarrow\left(\begin{array}{ccc:cc}1&-1&1&1&-1\\0&2&2&-1&2\\0&-1&0&0&-1\end{array}\right)$$

$$\rightarrow\left(\begin{array}{ccc:cc}1&-1&1&1&-1\\0&1&0&0&1\\0&2&2&-1&2\end{array}\right)\rightarrow\left(\begin{array}{ccc:cc}1&0&0&\frac{3}{2}&0\\0&1&0&&1\\0&0&1&-\frac{1}{2}&0\end{array}\right)$$

$$\rightarrow\left(\begin{array}{ccc:cc}1&-1&1&1&-1\\0&1&0&0&1\\0&0&1&-\frac{1}{2}&0\end{array}\right)\rightarrow\left(\begin{array}{ccc:cc}1&0&0&\frac{3}{2}&0\\0&1&0&0&1\\0&0&1&-\frac{1}{2}&0\end{array}\right)$$

故 $\boldsymbol{X}=\begin{pmatrix}\frac{3}{2}&0\\0&1\\-\frac{1}{2}&0\end{pmatrix}$.

5. **解** 由 $\boldsymbol{A}\cdot\boldsymbol{A}^*=|\boldsymbol{A}|\cdot\boldsymbol{I}$ 得 $\boldsymbol{A}^*=|\boldsymbol{A}|\cdot\boldsymbol{A}^{-1}=-\frac{1}{5}\boldsymbol{A}^{-1}$,故

$$|(5\boldsymbol{A})^{-1}-9\boldsymbol{A}^*|=\left|\frac{1}{5}\boldsymbol{A}^{-1}-9\cdot\left(-\frac{1}{5}\boldsymbol{A}^{-1}\right)\right|=2^3|\boldsymbol{A}^{-1}|$$
$$=2^3\cdot(-5)=-40.$$

6. **解** $\boldsymbol{A}=\boldsymbol{PQ}=\begin{pmatrix}2&-1&2\\4&-2&4\\2&-1&2\end{pmatrix}$,又 $\boldsymbol{QP}=(2,-1,2)\begin{pmatrix}1\\2\\1\end{pmatrix}=2$,故

$$\boldsymbol{A}^{100}=(\boldsymbol{PQ})^{100}=\boldsymbol{P}(\boldsymbol{QP})^{99}\boldsymbol{Q}=\boldsymbol{P}(2^{99})\boldsymbol{Q}=2^{99}(\boldsymbol{PQ})$$
$$=2^{99}\cdot\boldsymbol{A}=2^{99}\begin{pmatrix}2&-1&2\\4&-2&4\\2&-1&2\end{pmatrix}.$$

7. **解** $\boldsymbol{A}^2-\boldsymbol{A}=3\boldsymbol{I}\Leftrightarrow\boldsymbol{A}^2-\boldsymbol{A}-2\boldsymbol{I}=\boldsymbol{I}\Leftrightarrow(\boldsymbol{A}-2\boldsymbol{I})(\boldsymbol{A}+\boldsymbol{I})=\boldsymbol{I}\Rightarrow(\boldsymbol{A}-2\boldsymbol{I})^{-1}=\boldsymbol{A}+\boldsymbol{I}$.

8. **证明** 由 $\boldsymbol{A}^2=\boldsymbol{I}_n$,得 $(\boldsymbol{A}+\boldsymbol{I}_n)(\boldsymbol{A}-\boldsymbol{I}_n)=\boldsymbol{O}$,又因为 $|\boldsymbol{A}+\boldsymbol{I}_n|\neq 0$,得 $\boldsymbol{A}+\boldsymbol{I}_n$ 为可逆阵,在上式两边同时左乘 $(\boldsymbol{A}+\boldsymbol{I}_n)^{-1}$,得 $\boldsymbol{A}-\boldsymbol{I}_n=\boldsymbol{O}$,故 $\boldsymbol{A}=\boldsymbol{I}_n$.

(B 层)

一、填空题

1. -16.

分析 $|\boldsymbol{C}|=-|2\boldsymbol{A}|\cdot|-\boldsymbol{B}|=-2^3|\boldsymbol{A}|\cdot(-1)^3|\boldsymbol{B}|=-2^3\cdot1\cdot(-1)^3\cdot(-2)=-16$.

2. $\boldsymbol{A}^{-1}=\begin{pmatrix}0&0&9&-2\\0&0&5&-1\\-2&1&0&0\\\frac{3}{2}&-\frac{1}{2}&0&0\end{pmatrix}$.

分析 设 $\boldsymbol{A}_i$ 是方阵且可逆 $(i=1,2,\cdots,n)$,则

(1) $\begin{pmatrix}\boldsymbol{A}_1&0&0&0\\0&\boldsymbol{A}_2&0&0\\&&\ddots&\\0&0&0&\boldsymbol{A}_n\end{pmatrix}^{-1}=\begin{pmatrix}\boldsymbol{A}_1^{-1}&0&0&0\\0&\boldsymbol{A}_2^{-1}&0&0\\&&\ddots&\\0&0&0&\boldsymbol{A}_n^{-1}\end{pmatrix}$;

(2) $\begin{pmatrix} & & & \boldsymbol{A}_n \\ & & \iddots & \\ & \boldsymbol{A}_2 & & \\ \boldsymbol{A}_1 & & & \end{pmatrix}^{-1} = \begin{pmatrix} & & & \boldsymbol{A}_1^{-1} \\ & & \boldsymbol{A}_2^{-1} & \\ & \iddots & & \\ \boldsymbol{A}_n^{-1} & & & \end{pmatrix}$;

(3) 若 $\boldsymbol{A} = \begin{pmatrix} a & b \\ c & d \end{pmatrix}$可逆,则 $\boldsymbol{A}^{-1} = \dfrac{1}{ad-bc}\begin{pmatrix} d & -b \\ -c & a \end{pmatrix}$,故

$$\boldsymbol{A}^{-1} = \begin{pmatrix} 0 & 0 & 9 & -2 \\ 0 & 0 & 5 & -1 \\ -2 & 1 & 0 & 0 \\ \dfrac{3}{2} & -\dfrac{1}{2} & 0 & 0 \end{pmatrix}.$$

3. $\dfrac{1}{4}(\boldsymbol{A}-\boldsymbol{I})$.

分析　由 $\boldsymbol{A}^2-2\boldsymbol{A}-3\boldsymbol{I}=\boldsymbol{O}$,得 $\boldsymbol{A}^2-2\boldsymbol{A}+\boldsymbol{I}=4\boldsymbol{I}$,即

$$(\boldsymbol{A}-\boldsymbol{I})\left[\frac{1}{4}(\boldsymbol{A}-\boldsymbol{I})\right]=\boldsymbol{I},$$

故$(\boldsymbol{A}-\boldsymbol{I})^{-1}=\dfrac{1}{4}(\boldsymbol{A}-\boldsymbol{I})$.

4. $2^{n-1}\begin{pmatrix} 4 & 0 & -1 \\ -4 & 0 & 1 \\ 8 & 0 & -2 \end{pmatrix}$.

分析　$\boldsymbol{A}=\boldsymbol{\alpha}^T\boldsymbol{\beta}=(1,-1,2)^T(4,0,-1)=\begin{pmatrix} 4 & 0 & -1 \\ -4 & 0 & 1 \\ 8 & 0 & -2 \end{pmatrix}$,又 $\boldsymbol{\beta\alpha}^T=$ $(4,0,-1)(1,-1,2)^T=2$,所以

$$\begin{aligned}\boldsymbol{A}^n &= (\boldsymbol{\alpha}^T\boldsymbol{\beta})(\boldsymbol{\alpha}^T\boldsymbol{\beta})\cdots(\boldsymbol{\alpha}^T\boldsymbol{\beta})=\boldsymbol{\alpha}^T(\boldsymbol{\beta\alpha}^T)^{n-1}\boldsymbol{\beta} \\ &= \boldsymbol{\alpha}^T\cdot 2^{n-1}\cdot\boldsymbol{\beta}=2^{n-1}\begin{pmatrix} 4 & 0 & -1 \\ -4 & 0 & 1 \\ 8 & 0 & -2 \end{pmatrix}.\end{aligned}$$

5. 0.

分析　$\boldsymbol{A}=(a_{ij})$ 中每一行的元素和为零,若将 $2,3,\cdots,n$ 列都加到第 1 列上,得第 1 列的元素均为零,故 $|\boldsymbol{A}|=0$, $|-2\boldsymbol{A}|=(-2)^n|\boldsymbol{A}|=0$.

6. 0.

分析 由 $A^2=\begin{pmatrix}1&0&1\\0&2&0\\1&0&1\end{pmatrix}\cdot\begin{pmatrix}1&0&1\\0&2&0\\1&0&1\end{pmatrix}=\begin{pmatrix}2&0&2\\0&4&0\\2&0&2\end{pmatrix}=2\begin{pmatrix}1&0&1\\0&2&0\\1&0&1\end{pmatrix}=2A$，有 $A^n=A^2A^{n-2}=2AA^{n-2}=2A^{n-1}$，得 $A^n-2A^{n-1}=0$.

二、选择题

1. **分析** 应选 B.

由 $ABC=I$，得 $A^{-1}=BC$，$C^{-1}=AB$，故 $BCA=BC(BC)^{-1}=I$，$CAB=C(BC)^{-1}B=CC^{-1}B^{-1}B=I$.

一般地，矩阵乘法不满足交换律，故选 B.

2. **分析** 应选 B.

因 $|A_nB_n|=|A_n|\cdot|B_n|$，$|A_n{}^m|=|A_n|^m$，$|kA_n|=k^n|A_n|$，$|A_n{}^{-1}|=|A_n|^{-1}$，$|A^*|=|A|^{n-1}$，故

$|(A^*B^{-1})^2A^T|=|A^*|^2\cdot|B^{-1}|^2\cdot|A^T|=|A^*|^2\cdot(|B|^{-1})^2|A|=(|A|^{4-1})^2\cdot\dfrac{1}{|B|^2}|A|=2^5=32$.

3. **分析** 应选 C.

A 经过有限次初等变换后得到 $B\Leftrightarrow A$ 相似于 $B\Leftrightarrow r(A)=r(B)\Rightarrow$ 初等变换不改变 A 的奇异性，故选 C.

4. **分析** 应选 A.

初等方阵都是可逆方阵，而可逆方阵的乘积仍是可逆方阵，故 B 正确. 而 C、D 是关于初等方阵的两个重要的命题.

对于 A，不妨取初等方阵 $\begin{pmatrix}a&0\\0&1\end{pmatrix}$ 与 $\begin{pmatrix}1&0\\0&b\end{pmatrix}$，其中 $a\neq0$，$b\neq0$，则 $\begin{pmatrix}a&0\\0&1\end{pmatrix}\begin{pmatrix}1&0\\0&b\end{pmatrix}=\begin{pmatrix}a&0\\0&b\end{pmatrix}$，而 $\begin{pmatrix}a&0\\0&b\end{pmatrix}$ 不是初等方阵. 故选 A.

5. **分析** 应选 B.

因矩阵中所有的 r 阶子式 $D_r=0$，则 A 中所有的 $r+1$ 阶子式按某行或列展开，用 r 阶子式表示，可得其值为 0，故 A 中所有阶数大于或等于 r 的子式都等于 0，于是 $r(A)<r$，故选 B.

6. **分析** 应选 B.

A 是可逆的 n 阶方阵 $\Leftrightarrow A$ 非奇异 $\Leftrightarrow r(A)=n\Leftrightarrow\det(A)=n\Leftrightarrow A$ 可逆 $\Leftrightarrow A$ 相似于单位矩阵 $I_n\Leftrightarrow A$ 能化为有限个初等矩阵的积. 而 $\begin{pmatrix}1&-1&0\\3&4&5\end{pmatrix}\rightarrow$

$\begin{pmatrix}1 & -1 & 0\\0 & 7 & 5\end{pmatrix}$，秩为 $2<3$；$\begin{pmatrix}1 & 0 & 1\\0 & 1 & 0\\1 & 0 & 1\end{pmatrix}\to\begin{pmatrix}1 & 0 & 1\\0 & 1 & 0\\0 & 0 & 0\end{pmatrix}$，秩为 $2<3$；

$\begin{pmatrix}1 & -3 & -2\\3 & -2 & 1\\2 & 1 & 3\end{pmatrix}\to\begin{pmatrix}1 & -3 & -2\\0 & 7 & 7\\0 & 0 & 0\end{pmatrix}$，秩为 $2<3$；$\begin{vmatrix}1 & 0 & 2\\0 & 3 & 3\\0 & 0 & 2\end{vmatrix}=6\neq 0$. 故选 B.

7. **分析**　应选 D.

$\boldsymbol{AA}^*=|\boldsymbol{A}|\cdot\boldsymbol{I}_n$，可知 A、B、C 正确.

8. **分析**　应选 C.

$(\boldsymbol{A}-\boldsymbol{A}^T)^T=\boldsymbol{A}^T-(\boldsymbol{A}^T)^T=\boldsymbol{A}^T-\boldsymbol{A}\neq\boldsymbol{A}-\boldsymbol{A}^T$；

$(\boldsymbol{AA}^T\boldsymbol{B})^T=\boldsymbol{B}^T(\boldsymbol{A}^T)^T\boldsymbol{A}^T=\boldsymbol{B}^T\boldsymbol{AA}^T\neq\boldsymbol{AA}^T\boldsymbol{B}$；

$(\boldsymbol{CAC}^T)^T=(\boldsymbol{C}^T)^T\boldsymbol{A}^T\boldsymbol{C}^T=\boldsymbol{CA}^T\boldsymbol{C}^T\neq\boldsymbol{CAC}^T$；

$(\boldsymbol{AA}^T)^T=(\boldsymbol{A}^T)^T\boldsymbol{A}^T=\boldsymbol{AA}^T$，故 $\boldsymbol{AA}^T$ 为对称矩阵.

9. **分析**　应选 D.

$|\boldsymbol{A}|=0\Rightarrow r(\boldsymbol{A})\leqslant n-1$，从而 $\boldsymbol{A}$ 中至少有一行向量可由其余行向量线性表出.

10. **分析**　应选 C.

设 $\boldsymbol{A}=\begin{pmatrix}1 & 0\\0 & 1\end{pmatrix}$，$\boldsymbol{B}=\begin{pmatrix}1 & 0\\1 & 2\end{pmatrix}$，$\boldsymbol{C}=\begin{pmatrix}1 & 2\\1 & 1\end{pmatrix}\Rightarrow\boldsymbol{AB}=\begin{pmatrix}1 & 0\\1 & 2\end{pmatrix}$，$\boldsymbol{BC}=\begin{pmatrix}1 & 2\\2 & 4\end{pmatrix}\Rightarrow\boldsymbol{AB}\neq\boldsymbol{BC}$.

又设 $\boldsymbol{A}=\begin{pmatrix}1 & 1\\-1 & -1\end{pmatrix}\Rightarrow\boldsymbol{A}^2=\begin{pmatrix}1 & 1\\-1 & -1\end{pmatrix}^2=\begin{pmatrix}0 & 0\\0 & 0\end{pmatrix}=\boldsymbol{O}$，而 $\boldsymbol{A}\neq\boldsymbol{O}$.

故选 C.

三、解答题

1. **解**　$f(\boldsymbol{A})=\boldsymbol{A}^2-4\boldsymbol{A}-1\cdot\boldsymbol{I}$

$$=\begin{pmatrix}3 & -2\\-1 & 1\end{pmatrix}\begin{pmatrix}3 & -2\\-1 & 1\end{pmatrix}-4\begin{pmatrix}3 & -2\\-1 & 1\end{pmatrix}-\begin{pmatrix}1 & 0\\0 & 1\end{pmatrix}$$

$$=\begin{pmatrix}11 & -8\\-4 & 3\end{pmatrix}-\begin{pmatrix}12 & -8\\-4 & 4\end{pmatrix}-\begin{pmatrix}1 & 0\\0 & 1\end{pmatrix}=\begin{pmatrix}-2 & 0\\0 & -2\end{pmatrix}.$$

2. **分析**　设 $\boldsymbol{A}_i$ 是方阵$(i=1,2,\cdots,n)$，则

(1) $\begin{pmatrix} \boldsymbol{A}_1 & 0 & 0 & 0 \\ 0 & \boldsymbol{A}_2 & 0 & 0 \\ & & \ddots & \\ 0 & 0 & 0 & \boldsymbol{A}_n \end{pmatrix}^k = \begin{pmatrix} \boldsymbol{A}_1^k & 0 & 0 & 0 \\ 0 & \boldsymbol{A}_2^k & 0 & 0 \\ & & \ddots & \\ 0 & 0 & 0 & \boldsymbol{A}_n^k \end{pmatrix}$;

(2) $\det\begin{pmatrix} \boldsymbol{A}_1 & 0 & 0 & 0 \\ 0 & \boldsymbol{A}_2 & 0 & 0 \\ & & \ddots & \\ 0 & 0 & 0 & \boldsymbol{A}_n \end{pmatrix} = \det(\boldsymbol{A}_1)\cdot\det(\boldsymbol{A}_2)\cdots\det(\boldsymbol{A}_n)$.

解　令 $\boldsymbol{A}_1=\begin{pmatrix}3 & 4\\4 & -3\end{pmatrix}$，$\boldsymbol{A}_2=\begin{pmatrix}2 & 0\\2 & 2\end{pmatrix}$，则 $\boldsymbol{A}=\begin{pmatrix}\boldsymbol{A}_1 & \boldsymbol{O}\\ \boldsymbol{O} & \boldsymbol{A}_2\end{pmatrix}$，$|\boldsymbol{A}_1|=-25$，$|\boldsymbol{A}_2|=4$，于是 $|\boldsymbol{A}^8|=|\boldsymbol{A}|^8=\begin{vmatrix}\boldsymbol{A}_1 & \boldsymbol{O}\\ \boldsymbol{O} & \boldsymbol{A}_2\end{vmatrix}^8=|\boldsymbol{A}_1|^8\cdot|\boldsymbol{A}_2|^8=(-100)^8=10^{16}$.

由于 $\boldsymbol{A}=\begin{pmatrix}\boldsymbol{A}_1 & \boldsymbol{O}\\ \boldsymbol{O} & \boldsymbol{A}_2\end{pmatrix}$，得 $\boldsymbol{A}^4=\begin{pmatrix}\boldsymbol{A}_1^4 & \boldsymbol{O}\\ \boldsymbol{O} & \boldsymbol{A}_2^4\end{pmatrix}$.

又 $\boldsymbol{A}_1=\begin{pmatrix}3 & 4\\4 & -3\end{pmatrix}=3\begin{pmatrix}1 & 0\\0 & -1\end{pmatrix}+4\begin{pmatrix}0 & 1\\1 & 0\end{pmatrix}$，

$$\begin{aligned}\boldsymbol{A}_1^2&=\left[3\begin{pmatrix}1 & 0\\0 & -1\end{pmatrix}+4\begin{pmatrix}0 & 1\\1 & 0\end{pmatrix}\right]^2\\&=9\begin{pmatrix}1 & 0\\0 & -1\end{pmatrix}^2+12\begin{pmatrix}1 & 0\\0 & -1\end{pmatrix}\begin{pmatrix}0 & 1\\1 & 0\end{pmatrix}+12\begin{pmatrix}0 & 1\\1 & 0\end{pmatrix}\begin{pmatrix}1 & 0\\0 & -1\end{pmatrix}+\\&\quad 16\begin{pmatrix}0 & 1\\1 & 0\end{pmatrix}^2\\&=25\boldsymbol{I},\end{aligned}$$

所以 $\boldsymbol{A}_1^4=\boldsymbol{A}_1^2\cdot\boldsymbol{A}_1^2=25\boldsymbol{I}\cdot25\boldsymbol{I}=625\boldsymbol{I}$. 又

$$\boldsymbol{A}_2^2=\begin{pmatrix}2 & 0\\2 & 2\end{pmatrix}\begin{pmatrix}2 & 0\\2 & 2\end{pmatrix}=\begin{pmatrix}4 & 0\\8 & 4\end{pmatrix},$$

$$\boldsymbol{A}_2^4=\boldsymbol{A}_2^2\cdot\boldsymbol{A}_2^2=\begin{pmatrix}4 & 0\\8 & 4\end{pmatrix}\begin{pmatrix}4 & 0\\8 & 4\end{pmatrix}=\begin{pmatrix}16 & 0\\64 & 16\end{pmatrix},$$

故

$$\boldsymbol{A}^4=\begin{pmatrix}\boldsymbol{A}_1^4 & 0\\0 & \boldsymbol{A}_2^4\end{pmatrix}=\begin{pmatrix}625 & 0 & 0 & 0\\0 & 625 & 0 & 0\\0 & 0 & 16 & 0\\0 & 0 & 64 & 16\end{pmatrix}.$$

3. **解** $A(I-C^{-1}B)^TC^T=I\Rightarrow A[C(I-C^{-1}B)]^T=A(C-B)^T=I$，得$(C-B)^T=A^{-1}$，故$C-B=(A^{-1})^T$，则$B=C-(A^{-1})^T$.

由$A=\begin{pmatrix}1&-1&0\\0&1&-1\\0&0&1\end{pmatrix}$，解得$A^{-1}=\begin{pmatrix}1&1&1\\0&1&1\\0&0&1\end{pmatrix}$，所以

$$B=C-(A^{-1})^T=\begin{pmatrix}2&1&-1\\0&3&1\\0&0&2\end{pmatrix}-\begin{pmatrix}1&0&0\\1&1&0\\1&1&1\end{pmatrix}=\begin{pmatrix}1&1&-1\\-1&2&1\\-1&-1&1\end{pmatrix}.$$

4. **证明** (1) 由$A^2-3A-7I=O$得$A(A-3I)=7I$，故A可逆，且$A^{-1}=\frac{1}{7}(A-3I)$.

(2) 由$A^2-3A-7I=O$得$(A-4I)(A+I)=3I$，即$(A-4I)\cdot\left[\frac{1}{3}(A+I)\right]=I$，故$A-4I$可逆，且$(A-4I)^{-1}=\frac{1}{3}(A+I)$.

5. **证明** n阶方阵A,B满足$AB=I$，则$|AB|=|A|\cdot|B|=|I|=1$，于是$|A|\neq 0$，A可逆. $B=IB=(A^{-1}A)B=A^{-1}(AB)=A^{-1}I=A^{-1}$. 同理可证$B^{-1}=A$.

6. **证明** 由$A^m=O$得$|A^m|=0$，又$|A^m|=|A|^m$，故$|A|=0$，即有$ad-bc=0$. 又由

$$A^2=\begin{pmatrix}a&b\\c&d\end{pmatrix}\begin{pmatrix}a&b\\c&d\end{pmatrix}=\begin{pmatrix}a^2+bc&b(a+d)\\c(a+d)&d^2+bc\end{pmatrix}$$

$$\xlongequal{ad-bc=0}\begin{pmatrix}a(a+d)&b(a+d)\\c(a+d)&d(a+d)\end{pmatrix}=(a+d)A,$$

得$A^m=A^{m-2}\cdot A^2=A^{m-2}\cdot(a+d)A=(a+d)A^{m-1}=\cdots=(a+d)^{m-1}A$，由$A^m=O$，得$A=O$或$a+d=0$，于是总有$A^2=(a+d)A=O$. 证毕.

7. **分析** 一般地，$AB=O\not\Rightarrow A=O$或$B=O$，但条件$A^TA=O$较特殊，不然断然下结论.

解 设$A=(a_{ij})_{m\times n}$，则

$$A^TA=\begin{pmatrix}a_{11}&a_{21}&\cdots&a_{m1}\\a_{12}&a_{22}&\cdots&a_{m2}\\\vdots&\vdots&&\vdots\\a_{1n}&a_{2n}&\cdots&a_{mn}\end{pmatrix}\begin{pmatrix}a_{11}&a_{12}&\cdots&a_{1n}\\a_{21}&a_{22}&\cdots&a_{2n}\\\vdots&\vdots&&\vdots\\a_{m1}&a_{m2}&\cdots&a_{mn}\end{pmatrix}$$

$$= \begin{pmatrix} a_{11}{}^2 + a_{22}{}^2 + \cdots + a_{m1}{}^2 & & * \\ & a_{12}{}^2 + a_{22}{}^2 + \cdots + a_{m2}{}^2 & \\ * & & a_{1n}{}^2 + a_{2n}{}^2 + \cdots + a_{mn}{}^2 \end{pmatrix}$$

由 $\boldsymbol{A}^T\boldsymbol{A} = \boldsymbol{O}$,可得

$$\begin{cases} a_{11}{}^2 + a_{22}{}^2 + \cdots a_{m1}{}^2 = 0 \\ a_{12}{}^2 + a_{22}{}^2 + \cdots + a_{m2}{}^2 = 0, \\ a_{1n}{}^2 + a_{2n}{}^2 + \cdots + a_{mn}{}^2 = 0 \end{cases}$$

因为 a_{ij} 皆为实数,故 $a_{ij} = 0, i = 1,2,\cdots,m; j = 1,2,\cdots,n$,即有 $\boldsymbol{A} = \boldsymbol{O}$.

8. **解 1** 直接计算 $\boldsymbol{A}^2, \boldsymbol{A}^3, \cdots$,归纳出 $\boldsymbol{A}^k$.

解 2

$$\boldsymbol{A} = \begin{pmatrix} 1 & 1 & \cdots & 1 \\ 1 & 1 & \cdots & 1 \\ \vdots & \vdots & & 1 \\ 1 & 1 & \cdots & 1 \end{pmatrix} = \begin{pmatrix} 1 \\ 1 \\ \vdots \\ 1 \end{pmatrix} (1 \quad 1 \quad \cdots \quad 1), \text{而} (1 \quad 1 \quad \cdots \quad 1) \begin{pmatrix} 1 \\ 1 \\ \vdots \\ 1 \end{pmatrix} = n,$$

于是

$$\boldsymbol{A}^k = \left(\begin{pmatrix} 1 \\ 1 \\ \vdots \\ 1 \end{pmatrix} (1 \quad 1 \quad \cdots \quad 1) \right)^k$$

$$= \begin{pmatrix} 1 \\ 1 \\ \vdots \\ 1 \end{pmatrix} \left((1 \quad 1 \quad \cdots \quad 1) \begin{pmatrix} 1 \\ 1 \\ \vdots \\ 1 \end{pmatrix} \right)^{k-1} (1 \quad 1 \quad \cdots \quad 1)$$

$$= n^{k-1} \cdot \begin{pmatrix} 1 \\ 1 \\ \vdots \\ 1 \end{pmatrix} (1 \quad 1 \quad \cdots \quad 1) = n^{k-1}\boldsymbol{A}.$$

(C 层)

一、填空题

1. $\boldsymbol{A}^T$.

分析　$\boldsymbol{A}^* = \begin{pmatrix} \boldsymbol{A}_{11} & \boldsymbol{A}_{21} & \cdots & \boldsymbol{A}_{n1} \\ \boldsymbol{A}_{12} & \boldsymbol{A}_{22} & \cdots & \boldsymbol{A}_{n2} \\ \vdots & \vdots & & \vdots \\ \boldsymbol{A}_{1n} & \boldsymbol{A}_{2n} & \cdots & \boldsymbol{A}_{nn} \end{pmatrix}$. 由题设 $\boldsymbol{A}_{ij} = a_{ij}(i,j=1,2,3)$，故

$$\boldsymbol{A}^* = \begin{pmatrix} a_{11} & a_{21} & \cdots & a_{n1} \\ a_{12} & a_{22} & \cdots & a_{n2} \\ \vdots & \vdots & & \vdots \\ a_{1n} & a_{2n} & \cdots & a_{nn} \end{pmatrix} = \boldsymbol{A}^T.$$

2. $\begin{pmatrix} 1 & 0 & 0 \\ 0 & -1 & 0 \\ 0 & 0 & 2 \end{pmatrix}$.

分析　由 $\boldsymbol{BA} = \boldsymbol{A}^{-1}\boldsymbol{BA} - 2\boldsymbol{A}$ 知，$(\boldsymbol{A}^{-1} - \boldsymbol{I})\boldsymbol{BA} = 2\boldsymbol{A}$.

上式两边同时右乘 $\boldsymbol{A}^{-1}$，得 $(\boldsymbol{A}^{-1} - \boldsymbol{I})\boldsymbol{B} = 2\boldsymbol{I}$.

$$\boldsymbol{A}^{-1} - \boldsymbol{I} = \begin{pmatrix} 3 & 0 & 0 \\ 0 & -1 & 0 \\ 0 & 0 & 2 \end{pmatrix} - \begin{pmatrix} 1 & 0 & 0 \\ 0 & 1 & 0 \\ 0 & 0 & 1 \end{pmatrix} = \begin{pmatrix} 2 & 0 & 0 \\ 0 & -2 & 0 \\ 0 & 0 & 1 \end{pmatrix},$$

于是

$$(\boldsymbol{A}^{-1} - \boldsymbol{I})^{-1} = \begin{pmatrix} \frac{1}{2} & 0 & 0 \\ 0 & -\frac{1}{2} & 0 \\ 0 & 0 & 1 \end{pmatrix}，得 \boldsymbol{B} = 2(\boldsymbol{A}^{-1} - \boldsymbol{I})^{-1} = \begin{pmatrix} 1 & 0 & 0 \\ 0 & -1 & 0 \\ 0 & 0 & 2 \end{pmatrix}.$$

3. $\begin{pmatrix} \frac{1}{10} & 0 & 0 \\ 0 & \frac{1}{5} & 0 \\ \frac{3}{10} & 0 & \frac{1}{2} \end{pmatrix}$.

分析　$\boldsymbol{A}^* = |\boldsymbol{A}| \cdot \boldsymbol{A}^{-1}$，而 $|\boldsymbol{A}| = 1 \times 2 \times 5 = 10$，故

$$(\boldsymbol{A}^*)^{-1} = (|\boldsymbol{A}| \cdot \boldsymbol{A}^{-1})^{-1} = \frac{1}{|\boldsymbol{A}|}\boldsymbol{A} = \frac{1}{10}\boldsymbol{A}.$$

4. $\boldsymbol{I}$.

分析　$(\boldsymbol{BC})^T(\boldsymbol{DA})^T = (\boldsymbol{DABC})^T$，已知 $\boldsymbol{ABCD} = \boldsymbol{I}$，所以 $\boldsymbol{D} = (\boldsymbol{ABC})^{-1}$，故 $(\boldsymbol{DABC})^T = [(\boldsymbol{ABC})^{-1}(\boldsymbol{ABC})]^T = \boldsymbol{I}^T = \boldsymbol{I}$.

5. 2.

分析 由 $\det(\boldsymbol{B}) \neq 0 \Rightarrow \boldsymbol{B}$ 可写成几个初等矩阵的乘积，初等矩阵右乘 $\boldsymbol{A}$ 相当于对 $\boldsymbol{A}$ 作相应的初等列变换，而初等列（行）变换不改变矩阵的秩，故 $r(\boldsymbol{AB}) = r(\boldsymbol{A}) = 2$.

6. $\dfrac{1}{3}\begin{pmatrix} 1+2^{13} & 4+2^{13} \\ -1-2^{13} & -4-2^{11} \end{pmatrix}$.

分析 由 $\boldsymbol{P}^{-1}\boldsymbol{AP} = \boldsymbol{B}$，得 $\boldsymbol{A} = \boldsymbol{PBP}^{-1}$，$\boldsymbol{A}^2 = (\boldsymbol{PBP}^{-1})^2 = (\boldsymbol{PBP}^{-1})(\boldsymbol{PBP}^{-1}) = \boldsymbol{PB}(\boldsymbol{P}^{-1}\boldsymbol{P})\boldsymbol{BP}^{-1} = \boldsymbol{PB}^2\boldsymbol{P}^{-1}$，于是

$$\boldsymbol{A}^{11} = \boldsymbol{PB}^{11}\boldsymbol{P}^{-1} = \begin{pmatrix} -1 & -4 \\ 1 & 1 \end{pmatrix}\begin{pmatrix} (-1)^{11} & 0 \\ 0 & 2^{11} \end{pmatrix}\begin{pmatrix} -1 & -4 \\ 1 & 1 \end{pmatrix}^{-1}$$

$$= \frac{1}{3}\begin{pmatrix} 1+2^{13} & 4+2^{13} \\ -1-2^{11} & -4-2^{11} \end{pmatrix}.$$

7. 3.

分析 $\boldsymbol{\alpha}^T\boldsymbol{\alpha}$ 为数，记 $\boldsymbol{\alpha}^T\boldsymbol{\alpha} = k$，设 $\boldsymbol{A} = \boldsymbol{\alpha\alpha}^T$，则 $\boldsymbol{A}^2 = (\boldsymbol{\alpha\alpha}^T)(\boldsymbol{\alpha\alpha}^T) = \boldsymbol{\alpha}(\boldsymbol{\alpha}^T\boldsymbol{\alpha})\boldsymbol{\alpha}^T = k(\boldsymbol{\alpha\alpha}^T) = k\boldsymbol{A}$. 又

$$\boldsymbol{A}^2 = (\boldsymbol{\alpha\alpha}^T)^2 = \begin{pmatrix} 1 & -1 & 1 \\ -1 & 1 & -1 \\ 1 & -1 & 1 \end{pmatrix} \cdot \begin{pmatrix} 1 & -1 & 1 \\ -1 & 1 & -1 \\ 1 & -1 & 1 \end{pmatrix}$$

$$= \begin{pmatrix} 3 & -3 & 3 \\ -3 & 3 & -3 \\ 3 & -3 & 3 \end{pmatrix} = 3(\boldsymbol{\alpha\alpha}^T) = 3\boldsymbol{A},$$

得 $k = 3$，即 $\boldsymbol{\alpha}^T\boldsymbol{\alpha} = 3$.

8. $\begin{pmatrix} |\boldsymbol{B}|\boldsymbol{A}^* & \boldsymbol{O} \\ \boldsymbol{O} & |\boldsymbol{A}|\boldsymbol{B}^* \end{pmatrix}$.

分析 $\boldsymbol{A}$、$\boldsymbol{B}$ 可逆，$\boldsymbol{A}^{-1} = \dfrac{1}{|\boldsymbol{A}|}\boldsymbol{A}^*$，$\boldsymbol{B}^{-1} = \dfrac{1}{|\boldsymbol{B}|}\boldsymbol{B}^*$，由 $\boldsymbol{C} = \begin{pmatrix} \boldsymbol{A} & \boldsymbol{O} \\ \boldsymbol{O} & \boldsymbol{B} \end{pmatrix}$，得 $\boldsymbol{C}^{-1} = \begin{pmatrix} \boldsymbol{A} & \boldsymbol{O} \\ \boldsymbol{O} & \boldsymbol{B} \end{pmatrix}^{-1} = \begin{pmatrix} \boldsymbol{A}^{-1} & \boldsymbol{O} \\ \boldsymbol{O} & \boldsymbol{B}^{-1} \end{pmatrix}$，且 $|\boldsymbol{C}| = |\boldsymbol{A}| \cdot |\boldsymbol{B}|$，故

$$\boldsymbol{C}^* = |\boldsymbol{C}| \cdot \boldsymbol{C}^{-1} = |\boldsymbol{A}| \cdot |\boldsymbol{B}| \cdot \begin{pmatrix} \boldsymbol{A}^{-1} & \boldsymbol{O} \\ \boldsymbol{O} & \boldsymbol{B}^{-1} \end{pmatrix}$$

$$= \begin{pmatrix} |\boldsymbol{A}| \cdot |\boldsymbol{B}| \cdot \boldsymbol{A}^{-1} & \boldsymbol{O} \\ \boldsymbol{O} & |\boldsymbol{A}| \cdot |\boldsymbol{B}|\boldsymbol{B}^{-1} \end{pmatrix} = \begin{pmatrix} |\boldsymbol{B}|\boldsymbol{A}^* & \boldsymbol{O} \\ \boldsymbol{O} & |\boldsymbol{A}|\boldsymbol{B}^* \end{pmatrix}.$$

二、选择题

1. **分析**　应选 B.

由 $|\boldsymbol{A}| \neq 0$，得 $\boldsymbol{A}$ 可逆. 由 $\boldsymbol{AB} = \boldsymbol{AC}$，得 $\boldsymbol{A}^{-1}\boldsymbol{AB} = \boldsymbol{A}^{-1}\boldsymbol{AC}$，即有 $\boldsymbol{B} = \boldsymbol{C}$，故 B 正确.

对于 A，取 $\boldsymbol{A} = \begin{pmatrix} 0 & 0 \\ 0 & 1 \end{pmatrix}$，$\boldsymbol{B} = \begin{pmatrix} 7 & 9 \\ 5 & 4 \end{pmatrix}$，$\boldsymbol{C} = \begin{pmatrix} 6 & 8 \\ 5 & 4 \end{pmatrix}$，则有 $\boldsymbol{AB} = \boldsymbol{AC} = \begin{pmatrix} 0 & 0 \\ 5 & 4 \end{pmatrix}$，而显然 $\boldsymbol{A} \neq \boldsymbol{O}, \boldsymbol{B} \neq \boldsymbol{C}$.

对于 C，取 $\boldsymbol{A} = \begin{pmatrix} -2 & 4 \\ 1 & -2 \end{pmatrix}$，$\boldsymbol{B} = \begin{pmatrix} 2 & 4 \\ -3 & -6 \end{pmatrix}$，显然 $|\boldsymbol{A}| = 0$，$|\boldsymbol{B}| = 0$，但 $\boldsymbol{AB} = \begin{pmatrix} -16 & -32 \\ 8 & 16 \end{pmatrix} \neq \boldsymbol{O}$.

对于 D，由 $\boldsymbol{AB} = \boldsymbol{O}$，得 $|\boldsymbol{A}| \cdot |\boldsymbol{B}| = |\boldsymbol{AB}| = 0$，从而 $|\boldsymbol{A}| = 0$ 或 $|\boldsymbol{B}| = 0$.

2. **分析**　应选 C.

考察矩阵的初等变换和初等矩阵，比较矩阵 $\boldsymbol{A}$、$\boldsymbol{B}$，我们发现把 $\boldsymbol{A}$ 的第 1 行加到第三行，再将所得矩阵的第 1 行与第 2 行互换则得到矩阵 $\boldsymbol{B}$，而矩阵的初等行(列) 变换相当于对矩阵左(右) 乘相应的初等矩阵，故 $\boldsymbol{P}_1\boldsymbol{P}_2\boldsymbol{A} = \boldsymbol{B}$，故选 C.

3. **分析**　应选 B.

$\boldsymbol{A}$ 可逆，则 $\boldsymbol{AA}^{-1} = \boldsymbol{A}^{-1}\boldsymbol{A} = \boldsymbol{I}$，故 A 为正确命题.

由 $\begin{bmatrix} a_{11} & a_{12} \\ a_{21} & a_{22} \end{bmatrix}\begin{pmatrix} 0 & 1 \\ 1 & 0 \end{pmatrix} = \begin{bmatrix} a_{12} & a_{11} \\ a_{22} & a_{21} \end{bmatrix}$，$\begin{pmatrix} 0 & 1 \\ 1 & 0 \end{pmatrix}\begin{bmatrix} a_{11} & a_{12} \\ a_{21} & a_{22} \end{bmatrix} = \begin{bmatrix} a_{21} & a_{22} \\ a_{11} & a_{12} \end{bmatrix}$ 知，B 是错误命题.

由 $\boldsymbol{A} \cdot k\boldsymbol{I}_n = k\boldsymbol{I}_n \cdot \boldsymbol{A} = k\boldsymbol{A}$，知 C 是正确命题.

对于 D，由 $\begin{pmatrix} 0 & 1 \\ 1 & 0 \end{pmatrix}\begin{pmatrix} 1 & 1 \\ 0 & 1 \end{pmatrix} = \begin{pmatrix} 0 & 1 \\ 1 & 1 \end{pmatrix}$，$\begin{pmatrix} 1 & 1 \\ 0 & 1 \end{pmatrix}\begin{pmatrix} 0 & 1 \\ 1 & 0 \end{pmatrix} = \begin{pmatrix} 1 & 1 \\ 1 & 0 \end{pmatrix}$，知 D 为正确命题. 故选 B.

4. **分析**　应选 A.

$$\begin{aligned}(\boldsymbol{A}^{-1} + \boldsymbol{B}^{-1}) \cdot \boldsymbol{B}(\boldsymbol{A} + \boldsymbol{B})^{-1}\boldsymbol{A} &= [(\boldsymbol{A}^{-1} + \boldsymbol{B}^{-1}) \cdot \boldsymbol{B}](\boldsymbol{A} + \boldsymbol{B})^{-1}\boldsymbol{A} \\ &= (\boldsymbol{A}^{-1}\boldsymbol{B} + \boldsymbol{I})(\boldsymbol{A} + \boldsymbol{B})^{-1}\boldsymbol{A} \\ &= (\boldsymbol{A}^{-1}\boldsymbol{B} + \boldsymbol{A}^{-1}\boldsymbol{A})(\boldsymbol{A} + \boldsymbol{B})^{-1}\boldsymbol{A} \\ &= \boldsymbol{A}^{-1}(\boldsymbol{B} + \boldsymbol{A})(\boldsymbol{A} + \boldsymbol{B})^{-1}\boldsymbol{A} = \boldsymbol{I}.\end{aligned}$$

或 $\boldsymbol{B}(\boldsymbol{A}+\boldsymbol{B})^{-1}\boldsymbol{A}=[\boldsymbol{A}^{-1}(\boldsymbol{A}+\boldsymbol{B})\boldsymbol{B}^{-1}]^{-1}=(\boldsymbol{B}^{-1}+\boldsymbol{A}^{-1})^{-1}(\boldsymbol{A}^{-1}+\boldsymbol{B}^{-1})^{-1}$. 故选 A.

5. **分析**　应选 D.

解 1　因 $\boldsymbol{A}^2=\boldsymbol{A}$,即 $\boldsymbol{A}(\boldsymbol{A}-\boldsymbol{I})=\boldsymbol{O}$,于是 $r(\boldsymbol{A})+r(\boldsymbol{A}-\boldsymbol{I})\leqslant n$,由题设 $\boldsymbol{A}\neq\boldsymbol{I}$ 知 $\boldsymbol{A}-\boldsymbol{I}$ 不是零矩阵,所以 $r(\boldsymbol{A}-\boldsymbol{I})\geqslant 1$,得 $r(\boldsymbol{A})\leqslant n-r(\boldsymbol{A}-\boldsymbol{I})<n$,故 $\boldsymbol{A}$ 不是可逆矩阵.

解 2　由 $\boldsymbol{A}^2=\boldsymbol{A}$,即 $\boldsymbol{A}(\boldsymbol{A}-\boldsymbol{I})=\boldsymbol{O}$,得矩阵 $\boldsymbol{A}-\boldsymbol{I}$ 的列向量都是齐次线性方程组 $\boldsymbol{AX}=\boldsymbol{o}$ 的解向量,由于 $\boldsymbol{A}\neq\boldsymbol{I}$,所以 $\boldsymbol{A}-\boldsymbol{I}$ 必为非零列向量,即齐次线性方程组 $\boldsymbol{AX}=\boldsymbol{o}$ 有非零解,则必有 $r(\boldsymbol{A})<n$,故 $\boldsymbol{A}$ 不是可逆矩阵.

6. **分析**　应选 B.

由 $\boldsymbol{AA}^*=|\boldsymbol{A}|\cdot\boldsymbol{I},\boldsymbol{A}^*=|\boldsymbol{A}|\boldsymbol{A}^{-1}$,得 $(k\boldsymbol{A})(k\boldsymbol{A})^*=|k\boldsymbol{A}|\boldsymbol{I}$,

$$(k\boldsymbol{A})^*=|k\boldsymbol{A}|(k\boldsymbol{A})^{-1}=k^n|\boldsymbol{A}|\left(\frac{1}{k}\boldsymbol{A}^{-1}\right)=k^{n-1}|\boldsymbol{A}|\boldsymbol{A}^{-1}=k^{n-1}\boldsymbol{A}^*.$$

7. **分析**　应选 C.

由 $\boldsymbol{AB}=\boldsymbol{A}$ 且 $\boldsymbol{A}$ 可逆,得 $\boldsymbol{A}^{-1}\boldsymbol{AB}=\boldsymbol{A}^{-1}\boldsymbol{A},\boldsymbol{B}=\boldsymbol{I}$.

8. **分析**　应选 B.

由题设可得 $|\boldsymbol{A}|=-|\boldsymbol{B}|$,而已知 $|\boldsymbol{A}|\neq|\boldsymbol{B}|$ 得 $|\boldsymbol{A}|\neq 0$,故排除 A. 不妨设 $\boldsymbol{B}$ 是 $\boldsymbol{A}$ 中互换第 i 行与第 j 行得到的矩阵,则

(1)$\boldsymbol{A}+\boldsymbol{B}$ 中的第 i 行与第 j 行元素相同,故 $|\boldsymbol{A}+\boldsymbol{B}|=0$,故排除 C.

(2)$\boldsymbol{A}-\boldsymbol{B}$ 中仅第 i 行与第 j 行元素相差一个负号,其他行元素为 0,故 $|\boldsymbol{A}-\boldsymbol{B}|=0$,故排除 D.

只能选 B.

9. **分析**　应选 A.

一般地,$\boldsymbol{BA}=\boldsymbol{BC}\nRightarrow\boldsymbol{A}=\boldsymbol{C}$,当 $\boldsymbol{B}$ 可逆时,由 $\boldsymbol{BA}=\boldsymbol{BC}$ 可得 $\boldsymbol{A}=\boldsymbol{C}$,故 A 是错误的.

$(\boldsymbol{A}\mid\boldsymbol{I}_n)\xrightarrow{\text{初等行变换}}(\boldsymbol{I}_n\mid\boldsymbol{A}^{-1})$,$(\boldsymbol{A}\mid\boldsymbol{B})\xrightarrow{\text{初等行变换}}(\boldsymbol{I}_n\mid\boldsymbol{A}^{-1}\boldsymbol{B})$,故排除 C、D.

10. **分析**　应选 A.

依题意,有 $\boldsymbol{A}^T=\boldsymbol{A},\boldsymbol{B}^T=\boldsymbol{B},(\boldsymbol{A}+\boldsymbol{B})^T=\boldsymbol{A}^T+\boldsymbol{B}^T=\boldsymbol{A}+\boldsymbol{B}$,得 $\boldsymbol{A}+\boldsymbol{B}$ 对称,故 A 正确.

又 $(\boldsymbol{AB})^T=\boldsymbol{B}^T\boldsymbol{A}^T=\boldsymbol{BA}$,$(\boldsymbol{A}^T\boldsymbol{B})^T=\boldsymbol{B}^T(\boldsymbol{A}^T)^T=\boldsymbol{B}^T\boldsymbol{A}$,$(\boldsymbol{AB}^T)^T=(\boldsymbol{B}^T)^T\boldsymbol{A}^T=\boldsymbol{BA}^T$,故排除 B、C、D.

三、解答题

1. **解**　由 $\boldsymbol{A}=\begin{pmatrix}1&1&1\\2&2&2\\3&3&3\end{pmatrix}=\begin{pmatrix}1\\2\\3\end{pmatrix}(1\ \ 1\ \ 1)$，而 $(1\ \ 1\ \ 1)\begin{pmatrix}1\\2\\3\end{pmatrix}=6$，

$$\boldsymbol{A}^2=\begin{pmatrix}1\\2\\3\end{pmatrix}(1\ \ 1\ \ 1)\cdot\begin{pmatrix}1\\2\\3\end{pmatrix}(1\ \ 1\ \ 1)=\begin{pmatrix}1\\2\\3\end{pmatrix}\left[(1\ \ 1\ \ 1)\begin{pmatrix}1\\2\\3\end{pmatrix}\right](1\ \ 1\ \ 1)$$

$$=\begin{pmatrix}1\\2\\3\end{pmatrix}\cdot 6\cdot(1\ \ 1\ \ 1)=6\cdot\begin{pmatrix}1\\2\\3\end{pmatrix}\cdot(1\ \ 1\ \ 1)=6\boldsymbol{A},$$

$\boldsymbol{A}^4=(\boldsymbol{A}^2)^2=(6\boldsymbol{A})^2=6^2\boldsymbol{A}^2=6^2\cdot 6\boldsymbol{A}=6^3\boldsymbol{A}$，

$\boldsymbol{A}^{100}=(\boldsymbol{A}^4)^{25}=(6^3\boldsymbol{A})^{25}=6^{75}\cdot(\boldsymbol{A}^4)^6\cdot\boldsymbol{A}=6^{75}\cdot(6^3\boldsymbol{A})^6\cdot\boldsymbol{A}$，

$=6^{93}\cdot\boldsymbol{A}^7=6^{93}\cdot\boldsymbol{A}^4\cdot\boldsymbol{A}^3=6^{93}\cdot(6^3\boldsymbol{A})\cdot\boldsymbol{A}^3=6^{96}\cdot\boldsymbol{A}^4$

$=6^{96}\cdot(6^3\boldsymbol{A})=6^{99}\boldsymbol{A}$.

2. **解1**　$\boldsymbol{A}-\boldsymbol{B}=\begin{pmatrix}\boldsymbol{\alpha}-\boldsymbol{\beta}\\\boldsymbol{\gamma}_1\\2\boldsymbol{\gamma}_2\end{pmatrix}$，于是 $|\boldsymbol{A}-\boldsymbol{B}|=\begin{vmatrix}\boldsymbol{\alpha}-\boldsymbol{\beta}\\\boldsymbol{\gamma}_1\\2\boldsymbol{\gamma}_2\end{vmatrix}=\begin{vmatrix}\boldsymbol{\alpha}\\\boldsymbol{\gamma}_1\\2\boldsymbol{\gamma}_2\end{vmatrix}-\begin{vmatrix}\boldsymbol{\beta}\\\boldsymbol{\gamma}_1\\2\boldsymbol{\gamma}_2\end{vmatrix}$，

又 $\begin{vmatrix}\boldsymbol{\alpha}\\\boldsymbol{\gamma}_1\\2\boldsymbol{\gamma}_2\end{vmatrix}=\dfrac{1}{2}\begin{vmatrix}\boldsymbol{\alpha}\\2\boldsymbol{\gamma}_1\\2\boldsymbol{\gamma}_2\end{vmatrix}=\begin{vmatrix}\boldsymbol{\alpha}\\2\boldsymbol{\gamma}_1\\\boldsymbol{\gamma}_2\end{vmatrix}=\dfrac{1}{3}\begin{vmatrix}\boldsymbol{\alpha}\\2\boldsymbol{\gamma}_1\\3\boldsymbol{\gamma}_2\end{vmatrix}=\dfrac{1}{3}|\boldsymbol{A}|=4$，$\begin{vmatrix}\boldsymbol{\beta}\\\boldsymbol{\gamma}_1\\2\boldsymbol{\gamma}_2\end{vmatrix}=2\begin{vmatrix}\boldsymbol{\beta}\\\boldsymbol{\gamma}_1\\\boldsymbol{\gamma}_2\end{vmatrix}=$

$2|\boldsymbol{B}|=2\times(-3)=-6$，所以 $|\boldsymbol{A}-\boldsymbol{B}|=4-(-6)=10$.

解2　由 $|\boldsymbol{A}|=\begin{vmatrix}\boldsymbol{\alpha}_1\\2\boldsymbol{\gamma}_1\\3\boldsymbol{\gamma}_2\end{vmatrix}=2\times3\times\begin{vmatrix}\boldsymbol{\alpha}_1\\\boldsymbol{\gamma}_1\\\boldsymbol{\gamma}_2\end{vmatrix}=12$，得 $\begin{vmatrix}\boldsymbol{\alpha}_1\\\boldsymbol{\gamma}_1\\\boldsymbol{\gamma}_2\end{vmatrix}=2$.

由 $\boldsymbol{A}-\boldsymbol{B}=\begin{pmatrix}\boldsymbol{\alpha}-\boldsymbol{\beta}\\\boldsymbol{\gamma}_1\\2\boldsymbol{\gamma}_2\end{pmatrix}$，得 $|\boldsymbol{A}-\boldsymbol{B}|=\begin{vmatrix}\boldsymbol{\alpha}-\boldsymbol{\beta}\\\boldsymbol{\gamma}_1\\2\boldsymbol{\gamma}_2\end{vmatrix}=\begin{vmatrix}\boldsymbol{\alpha}\\\boldsymbol{\gamma}_1\\2\boldsymbol{\gamma}_2\end{vmatrix}-\begin{vmatrix}\boldsymbol{\beta}\\\boldsymbol{\gamma}_1\\2\boldsymbol{\gamma}_2\end{vmatrix}=2\begin{vmatrix}\boldsymbol{\alpha}\\\boldsymbol{\gamma}_1\\\boldsymbol{\gamma}_2\end{vmatrix}-$

$2\cdot|\boldsymbol{B}|=2\times2-2\times(-3)=10$.

3. **解1**　利用 $\boldsymbol{XA}=\boldsymbol{B}$，若 $\boldsymbol{A}$ 可逆，则有 $\boldsymbol{X}=\boldsymbol{BA}^{-1}$，

$$(\boldsymbol{A}\,\vdots\,\boldsymbol{I})=\left(\begin{array}{ccc:ccc}2&1&-1&1&0&0\\2&1&0&0&1&0\\1&-1&1&0&0&1\end{array}\right)\xrightarrow{\text{初等行变换}}\left(\begin{array}{ccc:ccc}1&0&0&\frac{1}{3}&0&\frac{1}{3}\\0&1&0&-\frac{2}{3}&1&-\frac{2}{3}\\0&0&1&-1&1&0\end{array}\right),$$

得 $A^{-1}=\begin{pmatrix}\frac{1}{3} & 0 & \frac{1}{3}\\ -\frac{2}{3} & 1 & -\frac{2}{3}\\ -1 & 1 & 0\end{pmatrix}$，所求的矩阵方程的解为

$$X=BA^{-1}=\begin{pmatrix}-1 & -2 & 3\\ 4 & -6 & 5\end{pmatrix}\begin{pmatrix}\frac{1}{3} & 0 & \frac{1}{3}\\ -\frac{2}{3} & 1 & -\frac{2}{3}\\ -1 & 1 & 0\end{pmatrix}=\begin{pmatrix}-2 & 1 & 1\\ \frac{1}{3} & -1 & \frac{16}{3}\end{pmatrix}.$$

解 2 利用 $XA=B$，则 $A^TX^T=B^T$ 求出 X^T，再通过转置，得 X.

$$(A^T \mid B^T)=\left(\begin{array}{ccc|cc}2 & 2 & 1 & -1 & 4\\ 1 & 1 & -1 & -2 & -6\\ -1 & 0 & 1 & 3 & 5\end{array}\right)\to\left(\begin{array}{ccc|cc}1 & 1 & -1 & -2 & -6\\ 2 & 2 & 1 & -1 & 4\\ -1 & 0 & 1 & 3 & 5\end{array}\right)$$

$$\to\left(\begin{array}{ccc|cc}1 & 1 & -1 & -2 & -6\\ 0 & 0 & 3 & 3 & 16\\ 0 & 1 & 0 & 1 & -1\end{array}\right)\to\left(\begin{array}{ccc|cc}1 & 1 & -1 & -2 & -6\\ 0 & 1 & 0 & 1 & -1\\ 0 & 0 & 3 & 3 & 16\end{array}\right)$$

$$\to\left(\begin{array}{ccc|cc}1 & 1 & 0 & -1 & -\frac{2}{3}\\ 0 & 1 & 0 & 1 & -1\\ 0 & 0 & 1 & 1 & \frac{16}{3}\end{array}\right)\to\left(\begin{array}{ccc|cc}1 & 0 & 0 & -2 & \frac{1}{3}\\ 0 & 1 & 0 & 1 & -1\\ 0 & 0 & 1 & 1 & \frac{16}{3}\end{array}\right),$$

于是 $X^T=\begin{pmatrix}-2 & \frac{1}{3}\\ 1 & -1\\ 1 & \frac{16}{3}\end{pmatrix}$，得 $X=\begin{pmatrix}-2 & 1 & 1\\ \frac{1}{3} & -1 & \frac{16}{3}\end{pmatrix}$.

4. **解** 由 $|A|=-1\neq 0$，得 A 可逆. 又 $AA^*=|A|\cdot I=-I$，将等式 $A^*BA=2BA-9I$ 的两边同时左乘 A、右乘 A^{-1}，得 $-B=2AB-9I$，即 $(2A+I)B=9I$.

又 $|2A+I|=\begin{vmatrix}3 & 2 & 0\\ 0 & 3 & 0\\ 0 & 0 & -1\end{vmatrix}=-9\neq 0$，得 $2A+I$ 可逆，从而 $B=9\cdot(2A+I)^{-1}$.

$$(2\boldsymbol{A}+\boldsymbol{I} \mid \boldsymbol{I})=\left(\begin{array}{ccc|ccc}3 & 2 & 0 & 1 & 0 & 0\\0 & 3 & 0 & 0 & 1 & 0\\0 & 0 & -1 & 0 & 0 & 1\end{array}\right)$$

$$\rightarrow\left(\begin{array}{ccc|ccc}1 & 0 & 0 & \frac{1}{3} & -\frac{2}{9} & 0\\0 & 1 & 0 & 0 & \frac{1}{3} & 0\\0 & 0 & 1 & 0 & 0 & -1\end{array}\right),$$

得 $(2\boldsymbol{A}+\boldsymbol{I})^{-1}=\begin{pmatrix}\frac{1}{3} & -\frac{2}{9} & 0\\0 & \frac{1}{3} & 0\\0 & 0 & -1\end{pmatrix}$，从而得 $\boldsymbol{B}=9\cdot(2\boldsymbol{A}+\boldsymbol{I})^{-1}=$

$\begin{pmatrix}3 & -2 & 0\\0 & 3 & 0\\0 & 0 & -9\end{pmatrix}$.

5. **证 1** 由 $\boldsymbol{A}^{*}=\boldsymbol{A}^{T}$，得 $\boldsymbol{A}_{ij}=a_{ij}$，于是

$$|\boldsymbol{A}|=\sum_{i=1}^{n}a_{ij}\boldsymbol{A}_{ij}=\sum_{i=1}^{n}a_{ij}^{2}\ (j=1,2,\cdots,n),$$

因为 $\boldsymbol{A}\neq\boldsymbol{O}$，故存在 $a_{ij}\neq0$，于是 $|\boldsymbol{A}|=\sum_{i=1}^{n}a_{ij}{}^{2}\neq0$.

证 2 因 $|\boldsymbol{A}|\cdot\boldsymbol{I}=|\boldsymbol{A}|\cdot\boldsymbol{A}\cdot\boldsymbol{A}^{-1}=\boldsymbol{A}\cdot|\boldsymbol{A}|\cdot\boldsymbol{A}^{-1}=\boldsymbol{A}\cdot(|\boldsymbol{A}|\cdot\boldsymbol{A}^{-1})=\boldsymbol{A}\cdot\boldsymbol{A}^{*}=\boldsymbol{A}\cdot\boldsymbol{A}^{T}$.

若 $|\boldsymbol{A}|=0$，则 $\boldsymbol{A}\cdot\boldsymbol{A}^{T}=\boldsymbol{O}$，不妨设 $\boldsymbol{A}$ 的行向量为 $\boldsymbol{\alpha}_i\,(i=1,2,\cdots,n)$，则

$$\boldsymbol{A}\cdot\boldsymbol{A}^{T}=\begin{pmatrix}\boldsymbol{\alpha}_1\\\boldsymbol{\alpha}_2\\\vdots\\\boldsymbol{\alpha}_n\end{pmatrix}(\boldsymbol{\alpha}_1^{T}\quad\boldsymbol{\alpha}_2^{T}\quad\cdots\quad\boldsymbol{\alpha}_n^{T})=\begin{pmatrix}\boldsymbol{\alpha}_1\boldsymbol{\alpha}_1{}^{T} & \boldsymbol{\alpha}_1\boldsymbol{\alpha}_2{}^{T} & \cdots & \boldsymbol{\alpha}_1\boldsymbol{\alpha}_n{}^{T}\\\boldsymbol{\alpha}_2\boldsymbol{\alpha}_1{}^{T} & \boldsymbol{\alpha}_2\boldsymbol{\alpha}_2{}^{T} & \cdots & \boldsymbol{\alpha}_2\boldsymbol{\alpha}_n{}^{T}\\\vdots & \vdots & & \vdots\\\boldsymbol{\alpha}_n\boldsymbol{\alpha}_1{}^{T} & \boldsymbol{\alpha}_n\boldsymbol{\alpha}_2{}^{T} & \cdots & \boldsymbol{\alpha}_n\boldsymbol{\alpha}_n{}^{T}\end{pmatrix}=\boldsymbol{O},$$

得 $\boldsymbol{\alpha}_i=\boldsymbol{O}\,(i=1,2,\cdots,n)$，于是 $\boldsymbol{A}=\boldsymbol{O}$，这与题设 $\boldsymbol{A}\neq\boldsymbol{O}$ 矛盾，从而 $|\boldsymbol{A}|=0$.

6. **证明** 在公式 $\boldsymbol{A}\cdot\boldsymbol{A}^{*}=|\boldsymbol{A}|\cdot\boldsymbol{I}$ 两边取行列式得

$$|\boldsymbol{A}|\cdot|\boldsymbol{A}^{*}|=|\boldsymbol{A}|^{n},$$

(1) 若 $|\boldsymbol{A}|=0$，① 若 $\boldsymbol{A}=\boldsymbol{O}$，则 $\boldsymbol{A}^{*}=\boldsymbol{O}$，从而 $|\boldsymbol{A}^{*}|=0$.

② 若 $\boldsymbol{A}\neq\boldsymbol{O}$，同样有 $|\boldsymbol{A}^{*}|=0$，反设 $|\boldsymbol{A}^{*}|\neq0$，则 $\boldsymbol{A}^{*}$ 可逆，又 $\boldsymbol{A}=\boldsymbol{A}\boldsymbol{I}=\boldsymbol{A}\cdot[\boldsymbol{A}^{*}(\boldsymbol{A}^{*})^{-1}]=(\boldsymbol{A}\boldsymbol{A}^{*})\cdot(\boldsymbol{A}^{*})^{-1}=|\boldsymbol{A}|\cdot\boldsymbol{I}\cdot(\boldsymbol{A}^{*})^{-1}$，由 $|\boldsymbol{A}|=0$，知 $\boldsymbol{A}=\boldsymbol{O}$,

这与题设 $\boldsymbol{A} \neq \boldsymbol{O}$ 矛盾，故 $|\boldsymbol{A}^*| = 0$.

(2) 若 $|\boldsymbol{A}| \neq 0$，由 $|\boldsymbol{A}| \cdot |\boldsymbol{A}^*| = |\boldsymbol{A}|^n$，得 $|\boldsymbol{A}^*| = |\boldsymbol{A}|^{n-1}$；若 $|\boldsymbol{A}| = 0$，由(1)，同样有 $|\boldsymbol{A}^*| = |\boldsymbol{A}|^{n-1} = 0$. 故对任意 n 阶方阵 $\boldsymbol{A}$，均有 $|\boldsymbol{A}^*| = |\boldsymbol{A}|^{n-1}$.

7. **分析**　注意到，对列矩阵 $\boldsymbol{X} = (x_1, x_2, \cdots, x_n)^T$ 而言，$\boldsymbol{X}^T\boldsymbol{X} = x_1{}^2 + x_2{}^2 + \cdots + x_n{}^2$ 是一个数，而 $\boldsymbol{X}\boldsymbol{X}^T$ 为 n 阶方阵.

证明　$$\begin{aligned}\boldsymbol{H}^T &= (\boldsymbol{I} - 2\boldsymbol{X}\boldsymbol{X}^T)^T = \boldsymbol{I} - 2(\boldsymbol{X}\boldsymbol{X}^T)^T = \boldsymbol{I}^T - 2 \cdot (\boldsymbol{X}^T)^T \cdot \boldsymbol{X}^T \\ &= \boldsymbol{I} - 2\boldsymbol{X} \cdot \boldsymbol{X}^T = \boldsymbol{H},\end{aligned}$$

故 $\boldsymbol{H}$ 为对称方阵.

由 $\boldsymbol{H}$ 为对称方阵知 $\boldsymbol{H}\boldsymbol{H}^T = \boldsymbol{H}^2$，又由 $\boldsymbol{H}^2 = (\boldsymbol{I} - 2\boldsymbol{X}\boldsymbol{X}^T)^2 = \boldsymbol{I} - 4\boldsymbol{X}\boldsymbol{X}^T + 4(\boldsymbol{X}\boldsymbol{X}^T)(\boldsymbol{X}\boldsymbol{X}^T) = \boldsymbol{I} - 4\boldsymbol{X}\boldsymbol{X}^T + 4\boldsymbol{X}(\boldsymbol{X}^T\boldsymbol{X})\boldsymbol{X}^T = \boldsymbol{I} - 4\boldsymbol{X}\boldsymbol{X}^T + 4\boldsymbol{X} \cdot 1 \cdot \boldsymbol{X}^T = \boldsymbol{I}$.

第九章

线性方程组

学习指导及“习题九”参考答案

(A层)

1. **解** (1)$3\boldsymbol{\alpha}-4\boldsymbol{\beta}=3\begin{pmatrix}1\\2\\-1\end{pmatrix}-4\begin{pmatrix}2\\-1\\3\end{pmatrix}=\begin{pmatrix}-5\\10\\-15\end{pmatrix}$.

(2) 由 $2\boldsymbol{\alpha}+3\boldsymbol{\xi}=\boldsymbol{\beta}$,得 $\boldsymbol{\xi}=\frac{1}{3}(\boldsymbol{\beta}-2\boldsymbol{\alpha})=\begin{pmatrix}0\\-\frac{5}{3}\\\frac{5}{3}\end{pmatrix}$.

2. **解 1** 由 $(\boldsymbol{\alpha}_1,\boldsymbol{\alpha}_2,\boldsymbol{\alpha}_3)=\begin{pmatrix}1&3&1\\2&2&3\\3&1&1\end{pmatrix}\xrightarrow[r_3-3r_1]{r_2-2r_1}\begin{pmatrix}1&3&1\\0&-4&1\\0&-8&-2\end{pmatrix}\xrightarrow{r_3-2r_2}$

$\begin{pmatrix}1&3&1\\0&-4&1\\0&0&-4\end{pmatrix}$,$r(\boldsymbol{\alpha}_1,\boldsymbol{\alpha}_2,\boldsymbol{\alpha}_3)=3$,故向量组线性无关.

解 2 设有一组数 x_1、x_2、x_3 使 $x_1\boldsymbol{\alpha}_1+x_2\boldsymbol{\alpha}_2+x_3\boldsymbol{\alpha}_3=0$,即有

$$\begin{cases}x_1+3x_2+x_3=0\\2x_1+2x_2+3x_3=0,\\3x_1+x_2+x_3=0\end{cases}$$

由于此方程的系数行列式

$$\begin{vmatrix}1&3&1\\2&2&3\\3&1&1\end{vmatrix}=\begin{vmatrix}1&3&1\\0&-4&1\\0&-8&-2\end{vmatrix}=16\neq 0,$$

故方程组只有零解，即 $x_1=x_2=x_3=0$，所以向量组 $\boldsymbol{\alpha}_1$、$\boldsymbol{\alpha}_2$、$\boldsymbol{\alpha}_3$ 线性无关.

3. **解** $(\boldsymbol{\alpha}_1,\boldsymbol{\alpha}_2,\boldsymbol{\alpha}_3,\boldsymbol{\alpha}_4)=\begin{pmatrix}1&-1&2&1\\2&1&-2&0\\-1&1&2&1\end{pmatrix}\rightarrow\begin{pmatrix}1&-1&2&1\\0&3&-6&-2\\0&0&4&2\end{pmatrix}$,

$r(\boldsymbol{A})=3<4$(未知量个数)，故 $\boldsymbol{\alpha}_1$、$\boldsymbol{\alpha}_2$、$\boldsymbol{\alpha}_3$、$\boldsymbol{\alpha}_4$ 线性相关.

$$(\boldsymbol{\alpha}_1,\boldsymbol{\alpha}_2,\boldsymbol{\alpha}_3,\boldsymbol{\alpha}_4)\rightarrow\begin{pmatrix}1&-1&2&1\\0&3&-6&-2\\0&0&4&2\end{pmatrix}\rightarrow\begin{pmatrix}1&-1&2&1\\0&1&-2&-\frac{2}{3}\\0&0&1&\frac{1}{2}\end{pmatrix}$$

$$\rightarrow\begin{pmatrix}1&0&0&\frac{1}{3}\\0&1&0&\frac{1}{3}\\0&0&1&\frac{1}{2}\end{pmatrix},$$

故 $\boldsymbol{\alpha}_4=\frac{1}{3}\boldsymbol{\alpha}_1+\frac{1}{3}\boldsymbol{\alpha}_2+\frac{1}{2}\boldsymbol{\alpha}_3$.

4. **解** (1) $(\boldsymbol{A}\mid\boldsymbol{\beta})=\left(\begin{array}{ccc|c}1&2&-3&-11\\-1&-1&1&7\\2&-3&1&6\\-3&1&2&4\end{array}\right)\rightarrow\left(\begin{array}{ccc|c}1&2&-3&-11\\0&1&-2&-4\\0&-7&7&28\\0&7&-7&-29\end{array}\right)$

$$\rightarrow\left(\begin{array}{ccc|c}1&2&-3&-11\\0&1&-2&-4\\0&0&-7&0\\0&0&7&-1\end{array}\right)\rightarrow\left(\begin{array}{ccc|c}1&2&-3&-11\\0&1&-2&-4\\0&0&-7&0\\0&0&0&-1\end{array}\right),$$

因为 $r(\boldsymbol{A}\mid\boldsymbol{\beta})=4\neq r(\boldsymbol{A})=3$，故所以方程组无解.

(2) $(\boldsymbol{A}\mid\boldsymbol{\beta})=\left(\begin{array}{ccc|c}1&2&-3&-11\\-1&-1&2&7\\2&-3&1&6\\-3&1&2&5\end{array}\right)\rightarrow\left(\begin{array}{ccc|c}1&2&-3&-11\\0&1&-1&-4\\0&-7&7&28\\0&7&-7&-28\end{array}\right)$

$$\rightarrow\left(\begin{array}{ccc:c}1 & 2 & -3 & -11\\0 & 1 & -1 & -4\\0 & 0 & 0 & 0\\0 & 0 & 0 & 0\end{array}\right),$$

因为 $r(\boldsymbol{A}\ \vdots\ \boldsymbol{\beta})=r(\boldsymbol{A})=2$(未知量个数),所以方程组有无穷多解.

$$(3)(\boldsymbol{A}\ \vdots\ \boldsymbol{\beta})=\left(\begin{array}{cccc:c}1 & 2 & -1 & 2 & 1\\2 & 4 & 1 & 1 & 5\\-1 & -2 & -2 & 1 & -4\end{array}\right)\xrightarrow[r_3+r_1]{r_2-2r_1}\left(\begin{array}{cccc:c}1 & 2 & -1 & 2 & 1\\0 & 0 & 3 & -3 & 3\\0 & 0 & -3 & 3 & -3\end{array}\right)$$

$$\xrightarrow[\frac{1}{3}r_2]{r_3+r_2}\left(\begin{array}{cccc:c}1 & 2 & -1 & 2 & 1\\0 & 0 & 1 & -1 & 1\\0 & 0 & 0 & 0 & 0\end{array}\right),$$

因为 $r(\boldsymbol{A}\ \vdots\ \boldsymbol{\beta})=r(\boldsymbol{A})=2<4$(未知量个数),所以方程组有无穷多解.

5. **解**

$$(1)\begin{pmatrix}1 & 1 & 1 & 1\\1 & 3 & 2 & 4\\2 & 0 & 1 & -1\end{pmatrix}\rightarrow\begin{pmatrix}1 & 1 & 1 & 1\\0 & 2 & 1 & 3\\0 & -2 & -1 & -3\end{pmatrix}\rightarrow\begin{pmatrix}1 & 0 & \frac{1}{2} & -\frac{1}{2}\\0 & 1 & \frac{1}{2} & \frac{3}{2}\\0 & 0 & 0 & 0\end{pmatrix},$$

得同解方程组为 $\begin{cases}x_1+\frac{1}{2}x_3-\frac{1}{2}x_4=0\\x_2+\frac{1}{2}x_3+\frac{3}{2}x_4=0\end{cases}$,即 $\begin{cases}x_1=-\frac{1}{2}x_3+\frac{1}{2}x_4\\x_2=-\frac{1}{2}x_3-\frac{3}{2}x_4\end{cases}$,

得基础解系为 $\boldsymbol{\eta}_1=\begin{pmatrix}-\frac{1}{2}\\-\frac{1}{2}\\1\\0\end{pmatrix}$,$\boldsymbol{\eta}_2=\begin{pmatrix}\frac{1}{2}\\-\frac{3}{2}\\0\\1\end{pmatrix}$,通解为

$$X = k_1\boldsymbol{\eta}_1 + k_2\boldsymbol{\eta}_2 = k_1\begin{pmatrix} -\frac{1}{2} \\ -\frac{1}{2} \\ 1 \\ 0 \end{pmatrix} + k_2\begin{pmatrix} \frac{1}{2} \\ -\frac{3}{2} \\ 0 \\ 1 \end{pmatrix},$$

其中 k_1、k_2 为任意常数.

(2) $\begin{pmatrix} 1 & -1 & 5 & -1 \\ 1 & 1 & -2 & 3 \\ 3 & -1 & 8 & 1 \\ 1 & 3 & -9 & 7 \end{pmatrix} \xrightarrow[r_4 - r_1]{r_2 - r_1, r_3 - 3r_1} \begin{pmatrix} 1 & -1 & 5 & -1 \\ 0 & 2 & -7 & 4 \\ 0 & 2 & -7 & 4 \\ 0 & 4 & -14 & 8 \end{pmatrix}$

$$\xrightarrow[r_2 \times \frac{1}{2}, r_1 + r_2]{r_4 - 2r_2, r_3 - r_2} \begin{pmatrix} 1 & 0 & \frac{3}{2} & 1 \\ 0 & 1 & -\frac{7}{2} & 2 \\ 0 & 0 & 0 & 0 \\ 0 & 0 & 0 & 0 \end{pmatrix},$$

得同解方程组为 $\begin{cases} x_1 + \frac{3}{2}x_3 + x_4 = 0 \\ x_2 - \frac{7}{2}x_3 + 2x_4 = 0 \end{cases}$，即 $\begin{cases} x_1 = -\frac{3}{2}x_3 - x_4 \\ x_2 = \frac{7}{2}x_3 - 2x_4 \end{cases}$，分别取得 $x_3 = 2, x_4 = 0$；$x_3 = 0, x_4 = 1$，得基础解系为

$$\boldsymbol{\eta}_1 = \begin{pmatrix} -3 \\ 7 \\ 2 \\ 0 \end{pmatrix}, \boldsymbol{\eta}_2 = \begin{pmatrix} -1 \\ -2 \\ 0 \\ 1 \end{pmatrix},$$

通解为 $X = k_1\boldsymbol{\eta}_1 + k_2\boldsymbol{\eta}_2 = k_1\begin{pmatrix} -3 \\ 7 \\ 2 \\ 0 \end{pmatrix} + k_2\begin{pmatrix} -1 \\ -2 \\ 0 \\ 1 \end{pmatrix}$，其中 k_1、k_2 为任意常数.

6. **解** (1) $(\boldsymbol{A} \vdots \boldsymbol{\beta}) = \left(\begin{array}{cccc:c} 2 & 1 & -2 & 3 & -1 \\ 3 & 2 & -1 & 2 & 0 \\ 1 & 1 & 1 & -1 & 1 \end{array}\right) \xrightarrow{r_1 \leftrightarrow r_3} \left(\begin{array}{cccc:c} 1 & 1 & 1 & -1 & 1 \\ 3 & 2 & -1 & 2 & 0 \\ 2 & 1 & -2 & 3 & -1 \end{array}\right)$

$$\xrightarrow[r_3-2r_1]{r_2-3r_1}\left(\begin{array}{cccc:c}1&1&1&-1&1\\0&-1&-4&5&-3\\0&-1&-4&5&-3\end{array}\right)\to\left(\begin{array}{cccc:c}1&1&1&-1&1\\0&1&4&-5&3\\0&0&0&0&0\end{array}\right)$$

$$\xrightarrow{r_1-r_2}\left(\begin{array}{cccc:c}1&0&-3&4&-2\\0&1&4&-5&3\\0&0&0&0&0\end{array}\right),$$

得同解方程组为$\begin{cases}x_1-3x_3+4x_4=-2\\x_2+4x_3-5x_4=3\end{cases}$，即$\begin{cases}x_1=3x_3-4x_4-2\\x_2=-4x_3+5x_4+3\end{cases}$，得基础解系

$$\boldsymbol{\eta}_1=\begin{pmatrix}3\\-4\\1\\0\end{pmatrix},\boldsymbol{\eta}_2=\begin{pmatrix}-4\\5\\0\\1\end{pmatrix},\text{特解为 }\boldsymbol{X}_0=\begin{pmatrix}-2\\3\\0\\0\end{pmatrix},$$

通解为

$$\boldsymbol{X}=\boldsymbol{X}_0+k_1\boldsymbol{\eta}_1+k_2\boldsymbol{\eta}_2=\begin{pmatrix}-2\\3\\0\\0\end{pmatrix}+k_1\begin{pmatrix}3\\-4\\1\\0\end{pmatrix}+k_2\begin{pmatrix}-4\\5\\0\\1\end{pmatrix},$$

其中 k_1、k_2 为任意常数.

$$(2)(\boldsymbol{A}\mid\boldsymbol{\beta})=\left(\begin{array}{ccccc:c}1&1&1&1&1&2\\2&3&1&1&-3&0\\1&0&2&2&6&6\\4&5&3&3&-1&4\end{array}\right)$$

$$\xrightarrow[r_4-4r_1]{\substack{r_2-2r_1\\r_3-r_1}}\left(\begin{array}{ccccc:c}1&1&1&1&1&2\\0&1&-1&-1&-5&-4\\0&-1&1&1&5&4\\0&1&-1&-1&-5&-4\end{array}\right)$$

$$\xrightarrow[r_4-r_2]{\substack{r_1-r_2\\r_3+r_2}}\left(\begin{array}{ccccc:c}1&0&2&2&6&6\\0&1&-1&-1&-5&-4\\0&0&0&0&0&0\\0&0&0&0&0&0\end{array}\right),$$

得同解方程组为$\begin{cases}x_1+2x_3+2x_4+6x_5=6\\x_2-x_3-x_4-5x_5=-4\end{cases}$，即$\begin{cases}x_1=-2x_3-2x_4-6x_5+6\\x_2=x_3+x_4+5x_5-4\end{cases}$，

得基础解系

$$\boldsymbol{\eta}_1=\begin{pmatrix}-2\\1\\1\\0\\0\end{pmatrix},\boldsymbol{\eta}_2=\begin{pmatrix}-2\\1\\0\\1\\0\end{pmatrix},\boldsymbol{\eta}_3=\begin{pmatrix}-6\\5\\0\\0\\1\end{pmatrix},\text{特解为 }\boldsymbol{X}_0=\begin{pmatrix}6\\-4\\0\\0\\0\end{pmatrix},$$

通解为

$$\boldsymbol{X}=\boldsymbol{X}_0+k_1\boldsymbol{\eta}_1+k_2\boldsymbol{\eta}_2+k_3\boldsymbol{\eta}_3=\begin{pmatrix}6\\-4\\0\\0\\0\end{pmatrix}+k_1\begin{pmatrix}-2\\1\\1\\0\\0\end{pmatrix}+k_2\begin{pmatrix}-2\\1\\0\\1\\0\end{pmatrix}+k_3\begin{pmatrix}-6\\5\\0\\0\\1\end{pmatrix},$$

其中 k_1、k_2、k_3 为任意常数.

7. **解**

$$(\boldsymbol{\alpha}_1{}^T,\boldsymbol{\alpha}_2{}^T,\boldsymbol{\alpha}_3{}^T,\boldsymbol{\beta}^T)=\left(\begin{array}{ccc:c}1&0&2&-1\\2&1&3&1\\3&4&6&5\end{array}\right)\to\left(\begin{array}{ccc:c}1&0&2&-1\\0&1&-1&3\\0&4&0&8\end{array}\right)$$

$$\to\left(\begin{array}{ccc:c}1&0&0&1\\0&1&0&2\\0&0&1&-1\end{array}\right),$$

$r(\boldsymbol{\alpha}_1{}^T,\boldsymbol{\alpha}_2{}^T,\boldsymbol{\alpha}_3{}^T,\boldsymbol{\beta}^T)=r(\boldsymbol{\alpha}_1{}^T,\boldsymbol{\alpha}_2{}^T,\boldsymbol{\alpha}_3{}^T)$，故 $\boldsymbol{\beta}$ 能由 $\boldsymbol{\alpha}_1$、$\boldsymbol{\alpha}_2$、$\boldsymbol{\alpha}_3$ 线性表出，且 $\boldsymbol{\beta}=\boldsymbol{\alpha}_1+2\boldsymbol{\alpha}_2-\boldsymbol{\alpha}_3$.

8. **解** $\left(\begin{array}{ccc:c}1&1&1&0\\-2&0&1&-1\\1&3&4&a\end{array}\right)\to\left(\begin{array}{ccc:c}1&1&1&0\\0&2&3&-1\\0&2&3&a\end{array}\right)\to\left(\begin{array}{ccc:c}1&1&1&0\\0&2&3&-1\\0&0&0&a+1\end{array}\right)$，线性方程组有解当且仅当 $a=-1$.

当 $a=-1$ 时，可进一步化简

$$\left(\begin{array}{ccc:c}1&1&1&0\\0&2&3&-1\\0&0&0&0\end{array}\right)\to\left(\begin{array}{ccc:c}1&1&1&0\\0&1&\frac{3}{2}&-\frac{1}{2}\\0&0&0&0\end{array}\right)\to\left(\begin{array}{ccc:c}1&0&-\frac{1}{2}&\frac{1}{2}\\0&1&\frac{3}{2}&-\frac{1}{2}\\0&0&0&0\end{array}\right),$$

得同解方程组为$\begin{cases} x_1 = \dfrac{1}{2} + \dfrac{1}{2}x_3 \\ x_2 = -\dfrac{1}{2} - \dfrac{3}{2}x_3 \end{cases}$，通解为$\boldsymbol{\eta} = \begin{pmatrix} \frac{1}{2} \\ -\frac{1}{2} \\ 0 \end{pmatrix} + k\begin{pmatrix} \frac{1}{2} \\ -\frac{3}{2} \\ 1 \end{pmatrix}$，其中 k 为任意常数.

9. **解** (1) $\left(\begin{array}{ccc|c} 1 & 2 & 1 & a \\ 1 & 0 & 1 & b \\ 2 & 1 & 3 & c \end{array}\right) \to \left(\begin{array}{ccc|c} 1 & 2 & 1 & a \\ 0 & -2 & 0 & b-a \\ 0 & -3 & 1 & c-2a \end{array}\right)$

$\to \left(\begin{array}{ccc|c} 1 & 2 & 1 & a \\ 0 & 1 & 0 & -\frac{1}{2}(b-a) \\ 0 & 0 & 1 & -\frac{a}{2}-\frac{3}{2}b+c \end{array}\right)$，对任意 a、b、c，$r(\boldsymbol{A} \mid \boldsymbol{\beta}) = r(\boldsymbol{A}) = 3$，方程组均有解.

(2) $(\boldsymbol{A} \mid \boldsymbol{\beta}) = \left(\begin{array}{ccc|c} 3 & 5 & -1 & a \\ 4 & -2 & 1 & b \\ 1 & -1 & 5 & c \end{array}\right) \to \left(\begin{array}{ccc|c} 1 & -1 & 5 & c \\ 3 & 5 & -1 & a \\ 4 & -2 & 1 & b \end{array}\right)$

$\xrightarrow[r_3 - 4r_1]{r_2 - 3r_1} \left(\begin{array}{ccc|c} 1 & -1 & 5 & c \\ 0 & 8 & -16 & a-3c \\ 0 & 2 & -19 & b-4c \end{array}\right)$

$\to \left(\begin{array}{ccc|c} 1 & -1 & 5 & c \\ 0 & 2 & -19 & b-4c \\ 0 & 0 & 60 & a-4b+13c \end{array}\right)$，

因为对任意 a、b、c，都有 $r(\boldsymbol{A} \mid \boldsymbol{\beta}) = r(\boldsymbol{A}) = 3$，所以，对任意 a、b、c，方程组 $\boldsymbol{AX} = \boldsymbol{\beta}$ 都有唯一解 $\boldsymbol{X} = \boldsymbol{A}^{-1}\boldsymbol{\beta}$.

（B 层）

1. **解 1** 设 $|\boldsymbol{A}| = \begin{vmatrix} 1 & 0 & a \\ 0 & 1 & 0 \\ 1 & 1 & 1 \end{vmatrix} = 1-a$，当 $|\boldsymbol{A}| \neq 0$，即 $a \neq 1$ 时，$\boldsymbol{\alpha}_1$、$\boldsymbol{\alpha}_2$、$\boldsymbol{\alpha}_3$ 线性无关.

解 2 设$\boldsymbol{A}=\begin{pmatrix}1&0&a\\0&1&0\\1&1&1\end{pmatrix}\xrightarrow{\text{初等行变换}}\begin{pmatrix}1&0&a\\0&1&0\\0&0&1-a\end{pmatrix}$，当$r(\boldsymbol{A})=3$，即$a\neq1$时，$\boldsymbol{\alpha}_1$、$\boldsymbol{\alpha}_2$、$\boldsymbol{\alpha}_3$线性无关.

2. **解** 把向量$\boldsymbol{\alpha}_1^T$、$\boldsymbol{\alpha}_2^T$、$\boldsymbol{\alpha}_3^T$、$\boldsymbol{\alpha}_4^T$看作一个矩阵$\boldsymbol{A}$的列向量组，再用初等行变换把$\boldsymbol{A}$化为阶梯形矩阵，即

$$\boldsymbol{A}=\begin{pmatrix}1&2&3&0\\-1&-2&0&3\\2&4&6&0\\1&-2&-1&0\\0&0&1&1\end{pmatrix}\rightarrow\begin{pmatrix}1&2&3&0\\0&0&3&3\\0&0&0&0\\0&-4&-4&0\\0&0&1&1\end{pmatrix}\rightarrow\begin{pmatrix}1&2&3&0\\0&1&1&0\\0&0&1&1\\0&0&0&0\\0&0&0&0\end{pmatrix}$$

$$\xrightarrow{r_2-r_3}\begin{pmatrix}1&2&0&-3\\0&1&0&-1\\0&0&1&1\\0&0&0&0\\0&0&0&0\end{pmatrix}\xrightarrow{r_1-2r_2}\begin{pmatrix}1&0&0&-1\\0&1&0&-1\\0&0&1&1\\0&0&0&0\\0&0&0&0\end{pmatrix},$$

故向量组$\boldsymbol{\alpha}_1$、$\boldsymbol{\alpha}_2$、$\boldsymbol{\alpha}_3$是原向量组的一个极大无关组，且$\boldsymbol{\alpha}_4=-\boldsymbol{\alpha}_1-\boldsymbol{\alpha}_2+\boldsymbol{\alpha}_3$.

3. **解** (1) 以$\boldsymbol{\alpha}_1$、$\boldsymbol{\alpha}_2$、$\boldsymbol{\alpha}_3$、$\boldsymbol{\alpha}_4$、$\boldsymbol{\alpha}_5$为列向量构成矩阵，然后对其作初等行变换(只能作初等行变换)：

$$\begin{matrix} & \boldsymbol{\alpha}_1 & \boldsymbol{\alpha}_2 & \boldsymbol{\alpha}_3 & \boldsymbol{\alpha}_4 & \boldsymbol{\alpha}_5\end{matrix}$$

$$\boldsymbol{A}=\begin{pmatrix}1&7&2&5&2\\3&0&-1&1&-1\\2&14&0&6&4\\0&3&1&2&1\end{pmatrix}\xrightarrow[r_3+(-2)r_1]{r_2+(-3)r_1}\begin{pmatrix}1&7&2&5&2\\0&-21&-7&-14&-7\\0&0&-4&-4&0\\0&3&1&2&1\end{pmatrix}$$

$$\begin{matrix} & \boldsymbol{\alpha}'_1 & \boldsymbol{\alpha}'_2 & \boldsymbol{\alpha}'_3 & \boldsymbol{\alpha}'_4 & \boldsymbol{\alpha}'_5\end{matrix}$$

$$\rightarrow\begin{pmatrix}1&7&2&5&2\\0&3&1&2&1\\0&0&1&1&0\\0&0&0&0&0\end{pmatrix}=\boldsymbol{A}_1,$$

由$r(\boldsymbol{A}_1)=3$，得$r(\boldsymbol{A})=3$.

(2) 在每一阶梯中选一"元素"(注意$\boldsymbol{\alpha}'_2$与$\boldsymbol{\alpha}'_5$在同一个阶梯)分别为$\boldsymbol{\alpha}'_1$、$\boldsymbol{\alpha}'_2$、$\boldsymbol{\alpha}'_3$(或$\boldsymbol{\alpha}'_1$、$\boldsymbol{\alpha}'_2$、$\boldsymbol{\alpha}'_4$或$\boldsymbol{\alpha}'_1$、$\boldsymbol{\alpha}'_4$、$\boldsymbol{\alpha}'_5$均可)，从而对应的向量组$\boldsymbol{\alpha}_1$、$\boldsymbol{\alpha}_2$、$\boldsymbol{\alpha}_3$构成$\boldsymbol{\alpha}_1$、$\boldsymbol{\alpha}_2$、$\boldsymbol{\alpha}_3$、$\boldsymbol{\alpha}_4$、$\boldsymbol{\alpha}_5$的极大线性无关组.

进一步地，$A \to A_1 = \begin{pmatrix} 1 & 7 & 2 & 5 & 2 \\ 0 & 3 & 1 & 2 & 1 \\ 0 & 0 & 1 & 1 & 0 \\ 0 & 0 & 0 & 0 & 0 \end{pmatrix} \to \overset{\begin{matrix}\alpha''_1 & \alpha''_2 & \alpha''_3 & \alpha''_4 & \alpha''_5\end{matrix}}{\begin{pmatrix} 1 & 0 & 0 & \frac{2}{3} & -\frac{1}{3} \\ 0 & 1 & 0 & \frac{1}{3} & \frac{1}{3} \\ 0 & 0 & 1 & 1 & 0 \\ 0 & 0 & 0 & 0 & 0 \end{pmatrix}}$（行简化阶梯形矩阵），则 $\alpha_4'' = \frac{2}{3}\alpha_1'' + \frac{1}{3}\alpha_2'' + \alpha_3''$，$\alpha_5'' = -\frac{1}{3}\alpha_1'' + \frac{1}{3}\alpha_2'' + 0 \cdot \alpha_3''$，从而 $\alpha_4 = \frac{2}{3}\alpha_1 + \frac{1}{3}\alpha_2 + \alpha_3$，$\alpha_5 = -\frac{1}{3}\alpha_1 + \frac{1}{3}\alpha_2 + 0 \cdot \alpha_3$.

说明：(1) 若 α_1、α_2、α_3、α_4、α_5 是行向量，这时应构造 $A = (\alpha_1^T, \alpha_2^T, \alpha_3^T, \alpha_4^T, \alpha_5^T)$，仍只能用初等行变换.

(2) 由 α''_1、α''_2、α''_3、α''_4、α''_5 的线性关系推导出 α_1、α_2、α_3、α_4、α_5 的线性关系的依据是：初等行变换不改变列向量之间的线性组合. 一般地，对列（行）向量组作初等列（行）变换，则列（行）向量组的线性关系将不再保持.

4. **解 1**

$|A| = \begin{vmatrix} a & 1 & 1 \\ 1 & a & 1 \\ 1 & 1 & a \end{vmatrix} = (a+2)(a-1)^2$，故

当 $a \neq 1$ 且 $a \neq -2$ 时，$|A| \neq 0$，$r(A) = 3$；

当 $a = 1$，$|A| = 0$，且 $A = \begin{pmatrix} 1 & 1 & 1 \\ 1 & 1 & 1 \\ 1 & 1 & 1 \end{pmatrix}$，显然 $r(A) = 1$；

当 $a = -2$ 时，$|A| = 0$，且 $A = \begin{pmatrix} -2 & 1 & 1 \\ 1 & -2 & 1 \\ 1 & 1 & -2 \end{pmatrix}$，二阶子式 $\begin{vmatrix} -2 & 1 \\ 1 & -2 \end{vmatrix} \neq 0$，故 $r(A) = 2$.

解 2 利用初等变换不改变矩阵的秩

$$\begin{pmatrix} a & 1 & 1 \\ 1 & a & 1 \\ 1 & 1 & a \end{pmatrix} \xrightarrow{r_1 \leftrightarrow r_3} \begin{pmatrix} 1 & 1 & a \\ 1 & a & 1 \\ a & 1 & 1 \end{pmatrix} \xrightarrow[r_2 + (-1)r_1]{r_3 + (-a)r_1} \begin{pmatrix} 1 & 1 & a \\ 0 & a-1 & -(a-1) \\ 0 & -(a-1) & 1-a^2 \end{pmatrix},$$

$$\xrightarrow{r_3+r_2}\begin{pmatrix}1 & 1 & a\\0 & a-1 & -(a-1)\\0 & 0 & -(a+2)(a-1)\end{pmatrix},$$

当 $a\neq 1$ 且 $a\neq -2$ 时，$r(\boldsymbol{A})=3$；

当 $a=1$ 时，$\boldsymbol{A}=\begin{pmatrix}1 & 1 & 1\\0 & 0 & 0\\0 & 0 & 0\end{pmatrix}$，$r(\boldsymbol{A})=1$；

$a=-2$ 时，$\boldsymbol{A}=\begin{pmatrix}-2 & 1 & 1\\1 & -2 & 1\\1 & 1 & -2\end{pmatrix}\to\begin{pmatrix}1 & 1 & -2\\0 & 1 & -1\\0 & 0 & 0\end{pmatrix}$，$r(\boldsymbol{A})=2$.

5. **解**

$$\tilde{\boldsymbol{A}}=\left(\begin{array}{ccc:c}1 & -1 & 3 & a\\3 & -3 & 9 & b\\-2 & 2 & -6 & c\end{array}\right)\to\left(\begin{array}{ccc:c}1 & -1 & 3 & a\\0 & 0 & 0 & b-3a\\0 & 0 & 0 & c+2a\end{array}\right)$$

由此知，当 $b-3a=0$，$c+2a=0$ 时，原方程组有解，即 a、b、c 满足 $a:b:c=1:3:(-2)$ 时，原方程组有解.

6. **解** $\tilde{\boldsymbol{A}}=\left(\begin{array}{ccc:c}1 & 2 & 1 & 1\\2 & 3 & a+2 & 3\\1 & a & -2 & 0\end{array}\right)\to\left(\begin{array}{ccc:c}1 & 2 & 1 & 1\\0 & -1 & a & 1\\0 & 0 & (a-3)(a+1) & a-3\end{array}\right).$

依题意，方程组无解，必有 $r(\boldsymbol{A})\neq r(\tilde{\boldsymbol{A}})$. 由 $(a-3)(a+1)=0$，得 $a=3$ 或 $a=-1$.

(1) 当 $a=3$ 时，$r(\tilde{\boldsymbol{A}})=r(\boldsymbol{A})=2<3$，方程组有无穷多解；

(2) 当 $a=-1$ 时，$r(\boldsymbol{A})=2$，$r(\tilde{\boldsymbol{A}})=3$，$r(\boldsymbol{A})\neq r(\tilde{\boldsymbol{A}})$ 方程组无解. 故取 $a=-1$.

7. **解** 对增广矩阵 $(\boldsymbol{A}\,\vdots\,\boldsymbol{\beta})$ 施以初等行变换

$$(\boldsymbol{A}\,\vdots\,\boldsymbol{\beta})=\left(\begin{array}{ccccc:c}1 & -2 & 1 & -1 & 1 & 1\\2 & 1 & -1 & 2 & -3 & 2\\3 & -2 & -1 & 1 & -2 & 2\\2 & -5 & 1 & -2 & 2 & 1\end{array}\right)\to\left(\begin{array}{ccccc:c}1 & -2 & 1 & -1 & 1 & 1\\0 & 5 & -3 & 4 & -5 & 0\\0 & 4 & -4 & 4 & -5 & -1\\0 & -1 & -1 & 0 & 0 & -1\end{array}\right)$$

$$\to\left(\begin{array}{ccccc:c}1 & -2 & 1 & -1 & 1 & 1\\0 & 1 & 1 & 0 & 0 & 1\\0 & 5 & -3 & 4 & -5 & 0\\0 & 4 & -4 & 4 & -5 & -1\end{array}\right)$$

$$\rightarrow\left(\begin{array}{ccccc:c}1&-2&1&-1&1&1\\0&1&1&0&0&1\\0&0&-8&4&-5&-5\\0&0&-8&4&-5&-5\end{array}\right)\rightarrow\left(\begin{array}{ccccc:c}1&-2&1&-1&1&1\\0&1&1&0&0&1\\0&0&8&-4&5&5\\0&0&0&0&0&0\end{array}\right)$$

$$\xrightarrow[r_1+2r_2]{\frac{1}{8}\cdot r_3}\left(\begin{array}{cccc:c:c}1&0&3&-1&1&3\\0&1&1&0&0&1\\0&0&1&-\frac{1}{2}&\frac{5}{8}&\frac{5}{8}\\0&0&0&0&0&0\end{array}\right)\rightarrow\left(\begin{array}{ccccc:c}1&0&0&\frac{1}{2}&-\frac{7}{8}&\frac{9}{8}\\0&1&1&0&0&1\\0&0&1&-\frac{1}{2}&\frac{5}{8}&\frac{5}{8}\\0&0&0&0&0&0\end{array}\right)$$

$$\rightarrow\left(\begin{array}{ccccc:c}1&0&0&\frac{1}{2}&-\frac{7}{8}&\frac{9}{8}\\0&1&0&\frac{1}{2}&-\frac{5}{8}&\frac{3}{8}\\0&0&1&-\frac{1}{2}&\frac{5}{8}&\frac{5}{8}\\0&0&0&0&0&0\end{array}\right).$$

得原方程组的同解方程组为

$$\begin{cases}x_1+\frac{1}{2}x_4-\frac{7}{8}x_5=\frac{9}{8}\\x_2+\frac{1}{2}x_4-\frac{5}{8}x_5=\frac{3}{8}\\x_3-\frac{1}{2}x_4+\frac{5}{8}x_5=\frac{5}{8}\end{cases},\text{即}\begin{cases}x_1=-\frac{1}{2}x_4+\frac{7}{8}x_5+\frac{9}{8}\\x_2=-\frac{1}{2}x_4+\frac{5}{8}x_5+\frac{3}{8}\\x_3=\frac{1}{2}x_4-\frac{5}{8}x_5+\frac{5}{8}\end{cases},$$

得基础解系为 $\boldsymbol{\eta}_1=\begin{pmatrix}-\frac{1}{2}\\-\frac{1}{2}\\\frac{1}{2}\\1\\0\end{pmatrix}$，$\boldsymbol{\eta}_2=\begin{pmatrix}\frac{7}{8}\\\frac{5}{8}\\-\frac{5}{8}\\0\\1\end{pmatrix}$，特解 $\boldsymbol{X}_0=\begin{pmatrix}\frac{9}{8}\\\frac{3}{8}\\\frac{5}{8}\\0\\0\end{pmatrix}$，因此原方程组的

通解为

$$\boldsymbol{X}=\boldsymbol{X}_0+k_1\boldsymbol{\eta}_1+k_2\boldsymbol{\eta}_2=\begin{pmatrix}\frac{9}{8}\\ \frac{3}{8}\\ \frac{5}{8}\\ 0\\ 0\end{pmatrix}+k_1\begin{pmatrix}-\frac{1}{2}\\ -\frac{1}{2}\\ \frac{1}{2}\\ 1\\ 0\end{pmatrix}+k_2\begin{pmatrix}\frac{7}{8}\\ \frac{5}{8}\\ -\frac{5}{8}\\ 0\\ 1\end{pmatrix}$$，其中 k_1、k_2 为任意常数.

对应的齐次线性方程组的通解为

$$\boldsymbol{X}=k_1\boldsymbol{\eta}_1+k_2\boldsymbol{\eta}_2=k_1\begin{pmatrix}-\frac{1}{2}\\ -\frac{1}{2}\\ \frac{1}{2}\\ 1\\ 0\end{pmatrix}+k_2\begin{pmatrix}\frac{7}{8}\\ \frac{5}{8}\\ -\frac{5}{8}\\ 0\\ 1\end{pmatrix},$$

其中 k_1、k_2 为任意常数.

8. **解** 对方程组的增广矩阵作初等行变换

$$(\boldsymbol{A}\vdots\boldsymbol{\beta})=\begin{pmatrix}a&1&1&\vdots&4\\1&b&1&\vdots&3\\1&2b&1&\vdots&4\end{pmatrix}\xrightarrow{r_1\leftrightarrow r_2}\begin{pmatrix}1&b&1&\vdots&3\\a&1&1&\vdots&4\\1&2b&1&\vdots&4\end{pmatrix}$$

$$\to\begin{pmatrix}1&b&1&\vdots&3\\0&1-ab&1-a&\vdots&4-3a\\0&b&0&\vdots&1\end{pmatrix}.$$

(1) 若 $b\neq 0$，$(\boldsymbol{A}\vdots\boldsymbol{\beta})\to\begin{pmatrix}1&b&1&\vdots&3\\0&1&0&\vdots&\frac{1}{b}\\0&0&1-a&\vdots&\frac{4b-2ab-1}{b}\end{pmatrix}$，

若 $b\neq 0$，$a\neq 1$，则 $r(\boldsymbol{A})=r(\boldsymbol{A}\vdots\boldsymbol{\beta})=3=n$，故方程组有唯一解，且解为

$$x_1=\frac{1-2b}{b(1-a)},x_2=\frac{1}{b},x_3=\frac{4b-2ab-1}{b(1-a)}.$$

若 $b\neq 0, a=1$ 且 $4b-2ab-1=0$，即当 $a=1, b=\dfrac{1}{2}$ 时，方程组有无穷多解，由

$$\begin{pmatrix}1 & \frac{1}{2} & 1 & 3\\ 0 & \frac{1}{2} & 0 & 1\\ 0 & 0 & 0 & 0\end{pmatrix}\to\begin{pmatrix}1 & 0 & 1 & 2\\ 0 & 1 & 0 & 2\\ 0 & 0 & 0 & 0\end{pmatrix},$$

得通解为 $\boldsymbol{X}=(2\quad 2\quad 0)^T+k(-1\quad 0\quad 1)^T$，其中 k 是任意常数.

若 $b\neq 0, a=1$ 但 $4b-2ab-1\neq 0$，即当 $a=1, b\neq 0, b\neq\dfrac{1}{2}$ 时，因为 $r(\boldsymbol{A})=2\neq r(\boldsymbol{A}\mid\boldsymbol{\beta})=3$，所以方程组无解.

(2) 若 $b=0$，原方程组中第二、三两个方程是矛盾方程，所以方程组无解.

9. **解**　方程组的增广矩阵为

$$(\boldsymbol{A}\mid\boldsymbol{\beta})=\left(\begin{array}{ccc|c}\lambda & 1 & 1 & 1\\ 1 & \lambda & 1 & \lambda\\ 1 & 1 & \lambda & \lambda^2\end{array}\right)\xrightarrow{r_1\leftrightarrow r_3}\left(\begin{array}{ccc|c}1 & 1 & \lambda & \lambda^2\\ 1 & \lambda & 1 & \lambda\\ \lambda & 1 & 1 & 1\end{array}\right)\xrightarrow[r_3-\lambda r_1]{r_2-r_1}\left(\begin{array}{ccc|c}1 & 1 & \lambda & \lambda^2\\ 0 & \lambda-1 & 1-\lambda & \lambda-\lambda^2\\ 0 & 1-\lambda & 1-\lambda^2 & 1-\lambda^3\end{array}\right)$$

$$\to\left(\begin{array}{ccc|c}1 & 1 & \lambda & \lambda^2\\ 0 & \lambda-1 & 1-\lambda & \lambda-\lambda^2\\ 0 & 0 & -(\lambda-1)(\lambda+2) & (1-\lambda)(\lambda+1)^2\end{array}\right),$$

则(1) 当 $\lambda\neq 1$ 且 $\lambda\neq -2$ 时，$r(\boldsymbol{A})=r(\boldsymbol{A}\mid\boldsymbol{\beta})=3$，此时方程组有唯一解.

(2) 当 $\lambda=-2$ 时，

$$(\boldsymbol{A}\mid\boldsymbol{\beta})=\left(\begin{array}{ccc|c}-2 & 1 & 1 & 1\\ 1 & -2 & 1 & -2\\ 1 & 1 & -2 & 4\end{array}\right)\to\left(\begin{array}{ccc|c}1 & -2 & 1 & -2\\ 0 & -3 & 3 & -3\\ 0 & 0 & 0 & 3\end{array}\right),$$

此时，$r(\boldsymbol{A})=2\neq r(\boldsymbol{A}\mid\boldsymbol{\beta})=3$，此时方程组无解.

(3) 当 $\lambda=1$ 时，

$$(\boldsymbol{A}\mid\boldsymbol{\beta})=\left(\begin{array}{ccc|c}1 & 1 & 1 & 1\\ 1 & 1 & 1 & 1\\ 1 & 1 & 1 & 1\end{array}\right)\to\left(\begin{array}{ccc|c}1 & 1 & 1 & 1\\ 0 & 0 & 0 & 0\\ 0 & 0 & 0 & 0\end{array}\right),$$

$r(\boldsymbol{A})=r(\boldsymbol{A}\mid\boldsymbol{\beta})=1$，此时方程组有无穷多解.

由同解方程组$\begin{cases} x_1 = -x_2 - x_3 + 1 \\ x_2 = x_2 \\ x_3 = x_3 \end{cases}$，得通解

$$\boldsymbol{X} = \begin{pmatrix} x_1 \\ x_2 \\ x_3 \end{pmatrix} = k_1 \begin{pmatrix} -1 \\ 1 \\ 0 \end{pmatrix} + k_2 \begin{pmatrix} -1 \\ 0 \\ 1 \end{pmatrix} + \begin{pmatrix} 1 \\ 0 \\ 0 \end{pmatrix},$$

其中 k_1、k_2 为任意常数.

10. **解 1** 将三个解代入方程组先求参数，再求通解，此法可行，但计算非常繁杂.

解 2 由已知有 $\boldsymbol{\eta}_2 - \boldsymbol{\eta}_1 = \begin{pmatrix} 1 \\ 2 \\ -1 \\ 2 \end{pmatrix}$，$\boldsymbol{\eta}_3 - \boldsymbol{\eta}_1 = \begin{pmatrix} 3 \\ 6 \\ -3 \\ 9 \end{pmatrix}$ 属于相应的齐次线性方程组的基础解系，故基础解系的个数 $\geqslant 2$，系数矩阵的秩 $r(\boldsymbol{A}) \leqslant 4-2=2$，又系数矩阵 $\boldsymbol{A} = \begin{pmatrix} a_1 & 2 & a_3 & a_4 \\ 4 & b_2 & 3 & b_4 \\ 3 & c_2 & 5 & c_4 \end{pmatrix}$ 中有二阶子式 $\begin{vmatrix} 4 & 3 \\ 3 & 5 \end{vmatrix} \neq 0$，故 $r(\boldsymbol{A}) \geqslant 2$，从而 $r(\boldsymbol{A}) = 2$，这样，基础系的向量个数 $= 4 - r(\boldsymbol{A}) = 2$，于是 $\boldsymbol{\eta}_2 - \boldsymbol{\eta}_1$，$\boldsymbol{\eta}_3 - \boldsymbol{\eta}_1$ 是齐次线性方程组的基础解系，故所求的方程组的通解为 $\boldsymbol{X} = k_1(\boldsymbol{\eta}_2 - \boldsymbol{\eta}_1) + k_2(\boldsymbol{\eta}_3 - \boldsymbol{\eta}_1) + \boldsymbol{\eta}_1$，$k_1$、$k_2$ 为任意常数.

(C 层)

1. **解** $\boldsymbol{\alpha}_4$ 可由 $\boldsymbol{\alpha}_2$、$\boldsymbol{\alpha}_3$ 线性表出.

因为 $\boldsymbol{\alpha}_1$、$\boldsymbol{\alpha}_2$、$\boldsymbol{\alpha}_3$ 线性无关，故 $\boldsymbol{\alpha}_2$、$\boldsymbol{\alpha}_3$ 线性无关，又 $\boldsymbol{\alpha}_2$、$\boldsymbol{\alpha}_3$、$\boldsymbol{\alpha}_4$ 线性相关，故 $\boldsymbol{\alpha}_4$ 能由 $\boldsymbol{\alpha}_2$、$\boldsymbol{\alpha}_3$ 线性表出.

2. **分析** 两个向量“共线”$\Leftrightarrow$ 两个向量线性相关；

两个向量不“共线”$\Leftrightarrow$ 两个向量线性无关；

三个向量“共面”$\Leftrightarrow$ 三个向量线性相关；

三个向量不“共面”$\Leftrightarrow$ 三个向量线性无关.

解 $\boldsymbol{\alpha}_1$、$\boldsymbol{\alpha}_2$、$\boldsymbol{\alpha}_3$ 不一定线性无关. 已知 $\boldsymbol{\alpha}_1$ 与 $\boldsymbol{\alpha}_2$，$\boldsymbol{\alpha}_2$ 与 $\boldsymbol{\alpha}_3$，$\boldsymbol{\alpha}_3$ 与 $\boldsymbol{\alpha}_1$ 均线性无关，得 $\boldsymbol{\alpha}_1$ 与 $\boldsymbol{\alpha}_2$，$\boldsymbol{\alpha}_2$ 与 $\boldsymbol{\alpha}_3$，$\boldsymbol{\alpha}_3$ 与 $\boldsymbol{\alpha}_1$ 分别不“共线”. 若 $\boldsymbol{\alpha}_1$、$\boldsymbol{\alpha}_2$、$\boldsymbol{\alpha}_3$“共面”，则 $\boldsymbol{\alpha}_1$、$\boldsymbol{\alpha}_2$、$\boldsymbol{\alpha}_3$ 线性相关；若 $\boldsymbol{\alpha}_1$、$\boldsymbol{\alpha}_2$、$\boldsymbol{\alpha}_3$ 不“共面”，则 $\boldsymbol{\alpha}_1$、$\boldsymbol{\alpha}_2$、$\boldsymbol{\alpha}_3$ 线性无关.

3. **证明** 必要性：设 $\lambda_1\boldsymbol{\alpha}_1+\lambda_2\boldsymbol{\alpha}_2+\lambda_3\boldsymbol{\alpha}_3=\boldsymbol{o}$，令 $\begin{cases}\boldsymbol{\alpha}_1+\boldsymbol{\alpha}_2=\boldsymbol{\beta}_1\\ \boldsymbol{\alpha}_2+\boldsymbol{\alpha}_3=\boldsymbol{\beta}_2\\ \boldsymbol{\alpha}_3+\boldsymbol{\alpha}_1=\boldsymbol{\beta}_3\end{cases}$，解出

$$\begin{cases}\boldsymbol{\alpha}_1=\dfrac{1}{2}(\boldsymbol{\beta}_1-\boldsymbol{\beta}_2+\boldsymbol{\beta}_3)\\ \boldsymbol{\alpha}_2=\dfrac{1}{2}(\boldsymbol{\beta}_1+\boldsymbol{\beta}_2-\boldsymbol{\beta}_3)\\ \boldsymbol{\alpha}_3=\dfrac{1}{2}(-\boldsymbol{\beta}_1+\boldsymbol{\beta}_2+\boldsymbol{\beta}_3)\end{cases},$$

则 $\lambda_1(\boldsymbol{\beta}_1-\boldsymbol{\beta}_2+\boldsymbol{\beta}_3)+\lambda_2(\boldsymbol{\beta}_1+\boldsymbol{\beta}_2-\boldsymbol{\beta}_3)+\lambda_3(-\boldsymbol{\beta}_1+\boldsymbol{\beta}_2+\boldsymbol{\beta}_3)=\boldsymbol{o}$，即 $(\lambda_1+\lambda_2-\lambda_3)\boldsymbol{\beta}_1+(-\lambda_1+\lambda_2+\lambda_3)\boldsymbol{\beta}_2+(\lambda_1-\lambda_2+\lambda_3)\boldsymbol{\beta}_3=\boldsymbol{o}$.

依题意，$\boldsymbol{\alpha}_1+\boldsymbol{\alpha}_2$、$\boldsymbol{\alpha}_2+\boldsymbol{\alpha}_3$、$\boldsymbol{\alpha}_3+\boldsymbol{\alpha}_1$ 线性无关，即 $\boldsymbol{\beta}_1$、$\boldsymbol{\beta}_2$、$\boldsymbol{\beta}_3$ 线性无关，故

$$\begin{cases}\lambda_1+\lambda_2-\lambda_3=0\\ -\lambda_1+\lambda_2+\lambda_3=0,\\ \lambda_1-\lambda_2+\lambda_3=0\end{cases}$$

由于系数行列式 $\begin{vmatrix}1 & 1 & -1\\ -1 & 1 & 1\\ 1 & -1 & 1\end{vmatrix}=4\neq 0$，方程组只有唯一零解，即 $\lambda_1=\lambda_2=\lambda_3=0$，从而 $\boldsymbol{\alpha}_1$、$\boldsymbol{\alpha}_2$、$\boldsymbol{\alpha}_3$ 必线性无关.

充分性：设 $\lambda_1(\boldsymbol{\alpha}_1+\boldsymbol{\alpha}_2)+\lambda_2(\boldsymbol{\alpha}_2+\boldsymbol{\alpha}_3)+\lambda_3(\boldsymbol{\alpha}_3+\boldsymbol{\alpha}_1)=\boldsymbol{o}$，即 $(\lambda_1+\lambda_3)\boldsymbol{\alpha}_1+(\lambda_1+\lambda_2)\boldsymbol{\alpha}_2+(\lambda_2+\lambda_3)\boldsymbol{\alpha}_3=\boldsymbol{o}$，因 $\boldsymbol{\alpha}_1$、$\boldsymbol{\alpha}_2$、$\boldsymbol{\alpha}_3$ 线性无关，则有

$$\begin{cases}\lambda_1+\lambda_3=0\\ \lambda_1+\lambda_2=0,\\ \lambda_2+\lambda_3=0\end{cases}$$

解得 $\lambda_1=\lambda_2=\lambda_3=0$，从而 $\boldsymbol{\alpha}_1+\boldsymbol{\alpha}_2$、$\boldsymbol{\alpha}_2+\boldsymbol{\alpha}_3$、$\boldsymbol{\alpha}_3+\boldsymbol{\alpha}_1$ 线性无关.

4. **解** 设有一组数 $x_1,x_2,\cdots,x_n$，使 $x_1\boldsymbol{\beta}_1+x_2\boldsymbol{\beta}_2+\cdots+x_n\boldsymbol{\beta}_n=\boldsymbol{o}$，即 $x_1(\boldsymbol{\alpha}_1+\boldsymbol{\alpha}_2)+x_2(\boldsymbol{\alpha}_2+\boldsymbol{\alpha}_3)+\cdots+x_n(\boldsymbol{\alpha}_n+\boldsymbol{\alpha}_1)=\boldsymbol{o}$，亦即

$$(x_1+x_n)\boldsymbol{\alpha}_1+(x_1+x_2)\boldsymbol{\alpha}_2+\cdots+(x_{n-1}+x_n)\boldsymbol{\alpha}_n=\boldsymbol{o}.$$

由 $\boldsymbol{\alpha}_1,\boldsymbol{\alpha}_2,\cdots,\boldsymbol{\alpha}_n$ 线性无关，得

$$\begin{cases}x_1+x_n=0\\ x_1+x_2=0\\ \quad\vdots\\ x_{n-1}+x_n=0\end{cases},\tag{1}$$

其中系数行列式为

$$|\boldsymbol{A}|=\begin{vmatrix}1&0&0&\cdots&0&1\\1&1&0&\cdots&0&0\\0&1&1&\cdots&0&0\\\vdots&\vdots&\vdots&&\vdots&\vdots\\0&0&0&\cdots&1&1\end{vmatrix}=1+(-1)^{n+1},$$

当 n 为奇数时，$|\boldsymbol{A}|=2\neq 0$，得方程组(1) 只有零解，即 $x_1=x_2=\cdots=x_n=0$，故 $\boldsymbol{\beta}_1,\boldsymbol{\beta}_2,\cdots,\boldsymbol{\beta}_n$ 线性无关；

当 n 为偶数时，$|\boldsymbol{A}|=0$，得方程组(1) 有非零解，故 $\boldsymbol{\beta}_1,\boldsymbol{\beta}_2,\cdots,\boldsymbol{\beta}_n$ 线性相关.

5. **解**　设 $\boldsymbol{\beta}=\lambda_1\boldsymbol{\alpha}_1+\lambda_2\boldsymbol{\alpha}_2+\lambda_3\boldsymbol{\alpha}_3$，则有

$$\begin{cases}\lambda_1+2\lambda_3=-1\\-\lambda_1+\lambda_2-3\lambda_3=2,\\2\lambda_1-\lambda_2+\lambda\lambda_3=\mu\end{cases}$$

$$\widetilde{\boldsymbol{A}}=\left(\begin{array}{ccc:c}1&0&2&-1\\-1&1&-3&2\\2&-1&\lambda&\mu\end{array}\right)\to\left(\begin{array}{ccc:c}1&0&2&-1\\0&1&-1&1\\0&-1&\lambda-4&\mu+2\end{array}\right)$$

$$\xrightarrow{r_3+(-1)r_2}\left(\begin{array}{ccc:c}1&0&2&-1\\0&1&-1&1\\0&0&\lambda-5&\mu+3\end{array}\right),$$

当 $\lambda-5=0,\mu+3=0$ 时，即当 $\lambda=5,\mu=-3$ 时，$r(\boldsymbol{A})=r(\widetilde{\boldsymbol{A}})=2<3$(未知数个数)，方程组有无穷多解，即 $\boldsymbol{\beta}$ 可由 $\boldsymbol{\alpha}_1$、$\boldsymbol{\alpha}_2$、$\boldsymbol{\alpha}_3$ 按多种方式线性表出.

6. **证明**　显然，向量组 $\boldsymbol{\alpha}_1$、$\boldsymbol{\alpha}_2$ 线性无关，$\boldsymbol{\beta}_1$、$\boldsymbol{\beta}_2$ 也线性无关.

又 $(\boldsymbol{\alpha}_1,\boldsymbol{\alpha}_2,\boldsymbol{\beta}_1,\boldsymbol{\beta}_2)\to\begin{pmatrix}1&0&2&-1\\0&1&-3&2\\0&0&0&0\\0&0&0&0\end{pmatrix}$，知 $r(\boldsymbol{\alpha}_1,\boldsymbol{\alpha}_2,\boldsymbol{\beta}_1,\boldsymbol{\beta}_2)=2$. 这样，向量组 $\boldsymbol{\alpha}_1$、$\boldsymbol{\alpha}_2$ 与 $\boldsymbol{\beta}_1$、$\boldsymbol{\beta}_2$ 都是向量组 $(\boldsymbol{\alpha}_1,\boldsymbol{\alpha}_2,\boldsymbol{\beta}_1,\boldsymbol{\beta}_2)$ 的极大无关组，故向量组 $\boldsymbol{\alpha}_1$、$\boldsymbol{\alpha}_2$ 与 $\boldsymbol{\beta}_1$、$\boldsymbol{\beta}_2$ 等价.

7. **解**　不妨设该齐次线性方程组为 $\boldsymbol{AX}=\boldsymbol{\beta}$，它的导出组为 $\boldsymbol{AX}=\boldsymbol{o}$，依题意，有 $\boldsymbol{A\delta}_1=\boldsymbol{\beta},\boldsymbol{A\delta}_2=\boldsymbol{\beta},\boldsymbol{A\delta}_3=\boldsymbol{\beta}$. 由于

$$\boldsymbol{A}[2\boldsymbol{\delta}_1-(\boldsymbol{\delta}_2+\boldsymbol{\delta}_3)]=2\boldsymbol{A\delta}_1-\boldsymbol{A\delta}_2-\boldsymbol{A\delta}_3=2\boldsymbol{\beta}-\boldsymbol{\beta}-\boldsymbol{\beta}=\boldsymbol{o},$$

故 $2\boldsymbol{\delta}_1-(\boldsymbol{\delta}_2+\boldsymbol{\delta}_3)$ 为 $\boldsymbol{AX}=\boldsymbol{o}$ 的解，又因为 $n-r=4-3=1$，所以基础解系

中线性无关的解向量的个数为1,故 $2\boldsymbol{\delta}_1-(\boldsymbol{\delta}_2+\boldsymbol{\delta}_3)=\begin{pmatrix}1\\4\\1\\-1\end{pmatrix}\neq\boldsymbol{o}$ 为 $\boldsymbol{AX}=\boldsymbol{o}$ 的基础解系.

取 $\boldsymbol{AX}=\boldsymbol{\beta}$ 的其中一个解 $\boldsymbol{\delta}_1$,则 $\boldsymbol{AX}=\boldsymbol{\beta}$ 的通解为 $\boldsymbol{X}=\begin{pmatrix}1\\2\\0\\1\end{pmatrix}+\lambda\begin{pmatrix}1\\4\\1\\-1\end{pmatrix}$,其中 λ 为任意实数.

8. **解** 方程组的系数矩阵 $\boldsymbol{A}=\begin{pmatrix}a_{11}&a_{12}&\cdots&a_{1,n-1}\\a_{21}&a_{22}&\cdots&a_{2,n-1}\\\vdots&\vdots&&\vdots\\a_{n1}&a_{n2}&\cdots&a_{n,n-1}\end{pmatrix}$,增广矩阵为 $\widetilde{\boldsymbol{A}}=\begin{pmatrix}a_{11}&a_{12}&\cdots&a_{1,n-1}&a_{1n}\\a_{21}&a_{22}&\cdots&a_{2,n-1}&a_{2n}\\\vdots&\vdots&&\vdots&\vdots\\a_{n1}&a_{n2}&\cdots&a_{n,n-1}&a_{nn}\end{pmatrix}$,由已知 $\begin{vmatrix}a_{11}&a_{12}&\cdots&a_{1n}\\a_{21}&a_{22}&\cdots&a_{2n}\\\vdots&\vdots&&\vdots\\a_{n1}&a_{n2}&\cdots&a_{nn}\end{vmatrix}\neq 0$,说明各行列式中各列向量线性无关,从而 $r(\boldsymbol{A})=n-1$,$r(\widetilde{\boldsymbol{A}})=n$,由于 $r(\boldsymbol{A})\neq r(\widetilde{\boldsymbol{A}})$,故原方程组无解.

9. **证明** 设 $r(\boldsymbol{A})=r$,若 $r=n$,则 $\boldsymbol{A}$ 可逆,于是得 $\boldsymbol{B}=\boldsymbol{O}$,$r(\boldsymbol{B})=0$,此时 $r(\boldsymbol{A})+r(\boldsymbol{B})=n+0=n$,等号成立;若 $r<n$ 则方程组 $\boldsymbol{Ax}=\boldsymbol{o}$ 的基础解系的个数为 $n-r$,因 $\boldsymbol{AB}=\boldsymbol{o}$,从而得 $\boldsymbol{B}$ 的列向量组的极大无关组所含的向量的个数至多为 $n-r$,所以 $r(\boldsymbol{B})\leqslant n-r$,因此得 $r(\boldsymbol{A})+r(\boldsymbol{B})\leqslant n$.

10. 证明 设 $\boldsymbol{A}$ 是 $m\times n$ 实矩阵,$\boldsymbol{X}$ 是 n 维列向量,若 $\boldsymbol{X}$ 满足 $\boldsymbol{AX}=\boldsymbol{o}$,则有 $\boldsymbol{A}^T(\boldsymbol{AX})=\boldsymbol{o}$,即有 $(\boldsymbol{A}^T\boldsymbol{A})\boldsymbol{X}=\boldsymbol{o}$. 若 $\boldsymbol{X}$ 满足 $\boldsymbol{A}^T(\boldsymbol{AX})=\boldsymbol{o}$,则 $\boldsymbol{X}^T(\boldsymbol{A}^T\boldsymbol{A})\boldsymbol{X}=\boldsymbol{o}$,于是 $(\boldsymbol{AX})^T(\boldsymbol{AX})=\boldsymbol{o}$,从而 $\boldsymbol{AX}=\boldsymbol{o}$. 故有方程组 $\boldsymbol{AX}=\boldsymbol{o}$ 与 $(\boldsymbol{A}^T\boldsymbol{A})\boldsymbol{X}=\boldsymbol{o}$ 同解,因此 $r(\boldsymbol{A}^T\boldsymbol{A})=r(\boldsymbol{A})$.

自测题

(A 层)

一、填空题

1. $\boldsymbol{\alpha} = (1, -1, 0, 3)^T$，$\boldsymbol{\beta} = (2, 4, 1, 0)^T$ 且 $2\boldsymbol{\alpha} - \boldsymbol{\beta} + 3\boldsymbol{\gamma} = 0$，则 $\boldsymbol{\gamma} =$ ________.

2. 设向量组 $\boldsymbol{\beta} = (1, 2, t)^T$ 可由向量组 $\boldsymbol{\alpha}_1 = (2, 1, 1)^T$，$\boldsymbol{\alpha}_2 = (-1, 2, 7)^T$ 线性表出，则 $t =$ ________.

3. 向量组 $\begin{pmatrix}1\\0\\0\end{pmatrix}, \begin{pmatrix}1\\1\\0\end{pmatrix}, \begin{pmatrix}1\\1\\1\end{pmatrix}, \begin{pmatrix}1\\0\\1\end{pmatrix}, \begin{pmatrix}0\\1\\1\end{pmatrix}$ 的秩为________.

4. 设 $\boldsymbol{AX} = \boldsymbol{\beta}$ 有特解 $\boldsymbol{X}_0$ 且 $\boldsymbol{AX} = \boldsymbol{o}$ 的一个基础解系数为 $\boldsymbol{\eta}_1$、$\boldsymbol{\eta}_2$，则 $\boldsymbol{AX} = \boldsymbol{\beta}$ 的通解为________.

5. 若 $\boldsymbol{\alpha}_1$、$\boldsymbol{\alpha}_2$、$\boldsymbol{\alpha}_3$ 是三维向量组，且 $k_1\boldsymbol{\alpha}_1 + k_2\boldsymbol{\alpha}_2 + k_3\boldsymbol{\alpha}_3 = \boldsymbol{o}$ 只有零解，则必有 $\boldsymbol{\alpha}_1$、$\boldsymbol{\alpha}_2$、$\boldsymbol{\alpha}_3$ 是________的向量组.

6. $m \times n$ 矩阵 $\boldsymbol{A}$ 的秩为 $r < n$，则 $\boldsymbol{AX} = \boldsymbol{o}$ 的任一基础解系的解向量的个数均为________.

7. 若单个向量 $\boldsymbol{\alpha}$ 是线性相关的，则必有 $\boldsymbol{\alpha} =$ ________.

8. $n+1$ 个 n 维向量构成的向量组一定是线性________的.

二、选择题

1. 方程个数和未知量个数相等的线性方程组中，下面说法正确的是(　　).

(A) 系数行列式 $D \neq 0$，方程组一定有解

(B) 系数行列式 $D \neq 0$，方程组一定无解

(C) 系数行列式 $D = 0$，方程组一定有解

(D) 方程组有解，则系数行列式 $D \neq 0$

2. 下列命题正确的是(　　).

(A) 如果向量组 $\boldsymbol{\alpha}_1,\boldsymbol{\alpha}_2,\cdots,\boldsymbol{\alpha}_n$ 线性相关,则其任意一部分组也线性相关

(B) 如果两个向量组等价,则它们所含向量的个数相同

(C) 向量组 $\boldsymbol{\alpha}_1,\boldsymbol{\alpha}_2,\cdots,\boldsymbol{\alpha}_n$ 线性无关的充分必要条件是任一向量都不能由其余向量线性表出

(D) 如果向量组 $\boldsymbol{\alpha}_1,\boldsymbol{\alpha}_2,\cdots,\boldsymbol{\alpha}_n$ 的秩为 r,则 $\boldsymbol{\alpha}_1,\boldsymbol{\alpha}_2,\cdots,\boldsymbol{\alpha}_n$ 中任意 r 个向量都线性无关

3. 设 $\boldsymbol{\alpha}_1,\boldsymbol{\alpha}_2,\cdots,\boldsymbol{\alpha}_m$ 是 m 个 n 维向量,则命题 $\boldsymbol{\alpha}_1,\boldsymbol{\alpha}_2,\cdots,\boldsymbol{\alpha}_m$ 线性无关与命题(　　)不等价.

(A) 对任意一组不全为零的数 $k_1,k_2,\cdots,k_m$ 必有 $\sum\limits_{i=1}^{m}k_i\boldsymbol{\alpha}_i\neq\boldsymbol{o}$

(B) 若 $\sum\limits_{i=1}^{m}k_i\boldsymbol{\alpha}_i=\boldsymbol{o}$,则必有 $k_1=k_2=\cdots=k_m=0$

(C) 不存在不全为零的数 $k_1,k_2,\cdots,k_m$,使得 $\sum\limits_{i=1}^{m}k_i\boldsymbol{\alpha}_i=\boldsymbol{o}$

(D) $\boldsymbol{\alpha}_1,\boldsymbol{\alpha}_2,\cdots,\boldsymbol{\alpha}_m$ 中没有零向量

4. 若 $\boldsymbol{A}$ 是行列式为零的 n 阶方阵,则齐次线性方程组 $\boldsymbol{AX}=\boldsymbol{o}$(　　).

(A) 只有零解　　　　　　　(B) 只有有限个非零解

(C) 必有无穷个非零解　　　(D) 可能无解

5. 若 $\boldsymbol{AX}=\boldsymbol{\beta}$ 的一般解为 $\begin{cases}x_1=2x_3-1\\x_2=3x_3+2\end{cases}$($x_3$ 为自由未知量),则(　　).

(A) 令 $x_3=3$,得特解 $\boldsymbol{X}_0=\begin{pmatrix}5\\11\\3\end{pmatrix}$

(B) 只有令 $x_3=0$,才求得出 $\boldsymbol{AX}=\boldsymbol{\beta}$ 的特解

(C) 令 $x_3=0$,得特解 $\boldsymbol{X}_0=\begin{pmatrix}-1\\2\end{pmatrix}$

(D) 令 $x_3=1$,得特解 $\boldsymbol{X}_0=\begin{pmatrix}1\\5\end{pmatrix}$

6. 若 $\boldsymbol{AX}=\boldsymbol{\beta}$ 相伴的方程组 $\boldsymbol{AX}=\boldsymbol{o}$ 只有零解,则 $\boldsymbol{AX}=\boldsymbol{\beta}$(　　).

(A) 可能无解　(B) 有唯一解　(C) 有无穷多解　(D) 可能有解

7. 若向量组 $\boldsymbol{\alpha}_1,\boldsymbol{\alpha}_2,\cdots,\boldsymbol{\alpha}_s$ 线性相关,则向量组内(　　)可被该向量组内其余向量线性表出.

(A) 至少有一个向量　　　(B) 没有一个向量

(C) 至多有一个向量　　　　　　　　(D) 任何一个向量

8. 当 $\lambda =$ (　　) 时，齐次线性方程组

$$\begin{cases} x_1 + \lambda x_3 = 0 \\ 2x_1 - x_4 = 0 \\ \lambda x_1 + x_2 = 0 \\ x_3 + 2x_4 = 0 \end{cases}$$

有非零解.

(A) $\frac{1}{2}$　　(B) $-\frac{1}{2}$　　(C) $\frac{1}{4}$　　(D) $-\frac{1}{4}$

9. 对于非齐次线性方程组

$$\begin{cases} a_{11}x_1 + a_{12}x_2 + \cdots + a_{1n}x_n = b_1 \\ a_{21}x_1 + a_{22}x_2 + \cdots + a_{2n}x_n = b_2 \\ \quad\vdots \\ a_{n1}x_1 + a_{n2}x_2 + \cdots + a_{nn}x_n = b_n \end{cases},$$

以下结论中，(　　) 不正确.

(A) 若方程组无解，则系数行列式 $D = 0$

(B) 若方程组有解，则系数行列式 $D \neq 0$

(C) 方程组有解，或者有唯一解，或者有无穷多解

(D) 系数行列式 $D \neq 0$ 是方程组有唯一解的充分必要条件

10. $\begin{cases} x_1 - 2x_2 + 3x_3 = 0 \\ -x_1 + 2x_2 - 3x_3 = 0 \end{cases}$ 的一组基础解系由(　　) 个解向量组成.

(A)0　　(B)2　　(C)1　　(D)3

三、解答题

1. 已知 $\boldsymbol{\alpha} = (1,3,-1,0)$，$\boldsymbol{\beta} = (-1,0,1,1)$，

(1) 求 $2\boldsymbol{\alpha} + \boldsymbol{\beta}$；(2) 求 $\boldsymbol{\alpha}^T\boldsymbol{\beta}$；(3) 求 $\boldsymbol{\alpha}\boldsymbol{\beta}^T$；(4) 若 $\boldsymbol{\alpha} + 2\boldsymbol{\gamma} = 3\boldsymbol{\beta}$，求 $\boldsymbol{\gamma}$.

2. 试确定下列向量是否线性相关：

$$\boldsymbol{\alpha}_1 = (-1,3,1), \boldsymbol{\alpha}_2 = (2,1,0), \boldsymbol{\alpha}_3 = (1,4,1).$$

3. 求向量组 $\boldsymbol{\alpha}_1 = (1,-1,2,4)^T$，$\boldsymbol{\alpha}_2 = (0,3,1,2)^T$，$\boldsymbol{\alpha}_3 = (3,0,7,14)^T$，$\boldsymbol{\alpha}_4 = (1,-1,2,0)^T$ 的秩和一个极大无关组，并求出其余向量由此极大无关组线性表出的表达式.

4. 试问 $\boldsymbol{\beta} = (3,0,2,4)$ 能否由向量组 $\boldsymbol{\alpha}_1 = (1,4,0,2)$，$\boldsymbol{\alpha}_2 = (2,7,1,3)$，$\boldsymbol{\alpha}_3 = (0,1,-1,-1)$ 线性表出？为什么？

5. 设向量组 $\boldsymbol{\alpha}_1$ 与 $\boldsymbol{\alpha}_2$ 线性无关，$\boldsymbol{\beta}_1 = 2\boldsymbol{\alpha}_1 - \boldsymbol{\alpha}_2$，$\boldsymbol{\beta}_2 = \boldsymbol{\alpha}_1 + 2\boldsymbol{\alpha}_2$，试判定 $\boldsymbol{\beta}_1$ 与

$\boldsymbol{\beta}_2$ 的线性相关性.

6. λ 为何值时，$\begin{cases} 2x_1 - x_2 + 3x_3 = 0 \\ x_1 - 3x_2 + 4x_3 = 0 \\ -x_1 + 2x_2 + \lambda x_3 = 0 \end{cases}$ 有非零解.

7. 试求方程组 $\begin{cases} x_1 + x_2 - 3x_3 - x_4 = 1 \\ 3x_1 - x_2 - 3x_3 + 4x_4 = 4 \\ x_1 + 5x_2 - 9x_3 - 8x_4 = 0 \end{cases}$ 的通解.

8. 已知线性方程组 $\begin{cases} x_1 + x_2 = 1 \\ x_1 - x_3 = 1 \\ x_1 + ax_2 + x_3 = b \end{cases}$，

(1) 试问：常数 a,b 取何值时，方程组有无穷多解、唯一解、无解？

(2) 当方程组有无穷多解时，求出其通解.

(B 层)

一、填空题

1. 向量组 $\boldsymbol{\alpha}_1 = (1,2,3)$，$\boldsymbol{\alpha}_2 = (1,1,0)$，$\boldsymbol{\alpha}_3 = (-2,4,1)$，$\boldsymbol{\alpha}_4 = (-1,1,1)$，则向量组包含 $\boldsymbol{\alpha}_4$ 的一个极大无关组为________.

2. 若 $\boldsymbol{\alpha}_1 = (-1,1,a,4)^T$，$\boldsymbol{\alpha}_2 = (-2,1,5,a)^T$，$\boldsymbol{\alpha}_3 = (a,2,10,1)^T$ 且已知 $\boldsymbol{\alpha}_1$、$\boldsymbol{\alpha}_2$、$\boldsymbol{\alpha}_3$ 线性无关，则 $a \neq$ ________.

3. 已知向量组（Ⅰ）$\boldsymbol{\alpha}_1,\boldsymbol{\alpha}_2$；（Ⅱ）$\boldsymbol{\alpha}_1,\boldsymbol{\alpha}_2,\boldsymbol{\alpha}_3$；（Ⅲ）$\boldsymbol{\alpha}_1,\boldsymbol{\alpha}_2,\boldsymbol{\alpha}_4$. 如果各向量组的秩分别为 $r(\text{Ⅰ}) = r(\text{Ⅱ}) = 2$，$r(\text{Ⅲ}) = 3$，则向量组 $\boldsymbol{\alpha}_1,\boldsymbol{\alpha}_2,\boldsymbol{\alpha}_3 - \boldsymbol{\alpha}_4$ 的秩为________.

4. 已知，$r(\boldsymbol{\alpha}_1,\boldsymbol{\alpha}_2,\cdots,\boldsymbol{\alpha}_n,\boldsymbol{\beta}) = r(\boldsymbol{\alpha}_1,\boldsymbol{\alpha}_2,\cdots,\boldsymbol{\alpha}_n) = k$，且 $r(\boldsymbol{\alpha}_1,\boldsymbol{\alpha}_2,\cdots,\boldsymbol{\alpha}_n,\boldsymbol{\gamma}) = k+1$，则 $r(\boldsymbol{\alpha}_1,\boldsymbol{\alpha}_2,\cdots,\boldsymbol{\alpha}_n,\boldsymbol{\beta},\boldsymbol{\gamma}) =$ ________.

5. 已知 $\boldsymbol{A} = \begin{pmatrix} 1 & 2 & 3 \\ 2 & 4 & t \\ 3 & 6 & 9 \end{pmatrix}$，$\boldsymbol{P}$ 为 3 阶非零矩阵，且 $\boldsymbol{PA} = \boldsymbol{O}$，则 t ________ 时，$\boldsymbol{P}$ 的秩必为 1.

6. 设 $\boldsymbol{\alpha}_1$、$\boldsymbol{\alpha}_2$、$\boldsymbol{\alpha}_3$、$\boldsymbol{\alpha}_4$ 是 5 维非零列向量，矩阵 $\boldsymbol{A} = (\boldsymbol{\alpha}_1,\boldsymbol{\alpha}_2,\boldsymbol{\alpha}_3,\boldsymbol{\alpha}_4)$，若 $\boldsymbol{\eta}_1 = (3,2,2,2)^T$，$\boldsymbol{\eta}_2 = (1,2,2,6)^T$ 是齐次线性方程组 $\boldsymbol{AX} = \boldsymbol{o}$ 的一个基础解系，则在下列结论中：

①$\boldsymbol{\alpha}_1$、$\boldsymbol{\alpha}_2$、$\boldsymbol{\alpha}_3$、$\boldsymbol{\alpha}_4$ 线性相关　　②$\boldsymbol{\alpha}_3$、$\boldsymbol{\alpha}_4$ 线性无关

③$\boldsymbol{\alpha}_1$ 可由 $\boldsymbol{\alpha}_3$、$\boldsymbol{\alpha}_4$ 线性表出　　　④$\boldsymbol{\alpha}_2$ 可由 $\boldsymbol{\alpha}_1$、$\boldsymbol{\alpha}_3$ 线性表出

正确的个数为________个.

7. 设 $\boldsymbol{A}$ 是 n 阶矩阵，$\boldsymbol{\alpha}$ 是 n 维列向量，若秩 $\begin{pmatrix} \boldsymbol{A} & \boldsymbol{\alpha} \\ \boldsymbol{\alpha}^T & 0 \end{pmatrix}\begin{pmatrix} x \\ y \end{pmatrix} = r(\boldsymbol{A})$，则线性方程组 $\begin{pmatrix} \boldsymbol{A} & \boldsymbol{\alpha} \\ \boldsymbol{\alpha}^T & 0 \end{pmatrix}\begin{pmatrix} x \\ y \end{pmatrix} = \boldsymbol{O}$ 的解的情况是________.

8. 设矩阵 $\boldsymbol{A} = \begin{pmatrix} 1 & 2 & -2 \\ 2 & -1 & \lambda \\ 3 & \lambda - 2 & 1 \end{pmatrix}$，$\boldsymbol{B}$ 是 3×4 非零矩阵，且 $\boldsymbol{AB} = \boldsymbol{O}$，若 $\lambda \neq 3$，则 λ、$r(\boldsymbol{B})$ 必满足________.

二、选择题

1. 若 $\boldsymbol{A}$、$\boldsymbol{B}$ 为 n 阶方阵，$\boldsymbol{A}$ 为可逆阵，且 $\boldsymbol{AB} = \boldsymbol{O}$，则(　　).

(A)$\boldsymbol{B} = \boldsymbol{O}$　　　(B)$\boldsymbol{B} \neq \boldsymbol{O}$，但 $r(\boldsymbol{B}) < n$

(C)$\boldsymbol{B} \neq \boldsymbol{O}$，但 $r(\boldsymbol{A}) < n$ 且 $r(\boldsymbol{B}) < n$　　　(D)$\boldsymbol{B} \neq \boldsymbol{O}$，但 $r(\boldsymbol{A}) < n$

2. 要使 $\boldsymbol{\zeta}_1 = (1,0,2)^T$，$\boldsymbol{\zeta}_2 = (0,1,-1)^T$ 都是线性方程组 $\boldsymbol{AX} = \boldsymbol{o}$ 的解，只要系数矩阵 $\boldsymbol{A}$ 为(　　).

(A)$\begin{pmatrix} -2 & 1 & 1 \end{pmatrix}$　　　(B)$\begin{pmatrix} 2 & 0 & -1 \\ 0 & 1 & 1 \end{pmatrix}$

(C)$\begin{pmatrix} -1 & 0 & 2 \\ 0 & 1 & -1 \end{pmatrix}$　　　(D)$\begin{pmatrix} 0 & 1 & -1 \\ 4 & -2 & -2 \\ 0 & 1 & 1 \end{pmatrix}$

3. 设 $\boldsymbol{\eta}_1$，$\boldsymbol{\eta}_2$ 为方程组 $\boldsymbol{AX} = \boldsymbol{o}$ 的解，$\boldsymbol{\xi}_1$、$\boldsymbol{\xi}_2$ 为方程组 $\boldsymbol{AX} = \boldsymbol{\beta}$ 的解，则(　　).

(A)$\boldsymbol{\xi}_1 + 2\boldsymbol{\xi}_2$ 为 $\boldsymbol{AX} = \boldsymbol{\beta}$ 的解　　　(B)$\boldsymbol{\eta}_1 + 2\boldsymbol{\eta}_2$ 为 $\boldsymbol{AX} = \boldsymbol{o}$ 的解

(C)$\boldsymbol{\xi}_1 - \boldsymbol{\xi}_2$ 为 $\boldsymbol{AX} = \boldsymbol{\beta}$ 的解　　　(D)$2\boldsymbol{\xi}_1 + \boldsymbol{\eta}_1$ 为 $\boldsymbol{AX} = \boldsymbol{\beta}$ 的解

4. 若向量组 $\boldsymbol{\alpha}_1 = \begin{pmatrix} 1 \\ 0 \\ 2 \end{pmatrix}$，$\boldsymbol{\alpha}_2 = \begin{pmatrix} -1 \\ 2 \\ 2 \end{pmatrix}$，$\boldsymbol{\alpha}_3 = \begin{pmatrix} 3 \\ k \\ 8 \end{pmatrix}$ 线性相关，则 $k =$(　　).

(A)-1　　　(B)1　　　(C)$\frac{1}{2}$　　　(D)$-\frac{1}{2}$

5. 若 $\boldsymbol{\alpha}_1$、$\boldsymbol{\alpha}_2$ 线性无关，则 $3\boldsymbol{\alpha}_1$、$5\boldsymbol{\alpha}_2$(　　).

(A) 线性相关　　　(B) 线性无关

(C) 可能相关也可能无关　　　(D) 既不相关，也不无关

6. 若向量组 $\boldsymbol{\alpha}_1, \boldsymbol{\alpha}_2, \cdots, \boldsymbol{\alpha}_m$ 有两个极大无关组(Ⅰ)$\boldsymbol{\alpha}_{i1}, \boldsymbol{\alpha}_{i2}, \cdots, \boldsymbol{\alpha}_{ir}$,(Ⅱ)$\boldsymbol{\alpha}_{j1}, \boldsymbol{\alpha}_{j2}, \cdots, \boldsymbol{\alpha}_{js}$,则(　　).

(A)r、s 不一定相等

(B)$r+s=m$

(C)$r+s<m$

(D) 向量组(Ⅰ)与向量组(Ⅱ)可相互线性表出

7. 若 n 维向量 $\boldsymbol{\alpha}_1, \boldsymbol{\alpha}_2, \cdots, \boldsymbol{\alpha}_m$ 线性相关,则(　　).

(A)m、n 无必然关系　　(B)$m>n$

(C)$m<n$　　(D)$m \geqslant n$

8. 若非齐次线性方程组系数矩阵的秩等于未知数的个数,则(　　).

(A) 有唯一解　　(B) 有无穷多组解

(C) 无解　　(D) 无法确定是否有解

9. $m<n$ 是 m 个方程 n 个未知数的齐次线性方程组有非零解的(　　)条件.

(A) 充分　　(B) 必要

(C) 充分且必要　　(D) 既不充分也不必要

10. $\boldsymbol{\alpha}_1=(1,1,1,1)$,$\boldsymbol{\alpha}_2=(1,2,3,4)$,$\boldsymbol{\alpha}_3=(1,4,9,16)$,$\boldsymbol{\alpha}_4=(1,3,7,13)$,$\boldsymbol{\alpha}_5=(1,2,5,10)$ 的极大无关组为(　　).

(A)$\boldsymbol{\alpha}_1$　　(B)$\boldsymbol{\alpha}_1, \boldsymbol{\alpha}_2$

(C)$\boldsymbol{\alpha}_1, \boldsymbol{\alpha}_2, \boldsymbol{\alpha}_3$　　(D)$\boldsymbol{\alpha}_1, \boldsymbol{\alpha}_2, \boldsymbol{\alpha}_3, \boldsymbol{\alpha}_4$

三、解答题

1. 已知 $\boldsymbol{\alpha}_1=(1,-2,0,4)^T$,$\boldsymbol{\alpha}_2=(2,6,-3,0)^T$,$\boldsymbol{\alpha}_3=(3,4,2,-1)^T$,试确定它们的相关性.

2. 设向量组 $\boldsymbol{\alpha}_1=\begin{pmatrix}\lambda\\1\\1\end{pmatrix}$,$\boldsymbol{\alpha}_2=\begin{pmatrix}1\\\lambda\\1\end{pmatrix}$,$\boldsymbol{\alpha}_3=\begin{pmatrix}1\\1\\\lambda\end{pmatrix}$,$\boldsymbol{\beta}=\begin{pmatrix}1\\\lambda\\\lambda^2\end{pmatrix}$,问:$\lambda$ 取何值时,$\boldsymbol{\beta}$ 可由 $\boldsymbol{\alpha}_1$、$\boldsymbol{\alpha}_2$、$\boldsymbol{\alpha}_3$ 线性表示?且在表示法不唯一时,求出所有的表示式.

3. 设 $\boldsymbol{\alpha}$、$\boldsymbol{\beta}$、$\boldsymbol{\gamma}$ 是某个 4 元非齐次线性方程组 $\boldsymbol{AX}=\boldsymbol{B}$ 的 3 个解,且 $\boldsymbol{\alpha}+\boldsymbol{\beta}=\begin{pmatrix}-1\\0\\1\\2\end{pmatrix}$,$\boldsymbol{\gamma}=\begin{pmatrix}1\\-2\\3\\1\end{pmatrix}$,如果已知 $r(\boldsymbol{A})=3$,试求出 $\boldsymbol{AX}=\boldsymbol{B}$ 的通解.

4. 已知线性方程组(Ⅰ)、(Ⅱ)为同解方程组,其中

$$(\text{Ⅰ})\begin{cases}x_1+x_4=1\\x_2-2x_4=2\\x_3+x_4=-1\end{cases},\quad(\text{Ⅱ})\begin{cases}-2x_1+x_2+ax_3-5x_4=1\\x_1+x_2-x_3+bx_4=4\\3x_1+x_2+x_3+2x_4=c\end{cases},$$

(1) 求(Ⅰ)的通解;(2) 求(Ⅱ)的常数 a、b、c.

5. 设 $\boldsymbol{A}$、$\boldsymbol{B}$ 是两个 n 阶方阵,已知 $\boldsymbol{AB}=\boldsymbol{O}$,试证:$r(\boldsymbol{A})+r(\boldsymbol{B})\leqslant n$.

(C 层)

一、填空题

1. 已知向量组 $\boldsymbol{\alpha}_1=(a,1,1)^T$,$\boldsymbol{\alpha}_2=(1,a,1)^T$,$\boldsymbol{\alpha}_3=(1,1,a)^T$ 的秩为 2,$a\neq1$,则 $a=$ ________.

2. 向量 $\boldsymbol{\beta}=(1,5,9)^T$ 可以由向量 $\boldsymbol{\alpha}_1=(1,2,3)^T$,$\boldsymbol{\alpha}_2=(2,1,0)^T$,$\boldsymbol{\alpha}_3=(5,4,a)^T$ 线性表示,且有两种不同的表示,则 $a=$ ________.

3. 已知非齐次方程组 $\begin{cases}kx_1+x_2+x_3=1\\3x_1+kx_2+3x_3=1\\-3x_1+3x_2+kx_3=1\end{cases}$ 有唯一解,则________.

4. 设 $\boldsymbol{\alpha}_1$、$\boldsymbol{\alpha}_2$、$\boldsymbol{\alpha}_3$ 是非齐次线性方程组 $\boldsymbol{AX}=\boldsymbol{\beta}$ 的解,$\boldsymbol{\alpha}=\boldsymbol{\alpha}_1+k\boldsymbol{\alpha}_2-5\boldsymbol{\alpha}_3$,$\boldsymbol{\alpha}$ 是齐次方程组 $\boldsymbol{AX}=\boldsymbol{o}$ 的解的充分必要条件是 $k=$ ________;$\boldsymbol{\alpha}$ 是非齐次线性方程组 $\boldsymbol{AX}=\boldsymbol{\beta}$ 的解的充要条件是 $k=$ ________.

5. $\boldsymbol{A}$ 为 2×3 矩阵,$r(\boldsymbol{A})=2$,已知非齐次线性方程组 $\boldsymbol{AX}=\boldsymbol{\beta}$ 有解 $\boldsymbol{\alpha}_1$、$\boldsymbol{\alpha}_2$,且 $\boldsymbol{\alpha}_1=\begin{pmatrix}1\\2\\1\end{pmatrix}$,$\boldsymbol{\alpha}_1+\boldsymbol{\alpha}_2=\begin{pmatrix}1\\-1\\1\end{pmatrix}$,则对应齐次线性方程组 $\boldsymbol{AX}=\boldsymbol{o}$ 的通解为________.

6. 设 $\boldsymbol{AX}=\boldsymbol{\beta}$,其中 $\boldsymbol{A}=\begin{pmatrix}1&2&3\\0&1&2\\2&-1&1\end{pmatrix}$,则使方程组 $\boldsymbol{AX}=\boldsymbol{\beta}$ 有解的所有 $\boldsymbol{\beta}$ 是________.

二、选择题

1. 设向量组 $\boldsymbol{\alpha}_1$、$\boldsymbol{\alpha}_2$、$\boldsymbol{\alpha}_3$ 线性无关,向量组 $\boldsymbol{\alpha}_2$、$\boldsymbol{\alpha}_3$、$\boldsymbol{\alpha}_4$ 线性相关,则有(　　).

(A) $\boldsymbol{\alpha}_4$ 未必能被 $\boldsymbol{\alpha}_2$、$\boldsymbol{\alpha}_3$ 线性表出　　(B) $\boldsymbol{\alpha}_4$ 必能被 $\boldsymbol{\alpha}_2$、$\boldsymbol{\alpha}_3$ 线性表出

(C) $\boldsymbol{\alpha}_1$ 可被 $\boldsymbol{\alpha}_2$、$\boldsymbol{\alpha}_3$、$\boldsymbol{\alpha}_4$ 线性表出　　(D) 以上全不对

2. 设 $\boldsymbol{\alpha}_1,\boldsymbol{\alpha}_2,\cdots,\boldsymbol{\alpha}_m$ 是 m 个 n 维列向量,它们的一个极大线性无关组含有

r 个向量，又 $\boldsymbol{A}$ 是 n 阶可逆矩阵，则向量组 $\boldsymbol{A\alpha}_1,\boldsymbol{A\alpha}_2,\cdots,\boldsymbol{A\alpha}_m$ 的秩为（　　）.

(A)m　　(B)r　　(C)n　　(D)$n-r$

3. 在一个秩等于 n 的 n 维向量中，加入一个 n 维向量后，得到的向量组的秩为（　　）.

(A)$n+1$　　(B)n　　(C)$n-1$　　(D) 无法确定

4. 设向量组 $\boldsymbol{\alpha}_1,\boldsymbol{\alpha}_2,\boldsymbol{\alpha}_3$ 线性无关，则下列向量组中，线性无关的是（　　）.

(A)$\boldsymbol{\alpha}_1+\boldsymbol{\alpha}_2,\boldsymbol{\alpha}_2+\boldsymbol{\alpha}_3,\boldsymbol{\alpha}_3-\boldsymbol{\alpha}_1$

(B)$\boldsymbol{\alpha}_1+\boldsymbol{\alpha}_2,\boldsymbol{\alpha}_2+\boldsymbol{\alpha}_3,\boldsymbol{\alpha}_1+2\boldsymbol{\alpha}_2+\boldsymbol{\alpha}_3$

(C)$\boldsymbol{\alpha}_1+2\boldsymbol{\alpha}_2,2\boldsymbol{\alpha}_2-\boldsymbol{\alpha}_3,\boldsymbol{\alpha}_1-\boldsymbol{\alpha}_3$

(D)$\boldsymbol{\alpha}_1+\boldsymbol{\alpha}_2+\boldsymbol{\alpha}_3,2\boldsymbol{\alpha}_1-\boldsymbol{\alpha}_2+3\boldsymbol{\alpha}_3,\boldsymbol{\alpha}_1-5\boldsymbol{\alpha}_2+3\boldsymbol{\alpha}_3$

5. 齐次线性方程组 $\boldsymbol{AX}=\boldsymbol{o}$ 有非零解的充分必要条件是（　　）.

(A)$\boldsymbol{A}$ 的任意两个列向量线性相关

(B)$\boldsymbol{A}$ 的任意两个列向量线性无关

(C)$\boldsymbol{A}$ 中必有一列向量是其余列向量的线性组合

(D)$\boldsymbol{A}$ 中任一列向量都是其余列向量的线性组合

6. 设 $\boldsymbol{A}$ 是 $m\times n$ 矩阵，$\boldsymbol{B}$ 是 $n\times m$ 矩阵，则（　　）.

(A) 当 $m>n$ 时，必有行列式 $|\boldsymbol{AB}|\neq 0$

(B) 当 $m>n$ 时，必有行列式 $|\boldsymbol{AB}|=0$

(C) 当 $n>m$ 时，必有行列式 $|\boldsymbol{AB}|\neq 0$

(D) 当 $n>m$ 时，必有行列式 $|\boldsymbol{AB}|=0$

7. 设 $\boldsymbol{\alpha}_1,\boldsymbol{\alpha}_2,\cdots,\boldsymbol{\alpha}_s$ 均为 n 维向量，则下列结论中不正确的是（　　）.

(A) 如果对于任意一组不全为 0 的数 $k_1,k_2,\cdots,k_s$，都有 $k_1\boldsymbol{\alpha}_1+k_2\boldsymbol{\alpha}_2+\cdots+k_s\boldsymbol{\alpha}_s\neq\boldsymbol{o}$，则 $\boldsymbol{\alpha}_1,\boldsymbol{\alpha}_2,\cdots,\boldsymbol{\alpha}_s$ 一定线性无关

(B) 如果 $\boldsymbol{\alpha}_1,\boldsymbol{\alpha}_2,\cdots,\boldsymbol{\alpha}_s$ 线性相关，则对于任意一组不全为零的数 $k_1,k_2,\cdots,k_s$，都有 $k_1\boldsymbol{\alpha}_1+k_2\boldsymbol{\alpha}_2+\cdots+k_s\boldsymbol{\alpha}_s=\boldsymbol{o}$

(C) $\boldsymbol{\alpha}_1,\boldsymbol{\alpha}_2,\cdots,\boldsymbol{\alpha}_s$ 线性无关的充分条件是此向量组的秩为 s

(D) $\boldsymbol{\alpha}_1,\boldsymbol{\alpha}_2,\cdots,\boldsymbol{\alpha}_s$ 线性无关的必要条件是其中任意两个向量线性无关

8. 设 $\boldsymbol{A}$、$\boldsymbol{B}$ 为满足 $\boldsymbol{AB}=\boldsymbol{O}$ 的任意两个非零矩阵，则必有（　　）.

(A)$\boldsymbol{A}$ 的列向量线性相关，$\boldsymbol{B}$ 的行向量线性相关

(B)$\boldsymbol{A}$ 的列向量线性相关，$\boldsymbol{B}$ 的列向量线性相关

(C)$\boldsymbol{A}$ 的行向量线性相关，$\boldsymbol{B}$ 的行向量线性相关

(D)$\boldsymbol{A}$ 的行向量线性相关，$\boldsymbol{B}$ 的列向量线性相关

9. n 维向量组 $\boldsymbol{S}$、$\boldsymbol{T}$ 和它们的并集 $\boldsymbol{S}\cup\boldsymbol{T}$ 的秩依次为 s、t 和 r，则 s、t 和 r 之

间的正确关系是(　　).

(A)$r \leqslant s+t$　　(B)$r = s+t$　　(C)$r \geqslant s+t$　　(D) 不能确定

10. 设线性方程组 $\boldsymbol{AX}=\boldsymbol{\beta}$,其中 $\boldsymbol{A}$ 为 $m\times n$ 矩阵,$\boldsymbol{\beta}\neq \boldsymbol{o}$ 且 $m<n$,则方程组 $\boldsymbol{AX}=\boldsymbol{\beta}$(　　).

(A) 有唯一解　　(B) 有无穷解　　(C) 无解　　(D) 可能无解

三、解答题

1. 求向量组 $\boldsymbol{\alpha}_1=(1,0,0)$,$\boldsymbol{\alpha}_2=(2,1,0)$,$\boldsymbol{\alpha}_3=(0,3,0)$,$\boldsymbol{\alpha}_4=(2,2,2)$ 的所有的极大无关组.

2. 求证:n 个 n 维实列向量 $\boldsymbol{\alpha}_1,\boldsymbol{\alpha}_2,\cdots,\boldsymbol{\alpha}_n$ 线性无关的充要条件是

$$\begin{vmatrix} \boldsymbol{\alpha}_1{}^T\boldsymbol{\alpha}_1 & \boldsymbol{\alpha}_1{}^T\boldsymbol{\alpha}_2 & \cdots & \boldsymbol{\alpha}_1{}^T\boldsymbol{\alpha}_n \\ \boldsymbol{\alpha}_2{}^T\boldsymbol{\alpha}_1 & \boldsymbol{\alpha}_2{}^T\boldsymbol{\alpha}_2 & \cdots & \boldsymbol{\alpha}_2{}^T\boldsymbol{\alpha}_n \\ \vdots & \vdots & & \vdots \\ \boldsymbol{\alpha}_n{}^T\boldsymbol{\alpha}_1 & \boldsymbol{\alpha}_n{}^T\boldsymbol{\alpha}_2 & \cdots & \boldsymbol{\alpha}_n{}^T\boldsymbol{\alpha}_n \end{vmatrix} \neq 0.$$

3. 设 $\boldsymbol{\alpha}_1,\boldsymbol{\alpha}_2,\cdots,\boldsymbol{\alpha}_m$ 是 m 个线性无关的 n 维行向量,$\boldsymbol{\beta}_i=\sum\limits_{j=1}^{m}k_{ij}\boldsymbol{\alpha}_j$,$i=1,2,\cdots,m$,求证 $\boldsymbol{\beta}_1,\boldsymbol{\beta}_2,\cdots,\boldsymbol{\beta}_m$ 线性无关当且仅当表出方阵 $\boldsymbol{K}=(k_{ij})$ 为 m 阶可逆矩阵.

4. 设 $\boldsymbol{A}$ 是一个 $n\times n$ 矩阵,且 $r(\boldsymbol{A})=1$,求证

(1) 存在向量 $\boldsymbol{\alpha}=(a_1,a_2,\cdots,a_n)$,$\boldsymbol{\beta}=(b_1,b_2,\cdots,b_n)$,使得 $\boldsymbol{A}=\boldsymbol{\alpha}^T\boldsymbol{\beta}$;

(2) 存在数 k,使得 $\boldsymbol{A}^2=k\boldsymbol{A}$.

5. 设有向量组

(Ⅰ)$\boldsymbol{\alpha}_1=(1,0,2)^T$,$\boldsymbol{\alpha}_2=(1,1,3)^T$,$\boldsymbol{\alpha}_3=(1,-1,a+2)^T$,

(Ⅱ)$\boldsymbol{\beta}_1=(1,2,a+3)^T$,$\boldsymbol{\beta}_2=(2,1,a+6)^T$,$\boldsymbol{\beta}_3=(2,1,a+4)^T$,

问 a 取何值时,向量组(Ⅰ)与向量组(Ⅱ)等价?

6. 设 $\boldsymbol{\alpha}_1,\boldsymbol{\alpha}_2,\cdots,\boldsymbol{\alpha}_s(s\geqslant 2)$ 是齐次线性方程组 $\boldsymbol{AX}=\boldsymbol{o}$ 的基础解系,又已知向量 $\boldsymbol{\beta}$ 满足 $\boldsymbol{A\beta}\neq\boldsymbol{o}$,试证明:向量组 $\boldsymbol{\alpha}_1+\boldsymbol{\beta},\boldsymbol{\alpha}_2+\boldsymbol{\beta},\cdots,\boldsymbol{\alpha}_s+\boldsymbol{\beta},\boldsymbol{\beta}$ 线性无关.

7. 设 $\boldsymbol{A}=\begin{pmatrix} 1 & -1 & 1 \\ 1 & 1 & 0 \\ 2 & 0 & 1 \end{pmatrix}$,$\boldsymbol{B}=\begin{pmatrix} 1 & 1 & a \\ 0 & 2 & b \\ 2 & 4 & c \end{pmatrix}$,讨论常数 a、b、c,使矩阵方程 $\boldsymbol{XA}=\boldsymbol{B}$ 有解.有解时,求出它的解.

8. 设非齐次线性方程组

$$\begin{cases}2x_1+x_2+a_3x_3+a_4x_4=d_1\\x_1-2x_2+b_3x_3+b_4x_4=d_2\\c_1x_1+c_2x_2+2x_3-3x_4=d_3\end{cases}$$ 有 3 个解向量 $\boldsymbol{\eta}_1=\begin{pmatrix}1\\1\\-2\\1\end{pmatrix}$，$\boldsymbol{\eta}_2=\begin{pmatrix}2\\-1\\1\\1\end{pmatrix}$，

$\boldsymbol{\eta}_3=\begin{pmatrix}1\\2\\0\\3\end{pmatrix}$，求此方程组的系数矩阵的秩，并求其通解，其中 a_3、a_4、b_3、b_4、c_1、c_2 与 d_1、d_2、d_3 均为常数.

自测题参考答案

(A 层)

一、填空题

1. $\left(0,2,\frac{1}{3},-2\right)^T$.

2. 5.

3. 3.

4. $\boldsymbol{X}_0+k_1\boldsymbol{\eta}_1+k_2\boldsymbol{\eta}_2$,其中 k_1、k_2 为任意常数.

5. 线性无关.

6. $n-r$.

7. 0.

8. 相关.

二、选择题

1. **分析**　应选 A.

解 1　由克莱姆法则,方程个数和未知量个数相等的线性方程组中

(1) 当系数行列式 $D\neq 0$ 时,方程组有唯一解;

(2) 当系数行列式 $D=0$ 时,方程组有非零解.

解 2　(1) 系数行列式 $D\neq 0$,$r(\boldsymbol{A}_n)=n$,于是增广矩阵的秩 $r(\widetilde{\boldsymbol{A}})=r(\boldsymbol{A})=n$,有唯一解. A 正确.

(2) 系数行列式 $D=0$ 时,说明 $r(\boldsymbol{A}_n)<n$,$\boldsymbol{AX}=\boldsymbol{\beta}$ 是否有解取决于 $r(\widetilde{A})$ 与 $r(\boldsymbol{A})$ 的关系. 只有当 $r(\widetilde{\boldsymbol{A}})=r(\boldsymbol{A})$ 时有解. 而方程组有解,只能说明 $r(\widetilde{\boldsymbol{A}})=r(\boldsymbol{A})$,不能说明 $r(\widetilde{\boldsymbol{A}})=r(\boldsymbol{A})<n$,从而不能说明 $D\neq 0$.

2. **分析**　应选 C.

"整体无关,部分也无关;部分相关,整体也相关",故排除 A. 等价的向量组其秩相等,而不是个数相等,故排除 B. 向量组 $\boldsymbol{\alpha}_1,\boldsymbol{\alpha}_2,\cdots,\boldsymbol{\alpha}_n$ 的秩为 r,则向量组的极大无关组所含向量的个数为 r;向量组的极大无关组不唯一,但不是任

意 r 个向量都可以是极大无关组，故排除 D.

3. **分析**　应选 D.

命题“$\boldsymbol{\alpha}_1,\boldsymbol{\alpha}_2,\cdots,\boldsymbol{\alpha}_m$ 线性无关 $\Leftrightarrow$ 当 $k_1\boldsymbol{\alpha}_1+k_2\boldsymbol{\alpha}_2+\cdots+k_m\boldsymbol{\alpha}_m=\boldsymbol{o}$ 时，有 $k_1=k_2=\cdots=k_m=0$”的逆否命题是选项 A；选项 B、C 是它的等价描述. $\boldsymbol{\alpha}_1,\boldsymbol{\alpha}_2,\cdots,\boldsymbol{\alpha}_m$ 线性无关，一定有 $\boldsymbol{\alpha}_1,\boldsymbol{\alpha}_2,\cdots,\boldsymbol{\alpha}_m$ 中没有零向量，而 $\boldsymbol{\alpha}_1,\boldsymbol{\alpha}_2,\cdots,\boldsymbol{\alpha}_m$ 中没有零向量不一定 $\boldsymbol{\alpha}_1,\boldsymbol{\alpha}_2,\cdots,\boldsymbol{\alpha}_m$ 线性无关，故选 D.

4. **分析**　应选 C.

$\boldsymbol{A}$ 是行列式为零的 n 阶方阵 $\Leftrightarrow r(\boldsymbol{A})<n$（未知数个数）$\Leftrightarrow \boldsymbol{AX}=\boldsymbol{o}$ 有无穷个非零解.

5. **分析**　应选 A.

由 $\boldsymbol{AX}=\boldsymbol{\beta}$ 的一般解为 $\begin{cases}x_1=2x_3-1\\x_2=3x_3+2\end{cases}$（$x_3$ 为自由未知量），可得出 $\boldsymbol{X}$ 是 3 维向量，马上排除选项 C、D. 至于特解，自由未知量可任意取定一个值，就是一个特解，排除选项 B. 只能选 A.

6. **分析**　应选 B.

不妨设 $\boldsymbol{A}$ 是 $m\times n$ 矩阵，$\boldsymbol{AX}=\boldsymbol{o}$ 只有零解 $\Leftrightarrow r(\boldsymbol{A})=n$（未知数个数）$\Leftrightarrow r(\boldsymbol{A}_{m\times n}\ \vdots\ \boldsymbol{\beta})=r(\boldsymbol{A}_{m\times n})=n\Leftrightarrow \boldsymbol{AX}=\boldsymbol{\beta}$ 有唯一解.

7. **分析**　应选 A.

向量组 $\boldsymbol{\alpha}_1,\boldsymbol{\alpha}_2,\cdots,\boldsymbol{\alpha}_s$ 线性相关 $\Leftrightarrow$ 向量组内至少有一个向量可被该向量组内其余向量线性表出.

8. **分析**　应选 C.

当系数行列式 $\begin{vmatrix}1&0&\lambda&0\\2&0&0&-1\\\lambda&1&0&0\\0&0&1&2\end{vmatrix}=0$ 时，齐次线性方程组有非零解，解得 $\lambda=\dfrac{1}{4}$.

9. **分析**　应选 B.

由克莱姆法则知选项 A、C、D 都正确. 方程组 $\begin{cases}x_1+x_2=1\\2x_1+2x_2=2\end{cases}$ 有解，但 $\begin{vmatrix}1&1\\2&2\end{vmatrix}=0$，选项 B 不正确.

10. **分析**　应选 B.

$\boldsymbol{A}=\begin{pmatrix}1&-2&3\\-1&2&-3\end{pmatrix}\rightarrow\begin{pmatrix}1&-2&3\\0&0&0\end{pmatrix}$，得 $r(\boldsymbol{A})=1$，故基础解系解向量的个数 = 未知数个数 $-r(\boldsymbol{A})=3-1=2$.

三、解答题

1. **解** (1) $2\boldsymbol{\alpha}+\boldsymbol{\beta}=(1,6,-1,1)$.

(2) $\boldsymbol{\alpha}^T\boldsymbol{\beta}=\begin{bmatrix}-1&0&1&1\\-3&0&3&3\\1&0&-1&-1\\0&0&0&0\end{bmatrix}$.

(3) $\boldsymbol{\alpha}\boldsymbol{\beta}^T=-2$.

(4) $\boldsymbol{\gamma}=\left(-2,-\dfrac{3}{2},2,\dfrac{3}{2}\right)$.

2. **解 1** （行列式法）$\begin{vmatrix}-1&3&1\\2&1&0\\1&4&1\end{vmatrix}=\begin{vmatrix}-1&3&1\\0&7&2\\0&7&2\end{vmatrix}=0$，故 $\boldsymbol{\alpha}_1$、$\boldsymbol{\alpha}_2$、$\boldsymbol{\alpha}_3$ 线性相关.

解 2 （求秩法）

$$\boldsymbol{A}=(\boldsymbol{\alpha}_1^T,\boldsymbol{\alpha}_2^T,\boldsymbol{\alpha}_3^T)=\begin{bmatrix}-1&2&1\\3&1&4\\1&0&1\end{bmatrix}\rightarrow\begin{bmatrix}-1&2&1\\0&7&7\\0&2&2\end{bmatrix}\rightarrow\begin{bmatrix}-1&2&1\\0&7&7\\0&0&0\end{bmatrix},$$

$r(\boldsymbol{A})=2<3$，故 $\boldsymbol{\alpha}_1$、$\boldsymbol{\alpha}_2$、$\boldsymbol{\alpha}_3$ 线性相关.

3. **解** $\boldsymbol{A}=(\boldsymbol{\alpha}_1,\boldsymbol{\alpha}_2,\boldsymbol{\alpha}_3,\boldsymbol{\alpha}_4)$

$$=\begin{bmatrix}1&0&3&1\\-1&3&0&-1\\2&1&7&2\\4&2&14&0\end{bmatrix}\xrightarrow{\text{初等行变换}}\begin{bmatrix}1&0&3&1\\0&1&1&0\\0&0&0&-2\\0&0&0&0\end{bmatrix},$$

阶梯形矩阵的非零行的数目等于 3，故 $r(\boldsymbol{A})=3$，即向量组的秩为 3.

$$\boldsymbol{A}=(\boldsymbol{\alpha}_1,\boldsymbol{\alpha}_2,\boldsymbol{\alpha}_3,\boldsymbol{\alpha}_4)\rightarrow\overset{\quad\boldsymbol{\alpha}'_1\ \ \boldsymbol{\alpha}'_2\ \ \boldsymbol{\alpha}'_3\ \ \boldsymbol{\alpha}'_4}{\begin{bmatrix}1&0&3&1\\0&1&1&0\\0&0&0&-2\\0&0&0&0\end{bmatrix}}\rightarrow\overset{\quad\boldsymbol{\alpha}'_1\ \ \boldsymbol{\alpha}'_2\ \ \boldsymbol{\alpha}'_4\ \ \boldsymbol{\alpha}'_3}{\begin{bmatrix}1&0&1&3\\0&1&0&1\\0&0&-2&0\\0&0&0&0\end{bmatrix}}$$

$$
\begin{array}{cccc}
\boldsymbol{\alpha}''_1 & \boldsymbol{\alpha}''_2 & \boldsymbol{\alpha}''_4 & \boldsymbol{\alpha}''_3
\end{array}
$$

$$
\rightarrow \begin{pmatrix} 1 & 0 & 0 & 3 \\ 0 & 1 & 0 & 1 \\ 0 & 0 & 1 & 0 \\ 0 & 0 & 0 & 0 \end{pmatrix},
$$

$\boldsymbol{\alpha}''_1$、$\boldsymbol{\alpha}''_2$、$\boldsymbol{\alpha}''_4$ 为极大无关组，从而 $\boldsymbol{\alpha}_1$、$\boldsymbol{\alpha}_2$、$\boldsymbol{\alpha}_4$ 为极大无关组. 又 $\boldsymbol{\alpha}''_3 = 3\cdot\boldsymbol{\alpha}''_1 + 1\cdot\boldsymbol{\alpha}''_2$，故 $\boldsymbol{\alpha}_3 = 3\boldsymbol{\alpha}_1 + \boldsymbol{\alpha}_2$.

4. **解**　不能. 因 $r(\boldsymbol{\alpha}_1,\boldsymbol{\alpha}_2,\boldsymbol{\alpha}_3) = 3$，但 $r(\boldsymbol{\alpha}_1,\boldsymbol{\alpha}_2,\boldsymbol{\alpha}_3,\boldsymbol{\beta}) = 4$.

5. **解 1**　设 k_1、k_2 使 $k_1\boldsymbol{\beta}_1 + k_2\boldsymbol{\beta}_2 = \boldsymbol{o}$，则 $k_1(2\boldsymbol{\alpha}_1 - \boldsymbol{\alpha}_2) + k_2(\boldsymbol{\alpha}_1 + 2\boldsymbol{\alpha}_2) = \boldsymbol{o}$，即

$$
(2k_1 + k_2)\boldsymbol{\alpha}_1 + (-k_1 + 2k_2)\boldsymbol{\alpha}_2 = \boldsymbol{o}.
$$

又 $\boldsymbol{\alpha}_1$ 与 $\boldsymbol{\alpha}_2$ 线性无关，可得

$$
\begin{cases} 2k_1 + k_2 = 0 \\ -k_1 + 2k_2 = 0 \end{cases}, \tag{1}
$$

此方程的系数行列式

$$
D = \begin{vmatrix} 2 & 1 \\ -1 & 2 \end{vmatrix} = 5 \neq 0,
$$

故方程组(1) 只有零解，即 $k_1 = k_2 = 0$，从而得到 $\boldsymbol{\beta}_1$ 与 $\boldsymbol{\beta}_2$ 线性无关.

解 2　$\boldsymbol{\alpha}_1$ 与 $\boldsymbol{\alpha}_2$ 线性无关 $\Leftrightarrow \boldsymbol{\alpha}_1$ 与 $\boldsymbol{\alpha}_2$ 不“共线”，又由 $\boldsymbol{\beta}_1 = 2\boldsymbol{\alpha}_1 - \boldsymbol{\alpha}_2$，$\boldsymbol{\beta}_2 = \boldsymbol{\alpha}_1 + 2\boldsymbol{\alpha}_2$，可得 $\boldsymbol{\beta}_1$ 与 $\boldsymbol{\beta}_2$ 也不“共线”$\Leftrightarrow \boldsymbol{\beta}_1$ 与 $\boldsymbol{\beta}_2$ 线性无关.

解 3　$(\boldsymbol{\beta}_1,\boldsymbol{\beta}_2) = (2\boldsymbol{\alpha}_1 - \boldsymbol{\alpha}_2, \boldsymbol{\alpha}_1 + 2\boldsymbol{\alpha}_2) = (\boldsymbol{\alpha}_1,\boldsymbol{\alpha}_2)\begin{pmatrix} 2 & 1 \\ -1 & 2 \end{pmatrix}$，因为 $\boldsymbol{\alpha}_1$ 与 $\boldsymbol{\alpha}_2$ 线性无关且表出矩阵是行列式为 5 的可逆矩阵，所以 $\boldsymbol{\beta}_1$、$\boldsymbol{\beta}_2$ 线性无关.

6. **解**　$\begin{cases} 2x_1 - x_2 + 3x_3 = 0 \\ x_1 - 3x_2 + 4x_3 = 0 \\ -x_1 + 2x_2 + \lambda x_3 = 0 \end{cases}$ 有非零解 $\Leftrightarrow \begin{vmatrix} 2 & -1 & 3 \\ 1 & -3 & 4 \\ -1 & 2 & \lambda \end{vmatrix} = 0$，解得 $\lambda = -3$.

7. **解**　$\left(\begin{array}{cccc:c} 1 & 1 & -3 & -1 & 1 \\ 3 & -1 & -3 & 4 & 4 \\ 1 & 5 & -9 & -8 & 0 \end{array}\right) \xrightarrow{\text{初等行变换}} \left(\begin{array}{cccc:c} 1 & 0 & -\frac{3}{2} & \frac{3}{4} & \frac{5}{4} \\ 0 & 1 & -\frac{3}{2} & -\frac{7}{4} & -\frac{1}{4} \\ 0 & 0 & 0 & 0 & 0 \end{array}\right)$,

得特解 $\boldsymbol{X}_0=\begin{pmatrix}\frac{5}{4}\\-\frac{1}{4}\\0\\0\end{pmatrix}$，基础解系 $\boldsymbol{\eta}_1=\begin{pmatrix}\frac{3}{2}\\\frac{3}{2}\\1\\0\end{pmatrix}$，$\boldsymbol{\eta}_2=\begin{pmatrix}-\frac{3}{4}\\\frac{7}{4}\\0\\1\end{pmatrix}$，得通解 $\boldsymbol{X}=$

$$\lambda_1\begin{pmatrix}\frac{3}{2}\\\frac{3}{2}\\1\\0\end{pmatrix}+\lambda_2\begin{pmatrix}-\frac{3}{4}\\\frac{7}{4}\\0\\1\end{pmatrix}+\begin{pmatrix}\frac{5}{4}\\-\frac{1}{4}\\0\\0\end{pmatrix}$$，其中 λ_1、λ_2 为任意常数.

8. **解** (1) $\tilde{\boldsymbol{A}}=\left(\begin{array}{ccc|c}1&1&0&1\\1&0&-1&1\\1&a&1&b\end{array}\right)\xrightarrow{\text{初等行变换}}\left(\begin{array}{ccc|c}1&1&0&1\\0&1&1&0\\0&a-2&0&b-1\end{array}\right)$

① 当 $a=2$ 且 $b=1$ 时，$r(\tilde{\boldsymbol{A}})=r(\boldsymbol{A})=2<3$，方程组有无穷多解；

② 当 $a\neq 2$ 时，$r(\tilde{\boldsymbol{A}})=r(\boldsymbol{A})=3$，方程组有唯一解；

③ 当 $a=2$ 且 $b\neq 1$ 时，$r(\tilde{\boldsymbol{A}})=3$，$r(\boldsymbol{A})=2$，$r(\tilde{\boldsymbol{A}})\neq r(\boldsymbol{A})$ 方程组无解.

(2) 当 $a=2$ 且 $b=1$ 时

$\tilde{\boldsymbol{A}}=\left(\begin{array}{ccc|c}1&1&0&1\\0&1&1&0\\0&0&0&0\end{array}\right)\sim\left(\begin{array}{ccc|c}1&0&-1&1\\0&1&1&0\\0&0&0&0\end{array}\right)$，得基础解系为 $\boldsymbol{\eta}_1=\begin{pmatrix}1\\-1\\1\end{pmatrix}$，特解为 $\begin{pmatrix}1\\0\\0\end{pmatrix}$，故所求的通解为 $\boldsymbol{X}=\begin{pmatrix}1\\0\\0\end{pmatrix}+k\begin{pmatrix}1\\-1\\1\end{pmatrix}$，其中 k 为任意常数.

(B 层)

一、填空题

1. $\boldsymbol{\alpha}_1$、$\boldsymbol{\alpha}_2$、$\boldsymbol{\alpha}_4$.

分析 $(\boldsymbol{\alpha}_1^T,\boldsymbol{\alpha}_2^T,\boldsymbol{\alpha}_3^T,\boldsymbol{\alpha}_4^T)=\begin{pmatrix}1&1&-2&-1\\2&1&4&1\\3&0&1&1\end{pmatrix}\to\begin{pmatrix}1&1&-2&-1\\0&-1&0&3\\0&-3&7&4\end{pmatrix}$

$$\to\begin{pmatrix}1&1&2&-1\\0&1&0&-3\\0&0&7&-5\end{pmatrix},$$

秩为 3,故包含 $\boldsymbol{\alpha}_4$ 的一个极大无关组为 $\boldsymbol{\alpha}_1$、$\boldsymbol{\alpha}_2$、$\boldsymbol{\alpha}_4$.

2. 5.

分析 由于 $\boldsymbol{\alpha}_1$、$\boldsymbol{\alpha}_2$、$\boldsymbol{\alpha}_3$ 线性无关,故 $r(\boldsymbol{\alpha}_1,\boldsymbol{\alpha}_2,\boldsymbol{\alpha}_3)=3$

$$(\boldsymbol{\alpha}_1{}^T,\boldsymbol{\alpha}_2{}^T,\boldsymbol{\alpha}_3{}^T)=\begin{pmatrix}-1&-2&a\\1&1&2\\a&5&10\\4&a&1\end{pmatrix}\to\begin{pmatrix}-1&-2&a\\0&-1&a+2\\0&5-2a&10+a^2\\0&a-8&1+4a\end{pmatrix}$$

$$\xrightarrow{r_3+2r_4}\begin{pmatrix}-1&-2&a\\0&-1&a+2\\0&-11&a^2+8a+12\\0&a-8&1+4a\end{pmatrix}$$

$$\to\begin{pmatrix}-1&-2&a\\0&-1&a+2\\0&0&a^2-3a-10\\0&0&a^2-2a-15\end{pmatrix}$$

$$\to\begin{pmatrix}-1&-2&a\\0&-1&a+2\\0&0&(a-5)(a+2)\\0&0&(a-5)(a+3)\end{pmatrix},$$

由秩为 3,得 $a\neq 5$.

3. 3.

分析 由 $r(\text{Ⅰ})=r(\text{Ⅱ})=2$ 知,向量组 $\boldsymbol{\alpha}_1$、$\boldsymbol{\alpha}_2$ 线性无关,$\boldsymbol{\alpha}_1$、$\boldsymbol{\alpha}_2$、$\boldsymbol{\alpha}_3$ 线性相关,故 $\boldsymbol{\alpha}_3$ 可由 $\boldsymbol{\alpha}_1$、$\boldsymbol{\alpha}_2$ 唯一地线性表示,不妨设 $\boldsymbol{\alpha}_3=k_1\boldsymbol{\alpha}_1+k_2\boldsymbol{\alpha}_2$,于是 $\boldsymbol{\alpha}_3-\boldsymbol{\alpha}_4=k_1\boldsymbol{\alpha}_1+k_2\boldsymbol{\alpha}_2-\boldsymbol{\alpha}_4$,将 $\boldsymbol{\alpha}_1,\boldsymbol{\alpha}_2,\boldsymbol{\alpha}_3-\boldsymbol{\alpha}_4$ 排成矩阵$(\boldsymbol{\alpha}_1,\boldsymbol{\alpha}_2,\boldsymbol{\alpha}_3-\boldsymbol{\alpha}_4)$ 则

$$(\boldsymbol{\alpha}_1,\boldsymbol{\alpha}_2,\boldsymbol{\alpha}_3-\boldsymbol{\alpha}_4)=(\boldsymbol{\alpha}_1,\boldsymbol{\alpha}_2,k_1\boldsymbol{\alpha}_1+k_2\boldsymbol{\alpha}_2-\boldsymbol{\alpha}_4)\xrightarrow{c_3-(k_1c_1+k_2c_2)}(\boldsymbol{\alpha}_1,\boldsymbol{\alpha}_2,-\boldsymbol{\alpha}_4)$$

$$\xrightarrow{(-1)c_3}(\boldsymbol{\alpha}_1,\boldsymbol{\alpha}_2,\boldsymbol{\alpha}_4),$$

由已知 $r(\boldsymbol{\alpha}_1,\boldsymbol{\alpha}_2,\boldsymbol{\alpha}_4)=3$,得 $r(\boldsymbol{\alpha}_1,\boldsymbol{\alpha}_2,\boldsymbol{\alpha}_3-\boldsymbol{\alpha}_4)=3$.

4. $k+1$.

分析 利用非齐次线性方程组解的判定定理，由 $r(\boldsymbol{\alpha}_1,\boldsymbol{\alpha}_2,\cdots,\boldsymbol{\alpha}_n,\boldsymbol{\beta})=r(\boldsymbol{\alpha}_1,\boldsymbol{\alpha}_2,\cdots,\boldsymbol{\alpha}_n)$，可得 $\boldsymbol{\beta}$ 可由向量组 $\boldsymbol{\alpha}_1,\boldsymbol{\alpha}_2,\cdots,\boldsymbol{\alpha}_n$ 线性表出. 又由于 $r(\boldsymbol{\alpha}_1,\boldsymbol{\alpha}_2,\cdots,\boldsymbol{\alpha}_n,\boldsymbol{\gamma})=k+1=r(\boldsymbol{\alpha}_1,\boldsymbol{\alpha}_2,\cdots,\boldsymbol{\alpha}_n)+1$，知 $\boldsymbol{\gamma}$ 不能由 $\boldsymbol{\alpha}_1,\boldsymbol{\alpha}_2,\cdots,\boldsymbol{\alpha}_n$ 线性表出，于是 γ 不能由向量组 $\boldsymbol{\alpha}_1,\boldsymbol{\alpha}_2,\cdots,\boldsymbol{\alpha}_n,\boldsymbol{\beta}$ 线性表出，故

$$r(\boldsymbol{\alpha}_1,\boldsymbol{\alpha}_2,\cdots,\boldsymbol{\alpha}_n,\boldsymbol{\beta},\boldsymbol{\gamma})=r(\boldsymbol{\alpha}_1,\boldsymbol{\alpha}_2,\cdots,\boldsymbol{\alpha}_n,\boldsymbol{\beta})+1=k+1.$$

5. $\neq 6$.

分析 由 $\boldsymbol{PA}=\boldsymbol{O}$，得 $r(\boldsymbol{P})+r(\boldsymbol{A})\leqslant 3$.

当 $t=6$ 时，$r(\boldsymbol{A})=1$，此时，$r(\boldsymbol{P})\leqslant 2$. 由 $\boldsymbol{P}$ 为 3 阶非零矩阵，得 $r(\boldsymbol{P})\geqslant 1$，故 $r(\boldsymbol{P})=1$ 或 $r(\boldsymbol{P})=2$.

当 $t\neq 6$ 时，$r(\boldsymbol{A})=2$，此时，$r(\boldsymbol{P})\leqslant 1$，由 $\boldsymbol{P}$ 为 3 阶非零矩阵知 $r(\boldsymbol{P})\geqslant 1$，故得 $r(\boldsymbol{P})=1$.

6. 4.

分析 由 $\boldsymbol{A}$ 是 5×4 矩阵，知 $\boldsymbol{AX}=\boldsymbol{o}$ 的未知量个数 $n=4$. 又 $\boldsymbol{Ax}=\boldsymbol{o}$ 含有 2 个解向量 $\boldsymbol{\eta}_1$、$\boldsymbol{\eta}_2$，故 $n-r(\boldsymbol{A})=4-r(\boldsymbol{A})=2$，得 $r(\boldsymbol{A})=2$，故 $\boldsymbol{\alpha}_1$、$\boldsymbol{\alpha}_2$、$\boldsymbol{\alpha}_3$、$\boldsymbol{\alpha}_4$ 线性相关，即结论 ① 正确.

由 $\boldsymbol{\eta}_1,\boldsymbol{\eta}_2$ 为 $\boldsymbol{AX}=\boldsymbol{o}$ 的解，知

$$\begin{cases}3\boldsymbol{\alpha}_1+2\boldsymbol{\alpha}_2+2\boldsymbol{\alpha}_3+2\boldsymbol{\alpha}_4=\boldsymbol{o} & (1)\\ \boldsymbol{\alpha}_1+2\boldsymbol{\alpha}_2+2\boldsymbol{\alpha}_3+6\boldsymbol{\alpha}_4=\boldsymbol{o} & (2)\end{cases},$$

(1) − (2)：
$$\boldsymbol{\alpha}_1-2\boldsymbol{\alpha}_4=\boldsymbol{o}, \qquad (3)$$

得 $\boldsymbol{\alpha}_1=0\cdot\boldsymbol{\alpha}_3+2\boldsymbol{\alpha}_4$，故 $\boldsymbol{\alpha}_1$ 可由 $\boldsymbol{\alpha}_3,\boldsymbol{\alpha}_4$ 线性表出，结论 ③ 正确.

(1) + (2)：
$$\boldsymbol{\alpha}_1+\boldsymbol{\alpha}_2+\boldsymbol{\alpha}_3+2\boldsymbol{\alpha}_4=\boldsymbol{o},$$

由 $\boldsymbol{\alpha}_1=2\boldsymbol{\alpha}_4$，于是，有 $\boldsymbol{\alpha}_2=-\boldsymbol{\alpha}_1-\boldsymbol{\alpha}_3-2\boldsymbol{\alpha}_4=-2\boldsymbol{\alpha}_1-\boldsymbol{\alpha}_3$，即 $\boldsymbol{\alpha}_2$ 可由 $\boldsymbol{\alpha}_1$、$\boldsymbol{\alpha}_3$ 线性表出，故结论 ④ 正确.

对于结论 ②，反设 $\boldsymbol{\alpha}_3$、$\boldsymbol{\alpha}_4$ 线性相关，则 $\boldsymbol{\alpha}_3$ 可由 $\boldsymbol{\alpha}_4$ 线性表出，又由结论 ③，则 $\boldsymbol{\alpha}_1$ 可由 $\boldsymbol{\alpha}_4$ 线性表出，再利用结论 ④，知 $\boldsymbol{\alpha}_2$ 可由 $\boldsymbol{\alpha}_1$ 线性表出，这样 $r(\boldsymbol{\alpha}_1,\boldsymbol{\alpha}_2,\boldsymbol{\alpha}_3,\boldsymbol{\alpha}_4)=1$，这与 $r(\boldsymbol{A})=2$ 矛盾，得 $\boldsymbol{\alpha}_3$、$\boldsymbol{\alpha}_4$ 线性无关，故结论 ④ 正确.

综上所述，正确结论有 4 个.

7. 必有非零解.

分析 由 $r\begin{pmatrix}\boldsymbol{A} & \boldsymbol{\alpha}\\ \boldsymbol{\alpha}^T & 0\end{pmatrix}=r(\boldsymbol{A})$，知 $\begin{vmatrix}\boldsymbol{A} & \boldsymbol{\alpha}\\ \boldsymbol{\alpha}^T & 0\end{vmatrix}=0$，否则，若 $\begin{vmatrix}\boldsymbol{A} & \boldsymbol{\alpha}\\ \boldsymbol{\alpha}^T & 0\end{vmatrix}\neq 0$，则 $r\begin{pmatrix}\boldsymbol{A} & \boldsymbol{\alpha}\\ \boldsymbol{\alpha}^T & 0\end{pmatrix}=n+1$，而 $r(\boldsymbol{A})\leqslant n$，这样 $r\begin{pmatrix}\boldsymbol{A} & \boldsymbol{\alpha}\\ \boldsymbol{\alpha}^T & 0\end{pmatrix}\geqslant r(\boldsymbol{A})$ 与题设矛盾，故

$\begin{pmatrix} A & \boldsymbol{\alpha} \\ \boldsymbol{\alpha}^T & 0 \end{pmatrix}\begin{pmatrix} x \\ y \end{pmatrix} = \boldsymbol{O}$ 必有非零解.

8. $\lambda = 1$ 且 $r(\boldsymbol{B}) = 1$.

分析 由 $\boldsymbol{AB} = \boldsymbol{O}, \boldsymbol{B} \neq \boldsymbol{O}$, 知 $\boldsymbol{AX} = \boldsymbol{o}$ 有非零解, 故其系数行列式

$$|\boldsymbol{A}| = \begin{vmatrix} 1 & 2 & -2 \\ 2 & -1 & \lambda \\ 3 & \lambda - 2 & 1 \end{vmatrix} = -(\lambda - 3)(\lambda - 1) = 0,$$

得 $\lambda = 3$ 或 $\lambda = 1$.

又因为 $\boldsymbol{B} \neq \boldsymbol{O}$, 故 $r(\boldsymbol{B}) \geqslant 1$, 又当 $r = 1$ 时, 矩阵 $\boldsymbol{A}$ 中有一个非零 2 阶子式 $\begin{vmatrix} 1 & 2 \\ 2 & -1 \end{vmatrix} = -5$, 故 $\boldsymbol{AX} = \boldsymbol{o}$ 的基础解系仅含一个解向量, 故 $r(\boldsymbol{B}) \leqslant 1$, 因此必有 $r(\boldsymbol{B}) = 1$.

二、选择题

1. **分析** 应选 A.

$\boldsymbol{A}$ 可逆, $\boldsymbol{A}^{-1}$ 存在. 由 $\boldsymbol{AB} = \boldsymbol{O}$, 得 $\boldsymbol{A}^{-1}\boldsymbol{AB} = \boldsymbol{A}^{-1}\boldsymbol{O}$, 即 $\boldsymbol{B} = \boldsymbol{O}$.

2. **分析** 应选 A.

由 $\boldsymbol{\zeta}_1$、$\boldsymbol{\zeta}_2$ 都是 3 维列向量, 知方程 $\boldsymbol{AX} = \boldsymbol{o}$ 的未知数为 3 个, 又 $\boldsymbol{\zeta}_1$ 与 $\boldsymbol{\zeta}_2$ 线性无关, 说明线性方程组 $\boldsymbol{AX} = \boldsymbol{o}$ 的基础解系至少含有 2 个解向量, 于是 $n - r(\boldsymbol{A}) = 3 - r(\boldsymbol{A}) \geqslant 2$, 即 $r(\boldsymbol{A}) \leqslant 1$, 选项 B、C、D 的秩都 > 1, 而 A 中的秩为 1, 故选 A.

3. **分析** 应选 B.

解 1 可直接验证.

解 2 利用以下性质:

(1) 若 $\boldsymbol{\eta}_1$、$\boldsymbol{\eta}_2$ 为方程组 $\boldsymbol{AX} = \boldsymbol{o}$ 的解, 则 $\boldsymbol{\eta}_1$、$\boldsymbol{\eta}_2$ 的所有线性组合 $k_1\boldsymbol{\eta}_1 + k_2\boldsymbol{\eta}_2$ (k_1, k_2 为任意实数) 都是 $\boldsymbol{AX} = \boldsymbol{o}$ 的解.

(2) 若 $\boldsymbol{\xi}_1$、$\boldsymbol{\xi}_2$ 为方程组 $\boldsymbol{AX} = \boldsymbol{\beta}$ 的解, 则 $\boldsymbol{\xi}_1 - \boldsymbol{\xi}_2$ 为方程组 $\boldsymbol{AX} = 0$ 的解, $k_1\boldsymbol{\xi}_1 + k_2\boldsymbol{\xi}_2$ 为 $\boldsymbol{AX} = \boldsymbol{\beta}$ 的解当且仅当 $k_1 + k_2 = 1$.

(3) 若 $\boldsymbol{\eta}$ 为方程组 $\boldsymbol{AX} = \boldsymbol{o}$ 的解, $\boldsymbol{\xi}$ 为方程组 $\boldsymbol{AX} = \boldsymbol{\beta}$ 的解, 则 $k\boldsymbol{\eta} + \boldsymbol{\xi}$ 为 $\boldsymbol{AX} = \boldsymbol{\beta}$ 的解.

(4) 若 $\boldsymbol{\eta}_1, \boldsymbol{\eta}_2, \cdots, \boldsymbol{\eta}_s$ 为方程组 $\boldsymbol{AX} = \boldsymbol{o}$ 的基础解系, $\boldsymbol{\xi}$ 为方程组 $\boldsymbol{AX} = \boldsymbol{\beta}$ 的其中一个解, 则 $k_1\boldsymbol{\eta}_1 + k_2\boldsymbol{\eta}_2 + \cdots + k_s\boldsymbol{\eta}_s + \boldsymbol{\xi}$ 为 $\boldsymbol{AX} = \boldsymbol{\beta}$ 的通解, 其中 $k_1, k_2, \cdots, k_s$ 为任意实数.

4. **分析** 应选 B.

向量组$\boldsymbol{\alpha}_1=\begin{pmatrix}1\\0\\2\end{pmatrix}$,$\boldsymbol{\alpha}_2=\begin{pmatrix}-1\\2\\2\end{pmatrix}$,$\boldsymbol{\alpha}_3=\begin{pmatrix}3\\k\\8\end{pmatrix}$线性相关$\Leftrightarrow\begin{vmatrix}1&-1&3\\0&2&k\\2&2&8\end{vmatrix}=0$,解得$k=1$.

5. **分析** 应选 B.

$\boldsymbol{\alpha}_1$、$\boldsymbol{\alpha}_2$线性无关$\Leftrightarrow\boldsymbol{\alpha}_1$、$\boldsymbol{\alpha}_2$不"共线". 但$3\boldsymbol{\alpha}_1$与$\boldsymbol{\alpha}_1$"共线",$5\boldsymbol{\alpha}_2$与$\boldsymbol{\alpha}_2$"共线",所以$3\boldsymbol{\alpha}_1$与$5\boldsymbol{\alpha}_2$不"共线",则$3\boldsymbol{\alpha}_1$与$5\boldsymbol{\alpha}_2$一定线性无关.

6. **分析** 应选 D.

利用极大无关组的定义.

7. **分析** 应选 A.

(1) 当$m>n$时,向量个数超过维数一定线性相关.反之,不一定成立.如(1,3,2)与(2,6,4)线性相关,但$2<3$.

(2) 当$m<n$时,如$\boldsymbol{\alpha}=(0,0,\cdots,0)$线性相关,而向量个数<维数.

故选 A.

8. **分析** 应选 D.

增广矩阵$\widetilde{\mathbf{A}}$与系数矩阵$\mathbf{A}$的秩满足

(1) 当$r(\widetilde{\mathbf{A}})=r(\mathbf{A})$时,方程组有解:

当$r(\widetilde{\mathbf{A}})=r(\mathbf{A})=n$时,有唯一解;当$r(\widetilde{\mathbf{A}})=r(\mathbf{A})<n$时,有无穷多组解.

(2) 当$r(\widetilde{\mathbf{A}})\neq r(\mathbf{A})$时,无解.

故选 D.

9. **分析** 应选 A.

系数矩阵$\mathbf{A}_{m\times n}$的秩$r(\mathbf{A})\leqslant\min\{m,n\}$,由已知$m<n$,得$r(\mathbf{A})\leqslant m<n$,此时$\mathbf{AX}=\mathbf{o}$有非零解.但$\mathbf{AX}=\mathbf{o}$有非零解得不出$m<n$,还可能$m=n$.故选 A.

10. **分析** 应选 C.

$$\mathbf{A}=(\boldsymbol{\alpha}_1^T,\boldsymbol{\alpha}_2^T,\boldsymbol{\alpha}_3^T,\boldsymbol{\alpha}_4^T,\boldsymbol{\alpha}_5^T)=\begin{pmatrix}1&1&1&1&1\\1&2&4&3&2\\1&3&9&7&5\\1&4&16&13&10\end{pmatrix}\to\begin{pmatrix}1&1&1&1&1\\0&1&3&2&1\\0&0&2&2&2\\0&0&0&0&0\end{pmatrix},得$$

$r(\mathbf{A})=3$. $\boldsymbol{\alpha}_1$、$\boldsymbol{\alpha}_2$、$\boldsymbol{\alpha}_3$为其中一组极大无关组.

三、解答题

1. 解 $(\boldsymbol{\alpha}_1,\boldsymbol{\alpha}_2,\boldsymbol{\alpha}_3)=\begin{pmatrix}1&2&3\\-2&6&4\\0&-3&2\\4&0&-1\end{pmatrix}\xrightarrow{\text{初等行变换}}\begin{pmatrix}1&2&3\\0&1&1\\0&0&5\\0&0&0\end{pmatrix}$,

因为秩为3,等于向量个数,所以$\boldsymbol{\alpha}_1$、$\boldsymbol{\alpha}_2$、$\boldsymbol{\alpha}_3$线性无关.

2. 解 设$\boldsymbol{\beta}=\boldsymbol{\alpha}_1x_1+\boldsymbol{\alpha}_2x_2+\boldsymbol{\alpha}_3x_3$,即有非齐次线性方程组$\boldsymbol{AX}=\boldsymbol{\beta}$,其中

$\boldsymbol{A}=(\boldsymbol{\alpha}_1,\boldsymbol{\alpha}_2,\boldsymbol{\alpha}_3),\boldsymbol{X}=\begin{pmatrix}x_1\\x_2\\x_3\end{pmatrix}$.

$$\widetilde{\boldsymbol{A}}=(\boldsymbol{A}\mid\boldsymbol{\beta})=(\boldsymbol{\alpha}_1,\boldsymbol{\alpha}_2,\boldsymbol{\alpha}_3\mid\boldsymbol{\beta})$$

$$=\left(\begin{array}{ccc:c}\lambda&1&1&1\\1&\lambda&1&\lambda\\1&1&\lambda&\lambda^2\end{array}\right)\to\left(\begin{array}{ccc:c}1&1&\lambda&\lambda^2\\0&\lambda-1&1-\lambda&\lambda(1-\lambda)\\0&0&(1-\lambda)(2+\lambda)&(1-\lambda)(1+\lambda)^2\end{array}\right)$$

当$\lambda\neq-2$,且$\lambda\neq1$时,$r(\boldsymbol{A})=r(\widetilde{\boldsymbol{A}})=3$,方程组有唯一解,即$\boldsymbol{\beta}$可由$\boldsymbol{\alpha}_1$、$\boldsymbol{\alpha}_2$、$\boldsymbol{\alpha}_3$线性表出.

当$\lambda=1$时,$r(\boldsymbol{A})=r(\widetilde{\boldsymbol{A}})<3$,方程组有无穷解,此时

$$\widetilde{\boldsymbol{A}}\to\left(\begin{array}{ccc:c}1&1&1&1\\0&0&0&0\\0&0&0&0\end{array}\right)$$

基础解系为$\boldsymbol{\eta}_1=\begin{pmatrix}-1\\1\\0\end{pmatrix}$,$\boldsymbol{\eta}_2=\begin{pmatrix}-1\\0\\1\end{pmatrix}$,取特解为$\begin{pmatrix}1\\0\\0\end{pmatrix}$,则

$$\begin{pmatrix}x_1\\x_2\\x_3\end{pmatrix}=\begin{pmatrix}1\\0\\0\end{pmatrix}+k_1\begin{pmatrix}-1\\1\\0\end{pmatrix}+k_2\begin{pmatrix}-1\\0\\1\end{pmatrix}=\begin{pmatrix}1-k_1-k_2\\k_1\\k_2\end{pmatrix},$$

则所有的表达式为$\boldsymbol{\beta}=(1-k_1-k_2)\boldsymbol{\alpha}_1+k_1\boldsymbol{\alpha}_2+k_2\boldsymbol{\alpha}_3$,其中$k_1$、$k_2$为任意常数.

3. 解 因为$n-r(\boldsymbol{A})=4-3=1$,所以$\boldsymbol{AX}=\boldsymbol{B}$的任意一个非零解就是它的基础解系.由题设知$\boldsymbol{\alpha}-\boldsymbol{\gamma},\boldsymbol{\beta}-\boldsymbol{\gamma}$是其相伴方程组$\boldsymbol{AX}=\boldsymbol{o}$的解,从而$\boldsymbol{\eta}=(\boldsymbol{\alpha}-\boldsymbol{\gamma})+(\boldsymbol{\beta}-\boldsymbol{\gamma})$仍是$\boldsymbol{AX}=\boldsymbol{o}$的解.

$$\boldsymbol{\eta}=(\boldsymbol{\alpha}-\boldsymbol{\gamma})+(\boldsymbol{\beta}-\boldsymbol{\gamma})=(\boldsymbol{\alpha}+\boldsymbol{\beta})-2\boldsymbol{\gamma}=\begin{pmatrix}-1\\0\\1\\2\end{pmatrix}-2\cdot\begin{pmatrix}1\\-2\\3\\1\end{pmatrix}=\begin{pmatrix}-3\\4\\-5\\0\end{pmatrix}\neq 0,$$

所以，$\boldsymbol{\eta}$ 是 $\boldsymbol{AX}=\boldsymbol{o}$ 的基础解系，于是 $\boldsymbol{AX}=\boldsymbol{B}$ 的通解为

$$\boldsymbol{X}=\boldsymbol{\gamma}+k\boldsymbol{\eta}=\begin{pmatrix}1\\-2\\3\\1\end{pmatrix}+k\begin{pmatrix}-3\\4\\-5\\0\end{pmatrix},k \text{ 为任意常数}.$$

4. **解** (1) 由方程组(Ⅰ)

$$\tilde{\boldsymbol{A}}=\begin{pmatrix}1&0&0&1&1\\0&1&0&-2&2\\0&0&1&1&-1\end{pmatrix},$$

得方程组(Ⅰ)的基础解系为 $\boldsymbol{\eta}_1=\begin{pmatrix}-1\\2\\-1\\1\end{pmatrix}$，特解为 $\begin{pmatrix}1\\2\\-1\\0\end{pmatrix}$，故方程组(Ⅰ)的通解为

$$\boldsymbol{X}=\begin{pmatrix}1\\2\\-1\\0\end{pmatrix}+k\begin{pmatrix}-1\\2\\-1\\1\end{pmatrix},k \text{ 为任意常数}.$$

(2) 由方程组(Ⅰ)、(Ⅱ)是同解方程组，所以方程组(Ⅰ)的全部解都是方程组(Ⅱ)的解，取(Ⅰ)的一个解

$$\boldsymbol{X}_1=\begin{pmatrix}1\\2\\-1\\0\end{pmatrix}+\begin{pmatrix}-1\\2\\-1\\1\end{pmatrix}=\begin{pmatrix}0\\4\\-2\\1\end{pmatrix}\text{代入方程组(Ⅱ)有}\begin{cases}4-2a-5=1\\4+2+b=4\\4-2+2=c\end{cases},\text{解得}$$

$$\begin{cases}a=-1\\b=-2.\\c=4\end{cases}$$

5. **证明** 由 $\boldsymbol{AB}=\boldsymbol{O}$，知 $\boldsymbol{B}$ 的列向量是齐次方程 $\boldsymbol{AX}=\boldsymbol{o}$ 的解向量，设 $r(\boldsymbol{A})=r$，而齐次方程 $\boldsymbol{AX}=\boldsymbol{o}$ 的解向量中线性无关的向量个数即为 $\boldsymbol{AX}=\boldsymbol{o}$

的基础解系的向量个数 $= n - r$，故 $\boldsymbol{B}$ 的列向量的极大无关组至多有 $n - r$ 个向量，即 $r(\boldsymbol{B}) \leqslant n - r$. 从而 $r(\boldsymbol{A}) + r(\boldsymbol{B}) \leqslant r + (n - r) = n$.

(C 层)

一、填空题

1. -2.

分析

$$(\boldsymbol{\alpha}_1,\boldsymbol{\alpha}_2,\boldsymbol{\alpha}_3) = \begin{pmatrix} a & 1 & 1 \\ 1 & a & 1 \\ 1 & 1 & a \end{pmatrix} \to \begin{pmatrix} 1 & 1 & a \\ 0 & a-1 & 1-a \\ 0 & 0 & (a+2)(a-1) \end{pmatrix},$$

秩为 2 时，则 $(a+2)(a-1) = 0, a-1 \neq 0$，得 $a = -2$.

2. 3.

分析 向量 $\boldsymbol{\beta} = (1,5,9)^T$ 可以由向量 $\boldsymbol{\alpha}_1 = (1,2,3)^T, \boldsymbol{\alpha}_2 = (2,1,0)^T, \boldsymbol{\alpha}_3 = (5,4,a)^T$ 线性表示，且有两种不同的表示 $\Leftrightarrow r(\boldsymbol{\alpha}_1,\boldsymbol{\alpha}_2,\boldsymbol{\alpha}_3,\boldsymbol{\beta}) = r(\boldsymbol{\alpha}_1,\boldsymbol{\alpha}_2,\boldsymbol{\alpha}_3)$，而

$$(\boldsymbol{\alpha}_1,\boldsymbol{\alpha}_2,\boldsymbol{\alpha}_3,\boldsymbol{\beta}) = \begin{pmatrix} 1 & 2 & 5 & 1 \\ 2 & 1 & 4 & 5 \\ 3 & 0 & a & 9 \end{pmatrix} \to \begin{pmatrix} 1 & 2 & 5 & 1 \\ 0 & -3 & -6 & 3 \\ 0 & -6 & a-15 & 6 \end{pmatrix},$$

故 $a = 3$.

3. $k \neq 0$ 且 $k \neq \pm 3$.

分析 方程组的系数行列式为

$$\begin{vmatrix} k & 1 & 1 \\ 3 & k & 3 \\ -3 & 3 & k \end{vmatrix} \xlongequal[c_1 - kc_3]{c_2 - c_3} \begin{vmatrix} 0 & 0 & 1 \\ 3-3k & k-3 & 3 \\ -3-k^2 & 3-k & k \end{vmatrix} = \begin{vmatrix} 3-3k & k-3 \\ -3-k^2 & 3-k \end{vmatrix}$$

$$= (k-3)(3k+k^2) = k(k-3)(k+3),$$

方程组有唯一解，则 $k \neq 0$ 且 $k \neq \pm 3$.

4. $k = 4; k = 5$.

分析
$$\boldsymbol{A}\boldsymbol{\alpha} = \boldsymbol{A}(\boldsymbol{\alpha}_1 + k\boldsymbol{\alpha}_2 - 5\boldsymbol{\alpha}_3) = \boldsymbol{A}(\boldsymbol{\alpha}_1) + k\boldsymbol{A}(\boldsymbol{\alpha}_2) - 5\boldsymbol{A}(\boldsymbol{\alpha}_3) = (1+k-5)\boldsymbol{\beta}.$$

$\boldsymbol{\alpha}$ 是 $\boldsymbol{AX} = \boldsymbol{o}$ 的解，则 $1 + k - 5 = 0$，得 $k = 4$；

$\boldsymbol{\alpha}$ 是 $\boldsymbol{AX} = \boldsymbol{\beta}$ 的解，则 $1 + k - 5 = 1$，得 $k = 5$.

5. $k\begin{pmatrix}1\\5\\1\end{pmatrix}$，其中 k 为任意常数.

分析　系数矩阵 $\boldsymbol{A}$ 为 2×3 矩阵，故未知数个数 $n=3$，由 $r(\boldsymbol{A})=2$，知基础解系所含解向量的个数为 $n-r(\boldsymbol{A})=3-2=1$. 由 $\boldsymbol{\alpha}_1,\boldsymbol{\alpha}_2$ 是方程组的解，得 $\boldsymbol{A\alpha}_1=\boldsymbol{\beta},\boldsymbol{A\alpha}_2=\boldsymbol{\beta}$，令 $\boldsymbol{\alpha}_3=\frac{1}{2}(\boldsymbol{\alpha}_1+\boldsymbol{\alpha}_2)$，则 $\boldsymbol{A\alpha}_3=\frac{1}{2}\boldsymbol{A}(\boldsymbol{\alpha}_1+\boldsymbol{\alpha}_2)=\boldsymbol{\beta}$，故 $\boldsymbol{\alpha}_3$ 是 $\boldsymbol{AX}=\boldsymbol{\beta}$ 的解，从而 $\boldsymbol{\eta}=\boldsymbol{\alpha}_1-\boldsymbol{\alpha}_3=\begin{pmatrix}1\\2\\1\end{pmatrix}-\frac{1}{2}\begin{pmatrix}1\\-1\\1\end{pmatrix}=\begin{pmatrix}\frac{1}{2}\\\frac{5}{2}\\\frac{1}{2}\end{pmatrix}$ 是 $\boldsymbol{AX}=\boldsymbol{o}$ 的解.

又 $\boldsymbol{\eta}\neq\boldsymbol{o}$，故 $\boldsymbol{\eta}$ 是 $\boldsymbol{AX}=\boldsymbol{o}$ 的一个基础解系，于是 $\boldsymbol{AX}=\boldsymbol{\beta}$ 的通解为 $k\begin{pmatrix}1\\5\\1\end{pmatrix}$，$k$ 是任意常数.

6. $\boldsymbol{\beta}=k_1\begin{pmatrix}1\\0\\2\end{pmatrix}+k_2\begin{pmatrix}2\\1\\-1\end{pmatrix}+k_3\begin{pmatrix}3\\2\\1\end{pmatrix}$，其中 k_1、k_2、k_3 为任意常数.

二、选择题

1. **分析**　应选 B.

由 $\boldsymbol{\alpha}_1$、$\boldsymbol{\alpha}_2$、$\boldsymbol{\alpha}_3$ 线性无关，知 $\boldsymbol{\alpha}_2$、$\boldsymbol{\alpha}_3$ 线性无关. 又向量组 $\boldsymbol{\alpha}_2$、$\boldsymbol{\alpha}_3$、$\boldsymbol{\alpha}_4$ 线性相关，故 $\boldsymbol{\alpha}_4$ 必能被 $\boldsymbol{\alpha}_2$、$\boldsymbol{\alpha}_3$ 线性表出. 由 $\boldsymbol{\alpha}_1$、$\boldsymbol{\alpha}_2$、$\boldsymbol{\alpha}_3$ 线性无关，知由 $\boldsymbol{\alpha}_1$ 不可能由 $\boldsymbol{\alpha}_2$、$\boldsymbol{\alpha}_3$、$\boldsymbol{\alpha}_4$ 线性表出. 故选 B.

2. **分析**　应选 B.

$(\boldsymbol{A\alpha}_1,\boldsymbol{A\alpha}_2,\cdots,\boldsymbol{A\alpha}_m)=\boldsymbol{A}(\boldsymbol{\alpha}_1,\boldsymbol{\alpha}_2,\cdots,\boldsymbol{\alpha}_m)$，$n$ 阶可逆矩阵 $\boldsymbol{A}$ 左乘 $(\boldsymbol{\alpha}_1,\boldsymbol{\alpha}_2,\cdots,\boldsymbol{\alpha}_m)$，相当于对 $(\boldsymbol{\alpha}_1,\boldsymbol{\alpha}_2,\cdots,\boldsymbol{\alpha}_m)$ 做初等行变换，而初等行(列)变换不改变向量组的秩，故选 B.

3. **分析**　应选 D.

$n+1$ 个 n 维向量一定线性相关，只能说明 $n+1$ 个 n 维向量的向量组的秩 $\leqslant n$.

4. **分析**　应选 D.

$$(\boldsymbol{\alpha}_1+\boldsymbol{\alpha}_2,\boldsymbol{\alpha}_2+\boldsymbol{\alpha}_3,\boldsymbol{\alpha}_3-\boldsymbol{\alpha}_1)=(\boldsymbol{\alpha}_1,\boldsymbol{\alpha}_2,\boldsymbol{\alpha}_3)\begin{pmatrix}1&0&-1\\1&1&0\\0&1&1\end{pmatrix},\text{而}\begin{vmatrix}1&0&-1\\1&1&0\\0&1&1\end{vmatrix}=0,$$

即$\begin{pmatrix}1&0&-1\\1&1&0\\0&1&1\end{pmatrix}$不可逆；

$$(\boldsymbol{\alpha}_1+\boldsymbol{\alpha}_2,\boldsymbol{\alpha}_2+\boldsymbol{\alpha}_3,\boldsymbol{\alpha}_1+2\boldsymbol{\alpha}_2+\boldsymbol{\alpha}_3)=(\boldsymbol{\alpha}_1,\boldsymbol{\alpha}_2,\boldsymbol{\alpha}_3)\begin{pmatrix}1&0&1\\1&1&2\\0&1&1\end{pmatrix},\text{而}$$

$\begin{vmatrix}1&0&1\\1&1&2\\0&1&1\end{vmatrix}=0$，即$\begin{pmatrix}1&0&1\\1&1&2\\0&1&1\end{pmatrix}$不可逆；

$$(\boldsymbol{\alpha}_1+2\boldsymbol{\alpha}_2,2\boldsymbol{\alpha}_2-\boldsymbol{\alpha}_3,\boldsymbol{\alpha}_1-\boldsymbol{\alpha}_3)=(\boldsymbol{\alpha}_1,\boldsymbol{\alpha}_2,\boldsymbol{\alpha}_3)\begin{pmatrix}1&0&1\\2&2&0\\0&-1&-1\end{pmatrix},\text{而}$$

$\begin{vmatrix}1&0&1\\2&2&0\\0&-1&-1\end{vmatrix}=0$，即$\begin{pmatrix}1&0&1\\2&2&0\\0&-1&-1\end{pmatrix}$不可逆；

$$(\boldsymbol{\alpha}_1+\boldsymbol{\alpha}_2+\boldsymbol{\alpha}_3,2\boldsymbol{\alpha}_1-\boldsymbol{\alpha}_2+3\boldsymbol{\alpha}_3,\boldsymbol{\alpha}_1-5\boldsymbol{\alpha}_2+3\boldsymbol{\alpha}_3)=(\boldsymbol{\alpha}_1,\boldsymbol{\alpha}_2,\boldsymbol{\alpha}_3)\begin{pmatrix}1&2&1\\1&-1&-5\\1&3&3\end{pmatrix},$$

又$\begin{vmatrix}1&2&1\\1&-1&-5\\1&3&3\end{vmatrix}\neq 0$，即$\begin{pmatrix}1&2&1\\1&-1&-5\\1&3&3\end{pmatrix}$可逆，左(右)乘可逆阵不改变向量组的相关性. 故选 D.

5. **分析**　应选 C.

设 $\boldsymbol{A}$ 是 $m\times n$ 矩阵，$\boldsymbol{AX}=\boldsymbol{o}$ 有非零解 $\Leftrightarrow r(\boldsymbol{A})<n \Leftrightarrow \boldsymbol{A}$ 的列向量线性相关 $\Leftrightarrow \boldsymbol{A}$ 中必有一列向量是其余列向量的线性组合.

6. **分析**　应选 B.

$\boldsymbol{AB}$ 是 m 阶方阵，$r(\boldsymbol{AB})\leqslant r(\boldsymbol{B})\leqslant n$，又 $m>n$，所以 $r(\boldsymbol{AB})<m$，得 $|\boldsymbol{AB}|=0$.

7. **分析**　应选 B.

选项 A 是线性无关的等价定义；选项 C 是判断线性无关的常用方法；选项

D是"整体无关,部分也无关";$\boldsymbol{\alpha}_1,\boldsymbol{\alpha}_2,\cdots,\boldsymbol{\alpha}_s$ 线性相关,则存在一组不全为零的数 $k_1,k_2,\cdots,k_s$,使得 $k_1\boldsymbol{\alpha}_1+k_2\boldsymbol{\alpha}_2+\cdots+k_s\boldsymbol{\alpha}_s=0$. 故选 B.

8. **分析** 应选 A.

设 $\boldsymbol{A},\boldsymbol{B}$ 分别为 $m\times n,n\times p$ 矩阵,由 $\boldsymbol{AB}=\boldsymbol{O},\boldsymbol{A}\neq\boldsymbol{O},\boldsymbol{B}\neq\boldsymbol{O}$ 知 $r(\boldsymbol{A})<n$, $r(\boldsymbol{B})<n$,因此 $\boldsymbol{A}$ 的列向量线性相关,$\boldsymbol{B}$ 的行向量线性相关.

9. **分析** 应选 A.

因为向量组 $\boldsymbol{S}$、$\boldsymbol{T}$ 的线性无关的个数为 s、t,而线性无关向量组的扩充向量组可能是线性相关向量组,故 $\boldsymbol{S}\cup\boldsymbol{T}$ 中线性无关向量的最大个数 $r\leqslant s+t$. 故选 A.

10. **分析** 应选 D.

增广矩阵 $\widetilde{\boldsymbol{A}}$ 与系数矩阵 $\boldsymbol{A}$ 的秩满足

(1) 当 $r(\widetilde{\boldsymbol{A}})=r(\boldsymbol{A})$ 时,方程组有解:

当 $r(\widetilde{\boldsymbol{A}})=r(\boldsymbol{A})=n$ 时,有唯一解;当 $r(\widetilde{\boldsymbol{A}})=r(\boldsymbol{A})<n$ 时,有无穷多组解.

(2) 当 $r(\widetilde{\boldsymbol{A}})\neq r(\boldsymbol{A})$ 时,无解.

三、解答题

1. **解**

$$\boldsymbol{A}\triangleq(\boldsymbol{\alpha}_1^T,\boldsymbol{\alpha}_2^T,\boldsymbol{\alpha}_3^T,\boldsymbol{\alpha}_4^T)=\begin{pmatrix}1&2&0&2\\0&1&3&2\\0&0&0&2\end{pmatrix}\to\begin{pmatrix}1&0&-6&-2\\0&1&3&2\\0&0&0&1\end{pmatrix}$$

$$\to\begin{pmatrix}1&0&-6&0\\0&1&3&0\\0&0&0&1\end{pmatrix}\triangleq(\boldsymbol{\beta}_1,\boldsymbol{\beta}_2,\boldsymbol{\beta}_3,\boldsymbol{\beta}_4),$$

直观(推出所有的三阶非零子式)看出 $(\boldsymbol{\beta}_1,\boldsymbol{\beta}_2,\boldsymbol{\beta}_3,\boldsymbol{\beta}_4)$ 的列向量组中极大无关组为 $\{\boldsymbol{\beta}_1,\boldsymbol{\beta}_2,\boldsymbol{\beta}_4\}$, $\{\boldsymbol{\beta}_1,\boldsymbol{\beta}_3,\boldsymbol{\beta}_4\}$, $\{\boldsymbol{\beta}_2,\boldsymbol{\beta}_3,\boldsymbol{\beta}_4\}$,所以 $\{\boldsymbol{\alpha}_1,\boldsymbol{\alpha}_2,\boldsymbol{\alpha}_3,\boldsymbol{\alpha}_4\}$ 的极大无关组为 $\{\boldsymbol{\alpha}_1,\boldsymbol{\alpha}_2,\boldsymbol{\alpha}_4\}$, $\{\boldsymbol{\alpha}_1,\boldsymbol{\alpha}_3,\boldsymbol{\alpha}_4\}$, $\{\boldsymbol{\alpha}_2,\boldsymbol{\alpha}_3,\boldsymbol{\alpha}_4\}$.

2. **证明** 设 $\boldsymbol{A}=(\boldsymbol{\alpha}_1,\boldsymbol{\alpha}_2,\cdots,\boldsymbol{\alpha}_n)$,则

$$\boldsymbol{A}^T\boldsymbol{A}=\begin{pmatrix}\boldsymbol{\alpha}_1^T\\\boldsymbol{\alpha}_2^T\\\vdots\\\boldsymbol{\alpha}_n^T\end{pmatrix}(\boldsymbol{\alpha}_1,\boldsymbol{\alpha}_2,\cdots,\boldsymbol{\alpha}_n)=\begin{pmatrix}\boldsymbol{\alpha}_1{}^T\boldsymbol{\alpha}_1&\boldsymbol{\alpha}_1{}^T\boldsymbol{\alpha}_2&\cdots&\boldsymbol{\alpha}_1{}^T\boldsymbol{\alpha}_n\\\boldsymbol{\alpha}_2{}^T\boldsymbol{\alpha}_1&\boldsymbol{\alpha}_2{}^T\boldsymbol{\alpha}_2&\cdots&\boldsymbol{\alpha}_2{}^T\boldsymbol{\alpha}_n\\\vdots&\vdots&&\vdots\\\boldsymbol{\alpha}_n{}^T\boldsymbol{\alpha}_1&\boldsymbol{\alpha}_n{}^T\boldsymbol{\alpha}_2&\cdots&\boldsymbol{\alpha}_n{}^T\boldsymbol{\alpha}_n\end{pmatrix},$$

由 $\boldsymbol{\alpha}_1,\boldsymbol{\alpha}_2,\cdots,\boldsymbol{\alpha}_n$ 线性无关 $\Leftrightarrow|\boldsymbol{A}|\neq0\Leftrightarrow|\boldsymbol{A}^T\boldsymbol{A}|=|\boldsymbol{A}|^2\neq0$

$$\Leftrightarrow \begin{vmatrix} \boldsymbol{\alpha}_1{}^T\boldsymbol{\alpha}_1 & \boldsymbol{\alpha}_1{}^T\boldsymbol{\alpha}_2 & \cdots & \boldsymbol{\alpha}_1{}^T\boldsymbol{\alpha}_n \\ \boldsymbol{\alpha}_2{}^T\boldsymbol{\alpha}_1 & \boldsymbol{\alpha}_2{}^T\boldsymbol{\alpha}_2 & \cdots & \boldsymbol{\alpha}_2{}^T\boldsymbol{\alpha}_n \\ \vdots & \vdots & & \vdots \\ \boldsymbol{\alpha}_n{}^T\boldsymbol{\alpha}_1 & \boldsymbol{\alpha}_n{}^T\boldsymbol{\alpha}_2 & \cdots & \boldsymbol{\alpha}_n{}^T\boldsymbol{\alpha}_n \end{vmatrix} \neq 0.$$

3. **证明** 由题意

$$\boldsymbol{B} \triangleq \begin{pmatrix} \boldsymbol{\beta}_1 \\ \boldsymbol{\beta}_2 \\ \vdots \\ \boldsymbol{\beta}_m \end{pmatrix} = \begin{pmatrix} k_{11} & k_{12} & \cdots & k_{1m} \\ k_{21} & k_{22} & \cdots & k_{2m} \\ \vdots & \vdots & & \vdots \\ k_{m1} & k_{m2} & \cdots & k_{mm} \end{pmatrix} \begin{pmatrix} \boldsymbol{\alpha}_1 \\ \boldsymbol{\alpha}_2 \\ \vdots \\ \boldsymbol{\alpha}_m \end{pmatrix} = \boldsymbol{KA},$$

这里表出矩阵 $\boldsymbol{K} = (k_{ij})$ 为 m 阶方阵.

若 $\boldsymbol{\beta}_1,\boldsymbol{\beta}_2,\cdots,\boldsymbol{\beta}_m$ 线性无关,有 $r(\boldsymbol{B}) = m$,又由 $m = r(\boldsymbol{B}) = r(\boldsymbol{KA}) \leqslant r(\boldsymbol{K}) \leqslant m$,得 $r(\boldsymbol{K}) = m$,故 $\boldsymbol{K}$ 为可逆矩阵.

反之,若 $\boldsymbol{K}$ 为可逆矩阵,则 $r(\boldsymbol{B}) = r(\boldsymbol{KA}) = r(\boldsymbol{A}) = m$ 于是 $\boldsymbol{\beta}_1,\boldsymbol{\beta}_2,\cdots,\boldsymbol{\beta}_m$ 线性无关.

4. **证明** (1) 由 $r(\boldsymbol{A}) = 1$,说明 $\boldsymbol{A}$ 的列向量的极大线性无关组所含向量的个数为1,不妨设第1列向量 $\boldsymbol{\alpha}_1 = \begin{pmatrix} a_1 \\ a_2 \\ \vdots \\ a_n \end{pmatrix}$ 为极大无关组,则 $\boldsymbol{A}$ 的其余列向量为 $\boldsymbol{\alpha}_i = k_i\boldsymbol{\alpha}_1, i = 2,3,\cdots,n$ 即

$$\boldsymbol{A} = (\boldsymbol{\alpha}_1,\boldsymbol{\alpha}_2,\cdots,\boldsymbol{\alpha}_n) = (\boldsymbol{\alpha}_1,k_2\boldsymbol{\alpha}_1,\cdots,k_n\boldsymbol{\alpha}_1)$$

$$= \boldsymbol{\alpha}_1(1 \quad k_2 \quad k_3 \quad \cdots \quad k_n) \xlongequal{\text{令 } b_1 = 1, k_i = b_i (i = 2,3,\cdots,n)} \begin{pmatrix} a_1 \\ a_2 \\ \vdots \\ a_n \end{pmatrix} (b_1 \quad b_2 \quad \cdots \quad b_n).$$

证毕.

$$(2)\boldsymbol{A}^2 = \left[\begin{pmatrix} a_1 \\ a_2 \\ \vdots \\ a_n \end{pmatrix} (b_1 \quad b_2 \quad \cdots \quad b_n)\right] \cdot \left[\begin{pmatrix} a_1 \\ a_2 \\ \vdots \\ a_n \end{pmatrix} (b_1 \quad b_2 \quad \cdots \quad b_n)\right]$$

$$= \begin{pmatrix} a_1 \\ a_2 \\ \vdots \\ a_n \end{pmatrix} \left((b_1 \quad b_2 \quad \cdots \quad b_n) \begin{pmatrix} a_1 \\ a_2 \\ \vdots \\ a_n \end{pmatrix} \right) (b_1 \quad b_2 \quad \cdots \quad b_n)$$

$$= \begin{pmatrix} a_1 \\ a_2 \\ \vdots \\ a_n \end{pmatrix} (a_1 b_1 + a_2 b_2 + \cdots + a_n b_n) (b_1 \quad b_2 \quad \cdots \quad b_n)$$

$$= k \begin{pmatrix} a_1 \\ a_2 \\ \vdots \\ a_n \end{pmatrix} (b_1 \quad b_2 \quad \cdots \quad b_n) = k\boldsymbol{A},$$

其中 $k = a_1 b_1 + a_2 b_2 + \cdots + a_n b_n$.

5. **解**　矩阵 $\boldsymbol{A}$ 经初等行(列)变换化为 $\boldsymbol{B}$,则 $\boldsymbol{A}$ 与 $\boldsymbol{B}$ 的行(列)向量组等价.为简便,将向量组写成行向量组,考查它们的行简化阶梯型矩阵

$$\boldsymbol{A} = \begin{pmatrix} \boldsymbol{\alpha}_1^T \\ \boldsymbol{\alpha}_2^T \\ \boldsymbol{\alpha}_3^T \end{pmatrix} = \begin{pmatrix} 1 & 0 & 2 \\ 1 & 1 & 3 \\ 1 & -1 & a+2 \end{pmatrix} \xrightarrow{\text{初等行变换}} \begin{pmatrix} 1 & 0 & 2 \\ 0 & 1 & 1 \\ 0 & -1 & a \end{pmatrix}.$$

当 $a \neq -1$ 时 $\boldsymbol{A}$ 的行简化阶梯型矩阵为 $\begin{pmatrix} 1 & 0 & 0 \\ 0 & 1 & 0 \\ 0 & 0 & 1 \end{pmatrix}$;

当 $a = -1$ 时,$\boldsymbol{A}$ 的行简化阶梯型矩阵 $\begin{pmatrix} 1 & 0 & 2 \\ 0 & 1 & 1 \\ 0 & 0 & 0 \end{pmatrix}$.

$$\boldsymbol{B} = \begin{pmatrix} \boldsymbol{\beta}_1^T \\ \boldsymbol{\beta}_2^T \\ \boldsymbol{\beta}_3^T \end{pmatrix} = \begin{pmatrix} 1 & 2 & a+3 \\ 2 & 1 & a+6 \\ 2 & 1 & a+4 \end{pmatrix} \xrightarrow{\text{初等行变换}} \begin{pmatrix} 1 & 0 & \frac{a+9}{3} \\ 0 & -3 & -a \\ 0 & 0 & -2 \end{pmatrix} \rightarrow \begin{pmatrix} 1 & 0 & 0 \\ 0 & 1 & 0 \\ 0 & 0 & 1 \end{pmatrix},$$

故当 $a \neq -1$ 时,向量组(Ⅰ)与向量组(Ⅱ)的简化阶梯型矩阵相同,此时,向量组(Ⅰ)与向量组(Ⅱ)等价.

6. **证明**　不妨设存在数 $k_1, k_2, \cdots, k_{s+1}$ 满足 $k_1(\boldsymbol{\alpha}_1 + \boldsymbol{\beta}) + k_2(\boldsymbol{\alpha}_2 + \boldsymbol{\beta}) + \cdots + k_s(\boldsymbol{\alpha}_s + \boldsymbol{\beta}) + k_{s+1}\boldsymbol{\beta} = \boldsymbol{o}$,即

$$k_1\boldsymbol{\alpha}_1 + k_2\boldsymbol{\alpha}_2 + \cdots + k_s\boldsymbol{\alpha}_s + (k_1 + k_2 + \cdots + k_{s+1})\boldsymbol{\beta} = \boldsymbol{o}. \tag{1}$$

上式两端同时作用$\boldsymbol{A}$，同时注意到$\boldsymbol{A\alpha}_i=\boldsymbol{o}(i=1,2,\cdots,s)$，有$(k_1+k_2+\cdots+k_{s+1})\boldsymbol{A\beta}=\boldsymbol{o}$而已知$\boldsymbol{A\beta}\neq\boldsymbol{o}$，故有

$$k_1+k_2+\cdots+k_{s+1}=0, \tag{2}$$

于是式(1)为

$$k_1\boldsymbol{\alpha}_1+k_2\boldsymbol{\alpha}_2+\cdots+k_s\boldsymbol{\alpha}_s=\boldsymbol{o}. \tag{3}$$

又由题设$\boldsymbol{\alpha}_1,\boldsymbol{\alpha}_2,\cdots,\boldsymbol{\alpha}_s$为$\boldsymbol{AX}=\boldsymbol{o}$的基础解系，知$\boldsymbol{\alpha}_1,\boldsymbol{\alpha}_2,\cdots,\boldsymbol{\alpha}_s$线性无关，由式(3)得$k_1=k_2=\cdots=k_s=0$，由(2)得$k_{s+1}=0$，即有$k_1=k_2=\cdots=k_s=k_{s+1}=0$，故向量组$\boldsymbol{\alpha}_1+\boldsymbol{\beta},\boldsymbol{\alpha}_2+\boldsymbol{\beta},\cdots,\boldsymbol{\alpha}_s+\boldsymbol{\beta},\boldsymbol{\beta}$线性无关.

7. **分析**　$\boldsymbol{XA}=\boldsymbol{B}\Leftrightarrow\boldsymbol{A}^T\boldsymbol{X}^T=\boldsymbol{B}^T$，$\boldsymbol{A}^T\boldsymbol{X}^T=\boldsymbol{B}^T$有解$\Leftrightarrow r(\boldsymbol{A}^T)=r(\boldsymbol{A}^T\,\vdots\,\boldsymbol{B}^T)$.

解　$$(\boldsymbol{A}^T\,\vdots\,\boldsymbol{B}^T)=\left(\begin{array}{ccc:ccc}1&1&2&1&0&2\\-1&1&0&1&2&4\\1&0&1&a&b&c\end{array}\right)\xrightarrow[r_2+r_1]{r_3-r_1}\left(\begin{array}{ccc:ccc}1&1&2&1&0&2\\0&2&2&2&2&6\\0&-1&-1&a-1&b&c-2\end{array}\right)$$

$$\xrightarrow{\frac{1}{2}\cdot r_1}\left(\begin{array}{ccc:ccc}1&1&2&1&0&2\\0&1&1&1&1&3\\0&-1&-1&a-1&b&c-2\end{array}\right)$$

$$\rightarrow\left(\begin{array}{ccc:ccc}1&1&2&1&0&2\\0&1&1&1&1&3\\0&0&0&a&b+1&c+1\end{array}\right),$$

$$r(\boldsymbol{A}^T\,\vdots\,\boldsymbol{B}^T)=r(\boldsymbol{A}^T)\Leftrightarrow a=0,b=-1,c=-1.$$

此时，$(\boldsymbol{A}^T\,\vdots\,\boldsymbol{B}^T)\rightarrow\left(\begin{array}{ccc:ccc}1&1&2&1&0&2\\0&1&1&1&1&3\\0&0&0&0&0&0\end{array}\right)\xrightarrow{r_1-r_2}\left(\begin{array}{ccc:ccc}1&0&1&0&-1&-1\\0&1&1&1&1&3\\0&0&0&0&0&0\end{array}\right)$，

故所求的通解为

$$\boldsymbol{X}=\begin{pmatrix}k_1&k_1&-k_1\\k_2&k_2&-k_2\\k_3&k_3&-k_3\end{pmatrix}+\begin{pmatrix}0&1&0\\-1&1&0\\-1&3&0\end{pmatrix}，其中k_1、k_2、k_3为任意常数.$$

8. **解 1**　将$\boldsymbol{\eta}_1$、$\boldsymbol{\eta}_2$、$\boldsymbol{\eta}_3$代入方程组$\boldsymbol{AX}=\boldsymbol{\beta}$中，解出常数$a_3$、$a_4$、$b_3$、$b_4$、$c_1$、$c_2$，用通常方法求该方程组的通解.不过此法计算量较大.

解 2　$\boldsymbol{\eta}_1$、$\boldsymbol{\eta}_2$、$\boldsymbol{\eta}_3$为方程组$\boldsymbol{AX}=\boldsymbol{\beta}$的解，则$\boldsymbol{\eta}_3-\boldsymbol{\eta}_2$，$\boldsymbol{\eta}_2-\boldsymbol{\eta}_1$为相伴的齐次线性方程组$\boldsymbol{AX}=\boldsymbol{o}$的解.又$\boldsymbol{\eta}_3-\boldsymbol{\eta}_2=\begin{pmatrix}-1\\3\\-1\\2\end{pmatrix}$，$\boldsymbol{\eta}_2-\boldsymbol{\eta}_1=\begin{pmatrix}1\\-2\\3\\0\end{pmatrix}$线性无关，故

矩阵 A 的秩 $r(\mathbf{A}) \leqslant 4-2=2$.

又因为系数矩阵

$$\mathbf{A}=\begin{pmatrix} 2 & 1 & a_3 & a_4 \\ 1 & -2 & b_3 & b_4 \\ c_1 & c_2 & 2 & -3 \end{pmatrix}$$ 中有一个二阶子式 $\begin{vmatrix} 2 & 1 \\ 1 & -2 \end{vmatrix} \neq 0$，得 $r(\mathbf{A}) \geqslant 2$，

所以 $r(\mathbf{A})=2$，故基础解系的向量个数为 $4-r(\mathbf{A})=2$ 个，于是 $\boldsymbol{\eta}_3-\boldsymbol{\eta}_2$，$\boldsymbol{\eta}_2-\boldsymbol{\eta}_1$ 为 $\boldsymbol{AX}=\boldsymbol{o}$ 的基础解系，故原方程组的通解为

$$\mathbf{X}=\boldsymbol{\eta}_1+k_1(\boldsymbol{\eta}_3-\boldsymbol{\eta}_2)+k_2(\boldsymbol{\eta}_2-\boldsymbol{\eta}_1)=\begin{pmatrix} 1 \\ 1 \\ -2 \\ 1 \end{pmatrix}+k_1\begin{pmatrix} -1 \\ 3 \\ -1 \\ 2 \end{pmatrix}+k_2\begin{pmatrix} 1 \\ -2 \\ 3 \\ 0 \end{pmatrix}$$，其中

k_1、k_2 为任意常数.

第十章 随机事件及其概率

学习指导及"习题十"参考答案

(A层)

1. **解**　(1) 由于生产某产品直到有10件正品为止，则生产此种产品的总件数至少为10，即全部10件产品都是正品；其次为11，即其中有1件次品；同理，生产产品总件数可能为12，13，…，故此试验的样本空间为

$$S=\{10,11,12,\cdots\}.$$

(2) 在单位圆内任取一点，用(x,y)表示该点的坐标，则(x,y)应满足条件$S=\{(x,y)\mid x^2+y^2\leqslant 1\}$.

2. **解**　(1)AB；(2)$\overline{A}\,\overline{B}$；(3)$A\cup B$；(4)$A\overline{B}\cup\overline{A}B$.

3. **解**　(1)$A\overline{B}\overline{C}$；(2)$AB\overline{C}$；(3)$ABC$；(4)$\overline{A}\,\overline{B}\,\overline{C}$或$\overline{A\cup B\cup C}$；

(5)$A\cup B\cup C$；(6)$\overline{A}\,\overline{B}\cup\overline{A}\overline{C}\cup\overline{B}\overline{C}$；(7)$\overline{A}\cup\overline{B}\cup\overline{C}$；(8)$AB\cup BC\cup AC$.

4. **解**　(1) 成立.

(2) 不成立，$\overline{A}B$表示"事件A不发生，同时B发生"，$A\cup B$表示"A、B至少有一个发生"，显然不等.

(3) 不成立．$\overline{A\cup B}\,C$表示"仅有C发生"，$\overline{A}\,\overline{B}\overline{C}$表示"$A$、$B$、$C$都不发生".

(4) 成立.

(5) 成立.

5. **解**　(1)(0,0),(0,1),(0,2),(1,0),(1,1),(1,2),(2,0),(2,1),(2,2)共9个.

(2)共3个:(0,0),(0,1),(0,2).

(3)(0,2),(1,2),(2,0),(2,1),(2,2)共5个.

6. **解**　基本事件的总数是对10本书的全排列数$n=10!$.用A表示事件"指定的3本书放在一起",用"捆绑法"先将这三本书捆在一起看成一个整体与剩余的7本书进行全排列,所有可能排列数为8!种,然后再将这3本书进行全排列,所有可能的排列数为3!种.故A所包含的基本事件数$n_A=8!\times 3!$,从而所求的概率为

$$P(A)=\frac{n_A}{n}=\frac{8!\times 3!}{10!}\approx 0.067.$$

7. **解1**　基本事件是从10个数字中任取4个做全排列,样本空间Ω的样本总数为$n=10\times 9\times 8\times 7=\mathrm{A}_{10}^4$.设$A=\{$排成4位偶数$\}$,则$A$包含以下两种情况:

(1)若个位数字为0,前面3位数字可从其余9个数字中任取3个做全排列,故排列的总数为$n_1=9\times 8\times 7=504$.

(2)若个位数字和首位数字都不为0时,个位是偶数共有4种取法,首位则要从除了0及个位以外余下的8个数字中任取1个,而中间的两位数字可以从余下的8个数字中任取2个来排列,故排列的总数$n_2=4\times 8\times 8\times 7=1792$.故$A$所包含的基本事件总数为$n_1+n_2=504+1792=2296$.

从而　$$P(A)=\frac{n_1+n_2}{n}=\frac{2296}{5040}\approx 0.4556.$$

解2　设$A=\{$从0,1,…,9中任取4个数字能排成一个四位偶数$\}$,故从0～9这十个数字中不重复地任取4个排列的总数为$n=\mathrm{A}_{10}^4$.排成偶数时,个位数字只能有5种取法:0,2,4,6,8.当它取定后,前面三位数字可以从其余9个数字中任取3个来排列,故排列的种数为$n_1=5\mathrm{A}_9^3$,但是四位数不能以0开头,故应排除首位数字是0的情况,而首位数字是0时,个位数字只有4种取法,中间的两位数字从余下的8个数字中任取2个来排列,故排列的种数为$n_2=4A_8^2$,所以

$$P(A)=\frac{n_1-n_2}{n}=\frac{5\mathrm{A}_9^3-4\mathrm{A}_8^2}{\mathrm{A}_{10}^4}=\frac{5\times 9\times 8\times 7-4\times 8\times 7}{10\times 9\times 8\times 7}$$

$$=\frac{41}{90}\approx 0.4556.$$

8. **解**　用A_i表示"第i次摸到2号球",用B表示"第k次摸球时,首次摸

到 2 号球”，则 $B=\overline{A_1}\,\overline{A_2}\cdots\overline{A_{k-1}}A_k$，

$$P(B)=P(\overline{A_1}\,\overline{A_2}\cdots\overline{A_{k-1}}A_k)$$
$$=P(\overline{A_1})P(\overline{A_2}\mid\overline{A_1})\cdots P(\overline{A_{k-1}}\mid\overline{A_1}\,\overline{A_1}\cdots\overline{A_{k-2}})P(A_k\mid\overline{A_1}\,\overline{A_2}\cdots\overline{A_{k-1}}).$$

(1) 有放回方式：$P(B)=\frac{n-1}{n}\cdot\frac{n-1}{n}\cdot\cdots\cdot\frac{n-1}{n}\cdot\frac{1}{n}=\frac{(n-1)^{k-1}}{n^k}$，$k=1,2,\cdots$.

(2) 无放回方式：$P(B)=\frac{n-1}{n}\cdot\frac{n-2}{n-1}\cdot\cdots\cdot\frac{n-(k-1)}{n-(k-1)+1}\cdot\frac{1}{n-(k-1)}=\frac{1}{n}$，$k=1,2,\cdots,n$.

9. **解** 用 A、B、C 分别表示取出的 3 件产品“全是正品”、“恰有 1 件次品”、“至少有 1 件次品”. 从 10 件产品中任意取出 3 件，共有 $C_{10}^3=120$ 种等可能的取法，即有 120 个等可能的基本事件.

(1) 这 3 件产品全是正品的取法有 $C_8^3=56$ 种，所以

$$P(A)=\frac{56}{120}=\frac{7}{15};$$

(2) 这 3 件产品恰有 1 件次品的取法有 $C_8^2C_2^1=56$ 种，所以

$$P(B)=\frac{56}{120}=\frac{7}{15};$$

(3) 这 3 件产品至少有一件次品的取法有 $C_8^2C_2^1+C_8^1C_2^2=56+8=64$ 种，所以

$$P(C)=\frac{64}{120}=\frac{8}{15}.$$

10. **解** 把各次取出的球依次排列起来，则每一种取法对应 $m+n$ 只球的一个排列，于是基本事件总数为 $(m+n)!$，第 k 次取到黑球的取法共有 $C_m^1(m+n-1)!$ 种，故第 k 次取到黑球的概率为

$$p=\frac{C_m^1(m+n-1)!}{(m+n)!}=\frac{m}{m+n}.$$

11. **解** 令 $B=\{$恰有 k 件次品$\}$，则

$$P(B)=\frac{C_M^kC_{N-M}^{n-k}}{C_N^n}.$$

12. **解** 由于每个人等可能地被分配到 N 间房的一间，故 n 个人在 N 间房中所有可能的分配方法共有 N^n 种.

(1) 指定的 n 间房中各有一人，即 n 个人分配在指定的房间中，其不同的分配方法共有 $n!$ 种，因此

$$P(A)=\frac{n!}{N^n}.$$

(2) 由于未固定哪 n 间房，而从 N 间房中选出 n 间房的方法有 C_N^n 种，对于选定的 n 间房，n 个人分配在其中且每房不空的方法有 $n!$ 种，因此

$$P(B)=C_N^n\cdot\frac{n!}{N^n}=\frac{A_N^n}{N^n}.$$

(3) 某指定房中有 m 个人的分法有 C_n^m 种，由于题意只对指定房中的人数加以限制，其余 $n-m$ 个人在 $N-1$ 间房中的分配方法有 $(N-1)^{n-m}$ 种，从而

$$P(C)=C_n^m\frac{(N-1)^{n-m}}{N^n}.$$

13. **解**　令 $A=\{$取出的产品中至少有一个是次品$\}$，则 $\overline{A}=\{$取出的产品中皆为正品$\}$，于是 $P(A)=1-P(\overline{A})=1-\dfrac{C_7^3}{C_{10}^3}=1-\dfrac{7}{24}=\dfrac{17}{24}=0.71.$

14. **解**　用 A 表示"第一次取到白球"，B 表示"第二次取到白球".

(1) 袋中原有 $m+n$ 只球，其中 m 只白球. 第一次取到白球后，袋中还有 $m+n-1$ 只球，其中 $m-1$ 只白球. 故

$$P(B\mid A)=\frac{m-1}{m+n-1}.$$

(2) 袋中原有 $m+n$ 只球，其中 m 只白球，第一次取到黑球后，袋中还有 $m+n-1$ 个球，其中 m 只为白球. 故

$$P(B\mid\overline{A})=\frac{m}{m+n-1}.$$

15. **解**　用 A 表示事件"第 3 次摸到黑球"，则 $\overline{A}$ 表示事件"第 3 次摸到白球". 先计算 $\overline{A}$ 的概率.

每次摸出一球，并换入一个黑球，连续摸 3 次球，基本事件总数为 $5^3=125$. 事件 $\overline{A}$ 相当于"第 1 次和第 2 次都摸到黑球，第 3 次摸到白球"，故 $\overline{A}$ 包含的基本事件数为 $4\times4\times1=16$，所以

$$P(\overline{A})=\frac{16}{125},$$

于是，

$$P(A)=1-P(\overline{A})=1-\frac{16}{125}=\frac{109}{125}.$$

16. **解**　因为 A 与 B 相互独立，则 $\overline{A}$ 与 B，A 与 $\overline{B}$ 也相互独立，故

$$P(\overline{A}B)=P(\overline{A})\cdot P(B)=0.7\times0.5=0.35,$$

$$P(A\overline{B})=P(A)\cdot P(\overline{B})=0.3\times0.5=0.15,$$

$$P(\overline{A} \mid \overline{B}) = P(\overline{A}) = 0.7.$$

17. **解** 设 $A_i = \{$第 i 次投掷出现正面向上$\}$，$P(A_i) = \frac{1}{2}(i = 1,2,3)$，$A = \{$连掷一枚均匀的硬币 3 次至少一次出现正面向上$\}$，则

$$P(A) = 1 - P(\overline{A}) = 1 - P(\overline{A_1}\ \overline{A_2}\ \overline{A_3}) = 1 - P(\overline{A_1}) \cdot P(\overline{A_2}) \cdot P(\overline{A_3})$$
$$= 1 - \left(\frac{1}{2}\right)^3 = \frac{7}{8}.$$

18. **解** 由于 $A_1, A_2, \cdots, A_n$ 是 n 个相互独立的事件，则

(1)$P(\overline{A_1}\ \overline{A_2} \cdots \overline{A_n}) = P(\overline{A_1})P(\overline{A_2}) \cdots P(\overline{A_n})$
$$= (1 - p_1)(1 - p_2) \cdots (1 - p_n).$$

(2)$P(A_1 \cup A_2 \cup \cdots \cup A_n) = 1 - P(\overline{A_1})P(\overline{A_2}) \cdots P(\overline{A_n})$
$$= 1 - \prod_{k=1}^{n}(1 - p_k).$$

(3)$A_1, A_2, \cdots, A_n$ 事件不全发生的对立事件是这 n 个事件都发生，于是所求事件的概率为

$$P\{n\text{ 个事件不全发生}\} = 1 - P\{A_1A_2 \cdots A_n\} = 1 - \prod_{k=1}^{n} P(A_k) = 1 - \prod_{k=1}^{n} p_k.$$

19. **解** 在任一时刻，每台机床有“开动”与“停止”两种状态，开动的概率为 $\frac{12}{60} = \frac{1}{5}$，停止的概率为 $\frac{4}{5}$. 48 kW 电可供 6 台机床同时开动，“用电超载”意味着至少 7 台机床同时开动. 所求概率为

$$P(\text{“用电超载”}) = C_{10}^{7}\left(\frac{1}{5}\right)^7\left(\frac{4}{5}\right)^3 + C_{10}^{8}\left(\frac{1}{5}\right)^8\left(\frac{4}{5}\right)^2 +$$
$$C_{10}^{9}\left(\frac{1}{5}\right)^9\left(\frac{4}{5}\right)^1 + C_{10}^{10}\left(\frac{1}{5}\right)^{10}\left(\frac{4}{5}\right)^0$$
$$= \frac{1}{1157}.$$

20. **解** 设 $A_i = \{$第 i 次取到黄球$\}(i = 1,2)$，且

$$P(A_1) = \frac{20}{50} = \frac{2}{5}, P(\overline{A_1}) = 1 - \frac{2}{5} = \frac{3}{5}, P(A_2 \mid A_1) = \frac{19}{49},$$
$$P(A_2 \mid \overline{A_1}) = \frac{20}{49},$$
$$P(A_2) = P(A_1) \cdot P(A_2 \mid A_1) + P(\overline{A_1}) \cdot P(A_2 \mid \overline{A_1})$$
$$= \frac{2}{5} \times \frac{19}{49} + \frac{3}{5} \times \frac{20}{49} = \frac{2}{5}.$$

21. **解**　设 B 表示{任取一件产品是次品}，分别用 A_i 表示{第 i 条流水线生产的产品}，则

$$P(A_1)=15\%,P(A_2)=20\%,P(A_3)=30\%,P(A_4)=35\%,$$

$$P(B\mid A_1)=0.05,P(B\mid A_2)=0.04,$$

$$P(B\mid A_3)=0.03,P(B\mid A_4)=0.02,$$

于是

$$\begin{aligned}P(B)&=\sum_{i=1}^{4}P(A_i)P(B\mid A_i)\\&=P(A_1)P(B\mid A_1)+P(A_2)P(B\mid A_2)+P(A_3)P(B\mid A_3)+\\&\quad P(A_4)P(B\mid A_4)\\&=15\%\times0.05+20\%\times0.04+30\%\times0.03+35\%\times0.02\\&=0.0315.\end{aligned}$$

(B 层)

1. **解**　从 200 件产品中任取 3 件的基本事件总数是 C_{200}^3.

(1) 设 $A=\{3$ 件中恰有 2 件合格品$\}$，A 包含的基本事件数：$C_{194}^2C_6^1$，则

$$P(A)=\frac{C_{194}^2C_6^1}{C_{200}^3}\approx0.0855.$$

(2) 设 $B=\{3$ 件都是合格品$\}$，B 包含的基本事件数：C_{194}^3，则

$$P(B)=\frac{C_{194}^3}{C_{200}^3}\approx0.9122.$$

(3) 设 $C=\{3$ 件中至少有 2 件合格品$\}$，C 包括恰有 2 件合格品或恰有 3 件合格品两种情况，包含的基本事件数：$C_{194}^2C_6^1+C_{194}^3C_6^0$，则

$$P(C)=P(A+B)=P(A)+P(B)=\frac{C_{194}^2C_6^1+C_{194}^3C_6^0}{C_{200}^3}\approx0.9977.$$

2. **解**　(1) 设 $A=\{$三数之和为 10$\}$，则 A 中的所有可能结果为 $\{1,2,7\}$，$\{1,3,6\}$，$\{1,4,5\}$，$\{2,3,5\}$，而基本总数为 C_9^3，则所求概率为

$$p_1=\frac{4}{C_9^3}=\frac{1}{21}.$$

(2) 基本事件总数为 C_9^3，取出三数之积为 21 的倍数，必须有一个数为 7，另外两个数中至少有一个为 3 的倍数，故事件 $B=\{$取出三数之积为 21$\}$ 中包含的基本事件数为 $C_1^1(C_3^1C_5^1+C_3^2)$，则所求概率为

$$p_2 = \frac{C_1^1(C_3^1C_5^1 + C_3^2)}{C_9^3} = \frac{3}{14}.$$

3. **解** 由加法公式，$P(A\cup B) = P(A) + P(B) - P(AB)$，得

$$P(AB) = P(A) + P(B) - P(A\cup B) = p + q - r,$$

由减法公式，得

$$P(A\bar{B}) = P(A - AB) = P(A) - P(AB) = p - (p + q - r) = r - q,$$

$$P(\bar{A}B) = P(B - AB) = P(B) - P(AB) = q - (p + q - r) = r - p,$$

$$P(\overline{AB}) = 1 - P(AB) = 1 - (p + q - r) = 1 + r - p - q.$$

4. **证明** 因为 $A \supset A(B\cup C)$，$BC \supset ABC$，由概率运算的单调性知

$$\begin{aligned}P(A) &\geqslant P[A(B\cup C)] = P(AB\cup AC) = P(AB) + P(AC) - P(ABC)\\ &\geqslant P(AB) + P(AC) - P(BC).\end{aligned}$$

5. **解** 设 $A_i = \{$第 i 次抽到次品$\}(i = 1,2,3)$，则 $A_1A_2A_3 = \{3$ 次全抽得次品$\}$，且有

$$P(A_1) = \frac{3}{10}, P(A_2 \mid A_1) = \frac{2}{9}, P(A_3 \mid A_1A_2) = \frac{1}{8},$$

故所求事件的概率为

$$\begin{aligned}P(\overline{A_1A_2A_3}) &= 1 - P(A_1A_2A_3) = 1 - P(A_1)P(A_2 \mid A_1)P(A_3 \mid A_1A_2)\\ &= 1 - \frac{3}{10}\times\frac{2}{9}\times\frac{1}{8} = 1 - \frac{1}{120} \approx 0.9917.\end{aligned}$$

6. **解** 因为 $P(A+B) = P(A) + P(B) - P(AB)$，又

$$\begin{aligned}P(AB) &= P(A) - P(A\bar{B})(\text{减法公式}:P(A\bar{B}) = P(A) - P(AB))\\ &= P(A) - P(A)\cdot P(\bar{B}\mid A)(\text{概率的乘法公式}),\end{aligned}$$

所以 $\begin{aligned}P(A+B) &= P(A) + P(B) - [P(A) - P(A)\cdot P(\bar{B}\mid A)]\\ &= P(B) + P(A)P(\bar{B}\mid A),\end{aligned}$

$$P(B) = P(A+B) - P(A)\cdot P(\bar{B}\mid A) = 0.92 - 0.7\times 0.4 = 0.64.$$

7. **解** $\begin{aligned}P(B) &= P(AB\cup \bar{A}B) = P(AB) + P(\bar{A}B)\\ &= P(A)\cdot P(B\mid A) + P(\bar{A})\cdot P(B\mid \bar{A})\\ &= 0.20\times 0.90 + (1 - 0.20)\times 0.30 = 0.42,\end{aligned}$

故 $P(A\mid B) = \dfrac{P(AB)}{P(B)} = \dfrac{P(A)\cdot P(B\mid A)}{P(B)} = \dfrac{0.20\times 0.90}{0.42} = \dfrac{3}{7}.$

8. **解** $\begin{aligned}P(B\mid A\cup\bar{B}) &= \frac{P[B(A\cup\bar{B})]}{P(A\cup\bar{B})} = \frac{P(BA\cup B\bar{B})}{P(A) + P(\bar{B}) - P(A\bar{B})}\\ &= \frac{P(BA)}{P(A) + P(\bar{B}) - P(A\bar{B})}\end{aligned}$

$$=\frac{P(AB)}{(1-0.3)+(1-0.4)-0.5}=\frac{P(AB)}{0.8},$$

又 $AB\cup A\bar{B}=A, AB\cap A\bar{B}=\varnothing$,得 $P(AB)=P(A)-P(A\bar{B})=(1-0.3)-0.5=0.2$,故

$$P(B\mid A\cup\bar{B})=\frac{0.2}{0.8}=\frac{1}{4}=0.25.$$

9. **解** 设 $A=\{$该事件在 $(0,t)$ 内发生$\}$,$B=\{$该事件在 (t,T) 内发生$\}$,则 $P(A)=\frac{t}{T}p, P(\bar{A}B)=P(\bar{A})P(B\mid\bar{A})=\left(1-\frac{t}{T}\right)p\cdot P(B\mid\bar{A})$,又因为 $P(A)+P(\bar{A}B)=p$,即 $\frac{t}{T}p+\left(1-\frac{t}{T}\right)p\cdot P(B\mid\bar{A})=p$,因此所求的概率为

$$P(B\mid\bar{A})=\frac{\left(1-\frac{t}{T}\right)p}{1-\frac{t}{T}p}.$$

10. **证 1** 利用 $P(B\mid A)+P(\bar{B}\mid A)=1$. 由于 $A\bar{B}\subset\bar{B}$,故 $P(A\bar{B})\leqslant P(\bar{B})$,则

$$P(B\mid A)=1-P(\bar{B}\mid A)=1-\frac{P(A\bar{B})}{P(A)}\geqslant 1-\frac{P(\bar{B})}{P(A)}.$$

证 2 利用加法公式和乘法公式. 由于 $P(A\cup B)=P(A)+P(B)-P(AB)\leqslant 1$,又 $P(AB)=P(A)\cdot P(B\mid A), P(B)=1-P(\bar{B})$,得

$$P(A\cup B)=P(A)+[1-P(\bar{B})]-P(A)\cdot P(B\mid A)\leqslant 1,$$

即

$$P(A)\cdot P(B\mid A)\geqslant P(A)-P(\bar{B}), \tag{1}$$

又因为 $P(A)>0$,(1) 式同除以 $P(A)$,得

$$P(B\mid A)\geqslant 1-\frac{P(\bar{B})}{P(A)}.$$

11. **解 1** 设 $A=\{4$ 只鞋中至少有两只配成一双$\}$,则 $\bar{A}=\{4$ 只鞋中没有两只配成一双$\}$. 当 $\bar{A}$ 发生时,可以从 5 双中取出 4 双再从每双中各取 1 只,所以

$$P(A)=1-P(\bar{A})=1-\frac{C_5^4\cdot C_2^1\cdot C_2^1\cdot C_2^1\cdot C_2^1}{C_{10}^4}=\frac{13}{21}.$$

解 2 考虑 4 只鞋是有次序地一只只被取出的,5 双(10 只)鞋子中任取 4 只,则有 $10\times 9\times 8\times 7$ 种取法."取出 4 只鞋没有两只配对"可以这样:第一只可以任意取,共有 10 种取法,第二只只能在剩下的 9 只中且除去与已知的第一只配对的 8 只鞋子中任取一只,共 8 种取法,同理考虑第三只、第四只各有 6

种、4 种取法，故有

$$P(A)=1-P(\overline{A})=1-\frac{10\times 8\times 6\times 4}{10\times 9\times 8\times 7}=\frac{13}{21}.$$

解 3 从 5 双（10 只）任取 4 只的取法有 C_{10}^4，现考虑 $A=\{$至少有两只配成一双$\}$，可先从 5 双中任取一双再从其余的 8 只中任取 2 只（取法共有 $C_5^1\cdot C_8^2$ 种），而其中所取 4 只恰有两双（取法有 C_5^2 种）是重复的部分应扣去，故有

$$P(A)=\frac{C_5^1\cdot C_8^2-C_5^2}{C_{10}^4}=\frac{13}{21}.$$

解 4 $A=\{$至少有两只配成一双$\}$的取法包含两类：一类是所取 4 只中恰有两只配成一双，它有 $C_5^1\cdot C_4^2\cdot C_2^1\cdot C_2^1$ 种取法，即从 5 双中任取一双，再从其余 4 双中任取两双，而在这两双中各取一只；另一类是从所有 4 只鞋恰好能配成两双. 取法共有 $C_5^1\cdot C_4^2\cdot C_2^1\cdot C_2^1+C_5^2$，故所求概率为

$$P(A)=\frac{C_5^1\cdot C_4^2\cdot C_2^1\cdot C_2^1+C_5^2}{C_{10}^4}=\frac{13}{21}.$$

12. **解** 设 $A_i=\{$取到的产品是 i 等品$\}$，$i=1,2,3$，显然 A_1、A_2、A_3 是互不相容事件，有 $\overline{A_3}=A_1\cup A_2$，依题意得

$$P(A_1\mid\overline{A_3})=\frac{P(A_1\overline{A_3})}{P(\overline{A_3})}=\frac{P[A_1(A_1\cup A_2)]}{P(\overline{A_3})}=\frac{60\%}{90\%}=\frac{2}{3}.$$

13. **解** (1) 设 $A_i=\{$从甲箱中任取 3 个产品有 i 个正品$\}(i=0,1,2,3)$，$B=\{$从乙箱中取得正品$\}$，则

$$P(A_0)=\frac{C_3^3}{C_8^3}=\frac{1}{56},P(A_1)=\frac{C_5^1C_3^2}{C_8^3}=\frac{15}{56},$$

$$P(A_2)=\frac{C_5^2C_3^1}{C_8^3}=\frac{30}{56},P(A_3)=\frac{C_5^3}{C_8^3}=\frac{10}{56},$$

$$P(B\mid A_0)=\frac{C_4^1}{C_{10}^1}=\frac{4}{10},P(B\mid A_1)=\frac{C_5^1}{C_{10}^1}=\frac{5}{10},$$

$$P(B\mid A_2)=\frac{C_6^1}{C_{10}^1}=\frac{6}{10},P(B\mid A_3)=\frac{C_7^1}{C_{10}^1}=\frac{7}{10},$$

故 $P(B)=\sum_{i=0}^{3}P(A_i)P(B\mid A_i)=\frac{1}{56}\times\frac{4}{10}+\frac{15}{56}\times\frac{5}{10}+\frac{30}{56}\times\frac{6}{10}+\frac{10}{56}\times\frac{7}{10}$

$$=\frac{329}{560}=0.5875.$$

(2) $P(A_0\mid B)=\dfrac{P(A_0)P(B\mid A_0)}{P(B)}=\dfrac{\frac{1}{56}\times\frac{4}{10}}{\frac{329}{560}}\approx 0.0122,$

$$P(A_1 \mid B)=\frac{P(A_1)P(B\mid A_1)}{P(B)}=\frac{\frac{15}{56}\times\frac{5}{10}}{\frac{329}{560}}\approx 0.2280,$$

$$P(A_2 \mid B)=\frac{P(A_2)P(B\mid A_2)}{P(B)}=\frac{\frac{30}{56}\times\frac{6}{10}}{\frac{329}{560}}\approx 0.5471,$$

$$P(A_3 \mid B)=\frac{P(A_3)P(B\mid A_3)}{P(B)}=\frac{\frac{10}{56}\times\frac{7}{10}}{\frac{329}{560}}\approx 0.2128,$$

故若从乙箱中任取一产品是正品,则从甲箱中取出的 3 个产品中所含正品的最大可能为 0.5471.

14. **解** 记 $A=\{$从甲袋中取出白球放入乙袋$\}$, $B=\{$从乙袋中取出白球放入甲袋$\}$,由已知 $P(A)=\frac{2}{3}$, $P(\overline{A})=\frac{1}{3}$, $P(B\mid A)=\frac{2}{4}=\frac{1}{2}$, $P(B\mid\overline{A})=\frac{1}{4}$, $P(\overline{B}\mid\overline{A})=1-\frac{1}{4}=\frac{3}{4}$.

$$(1)p_1=P\{AB\cup\overline{A}\overline{B}\}=P(AB)+P(\overline{A}\overline{B})$$
$$=P(A)\cdot P(B\mid A)+P(\overline{A})\cdot P(\overline{B}\mid\overline{A})=\frac{2}{3}\times\frac{1}{2}+\frac{1}{3}\times\frac{3}{4}=\frac{7}{12}.$$

$$(2)p_2=P(\overline{A}B)=P(\overline{A})\cdot P(B\mid\overline{A})=\frac{1}{3}\times\frac{1}{4}=\frac{1}{12}.$$

15. **解** (1) 设 A_i 表示"第 i 个投保人出现意外"的事件($i=1,2,\cdots,n$),则 $A_1,A_2,\cdots,A_n$ 相互独立. 又用 B 表示"保险公司赔付"的事件,则 $B=A_1\cup A_2\cup\cdots\cup A_n$,且

$$\begin{aligned}P(B)&=P(A_1\cup A_2\cup\cdots\cup A_n)\\&=1-P(\overline{A_1}\,\overline{A_2}\cdots\overline{A_n})=1-P(\overline{A_1})P(\overline{A_2})\cdots P(\overline{A_n})\\&=1-(1-0.01)^n=1-0.99^n.\end{aligned}$$

(2) $P(B)=1-0.99^n\geqslant 0.5\Rightarrow 0.99^n\leqslant 0.5\Leftrightarrow n\geqslant\frac{\lg 0.5}{\lg 0.99}\approx 684.16$,故至少投保 685 人才能使得以上的赔付概率超过 0.5.

(C 层)

1. **解** 不矛盾,因为"天有不测风云"指的是随机现象某一次出现的偶

然性,“天气可以预测”指的是研究者可以从大量的气象资料来探索这些偶然现象的规律性.

2. **解** (1) 设 x、y、z 分别表示折成的第一、二、三段的长度,则样本空间

$$\Omega=\{(x,y,z)\mid x>0,y>0,z>0,x+y+z=1\},$$

事件 $A_1=\{(x,y,z)\mid (x,y,z)\in\Omega,x+y>z,x+z>y,z+y>x\}$.

(2) 若掷第一次出现1点,掷第二次出现1点,若掷第三次不论出现几点,试验都应停止,其他情形类似讨论,故得样本空间为

$\Omega=\{111,112,113,114,115,116,12,13,14,15,16,21,22,23,24,25,26,3,4,5,6\}$,

$$A_2=\{3,4,5,6\}.$$

3. **解** (1) 对于数的运算,一般有 $(a+b)-c=a+(b-c)$. 但对于任三个事件 A、B、C,一般来说 $(A+B)-C\neq A+(B-C)$. 例如,从1,2,…,10这10个数中随机取数,记

$A=\{$取到数字3,4,5,6$\}$,$B=\{$取到数字5,6,7,8$\}$,$(A\cup B)-B=\{$取到数字3,4$\}$,$(A\cup B)-B\neq A$.

(2) 因为 $(A+B)-C=(A+B)\overline{C}=A\overline{C}+B\overline{C}$,$A+(B-C)=A+B\overline{C}$,而当 A、C 互不相容时,即 $AC=\varnothing$,从而 $A\subset\overline{C}$,于是 $A\overline{C}=A$,故有

$$(A+B)-C=A+(B-C).$$

(3) **分析** 对于较复杂的事件间关系,可以画出文氏图帮助理解,再设法严格证明它.

证明 画出文氏图(图10-1),由于 $\overline{C}\supset\overline{A}\,\overline{B}=\overline{A+B}$,故 $C\subset A+B$,从而

$$C\overline{B}\subset(A+B)\overline{B}=A\overline{B}+B\overline{B}=A\overline{B},$$

于是 $AC\overline{B}=AC\overline{B}\cdot\overline{B}=A\overline{B}C\cdot\overline{B}=(A\overline{B})(C\overline{B})=C\overline{B}$,

又 $ACB=CAB=AB$(因为 $C\supset AB$),

所以 $AC=AC(B+\overline{B})=ACB+AC\overline{B}=AB+C\overline{B}=C\overline{B}+AB$.

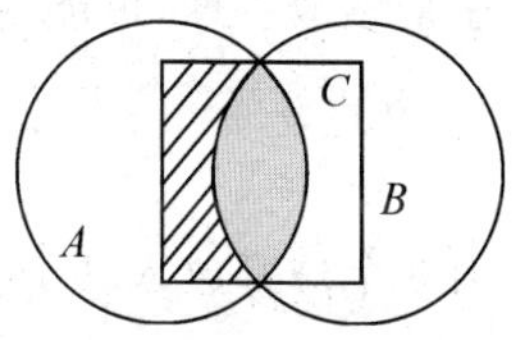

图10-1

4. **分析** 点数之和为2有{(1,1)};点数之和为3有{(1,2),(2,1)};点数之和为5有{(1,4),(2,3),(3,2),(4,1)}. 而古典概型要求每个样本点出现的可能性相同,故此种解法有误.

正确解法如下:

$\Omega=\{(1,1),(1,2),(1,3),(1,4),(1,5),(1,6),\cdots,(6,1),(6,2),(6,3),(6,4),(6,5),(6,6)\}$ 含36个样本点,其中点数之和奇、偶各半. 设 $A=\{$点数之和为偶数$\}$,$B=\{$点数之和小于5$\}$,则 A 含18个样本点,$B=\{(1,1),$

$(1,2),(1,3),(2,1),(2,2),(3,1)\}$ 含 6 个样本点，$AB=\{(1,1),(1,3),(2,2),(3,1)\}$ 含 4 个样本点，

$$P(A)=\frac{18}{36}=\frac{1}{2},P(B)=\frac{6}{36}=\frac{1}{6},P(AB)=\frac{4}{36}=\frac{1}{9},$$

故

$$P(A\cup B)=P(A)+P(B)-P(AB)=\frac{1}{2}+\frac{1}{6}-\frac{1}{9}=\frac{5}{9}.$$

5. **解 1**　我们认为球和杯子都有编号. 最多个数是 1 时，样本点的个数是 $C_4^3A_3^3=24$（即先选 3 个杯子，再考虑 3 个球中的排列）；

最多个数是 2 时，样本点的个数是：$C_4^1C_3^2C_3^1=36$（即先选 1 个杯子，再从 3 个球中选出 2 个，但不考虑次序，再把剩下的球放入其余 3 个杯中的一个）；

最多个数是 3 时，样本点的个数是 $C_4^1=4$（此时只要选一个杯子，将 3 个球一起放入就可以了），

因此，样本空间所含样本点的个数为：

$$C_4^3\cdot A_3^3+C_4^1\cdot C_3^2\cdot C_3^1+C_4^1=24+36+4=64,$$

设 $p_i=\{$杯中最多 i 球$\}(i=1,2,3)$，则

$$p_1=\frac{24}{64}=\frac{3}{8},p_2=\frac{36}{64}=\frac{9}{16},p_3=\frac{4}{64}=\frac{1}{16}.$$

解 2　设 $A_i=\{$杯中球的最多个数为 $i\}(i=1,2,3)$. 将 3 个球随机地放入 4 个杯中，全部可能的方法是 4^3 种，当杯中球的最多个数为 1 时，即每个杯子最多放一球，可能的方法有 $4\times3\times2$ 种，即

$$P(A_1)=\frac{4\times3\times2}{4^3}=\frac{3}{8},$$

而 3 个球都放入杯子中的方法有 C_4^1 种，故 $P(A_3)=\frac{4}{4^3}=\frac{1}{16}$，于是

$$P(A_2)=1-P(A_1\cup A_3)=1-\frac{3}{8}-\frac{1}{16}=\frac{9}{16}.$$

解 3　设 $B_i=\{$杯中最多有 i 个球$\}(i=1,2,3)$，将 3 只球放入 4 个杯子中，共有 4^3 种方法，当 B_1 发生时，意味着 3 个杯子中各有 1 个球，另一个杯中没有球，所以 B_1 包含的基本事件数为 $C_4^3\times3!$，于是

$$P(B_1)=\frac{C_4^3\times3!}{4^3}=\frac{3}{8},$$

当 B_2 发生时，相当于先从 3 只球中任取 2 只，再从 4 个杯子中任取 1 个，把取到的 2 只球放入所选出的杯中，而余下的一个球就放入剩下的 3 个杯中

的任一个，于是 B_2 所包含的基本事件数为 $C_3^2 \cdot C_4^1 \cdot C_3^1 = 36$，故

$$P(B_2) = \frac{36}{4^3} = \frac{9}{16},$$

对于 B_3，相当于从 4 个杯子中任选一个，将 3 只球都放入所选的杯中，故 B_3 所含的基本事件数是 $C_4^1 = 4$，从而

$$P(B_3) = \frac{4}{4^3} = \frac{1}{16}.$$

6. **解**　不成立. 因为 $P(ABC) = P(A)P(B \mid A)P(C \mid AB)$(概率的乘法公式)
$= P(A)P(B)P(C \mid AB)$(A 与 B 相互独立).

注:上述这些条件不能说明等式 $P(ABC) = P(A) \cdot P(B) \cdot P(C)$ 也成立.

由题设 A 与 C,B 与 C 相互独立，并不能得出 AB 与 C 也相互独立，于是 $P(C \mid AB)$ 与 $P(C)$ 不一定相等，即 $P(ABC)$ 与 $P(A)P(B)P(C)$ 不一定相等.

例如，袋中有 4 个球，其中 3 个球分别涂上红色、白色、蓝色，而另一个球涂有红、白、蓝三种颜色，设 $A=\{$取到的球涂有红色$\}$，$B=\{$取到的球涂有白色$\}$，$C=\{$取到的球涂有蓝色$\}$，则

$P(A) = P(B) = P(C) = \frac{1}{2}$，$P(AB) = P(BC) = P(AC) = \frac{1}{4}$，所以 $P(AB) = P(A) \cdot P(B)$，$P(AC) = P(A) \cdot P(C)$，$P(BC) = P(B) \cdot P(C)$，但 $P(ABC) = \frac{1}{4}$，故 $P(ABC) \neq P(A) \cdot P(B) \cdot P(C)$.

7. **解**　不一定. 例如，在样本空间 $\Omega = \{1,2,3,4,5\}$ 中，事件 $A = \{1,2\}$，事件 $B = \{3,5\}$，显然 $P(A \mid B) = 0$，而 A 却不是不可能事件.

8. **解**　不一定成立.

例如，从 3,4,5…,12 这十个数中任意抽取一数，事件

$A = \{$抽得的数为 3 的倍数$\} = \{3,6,9,12\}$，

$B_1 = \{$抽得的数为偶数$\} = \{4,6,8,10,12\}$，

$B_2 = \{$抽得的数大于 11$\} = \{12\}$，

$B_3 = \{$抽得的数大于 9$\} = \{10,11,12\}$，

于是 $P(A) = \frac{2}{5}$；$P(B_1) = \frac{1}{2}$，$P(B_2) = \frac{1}{10}$，$P(B_3) = \frac{3}{10}$；

$P(AB_1) = \frac{1}{5}$，$P(AB_2) = \frac{1}{10}$，$P(AB_3) = \frac{1}{10}$；

$$P(A \mid B_1)=\frac{2}{5},P(A \mid B_2)=1,P(A \mid B_3)=\frac{1}{3}.$$

因此 $P(A)=P(A \mid B_1),P(A)<P(A \mid B_2),P(A)>P(A \mid B_3)$. 这说明 $P(A)=P(A \mid B),P(A)>P(A \mid B),P(A)<P(A \mid B)$ 均有可能发生，也就是说，$P(A) \geqslant P(A \mid B)$ 不一定成立.

9. **解** 用 A 表示“至少出现一个一点”，用 B 表示“至少出现两个一点”，则所求的概率为

$$P(B \mid A)=1-P(\bar{B} \mid A)=1-\frac{P(A\bar{B})}{P(A)}.$$

注意到 $\bar{B}$ 表示“至多出现一个一点”，于是事件 $A\bar{B}$ 表示“恰好出现一个点”，则

$$P(A\bar{B})=\frac{C_{10}^{1}\cdot 5^{9}}{6^{10}} \approx 0.3230,$$

又
$$P(A)=1-P(\bar{A})=1-\frac{5^{10}}{6^{10}} \approx 0.8385,$$

故
$$P(B \mid A) \approx 1-\frac{0.3230}{0.8385} \approx 0.6148.$$

10. **解** 设 A_1、A_2、A_3 分别表示在这段时间内甲、乙、丙机床需要工人照管，B_i 表示在这段时间内恰有 i 台机床需工人照管（$i=0,1$），显然，B_0、B_1 互不相容，A_1、A_2、A_3 相互独立，并且 $P(A_1)=0.3,P(A_2)=0.2,P(A_3)=0.1$，

$$P(B_0)=P(\overline{A_1}\ \overline{A_2}\ \overline{A_3})=P(\overline{A_1})P(\overline{A_2})P(\overline{A_3})=0.7\times 0.8\times 0.9=0.504,$$

$$\begin{aligned}P(B_1)&=P(A_1\overline{A_2}\ \overline{A_3})+P(\overline{A_1}A_2\overline{A_3})+P(\overline{A_1}\ \overline{A_2}A_3)\\&=0.3\times 0.8\times 0.9+0.7\times 0.2\times 0.9+0.7\times 0.8\times 0.1\\&=0.398.\end{aligned}$$

故所求概率为

$$P(B_0+B_1)=P(B_0)+P(B_1)=0.902.$$

11. **解** 用 A 表示小概率事件，不妨设 $P(A)=\varepsilon$，$A_i=\{$第 i 次试验 A 发生$\}$（$i=1,2,\cdots$），则 $A_1,A_2,\cdots,A_n,\cdots$ 相互独立，且 $P(A_i)=\varepsilon$，故

P（n 次重复试验中，A 至少发生一次）

$=1-P$（在 n 次重复试验中，A 每次都不发生）

$=1-P(\overline{A_1}\ \overline{A_2}\cdots\overline{A_n})=1-P(\overline{A_1})P(\overline{A_2})\cdots P(\overline{A_n})$

$=1-(1-\varepsilon)^n \to 1(n\to\infty)$.

12. **解 1** $A_i=\{$被检查的第 i 个产品是废品$\}(i=1,2,3,4,5)$，$A=\{$该批产品被拒绝接收$\}$，则 $A=A_1\cup A_2\cup A_3\cup A_4\cup A_5$，又

$$P(\overline{A_1})=1-P(A_1)=\frac{95}{100},$$

$$P(\overline{A_2}\mid\overline{A_1})=\frac{94}{99},P(\overline{A_3}\mid\overline{A_1}\ \overline{A_2})=\frac{93}{98},$$

$$P(\overline{A_4}\mid\overline{A_1}\ \overline{A_2}\ \overline{A_3})=\frac{92}{97},P(\overline{A_5}\mid\overline{A_1}\ \overline{A_2}\ \overline{A_3}\ \overline{A_4})=\frac{91}{96},$$

于是

$$\begin{aligned}P(A)&=P(A_1\cup A_2\cup A_3\cup A_4\cup A_5)=1-P(\overline{A_1\cup A_2\cup A_3\cup A_4\cup A_5})\\&=1-P(\overline{A_1}\ \overline{A_2}\ \overline{A_3}\ \overline{A_4}\ \overline{A_5})\quad（德·摩根律）\\&=1-P(\overline{A_1})\cdot P(\overline{A_2}\mid\overline{A_1})\cdot P(\overline{A_3}\mid\overline{A_1}\ \overline{A_2})\cdot P(\overline{A_4}\mid\overline{A_1}\ \overline{A_2}\ \overline{A_3})\\&\quad\cdot P(\overline{A_5}\mid\overline{A_1}\ \overline{A_2}\ \overline{A_3}\ \overline{A_4})\\&=1-\frac{95}{100}\times\frac{94}{99}\times\frac{93}{98}\times\frac{92}{97}\times\frac{91}{96}\approx 0.23.\end{aligned}$$

解 2 被检查的 5 件产品都是正品的概率为$\frac{C_{95}^5}{C_{100}^5}$，则所求事件的概率为 $1-\frac{C_{95}^5}{C_{100}^5}\approx 0.23$.

13. **解** 因为 $P(A\mid B)+P(\bar{A}\mid\bar{B})=P(A\mid B)+1-P(A\mid\bar{B})$，由已知 $P(A\mid B)+P(\bar{A}\mid\bar{B})=1$，可得

$$P(A\mid B)-P(A\mid\bar{B})=0,P(A\mid B)=P(A\mid\bar{B}),$$

即

$$\frac{P(AB)}{P(B)}=\frac{P(A\bar{B})}{P(\bar{B})}=\frac{P(A)-P(AB)}{1-P(B)},$$

于是 $P(AB)=P(A)\cdot P(B)$，故得 A、B 相互独立.

自测题

(A层)

一、填空题

1. 设 $P(A)=0.4$,$P(A\cup B)=0.9$,若事件 A 与 B 互不相容,则 $P(B)=$ ________;若事件 A 与 B 独立,则 $P(B)=$ ________.

2. 对于事件 A、B,有 $P(A)=0.5$,$P(B)=0.6$ 且 $P(B\mid A)=0.8$,则 $P(A\cup B)=$ ________.

3. 一射手对同一目标进行四次射击,若至少命中一次的概率为$\frac{80}{81}$,则该射手的命中率为________.

4. 已知事件 A、B 相互独立,$P(\overline{A})=0.4$,$P(\overline{B})=0.7$,则 $P(A\cup B)=$ ________.

5. 设 A、B 是任意两个概率不为零的互不相容事件,则 $P(A-B)=$ ________.

6. 设事件 A、B、C 两两独立且满足条件:$ABC=\varnothing$,$P(A)=P(B)=P(C)<\frac{1}{2}$,且已知 $P(A\cup B\cup C)=\frac{9}{16}$,则 $P(A)=$ ________.

7. 已知 $P(A\cup B)=0.8$,$P(B)=0.4$,则 $P(A\mid\overline{B})=$ ________.

8. 一批电子元件有100个,次品率为0.05. 现无放回地连续取两次,每次取一个,则第二次才取到正品的概率为________.

二、选择题

1. 事件 A 与 B 互不相容,$P(A)>0$,$P(B)>0$,则(　　).

(A)$P(A\cup B)=1$　　(B)$P(AB)=P(A)P(B)$

(C)$P(AB)=0$　　(D)$P(AB)>0$

2. 甲、乙、丙三人独立地破译密码,他们每人译出该密码的概率都是0.25,则密码被译出的概率为(　　).

(A) $\frac{1}{4}$ (B) $\frac{1}{64}$ (C) $\frac{37}{64}$ (D) $\frac{63}{64}$

3. 袋中有两个白球一个红球,甲从袋中任取 1 个球,放回后,乙再从袋中任取 1 个球,则甲、乙两人取得的球颜色相同的概率为( ).

(A) $\frac{1}{9}$ (B) $\frac{2}{9}$ (C) $\frac{4}{9}$ (D) $\frac{5}{9}$

4. 一个小组有 6 个同学,则这 6 个同学的生日互不相同的概率(设一年为 365 天)为( ).

(A) $\frac{1}{\mathrm{C}_{365}^{6}}$ (B) $\frac{1}{\mathrm{A}_{365}^{6}}$ (C) $\frac{\mathrm{C}_{365}^{6}}{(365)^{6}}$ (D) $\frac{\mathrm{A}_{365}^{6}}{(365)^{6}}$

5. 已知 $0<P(B)<1$,且 $P[(A_1\cup A_2)\mid B]=P(A_1\mid B)+P(A_2\mid B)$,则下列选项成立的是( ).

(A) $P[(A_1\cup A_2)\mid \bar{B}]=P(A_1\mid \bar{B})+P(A_2\mid \bar{B})$

(B) $P(A_1B\cup A_2B)=P(A_1B)+P(A_2B)$

(C) $P(A_1\cup A_2)=P(A_1\mid B)+P(A_2\mid B)$

(D) $P(B)=P(A_1)P(B\mid A_1)+P(A_2)P(B\mid A_2)$

6. 对于任意两个事件 A 与 B( ).

(A) 若 $AB\neq\varnothing$,则 A、B 一定独立

(B) 若 $AB\neq\varnothing$,则 A、B 可能独立

(C) 若 $AB=\varnothing$,则 A、B 一定独立

(D) 若 $AB=\varnothing$,则 A、B 一定不独立

7. 甲、乙两人分别对目标射击一次,A、B 分别表示甲、乙射中目标,则下列选项中错误的是( ).

(A) AB 表示甲、乙都击中目标

(B) $\overline{AB}$ 表示甲、乙未击中目标

(C) $\bar{A}\cup\bar{B}$ 表示甲、乙两人至少有一人未击中目标

(D) $A\bar{B}$ 表示甲击中而乙未击中目标

8. 设 A、B 为两事件,$0<P(A)<1$,则下面结论中错误的是( )

(A) $P(A\cup B)=P(A)+P(B)-P(AB)$

(B) $P(B)=P(B\mid A)+P(B\mid \bar{A})$

(C) $P(A\cup A)=P(A)$

(D) $P(A\cup B)=P(A)+P(\bar{A}B)$

9. 抽查 10 件产品,设 $A=\{$至少有 2 件次品$\}$,则有 $\bar{A}=$( )

(A) $\{$至多有 2 件次品$\}$ (B) $\{$至多有 1 件次品$\}$

(C) {至多有 2 件正品}　　　　(D) {至少有 2 件正品}

10. 已知事件 $A_1, A_2, \cdots, A_n$，下列各条件中不是全概率公式所要求的条件的是(　　).

(A) 事件 $A_1, A_2, \cdots, A_n$ 互不相容

(B) 事件 A_k 满足 $P(A_k) > 0 (k = 1, 2, \cdots, n)$

(C) 事件 $A_1, A_2, \cdots, A_n$ 互相独立

(D) 事件 $A_k (k = 1, 2, \cdots, n)$ 满足 $A_1 + A_2 + \cdots + A_n = \Omega$

三、解答题

1. 设在 3 次独立试验中，事件 A 出现的概率均相等且至少出现 1 次的概率为 $\frac{19}{27}$，试求在 1 次试验中，事件 A 出现的概率.

2. 甲、乙、丙三人在不同地点同时向同一目标进行一次射击，设他们的命中率分别为 0.6、0.7、0.8，试求下列事件的概率：(1) 恰有一人击中目标；(2) 至少有一人击中目标；(3) 恰有两人击中目标.

3. 三个元件串联的电路中，每个元件发生断电的概率依次为 0.3、0.4 和 0.6，求该系统断电的概率.

4. 为了防止意外，在矿内同时安装两种报警系统 A 与 B，每种系统单独使用时，系统 A、B 有效的概率分别为 0.92、0.93，在 A 失效的条件下，B 有效的概率为 0.85，试求下列事件的概率：

(1) 发生意外时，这两个报警系统至少有一个有效；

(2) B 失效的条件下，A 有效.

5. 设有两台机床加工两种零件，第一台机床出废品的概率是 0.03，第二台机床出废品的概率是 0.02，加工出来的零件混放在一起，并且已知第一台机床加工的零件比第二台机床加工的零件多一倍.

(1) 求任意取出的一个零件是合格品的概率；

(2) 如果任意取出的一个零件经过检验后发现是废品，求它是第二台机床加工的概率.

6. 设 A、B 是任意两个事件，其中 A 的概率不等于 0 和 1，试证：事件 A 与 B 独立的充分必要条件是 $P(B \mid A) = P(B \mid \overline{A})$.

(B 层)

一、填空题

1. 设 A、B 为随机事件，$P(A) = 0.8$，$P(A - B) = 0.2$，则 $P(\overline{AB}) =$

________.

2. 设 $A,B\subset\Omega$，且满足 $B\subset\overline{A}$，则 $\overline{A}\,\overline{B}=$ ________.

3. 已知随机事件 A 与 B 相互独立，$P(A)=a$，$P(B)=b$，如果事件 C 发生必然导致事件 A 与 B 同时发生，则事件 A、B、C 都不发生的概率是________.

4. 设 A、B 为随机事件，已知 $P(A)=0.7$，$P(B)=0.5$，$P(A-B)=0.3$，则 $P(AB)=$ ________，$P(B-A)=$ ________.

5. 设 A、B 为两个随机事件，$P(A)=0.7$，$P(B)=0.4$，$P(A\cup B)=0.8$，则 $P(A\mid\overline{A}\cup B)=$ ________.

6. 设 A、B 相互独立，已知 A 和 B 都不发生的概率为 $\frac{1}{9}$，A 发生而 B 不发生的概率与 B 发生而 A 不发生的概率相等，则 $P(A)=$ ________.

7.（假设男、女孩等可能出现）已知一个家庭中有 3 个孩子，不全是男孩，则不全是女孩的概率为________.

8. 已知10把钥匙有3把能打开某扇门，今任取2把试开，则能打开门的概率为________.

二、选项题

1. 设 A、B 为两事件，则 $A-B$ 不等于(　　).

(A) $\overline{A}B$　　(B) $A\overline{B}$　　(C) $A-AB$　　(D) $(A\cup B)-B$

2. 设 $P(A)=0$，B 为任一事件，则(　　).

(A) $A=\varnothing$　　(B) $A\subset B$

(C) A 与 B 相互独立　　(D) A 与 B 互不相容

3. 设 A 与 B 是任意两个概率不为零的互不相容事件，则下列结论中肯定正确的是(　　).

(A) $\overline{A}$ 与 $\overline{B}$ 互不相容　　(B) $\overline{A}$ 与 $\overline{B}$ 相容

(C) $P(AB)=P(A)P(B)$　　(D) $P(A-B)=P(A)$

4. 设 A、B 是两个互斥事件，且 $P(A)>0$，$P(B)>0$，则下列结论正确的是(　　).

(A) $P(B\mid A)>0$　　(B) $P(A\mid B)=P(A)$

(C) $P(A\mid B)=0$　　(D) $P(AB)=P(A)\cdot P(B)$

5. 设 A、B、C 是三个随机事件，则与事件 $A\overline{B}$ 互不相容的事件是(　　).

(A) $BC-A$　　(B) $\overline{B}C\cup A$　　(C) $\overline{\overline{A}\cup B\cup C}$　　(D) $\overline{A\cap\overline{B}\cap C}$

6. 设 A、B 为任意两个事件且 $A\subset B$，$P(B)>0$，则下列必成立的

是(　　).

(A)$P(A) < P(A \mid B)$　　　　(B)$P(A) \leqslant P(A \mid B)$

(C)$P(A) > P(A \mid B)$　　　　(D)$P(A) \geqslant P(A \mid B)$

7. 设A、B、C是三个随机事件,$P(ABC)=0$,且$0 < P(C) < 1$,则一定有(　　).

(A)$P(ABC) = P(A)P(B)P(C)$

(B)$P[(A \cup B) \mid C] = P(A \mid C) + P(B \mid C)$

(C)$P(A \cup B + C) = P(A) + P(B) + P(C)$

(D)$P[(A \cup B) \mid \overline{C}] = P(A \mid \overline{C}) + P(B \mid \overline{C})$

8. 在事件A、B、C中B与C互不相容,则(　　)成立.

(A) $\overline{A \cup BC} = A$　　　　(B) $\overline{A \cup BC} = \overline{A}$

(C) $\overline{A \cup BC} = \varnothing$　　　　(D) $\overline{A \cup BC} = \Omega$

9. 设A、B、C是三个随机事件,若$0 < P(C) < 1$,且有$P(A \cup B \mid C) = P(A \mid C) + P(B \mid C)$,则(　　)成立.

(A)$P(A \cup B \mid \overline{C}) = P(A \mid \overline{C}) + P(B \mid \overline{C})$

(B)$P_{(}A \cup B_{)} = P(A \mid C) + P(B \mid C)$

(C)$P(C) = P(A)P(C \mid A) + P(B)P(C \mid B)$

(D)$P[C(A \cup B)] = P(AC) + P(BC)$

三、解答题

1. 从一副扑克牌的13张黑桃中,一张接一张有放回地抽取3次,试求(1)没有同号的概率p_1;(2)有同号的概率p_2;(3)至多有两张同号的概率为p_3.

2. 一场精彩的足球赛就要举行,n个球迷总共才得到$m(m < n)$张免费球票,可每个人都想去,只好采用轮流抽签的办法分配,试问第k个$(1 \leqslant k \leqslant n)$抽签者得到免费球票的概率.

3. 某游乐场所有20人排队买票,其中10人各持有一张百元纸币,另10人各持有一张伍拾元纸币,每人购一张票,每张伍拾元,假定刚开始售票时,无零钱可找,求20人全不因找不出零钱而等候的概率.

4. 设玻璃杯整箱出售,每箱20只,各箱含0、1、2只残次品的概率分别为0.8、0.1、0.1. 一顾客欲购买一箱玻璃环,由售货员任取一箱,经顾客开箱随机察看4只,若无残次品,则买此箱玻璃环,否则不买,求:

(1) 顾客买此箱玻璃杯的概率α;

(2) 在顾客买的此箱玻璃杯中,确实没有残次品的概率β.

5. 设事件 $A_1,A_2,\cdots,A_n$ 相互独立，且 $P(A_i)=p_i(i=1,2,\cdots,n)$，$\sum_{i=1}^{n}p_i=1$，试求以下事件的概率：

(1)A:事件 $A_1,A_2,\cdots,A_n$ 至少有一个不发生；

(2)B:事件 $A_1,A_2,\cdots,A_n$ 均不发生；

(3)C:事件 $A_1,A_2,\cdots,A_n$ 恰好有一个发生.

6. 设随机事件 A、B、C 相互独立，求证 $A-B$ 与 C 也相互独立.

(C层)

一、填空题

1. 已知 A、B 两事件满足条件 $P(AB)=P(\overline{A}\overline{B})$ 且 $P(A)=p$，则 $P(B)=$ ________.

2. 设随机事件 A 与 B 互不相容，已知 $P(A)=P(B)=a(0<a<1)$，$P(A\mid\overline{B})=P(\overline{A}\mid\overline{B})$，则 $a=$ ________.

3. 设 A、B 为两个随机事件，$P(A)+P(B)=0.9$，$P(AB)=0.4$，则 $P(\overline{A}B)+P(A\overline{B})=$ ________.

4. 假设一批产品一、二、三等品各占50%、30%、20%. 现从中随意地取一件，结果不是三等品，则取到的是一等品的概率为________.

5. 甲、乙两人从1,2,…,15这15个数中各任取一数(不重复)，已知甲取到的数是5的倍数，则甲取到的数大于乙取到的数的概率为________.

二、选择题

1. 设 A、B 两个事件，$A\subset B$，则不能推出结论(　　).

(A)$P(AB)=P(A)$　　(B)$P(A\cup B)=P(B)$

(C)$P(A\overline{B})=P(A)-P(B)$　　(D)$P(\overline{A}B)=P(B)-P(A)$

2. 设 A、B 为任意两事件，若 A、B 之积为不可能事件，则称(　　).

(A)A 与 B 相互独立　　(B)A 与 B 互不相容

(C)A 与 B 互为对立事件　　(D)A 与 B 为样本空间 Ω 的一个划分

3. 将一枚均匀硬币反复地掷10次，已知前三次抛掷恰好出现一次正面，则第二次出现正面的概率为(　　).

(A) $\frac{1}{3}$　　(B) $\frac{1}{2}$　　(C) $\frac{1}{4}$　　(D) $\frac{3}{10}$

4. 设 A、B 是两个随机事件，且 $0<P(A)<1$，$P(B)>0$，$P(B\mid A)=$

$P(B|\overline{A})$，则必有（　　）.

(A)$P(A|B)=P(\overline{A}|B)$　　(B)$P(A|B)\neq P(\overline{A}|B)$

(C)$P(AB)=P(A)P(B)$　　(D)$P(AB)\neq P(A)P(B)$

5. 设 A、B 是任意两个随机事件，则 $P[(\overline{A}\cup B)(A\cup B)(\overline{A}\cup\overline{B})(A\cup\overline{B})]=$（　　）.

(A)0　　(B)1　　(C) $\frac{1}{2}$　　(D) 不能确定

6. 设事件 A、B 满足 $P(B|A)=1$，则（　　）.

(A)A 是必然事件　　(B)$A\supset B$

(C)$A\subset B$　　(D)$P(A\overline{B})=0$

7. 设 A、B、C 是三个相互独立的随机事件，且 $0<P(C)<1$，则在下列给定的四对事件中，不相互独立的是（　　）.

(A) $\overline{A+B}$ 与 C　　(B) $\overline{AC}$ 与 $\overline{C}$

(C) $\overline{A-B}$ 与 $\overline{C}$　　(D) $\overline{AB}$ 与 $\overline{C}$

8. 已知 A、B 为任意两个随机事件，$0<P(A)<1$，$0<P(B)<1$，假设两个事件中只有 A 发生的概率与只有 B 发生的概率相等，则下列等式中未必成立的是（　　）.

(A)$P(A|B)=P(B|A)$　　(B)$P(A|\overline{B})=P(B|\overline{A})$

(C)$P(A|B)=P(\overline{A}|B)$　　(D)$P(A-B)=P(B-A)$

9. 当随机事件 A 与 B 同时发生时，C 必发生，则（　　）.

(A)$P(C)\leqslant P(A)+P(B)-1$　　(B)$P(C)\geqslant P(A)+P(B)-1$

(C)$P(C)=P(AB)$　　(D)$P(C)=P(A\cup B)$

三、解答题

1. 一批产品共 20 件，其中一等品 9 件，二等品 7 件，三等品 4 件，从这批产品中任取 3 件，试求：

(1) 取出的 3 件产品中恰有 2 件等级相同的概率 p_1；

(2) 取出的 3 件产品至少有 2 件等级相同的概率 p_2.

2. 已知 $P(A)=0.6$，$P(B)=0.4$，$P(\overline{AB})=0.7$，试求 $P(A|A\cup\overline{B})$ 的值.

3. 每次试验事件 A 发生的概率为 0.3，现进行 4 次重复独立试验，如果 A 一次也不发生，则事件 B 也不发生；如果 A 发生一次，则事件 B 发生的概率为 0.6；如果 A 发生两次或两次以上，则事件 B 一定发生. 试求事件 B 发生的概率.

4. 某企业招工需经过4项考核,设能够通过第一、二、三、四项考核的概率分别为0.9、0.8、0.7、0.6,且各项考核是相互独立的,每个应招者要经过四项考核,只要有一项不通过都被淘汰,求:

(1) 这次招工的淘汰率 p_1;

(2) 虽通过第一、三项考核,但仍被淘汰的概率 p_2.

5. 已知任意三个事件 A_1、A_2、A_3 都满足 $A_i \subset B(i=1,2,3)$,试证:$P(B) \geqslant P(A_1)+P(A_2)+P(A_3)-2$.

自测题参考答案

(A 层)

一、填空题

1. 0.5，$\frac{5}{6}$.

分析　A 与 B 互不相容，则 $P(A\cup B)=P(A)+P(B)=0.9$，$P(B)=0.9-0.4=0.5$.

A 与 B 独立，则 $P(A\cup B)=P(A)+P(B)-P(A)P(B)\Rightarrow 0.9=0.4+P(B)-0.4P(B)\Rightarrow P(B)=\frac{5}{6}$.

2. 0.7.

分析　$P(AB)=P(A)P(B\mid A)=0.5\times 0.8=0.4$，
$P(A\cup B)=P(A)+P(B)-P(AB)=0.5+0.6-0.4=0.7$.

3. $\frac{2}{3}$.

分析　至少命中一次的概率为：$1-(1-p)^4=\frac{80}{81}\Rightarrow p=\frac{2}{3}$.

4. 0.72.

分析　$P(A)=1-P(\overline{A})=0.6$，$P(B)=1-P(\overline{B})=0.3$，$A$、$B$ 相互独立，则

$$\begin{aligned}P(A\cup B)&=P(A)+P(B)-P(A)P(B)\\&=0.6+0.3-0.6\times 0.3=0.72.\end{aligned}$$

5. $P(A)$.

分析　A,B 互不相容 $\Rightarrow AB=\varnothing\Rightarrow P(AB)=0$，又 $P(A-B)=P(A)-P(AB)=P(A)-0=P(A)$.

6. $\frac{1}{4}$.

分析　由 $ABC=\varnothing$，得 $P(ABC)=0$. 又

$$P(A \cup B \cup C) = P(A) + P(B) + P(C) - P(AB) - P(AC) - P(BC) + P(ABC)$$
$$= 3P(A) - 3[P(A)]^2,$$

由 $3P(A) - 3[P(A)]^2 = \frac{9}{16}$，解得 $P(A) = \frac{1}{4}$ 或 $P(A) = \frac{3}{4}$，又 $P(A) < \frac{1}{2}$，故 $P(A) = \frac{1}{4}$.

7. $\frac{2}{3}$.

分析 $P(A \mid \overline{B}) = \frac{P(A\overline{B})}{P(\overline{B})} = \frac{P(A \cup B) - P(B)}{1 - P(B)} = \frac{0.8 - 0.4}{0.6} = \frac{2}{3}$.

8. $\frac{19}{396}$.

分析 A_i 表示“第 i 次取到正品”，$i = 1,2$，则所求概率为 $P(\overline{A_1}A_2) = P(\overline{A_1})P(A_2 \mid \overline{A_1}) = \frac{5}{100} \times \frac{95}{99} = \frac{19}{396}$.

二、选择题

1. C. 2. C. 3. D. 4. D. 5. B. 6. B. 7. B. 8. B. 9. B. 10. C.

三、解答题

1. **解** 令 $P(A) = p$，则 $1 - C_3^0 p^0 (1-p)^{3-0} = \frac{19}{27}$，即 $(1-p)^3 = \frac{8}{27}$，故得 $p = \frac{1}{3}$.

2. **解** 分别用 A、B、C 表示甲、乙、丙击中目标，用 A_i 表示“恰有 i 人击中目标”$(i = 0,1,2,3)$. 依题意，A_0, A_1, A_2, A_3 构成样本空间的一个划分，A、B、C 相互独立且有 $P(A) = 0.6, P(B) = 0.7, P(C) = 0.8$.

(1)
$$P(A_1) = P(A\overline{B}\,\overline{C}) + P(\overline{A}B\overline{C}) + P(\overline{A}\,\overline{B}C)$$
$$= P(A) \cdot P(\overline{B}) \cdot P(\overline{C}) + P(\overline{A}) \cdot P(B) \cdot P(\overline{C}) + P(\overline{A}) \cdot P(\overline{B}) \cdot P(C)$$
$$= 0.6 \times 0.3 \times 0.2 + 0.4 \times 0.7 \times 0.2 + 0.4 \times 0.3 \times 0.8$$
$$= 0.188.$$

(2) $P(A_0) = P(\overline{A}\,\overline{B}\,\overline{C}) = 0.4 \times 0.3 \times 0.2 = 0.024$，则所求概率为
$$P(A_1 \cup A_2 \cup A_3) = 1 - P(A_0) = 1 - 0.024 = 0.976.$$

(3) 因 $P(A_3) = P(ABC) = P(A)P(B)P(C) = 0.336$，故
$$P(A_2) = 1 - P(A_0) - P(A_1) - P(A_3)$$

$$= 1 - 0.024 - 0.188 - 0.336 = 0.452.$$

3. **解** 用 A_i 表示{第 i 个元件断电}$(i=1,2,3)$，用 B 表示"电路断电"则

$$B = A_1 \cup A_2 \cup A_3, \overline{B} = \overline{A_1}\,\overline{A_2}\,\overline{A_3},$$

A_1、A_2、A_3 相互独立，故所求概率为 $P(B) = 1 - P(\overline{B}) = 1 - P(\overline{A_1}\,\overline{A_2}\,\overline{A_3}) = 1 - P(\overline{A_1})P(\overline{A_2})P(\overline{A_3}) = 1 - (1-0.3)(1-0.4)(1-0.6) = 1 - 0.168 = 0.832.$

4. **解** 分别用 A、B 表示系统 A、B 有效，依题意有

$$P(A) = 0.92, P(B) = 0.93, P(B \mid \overline{A}) = 0.85,$$

由 $P(B \mid \overline{A}) = \dfrac{P(B\overline{A})}{P(\overline{A})} = \dfrac{P(B) - P(AB)}{1 - P(A)} = \dfrac{0.93 - P(AB)}{1 - 0.92} = 0.85$，得 $P(AB) = 0.862.$

于是(1)$P(A \cup B) = P(A) + P(B) - P(AB)$

$$= 0.92 + 0.93 - 0.862 = 0.988.$$

(2)$P(A \mid \overline{B}) = \dfrac{P(A\overline{B})}{P(\overline{B})} = \dfrac{P(A) - P(AB)}{1 - P(B)} = \dfrac{0.92 - 0.862}{1 - 0.93} = 0.829.$

5. **解** (1)$A=${取到的一个零件是合格品}，$B_i=${第 i 台机床加工的零件}$(i=1,2)$. 由题设知

$$P(B_1) = \frac{2}{3}, P(B_2) = \frac{1}{3}, P(A \mid B_1) = 0.97, P(A \mid B_2) = 0.98,$$

由全概率公式，得

$$P(A) = P(B_1)P(A \mid B_1) + P(B_2)P(A \mid B_2)$$
$$= \frac{2}{3} \times 0.97 + \frac{1}{3} \times 0.98 \approx 0.973.$$

(2)$P(\overline{A}) = 1 - P(A) \approx 0.027, P(\overline{A} \mid B_2) = 1 - P(A \mid B_2) = 0.02,$

故 $P(B_2 \mid \overline{A}) = \dfrac{P(B_2\overline{A})}{P(\overline{A})} = \dfrac{P(B_2) \cdot P(\overline{A} \mid B_2)}{P(\overline{A})} = \dfrac{\frac{1}{3} \times 0.02}{0.027} \approx 0.2469.$

6. **证明** (必要性) 设事件 A 与 B 相互独立，则 B 与 $\overline{A}$ 也相互独立，则

$$P(B \mid A) = P(B), P(B \mid \overline{A}) = P(B),$$

于是 $P(B \mid A) = P(B \mid \overline{A}).$

(充分性) 设 $P(B \mid A) = P(B \mid \overline{A})$，则

$$\frac{P(AB)}{P(A)} = \frac{P(\overline{A}B)}{P(\overline{A})} = \frac{P(B) - P(AB)}{1 - P(A)},$$

于是 $P(AB)[1 - P(A)] = P(A) \cdot [P(B) - P(AB)]$，得

$$P(AB) = P(A) \cdot P(B),$$

因此 A 与 B 相互独立.

(B 层)

一、填空题

1. 0.4.

分析 $P(AB)=P(A)-P(A\overline{B})=P(A)-P(A-B)$

$$=0.8-0.2=0.6,$$

$$P(\overline{AB})=1-P(AB)=1-0.6=0.4.$$

2. Ω.

分析 $B\subset\overline{A}\Leftrightarrow AB=\varnothing,\overline{A}\cup\overline{B}=\overline{AB}=\Omega.$

3. $(1-a)(1-b)$.

分析 $P(AB)=P(A)P(B),C\subset AB\Rightarrow\overline{C}\supset\overline{AB}=\overline{A}\cup\overline{B}\supset\overline{A}\,\overline{B}\Rightarrow$ $\overline{A}\,\overline{B}\,\overline{C}=\overline{A}\,\overline{B}$,于是

$$P(\overline{A}\,\overline{B}\,\overline{C})=P(\overline{A}\,\overline{B})=P(\overline{A})P(\overline{B})=(1-a)(1-b).$$

4. 0.4,0.1.

分析 由概率的减法公式 $P(A-B)=P(A)-P(AB)$,得 $P(AB)=0.4$,于是

$$P(B-A)=P(B)-P(BA)=0.5-0.4=0.1.$$

5. 0.5.

分析 由概率的加法公式 $P(A\cup B)=P(A)+P(B)-P(AB)$,得

$$P(AB)=P(A)+P(B)-P(A\cup B)=0.7+0.4-0.8=0.3,$$

由概率的减法公式 $P(\overline{A}B)=P(B-A)=P(B)-P(AB)=0.4-0.3=0.1$,故

$$P(A\mid\overline{A}\cup B)=\frac{P[A(\overline{A}\cup B)]}{P(\overline{A}\cup B)}=\frac{P(AB)}{P(\overline{A})+P(B)-P(\overline{A}B)}$$

$$=\frac{0.3}{0.3+0.4-0.1}=0.5$$

6. $\frac{2}{3}$.

分析 依题意,$P(A\overline{B})=P(\overline{A}B)$,又 A、B 相互独立,得 $P(A)\cdot[1-P(B)]=[1-P(A)]\cdot P(B)$,解得 $P(A)=P(B)$,又 $\frac{1}{9}=P(\overline{A}\,\overline{B})=$

$P(\overline{A})P(\overline{B}) = P(\overline{A})^2$，得 $P(\overline{A}) = \frac{1}{3}$，从而 $P(A) = \frac{2}{3}$.

7. $\frac{6}{7}$.

解 1 3 个小孩的男、女孩分布共有 8 种样本点，不全是男孩的有 7 个样本点，而在这 7 个样本点中不全是女孩（即有男孩）的有 6 个，故所求的概率为 $\frac{6}{7}$.

解 2 用 A 表示至少有一个是女孩，B 表示至少有一人是男孩，则 $P(A) = P(B) = \frac{7}{8}$，$P(AB) = 1 - P(\overline{AB}) = 1 - P(\overline{A} \cup \overline{B}) = 1 - P(\overline{A}) - P(\overline{B}) = \frac{6}{8}$，于是 $P(B \mid A) = \frac{P(AB)}{P(B)} = \frac{6}{7}$.

8. $\frac{8}{15}$.

分析 设 A_i 表示第 i 把能打开门，则所求的概率为

$$p = P(A_1) + P(\overline{A_1}A_2) = P(A_1) + P(\overline{A_1})P(A_2 \mid \overline{A_1})$$
$$= \frac{3}{10} + \frac{7}{10} \times \frac{3}{9} = \frac{8}{15}.$$

二、选项题

1. A. 2. C. 3. D. 4. C. 5. A. 6. B. 7. B. 8. B. 9. D.

三、解答题

1. **解** (1) $p_1 = \frac{A_{13}^3}{13^3} = \frac{132}{169}$.

(2) $p_2 = 1 - p_1 = 1 - \frac{132}{169} = \frac{37}{169}$.

(3) $p_3 = 1 - \{3\text{ 张都是同号}\} = 1 - \frac{13}{13^3} = 1 - \frac{1}{169} = \frac{168}{169}$.

2. **解** 设 $A = \{$第 i 个抽签者得到免费球票$\}$，n 个签中有 m 个“好签”（免费球票），有 $n-m$ 个“坏签”（没有免费球票）．“好签”之间看作是有区别的，“坏签”之间也看作是有区别的，由于 n 个人抽签的结果（基本事件）有 $n!$，第 k 个抽签者得到“好签”的方式有 m 种，这样的每一种方式对应着 $(n-1)!$ 抽签结果，因此，可得事件 A 包括的基本事件为 $m(n-1)!$，由古典概型的计算公式，得

$$P(A) = \frac{m(n-1)!}{n!} = \frac{m}{n}.$$

3. **解** 设 $A_i=\{$第 i 个持百元纸币者不用等候$\}$, $i=1,2,\cdots,10$.

$$P(A_1A_2\cdots A_{10})=P(A_1)\cdot P(A_2\mid A_1)\cdots P(A_{10}\mid A_1A_2\cdots A_9)$$
$$=\frac{10}{11}\times\frac{9}{10}\times\cdots\times\frac{1}{2}=\frac{1}{11}.$$

4. **解** 设 $B_i=\{$箱中恰好有 i 件残次品$\}(i=0,1,2)$, $A=\{$顾客买下所察看的一箱$\}$,由题设知

$$P(B_0)=0.8, P(B_1)=0.1, P(B_2)=0.1,$$
$$P(A\mid B_0)=1, P(A\mid B_1)=\frac{C_{19}^4}{C_{20}^4}=\frac{4}{5}, P(A\mid B_2)=\frac{C_{18}^4}{C_{20}^4}=\frac{12}{19}.$$

(1) 由全概率公式,得

$$\alpha=P(A)=\sum_{i=0}^{2}P(B_i)P(A\mid B_i)$$
$$=0.8\times1+0.1\times\frac{4}{5}+0.1\times\frac{12}{19}\approx0.94.$$

(2) 由贝叶斯(逆概)公式,得

$$\beta=P(B_0\mid A)=\frac{P(AB_0)}{P(A)}=\frac{P(B_0)P(A\mid B_0)}{P(A)}\approx\frac{0.8}{0.94}\approx0.85.$$

5. **解** (1) $P(A_1)=P(\overline{A_1}\cup\overline{A_2}\cup\cdots\cup\overline{A_n})=P(\overline{A_1A_2\cdots A_n})$

$$=1-P(A_1A_2\cdots A_n)$$
$$=1-\prod_{i=1}^{n}P(A_i)=1-\prod_{i=1}^{n}p_i.$$

(2) $P(A_2)=P(\overline{A_1}\,\overline{A_2}\cdots\overline{A_n})=\prod_{i=1}^{n}P(\overline{A_i})=\prod_{i=1}^{n}(1-p_i).$

(3) $P(A_3)=P(A_1\overline{A_2}\cdots\overline{A_n})+P(\overline{A_1}A_2\overline{A_3}\cdots\overline{A_n})+\cdots+P(\overline{A_1}\,\overline{A_2}\cdots\overline{A_{n-1}}A_n)$

$$=p_1\prod_{j=2}^{n}(1-p_j)+p_2\prod_{\substack{j=1\\j\neq2}}^{n}(1-p_j)+\cdots+p_n\prod_{j=1}^{n-1}(1-p_j)$$
$$=\sum_{i=1}^{n}p_i\prod_{\substack{j=1\\j\neq i}}^{n}(1-p_j).$$

6. **证明** $P[(A-B)\cap C]=P[(A-AB)\cap C]$

$=P(AC)-P(ABC)\quad(ABC\subset AB)$

$=P(A)\cdot P(C)-$

$P(A)\cdot P(B)\cdot P(C)\quad$($A$、$B$、$C$ 相互独立)

$=[P(A)-P(A)\cdot P(B)]\cdot P(C)$

$$= [P(A) - P(AB)] \cdot P(C)$$
$$= P(A-B)P(C),$$

（减法公式 $P(A-B) = P(A) - P(AB)$）

故 $A-B$ 与 C 相互独立.

(C 层)

一、填空题

1. $1-p$.

分析 $P(\overline{A}\overline{B}) = P(\overline{A \cup B}) = 1 - P(A \cup B) = 1 - [P(A) + P(B) - P(AB)] = 1 - p - P(B) + P(AB)$，又由题设 $P(AB) = P(\overline{A}\overline{B})$，得 $P(B) = 1-p$.

2. $\dfrac{1}{3}$.

分析 由 $P(A \mid \overline{B}) + P(\overline{A} \mid \overline{B}) = 1$，又已知 $P(A \mid \overline{B}) = P(\overline{A} \mid \overline{B})$，得 $P(A \mid \overline{B}) = P(\overline{A} \mid \overline{B}) = 0.5$，又 $P(A \mid \overline{B}) = \dfrac{P(A\overline{B})}{P(\overline{B})} = \dfrac{P(A) - P(AB)}{1 - P(B)} = \dfrac{a-0}{1-a}$，得 $a = \dfrac{1}{3}$.

3. 0.1.

分析 由 $P(\overline{A}B) + P(AB) = P(B)$，$P(A\overline{B}) + P(AB) = P(A)$，得 $P(\overline{A}B) + P(A\overline{B}) = P(A) + P(B) - 2P(AB) = 0.9 - 2 \times 0.4 = 0.1$.

4. $\dfrac{5}{8}$.

分析 $A_i = \{$取到 i 等品$\}$，$i = 1,2,3$，则 A_1、A_2、A_3 互不相容，且 $A_1(A_1 \cup A_2) = A_1$，则

$$P(A_1 \mid A_1 \cup A_2) = \frac{P[A_1(A_1 \cup A_2)]}{P(A_1 \cup A_2)} = \frac{P(A_1)}{P(A_1) + P(A_2)}$$
$$= \frac{0.5}{0.5 + 0.3} = \frac{5}{8}.$$

5. $\dfrac{9}{14}$.

分析 设 $A = \{$甲取到的数是 5 的倍数$\}$，$B = \{$甲取到的数大于乙取到的数$\}$，$AB = \{$甲取到的数是 5 的倍数且大于乙取到的数$\}$，则

$$P(A)=\frac{3\times(15-1)}{A_{15}^{2}}=\frac{42}{210},P(AB)=\frac{4+9+14}{A_{15}^{2}}=\frac{27}{210},$$

所求概率为

$$P(B\mid A)=\frac{P(AB)}{P(A)}=\frac{\frac{27}{210}}{\frac{42}{210}}=\frac{27}{42}=\frac{9}{14}.$$

二、选择题

1. C. 2. B. 3. A. 4. C. 5. A. 6. D. 7. B. 8. C. 9. B.

三、解答题

1. **解** (1)$p_1=\frac{C_9^2(C_7^1+C_4^1)+C_7^2(C_9^1+C_4^1)+C_4^2(C_9^1+C_7^1)}{C_{20}^3}$

$$=\frac{36\times11+21\times13+6\times16}{1140}=\frac{765}{1140}\approx0.671.$$

(2)$p_2=P(A)+\frac{C_9^3+C_7^3+C_4^3}{C_{20}^3}=P(A)+\frac{123}{1140}$

$\approx0.671+0.108=0.779.$

或 $$p_2=1-\frac{C_9^1\cdot C_7^1\cdot C_4^1}{C_{20}^3}=1-\frac{252}{1140}\approx0.779.$$

2. **解** $P(A\mid A\cup\bar{B})=\frac{P[A(A\cup\bar{B})]}{P(A\cup\bar{B})}=\frac{P(A)}{P(A)+P(\bar{B})-P(A\bar{B})}$

$$=\frac{P(A)}{P(A)+P(\bar{B})-P(A-AB)}$$

$$=\frac{P(A)}{P(\bar{B})+P(AB)}$$

$$=\frac{P(A)}{[1-P(B)]+[1-P(\overline{AB})]}$$

$$=\frac{0.6}{0.6+0.3}=\frac{2}{3}.$$

3. **解** 设事件$A_i=\{$事件A发生i次$\}$,$i=0,1,2,3,4$. 由二项概率公式得

$$P(A)=C_4^0(0.3)^0(1-0.3)^4=0.2401,$$

$$P(A_1)=C_4^1(0.3)^1(1-0.3)^3=0.4116,$$

$$P(A_2)+P(A_3)+P(A_4)=1-P(A_0)-P(A_1)=0.3483.$$

又 $P(B\mid A_0)=0,P(B\mid A_1)=0.6,P(B\mid A_2\cup A_3\cup A_4)=1,$

由全概率公式,得

$$P(B)=P(A_0)P(B\mid A_0)+P(A_1)P(B\mid A_1)+P(A_2\cup A_3\cup A_4)\cdot P(B\mid A_2\cup A_3\cup A_4)$$
$$=0.2401\times 0+0.4116\times 0.6+0.3483\times 1=0.59526.$$

4. **解**　设事件 $A_i=\{$第 i 项考核通过$\}(i=1,2,3,4)$，则

$$P(A_1)=0.9,P(A_2)=0.8,P(A_3)=0.7,P(A_4)=0.6,$$

且 A_1、A_2、A_3、A_4 相互独立.

(1) $p_1=P(\overline{A_1A_2A_3A_4})=1-P(A_1A_2A_3A_4)$
$=1-P(A_1)P(A_2)P(A_3)P(A_4)$
$=1-0.9\times 0.8\times 0.7\times 0.6=0.6976.$

另解如下：

$p_1=P(\overline{A_1}\cup A_1\overline{A}_2\cup A_1A_2\overline{A}_3\cup A_1A_2A_3\overline{A}_4)$
$=P(\overline{A}_1)+P(A_1)P(\overline{A}_2)+P(A_1)P(A_2)P(\overline{A}_3)+P(A_1)P(A_2)P(A_3)P(\overline{A}_4)$
$=0.1+0.9\times 0.2+0.9\times 0.8\times 0.3+0.9\times 0.8\times 0.7\times 0.4$
$=0.6976.$

(2) $p_2=P(A_1A_3\overline{A_2A_4})=P(A_1)P(A_3)P(\overline{A_2A_4})$
$=P(A_1)P(A_3)[1-P(A_2A_4)]$
$=P(A_1)\cdot P(A_3)\cdot[1-P(A_2)P(A_4)]$
$=0.9\times 0.7\times(1-0.8\times 0.6)=0.3276.$

5. **证明**　由于 $A_i\subset B,i=1,2,3$，得 $A_1A_2\subset B$，则 $P(B)\geqslant P(A_1A_2)$，又 $0\leqslant P(A_1\cup A_2)=P(A_1)+P(A_2)-P(A_1A_2)\leqslant 1$，故 $P(B)\geqslant P(A_1A_2)=P(A_1)+P(A_2)-P(A_1\cup A_2)\geqslant P(A_1)+P(A_2)-1.$

类似地，由 $A_i\subset B,i=1,2,3$，得 $A_1A_2A_3\subset B$，则

$$P(B)\geqslant P(A_1A_2A_3)\geqslant P(A_1A_2)+P(A_3)-1$$
$$\geqslant P(A_1)+P(A_2)+P(A_3)-2.$$

第十一章

随机变量的分布及其数字特征

学习指导及“习题十一”参考答案

(A 层)

1. D.　2. D.　3. B.

3. **分析**　能作为某一随机变量的分布函数 $F(x)$，须同时满足

(1) $0 \leqslant F(x) \leqslant 1, F(+\infty) = 1, F(-\infty) = 0$；

(2) $F(x)$ 是单调不减函数；

(3) $F(x)$ 右连续，即 $\lim\limits_{x \to a^+} F(x) = F(a)$.

4. B.

5. $a = \dfrac{n+1}{n}$.

分析　由 $\sum\limits_{k=1}^{n} P\{X = k\} = \sum\limits_{k=1}^{n} \dfrac{a}{k(k+1)} = 1$，得

$$a\left[\left(1 - \frac{1}{2} + \left(\frac{1}{2} - \frac{1}{3}\right) + \cdots + \left(\frac{1}{n} - \frac{1}{n+1}\right)\right] = 1,$$

即 $a\left(1 - \dfrac{1}{n+1}\right) = 1$，得 $a = \dfrac{n+1}{n}$.

6. $a = 1$.

解　由离散型随机变量的概率分布的性质，知 $\sum\limits_{k=1}^{\infty}\frac{a}{k(k+1)}=a\sum\limits_{k=1}^{\infty}\frac{1}{k(k+1)}=1$，因为

$$\sum_{k=1}^{\infty}\frac{1}{k(k+1)}=\lim_{n\to\infty}\left[\left(1-\frac{1}{2}\right)+\left(\frac{1}{2}-\frac{1}{3}\right)+\cdots+\left(\frac{1}{n}-\frac{1}{n+1}\right)\right]$$

$$=\lim_{n\to\infty}\left(1-\frac{1}{n+1}\right)=1,$$

所以 $a=1$.

7. **解**　事件 $\{X=k\}$ 表示"k 次试验中前 $k-1$ 次正面向上，第 k 次反面向上（或出现前 $k-1$ 次反面向上，第 k 次正面向上）". 于是，所求 X 的概率分布为

$P\{X=k\}=P\{$前 $k-1$ 次正面向上，第 k 次反面向上$\}+P\{$前 $k-1$ 次反面向上，第 k 次正面向上$\}$

$$=p^{k-1}(1-p)+(1-p)^{k-1}p,k=1,2,3,\cdots.$$

8. **解**　(1) 因为连续型随机变量的分布函数是连续的，故当 $x=1$ 时，

$$1=F(1)=\lim_{x\to1^-}F(x)=\lim_{x\to1^-}Ax^2=A.$$

(2) $P(0.2<X<0.9)=F(0.9)-F(0.2)=0.9^2-0.2^2=0.77.$

(3) X 的密度函数为

$$f(x)=F'(x)=\begin{cases}2x & 0<x<1\\0 & \text{其他}\end{cases}.$$

9. **解**　用 A 表示"电灯泡在使用时数在1200小时以上"，则 $P(A)=0.2$，观察三个灯泡，可以看作做三次独立试验. 用 X 表示"三次独立试验中事件 A 出现的次数"，则 $X\sim B(3,0.2)$. 于是，所求事件的概率为

$$P\{X=2\}=C_3^2\times0.2^2\times0.8=0.096.$$

10. **解1**　因为正态分布 $N(\mu,\sigma^2)$ 的密度曲线关于直线 $X=\mu$ 对称，因此 $P\{X>\mu\}=P\{X\leqslant\mu\}$. 故取 $c=\mu=3$.

解2　要使 $P\{X>c\}=P\{X\leqslant c\}$ 成立，就有

$$P\left\{\frac{X-3}{2}>\frac{c-3}{2}\right\}=P\left\{\frac{X-3}{2}\leqslant\frac{c-3}{2}\right\},$$

即 $1-\Phi\left(\frac{c-3}{2}\right)=\Phi\left(\frac{c-3}{2}\right)$，即 $\Phi\left(\frac{c-3}{2}\right)=\frac{1}{2}$，得 $\frac{c-3}{2}=0$，故 $c=3$.

11. **解**　(1) 由 $\int_{-\infty}^{+\infty}f(x)\mathrm{d}x=1$ 得 $\int_0^{\pi}A\sin x\mathrm{d}x=-A\int_0^{\pi}\mathrm{d}\cos x=2A$，解得

$A = \frac{1}{2}$.

(2)$F(x) = P\{X \leqslant x\} = \int_{-\infty}^{x} f(t)\mathrm{d}t$,

当 $x < 0$ 时,$F(x) = 0$;

当 $0 \leqslant x < \pi$ 时,$F(x) = \int_0^x \frac{1}{2}\sin t\mathrm{d}t = -\frac{1}{2}\cos t\Big|_0^x = -\frac{1}{2}\cos x + \frac{1}{2}$;

当 $x \geqslant \pi$ 时,$F(x) = \int_0^\pi \frac{1}{2}\sin t\mathrm{d}t = 1$.

故所求的分布函数为

$$F(x) = \begin{cases} 0 & x < 0 \\ -\frac{1}{2}\cos x + \frac{1}{2} & 0 \leqslant x < \pi. \\ 1 & \pi \leqslant x \end{cases}$$

12. **解**　(1) 因为 $F(x)$ 在$(-\infty, +\infty)$上连续,故

$$\lim_{x \to -a^+} F(x) = F(-a) = \lim_{x \to -a^-} F(x), \lim_{x \to a^-} F(x) = F(a) = \lim_{x \to a^+} F(x),$$

即 $\lim\limits_{x \to -a^+}\left(A + B\arcsin\frac{x}{a}\right) = F(-a) = 0, 1 = \lim\limits_{x \to a^-}\left(A + B \cdot \arcsin\frac{x}{a}\right)$,解得 $A = \frac{1}{2}, B = \frac{1}{\pi}$.

$$(2)P\left\{|X| < \frac{a}{2}\right\} = P\left\{-\frac{a}{2} < X < \frac{a}{2}\right\} = F\left(\frac{a}{2}\right) - F\left(-\frac{a}{2}\right)$$

$$= \left(\frac{1}{2} + \frac{1}{\pi}\arcsin\frac{1}{2}\right) - \left[\frac{1}{2} + \frac{1}{\pi}\arcsin\left(-\frac{1}{2}\right)\right] = \frac{1}{3}.$$

$$(3)f(x) = F'(x) = \begin{cases} \frac{1}{\pi\sqrt{a^2 - x^2}} & |x| < a \\ 0 & |x| \geqslant a \end{cases}.$$

13. **解**　依题意得 X 的密度函数为

$$f(x) = \begin{cases} \frac{1}{4} & 2 \leqslant x \leqslant 6 \\ 0 & \text{其他} \end{cases},$$

于是　$E(X^3) = \int_{-\infty}^{+\infty} x^3 f(x)\mathrm{d}x = \int_2^6 x^3 \cdot \frac{1}{4}\mathrm{d}x = \frac{1}{16}(6^4 - 2^4) = 80$.

14. **解**　因为 $X_1 \sim U[0,6], E(X_1) = \frac{0+6}{2} = 3, D(X_1) = \frac{(6-0)^2}{12} = 3$,

$X_2 \sim N(0,2), E(X_2) = 0, D(X_2) = 2$,

$$X_3 \sim P(2), E(X_3) = 2, D(X_3) = 2,$$

由随机变量 X_1、X_2、X_3 相互独立及方差的性质，得

$$\begin{aligned} D(Y) &= D(2X_1 - 3X_2 - X_3) = 4D(X_1) + 9D(X_2) + D(X_3) \\ &= 4 \times 3 + 9 \times 2 + 2 = 32. \end{aligned}$$

15. **解**　离散型随机变量 X 的分布函数 $F(x)$ 的每个间断点是随机变量 X 的可能取值点，故 X 取 0、3. 又

$$P\{X = 0\} = F(0) - \lim_{x \to 0^-} F(x) = \frac{1}{3},$$

$$P\{X = 3\} = F(3) - \lim_{x \to 3^-} F(x) = 1 - \frac{1}{3} = \frac{2}{3},$$

得

$$E(X) = 0 \times \frac{1}{3} + 3 \times \frac{2}{3} = 2, E(X^2) = 0^2 \times \frac{1}{3} + 3^2 \times \frac{2}{3} = 6,$$

$$D(X) = E(X^2) - E^2(X) = 2.$$

16. **解**　随机变量 X 的概率密度为

$$f(x) = F'(x) = \begin{cases} \frac{1}{3} & 0 \leqslant x < 3 \\ 0 & \text{其他} \end{cases},$$

则

$$E(X) = \int_{-\infty}^{+\infty} x f(x) \mathrm{d}x = \int_0^3 x \cdot \frac{1}{3} \mathrm{d}x = \frac{x^2}{6} \bigg|_0^3 = \frac{3}{2},$$

$$E(X^2) = \int_{-\infty}^{+\infty} x^2 f(x) \mathrm{d}x = \int_0^3 x^2 \cdot \frac{1}{3} \mathrm{d}x = \frac{x^3}{9} \bigg|_0^3 = 3,$$

$$D(X) = E(X^2) - E^2(X) = 3 - \left(\frac{3}{2}\right)^2 = \frac{3}{4}.$$

17. **解**　由 $X \sim U[a,b]$，得 $E(X) = \frac{a+b}{2}, D(X) = \frac{1}{12}(b-a)^2$，

故

$$\frac{D(X)}{E^2(X)} = \frac{\frac{1}{12}(b-a)^2}{\frac{1}{4}(a+b)^2} = \frac{1}{3}\left(\frac{b-a}{a+b}\right)^2.$$

18. **解**　由

$$\begin{cases} 1 = \int_{-\infty}^{+\infty} f(x) \mathrm{d}x = \int_0^1 (ax^2 + b) \mathrm{d}x = \frac{a}{3} + b \\ \frac{3}{5} = E(X) = \int_{-\infty}^{+\infty} x f(x) \mathrm{d}x = \int_0^1 x(ax^2 + b) \mathrm{d}x = \frac{a}{4} + \frac{b}{2} \end{cases},$$

解得 $a=\dfrac{6}{5},b=\dfrac{3}{5}$,故所求 X 的密度函数为

$$f(x)=\begin{cases}\dfrac{6}{5}x^2+\dfrac{3}{5} & 0\leqslant x\leqslant 1\\ 0 & 其他\end{cases}.$$

故

$$E(X^2)=\int_{-\infty}^{+\infty}x^2f(x)\mathrm{d}x=\int_0^1 x^2\left(\frac{6}{5}x^2+\frac{3}{5}\right)\mathrm{d}x=\frac{11}{25},$$

$$D(X)=E(X^2)-E^2(X)=\frac{11}{25}-\left(\frac{3}{5}\right)^2=\frac{2}{25}.$$

19. **解** 用 X 表示产品的产值,则 X 的概率分布为

X	6	5.4	5	4	0
p_k	0.7	0.1	0.1	0.06	0.04

平均产值即产值 X 的期望,于是有

$$\begin{aligned}E(X)&=6\times 0.7+5.4\times 0.1+5\times 0.1+4\times 0.06+0\times 0.04\\&=5.48(元).\end{aligned}$$

(B 层)

1. A.

分析 $F(x)=aF_1(x)-bF_2(x)$ 是某一随机变量的分布函数,则 $\lim\limits_{x\to\infty}F(x)=1$,由题设知,$\lim\limits_{x\to\infty}F_1(x)=1,\lim\limits_{x\to\infty}F_2(x)=1$,故有 $a-b=1$. 于是选取 A.

2. C.

分析 $P\{|X-\mu|<2\sigma\}=P\left\{\dfrac{|X-\mu|}{\sigma}<2\right\}=2\Phi(2)-1$,此值是常数,故选 C.

3. **解** 由 ξ 服从泊松分布,得 $P\{\xi=k\}=\dfrac{\lambda^k}{k!}\mathrm{e}^{-\lambda}(\lambda>0),k=0,1,2,\cdots$,依题意,有 $\lambda\mathrm{e}^{-\lambda}=\dfrac{\lambda^2}{2!}\mathrm{e}^{-\lambda}$,得 $\lambda=2$ 或 $\lambda=0$(舍去),故

$$\begin{aligned}P\{\xi>1\}&=1-P\{\xi\leqslant 1\}=1-P\{\xi=0\}-P\{\xi=1\}\\&=1-\mathrm{e}^{-2}-2\mathrm{e}^{-2}=1-3\mathrm{e}^{-2}.\end{aligned}$$

4. **解** 随机变量 X 的所有可能取值为 3、4、5.

事件“$X=3$”表示任取 3 个数中有一个是 3,另两个是 1 和 2;

事件“$X=4$”表示任取 3 个数中有一个是 4,另两个是从 1,2,3 中任取 2 个;

事件“$X=5$”表示任取 3 个数中有一个是 5,另两个是从 1,2,3,4 中任取 2 个.

于是 $P\{X=3\}=\frac{C_2^2}{C_5^3}=\frac{1}{10}$,$P\{X=4\}=\frac{C_3^2}{C_5^3}=\frac{3}{10}$,$P\{X=5\}=\frac{C_4^2}{C_5^3}=\frac{3}{5}$,得 X 的概率分布为

X	3	4	5
p_k	$\frac{1}{10}$	$\frac{3}{10}$	$\frac{3}{5}$

于是,所求的分布函数为

$$F(x)=\begin{cases}0 & x<3\\ \frac{1}{10} & 3\leqslant x<4\\ \frac{2}{5} & 4\leqslant x<5\\ 1 & 5\leqslant x\end{cases}.$$

5. **解** 由连续型随机变量的分布函数是连续函数,得

$$\lim_{x\to 0^+}F(x)=\lim_{x\to 0^+}(Ae^{-\frac{x^2}{2}}+B)=F(0)=0,$$

由 $\lim\limits_{x\to 0^+}(Ae^{-\frac{x^2}{2}}+B)=A+B$,得 $A+B=0$,又

$$\lim_{x\to+\infty}F(x)=\lim_{x\to+\infty}(Ae^{-\frac{x^2}{2}}+B)=B=1,$$

解得 $A=-1,B=1$.

6. **解** 由 $X\sim U[1,2]$,得 X 的密度函数为

$$f_X(x)=\begin{cases}1 & 1\leqslant x\leqslant 2\\ 0 & 其他\end{cases},$$

设 $y=g(x)=e^{-2x}$,则其反函数为 $x=h(y)=-\frac{1}{2}\ln y$,$g'(x)=-2e^{-2x}<0$,$h'(y)=-\frac{1}{2y}$,$\alpha=\min\{g(1),g(2)\}=e^{-4}$,$\beta=\max\{g(1),g(2)\}=e^{-2}$,

于是所求 Y 的概率密度为

$$f_Y(y)=\begin{cases} f_X[h(y)]\cdot|h'(y)| & \alpha<y<\beta \\ 0 & 其他 \end{cases}$$

$$=\begin{cases} \dfrac{1}{2y} & e^{-4}<y<e^{-2} \\ 0 & 其他 \end{cases}.$$

7. **解**　随机变量 $X\sim N(\mu,\sigma^2)$，故 X 的密度函数为

$$f_X(x)=\frac{1}{\sqrt{2\pi}\sigma}e^{-\frac{(x-\mu)^2}{2\sigma^2}},-\infty<x<+\infty,$$

设 $y=g(x)=2x-1$，则其反函数为 $x=h(y)=\dfrac{y+1}{2}$，且 $g'(x)=2>0$，$h'(y)=\dfrac{1}{2}$，$\beta=g(+\infty)=+\infty$，$\alpha=g(-\infty)=-\infty$，于是所求 Y 的概率密度为

$$f_Y(y)=f_X[h(y)]\cdot|h'(y)|=\frac{1}{2\sqrt{2\pi}\sigma}e^{-\frac{\left(\frac{y+1}{2}-\mu\right)^2}{2\sigma^2}}$$

$$=\frac{1}{2\sqrt{2\pi}\sigma}e^{-\frac{(y-2\mu+1)^2}{8\sigma^2}},-\infty<y<\infty.$$

8. **解**　$X_1\sim N(5,2)$，$E(X_1)=5$，$D(X_1)=2$，

$X_2\sim N(0,1)$，$E(X_2)=0$，$D(X_2)=1$，

由 X_1 与 X_2 相互独立及均值与方差的性质，有

$$E(Y)=E(3X_1-5X_2-4)=3E(X_1)-5E(X_2)-4$$
$$=3\times5-5\times0-4=11,$$
$$D(Y)=D(3X_1-5X_2-4)=3^2\cdot D(X_1)+5^2\cdot D(X_2)$$
$$=9\times2+25\times1=43.$$

于是 $Y\sim N(11,43)$，得 Y 的概率密度为

$$f_Y(y)=\frac{1}{\sqrt{2\pi}\cdot\sqrt{43}}e^{-\frac{(x-11)^2}{2\times43}}=\frac{1}{\sqrt{86\pi}}e^{-\frac{(x-11)^2}{86}}.$$

9. **解**　因为 $X\sim B(n,p)$，所以 X 的概率分布为

$$P\{X=k\}=C_n^kp^k(1-p)^{n-k}(0<p<1),k=0,1,2\cdots,n.$$

$$E(X)=\sum_{k=0}^{n}k\cdot P\{X=k\}=\sum_{k=0}^{n}k\cdot C_n^kp^k(1-p)^{n-k}$$

$$=\sum_{k=0}^{n}k\frac{n!}{k!(n-k)!}p^k(1-p)^{n-k}$$

$$= np\sum_{k=1}^{n}\frac{(n-1)!}{(k-1)!(n-k)!}p^{k-1}(1-p)^{n-k}$$

$$= np\sum_{k=1}^{n}C_{n-1}^{k-1}p^{k-1}(1-p)^{(n-1)-(k-1)}$$

$$= np[p+(1-p)]^{n-1} = np.$$

10. **解** 用 X_i 表示每个射手需要的子弹数，则 X_i 可能的取值为1、2、3，且其概率分布为

X_i	1	2	3
p_k	0.8	0.2×0.8	0.2×0.2×1

于是有 $E(X_i)=1\times 0.8+2\times 0.16+3\times 0.04=1.24$(发).

9名射手共需要的子弹数为

$$E(\sum_{i=1}^{9}X_i)=\sum_{i=1}^{9}E(X_i)=1.24\times 9=11.16(\text{发}),$$

即预计需要为这次训练筹备12发子弹即可够用.

11. **解** 设收取的保险金为 a 元，公司获利 X 元，其分布列为

X	$a-b$	a
p_k	p	$1-p$

$$E(X)=(a-b)p+a(1-p)=ap-bp+a-ap=\frac{b}{3},$$

解得 $a=\frac{b}{3}+bp$，即公司向每个参保者收取 $\left(\frac{b}{3}+bp\right)$ 元保险金，便可从这笔业务中获利 $\frac{b}{3}$ 元.

12. **解** 设每毫升白细胞数为 X，依题意，$E(X)=7300$，$D(X)=700^2$. 所求概率为

$$\begin{aligned}P\{5200\leqslant X\leqslant 9400\} &= P\{5200-7300\leqslant X-7300\leqslant 9400-7300\}\\ &= P\{-2100\leqslant X-E(X)\leqslant 2100\}\\ &= P\{|X-E(X)|\leqslant 2100\},\end{aligned}$$

由切比雪夫不等式，得

$$P\{|X-E(X)|\leqslant 2100\}\geqslant 1-\frac{D(X)}{2100^2}=1-\frac{700^2}{2100^2}=1-\frac{1}{9}=\frac{8}{9}.$$

(C 层)

1. **解**　设 $A_i=\{$第 i 次取得黑球$\}(i=1,2,3,4)$,则

$P\{X=0\}=P(A_1)=\frac{7}{10}$, $P(X=1)=P(\overline{A}_1A_2)=\frac{3}{10}\times\frac{7}{9}=\frac{7}{30}$,

$P\{X=2\}=P(\overline{A}_1\overline{A}_2A_3)=\frac{3}{10}\times\frac{2}{9}\times\frac{7}{8}=\frac{7}{120}$,

$P\{X=3\}=P(\overline{A}_1\overline{A}_2\overline{A}_3A_4)=\frac{3}{10}\times\frac{2}{9}\times\frac{1}{8}\times\frac{7}{7}=\frac{1}{120}$,

故所求 X 的概率分布为

X	0	1	2	3
p_k	$\frac{7}{10}$	$\frac{7}{30}$	$\frac{7}{120}$	$\frac{1}{120}$

2. **解**　依题意,X 只取两个值 x_1,x_2,于是

$$E(X)=\frac{3}{5}x_1+\frac{2}{5}x_2=\frac{7}{5},$$

$$D(X)=E(X^2)-E^2(X)=\frac{3}{5}{x_1}^2+\frac{2}{5}{x_2}^2-\left(\frac{7}{5}\right)^2=\frac{6}{25},$$

解得 $x_1=1,x_2=2$ 或 $x_1=\frac{9}{5},x_2=\frac{4}{5}$(已知 $x_1<x_2$,舍去),故得 X 的概率分布为

X	1	2
p_k	$\frac{3}{5}$	$\frac{2}{5}$

3. **解**　$P\{Y=1\}=P\left\{\frac{X(3-X)}{2}=1\right\}=P\{X=1\}+P\{X=2\}$

$$=C_3^1(0.4)^1(0.6)^2+C_3^2(0.4)^2(0.6)^1=0.72.$$

4. **解**　由 $P\{X=k\}=\frac{c}{2^k}\geqslant 0$,得 $c\geqslant 0$.

又由 $\sum\limits_{k=1}^{3}P\{\xi=k\}=1$,知

$$\sum_{k=1}^{3}P\{\xi=k\}=\sum_{k=1}^{3}\frac{c}{2^k}=1,\text{即 } c\cdot\sum_{k=1}^{3}\frac{1}{2^k}=1,$$

得 $c=\frac{8}{7}$.

5. **解** 设随机变量 ξ 的概率分布为

ξ	-2	-1	0	1	2
$P\{\xi=x_i\}$	p_1	p_2	p_3	p_4	p_5

由 $P\{-1<\xi<2\}=0.4$,可得 $P\{\xi=0\}+P\{\xi=1\}=p_3+p_4=0.4$,由 $P\{\xi=0\}=0.3$,可得 $p_3=0.3$.

由 $P\{|\xi|\leqslant 1\}=0.6$,可得 $P\{\xi=-1\}+P\{\xi=0\}+P\{\xi=1\}=p_2+p_3+p_4=0.6$,

由 $P\{\xi\geqslant 2\}=P\{|\xi|=1\}$,可得 $P\{\xi=2\}=P\{\xi=-1\}+P\{\xi=1\}$,得 $p_5=p_2+p_4$,

再由离散型随机变量的概率分布性质,可知:

$$p_1+p_2+p_3+p_4+p_5=1,$$

因此 $p_1=0.1,p_2=0.2,p_3=0.3,p_4=0.1,p_5=0.3$,从而可得所求概率分布为

ξ	-2	-1	0	1	2
$P\{\xi=x_i\}$	0.1	0.2	0.3	0.1	0.3

6. **解** ξ 的可能取值是 0、1、2. 依题意,有

$$P\{\xi=0\}=\frac{1}{6},P\{\xi=1\}=\frac{2}{6},P\{\xi=2\}=\frac{3}{6}.$$

由分布函数的定义:$F(x)=P\{\xi\leqslant x\}$,

(1) 当 $x<0$ 时,“$\xi\leqslant x$”是不可能事件,此时 $F(x)=0$;

(2) 当 $0\leqslant x<1$ 时,$F(x)=P\{\xi\leqslant x\}=P\{\xi=0\}=\frac{1}{6}$;

(3) 当 $1\leqslant x<2$ 时,$F(x)=P\{\xi\leqslant x\}=P\{\xi=0\}+P\{\xi=1\}=\frac{1}{6}+\frac{2}{6}=\frac{1}{2}$;

(4) 当 $x\geqslant 2$ 时,“$\xi\leqslant x$”是必然事件,有 $F(x)=1$.

故所求的 ξ 的分布函数为

$$F(x)=\begin{cases}0 & x<0\\ \frac{1}{6} & 0\leqslant x<1\\ \frac{1}{2} & 1\leqslant x<2\\ 1 & 2\leqslant x\end{cases}.$$

7. **解** (1) $f(x)=F'(x)=\begin{cases} xe^{-\frac{x^2}{2}} & x>0 \\ 0 & x\leqslant 0 \end{cases}$.

(2) X 落在区间 $(1,2]$ 的概率为

$$P\{1<X\leqslant 2\}=F(2)-F(1)=(1-e^{-\frac{2^2}{2}})-(1-e^{-\frac{1^2}{2}})=e^{-0.5}-e^{-2}.$$

8. **解** 由题意有 $P\{t<X\leqslant t+\Delta t \mid X>t\}=\lambda\Delta t+o(\Delta t)$.

$$\begin{aligned} P\{t<X\leqslant t+\Delta t \mid X>t\} &= \frac{P\{t<X\leqslant t+\Delta t \cap X>t\}}{P\{X>t\}} \\ &= \frac{P\{t<X\leqslant t+\Delta t\}}{P\{X>t\}} \\ &= \frac{F(t+\Delta t)-F(t)}{1-F(t)}, \end{aligned}$$

$$\Rightarrow \frac{F(t+\Delta t)-F(t)}{1-F(t)}=\lambda\Delta t+o(\Delta t)$$

$$\Rightarrow \frac{F(t+\Delta t)-F(t)}{\Delta t}=[1-F(t)]\left[\lambda+\frac{o(\Delta t)}{\Delta t}\right],$$

令 $\Delta t\to 0\Rightarrow F'(t)=\lambda[1-F(t)]$，由 $F(t)=1-Ce^{-\lambda t}$，$F(0)=P\{X\leqslant 0\}=0$，得 $C=1$，故所求的电子管的寿命 X 的分布函数为

$$F(t)=1-e^{-\lambda t}, t\geqslant 0.$$

9. **解** 由 $F_1(x)$、$F_2(x)$ 为分布函数，得 $\lim\limits_{x\to+\infty}F_1(x)=1$，$\lim\limits_{x\to+\infty}F_2(x)=1$，要使 $F(x)=aF_1(x)-bF_2(x)$ 为分布函数，则

$$\lim_{x\to+\infty}F(x)=a\cdot\lim_{x\to+\infty}F_1(x)-b\cdot\lim_{x\to+\infty}F_2(x)=a-b=1,$$

这也说明，$F_1(x)-F_2(x)$ 不是分布函数.

10. **解** (1) 利用密度函数的性质

$$\int_{-\infty}^{+\infty}f(x)dx=1, \text{知}\int_{-\infty}^{+\infty}Ae^{-|x|}dx=A\int_{-\infty}^{+\infty}e^{-|x|}dx,$$

而 $\int_{-\infty}^{+\infty}e^{-|x|}dx=2\int_0^{+\infty}e^{-x}dx=-2e^{-x}\Big|_0^{+\infty}=2$，得 $A=\frac{1}{2}$，故有 $f(x)=\frac{1}{2}e^{-|x|}(-\infty<x<+\infty)$.

(2) 所求概率为

$$\begin{aligned} P\{0<X<1\} &= \int_0^1 f(x)dx=\int_0^1\frac{1}{2}e^{-|x|}dx=\frac{1}{2}\int_0^1 e^{-x}dx \\ &= \frac{1}{2}(1-e^{-1}). \end{aligned}$$

(3) $F(x)=\int_{-\infty}^{x}\frac{1}{2}e^{-|t|}dt$,

当 $x\leqslant 0$ 时, $F(x)=\int_{-\infty}^{x}\frac{1}{2}e^{-|t|}dt=\int_{-\infty}^{x}\frac{1}{2}e^{t}dt=\frac{1}{2}e^{x}$;

当 $x>0$ 时, $F(x)=\int_{-\infty}^{x}\frac{1}{2}e^{-|t|}dt=\frac{1}{2}\int_{-\infty}^{0}e^{t}dt+\frac{1}{2}\int_{0}^{x}e^{-t}dt$

$$=\frac{1}{2}[1+(1-e^{-x})]=1-\frac{1}{2}e^{-x}.$$

故所求的随机变量 X 的分布函数为

$$F(x)=\begin{cases}\frac{1}{2}e^{x} & x\leqslant 0\\ 1-\frac{1}{2}e^{-x} & x>0\end{cases}.$$

11. **解**　根据题意,随机变量 η 的分布函数 $F_{\eta}(x)$ 为

当 $x<0$ 时, $F_{\eta}(x)=P\{\xi^{2}\leqslant x\}$,而 $\xi^{2}\leqslant x<0$ 是不可能的,故 $F_{\eta}(x)=0$;

当 $x\geqslant 0$ 时, $F_{\eta}(x)=P\{\xi^{2}\leqslant x\}=P\{-\sqrt{x}\leqslant\xi\leqslant\sqrt{x}\}=F_{\xi}(\sqrt{x})-F_{\xi}(-\sqrt{x})$,因此随机变量 $\eta=\xi^{2}$ 的分布函数是

$$F_{\eta}(x)=\begin{cases}F_{\xi}(\sqrt{x})-F_{\xi}(-\sqrt{x}) & x\geqslant 0\\ 0 & x<0\end{cases}.$$

12. **解**　由分布函数的定义,有 $F_{Y}(y)=P\{Y\leqslant y\}$. 已知 $F(x)$ 为分布函数,有 $0\leqslant F(x)\leqslant 1$,故

当 $y<0$ 时, $F_{Y}(y)=0$;

当 $y\geqslant 1$ 时, $F_{Y}(y)=1$;

当 $0\leqslant y<1$ 时, $F_{Y}(y)=P\{X\leqslant F^{-1}(y)\}$(因 $F(x)$ 严格单调增加)

$$=F[F^{-1}(y)]=y.$$

故所求的分布函数为

$$F_{Y}(y)=\begin{cases}0 & y<0\\ y & 0\leqslant y<1\\ 1 & y\geqslant 1\end{cases},$$

故所求的密度函数为

$$f_{Y}(y)=F_{Y}'(y)=\begin{cases}1 & 0\leqslant y\leqslant 1\\ 0 & \text{其他}\end{cases}\text{(这里规定 } f_{Y}(1)=1\text{)},$$

即 $Y\sim U[0,1]$.

13. **解** 对于该厂生产的每台仪器，用 A 表示“仪器需进一步测试”，B 表示“仪器能出厂”，则 $\overline{A}$ 表示“仪器能直接出厂”，AB 表示“仪器需进一步调试且能出厂”，于是

$$B=\overline{A}\cup AB, P(A)=0.30, P(B\mid A)=0,80,$$
$$P(AB)=P(A)\cdot P(B\mid A)=0.30\times 0.80=0.24,$$
$$P(B)=P(\overline{A}\cup AB)=P(\overline{A})+P(AB)=0.70+0.24=0.94.$$

设 X 为所生产的 n 台仪器中能出厂的台数，则 $X\sim B(n,0.94)$，于是

(1)$p_1=P\{X=n\}=C_n^n(0.94)^n(1-0.94)^0=(0.94)^n$.

(2)$p_2=P\{X=n-2\}=C_n^{n-2}(0.94)^{n-2}(0.06)^2=C_n^2(0.94)^{n-2}(0.06)^2$.

(3)$p_3=P\{X\leqslant n-2\}=1-P\{X=n-1\}-P\{X=n\}=1-n\times 0.94^{n-1}\times 0.06-0.94^n$.

14. **解** 先考虑第一种方案，用 A_i 表示第 i 人维护的 20 台中发生故障而不能及时维修的事件($i=1,2,3,4$)，X 表示第 1 人维护的 20 台同时刻发生故障的台数，则 80 台中发生故障而来不及维修的概率为

$$\begin{aligned}
&P\{A_1\cup A_2\cup A_3\cup A_4\}\geqslant P(A_1)=P\{X\geqslant 2\}\\
&=1-P\{X=0\}-P\{X=1\}\\
&=1-C_{20}^0(0.01)^0(0.99)^{20}-C_{20}^1(0.01)^1(0.99)^{19}\\
&=1-\frac{0.2^0}{0!}e^{-0.2}-\frac{0.2^1}{1!}e^{-0.2}(\lambda=np=20\times 0.01=0.2)\\
&\approx 0.0175.
\end{aligned}$$

再考虑第二种方案．用 Y 表示 80 台同一时刻发生故障的台数，则 $Y\sim B(80,0.01)$，$\lambda=np=80\times 0.01=0.8$，故 80 台中发生故障而不能及时维修的概率为

$$P\{Y\geqslant 4\}\approx\sum_{k=4}^{80}\frac{(0.8)^k}{k!}e^{-0.8}\approx 0.0091.$$

比较可知，第二种方案较优.

自测题

(A层)

一、填空题

1. 设随机变量 X 服从二项分布 $B(n,p)$，且 $E(X)=6$，$D(X)=3.6$，则 $n=$ ________，$p=$ ________.

2. 随机变量 $X\sim N(2,4)$，则 $D(2X+5)=$ ________.

3. 设随机变量 X 的均值 $E(X)=3$，方差 $D(X)=2$，则 $E(X^2)=$ ________.

4. 随机变量 X 的分布函数为 $F(x)=\begin{cases}1-\mathrm{e}^{-2x} & x>0\\ 0 & \text{其他}\end{cases}$，则 $E(X)=$ ________，$D(X)=$ ________.

5. 某离散型随机变量 X 的分布函数为 $F(x)=\begin{cases}0 & x<-1\\ 0.7 & -1\leqslant x<0\\ 0.9 & 0\leqslant x<1\\ 1 & 1\leqslant x\end{cases}$，则 $P\{X=0\}=$ ________.

6. 设随机变量 X 的分布函数为 $F(x)=\begin{cases}0 & x<-1\\ 0.3 & -1\leqslant x<1\\ 0.8 & 1\leqslant x<2\\ 1 & 2\leqslant x\end{cases}$，则 X 的概率分布为________.

二、选择题

1. 下列函数中，(　　)是随机变量 X 的分布函数.

(A) $F(x)=\begin{cases}0 & x<-2\\ \dfrac{1}{2} & -2\leqslant x<0\\ 2 & x\geqslant 0\end{cases}$　　(B) $F(x)=\begin{cases}0 & x<0\\ \sin x & 0\leqslant x<\pi\\ 1 & x\geqslant \pi\end{cases}$

(C)$F(x)=\begin{cases}0 & x<0\\ \sin x & 0\leqslant x<\frac{\pi}{2}\\ 1 & x\geqslant\frac{\pi}{2}\end{cases}$　　(D)$F(x)=\begin{cases}0 & x<0\\ x+\frac{1}{4} & 0\leqslant x\leqslant\frac{1}{2}\\ 1 & x>\frac{1}{2}\end{cases}$

2. 设随机变量 X 的概率分布为

X	-2	-1	0	1	2
p_k	0.2	0	0.4	0.1	0.3

则 $Y=X^2$ 的概率分布为(　　).

(A)

$Y=X^2$	4	1	0	1	4
p_k	0.2	0	0.4	0.1	0.3

(B)

$Y=X^2$	4	1	0	1	4
p_k	0.04	0	0.16	0.01	0.09

(C)

$Y=X^2$	0	1	4
p_k	0.16	(0+0.01)	(0.04+0.09)

(D)

$Y=X^2$	0	1	4
p_k	0.4	0.1	0.5

3. 设离散型随机变量 X 的概率分布为

X	-1	0	1	2
p_k	0.1	0.2	0.3	0.4

其分布函数为 $F(x)$,则 $F\left(\frac{3}{2}\right)=$(　　).

(A)0.1　　(B)0.3　　(C)0.6　　(D)1.0

4. 设随机变量 X 服从参数为 λ 的泊松分布,则 $\frac{D(X)}{E(X)}=$(　　).

(A)1　　(B)λ　　(C)2　　(D)4

5. 设随机变量 X 的密度函数为 $f(x)=\begin{cases}A\sin x & x\in(0,\pi)\\ 0 & \text{其他}\end{cases}$,则 $A=$(　　).

(A)1　　(B) $\frac{1}{2}$　　(C) $\frac{1}{4}$　　(D)2

6. 设随机变量 X 的概率密度为 $f(x)=\frac{1}{2\sqrt{\pi}}e^{-\frac{(x+3)^2}{4}}$，$-\infty<x<\infty$，则服从标准正态分布的随机变量是(　　).

(A) $\frac{X+3}{2}$　　(B) $\frac{X+3}{\sqrt{2}}$　　(C) $\frac{X-3}{2}$　　(D) $\frac{X-3}{\sqrt{2}}$

7. 设随机变量 $X\sim N(-1,\sigma^2)$ 且 $P\{-3\leqslant X\leqslant -1\}=0.4$，则 $P\{X\geqslant 1\}=$(　　).

(A)0.1　　(B)0.2　　(C)0.3　　(D)0.5

8. 设随机变量 X 服从参数为 λ 的泊松分布($\lambda>0$)，则下列结论不正确的是(　　).

(A) $\frac{E(X)}{D(X)}=1$　　(B) $E(X^2)=E(X)[E(X)+1]$

(C) $E(X)=\lambda$　　(D) $E[(X-\lambda)^2]=0$

9. $X\sim N(1,3^2)$，则下列结论中不正确的是(　　).

(A) $E(X)=1$　　(B) $D(X)=3$

(C) $P\{X=1\}=0$　　(D) $P\{X>1\}=\frac{1}{2}$

10. 设 $F(x)=P\{X\leqslant x\}$ 是随机变量 X 的分布函数，则下列结论错误的是(　　).

(A) $F(x)$ 是定义在 $(-\infty,+\infty)$ 上的函数

(B) $\lim\limits_{x\to+\infty}F(x)-\lim\limits_{x\to-\infty}F(x)=1$

(C) $P\{a<X<b\}=F(b)-F(a)$

(D) 对一切实数 x，有 $0<F(x)<1$

三、解答题

1. 设随机变量 $X\sim N(2,3^2)$，试求常数 c，使 $P\{X>c\}=P\{X\leqslant c\}$.

2. 设随机变量 X 的概率分布为 $P\{X=k\}=\frac{k}{N}$，$k=1,2,3,4,5$，试求：

(1) N；

(2) $P\{X=1 或 X=2\}$；

(3) $P\left\{\frac{1}{2}<X<\frac{5}{2}\right\}$；

(4) $P\{1\leqslant X\leqslant 2\}$.

3. 设某一连续型随机变量 X 的密度函数为

$$f(x)=\begin{cases}A\sqrt{1-x^2} & -1\leqslant x\leqslant 1,\\ 0 & 其他\end{cases}$$

试求：(1)A；(2)X 的分布函数.

4. 设随机变量 X 的分布函数为

$$F(x)=\begin{cases}A-(1+x)\mathrm{e}^{-x} & x>0,\\ 0 & 其他\end{cases}$$

试求：(1) 常数 A；(2)X 的密度函数 $f(x)$；(3)$P\{X\leqslant 1\}$.

5. 某类灯泡使用时数在1000小时以上的概率为0.2，试求三个灯光泡在1000小时后最多只有一个坏了的概率.

6. 设某项竞赛成绩 $X\sim N(68,100)$，若按参赛人数的10%发奖，问获奖分数线应定为多少？

7. 设随机变量 X 在[1,6]上服从均匀分布，对 X 进行三次独立观察，试求至少有两次观测值大于3的概率.

8. 设 X 表示10次独立重复射击中命中目标的次数，每次命中目标的概率为0.7，试求 X^2 的数学期望 $E(X^2)$.

9. 甲、乙两人生产电子元件的个数 X 和 Y 的概率分布分别为

(甲)X	900	1000	1100
p_k	0.1	0.8	0.1

(乙)X	950	1000	1050
p_k	0.3	0.4	0.3

问哪个人生产电子元件的效率较高？

(B 层)

一、填空题

1. 设随机变量 X 服从参数为 λ 的泊松分布且 $P\{X=1\}=P\{X=3\}$，则 $E(X)=$ ________，$D(X)=$ ________.

2. 设随机变量 $X\sim B(2,p)$，$Y\sim B(3,p)$，若 $P\{X\geqslant 1\}=\frac{5}{9}$，则 $P\{Y\geqslant 1\}=$ ________.

3. 设随机变量 X 服从均值为10，均方差为0.06的正态分布，已知 $\Phi(x)=\int_{-\infty}^{x}\frac{1}{\sqrt{2\pi}}\mathrm{e}^{-\frac{t^2}{2}}\mathrm{d}t$，$\Phi(2.5)=0.9938$，则 X 落在区间(9.85,10.15)内的概率为

________.

4. 设随机变量 X 的密度函数为 $f(x)=\begin{cases}\dfrac{c}{\sqrt[3]{x}} & 0<x<1\\ 0 & 其他\end{cases}$，则常数 $c=$ ________.

5. $P\{X=k\}=a\cdot\left(\dfrac{2}{3}\right)^k, k=1,2,3,\cdots$，则 $a=$ ________.

6. 设随机变量 X 的分布函数为 $F(x)=\begin{cases}0 & x<0\\ A\sin x & 0\leqslant x<\dfrac{\pi}{2}\\ 1 & x\geqslant\dfrac{\pi}{2}\end{cases}$，则 $P\left\{|X|<\dfrac{\pi}{6}\right\}=$ ________.

7. 设 X 是区间$[0,1]$上的连续型随机变量，$P(X\leqslant 0.3)=0.8$，则 $P\{Y\leqslant 0.7\}=$ ________.

二、选择题

1. 设函数 $F(x)=\begin{cases}0 & x\leqslant 0\\ \dfrac{x}{3} & 0<x\leqslant 1\\ 1 & x>1\end{cases}$，则(　　).

(A)$F(x)$ 是随机变量 X 的分布函数

(B)$F(x)$ 不是分布函数

(C)$F(x)$ 是离散型随机变量的分布函数

(D)$F(x)$ 是连续型随机变量的分布函数

2. 设 X_1、X_2、X_3 服从$[0,2]$上的均匀分布，则 $E(3X_1-X_2+3X_3)=$ (　　).

(A)1　　(B)3　　(C)2　　(D)4

3. 已知 $X\sim N(2,2^2)$，且 $aX+b\sim N(0,1)$，则(　　).

(A)$a=2, b=-2$　　(B)$a=-2, b=-1$

(C)$a=\dfrac{1}{2}, b=-1$　　(D)$a=-\dfrac{1}{2}, b=-1$

4. 随机变量 X 服从正态分布 $N(\mu,\sigma^2)$，则随着 σ^2 的增大，概率 $P\{|X-\mu|<3\sigma\}$将会(　　).

(A) 单调增加　　(B) 单调减少　　(C) 保持不变　　(D) 增减不定

5. 下列函数中,可以作为某一随机变量的分布函数的是(　　).

(A) $F(x)=\dfrac{1}{1+x^2}$

(B) $F(x)=\dfrac{1}{\pi}\arctan x+\dfrac{1}{2}$

(C) $F(x)=\begin{cases}\dfrac{1}{2}(1-e^{-x}) & x>0\\ 0 & x\leqslant 0\end{cases}$

(D) $F(x)=\int_{-\infty}^{x}f(t)\mathrm{d}t$,其中$\int_{-\infty}^{+\infty}f(t)\mathrm{d}t=1$

6. 设随机变量 $X\sim N(\mu,3^2)$,$Y\sim N(\mu,5^2)$,记 $p_1=P\{X\leqslant\mu-3\}$,$p_2=P\{Y\geqslant\mu+5\}$,则(　　).

(A) 对任意实数 μ,有 $p_1=p_2$

(B) 对任意实数 μ,有 $p_1<p_2$

(C) 只对 μ 的个别值,才有 $p_1=p_2$

(D) 对任何实数 μ,都有 $p_1>p_2$

7. 设 $f(x)$,$g(x)$ 分别是随机变量 X 和 Y 的密度函数,则下列函数中是某随机变量的密度函数的是(　　).

(A) $f(x)g(x)$　　(B) $\dfrac{3}{5}f(x)+\dfrac{2}{5}g(x)$

(C) $2f(x)-3g(x)$　　(D) $2f(x)+g(x)-2$

8. 设随机变量 $X\sim N(0,1)$,$\Phi(x)$ 是 X 的分布函数,则 $\Phi(0)=$(　　).

(A) 0　　(B) $\dfrac{1}{2}$　　(C) $\dfrac{1}{\sqrt{2\pi}}$　　(D) 1

三、解答题

1. 设一批产品中有 10 件正品,3 件次品,现一件件地随机取出,分别求出在下列各情形中直到取得正品为止所需次数 X 的概率分布:

(1) 无放回抽取;(2) 有放回抽取;(3) 每次取出一件产品后,总放回一件正品,再抽取.

2. 设随机变量 X 的密度函数为

$$f(x)=\frac{A}{e^x+e^{-x}},$$

试求:(1) 常数 A;(2) $P\left\{0<X<\dfrac{1}{2}\ln 3\right\}$;(3) X 的分布函数.

3. 已知连续型随机变量 X 的分布函数为 $F(x)=\begin{cases}0 & x<a \\ x^2+c & a\leqslant x<b, \\ 1 & x\geqslant b\end{cases}$

且已知 $P\left\{X\leqslant\frac{1}{2}\right\}=\frac{1}{4}$，试确定常数 a、b、c 的值.

4. 已知连续型随机变量 $X\sim N(\mu,\sigma^2)$，试求 $Y=\mathrm{e}^X$ 的概率密度函数.

5. 将热水器的水温设定在 d℃，水温 X(以 ℃ 计算) 是一个随机变量且 $X\sim N(d,0.5^2)$，(1) 若 $d=53$℃，求 X 小于 52℃ 的概率；(2) 若要求保持水温至少为 50℃ 的概率不低于 0.99，问 d 至少为多少？

(C 层)

一、填空题

1. 设随机变量 $X\sim N(\mu,2)$，且已知 $E(X^2)=3$，则 $\mu=$ ________，X 的密度函数为________.

2. 设随机变量 X 在区间 $[1,5]$ 上服从均匀分布，则方程 $x^2+Xx+1=0$ 有实根的概率是________.

3. 设随机变量 X 服从区间 $[0,3]$ 上的均匀分布，则随机变量 $Y=X^2$ 在 $[0,9]$ 上的概率密度为 $f_Y(y)=$ ________.

4. 设随机变量 X 的密度函数为 $f(x)=\begin{cases}2x & 0<x<1 \\ 0 & \text{其他}\end{cases}$，用 Y 表示对 X 的 5 次独立重复观察事件 $\left\{X\leqslant\frac{1}{3}\right\}$ 出现的次数，则 $P\{Y=4\}=$ ________.

5. 若随机变量 $X\sim N(1,\sigma^2)$，且已知 $P\{1<X<5\}=0.2$，则 $P\{X<-3\}=$ ________.

6. 设 X 是区间 $(0,1)$ 上的连续型随机变量，$P\{X\leqslant 0.3\}=0.6$，若 $Y=1-X$，则当常数 $c=$ ________ 时，有 $P\{Y\leqslant c\}=0.4$.

二、选择题

1. 设随机变量 X 的密度函数为 $f(x)$ 且 $f(-x)=f(x)$，$F(x)$ 是 X 的分布函数，则对任意实数 a，有(　　).

(A) $F(-a)=1-\int_0^a f(x)\mathrm{d}x$　　(B) $F(-a)=\frac{1}{2}-\int_0^a f(x)\mathrm{d}x$

(C) $F(-a)=F(a)$　　(D) $F(-a)=2F(a)-1$

2. 设 $X\sim N(1,1)$，密度函数为 $f(x)$，则下列式子中正确的是(　　).

(A)$P\{X\leqslant 0\}=P\{X\geqslant 0\}=0.5$
(B)$F(x)=F(-x),x\in(-\infty,+\infty)$
(C)$P\{X\leqslant 1\}=P\{X\geqslant 1\}=0.5$
(D)$F(x)=1-F(-x),x\in(-\infty,+\infty)$

3. 设随机变量 X 的均值 $E(X)$ 与方差 $D(X)$ 相等，则 X 不能服从(　　).

(A) 正态分布　(B) 指数分布　(C) 泊松分布　(D) 二项分布

4. 下列函数中不能作为某个随机变量的密度函数的是(　　).

(A)$f(x)=\begin{cases}\sin x & 0\leqslant x\leqslant \pi\\ 0 & \text{其他}\end{cases}$　(B)$f(x)=\begin{cases}\sin x & 0\leqslant x\leqslant \frac{\pi}{2}\\ 0 & \text{其他}\end{cases}$

(C)$f(x)=\begin{cases}\frac{1}{2}\sin x & 0\leqslant x\leqslant \pi\\ 0 & \text{其他}\end{cases}$　(D)$f(x)=\begin{cases}\cos x & 0\leqslant x\leqslant \frac{\pi}{2}\\ 0 & \text{其他}\end{cases}$

5. 设 X 的密度函数 $f(x)=\frac{1}{\pi(1+x^2)}$，则 $Y=2X$ 的密度函数为(　　).

(A) $\frac{1}{\pi(1+4x^2)}$　(B) $\frac{1}{\pi(4+x^2)}$　(C) $\frac{1}{\pi(1+x^2)}$　(D) $\frac{1}{\pi}\arctan x$

6. 对于任意两个随机变量 X 和 Y，若 $E(XY)=E(X)\cdot E(Y)$，则(　　).

(A)$D(XY)=D(X)\cdot D(Y)$　(B)X 和 Y 独立
(C)$D(X+Y)=D(X)+D(Y)$　(D)X 和 Y 不独立

7. 设 X 是随机变量且满足 $E(X)=\mu,D(X)=\sigma^2(\mu,\sigma>0$ 为常数)，则对任意常数 c，有(　　).

(A)$E[(X-c)^2]=E(X)^2-c^2$　(B)$E[(X-c)^2]=E[(X-\mu)^2]$
(C)$E[(X-c)^2]<E[(X-\mu)^2]$　(D)$E[(X-c)^2]\geqslant E[(X-\mu)^2]$

8. 随机变量 X 取非负数 k 为值，且 $P\{X=k\}=\frac{1}{\mathrm{e}k!}$，则 X 的数学期望 $E(X)=($　　).

(A) -1　(B)0　(C)1　(D)2

三、解答题

1. 设 X 是连续型随机变量，密度函数为

$$f(x)=\begin{cases}\frac{3}{8}x^2 & a\leqslant x\leqslant b\\ 0 & \text{其他}\end{cases},$$

又已知 $P\left\{a\leqslant X\leqslant \frac{a+b}{2}\right\}=\frac{1}{8}$，试确定 a 与 b 的值，并求 X 的分布函数 $F(x)$.

2. 设一个汽车站上，某路公共汽车每5分钟有一辆车到达，设乘客在5分钟内任一时刻到达是等可能的，试计算在车站候车的10位乘客中只有1位等的时间超过4分钟的概率.

3. 某种型号电池的使用寿命X近似服从正态分布$N(\mu,\sigma^2)$，已知其寿命在2250小时以上的概率和寿命不超过2350小时的概率均为91.92%，为使其寿命在$\mu-x$和$\mu+x$之间的概率不小于0.9，x至少应为多少?

4. 某企业准备通过招聘考试招收300名职工，其中正式工280人，临时工20人，报考的人数是1657人，考试满分是400分，考试后得知，考试总平均成绩，即$\mu=166$分. 360分以上的高分考生为31人. 某考生B得256分，问他能否被录取，能否被聘为正式工?

5. 假设公共汽车起点站于每时的10分、30分、50分发车，某乘客不知发车的时间，在每小时任意时刻到达车站是随机的，求乘客到达车站候车时间的数学期望.

6. 设某品牌的西服的需求量X服从区间[20,50]上的均匀分布，经销商店进货数量为[20,50]上的某一整数，商店每销售一套这种西服可获利400元；若供大于求则削价处理，每处理一套亏损100元；若供不应求，可从外部调剂供应，此时每套获利200元，为使商店所获利润期望值不小于12680元，试确定最少进货量.

7. 在每次试验中，事件A发生的概率为0.72，利用切比雪夫不等式求n，使得在n次独立试验中，事件A出现的频率在$0.71\sim0.73$之间的概率至少为0.90.

自测题参考答案

(A 层)

一、填空题

1.15,0.4.　2.16.　3.11.　4. $\frac{1}{2},\frac{1}{4}$.　5.0.2.

6.

X	-1	1	2
p_k	0.3	0.5	0.2

二、选择题

1.C.　2.D.　3.C.　4.A.　5.B.　6.B.　7.A.　8.D.　9.B.　10.D.

三、解答题

1. **解**　$P\{X > c\} = P\{X \leqslant c\} \Rightarrow 1 - P\{X \leqslant c\} = P\{X \leqslant c\} \Rightarrow$
$P\{X \leqslant c\} = \frac{1}{2}$,又 $X \sim N(2,3^2) \Rightarrow \Phi\left(\frac{c-2}{3}\right) = \frac{1}{2} \Rightarrow \frac{c-2}{3} = 0 \Rightarrow c = 2$.

2. **解**　(1) 由 $1 = \sum_{k=1}^{5} P\{X = k\} = \sum_{k=1}^{5} \frac{k}{N} = \frac{1}{N}(1+2+3+4+5)$,得 $N = 15$.

(2)$P\{X = 1$ 或 $X = 2\} = P\{X = 1\} + P\{X = 2\} = \frac{1}{15} + \frac{2}{15} = \frac{3}{15} = \frac{1}{5}$.

(3)$P\left\{\frac{1}{2} < X < \frac{5}{2}\right\} = P\{X = 1\} + P\{X = 2\} = \frac{1}{5}$.

(4)$P\{1 \leqslant X \leqslant 2\} = P\{X = 1\} + P\{X = 2\} = \frac{1}{5}$.

3. **解**　(1) 由 $\int_{-\infty}^{+\infty} f(x)\mathrm{d}x = 1$,得 $\int_{-1}^{1} A\sqrt{1-x^2}\,\mathrm{d}x = 1$,解得 $A = \frac{2}{\pi}$,

故密度函数为

$$f(x)=\begin{cases}\frac{2}{\pi}\sqrt{1-x^2} & -1\leqslant x\leqslant 1\\ 0 & 其他\end{cases}.$$

(2)$F(x)=\int_{-\infty}^{x}f(t)\mathrm{d}t$

① 当 $x<-1$ 时,$F(x)=0$;

② 当 $-1\leqslant x\leqslant 1$ 时,$F(x)=\int_{-\infty}^{-1}0\mathrm{d}t+\int_{-1}^{x}\frac{2}{\pi}\sqrt{1-t^2}\mathrm{d}t=\frac{x}{\pi}\sqrt{1-x^2}+\frac{1}{\pi}\arcsin x+\frac{1}{2}$;

③ 当 $x>1$ 时,$F(x)=\int_{-\infty}^{-1}0\mathrm{d}t+\int_{-1}^{1}\frac{2}{\pi}\sqrt{1-t^2}\mathrm{d}t+\int_{1}^{x}0\mathrm{d}t=1$.

故所求 X 的分布函数为

$$F(x)=\begin{cases}0 & x<-1\\ \frac{x}{\pi}\sqrt{1-x^2}+\frac{1}{\pi}\arcsin x+\frac{1}{2} & -1\leqslant x\leqslant 1.\\ 1 & x>1\end{cases}$$

4. **解** (1) 由 $F(+\infty)=1$,即 $\lim\limits_{x\to+\infty}F(x)=\lim\limits_{x\to+\infty}[A-(1+x)\mathrm{e}^{-x}]=A-0=1$,得 $A=1$.

(2)$f(x)=F'(x)=\begin{cases}[1-(1+x)\mathrm{e}^{-x}]' & x>0\\ 0 & 其他\end{cases}=\begin{cases}x\mathrm{e}^{-x} & x>0\\ 0 & 其他\end{cases}.$

(3)$P\{X\leqslant 1\}=F(1)=1-(1+1)\mathrm{e}^{-1}=1-2\mathrm{e}^{-1}$.

5. **解** 用 X 表示三个灯泡在使用 1000 小时已坏的灯泡数,则 $X\sim B(3,0.8)$,

$$P\{X=k\}=\mathrm{C}_3^k(0.8)^k(1-0.8)^{3-k},k=0,1,2,3.$$

所求事件的概率

$$P\{X\leqslant 1\}=P\{X=0\}+P\{X=1\}=(0.2)^3-\mathrm{C}_3^1(0.8)\cdot(0.2)^2=0.104.$$

6. **解** 设获奖分数线为 x_0,求使 $P\{X\geqslant x_0\}=0.1$ 成立的 x_0.

因 $P\{X\geqslant x_0\}=1-\Phi\left(\frac{x_0-68}{10}\right)=0.1$,即 $\Phi\left(\frac{x_0-68}{10}\right)=0.9$,查正态分布表,得 $\frac{x_0-68}{10}=1.29$,解得 $x_0=80.9$,故分数线可定为 81.

7. **解** $X\sim U[1,6]$,X 的密度函数为

$$f(x)=\begin{cases}\frac{1}{5} & 1\leqslant x\leqslant 6\\ 0 & 其他\end{cases},$$

记事件 $A=\{X>3\}$，则 $P(A)=P\{X>3\}=\int_3^6 \frac{1}{5}\mathrm{d}x=\frac{3}{5}$.

设事件 Y 表示"三次独立观察中事件 $\{X>3\}$ 出现的次数"，则 $Y\sim B\left(3,\frac{3}{5}\right)$，故所求事件的概率为

$$P\{Y\geqslant 2\}=\mathrm{C}_3^2\left(\frac{3}{5}\right)^2\left(\frac{2}{5}\right)+\mathrm{C}_3^3\left(\frac{3}{5}\right)^3\left(\frac{2}{5}\right)^0=\frac{81}{125}.$$

8. **解** 依题意，$X\sim B(10,0.7)$，故 $E(X)=10\times 0.7=7$，$D(X)=10\times 0.7\times(1-0.7)=2.1$，从而 $E(X^2)=D(X)+E^2(X)=2.1+7^2=51.1$.

9. **解** $E(X)=900\times 0.1+1000\times 0.8+1100\times 0.1=1000$，

$$E(Y)=950\times 0.3+1000\times 0.4+1050\times 0.3=1000,$$

得 $E(X)=E(Y)$，说明生产个数的平均数相同.

$$\begin{aligned}D(X)&=E[(X-\overline{X})^2]\\&=(900-1000)^2\times 0.1+(1000-1000)^2\times 0.8+\\&\quad(1100-1000)^2\times 0.1\\&=2000,\\D(Y)&=E[(Y-\overline{Y})^2]\\&=(1000-950)^2\times 0.3+(1000-1000)^2\times 0.4+\\&\quad(1050-1000)^2\times 0.3\\&=1500,\end{aligned}$$

故 $D(X)>D(Y)$，说明乙生产电子元件效率较高.

（B 层）

一、填空题

1. $\sqrt{6}$，$\sqrt{6}$.

分析 依题意，$X\sim P(\lambda)$，$\frac{\lambda^1}{1!}\mathrm{e}^{-\lambda}=\frac{\lambda^3}{3!}\mathrm{e}^{-\lambda}$，得 $\lambda=\sqrt{6}$，故 $E(X)=D(X)=\lambda=\sqrt{6}$.

2. $\frac{19}{27}$.

分析 $\frac{5}{9}=P\{X\geqslant 1\}=1-P\{X=0\}=1-\mathrm{C}_2^0p^0(1-p)^{2-0}$，解得 p

$=\dfrac{1}{3}$,故

$$P\{Y\geqslant 1\}=1-P\{Y=0\}=1-C_3^0\left(\frac{1}{3}\right)^0\left(1-\frac{1}{3}\right)^{3-0}=\frac{19}{27}.$$

3. 0.9876.

分析 由 $X\sim N(10,0.06^2)$,得 $\dfrac{X-10}{0.06}\sim N(0,1)$,

$$\begin{aligned}P\{9.85\leqslant X\leqslant 10.15\}&=P\left\{-2.5\leqslant\frac{X-10}{0.06}\leqslant 2.5\right\}\\&=2\Phi(2.5)-1=0.9876.\end{aligned}$$

4. $\dfrac{2}{3}$.

分析 $1=\int_{-\infty}^{+\infty}f(x)\mathrm{d}x=c\int_0^1\dfrac{1}{\sqrt[3]{x}}\mathrm{d}x=\dfrac{3}{2}c$,得 $c=\dfrac{2}{3}$.

5. $\dfrac{1}{2}$.

分析 $\sum\limits_k P\{X=k\}=a\cdot\sum\limits_k\left(\dfrac{2}{3}\right)^k=a\cdot\dfrac{\frac{2}{3}}{1-\frac{2}{3}}=1$,得 $a=\dfrac{1}{2}$.

6. $\dfrac{1}{2}$.

分析 $\lim\limits_{x\to\frac{\pi}{2}^-}F(x)=\lim\limits_{x\to\frac{\pi}{2}^-}A\sin x=A$,$\lim\limits_{x\to\frac{\pi}{2}^+}F(x)=1$,由 $F(x)$ 在 $x=\dfrac{\pi}{2}$ 处连续,得 $A=1$,故

$$\begin{aligned}P\left\{|X|<\frac{\pi}{6}\right\}&=P\left\{-\frac{\pi}{6}<X<\frac{\pi}{6}\right\}=F\left(\frac{\pi}{6}\right)-F\left(-\frac{\pi}{6}\right)\\&=\sin\left(\frac{\pi}{6}\right)-0=\frac{1}{2}.\end{aligned}$$

7. 0.2.

分析 $$\begin{aligned}P\{Y\leqslant 0.7\}&=P\{1-X\leqslant 0.7\}=P\{X\geqslant 1-0.7\}\\&=1-P\{x\leqslant 0.3\}=1-0.8=0.2.\end{aligned}$$

二、选择题

1. B. 2. D. 3. C. 4. C. 5. B.

6. A.

分析 $p_1=P\{X\leqslant\mu-3\}=P\left\{\dfrac{X-\mu}{3}<-1\right\}=\Phi(-1)=1-\Phi(1)$,

$p_2=P\{Y\geqslant\mu+5\}=P\left\{\frac{Y-\mu}{5}\geqslant 1\right\}=1-\Phi(1)$，得 $p_1=p_2$，故选 A.

7. B.

分析 $f(x)g(x)$ 在 $(-\infty,+\infty)$ 内的积分不一定等于1，故排除 A；而 C、D 均可能为负，故排除 C、D，只能选 B.

8. B.

分析 由 $X\sim N(0,1)$，其密度函数关于 y 轴对称，故 $\Phi(0)=\frac{1}{2}$.

三、解答题

1. **解** (1)

X	1	2	3	4
p_k	$\frac{10}{13}$	$\frac{3}{13}\cdot\frac{10}{12}$	$\frac{3}{13}\cdot\frac{2}{12}\cdot\frac{10}{11}$	$\frac{3}{13}\cdot\frac{2}{12}\cdot\frac{1}{11}$

(2) $P\{X=k\}=\left(\frac{3}{13}\right)^{k-1}\cdot\frac{10}{13},k=1,2,\cdots$.

(3)

X	1	2	3	4
p_k	$\frac{10}{13}$	$\frac{3}{13}\cdot\frac{11}{13}$	$\frac{3}{13}\cdot\frac{2}{13}\cdot\frac{12}{13}$	$\frac{3}{13}\cdot\frac{2}{13}\cdot\frac{1}{13}\cdot 1$

2. **解** (1) 由 $\int_{-\infty}^{+\infty}f(x)\mathrm{d}x=1$，即 $\int_{-\infty}^{+\infty}f(x)\mathrm{d}x=A\int_{-\infty}^{+\infty}\frac{\mathrm{e}^x}{1+(\mathrm{e}^x)^2}\mathrm{d}x=A\cdot\arctan\mathrm{e}^x\Big|_{-\infty}^{+\infty}=\frac{\pi}{2}A=1$，得 $A=\frac{2}{\pi}$.

$$(2)P\left\{0<X<\frac{1}{2}\ln 3\right\}=\frac{2}{\pi}\int_0^{\frac{1}{2}\ln 3}\frac{\mathrm{d}x}{\mathrm{e}^x+\mathrm{e}^{-x}}=\frac{2}{\pi}\cdot\arctan\mathrm{e}^x\Big|_0^{\frac{1}{2}\ln 3}$$

$$=\frac{2}{\pi}\left(\frac{\pi}{3}-\frac{\pi}{4}\right)=\frac{1}{6}.$$

$$(3)F(x)=\int_{-\infty}^{x}f(t)\mathrm{d}t=\frac{2}{\pi}\int_{-\infty}^{x}\frac{\mathrm{d}t}{\mathrm{e}^{-t}+\mathrm{e}^t}=\frac{2}{\pi}\arctan\mathrm{e}^x.$$

3. **解** 因为 $P\{X\leqslant x\}=F(x)$，故 $a>\frac{1}{2}$，否则与 $P\left\{X\leqslant\frac{1}{2}\right\}=\frac{1}{4}\neq 0$ 矛盾.

又 $P\left\{X>\frac{1}{2}\right\}=1-P\left\{X\leqslant\frac{1}{2}\right\}=\frac{3}{4}$，说明 $b>\frac{1}{2}$，否则与 $P\left(X>\frac{1}{2}\right)=$

$\frac{3}{4} \neq 1$ 矛盾，因此有 $a < \frac{1}{2} < b$.

由题设，知 $\frac{1}{4} = P\left\{X \leqslant \frac{1}{2}\right\} = F\left(\frac{1}{2}\right) = \left(\frac{1}{2}\right)^2 + c$，得 $c = 0$.

又由连续型随机变量的分布函数也是连续的，知 $F(a) = F(a-0)$，$F(b) = F(b+0)$，即有 $\begin{cases} a^2 + c = 0 \\ b^2 + c = 1 \\ c = 0 \end{cases}$，又由 $a < b$，得 $a = 0, b = 1, c = 0$.

4. **解**　取 $y = \mathrm{e}^x$，其反函数为 $x = h(y) = \ln y$，$y > 0$，$y' = \mathrm{e}^x > 0$，$h'(y) = \frac{1}{y}$，因此 $Y = \mathrm{e}^X$ 的概率密度函数为

$$f_Y(y) = \begin{cases} \dfrac{1}{\sqrt{2\pi}\sigma}\exp\left[-\dfrac{1}{2}\left(\dfrac{\ln y - \mu}{\sigma}\right)^2\right] \cdot \left|\dfrac{1}{y}\right| & y > 0 \\ 0 & y \leqslant 0 \end{cases}$$

$$= \begin{cases} \dfrac{1}{\sqrt{2\pi}\sigma y}\exp\left[-\dfrac{1}{2}\left(\dfrac{\ln y - \mu}{\sigma}\right)^2\right] & y > 0 \\ 0 & y \leqslant 0 \end{cases}.$$

5. **解**　(1) 所求概率为

$$P\{X < 52\} = P\left\{\frac{X-53}{0.5} < \frac{52-53}{0.5}\right\} = \Phi\left(\frac{52-53}{0.5}\right) = \Phi(-2)$$
$$= 1 - \Phi(2) = 1 - 0.9772 = 0.0228.$$

(2) 按题意所求 d 满足

$$0.99 \leqslant P\{X \geqslant 50\} = P\left\{\frac{X-d}{0.5} \geqslant \frac{50-d}{0.5}\right\} = 1 - \Phi\left(\frac{50-d}{0.5}\right),$$

即

$$\Phi\left(\frac{50-d}{0.5}\right) \leqslant 1 - 0.99 = 1 - \Phi(2.325) = \Phi(-2.325),$$

亦即
$$\frac{50-d}{0.5} \leqslant -2.325,$$

解得 $d \geqslant 51.16$.

(C层)

一、填空题

1. $\pm 1, \frac{1}{2\sqrt{\pi}}\mathrm{e}^{-\frac{(x\pm 1)^2}{4}}, -\infty < x < +\infty$.

分析 $X \sim N(\mu,2)$，则 $E(X)=\mu, D(X)=2$，又 $E(X^2)=3$，而 $E(X^2)=D(X)+E^2(X)=2+\mu^2$，得 $\mu=\pm 1$，故 X 的密度函数为

$$f(x)=\frac{1}{\sqrt{2\pi}\cdot\sqrt{2}}\mathrm{e}^{-\frac{(x\pm 1)^2}{2\cdot 2}}=\frac{1}{2\sqrt{\pi}}\mathrm{e}^{-\frac{(x\pm 1)^2}{4}}, -\infty<x<+\infty.$$

2. $\frac{3}{4}$.

分析 方程 $x^2+Xx+1=0$ 有实根，则 $\Delta=X^2-4\geqslant 0$，即 $X\geqslant 2$ 或 $X\leqslant -2$. 由 $X\sim U(1,5)$，得 X 的概率密度为

$$f(x)=\begin{cases}\frac{1}{4} & 1<x<5\\ 0 & \text{其他}\end{cases},$$

故所求概率为

$P\{x^2+Xx+1=0\text{有实根}\}=P\{X\geqslant 2\}+P\{X\leqslant -2\}=\int_2^{+\infty}f(x)\mathrm{d}x=\int_2^5\frac{1}{4}\mathrm{d}x=\frac{3}{4}$.

3. $F_Y'(y)=\begin{cases}\frac{1}{6\sqrt{y}} & 0\leqslant y\leqslant 9\\ 0 & \text{其他}\end{cases}$.

解1 $F_Y(y)=P\{Y\leqslant y\}=P\{X\leqslant\sqrt{y}\}=\int_0^{\sqrt{y}}\frac{1}{3}\mathrm{d}x$

$$=\frac{1}{3}\sqrt{y}(0\leqslant y\leqslant 9),$$

故 $f_Y(y)=F_Y'(y)=\begin{cases}\frac{1}{6\sqrt{y}} & 0\leqslant y\leqslant 9\\ 0 & \text{其他}\end{cases}$.

解2 $y=x^2$ 的反函数为 $x=h(y)=\sqrt{y}, h'(y)=\frac{1}{2\sqrt{y}}, y'=2x$,

$$f_Y(y)=\begin{cases}\frac{1}{6\sqrt{y}} & 0\leqslant y\leqslant 9\\ 0 & \text{其他}\end{cases}.$$

4. $\frac{40}{9^5}$.

分析 依题意，$Y\sim B(5,p)$，其中 $p=P\left\{X\leqslant\frac{1}{3}\right\}=\int_0^{\frac{1}{3}}2x\mathrm{d}x=\frac{1}{9}$，故

$$P\{Y=4\}=C_5^4\left(\frac{1}{9}\right)^4\left(1-\frac{1}{9}\right)=\frac{40}{9^5}.$$

5. 0. 3.

分析　由 $X\sim N(1,\sigma^2)$，知 $\frac{X-1}{\sigma}\sim N(0,1)$，故

$P\{1<X<5\}=\Phi\left(\frac{5-1}{\sigma}\right)-\Phi\left(\frac{1-1}{\sigma}\right)=\Phi\left(\frac{4}{\sigma}\right)-0.5=0.2$，得 $\Phi\left(\frac{4}{\sigma}\right)=0.7$，

$$P\{X<-3\}=\Phi\left(\frac{-3-1}{\sigma}\right)=\Phi\left(\frac{-4}{\sigma}\right)=1-\Phi\left(\frac{4}{\sigma}\right)=1-0.7=0.3.$$

6. 0. 7.

分析　由 $P\{Y\leqslant c\}=P\{1-X\leqslant c\}=P\{X\geqslant 1-c\}=0.4$，可得 $P\{X\leqslant 1-c\}=0.6$，由已知 $P\{X\leqslant 0.3\}=0.6$，得 $1-c=0.3$，故 $c=0.7$.

二、选择题

1. **分析**　应选 B.

解 1　由 $f(-x)=f(x)$，得

$$\begin{aligned}F(0)&=\int_{-\infty}^{0}f(x)\mathrm{d}x\overset{-x=t}{=}-\int_{+\infty}^{0}f(-t)\mathrm{d}t=\int_{0}^{+\infty}f(t)\mathrm{d}t=\int_{0}^{+\infty}f(x)\mathrm{d}x\\&=1-\int_{-\infty}^{0}f(x)\mathrm{d}x=1-F(0),\end{aligned}$$

得 $F(0)=\frac{1}{2}$.

$$\begin{aligned}\text{又 } F(-a)&=\int_{-\infty}^{-a}f(x)\mathrm{d}x=\int_{a}^{+\infty}f(t)\mathrm{d}t=1-\int_{-\infty}^{a}f(x)\mathrm{d}x\\&=1-\left[\int_{-\infty}^{0}f(x)\mathrm{d}x+\int_{0}^{a}f(x)\mathrm{d}x\right]=1-\left[F(0)+\int_{0}^{a}f(x)\mathrm{d}x\right]\\&=\frac{1}{2}-\int_{0}^{a}f(x)\mathrm{d}x.\end{aligned}$$

解 2

$$\begin{aligned}F(-a)&=\int_{-\infty}^{-a}f(x)\mathrm{d}x\xlongequal{t=-x}-\int_{+\infty}^{a}f(-t)\mathrm{d}t\\&\xlongequal{f(-t)=f(t)}\int_{a}^{+\infty}f(t)\mathrm{d}t=\frac{1}{2}\left[1-\int_{-a}^{a}f(t)\mathrm{d}t\right]\\&\xlongequal{f(-t)=f(t)}\frac{1}{2}\left[1-2\int_{0}^{a}f(t)\mathrm{d}t\right]=\frac{1}{2}-\int_{0}^{a}f(x)\mathrm{d}x.\end{aligned}$$

2. **分析**　应选 C.

由 $X\sim N(1,1)$ 知，密度函数 $f(x)$ 的图像关于直线 $x=1$ 对称，故

$P\{X \leqslant 1\} = P\{X \geqslant 1\} = 0.5$.

3. D.　4. A.　5. B.

6. **分析**　应选 C.

若 X、Y 相互独立，则 $E(XY) = E(X) \cdot E(Y)$，但 $E(XY) = E(X) \cdot E(Y)$ $\nRightarrow X$ 与 Y 相互独立，又

$$\begin{aligned} D(X+Y) &= E[(X+Y)^2] - E^2(X+Y) \\ &= E(X^2) + 2E(XY) + E(Y^2) - [E^2(X) - 2E(X)E(Y) + \\ &\quad E^2(Y)] (\text{已知 } E(XY) = E(X) \cdot E(Y)) \\ &= D(X) + D(Y). \end{aligned}$$

7. **分析**　应选 D.

$$\begin{aligned} E[(X-c)^2] &= E[(X-\mu+\mu-c)^2] = E[(X-\mu)^2] + (\mu-c)^2 \\ &\geqslant E[(X-\mu)^2]. \end{aligned}$$

8. **分析**　应选 C.

$$\begin{aligned} E(X) &= \sum_{k=0}^{+\infty} k \cdot P\{X = k\} = \sum_{k=0}^{+\infty} k \cdot \frac{1}{\mathrm{e}k!} = \frac{1}{\mathrm{e}}\left(1 + \frac{1}{1!} + \frac{1}{2!} + \cdots\right) \\ &= \frac{1}{\mathrm{e}} \cdot \mathrm{e} = 1. \end{aligned}$$

三、解答题

1. **解**　由密度函数的性质

$$1 = \int_{-\infty}^{+\infty} f(x)\mathrm{d}x = \int_a^b \frac{3}{8}x^2 \mathrm{d}x = \frac{1}{8}(b^3 - a^3), \tag{1}$$

由题设，知

$$\frac{1}{8} = P\left\{a \leqslant X \leqslant \frac{a+b}{2}\right\} = \int_a^{\frac{a+b}{2}} \frac{3}{8}x^2 \mathrm{d}x = \frac{1}{8}\left[\left(\frac{a+b}{2}\right)^3 - a^3\right], \tag{2}$$

联立以上两个方程，即有

$$\begin{cases} b^3 - a^3 = 8 \\ (a+b)^3 - 8a^3 = 8 \end{cases} \Rightarrow (a+b)^3 - 8a^3 = b^3 - a^3 \Rightarrow a(2a+b)(a-b) = 0 \Rightarrow a$$

$= 0$ 或 $b = -2a$ 或 $b = a$.

① 当 $b = a$ 时，与题意不符，舍去；

② 当 $a = 0$ 时，代入方程(1)，解得 $b = 2$，此时密度函数为

$$f(x) = \begin{cases} \frac{3}{8}x^2 & 0 \leqslant x \leqslant 2 \\ 0 & \text{其他} \end{cases},$$

解得 X 的分布函数为

$$F(x)=\begin{cases}0 & x<0\\ \dfrac{x^3}{8} & 0\leqslant x\leqslant 2.\\ 1 & x>2\end{cases}$$

③ 当 $b=-2a$ 时，若 $a>0$ 时，则 $b<0$ 这与 $a<b$ 矛盾.

若 $a<0$ 时，则 $b=-2a>0$，代入方程(1)，解得 $a=-\sqrt[3]{\dfrac{8}{9}}$，$b=2\sqrt[3]{\dfrac{8}{9}}$，此时，密度函数为

$$f(x)=\begin{cases}\dfrac{3}{8}x^2 & -\sqrt[3]{\dfrac{8}{9}}\leqslant x\leqslant 2\sqrt[3]{\dfrac{8}{9}},\\ 0 & \text{其他}\end{cases}$$

可解得 X 的分布函数为

$$F(x)=\begin{cases}0 & x<-\sqrt[3]{\dfrac{8}{9}}\\ \dfrac{1}{8}\left(x^3+\dfrac{8}{9}\right) & -\sqrt[3]{\dfrac{8}{9}}\leqslant x\leqslant 2\sqrt[3]{\dfrac{8}{9}}\cdot\\ 1 & \text{其他}\end{cases}$$

2. **解** 设 X 为每位乘客的候车时间，则 X 服从 $[0,5]$ 上的均匀分布，设 Y 表示车站上 10 位乘客中等候时间超过 4 分钟的人数，由于每人到达时间是相互独立的，故 Y 服从二项分布，其参数 $n=10$，$p=P\{X\geqslant 4\}=\dfrac{1}{5}=0.2$，所以 $P\{Y=1\}=C_{10}^1\times 0.2\times 0.8^9\approx 0.268$.

3. **解** 依题意，$P\{X>2250\}=P\{X<2350\}$. 根据 X 的密度函数关于直线 $x=\mu$ 对称，有 $\mu=\dfrac{2350+2250}{2}=2300$，又由 $P\{X<2350\}=P\left\{\dfrac{X-2300}{\sigma}<\dfrac{2350-2300}{\sigma}\right\}=\Phi\left(\dfrac{50}{\sigma}\right)=0.9192$，查表得 $\dfrac{50}{\sigma}\approx 1.40$，于是 $\sigma\approx 35.7$，故 $X\sim N(300,35.7^2)$.

又 $P\{\mu-x<X<\mu+x\}=P\left\{\left|\dfrac{X-\mu}{\sigma}\right|<\dfrac{x}{\sigma}\right\}=2\Phi\left(\dfrac{x}{\sigma}\right)-1\geqslant 0.9$，即 $\Phi\left(\dfrac{x}{35.7}\right)\geqslant 0.95$，查表得 $\dfrac{x}{35.7}\geqslant 1.645$，于是 $x\geqslant 58.7$.

4. **解** 分两步来解答

第一步：预测最低分数线

设最低分数为 x_1，考试成绩为 X，则对一次成功的考试来说，X 服从正态分

布，由题意知 $X \sim N(166,\sigma^2)$，于是 $Y = \dfrac{X-166}{\sigma} \sim N(0,1)$.

因为高于 360 分的考生的概率是$\dfrac{31}{1657}$，故

$$P\{X > 360\} = P\left\{Y > \frac{360-166}{\sigma}\right\} = \frac{31}{1657},$$

因此 $P\left\{Y \leqslant \dfrac{360-166}{\sigma}\right\} = 1 - \dfrac{31}{1657} \approx 0.981$，查正态分布表，知$\dfrac{360-166}{\sigma} \approx 2.08$，即 $\sigma \approx 93$，故 X 近似服从 $N(166,93^2)$.

因为最低分数线的确定应使录取的考生的频率等于 $\dfrac{300}{1657}$，即 $P\left\{Y > \dfrac{x_1-166}{93}\right\} \approx \dfrac{300}{1657}$，所以 $P\left\{Y \leqslant \dfrac{x_1-166}{93}\right\} \approx 1 - \dfrac{300}{1657} \approx 0.819$，查表得 $\dfrac{x_1-166}{93} \approx 0.91$，由此求得 $x_1 \approx 251$，即最低分数线是 251 分.

第二步预测考生的名次，这样就可以确定他是否能被录取，当 $X = 256$ 分时，查表可得

$$P\left\{Y \leqslant \frac{X-166}{93}\right\} = P\left\{Y \leqslant \frac{256-166}{93}\right\} \approx 0.8315.$$

这样，$P\left\{Y > \dfrac{256-166}{93}\right\} \approx 1 - 0.8315 = 0.1685$，这表明，考试成绩高于 256 分的频率是 0.1685，也就是成绩高于考生 B 的人数大概占总考生的 16.85%，所以名次排在考生 B 之前的考生人数为 $1657 \times 16.85\% \approx 280$，即考生 B 大约排在 281 名.

由于一共招收 300 名，故考生 B 可以被录取，但正式工只招 280 名，而 $281 > 280$，故考生 B 被录取为临时工的可能性很大.

5. **解**　由于乘客在每小时内的任一时刻到达车站是随机的，可以认为到达车站的时刻 X 服从$[0,60]$上的均匀分布，即 X 的密度函数为

$$f(t) = \begin{cases} \dfrac{1}{60} & 0 \leqslant t \leqslant 60 \\ 0 & \text{其他} \end{cases}.$$

显然，乘客候车时间 Y 是到达时间 X 的函数，其关系为

$$Y = g(X) = \begin{cases} 10 - X & 0 < X \leqslant 10 \\ 30 - X & 10 < X \leqslant 30 \\ 50 - X & 30 < X \leqslant 50 \\ 60 - X + 10 & 50 < X \leqslant 60 \end{cases},$$

于是，

$$E(Y)=E[g(X)]=\int_{-\infty}^{+\infty}g(t)\cdot f(t)\mathrm{d}t$$

$$=\int_{0}^{10}(10-t)\cdot\frac{1}{60}\mathrm{d}t+\int_{10}^{30}(30-t)\cdot\frac{1}{60}\mathrm{d}t+\int_{30}^{50}(50-t)\cdot\frac{1}{60}\mathrm{d}t+\int_{50}^{60}(60-x+10)\cdot\frac{1}{60}\mathrm{d}t=\frac{25}{3}.$$

6. **解**　设进货量为 a，则利润 L 是需求量 X 的函数，且有

$$L=\begin{cases}400a+(X-a)\cdot 200=200X+200a & a<X\leqslant 50\\ 400X-(a-X)\cdot 100=500X-100a & 20\leqslant X\leqslant a\end{cases},$$

则

$$E(L)=\int_{20}^{50}L\cdot\frac{1}{50-20}\mathrm{d}x$$

$$=\frac{1}{30}\int_{20}^{a}(500x-100a)\mathrm{d}x+\frac{1}{30}\int_{a}^{50}(200x+200a)\mathrm{d}x$$

$$=\frac{1}{30}\left(500\cdot\frac{1}{2}x^{2}-100a\cdot x\right)\Bigg|_{20}^{a}+\frac{1}{30}\left(200\cdot\frac{1}{2}x^{2}+200a\cdot x\right)\Bigg|_{a}^{50}$$

$$=-5a^{2}+400a+5000.$$

依题意，$E(L)\geqslant 12680$，故 $a^{2}-80a+1536\leqslant 0$，$(a-32)(a-48)\leqslant 0$，解得 $32\leqslant a\leqslant 48$，所以利润期望不少于 12680 元的最小进货量为 32 套.

7. **解**　用 X 表示 n 次独立重复试验中，事件 A 发生的次数，则 $X\sim B(n,0.72)$，于是 $E(X)=0.72n$，$D(X)=n\times 0.72\times(1-0.72)=0.2016n$，又

$$P\left\{0.71<\frac{X}{n}<0.73\right\}=P\{0.71n<X<0.73n\}$$

$$=P\{-0.01n<X-0.72n<0.01n\}$$

$$=P\{|X-E(X)|<0.01n\}$$

$$\geqslant 1-\frac{0.2016n}{(0.01n)^{2}}\text{（切比雪夫不等式）}$$

依题意，求 $P\left\{0.71<\frac{X}{n}<0.73\right\}\geqslant 0.90$ 的最小的 n，取 $1-\frac{0.2016n}{(0.01n)^{2}}\geqslant 0.90$，解得 $n\geqslant\frac{2016}{1-0.9}=20160$，即 n 取 20160 时，可以使得 n 次独立重复试验中，事件 A 出现的频率在 $0.71\sim 0.73$ 之间的概率至少为 0.90.

第十二章

数理统计初步

学习指导及“习题十二”参考答案

(A 层)

1. **解**　(1)、(2)、(4)、(6) 是统计量,因为不含未知参数,且均为样本的连续函数.(3)、(5) 不是统计量,因为含有未知参数 μ.

2. **解**　查附表 3 可得 $\chi^2_{0.05}(10)=18.307$,说明取值落入区间$[18.307,+\infty)$的概率 0.05.

3. **解**　查附表 4 得 $t_{0.05}(5)=2.571$,即 $t(5)$ 变量落入区间$[-2.571,2.571]$两侧的概率和为$\alpha=0.05$,落入区间$(-\infty,2.571]$的概率为 $1-\frac{\alpha}{2}=0.975$.

4. **解**　查附表 5 得 $F_{0.05}(5,4)=6.26$,故 $F_{0.95}(4,5)=\frac{1}{F_{0.05}(5,4)}=\frac{1}{6.26}\approx 0.16$.

5. **解**　由于 $t=\frac{\overline{X}-\mu}{\frac{S}{\sqrt{n}}}\sim t(n-1)$,于是所求概率为

$$P\{|\overline{X}-\mu|<0.5\}=P\left\{\left|\frac{\overline{X}-\mu}{\frac{S}{\sqrt{n}}}\right|<\frac{0.5}{\frac{S}{\sqrt{n}}}\right\}=P\left\{|t|<\frac{0.5}{\sqrt{\frac{5.3333}{16}}}\right\}$$

$$=P\{|t|<0.8660\}$$

根据 t 分布双侧分位数 $t_\alpha(n)$ 的定义,可得

$$P\{|t|<t_{\frac{\alpha}{2}}(n)\}=1-\alpha.$$

现已知 $t_{\frac{\alpha}{2}}(16)=0.8660$,由 t 分布表,查出 $\frac{\alpha}{2}=0.21$,$\alpha=0.42$,$1-\alpha=0.58$,故所求概率为 $P\{|\overline{X}-\mu|<0.5\}=1-\alpha=0.58$.

6. **解**　由 $X_i\sim N(0,0.2^2)$ 标准化得 $\frac{X_i}{0.2}\sim N(0,1)(i=1,2,\cdots,10)$,于是

$$\chi^2=\sum_{i=1}^{10}\left(\frac{X_i}{0.2}\right)^2=\frac{1}{0.04}\sum_{i=1}^{10}X_i{}^2\sim\chi^2(10),$$

$$P\left\{\sum_{i=1}^{10}X_i{}^2>0.64\right\}=P\left\{\frac{1}{0.04}\sum_{i=1}^{10}X_i{}^2>\frac{0.64}{0.04}\right\}=P\{\chi^2>16\}=\alpha,$$

则有 $\chi_\alpha^2(10)=16$,查表得 $\alpha=0.1$.

7. **解**　由 $X\sim N(3.4,4^2)$,得 $\frac{\overline{X}-3.4}{\frac{4}{\sqrt{n}}}\sim N(0,1)$,

$$P\{1.4<\overline{X}<5.4\}=P\{-2<\overline{X}-3.4<2\}=P\{|\overline{X}-3.4|<2\}$$

$$=P\left\{\frac{|\overline{X}-3.4|}{\frac{4}{\sqrt{n}}}<\frac{2}{\frac{4}{\sqrt{n}}}\right\}=2\Phi\left(\frac{\sqrt{n}}{2}\right)-1\geqslant 0.95,$$

于是 $2\Phi\left(\frac{\sqrt{n}}{2}\right)\geqslant 0.975$,查表得 $\frac{1}{2}\sqrt{n}\geqslant 1.96$,$n\geqslant 15.37$,故 n 至少应取 16.

8. **解**　(1) 因为

$$E(X)=\int_{-\infty}^{+\infty}xf(x)\mathrm{d}x=\int_0^1 x\cdot(\alpha+1)x^\alpha\mathrm{d}x=\frac{\alpha+1}{\alpha+2}x^{\alpha+2}\Big|_0^1=\frac{\alpha+1}{\alpha+2}$$

按矩估计法

$$E(X)=\overline{X},\text{即}\frac{\alpha+1}{\alpha+2}=\overline{X},$$

解得 α 的矩估计量为

$$\hat{\alpha}=\frac{1-2\overline{X}}{\overline{X}-1}=\frac{n-2\sum_{i=1}^{n}X_i}{\sum_{i=1}^{n}X_i-n}.$$

(2) 似然函数为

$$L(\alpha)=\prod_{i=1}^{n}f(x_i;\alpha)=\begin{cases}(\alpha+1)^n(\prod_{i=1}^{n}x_i)^{\alpha} & 0<x_i<1\\ 0 & \text{其他}\end{cases}.$$

$L(\alpha)$ 最大当且仅当 $L_1(\alpha)=(\alpha+1)^n(x_1x_2\cdots x_n)^{\alpha}$ 最大，以下对 $L_1(\alpha)$ 求最值：

$$\ln L_1(\alpha)=n\ln(\alpha+1)+\alpha(\ln x_1+\ln x_2+\cdots+\ln x_n),$$

由
$$\frac{\mathrm{d}\ln L_1(\alpha)}{\mathrm{d}\alpha}=\frac{n}{\alpha+1}+\ln x_1+\ln x_2+\cdots+\ln x_n=0,$$

得
$$\frac{n}{\alpha+1}=-\sum_{i=1}^{n}\ln x_i,$$

故 α 的最大似然估计值为

$$\hat{\alpha}=-\left(1+\frac{n}{\sum_{i=1}^{n}\ln x_i}\right).$$

于是，所求 α 的最大似然估计量为

$$\hat{\alpha}=-\left(1+\frac{n}{\sum_{i=1}^{n}\ln X_i}\right).$$

9. **解** (1) X 的分布列为

$$P\{X=k\}=p(1-p)^{k-1},k=1,2,\cdots.$$

(2) 因为 $E(X)=\sum_{k=1}^{\infty}k\cdot p(1-p)^{k-1}=\frac{1}{p}$，由矩估计法，$E(X)=\overline{X}$，即 $\frac{1}{p}=\overline{X}$，得 p 的矩阵估计量为 $\hat{p}=\frac{1}{\overline{X}}$.

似然函数为

$$L(p)=\prod_{i=1}^{n}f(x_i;p)=\prod_{i=1}^{n}p(1-p)^{x_i-1}=p^n(1-p)^{\sum_{i=1}^{n}x_i-n},$$

得
$$\ln L(p)=n\ln p+(\sum_{i=1}^{n}x_i-n)\ln(1-p),$$

由 $\frac{\mathrm{d}\ln L(p)}{\mathrm{d}p}=\frac{n}{p}-\frac{1}{1-p}(\sum_{i=1}^{n}x_i-n)=0$，得所求 p 的最大似然估计量为

$$\hat{p}=\frac{1}{\overline{X}}.$$

10. **证明** 由 $X\sim U\left[\theta-\frac{1}{2},\theta+\frac{1}{2}\right]$，得 $E(X)=\frac{\left(\theta-\frac{1}{2}\right)+\left(\theta+\frac{1}{2}\right)}{2}=\theta.$

又$(X_1,X_2,\cdots,X_n)$是总体X的一个样本，则$E(X_i)=\theta(i=1,2,\cdots,n)$，于是

$$E(\overline{X})=E\left(\frac{1}{n}\sum_{i=1}^{n}X_i\right)=\frac{1}{n}\sum_{i=1}^{n}E(X_i)=\frac{1}{n}\cdot\sum_{i=1}^{n}\theta=\theta,$$

故得$\overline{X}=\frac{1}{n}\sum_{i=1}^{n}X_i$为$\theta$的无偏估计量.

11. **解** (1) 由$1-\alpha=0.90$得$\frac{\alpha}{2}=0.05$. 因σ已知，故选取统计量$U=\dfrac{\overline{X}-\mu}{\frac{\sigma}{\sqrt{n}}}\sim N(0,1)$.

由$P_{\{}|U|<u_{0.05}{}_{\}}=0.90$，查正态分布表，得$u_{0.05}=1.64$.

$$\overline{x}-\frac{u_{0.05}\times\sigma}{\sqrt{n}}=2.125-\frac{1.64\times0.01}{\sqrt{16}}\approx2.121,$$

$$\overline{x}+\frac{u_{0.05}\times\sigma}{\sqrt{n}}=2.125+\frac{1.64\times0.01}{\sqrt{16}}\approx2.129,$$

故所求的置信度为90%的置信区间为(2.121,2.129).

(2) 因σ未知，故选取统计量

$$T=\frac{\overline{X}-\mu}{\frac{S}{\sqrt{n}}}\sim t(n-1)$$

由$P_{\{}|T|<t_{0.05}(n-1)_{\}}=0.90$，查表得$t_{0.05}(15)=1.7531$.

$$\overline{x}-t_{0.05}(15)\cdot\frac{s}{\sqrt{n}}=2.125-\frac{1.7531\times0.01713}{\sqrt{16}}\approx2.117,$$

$$\overline{x}+t_{0.05}(15)\cdot\frac{s}{\sqrt{n}}=2.125+\frac{1.7531\times0.01713}{\sqrt{16}}\approx2.133,$$

故所求的置信度为90%的置信区间为(2.117,2.133).

12. **解** (1) 提出假设：$H_0:\mu=500,H_1:\mu\neq500$.

(2) 选取统计量并确定其分布：$U=\dfrac{\overline{X}-\mu_0}{\frac{\sigma_0}{\sqrt{n}}}\sim N(0,1)$.

(3)$\alpha=0.05,1-\frac{\alpha}{2}=0.975,\Phi(u_{\frac{\alpha}{2}})=0.975$，得临界值$u_{\frac{\alpha}{2}}=1.96$.

(4) 计算样本观测值：

$$\overline{x}=\frac{1}{9}(502+498+493+517+495+509+497+513+521)=505,$$

$$u=\frac{\overline{x}-\mu_0}{\frac{\sigma_0}{\sqrt{n}}}=\frac{505-500}{\frac{12}{\sqrt{9}}}=1.25.$$

(5) 比较并做出判断：由于 $|u|=1.25<1.96=u_{\frac{\alpha}{2}}$，所以接受 H_0，即该包装机工作正常.

13. 解(1) 提出假设：$H_0: u=500, H_1: u\neq 500$.

(2) 选取统计量并确定其分布：$T=\frac{\overline{X}-\mu}{\frac{S}{\sqrt{n}}}=\frac{\overline{X}-500}{\frac{S}{\sqrt{10}}}\sim t(9)$.

(3) 查 t 分布表，得 $t_{\frac{\alpha}{2}}(n-1)=t_{0.005}(9)=3.25$.

(4) 计算样本观测值：$t=\frac{502-500}{\frac{6.5}{\sqrt{10}}}=0.97$.

(5) 比较做出判断：因为 $|0.97|<3.25$，所以接受 H_0，即可以认为机器工作是正常的.

14. **解** (1) 提出假设：$H_0: \sigma^2=32, H_1: \sigma^2\neq 32$.

(2) 选取统计量并确定其分布：$\chi^2=\frac{(n-1)S^2}{\sigma^2}=\frac{\sum_{i=1}^{8}(X_i-\overline{X})^2}{\sigma^2}\sim\chi^2(7)$.

(3) 由 $\alpha=0.05$，得临界值 $\chi^2_{0.025}(7)=16.013, \chi^2_{0.975}(7)=1.690$.

(4) 计算样本观测值：$\frac{(n-1)s^2}{\sigma^2}=\frac{\sum_{i=1}^{8}(x_i-\overline{x})^2}{\sigma^2}=\frac{652.8}{32}=20.4$.

(5) 比较并做出判断：因 $|20.4|>16.013$ 故否定 H_0，接受 H_1.

15. **解**

序　号	x_i	y_i	x_i^2	x_iy_i
1	15	330	225	4950
2	20	345	400	6900
3	25	365	625	9125
4	30	405	900	12150
5	35	445	1225	15575
6	40	490	1600	19600

续表

序　号	x_i	y_i	x_i^2	x_iy_i
7	45	455	2025	20475
$\sum$	210	2835	7000	88775

$$l_{xy}=\sum x_iy_i-\frac{\sum x_i\sum y_i}{n}=88775-\frac{210\times 2835}{7}=3725,$$

$$l_{xx}=\sum x_i^2-\frac{(\sum x_i)^2}{n}=7000-\frac{210^2}{7}=700,$$

$$\hat{b}=\frac{l_{xy}}{l_{xx}}=\frac{3725}{700}=5.3214,$$

$$\begin{aligned}\hat{a}=\overline{y}-\hat{b}\overline{x}&=\frac{2835}{7}-5.3214\times\frac{210}{7}\\&=405-5.3214\times 30\\&=245.36,\end{aligned}$$

故所求的回归直线为

$$\hat{y}=245.36+5.3214x.$$

(B 层)

1. **解**　由 $X\sim N(12,4)$　知 $\overline{X}\sim N(12,\frac{4}{5})$，所求概率

$$\begin{aligned}P\{|\overline{X}-12|>1\}&=P\{\overline{X}>13\text{ 或 }\overline{X}<11\}\\&=P\{\overline{X}>13\}+P\{\overline{X}<11\}\\&=P\left\{\frac{\overline{X}-12}{\sqrt{\frac{4}{5}}}>\frac{13-12}{\sqrt{\frac{4}{5}}}\right\}+P\left\{\frac{\overline{X}-12}{\sqrt{\frac{4}{5}}}<\frac{11-12}{\sqrt{\frac{4}{5}}}\right\}\\&=1-\Phi\left(\frac{1}{\sqrt{\frac{4}{5}}}\right)+\Phi\left(-\frac{1}{\sqrt{\frac{4}{5}}}\right)\\&=1-\Phi(1.12)+\Phi(-1.12)\\&=2[1-\Phi(1.12)]=0.2628.\end{aligned}$$

2. **解**　由 $X\sim N(\mu,0.3^2)$ 得 $\overline{X}\sim N\left(\mu,\frac{0.3^2}{n}\right)$，$\frac{\overline{X}-\mu}{\frac{0.3}{\sqrt{n}}}\sim N(0,1)$，于是

$$P\{|\overline{X}-\mu|<0.1\}=P\left\{\left|\frac{\overline{X}-\mu}{\frac{0.3}{\sqrt{n}}}\right|<\frac{0.1}{\frac{0.3}{\sqrt{n}}}\right\}=2\Phi\left(\frac{0.1}{\frac{0.3}{\sqrt{n}}}\right)-1$$

$$=2\Phi\left(\frac{\sqrt{n}}{3}\right)-1\geqslant 0.95,$$

得 $\Phi\left(\frac{\sqrt{n}}{3}\right)\geqslant 0.975,\frac{\sqrt{n}}{3}\geqslant 1.96,n\geqslant 34.5744$，取 $n=35$ 即可.

3. **解**　设 $(X_1,X_2,\cdots,X_n)$ 是来自总体 X 的一个样本，由总体 $X\sim U[a,b]$，得

$$E(X)=\frac{a+b}{2},D(X)=\frac{(b-a)^2}{12}.$$

按矩估计法，有

$$\begin{cases}\frac{1}{n}\sum_{i=1}^{n}X_i=E(X)=\frac{a+b}{2}\\ \frac{1}{n}\sum_{i=1}^{n}X_i^2=E(X^2)=D(X)+E^2(X)=\frac{1}{12}(b-a)^2+\frac{1}{4}(a+b)^2\end{cases},$$

解得 $\begin{cases}\hat{a}=\overline{X}-\sqrt{\frac{3(n-1)}{n}}S\\ \hat{b}=\overline{X}+\sqrt{\frac{3(n-1)}{n}}S\end{cases}$，其中 $S^2=\frac{1}{n-1}\sum_{i=1}^{n}(X_i-\overline{X})^2$.

4. **解**　因为

$$E(X)=\int_{-\infty}^{+\infty}xf(x;\theta)\mathrm{d}x=\int_0^{+\infty}x\frac{x}{\theta^2}\mathrm{e}^{-\frac{x}{\theta}}\mathrm{d}x\xlongequal{令\frac{x}{\theta}=t}\theta\int_0^{+\infty}t^2\mathrm{e}^{-t}\mathrm{d}t=2\theta,$$

由矩估计法：$E(X)=2\theta=\overline{X}$，解得 θ 的矩估计量为 $\hat{\theta}=\frac{1}{2}\overline{X}$.

似然函数为

$$L(\theta)=\prod_{i=1}^{n}f(x_i,\theta)=\begin{cases}\prod_{i=1}^{n}\frac{x_i}{\theta^2}\mathrm{e}^{-\frac{x_i}{\theta}} & x_i>0\\ 0 & 其他\end{cases}$$

$$=\begin{cases}\theta^{-2n}\left(\prod_{i=1}^{n}x_i\right)\mathrm{e}^{-\frac{1}{\theta}\sum_{i=1}^{n}x_i} & x_i>0\\ 0 & 其他\end{cases},$$

$L(\theta)$ 取最大当且仅当 $L_1(\theta)=\theta^{-2n}(\prod_{i=1}^{n}x_i)\mathrm{e}^{-\frac{1}{\theta}\sum_{i=1}^{n}x_i}$ 取最大，对 $L_1(\theta)$ 两边取对数，得

$$\ln L_1(\theta)=-2n\ln\theta+\sum_{i=1}^{n}\ln x_i-\frac{1}{\theta}\sum_{i=1}^{n}x_i,$$

再关于 θ 求导，得

$$\frac{\mathrm{d}\ln L_1(\theta)}{\mathrm{d}\theta}=\frac{-2n}{\theta}+\frac{1}{\theta^2}\sum_{i=1}^{n}x_i,$$

由 $\frac{\mathrm{d}\ln L_1(\theta)}{\mathrm{d}\theta}=0$ 得 $\theta=\frac{1}{2n}\sum_{i=1}^{n}x_i=\frac{\overline{x}}{2}$，故所求 θ 的最大似然估计量为

$$\hat{\theta}=\frac{1}{2n}\sum_{i=1}^{n}X_i=\frac{\overline{X}}{2}.$$

5. **证明**　因为 $X\sim U[\theta,\theta+1]$，则 $E(X)=\frac{\theta+(\theta+1)}{2}=\theta+\frac{1}{2}$，$E(\overline{X})=\frac{1}{n}\sum_{i=1}^{n}E(X_i)=\theta+\frac{1}{2}$. 因 $E(\hat{\theta})=E\left(\overline{X}-\frac{1}{2}\right)=E(\overline{X})-\frac{1}{2}=\left(\theta+\frac{1}{2}\right)-\frac{1}{2}=\theta$，故 $\hat{\theta}=\overline{X}-\frac{1}{2}$ 是 θ 的无偏估计.

6. **解**　因 θ_1、θ_2 是 θ 的无偏估计量，则有 $E(\theta_1)=E(\theta_2)=\theta$. 令 $E(c_1\theta_1+c_2\theta_2)=\theta$，有 $c_1E(\theta_1)+c_2E(\theta_2)=c_1\theta+c_2\theta=(c_1+c_2)\theta=\theta$，得 $c_1+c_2=1$，即对满足 $c_1+c_2=1$ 的所有 c_1、c_2，线性组合 $c_1\theta+c_2\theta$ 都是 θ 的无偏估计量.

又由 θ_1,θ_2 相互独立，知 $D(c_1\theta_1+c_2\theta_2)=c_1{}^2D(\theta_1)+c_2{}^2D(\theta_2)=(2c_1{}^2+c_2{}^2)D(\theta_2)$（已知 $D(\theta_1)=2D(\theta_2)$），为使方差最小，即在条件 $c_1+c_2=1$ 下，使 $2c_1{}^2+c_2{}^2$ 取最小值. 而已知 $c_2=1-c_1$，得 $2c_1{}^2+c_2{}^2=2c_1{}^2+(1-c_1)^2=3c_1{}^2-2c_1+1$，对 c_1 求导，令导数等于零，可得 $c_1=\frac{1}{3}$，于是 $c_2=1-\frac{1}{3}=\frac{2}{3}$，从而 $\frac{1}{3}\theta_1+\frac{2}{3}\theta_2$ 就是所求方差最小的无偏估计量.

7. **解**　μ 的置信度为 0.95 的置信区间为 $\left(\overline{X}-u_{0.025}\frac{\sigma}{\sqrt{n}},\overline{X}+u_{0.025}\frac{\sigma}{\sqrt{n}}\right)$，区间长度为 $2\times u_{0.025}\times\frac{\sigma}{\sqrt{n}}=2\times1.96\times\frac{\sigma}{\sqrt{n}}=3.92\times\frac{\sigma}{\sqrt{n}}$. 依题意，$\frac{3.92\sigma}{\sqrt{n}}\leqslant L$，解得 $n\geqslant\frac{(3.92\sigma)^2}{L^2}=\frac{15.3664\sigma^2}{L^2}$.

8. **解** (1) 提出假设:$H_0:\mu=35, H_1:\mu<35$.

(2) 选取统计量并确定其分布:$U=\dfrac{\overline{X}-\mu}{\frac{\sigma}{\sqrt{n}}}\sim N(0,1)$.

(3) 由 $\alpha=0.01$,确定出临界值 $-u_{0.01}=-2.32$.

(4) 计算样本观测值:$\dfrac{30-35}{\frac{5}{\sqrt{400}}}=-20$.

(5) 比较并做出判断:$-20<-2.32$,故拒绝 H_0,接受 H_1,即可认为 $\mu<35$.

9. **解** (1) 提出假设:$H_0:\sigma^2=15, H_1:\sigma^2>15$.

(2) 选取统计量并确定其分布:$\chi^2=\dfrac{(n-1)S^2}{\sigma^2}\sim\chi^2(n-1)$.

(3) 对于 $\alpha=0.05$,查 χ^2 分布表,得 $\chi^2_{0.05}(9)=16.919$.

(4) 计算样本观测值,得 $\overline{x}=998, s=30.23$,于是

$$\frac{(n-1)s^2}{\sigma^2}=\frac{9\times30.23^2}{15^2}=36.5540,$$

(5) 比较并做出判断:$36.5540>\chi^2_{0.05}(9)=16.919$,故拒绝 H_0,接受 H_1,即认为该天包装机工作不正常.

10. **解** (1) 提出假设:$H_0:\mu=15, H_1:\mu\neq15$.

(2) 选取统计量并确定其分布:$U=\dfrac{\overline{X}-\mu}{\frac{\sigma}{\sqrt{n}}}\sim N(0,1)$.

(3) 由 $\alpha=0.05$,确定出临界值:$u_{\frac{\alpha}{2}}=u_{0.025}=1.96$.

(4) 计算样本观测值:

$$\overline{x}=\frac{1}{6}(14.7+15.1+14.6+15.2+15.0+14.8)=14.9,$$

$$\frac{\overline{x}-\mu}{\frac{\sigma}{\sqrt{n}}}=\frac{14.9-15}{\frac{\sqrt{0.05}}{\sqrt{6}}}=1.095.$$

(5) 比较并做出判断:由于 $|1.095|<1.96$,所以接受 H_0,即可认为产品的平均质量为 15.

11. **解**

序　号	x_i	y_i	x_iy_i	x_i^2	y_i^2
1	41	47	1927	1681	2099
2	41	48	1968	1681	2304
3	42	46	1932	1764	2116
4	44	43	1892	1936	1849
$\sum$	168	184	7719	7062	8478

$$\hat{b}=\frac{\sum x_iy_i-\frac{1}{n}\sum x_i\cdot\sum y_i}{\sum {y_i}^2-\frac{1}{n}(\sum y_i)^2}=\frac{7719-7728}{8478-8464}=-\frac{9}{14}=-0.6429,$$

$$\hat{a}=\overline{x}-\hat{b}\overline{y}=\frac{\sum x_i}{n}-\hat{b}\frac{\sum y_i}{n}=42+0.6429\times 46=71.5734,$$

所求的 x 关于 y 的回归直线方程为 $\hat{x}=71.5734-0.6429y$.

(C 层)

1. **解**　选取统计量 $\chi^2=\frac{(20-1)S^2}{\sigma^2}=\frac{\sum\limits_{i=1}^{20}(X_i-\overline{X})}{\sigma^2}\sim\chi^2(19)$，于是，

$$\begin{aligned}P\left\{7.633\sigma^2\leqslant\sum_{i=1}^{20}(X_i-\overline{X})^2\leqslant 36.191\sigma^2\right\}&=P\left\{7.633\leqslant\frac{\sum\limits_{i=1}^{20}(X_i-\overline{X})^2}{\sigma^2}\leqslant 36.191\right\}\\&=P\{7.633\leqslant\chi^2\leqslant 36.191\}\\&=P\{\chi^2>7.633\}-P\{\chi^2\geqslant 36.191\}\\&=\alpha_1-\alpha_2,\end{aligned}$$

其中 $\alpha_1=P\{\chi^2>7.633\}$，$\alpha_2=P\{\chi^2>36.191\}$. 由 $\chi^2_{\alpha_1}(19)=7.633$，$\chi^2_{\alpha_2}(19)=36.191$，查 χ^2 分布表，得 $\alpha_1=0.99$，$\alpha_2=0.01$. 因此，

$$P\left\{7.633\sigma^2\leqslant\sum_{i=1}^{20}(X_i-\overline{X})^2\leqslant 36.191\sigma^2\right\}=\alpha_1-\alpha_2=0.99-0.01=0.98.$$

2. **解**　$(X_1,X_2,\cdots,X_n)$ 是来自总体 $X\sim N(\mu,\sigma^2)$ 的一个样本，则样本均值 $\overline{X}\sim N(\mu,\frac{\sigma^2}{n})$，于是 $Y=\frac{\overline{X}-\mu}{\frac{\sigma}{\sqrt{n}}}\sim N(0,1)$，得 $E(Y)=0$，这说明 Y 均值与

总体 X 的均值无关.

3. **解**　因为 $\hat{\theta}$ 是 θ 的无偏估计,故有 $E(\hat{\theta})=\theta$,于是

$$D(\hat{\theta})=E[\hat{\theta}-E(\hat{\theta})]^2=E[(\hat{\theta}-\theta)^2]=E[(\hat{\theta})^2]-2\theta E(\hat{\theta})+E(\theta^2)$$

$$=E[(\hat{\theta})^2]-2\theta\cdot\theta+\theta^2=E[(\hat{\theta})^2]-\theta^2$$

依题设,$D(\hat{\theta})>0$,得 $E[(\hat{\theta})^2]>\theta^2$,故$(\hat{\theta})^2$ 不是 θ^2 的无偏估计.

4. **解**　$E(X)=-1\times\theta^2+0\times 2\theta(1-\theta)+1\times\theta^2+2\times(1-2\theta)=2-4\theta$,

$$\bar{x}=\frac{1}{8}(2-1+0+2+0+2+1+2)=1,$$

由矩估计法,有

$$E(X)=2-4\theta=\bar{x},$$

解得 θ 的矩估计值为$\hat{\theta}=\dfrac{1}{4}$.

似然函数为 $L(\theta)=(\theta^2)^1[2\theta(1-\theta)]^2\cdot(\theta^2)^1\cdot[1-2\theta]^4$,

$$=4\theta^6(1-\theta)^2(1-2\theta)^4,$$

$$\ln L(\theta)=\ln 4+6\ln\theta+2\ln(1-\theta)+4\ln(1-2\theta),$$

$$\frac{\mathrm{d}\ln L(\theta)}{\mathrm{d}\theta}=\frac{6}{\theta}-\frac{2}{1-\theta}-\frac{8}{1-2\theta}=\frac{6-28\theta+24\theta^2}{\theta(1-\theta)(1-2\theta)},$$

令$\dfrac{\mathrm{d}\ln L(\theta)}{\mathrm{d}\theta}=0$,得 $\theta=\dfrac{7-\sqrt{13}}{12}$ 或 $\theta=\dfrac{7+\sqrt{13}}{12}\left(>\dfrac{1}{2},舍去\right)$,故所求 θ 的最大似然估计值为$\hat{\theta}=\dfrac{7-\sqrt{13}}{12}$.

5. **解**　依题设,$X\sim N(\mu,\sigma^2)$,因为在正态分布中 μ 和 σ^2 的最大似然估计值分别为样本均值和样本方差,故$\mu=\bar{x}=991$,$\sigma^2=12795.78$,$\sigma=113.12$,即有 $X\sim N(991,113.12^2)$,故所求的 $P\{X>1000\}$ 的最大似然估计值为

$$P\{X>1000\}=P\left\{\frac{X-991}{113.12}>\frac{1000-991}{113.12}\right\}=1-\Phi(0.08)$$

$$=1-0.5319=0.4681.$$

6. **解**　似然函数为

$$L(x_1,x_2\cdots x_n;\theta,\mu)=\begin{cases}\dfrac{1}{\theta^n}\mathrm{e}^{-\frac{1}{\theta}\sum\limits_{i=1}^{n}(x_i-\mu)} & x_i\geqslant\mu(=1,2,\cdots,n)\\ 0 & 其他\end{cases},$$

L 取极大当且仅当 $L_1=\dfrac{1}{\theta^n}\mathrm{e}^{-\frac{1}{\theta}\sum\limits_{i=1}^{n}(x_i-\mu)}$ 取极大,以下对 L_1 求极大:

$$\ln L_1 = -n\ln\theta - \frac{1}{\theta}\sum_{i=1}^{n}x_i + \frac{n}{\theta}\mu,$$

$$\frac{\partial \ln L_1}{\partial \theta} = -\frac{n}{\theta} + \frac{1}{\theta^2}\sum_{i=1}^{n}x_i - \frac{n}{\theta^2}\mu, \tag{1}$$

$$\frac{\partial \ln L_1}{\partial \mu} = \frac{n}{\theta} > 0, \tag{2}$$

由(2)式，$\ln L_1$ 关于 μ 单调增加，即 $L(x_1,x_2,\cdots,x_n;\theta,u)$ 关于 μ 单调增加，又因为 $\mu \leqslant \min\limits_i\{x_i\}$，故 μ 的极大似然估计量为

$$\hat{\mu} = \min_i\{X_i\}. \tag{3}$$

在(1)式中，令 $\frac{\partial \ln L_1}{\partial \theta} = 0$，结合(3)式得 θ 的极大似然估计量为

$$\hat{\theta} = \frac{1}{n}\sum_{i=1}^{n}X_i - \min_i\{X_i\}.$$

7. **证明**　设 $E(X) = p$，则 $E(X_i) = p$，$E(1-X_i) = 1-p$，从而 $E\left[\frac{1}{n}\sum_{i=1}^{n}(1-X_i)\right] = \frac{1}{n}\sum_{i=1}^{n}[1-E(X_i)] = \frac{1}{n}\sum_{i=1}^{n}(1-p) = 1-p$，故 $\frac{1}{n}\sum_{i=1}^{n}(1-X_i)$ 是 $1-p$ 的无偏估计.

8. **证明**　由 $\hat{\theta} = \dfrac{\begin{vmatrix}\hat{\theta}_1 & \hat{\theta}_2 \\ \frac{1}{n} & n\end{vmatrix}}{\begin{vmatrix}1 & 1 \\ \frac{1}{n} & n\end{vmatrix}} = \dfrac{n\hat{\theta}_1 - \frac{1}{n}\hat{\theta}_2}{n-\frac{1}{n}}$，得

$$E(\hat{\theta}) = \frac{1}{n-\frac{1}{n}}E\left(n\hat{\theta}_1 - \frac{1}{n}\hat{\theta}_2\right) = \frac{1}{n-\frac{1}{n}}\left[nE(\hat{\theta}_1) - \frac{1}{n}E(\hat{\theta}_2)\right]$$

$$= \frac{1}{n-\frac{1}{n}}\left[n\cdot\left(\theta+\frac{\theta}{n}\right) - \frac{1}{n}(\theta+n\theta)\right] = \frac{1}{n-\frac{1}{n}}\cdot\left(n-\frac{1}{n}\right)\theta = \theta,$$

故 $\hat{\theta} = \dfrac{\begin{vmatrix}\hat{\theta}_1 & \hat{\theta}_2 \\ \frac{1}{n} & n\end{vmatrix}}{\begin{vmatrix}1 & 1 \\ \frac{1}{n} & n\end{vmatrix}}$ 是 θ 的无偏估计量.

9. **解**　相同点：由样本构造一个统计量，用样本值对总体中所含的未知参数作估计.

不同点：点估计是得到未知参数真值的近似值.

区间估计是以一定的置信区间给出未知参数真值所在的区间，也就是说以一定的概率说明这个区间包含真值的可能性.

10. **解**　在总体的分布已知的条件下，假设检验与区间估计是同一个问题的两个不同的提法. 参数θ的置信水平为$1-\alpha$的置信区间对应于双边假设检验在显著水平α下的接受域. 参数θ的置信水平为$1-\alpha$的单侧置信区间对应于单边假设检验在显著性水平α下的接受域.

11. **解**　在实际中，通常把那些需要着重考虑的假设作为原假设H_0，而与之对应的假设作为备择假设H_1.

(1) 如果问题是要决定新方案是否比原方案好，通常取原方案为原假设，而将新方案作为备择假设；

(2) 若提出一个假设，检验的目的仅仅是为了判断这个假设是否成立，这时直接取此假设为原假设H_0.

12. **解**　$\overline{x}=\frac{1}{10}\sum_{i=1}^{10}x_i=502$，

$$s^2=\frac{1}{9}\sum_{i=1}^{10}(x_i-\overline{x})^2=\frac{1}{9}\left[\sum_{i=1}^{10}x_i{}^2-10(\overline{x})^2\right]=\frac{380}{9},s=6.498.$$

(1)$(1-\alpha=0.95,\frac{\alpha}{2}=0.025)$ 已知$\sigma=5$，μ的置信度为95%的置信区间为

$$\left(\overline{X}-u_{0.025}\cdot\frac{\sigma}{\sqrt{n}},\overline{X}+u_{0.025}\cdot\frac{\sigma}{\sqrt{n}}\right)=(498.910,505.099).$$

(2)$(1-\alpha=0.95,\frac{\alpha}{2}=0.025,t_{0.025}(9)=2.2622)$ σ未知，μ的置信度为95%的置信区间为

$$\left(\overline{X}-\frac{S}{\sqrt{n}}t_{\frac{\alpha}{2}}(n-1),\overline{X}+\frac{S}{\sqrt{n}}t_{\frac{\alpha}{2}}(n-1)\right)$$

$$=\left(502-\frac{6.498}{\sqrt{10}}\times2.2622,502+\frac{6.498}{\sqrt{10}}\times2.2622\right)$$

$$=(497.351,506.649).$$

(3)μ未知，σ^2的置信度为95%的置信区间

$$\left(\frac{\sum_{i=1}^{10}(x_i-\overline{x})^2}{\chi^2_{\frac{\alpha}{2}}(n-1)},\frac{\sum_{i=1}^{10}(x_i-\overline{x})^2}{\chi^2_{1-\frac{\alpha}{2}}(n-1)}\right)=\left(\frac{(n-1)s^2}{\chi^2_{\frac{\alpha}{2}}(n-1)},\frac{(n-1)s^2}{\chi^2_{1-\frac{\alpha}{2}}(n-1)}\right)$$

$$=\left(\frac{380}{19.023},\frac{380}{2.700}\right)$$

$$=(19.976,140.741).$$

自测题

(A层)

一、填空题

1. $(X_1, X_2, \cdots, X_n)$ 为来自总体 $X \sim N(0,1)$ 的样本，则当常数 $a =$ ________ 时，统计量 $Y = \dfrac{aX_1}{\sqrt{X_2^2 + X_3^2 + \cdots + X_n^2}}$ 服从 t 分布.

2. 设总体 X 服从参数为 $p = \dfrac{1}{3}$ 的 0－1 分布，记 $\overline{X} = \dfrac{1}{n}\sum\limits_{i=1}^{n} X_i$，则 $D(\overline{X}) =$ ________.

3. 设某正态总体 $X \sim N(\mu, \sigma^2)$，$(X_1, X_2, \cdots, X_n)$ 为来自总体 X 的样本，记样本均值为 $\overline{X} = \dfrac{1}{n}\sum\limits_{i=1}^{n} X_i$，未修正样本方差为 $S_n{}^2 = \dfrac{1}{n}\sum\limits_{i=1}^{n}(X_i - \overline{X})^2$，则 $\dfrac{\sqrt{n-1}(\overline{X} - \mu)}{S_n}$ 是服从参数为________的统计量.

4. 设从正态总体 $X \sim N(\mu, 0.9^2)$ 中随机抽取容量为 9 的样本，计算样本均值 $\overline{x} = 5$，则未知参数 μ 的置信度为 0.95 的置信区间是________.

5. 设总体 X 的概率密度为

$$f(x;\theta) = \begin{cases} e^{-(x-\theta)} & x \geqslant 0 \\ 0 & x < 0 \end{cases},$$

而 $(X_1, X_2, \cdots, X_n)$ 是来自总体 X 的样本，则未知参数 θ 的矩估计量为________.

二、选择题

1. 设 $(X_1, X_2, \cdots, X_n)$ 是来自总体 X 的一个样本，则 $(X_1, X_2, \cdots, X_n)$ 必满足(　　).

(A) 独立但分布不同　　(B) 分布相同但不相互独立

(C) 独立同分布　　(D) 不能确定

2. 设 $(X_1, X_2, \cdots, X_n)$ 是总体 $X \sim N(\mu, \sigma^2)$ 的一个样本，其中 μ 未知，σ^2 已知，下面样本函数中不是统计量的是(　　).

(A) $\frac{1}{n}\sum_{i=1}^{n} X_i$　　(B) $\frac{1}{n}\sum_{i=1}^{n}(X_i - \overline{X})^2$

(C) $\frac{1}{n}\sum_{i=1}^{n}(X_i - \mu)^2$　　(D) $\frac{1}{n}\sum_{i=1}^{n} X_i^2 - \sigma^2$

3. 总体 $X \sim N(\mu, \sigma^2)$，记 $Y = \frac{\sum_{i=1}^{n}(X_i - \overline{X})^2}{\sigma^2}$，则 $Y \sim$ (　　).

(A) $\chi^2(n-1)$　　(B) $\chi^2(n)$　　(C) $N(\mu, \sigma^2)$　　(D) $N\left(\mu, \frac{\sigma^2}{\sqrt{n}}\right)$

4. 设总体 $X \sim N(\mu, \sigma^2)$，$(X_1, X_2, \cdots, X_n)$ 为来自总体 X 的样本，则 $\sum_{i=1}^{20} \frac{(X_i - \mu)^2}{\sigma^2}$ 服从(　　).

(A) $N(0,1)$　　(B) $N\left(\mu, \frac{\sigma^2}{n}\right)$

(C) $\chi^2(19)$　　(D) $\chi^2(20)$

5. 设总体 $X \sim N(\mu, \sigma^2)$，$(X_1, X_2, \cdots, X_n)$ 为来自总体 X 的样本，则 $\sum_{i=1}^{20} \frac{(X_i - \overline{X})^2}{\sigma^2}$ 服从(　　).

(A) $N(0,1)$　　(B) $N\left(\mu, \frac{\sigma^2}{n}\right)$　　(C) $\chi^2(19)$　　(D) $\chi^2(20)$

6. 设总体 $X \sim N(\mu, \sigma^2)$，$(X_1, X_2, \cdots, X_n)$ 为来自总体 X 的样本，记 $Y_1 = \frac{1}{3}X_1 + \frac{2}{3}X_2$，$Y_2 = \frac{1}{2}X_1 + \frac{1}{2}X_2$，$Y_3 = \frac{1}{4}X_1 + \frac{3}{4}X_2$，$Y_4 = \frac{3}{5}X_1 + \frac{2}{5}X_2$，这四个无偏估计量中，(　　)为最优估计量.

(A) Y_1　　(B) Y_2　　(C) Y_3　　(D) Y_4

7. 设总体 X 服从 $[0, \theta]$ 上的均匀分布，其中 $\theta > 0$ 为未知参数，$(X_1, X_2, \cdots, X_n)$ 是来自总体 X 的样本，$\overline{X} = \frac{1}{n}\sum_{i=1}^{n} X_i$，$S_n^2 = \frac{1}{n}\sum_{i=1}^{n}(X_i - \overline{X})^2$，则 θ 的矩估计为(　　).

(A) $\overline{X}$　　(B) $2\overline{X}$　　(C) S_n^2　　(D) $\frac{1}{2}\overline{X}$

8. $(X_1, X_2, \cdots, X_n)$ 为来自总体 X 的样本，并且 $D(X) = \sigma^2$，令 $Y =$

$\frac{1}{n}\sum_{i=1}^{n}(X_i-\overline{X})^2$，则(　　).

(A)$E(Y)=\frac{\sigma^2}{n}$　　(B)$E(Y)=\frac{n-1}{n}\sigma^2$

(C)$E(Y)=\sigma^2$　　(D)$E(Y)=\frac{n}{n-1}\sigma^2$

9. 若总体 $X\sim N(\mu,\sigma^2)$，其中 σ^2 未知，当样本容量 n 保持不变时，如果置信度 $1-\alpha$ 变小，则 μ 的置信区间(　　).

(A) 长度变大　　(B) 长度变小

(C) 长度不变　　(D) 长度不一定不变

10. 假设检验中的显著性水平 α 表示(　　).

(A)H_0 不成立，否定 H_0 的概率

(B)H_0 成立，但否定 H_0 的概率

(C) 小于或等于 0.05 的一个数，无具体意义

(D) 置信度为 $1-\alpha$

11. 对于正态总体 $X\sim N(\mu,\sigma^2)$，μ 未知，检验 $\sigma^2={\sigma_0}^2$ 是否成立应选择统计量(　　).

(A)$U=\frac{\overline{X}-\mu_0}{\frac{\sigma_0}{\sqrt{n}}}$　　(B)$T=\frac{\overline{X}-\mu_0}{\frac{S}{\sqrt{n}}}$

(C)$\chi^2=\frac{(n-1)S^2}{{\sigma_0}^2}$　　(D)$\chi^2=\frac{nS^2}{\sigma^2}$

12. 已知一元线性回归方程 $\hat{y}=1+\hat{b}x$，且 $\overline{x}=2$，$\overline{y}=9$，则 $\hat{b}=$(　　).

(A)4　　(B)-4　　(C)18　　(D)0

三、解答题

1. 设 $(X_1,X_2,\cdots,X_{16})$ 是来自总体 $X\sim N(12,4)$ 的一个样本，试求样本均值 $\overline{X}$ 不小于 13 的概率.

2. 设总体 X 的分布密度为 $f(x;\theta)=\begin{cases}\theta x^{\theta-1} & 0<x<1,\\ 0 & \text{其他}\end{cases}$ $(X_1,X_2,\cdots,X_n)$ 是取自总体 X 的一个样本，试求 θ 的矩估计量和最大似然估计量.

3. 设总体 X 服从参数为 λ 的泊松分布，$(X_1,X_2,\cdots,X_n)$ 为样本，$\overline{X}=\frac{1}{n}\sum_{i=1}^{n}X_i$，$S^2=\frac{1}{n-1}\sum_{i=1}^{n}(X_i-\overline{X})^2$，求证：$\overline{X}+S^2$ 为 2λ 的无偏估计量.

4. 设随机变量 $X \sim N(\mu, 4)$，μ 未知，$(X_1, X_2, \cdots, X_{16})$ 是取自总体 X 的一个样本，$\overline{X}$ 为其样本均值，如果以区间 $(\overline{X}-1, \overline{X}+1)$ 作为 μ 的置信区间，那么置信度是多少？

5. 设某次考试的考生成绩服从正态分布，从中随机地抽取 25 位考生的成绩算得平均成绩为 72.3 分，标准差为 12 分，问在检验水平 $\alpha = 0.05$ 下，能否认为这次考试全体考生的平均成绩为 76 分？给出检验过程.

6. 随机地从一批钉子中抽取 16 枚，测得其长度(以 cm 计)为

2.15 2.14 2.10 2.13 2.13 2.10 2.12 2.13

2.14 2.10 2.12 2.15 2.11 2.13 2.14 2.11

设钉子的长度服从正态分布，分别就下列情形试求总体均值 μ 的 90% 置信区间：

(1) 若已知 $\sigma = 0.01$；

(2) 若 σ 未知.

7. 根据检验可知一种元件的使用寿命服从正态分布 $N(1000, 100^2)$. 现从一批这种元件中随机抽取 25 件，测得其寿命的平均值为 950 小时，试问在显著性水平 $\alpha = 0.05$ 下能否确定该批元件是合格的.

(B 层)

一、填空题

1. 设总体 X 服从正态分布 $N(0, 3^2)$，$(X_1, X_2, \cdots, X_{12})$ 是来自总体 X 的简单随机样本，则随机变量 $Y = \dfrac{X_1{}^2 + \cdots + X_8{}^2}{X_9{}^2 + \cdots + X_{12}{}^2}$ 服从________分布，参数为________.

2. 设随机变量 X 的密度为

$$f(x;\theta) = \begin{cases} 5\mathrm{e}^{-5(x-\theta)} & x \geqslant 0 \\ 0 & x < 0 \end{cases},$$

$(X_1, X_2, \cdots, X_n)$ 是取自总体 X 的一个样本，则参数 θ 的最大似然估计量 $\hat{\theta} =$ ________.

3. 设总体 $X \sim N(\mu, \sigma_0^2)$，$(X_1, X_2)$ 是 X 的一个样本，若 $\hat{\mu} = \dfrac{1}{3}X_1 + cX_2$ 为未知参数 μ 的无偏估计量，则常数 $c =$ ________.

4. 设某钢球直径 $X \sim N(\mu, 1)$，其中 μ 为未知参数. 从一批钢球中随机抽

取 9 只测得样本均值 $\overline{x}=\frac{1}{9}\sum_{i=1}^{n}x_i=31.06$，未修正样本方差 $s_9^2=\frac{1}{9}\sum_{i=1}^{9}(x_i-\overline{x})^2=0.98^2$，则 μ 的最大似然估计值为________.

5. 设 $(X_1,X_2,\cdots,X_n)$ 是取自 $X\sim N(10,2^2)$ 的样本，则 n 为________时，有 $P\{9.02\leqslant\overline{X}\leqslant10.98\}=0.95$.

6. 设总体 X 服从 $U[\theta,3\theta](\theta>0)$，$(X_1,X_2,\cdots,X_{12})$ 是来自总体 X 的简单随机样本，记 $\overline{X}=\frac{1}{n}\sum_{i=1}^{n}X_i$，则 θ 的无偏估计量为________.

二、选择题

1. 设总体 $X\sim N(\mu,\sigma^2)$，$(X_1,X_2,\cdots,X_n)$ 是其样本，记 $\overline{X}=\frac{1}{n}\sum_{i=1}^{n}X_i$，$S_n{}^2=\frac{1}{n}\sum_{i=1}^{n}(X_i-\overline{X})^2$，则 $Y=\frac{\sqrt{n-1}(\overline{X}-\mu)}{S_n}$ 服从的分布是(　　).

(A) $\chi^2(n-1)$　　(B) $N(0,1)$　　(C) $t(n-1)$　　(D) $t(n)$

2. 设随机变量 $X\sim t(n)$，则 $\frac{1}{X^2}\sim$ (　　).

(A) $\chi^2(n)$　　(B) $t(n)$　　(C) $F(n,1)$　　(D) $F(1,n)$

3. 设总体 $X\sim N(\mu,\sigma^2)$，则 $1+\mu$ 的最大似然估计是(　　).

(A) $1+2\overline{X}$　　(B) $1+\overline{X}$　　(C) $1+\frac{1}{2}\overline{X}$　　(D) $1+\frac{1}{4}\overline{X}$

4. 在数理统计中，参数估计可分为点估计和(　　).

(A) 矩估计　　(B) 假设检验

(C) 区间估计　　(D) 最大似然估计

5. 在进行假设检验时，小概率事件的概率 α 一般可以选择(　　).

(A) 0.3　　(B) 0.05　　(C) 0.5　　(D) 1

6. 假设检验时，当样本容量一定时，缩小犯第 Ⅱ 类错误的概率，则犯第 Ⅰ 类错误的概率(　　).

(A) 必然变小　　(B) 必然变大　　(C) 不确定　　(D) 肯定不变

7. 设总体 X 的均值 μ 与方差 σ^2 都存在，$(X_1,X_2,\cdots,X_n)$ 是来自总体 X 的一个样本，记 $\overline{X}=\frac{1}{n}\sum_{i=1}^{n}X_i$，则总体方差 σ^2 的矩估计为(　　).

(A) $\overline{X}$　　(B) $\frac{1}{n}\sum_{i=1}^{n}(X_i-\overline{X})^2$

(C) $\frac{1}{n}\sum_{i=1}^{n}(X_i-\mu)^2$　　(D) $\frac{1}{n}\sum_{i=1}^{n}X_i^2$

8. 矩估计必然是(　　).

(A) 无偏估计　　(B) 样本矩的函数

(C) 总体矩的函数　　(D) 最大似然估计

9. 一元线性回归模型 $Y=a+bX+\varepsilon$，其中 $\varepsilon\sim N(0,\sigma^2)$，当 X 取 x 时，对应的随机变量 Y 服从(　　).

(A) $N(0,1)$　　(B) $N(0,\sigma^2)$

(C) $N(a+bx,\sigma^2)$　　(D) $N(a+bx,1)$

10. 一元线性回归分析中，记 $L_{yy}=\sum_{i=1}^{n}(y_i-\overline{y})^2$，称为总的离差平方和，它反映了(　　).

(A) 回归值 $\hat{y}_1,\hat{y}_2,\cdots,\hat{y}_n$ 的分散程度

(B) 试验误差等随机因素对 y 引起的差异程度

(C) y 的观测值 $y_1,y_2,\cdots,y_n$ 总的分散程度

(D) 自变量 x 的变化在回归直线上对因变量 y 引起的差异程度

三、解答题.

1. 从正态总体 $X\sim N(\mu,\sigma^2)$ 中抽取容量为 16 的样本，试就下列情况

(1) 已知 $\sigma^2=25$，(2) σ^2 未知，但已知样本方差 $s^2=20.8$，

求样本均值 $\overline{X}$ 与总体均值 μ 之差的绝对值小于 2 的概率.

2. 设总体 $X\sim B(1,p)$，$X_1,X_2,\cdots,X_n$ 为来自总体的样本，

(1) 求 p 的矩估计量；

(2) 求总体均值 μ、方差 σ^2 的矩估计量；

(3) 求 p 的最大似然估计量.

3. 设 $(X_1,X_2,\cdots,X_n)(n\geqslant 2)$ 是总体 $X\sim N(\mu,\sigma^2)$ 的一个样本，试适当选择常数 c，使 $c\sum_{i=1}^{n-1}(X_{i+1}-X_i)^2$ 为 σ^2 的无偏估计.

4. 设总体 $X\sim N(\mu,3^2)$，在 $\alpha=0.05$ 的水平下检验 $H_0:\mu=0,H_1:\mu\neq 0$，如果所选取的拒绝域为 $\{|\overline{X}|\geqslant 1.96\}$，问样本容量 n 应取多少？

5. 测定某种溶液中的水分，由 10 个测定值得样本均值 $\overline{x}=0.452\%$，样本标准差 $s=0.037\%$，设测定对象服从正态分布，

(1) 试求 μ 的置信度为 0.95 的置信区间；

(2) 在显著性水平 $\alpha=0.05$ 下，检验假设 $H_0:\mu=0.5\%,H_1:\mu\neq 0.50\%$.

（C层）

一、填空题

1. 已知总体 X 服从正态分布 $N(\mu,\sigma^2)$，其中 μ 为已知常数，$(X_1,X_2,\cdots,X_n)$ 是取自总体 X 的一个样本，如果用统计量 $\hat{\sigma}=\dfrac{c}{n}\sum\limits_{i=1}^{n}|X_i-\mu|$ 作为 σ 的无偏估计，则 $c=$ ________.

2. 设总体 X 服从正态分布 $N(\mu_1,\sigma^2)$，总体 Y 服从正态分布 $N(\mu_2,\sigma^2)$，$(X_1,X_2,\cdots,X_{n_1})$ 和 $(Y_1,Y_2,\cdots,Y_{n_2})$ 分别是来自总体 X 和 Y 的样本，则

$$E\left[\frac{\sum\limits_{i=1}^{n}(X_i-\overline{X})^2+\sum\limits_{i=1}^{n}(Y_i-\overline{Y})^2}{n_1+n_2-2}\right]=\underline{\qquad\qquad}.$$

3. 设 $(X_1,X_2,\cdots,X_{100})$ 是取自总体 $N(1,2^2)$ 的简单随机样本，则当 a、b 满足________或________时，统计量 $y=a\overline{x}+b\sim N(0,1)$.

4. 设 (X_1,X_2,X_3,X_4) 是取自总体 $N(0,2^2)$ 的简单随机样本，则当 $a=$ ________，$b=$ ________时，统计量 $Y=a(X_1-2X_2)^2+b(3X_3-4X_4)^2$ 服从 $\chi^2(2)$ 分布.

二、选择题

1. 设 n 个随机变量 $(X_1,X_2,\cdots,X_n)$ 是来自总体 X 的一个样本，$D(X)=\sigma^2$，$\overline{X}=\dfrac{1}{n}\sum\limits_{i=1}^{n}X_i$，$S^2=\dfrac{1}{n-1}\sum\limits_{i=1}^{n}(X_i-\overline{X})^2$，则（　　）.

(A) S 是 σ 的无偏估计量　　(B) S 是 σ 的最大似然估计量

(C) S 是 σ 的相合（一致）估计量　　(D) S 与 $\overline{X}$ 相互独立

2. 设 $(X_1,X_2,\cdots,X_n)$ 是取自总体的一个样本，$\overline{X}=\dfrac{1}{n}\sum\limits_{i=1}^{n}X_i$，则 $E(X^2)$ 的矩估计量是（　　）.

(A) $S_1{}^2=\dfrac{1}{n-1}\sum\limits_{i=1}^{n}(X_i-\overline{X})^2$

(B) $S_2{}^2=\dfrac{1}{n}\sum\limits_{i=1}^{n}(X_i-\overline{X})^2$

(C) $S_1{}^2+\overline{X}^2$，其中 $S_1{}^2=\dfrac{1}{n-1}\sum\limits_{i=1}^{n}(X_i-\overline{X})^2$

(D)$S_2^{\ 2}+\overline{X}^2$,其中 $S_2^{\ 2}=\dfrac{1}{n}\sum\limits_{i=1}^{n}(X_i-\overline{X})^2$

3. 设$(X_1,X_2,\cdots,X_n)$是来自总体 $X\sim N(\mu,\sigma^2)$ 的一个样本,$\overline{X}$ 为样本均值,记

$$S_1^{\ 2}=\frac{1}{n-1}\sum_{i=1}^{n}(X_i-\overline{X})^2,\qquad S_2^{\ 2}=\frac{1}{n-1}\sum_{i=1}^{n}(X_i-\mu)^2,$$

$$S_3^{\ 2}=\frac{1}{n}\sum_{i=1}^{n}(X_i-\overline{X})^2,\qquad S_4^{\ 2}=\frac{1}{n}\sum_{i=1}^{n}(X_i-\mu)^2,$$

则服从自由度为 $n-1$ 的 t 分布的随机变量为(　　).

(A)$t=\dfrac{\overline{X}-\mu}{\dfrac{S_1}{\sqrt{n-1}}}$　　(B)$t=\dfrac{\overline{X}-\mu}{\dfrac{S_2}{\sqrt{n-1}}}$

(C)$t=\dfrac{\overline{X}-\mu}{\dfrac{S_3}{\sqrt{n-1}}}$　　(D)$t=\dfrac{\overline{X}-\mu}{\dfrac{S_4}{\sqrt{n-1}}}$

4. 设总体 X 服从正态分布 $N(0,2^2)$,而$(X_1,X_2,\cdots,X_{15})$是来自总体 X 的一个简单随机样本,则随机变量 $Y=\dfrac{X_1^{\ 2}+\cdots+X_{10}^{\ 2}}{2(X_{10}^{\ 2}+\cdots+X_{15}^{\ 2})}$ 所服从的分布是(　　).

(A)$\chi^2(15)$　　(B)$t(14)$　　(C)$F(10,5)$　　(D)$F(1,1)$

5. 设$(X_1,X_2,\cdots,X_n)$是来自正态总体 $X\sim N(\theta+3,1)$ 的一个样本,其中 θ 为未知参数,记 $\overline{X}=\dfrac{1}{n}\sum\limits_{i=1}^{n}X_i$,则(　　)为 θ 的矩估计量.

(A)$\overline{X}$　　(B)$\overline{X}-3$　　(C)$\overline{X}-2$　　(D)$\overline{X}-1$

6. 设总体 X 服从正态分布 $X\sim N(\mu,\sigma^2)$,其中 μ 未知,σ^2 已知,$(X_1,X_2,\cdots,X_n)$ 是来自总体 X 的一个随机样本,记 $\overline{X}=\dfrac{1}{n}\sum\limits_{i=1}^{n}X_i$,则 $\left(\overline{X}-u_{0.05}\dfrac{\sigma}{\sqrt{n}},\overline{X}+u_{0.05}\dfrac{\sigma}{\sqrt{n}}\right)$作为 μ 的置信区间,其置信水平为(　　).

(A)0.95　　(B)0.90　　(C)0.975　　(D)0.05

7. 设总体 $X\sim N(\mu,\sigma^2)$,σ^2 已知,若样本容量 n 和置信度 $1-\alpha$ 均不变,则对于不同的样本观测值,总体均值 μ 的置信区间的长度(　　).

(A) 变长　　(B) 变短　　(C) 保持不变　　(D) 不能确定

8. 下列结论正确的是(　　).

(A) 假设检验是以小概率原理为依据的

(B) 由一组样本值就能得出零假设是否真正正确

(C) 假设检验的结果总是正确的

(D) 对同一总体,用不同的样本,对同一统计假设进行检验,其结果是完全相同的

9. 对正态总体的数学期望 μ 进行检验,如果在显著性水平 0.05 下接受 $H_0:\mu=\mu_0$,那么在显著性水平 0.01 下,下列结论中正确的是(　　).

(A) 必接受 H_0　　　　(B) 可能接受 H_0,也可能不接受 H_0

(C) 必拒绝 H_0　　　　(D) 无法确定

10. 一元线性回归模型 $y=a+bx+\varepsilon$ 中的随机误差 $\varepsilon\sim N(0,\sigma^2)$,其中未知参数 σ^2 的无偏估计量为(　　).

(A) $\frac{1}{n}\sum_{i=1}^{n}(y_i-\hat{a}-\hat{b}x_i)^2$　　　　(B) $\frac{1}{n-1}\sum_{i=1}^{n}(y_i-\hat{a}-\hat{b}x_i)^2$

(C) $\frac{1}{n-2}\sum_{i=1}^{n}(y_i-\hat{a}-\hat{b}x_i)^2$　　　　(D) $\frac{\overline{X}-\mu}{\frac{S}{\sqrt{n}}}$

三、解答题

1. 设 X 服从 $N(0,1)$,$(X_1,X_2,\cdots,X_6)$ 是取自总体 X 的一个样本,$Y=(X_1+X_2+X_3)^2+(X_4+X_5+X_6)^2$,试确定常数 c,使得随机变量 cY 服从 χ^2 分布.

2. 从正态总体 $N(\mu,0.5^2)$ 中抽取样本 $(X_1,X_2,\cdots,X_{10})$,(1) 已知 $\mu=0$,试求概率 $P\left\{\sum_{i=1}^{10}x_i^2\geqslant 4\right\}$;(2) 未知 μ,试求概率 $P\left\{\sum_{i=1}^{10}(x_i-\overline{x})^2\geqslant 2.85\right\}$.

3. 设总体 $X\sim N(0,\sigma^2)$,$(X_1,X_2,\cdots,X_{16})$ 是来自正态总体 X 的样本,试确定 σ 的值,使 $P\{1<\overline{X}<4\}$ 最大.

4. 设从均值为 μ,方差为 $\sigma^2>0$ 的总体 X 中分别抽取容量为 n_1、n_2 的两个独立样本,样本均值分别为 $\overline{X}_1$、$\overline{X}_2$,试求证:对于任意满足 $a+b=1$ 的常数 a 和 b,$T=a\overline{X}_1+b\overline{X}_2$ 都是 μ 的无偏估计量.并求 a、b 为多少时,$D(T)$ 达到最小.

5. 假设总体 X 的分布密度为

$$P(x)=\begin{cases}\frac{1}{\sqrt{2\pi}x}\mathrm{e}^{-\frac{(\ln x-\mu)^2}{2}} & x>0\\ 0 & x\leqslant 0\end{cases},$$

$(X_1, X_2, \cdots, X_n)$ 是取自总体 X 的样本，(1) 试求参数 μ 的最大似然估计量 $\hat{\mu}$；(2) 证明 $\hat{\mu}$ 是 μ 的无偏估计量.

6. 已知某种电子元件的使用寿命 X 服从正态分布 $N(\mu, \sigma^2)$，现从某星期生产的元件中随机抽取 10 个，测得其寿命(以小时计) 分别为 1196,919,1067,1126,785,936,920,1156,918,948，试用最大似然估计法估计该星期中生产的电子元件能使用 1300 小时以上的概率.

7. 以下表所给数据 (x_i, y_i)，$i = 1,2,3,4,5,6,7$，试求水稻产量 y 对化肥用量 x 的回归直线.

x_i	15	20	25	30	35	40	45
y_i	330	345	365	405	445	490	455

自测题参考答案

(A 层)

一、填空题

1. $\sqrt{n-1}$.

分析 $(X_1,X_2,\cdots,X_n)$为来自总体$X\sim N(0,1)$的样本,$X_i\sim N(0,1)$, $X_2{}^2+X_3{}^2+\cdots+X_n{}^2\sim\chi^2(n-1)$,则$\dfrac{X_1}{\dfrac{\sqrt{X_2{}^2+X_3{}^2+\cdots+X_n{}^2}}{\sqrt{n-1}}}\sim t(n-1)$,故 $a=\sqrt{n-1}$.

2. $\dfrac{2}{9n}$.

分析 X 服从参数为 $p=\dfrac{1}{3}$ 的 0-1 分布,则

$$D(X)=pq=\frac{1}{3}\cdot\left(1-\frac{1}{3}\right)=\frac{2}{9},D(\overline{X})=\frac{D(X)}{n}=\frac{2}{9n}.$$

3. $n-1$ 的 t 分布.

4. (4.412,5.588).

分析 $\alpha=0.05,u_{\frac{\alpha}{2}}=1.96$,未知参数$\mu$的置信度为 0.95 的置信区间是

$$\left(\overline{X}-u_{\frac{\alpha}{2}}\cdot\frac{\sigma}{\sqrt{n}},\overline{X}+u_{\frac{\alpha}{2}}\cdot\frac{\sigma}{\sqrt{n}}\right)=\left(5-1.96\times\frac{0.9}{\sqrt{9}},5+1.96\times\frac{0.9}{\sqrt{9}}\right)$$
$$=(4.412,5.588).$$

5. $\overline{X}-1$.

分析 总体 X 的一阶矩为$E(X)=\int_{-\infty}^{\infty}x\cdot f(x)\mathrm{d}x=\int_{\theta}^{\infty}x\cdot \mathrm{e}^{-(x-\theta)}\mathrm{d}x=\theta+1$,样本一阶矩为$\overline{X}$,按矩估计法,$E(X)=\overline{X}$,即有$\theta+1=\overline{X}$,解得$\theta$的矩估计量为$\hat{\theta}=\overline{X}-1$.

二、选择题

1. C.　2. C.　3. A.　4. D.　5. C.　6. B.

7. B.　8. B.　9. B.　10. B.　11. C.　12. A.

三、解答题

1. **解**　因为 $X \sim N(12,4)$，故 $\overline{X} = \frac{1}{16}\sum_{i=1}^{16} X_i \sim N\left(12,\frac{4}{16}\right) = N\left(12,\frac{1}{4}\right)$，所求概率为

$$P\{\overline{X} \geqslant 13\} = P\left\{\frac{\overline{X}-12}{\sqrt{\frac{1}{4}}} \geqslant \frac{13-12}{\sqrt{\frac{1}{4}}}\right\} = 1-\Phi\left(\frac{13-12}{\sqrt{\frac{1}{4}}}\right) = 1-\Phi(2)$$
$$= 1-0.9772 = 0.0228.$$

2. **解**　先求 θ 的矩估计：

X 的一阶总体原点矩为 $E(X) = \int_{-\infty}^{+\infty} x \cdot \theta x^{\theta-1}\mathrm{d}x = \frac{\theta}{\theta+1}$，一阶样本原点矩为 $\overline{X} = \frac{1}{n}\sum_{i=1}^{n} X_i$，由矩估计法，有 $E(X) = \overline{X}$，即 $\frac{\theta}{\theta+1} = \overline{X}$，解得 θ 的矩估计量为

$$\hat{\theta} = \frac{\overline{X}}{1-\overline{X}}.$$

再求 θ 的最大似然估计：

似然函数为

$$L(x_1,x_2,\cdots,x_n;\theta) = \prod_{i=1}^{n} f(x_i;\theta) = \begin{cases} \theta^n(\prod_{i=1}^{n} x_i)^{\theta-1} & 0 < x_i < 1 \\ 0 & \text{其他} \end{cases},$$

L 取最大当且仅当 $L_1 = \theta^n(\prod_{i=1}^{n} x_i)^{\theta-1}$ 取最大，对 L_1 求最值：

$$\ln L_1 = n\ln\theta + (\theta-1)\sum_{i=1}^{n}\ln x_i,$$

令 $\frac{\mathrm{d}\ln L_1}{\mathrm{d}\theta} = \frac{n}{\theta} + \sum_{i=1}^{n}\ln x_i = 0$，解得 θ 的最大似然估计值为 $\hat{\theta} = -\frac{n}{\sum_{i=1}^{n}\ln x_i}$，

得 θ 的最大似然估计量为

$$\hat{\theta} = -\frac{n}{\sum_{i=1}^{n}\ln X_i}.$$

3. **证明**　依题意,$E(X_i)=E(X)=\lambda, D(X_i)=D(X)=\lambda, i=1,2,\cdots,n$,

$$E(\overline{X})=E\left(\frac{1}{n}\sum_{i=1}^{n}X_i\right)=\frac{1}{n}\sum_{i=1}^{n}E(X_i)=\lambda,$$

$$D(\overline{X})=D\left(\frac{1}{n}\sum_{i=1}^{n}X_i\right)=\frac{1}{n^2}\sum_{i=1}^{n}D(X_i)=\frac{1}{n^2}\cdot n\cdot\lambda=\frac{\lambda}{n},$$

由 $D(\overline{X})=E(\overline{X}^2)-E^2(\overline{X})$,得 $E(\overline{X}^2)=D(\overline{X})+E^2(\overline{X})=\dfrac{\lambda}{n}+\lambda^2$,

$$\begin{aligned}E(S^2)&=E\left(\frac{1}{n-1}\sum_{i=1}^{n}(X_i-\overline{X})^2\right)=\frac{1}{n-1}E\left(\sum_{i=1}^{n}X_i^2-n\overline{X}^2\right)\\&=\frac{1}{n-1}\left[\sum_{i=1}^{n}E(X_i^2)-nE(\overline{X}^2)\right]\\&=\frac{1}{n-1}\left[\sum_{i=1}^{n}(\lambda^2+\lambda)-n\left(\frac{\lambda}{n}+\lambda^2\right)\right]=\lambda,\end{aligned}$$

故 $E(\overline{X}+S^2)=E(\overline{X})+E(S^2)=\lambda+\lambda=2\lambda$,故 $\overline{X}+S^2$ 为 2λ 的无偏估计量.

4. **解**　$U=\dfrac{\overline{X}-\mu}{\frac{\sigma}{\sqrt{n}}}\sim N(0,1)$,设置信度为 $1-\alpha$,则 μ 的置信区间为

$\left(\overline{X}-\dfrac{\sigma}{\sqrt{n}}u_{\frac{\alpha}{2}},\overline{X}+\dfrac{\sigma}{\sqrt{n}}u_{\frac{\alpha}{2}}\right)$,其中 $u_{\frac{\alpha}{2}}$ 满足 $P\{|U|<u_{\frac{\alpha}{2}}\}=1-\alpha$,即 $1-\alpha=2\Phi(u_{\frac{\alpha}{2}})-1$.

依题意,得 $\dfrac{\sigma}{\sqrt{n}}u_{\frac{\alpha}{2}}=1$,即 $\dfrac{2}{\sqrt{16}}u_{\frac{\alpha}{2}}=1$,$u_{\frac{\alpha}{2}}=2$. 于是 $1-\alpha=2\Phi(u_{\frac{\alpha}{2}})-1=2\Phi(2)-1=2\times0.9772-1=0.9544$.

5. **解**　设该次考试考生的成绩为 X,则 $X\sim N(\mu,\sigma^2)$.

(1) 提出假设:$H_0:\mu_0=76, H_1:\mu_0\neq76$.

(2) 选取统计量并确定其分布:$T=\dfrac{\overline{X}-\mu_0}{\frac{S}{\sqrt{n}}}\sim t(n-1)$.

(3) 由 $\alpha=0.05$,确定临界值:$t_{\frac{\alpha}{2}}(n-1)=t_{0.025}(24)=2.0639$.

(4) 计算样本值:$t=\dfrac{72.3-76}{\frac{12}{\sqrt{25}}}=-1.54$.

(5) 比较并做出判断:因为 $|-1.54|<2.0595$,所以接受 H_0,即可以认为这次全体考生的平均成绩为 76 分.

6. **解** $\overline{x}=\frac{1}{16}(2.15+2.14+\cdots+2.11)=2.125$,

(1) 已知 $\sigma^2=0.01^2,\alpha=0.1$

μ 的置信水平为 90% 的置信区间为

$$\left(\overline{X}-u_{\frac{\alpha}{2}}\frac{\sigma}{\sqrt{n}},\overline{X}+u_{\frac{\alpha}{2}}\frac{\sigma}{\sqrt{n}}\right)=\left(2.125-1.645\cdot\frac{0.01}{\sqrt{16}},2.125+1.645\cdot\frac{0.01}{\sqrt{16}}\right)$$
$$=(2.121,2.129).$$

(2) σ 未知，当 $\alpha=0.1$ 时，$t_{\frac{\alpha}{2}}(n-1)=t_{0.05}(15)=1.753$，$S^2=\frac{1}{n-1}\sum_{i=1}^{n}(X_i-\overline{X})^2=\frac{1}{n-1}(\sum_{i=1}^{n}X_i^{\ 2}-n\overline{X}^2)$，得样本值 $s^2=0.01713$.

μ 的置信水平为 90% 的置信区间为

$$\left(\overline{X}-t_{\frac{\alpha}{2}}(n-1)\frac{S}{\sqrt{n}},\overline{X}+t_{\frac{\alpha}{2}}(n-1)\frac{S}{\sqrt{n}}\right)$$
$$=\left(2.125-1.753\times\frac{0.01713}{\sqrt{16}},2.125+1.753\times\frac{0.01713}{\sqrt{16}}\right)$$
$$=(2.117,2.133).$$

7. **解** (1) 提出假设：$H_0:\mu=1000,H_1:\mu\neq1000$.

(2) 选取统计量并确定其分布：$U=\frac{\overline{X}-\mu}{\frac{\sigma}{\sqrt{n}}}\sim N(0,1)$.

(3) 由 $\alpha=0.05$，得临界值 $u_{0.025}=1.96$.

(4) 计算样本观测值：$u=\frac{950-1000}{\frac{100}{\sqrt{25}}}=-2.5$.

(5) 比较并做出判断：$|-2.5|>1.96$，故拒绝 H_0，接受 H_1，即认为这批元件不合格.

(B 层)

一、填空题

1. $F,(8,4)$.

分析 $S_1^{\ 2}=X_1^{\ 2}+\cdots+X_8^{\ 2}\sim\chi^2(8),S_2^{\ 2}=X_9^{\ 2}+\cdots+X_{12}^{\ 2}\sim\chi^2(4)$,

$$Y=\frac{\frac{S_1^{\ 2}}{8}}{\frac{S_2^{\ 2}}{4}}\sim F(8,4),Y=\frac{S_1^{\ 2}}{2S_2^{\ 2}}=\frac{X_1^{\ 2}+\cdots+X_8^{\ 2}}{2(X_9^{\ 2}+\cdots+X_{12}^{\ 2})}\sim F(8,4).$$

2. $\min\limits_{1\leqslant i\leqslant n}\{X_i\}$.

分析 似然函数为

$$L(\theta)=\prod_{i=1}^{5}f(x_i;\theta)=\begin{cases}\prod\limits_{i=1}^{5}5\mathrm{e}^{-5(x_i-\theta)} & x_i\geqslant 0\\ 0 & x<0\end{cases}$$

$$=\begin{cases}5^n\mathrm{e}^{-5\sum\limits_{i=1}^{n}(x_i-\theta)} & \min(x)_i\geqslant 0\\ 0 & x<0\end{cases}.$$

当 $\theta>\min\limits_{1\leqslant i\leqslant n}\{x_i\}$ 时，似然函数 $L(\theta)=0$；当 $\theta\leqslant\min\limits_{1\leqslant i\leqslant n}\{x_i\}$ 时，似然函数 $L(\theta)$ 是 θ 的单调递增函数，故当 $\theta=\min\limits_{1\leqslant i\leqslant n}\{x_i\}$ 时，$L(\theta)$ 达到最大值，θ 的最大似然估计量 $\hat{\theta}=\min\limits_{1\leqslant i\leqslant n}\{X_i\}$.

3. $\dfrac{2}{3}$.

分析 (X_1,X_2) 为 X 的一个样本，则 $E(X_1)=E(X_2)=E(X)=\mu$，由 $\hat{\mu}$ 为 μ 的无偏估计量，得

$$E(\hat{\mu})=\frac{1}{3}E(X_1)+cE(X_2)=\frac{1}{3}\mu+c\cdot\mu,$$

解得 $c=\dfrac{2}{3}$.

4. 31.06.

分析 不论总体 X 的分布如何，总体均值与方差的矩估计量分别为样本均值与未修正样本方差.

5. 16.

分析 $U=\dfrac{\overline{X}-\mu}{\frac{\sigma}{\sqrt{n}}}\sim N(0.1)$，由

$$0.95=P\{9.02\leqslant\overline{X}\leqslant 10.98\}=P\left\{\frac{9.02-10}{\frac{2}{\sqrt{n}}}\leqslant\frac{\overline{X}-10}{\frac{2}{\sqrt{n}}}\leqslant\frac{10.98-10}{\frac{2}{\sqrt{n}}}\right\}$$

$$=P\{|U|\leqslant 0.49\sqrt{n}\}=2\Phi(0.49\sqrt{n})-1,$$

得 $\Phi(0.49\sqrt{n})=\dfrac{1.95}{2}=0.975=\Phi(1.96)$，于是，由 $0.49\sqrt{n}=1.96$，解得 $n=16$.

6. $\frac{1}{2}\overline{X}$.

分析 $X\sim U[\theta,3\theta](\theta>0)\Rightarrow E(X)=\frac{\theta+3\theta}{2}=2\theta\Rightarrow E(X)=\overline{X}=2\theta\Rightarrow\theta=\frac{1}{2}\overline{X}$.

二、选择题

1. C. 2. C. 3. B. 4. C. 5. B.
6. B. 7. B. 8. B. 9. C. 10. C.

三、解答题

1. 解(1) 已知 $\sigma^2=25$,即 $\sigma=5$

选取统计量 $U=\frac{\overline{X}-\mu}{\frac{\sigma}{\sqrt{n}}}\sim N(0,1)$,则

$$P\{|\overline{X}-\mu|<2\}=P\left\{\left|\frac{\overline{X}-\mu}{\frac{\sigma}{\sqrt{n}}}\right|<\frac{2}{\frac{5}{\sqrt{16}}}\right\}=2\Phi\left(\frac{2}{\frac{5}{\sqrt{16}}}\right)-1$$

$$=2\times0.9452-1=0.8904.$$

(2)σ^2 未知,但已知样本方差 $s^2=20.8,s\approx4.56$

选取统计量 $T=\frac{\overline{X}-\mu}{\frac{S}{\sqrt{n}}}\sim t(n-1)$,则

$$P\{|\overline{X}-\mu|<2\}=P\left\{\left|\frac{\overline{X}-\mu}{\frac{S}{\sqrt{n}}}\right|<\frac{2}{\frac{4.56}{\sqrt{16}}}\right\}=P\{|T|<1.754\}$$

$$=1-P\{|T|\geqslant1.754\},$$

查 t 分布表,知 $t_{0.05}(15)=1.753$,故所求的概率为 $P\{|\overline{X}-\mu|<2\}\approx1-2\times0.05=0.90$.

2. **解** (1) 由总体 $X\sim B(p)$ 得

$$E(X)=p,D(X)=p(1-p).$$

由矩估计法,令$E(X)=\overline{X}=\frac{1}{n}\sum_{i=1}^{n}X_i$,得$p=\overline{X}=\frac{1}{n}\sum_{i=1}^{n}X_i$,即所求的 p 的矩估计量为

$$\hat{p}=\overline{X}=\frac{1}{n}\sum_{i=1}^{n}X_i.$$

(2) 注意到 $X_i \sim B(p)$, $X_i^2 = X_i$，由矩估计法，令

$$\begin{cases} E(X) = \overline{X} \\ E(X^2) = \frac{1}{n}\sum_{i=1}^{n} X_i^2 = \frac{1}{n}\sum_{i=1}^{n} X_i = \overline{X} \end{cases}，即有 \begin{cases} \mu = \overline{X} \\ \mu^2 + \sigma^2 = \overline{X} \end{cases}，$$

解得 μ、σ^2 的矩估计量为

$$\begin{cases} \hat{\mu} = \overline{X} = \frac{1}{n}\sum_{i=1}^{n} X_i \\ \hat{\sigma^2} = \overline{X} - \overline{X}^2 = \overline{X}(1-\overline{X}) = \frac{1}{n}\sum_{i=1}^{n} X_i(1 - \frac{1}{n}\sum_{i=1}^{n} X_i) \end{cases}.$$

(3) $X \sim B(p)$，故总体 X_i 的概率分布为

$$P\{X = x\} = p^x(1-p)^{1-x}, x = 0,1,$$

故似然函数为

$$L(p) = \sum_{i=1}^{n} p^{x_i}(1-p)^{1-x_i} = p^{\sum_{i=1}^{n} x_i}(1-p)^{n-\sum_{i=1}^{n} x_i} (x_i = 0,1),$$

$$\ln L(p) = (\sum_{i=1}^{n} x_i)\ln p + (n - \sum_{i=1}^{n} x_i)\ln(1-p),$$

$$\frac{d\ln L(p)}{dp} = \sum_{i=1}^{n} x_i \cdot \frac{1}{p} - (n - \sum_{i=1}^{n} x_i)\cdot\frac{1}{1-p},$$

令 $\frac{d\ln L(p)}{dp} = 0$，得 $p = \frac{1}{n}\sum_{i=1}^{n} x_i$，故所求的 p 的最大似然值估计量为 $\hat{p} = \sum_{i=1}^{n} X_i$.

3. **解**　由题设 $E(X_i) = \mu, D(X_i) = \sigma^2 (i = 1,2,\cdots,n-1)$，依题意 $E\left[c\sum_{i=1}^{n-1}(X_{i+1} - X_i)^2\right] = \sigma^2$，即 $c\sum_{i=1}^{n-1} E[(X_{i+1} - X_i)^2] = \sigma^2$.

由 X_i、X_{i+1} 相互独立，得

$$E[(X_{i+1} - X_i)^2] = D(X_{i+1} - X_i) = D(X_{i+1}) + D(X_i) = 2\sigma^2,$$

故 $c \cdot \sum_{i=1}^{n-1} 2\sigma^2 = \sigma^2, c = \frac{1}{2(n-1)}$.

4. **解**　(1) 提出假设：$H_0: \mu = 0, H_1: \mu \neq 0$.

(2) 选取统计量并确定其分布：$U = \frac{\overline{X} - 0}{\frac{\sigma}{\sqrt{n}}} = \frac{\overline{X}}{\frac{3}{\sqrt{n}}} \sim N(0,1)$.

(3) 依题意，$P\{|\overline{X}| \geqslant 1.96\} = 0.05$,

$$P\{|\overline{X}|<1.96\}=P\left\{\frac{\overline{X}}{\frac{3}{\sqrt{n}}}<\frac{1.96}{\frac{3}{\sqrt{n}}}\right\}=0.95,$$

故$\frac{1.96}{\frac{3}{\sqrt{n}}}=1.96$,得 $n=9$.

5. **解** $X\sim N(\mu,\sigma^2)$(单位:%),因方差未知,故选取统计量并确定其分布 $T=\frac{\overline{X}-\mu}{\frac{S}{\sqrt{n}}}\sim t(n-1)$. 由 $\alpha=0.05$,得 $t_{0.025}(9)=2.2622$.

(1)μ 的置信度为 0.954 的置信区间为

$$\left(\overline{X}-t_{\frac{\alpha}{2}}(n-1)\cdot\frac{S}{\sqrt{n}},\overline{X}+t_{\frac{\alpha}{2}}(n-1)\cdot\frac{S}{\sqrt{n}}\right)$$

$$=\left(0.452-2.2622\times\frac{0.037}{\sqrt{10}},0.452+2.2622\times\frac{0.037}{\sqrt{10}}\right)$$

$$=(0.426,0.478).$$

(2)① 提出假设:$H_0:\mu=0.5\%$,$H_1:\mu\neq0.50\%$.

② 计算样本观测值:$\frac{\overline{x}-\mu_0}{\frac{s}{\sqrt{n}}}=\frac{0.452-0.5}{\frac{0.037}{\sqrt{10}}}=-4.102$.

因为 $|4.102|>2.2622$,故拒绝 H_0,即认为该溶液中的水分和 0.5% 有显著差异.

(C 层)

一、填空题

1. $\sqrt{\frac{\pi}{2}}$.

分析 依题意,c 应使$E(\hat{\sigma})=\frac{c}{n}\sum_{i=1}^{n}E|X_i-\mu|=\sigma$,又 $X\sim N(u,\sigma^2)$,$Y=X-\mu\sim N(0,\sigma^2)$,即

$$E(|Y|)=E(|X-\mu|)=\frac{1}{\sqrt{2\pi}\sigma}\int_{-\infty}^{+\infty}|y|e^{-\frac{y^2}{2\sigma^2}}dy$$

$$=\frac{2}{\sqrt{2\pi}\sigma}\int_{0}^{+\infty}ye^{-\frac{y^2}{2\sigma^2}}dy=-\sqrt{\frac{2}{\pi}}\sigma e^{-\frac{y^2}{2\sigma^2}}\Big|_0^{+\infty}=\sqrt{\frac{2}{\pi}}\sigma,$$

则有$\frac{c}{n}\cdot n\cdot\sqrt{\frac{2}{\pi}}\sigma=\sigma$，得$c=\sqrt{\frac{\pi}{2}}$.

2. σ^2.

分析 由$X\sim N(\mu_1,\sigma^2)$，$Y\sim N(\mu_2,\sigma^2)$，得

$S_1{}^2=\frac{1}{n_1-1}\sum_{i=1}^{n}(X_i-\overline{X})^2$，$S_2{}^2=\frac{1}{n_2-1}\sum_{i=1}^{n}(Y_i-\overline{Y})^2$且$E(S_1{}^2)=\sigma^2$，$E(S_2{}^2)=\sigma^2$，故

$$E\left[\frac{\sum_{i=1}^{n}(X_i-\overline{X})^2+\sum_{i=1}^{n}(Y_i-\overline{Y})^2}{n_1+n_2-2}\right]=E\left[\frac{(n_1^2-1)S_1^2+(n_2^2-1)S_2^2}{n_1+n_2-2}\right]$$
$$=\frac{(n_1^2-1)E(S_1^2)+(n_2^2-1)E(S_2{}^2)}{n_1+n_2-2}$$
$$=\frac{(n_1^2-1)\sigma^2+(n_2^2-1)\sigma^2}{n_1+n_2-2}=\sigma^2.$$

3. $a=5,b=-5$；$a=-5,b=5$.

分析 依题意，$X_i\sim N(1,2^2)(i=1,2,\cdots,100)$，故$\dfrac{\overline{X_i}-1}{\frac{2}{\sqrt{100}}}=5(\overline{X}-1)=5\overline{X}-5\sim N(0,1)$，故可取$a=5,b=-5$. 由标准正态分布曲线的对称性知，还可取$a=-5,b=5$.

4. $\frac{1}{20},\frac{1}{100}$.

分析 由$X_i\sim N(0,2^2)$，得$E(X_i)=0,D(X_i)=2^2,i=1,2,3,4$. 于是$D(X_1-2X_2)=D(X_1)+2^2D(X_2)=20$，$D(3X_3-4X_4)=3^2\cdot D(X_3)+4^2D(X_4)=100$，则有

$$\frac{X_1-2X_2}{\sqrt{20}}\sim N(0,1),\frac{3X_3-4X_4}{\sqrt{100}}\sim N(0,1),$$

故当$a=\frac{1}{20},b=\frac{1}{100}$时

$$Y=\left(\frac{X_1-2X_2}{\sqrt{20}}\right)^2+\left(\frac{3X_3-4X_4}{\sqrt{100}}\right)^2\sim\chi^2(2).$$

二、选择题

1. C.

分析 (1)S^2是σ^2的无偏估计量，但S不是σ的无偏估计量；

(2) $S_n^2=\frac{1}{n}\sum_{i=1}^{n}(X_i-\overline{X})^2=\frac{n-1}{n}S^2$ 是 σ^2 的最大似然估计量；

(3)$\overline{X}$ 与 S^2 相互独立.

2. D.

分析 $E(X^2)$ 是总体的二阶原点矩，其矩估计量应为样本的二阶原点矩，即$\frac{1}{n}\sum_{i=1}^{n}X_i$，故 A、B 不可能. 又

$$\sum_{i=1}^{n}(X_i-\overline{X})^2=\sum_{i=1}^{n}(X_i{}^2-2X_i\overline{X}+\overline{X}^2)=\sum_{i=1}^{n}X_i{}^2-2\overline{X}\sum_{i=1}^{n}X_i+n\overline{X}^2$$
$$=\sum_{i=1}^{n}X_i{}^2-n\overline{X}^2,$$

故选 D.

3. C.

分析 因为$\frac{\overline{X}-\mu}{\frac{\sigma}{\sqrt{n}}}\sim N(0,1)$，$\frac{nS_3{}^2}{\sigma^2}\sim\chi^2(n-1)$，由 t 分布的定义，知

$$\frac{\frac{\overline{X}-\mu}{\frac{\sigma}{\sqrt{n}}}}{\sqrt{\frac{\frac{nS_3{}^2}{\sigma^2}}{(n-1)}}}=\frac{\overline{X}-\mu}{\frac{S_3}{\sqrt{n-1}}}\sim t(n-1),$$

故选 C.

4. C.

分析 $S_1^2=X_1{}^2+\cdots+X_{10}{}^2\sim\chi^2(10)$，$S_2^2=X_{11}{}^2+\cdots+X_{15}{}^2\sim\chi^2(5)$，

$$Y=\frac{\frac{S_1{}^2}{10}}{\frac{S_2{}^2}{5}}\sim F(10,5),Y=\frac{S_1{}^2}{2S_2{}^2}=\frac{X_1{}^2+\cdots+X_{10}{}^2}{2(X_{11}{}^2+\cdots+X_{15}{}^2)}\sim F(10,5).$$

5. B.

分析 由 $\overline{X}=E(X)=\theta+3$ 得$\theta=\overline{X}-3$，故 θ 的矩估计量为 $\hat{\theta}=\overline{X}-3$.

6. B.

7. C.

分析 $X\sim N(\mu,\sigma^2)$，σ^2 已知，则总体均值 μ 的置信度为 $1-\alpha$ 的置信区

间为$\left(\overline{X}-u_{\frac{\alpha}{2}}\cdot\frac{\sigma}{\sqrt{n}},\overline{X}+u_{\frac{\alpha}{2}}\cdot\frac{\sigma}{\sqrt{n}}\right)$，区间长度为$l=2u_{\frac{\alpha}{2}}\cdot\frac{\sigma}{\sqrt{n}}$，当$n$和$1-\alpha$不变时，$l$保持不变.

8. A.

9. A.

分析　显著水平α越小，接受域的范围越大.

10. C.

三、解答题

1. **解**　$X\sim N(0,1)$，$(X_1,X_2,\cdots,X_6)$是总体X的样本，则$X\sim N(0,1)$且$(X_1,X_2,\cdots,X_6)$相互独立，于是

$$X_1+X_2+X_3\sim N(0,3),\qquad X_4+X_5+X_6\sim N(0,3),$$

$$\left(\frac{X_1+X_2+X_3}{\sqrt{3}}\right)\sim N(0,1),\qquad \left(\frac{X_4+X_5+X_6}{\sqrt{3}}\right)\sim N(0,1),$$

$$\left(\frac{X_1+X_2+X_3}{\sqrt{3}}\right)^2\sim\chi^2(1),\qquad \left(\frac{X_4+X_5+X_6}{\sqrt{3}}\right)^2\sim\chi^2(1),$$

由χ^2可加性，得

$$\left(\frac{X_1+X_2+X_3}{\sqrt{3}}\right)^2+\left(\frac{X_4+X_5+X_6}{\sqrt{3}}\right)^2\sim\chi^2(2),$$

即

$$\frac{1}{3}\left[(X_1+X_2+X_3)^2+(X_4+X_5+X_6)^2\right]\sim\chi^2(2),$$

也即

$$\frac{1}{3}Y\sim\chi^2(2),$$

于是当$c=\frac{1}{3}$时，cY服从χ^2分布.

2. **解**　(1) 已知$\mu=0$，故选取统计量

$$\chi_1{}^2=\frac{1}{\sigma^2}\sum_{i=1}^{10}(x_i-\mu)^2=\frac{1}{\sigma^2}\sum_{i=1}^{10}x_i{}^2\sim\chi^2(10),$$

则$P\left\{\sum_{i=1}^{10}x_i{}^2>4\right\}=P\left\{\frac{1}{\sigma^2}\sum_{i=1}^{10}x_i{}^2\geqslant\frac{4}{0.5^2}\right\}=P\{\chi_1{}^2\geqslant 16\}$，查$\chi^2$分布表，知$\chi^2_{0.10}(10)=16.0$，故所求的概率为$P\left\{\sum_{i=1}^{10}x_i{}^2>4\right\}=0.10$.

(2) 未知μ，故选取统计量

$$\chi_2{}^2=\frac{1}{\sigma^2}\sum_{i=1}^{10}(X_i-\overline{X})^2\sim\chi^2(9),$$

则 $P\left\{\sum_{i=1}^{10}(x_i-\overline{x})^2 \geqslant 2.85\right\}=P\left\{\frac{1}{\sigma^2}\sum_{i=1}^{10}(x_i-\overline{x})^2 \geqslant \frac{2.85}{0.5^2}\right\}$

$$=P\{\chi_2{}^2 \geqslant 11.4\},$$

查 χ^2 分布表，得 $\chi^2_{0.25}(9)=11.4$，故所求的概率为

$$P\left\{\sum_{i=1}^{10}(x_i-\overline{x})^2 \geqslant 2.85\right\}=0.25.$$

3. **解**　因为$(X_1,X_2,\cdots,X_{16})$是来自总体 $X\sim N(0,\sigma^2)$ 的样本，则

$$\frac{\overline{X}}{\frac{\sigma}{4}}=\frac{4\overline{X}}{\sigma}\sim N(0,1),$$

于是　$P\{1<\overline{X}<4\}=P\left\{\frac{4}{\sigma}<\frac{4\overline{X}}{\sigma}<\frac{16}{\sigma}\right\}=\Phi\left(\frac{16}{\sigma}\right)-\Phi\left(\frac{4}{\sigma}\right),$

令　$\frac{\mathrm{d}P\{1<\overline{X}<4\}}{\mathrm{d}\sigma}=\varphi\left(\frac{16}{\sigma}\right)\times\left(-\frac{16}{\sigma^2}\right)-\varphi\left(\frac{4}{\sigma}\right)\cdot\left(-\frac{4}{\sigma^2}\right)$

$$=-\frac{16}{\sqrt{2\pi}\sigma^2}\mathrm{e}^{-\frac{256}{\sigma^2}}+\frac{4}{\sqrt{2\pi}\sigma^2}\mathrm{e}^{-\frac{16}{\sigma^2}}$$

$$=\frac{4}{\sqrt{2\pi}\sigma^2}\mathrm{e}^{-\frac{8}{\sigma^2}}(1-4\mathrm{e}^{-\frac{120}{\sigma^2}})=0,$$

得 $\mathrm{e}^{-\frac{120}{\sigma^2}}=\frac{1}{4}$，故 $\sigma=\sqrt{\frac{60}{\ln 2}}$.

驻点唯一，而由条件知最大值存在，故当 $\sigma=\sqrt{\frac{60}{\ln 2}}$ 时，$P\{1<\overline{X}<4\}$ 最大.

4. **证明**　依题设，有 $E(X)=\mu,D(X)=\sigma^2$，

$$E(\overline{X}_1)=\mu,D(\overline{X}_2)=\mu,D(\overline{X}_1)=\frac{\sigma^2}{n_1},D(\overline{X}_2)=\frac{\sigma^2}{n_2},$$

又依题意有

$E(T)=E(a\overline{X}_1+b\overline{X}_2)=aE(\overline{X}_1)+bE(\overline{X}_2)=a\cdot\mu+b\cdot\mu=(a+b)\mu=\mu$，故任意满足 $a+b=1$ 的常数 a 和 b，$T=a\overline{X}_1+b\overline{X}_2$ 都是 μ 的无偏估计量.

$$D(T)=D(a\overline{X}_1+b\overline{X}_2)=a^2D(\overline{X}_1)+b^2D(\overline{X}_2)$$

$$=a^2\cdot\frac{\sigma^2}{n_1}+b^2\cdot\frac{\sigma^2}{n_2}=\left[\frac{a^2}{n_1}+\frac{(1-a)^2}{n_2}\right]\sigma^2,$$

对 $D(T)$ 关于 a 求导

$$\frac{\mathrm{d}D(T)}{\mathrm{d}a}=\left[\frac{2a}{n_1}-\frac{2(1-a)}{n_2}\right]\sigma^2,$$

令$\frac{\mathrm{d}D(T)}{\mathrm{d}a}=0$,得 $a=\frac{n_1}{n_1+n_2}$,并且$\frac{\mathrm{d}^2D(T)}{\mathrm{d}a}=\frac{2(n_1+n_2)}{n_1n_2}\sigma^2>0$,故当 $a=\frac{n_1}{n_1+n_2}$ 时,$D(T)$ 达到最小,此时有 $a=\frac{n_1}{n_1+n_2}$,$b=\frac{n_2}{n_1+n_2}$.

5. **解** (1) 似然函数为

$$L(\mu)=\begin{cases}\prod_{i=1}^{n}\frac{1}{\sqrt{2\pi}x_i}\mathrm{e}^{-\frac{(\ln x_i-\mu)^2}{2}} & x_i>0\\ 0 & 其他\end{cases},$$

$L(\mu)$ 最大,当且仅当 $L_1(\mu)=\prod_{i=1}^{n}\frac{1}{\sqrt{2\pi}x_i}\mathrm{e}^{-\frac{(\ln x_i-\mu)^2}{2}}$ 最大,对 $L_1(\mu)$ 两边取对数

$$\ln L_1(\mu)=-\frac{n}{2}\ln(2\pi)-\sum_{i=1}^{n}\ln x_i-\frac{1}{2}\sum_{i=1}^{n}(\ln x_i-\mu)^2,$$

令$\frac{\mathrm{d}\ln L_1(\mu)}{\mathrm{d}\mu}=\sum_{i=1}^{n}(\ln x_i-\mu)=0$,得 $\mu=\frac{1}{n}\sum_{i=1}^{n}\ln x_i$,故所求的参数 μ 的最大似然估计量$\hat{\mu}$ 为

$$\hat{\mu}=\frac{1}{n}\sum_{i=1}^{n}\ln X_i.$$

(2) 先求 $\ln X$ 的分布

因为 $P\{\ln X\leqslant x\}=P\{X\leqslant \mathrm{e}^x\}=\int_0^{\mathrm{e}^x}\frac{1}{\sqrt{2\pi}t}\mathrm{e}^{-\frac{1}{2}(\ln t-\mu)^2}\mathrm{d}t$

$$\overset{s=\ln t}{=\!=\!=}\int_{-\infty}^{x}\frac{1}{\sqrt{2\pi}}\mathrm{e}^{-\frac{1}{2}(s-\mu)^2}\mathrm{d}s,$$

右边是正态分布 $N(\mu,1)$ 的分布函数,故 $\ln X\sim N(\mu,1)$,于是 $E(\ln X)=\mu$,又 $(X_1,X_2,\cdots,X_n)$ 是样本,有 $E(\ln X_i)=\mu$,从而 $E(\hat{\mu})=E\left(\frac{1}{n}\sum_{i=1}^{n}\ln X_i\right)=\frac{1}{n}\sum_{i=1}^{n}E(\ln X_i)=\mu$,即$\hat{\mu}$ 是 μ 的无偏估计量.

6. **解** 依题设,$X\sim N(\mu,\sigma^2)$,因为正态总体中 μ、σ^2 的最大似然估计值分别为

$$\hat{\mu}=\overline{X},\ \hat{\sigma}^2=\frac{1}{n}\sum_{i=1}^{n}(X_i-\overline{X})^2,$$

又 $\overline{X}=\frac{1}{10}(1196+919+1067+1126+785+936+920+1156+918+948)$

$=997.1$，

$$\frac{1}{10}\sum_{i=1}^{10}(X_i-\overline{X})^2=\frac{1}{10}(\sum_{i=1}^{n}X_i^{\ 2}-10\cdot\overline{X}^2)=15574.29,$$

故$\hat{\mu}=997.1$，$\hat{\sigma}^2=15574.69$，$\sigma\approx124.80$，即有 $X\sim N(997.1,124.80^2)$，故所求的 $P\{X>1300\}$ 的最大似然估计值为

$$P\{X>1300\}=1-\Phi\left(\frac{1300-997.1}{124.80}\right)=1-\Phi(2.427)=0.0075.$$

7. **解**

序　号	x_i	y_i	x_i^2	x_iy_i
1	15	330	225	4950
2	20	345	400	6900
3	25	365	625	9125
4	30	405	900	12150
5	35	445	1225	15575
6	40	490	1600	19600
7	45	455	2025	20475
$\sum$	210	2835	7000	88775

得
$$\overline{x}=\frac{210}{7}=30,\overline{y}=\frac{2835}{7}=405,$$

$$L_{xx}=\sum x_i^{\ 2}-\frac{(\sum x_i)^2}{n}=7000-\frac{210^2}{7}=700,$$

$$L_{xy}=\sum x_iy_i-\frac{(\sum x_i)(\sum y_i)}{n}=88775-\frac{210\times2835}{7}=3725,$$

则$\hat{b}=\frac{L_{xy}}{L_{xx}}=\frac{3725}{700}=5.3214$，$\hat{a}=\overline{y}-\hat{b}\overline{x}=405-5.3214\times30=245.36$，所求的回归直线方程为$\hat{y}=245.36+5.3214x$.